Código das Expropriações e Estatuto dos Peritos Avaliadores

Código das Expropriações e Estatuto dos Peritos Avaliadores
ANOTADOS E COMENTADOS

Salvador da Costa
2010

CÓDIGO DAS EXPROPRIAÇÕES E ESTATUTO DOS PERITOS AVALIADORES
Anotados e Comentados

AUTOR
Salvador da Costa

EDITOR
EDIÇÕES ALMEDINA, SA
Av. Fernão Magalhães, n.º 584, 5.º Andar
3000-174 Coimbra
Tel.: 239 851 904
Fax: 239 851 901
www.almedina.net • editora@almedina.net

DESIGN DE CAPA
FBA

IMPRESSÃO E ACABAMENTO
PERES-SOCTIP, S.A.

DEPÓSITO LEGAL
319392/2010

Os dados e as opiniões inseridos na presente publicação são da exclusiva responsabilidade do(s) seu(s) autor(es). Toda a reprodução desta obra, por fotocópia ou outro qualquer processo, sem prévia autorização escrita do Editor, é ilícita e passível de procedimento judicial contra o infractor.

 | GRUPOALMEDINA

BIBLIOTECA NACIONAL DE PORTUGAL – CATALOGAÇÃO NA PUBLICAÇÃO

PORTUGAL. Leis, decretos, etc.

O código das expropriações e o estatuto dos peritos avaliadores : anotados e comentados / [anot.] Salvador da Costa. – (Códigos anotados)
ISBN 978-972-40-4365-4

I - COSTA, Salvador da, 1939-

CDU   347
      332

À GUISA DE INTRODUÇÃO

Confrontámo-nos, durante vários anos, desde 1978, no labor do foro, nos tribunais da primeira instância e nos tribunais superiores, com as dificuldades de interpretação e de aplicação das normas dos vários Códigos das Expropriações que no tempo se sucederam.

Participamos, nos anos de 2008 e 2009, na formação de peritos avaliadores tendente à sua manutenção nas listas oficiais e para a estas acederem.

Esse trabalho de formação permitiu-nos o confronto das normas relativas às expropriações com a vertente da sua interpretação e aplicação pelos tribunais, incluindo os peritos e os árbitros.

A referida experiência motivou-nos a proceder à anotação e comentário da lei das expropriações e do estatuto dos peritos avaliadores numa vertente essencialmente prática, tendo em conta, além da doutrina pertinente, as decisões dos tribunais da ordem judicial, da ordem administrativa e da ordem constitucional sobre a referida matéria, que nos pareceu relevante.

Nesta perspectiva, ousamos apresentar aos vários agentes judiciários – magistrados, advogados, funcionários de justiça – aos expropriados e outros interessados, aos expropriantes e aos beneficiários das expropriações o resultado da nossa reflexão sobre a matéria das expropriações e o estatuto dos peritos avaliadores.

O nosso voto é no sentido de que este modesto trabalho não fique muito aquém do que foi o nosso desígnio.

Setembro de 2010.

PARTE I – LEI N.º 168/99, DE 18 DE SETEMBRO

ARTIGO 1º

É aprovado o Código das Expropriações, que se publica em anexo à presente lei e que dela faz parte integrante.

1. Este artigo da Lei nº 168/99, de 18 de Setembro, aprovou o Código das Expropriações de 1999.

Os artigos 3º e 4º deste diploma reportam-se, respectivamente, à revogação do Decreto-Lei nº 438/91, de 9 de Novembro, e à data da entrada em vigor deste Código.

Este Código foi objecto de alteração pelas Leis n.ºs 13/2002, de 19 de Fevereiro, 4-A/2003, de 19 de Fevereiro, 67-A/2007, de 31 de Dezembro, e 56/2008, de 4 de Setembro.

2. As primeiras rudimentares normas sobre expropriações conhecidas no espaço ibérico constam das Leis 2ª, Título 1, Partida 2ª, e 31, Título 18, da Partida 3, integrantes do Código das *Siete Partidas*, corpo normativo aprovado no Reino de Castela, compilado na sua maior parte a partir de meados do século XIII, no reinado de Afonso X, o Sábio, aplicado no território que integra o actual continente português.[1]

Nos primeiros séculos do Reino de Portugal, o poder de expropriação inscrevia-se na titularidade dos reis, sem que os seus pressupostos estivessem previstos na lei.

As Ordenações não se referem aos pressupostos da expropriação, embora haja algumas menções às mesmas na Carta ao Concelho de Santarém, datada de 28 de Dezembro de 1302, ratificada por Dom Diniz, e na Carta Régia de 8 de Junho de 1473, outorgada por Dom Afonso V.

Era determinada por decisão régia desde que fosse de interesse público, designadamente para a "construção de castelos, torres, pontes, residência de leprosos, fábricas, casas para teares, capelas, exploração de minas, encanamento de rios, em termos de a indemnização ser superior ao valor das coisas expropriadas.

---

[1] FRANCISCO PERA VERDAGUER, "Expropriación Formoza, Quarta Edicion, página 36, citado por JOÃO PEDRO DE MELO FERREIRA, "Código das Expropriações Anotado", Coimbra, 2007, página 13.

A referida decisão do rei era, em regra, o deferimento de pretensões dos municípios, das misericórdias ou de fábricas de interesse público.[2]

É no Alvará com força de lei de 12 de Maio de 1758, relativo às expropriações com vista à reconstrução da baixa da cidade de Lisboa, afectada pelo terramoto de 1755, que, pela primeira vez, temos um corpo de normas sobre a matéria.

No início do século XIX, começo da intensa realização de obras públicas, há uma lei de 1807 que autorizou a expropriação de terrenos ou prédios para a instalação de uma fábrica de vidros em Linhares.

A Constituição de 1822, no artigo 6º, consagrou pela primeira vez, em termos gerais, o instituto da expropriação, admitindo-a por necessidade pública e urgente e sob prévia indemnização nos termos da lei.

A Carta Constitucional de 1826 manteve, no artigo 135º, § 2º, o aludido princípio, fazendo depender a expropriação da verificação do bem público e da autorização para cada caso concreto, por lei ou decreto, que declarasse aquele bem.

A Constituição de 1838 consignou os mesmos princípios, mas agora com a particularidade, nos casos de extrema e urgente necessidade, de a indemnização poder ocorrer depois da expropriação.

A primeira lei geral sobre expropriações foi publicada no dia 17 de Abril de 1838, distinguindo entre a expropriação comum ou em caso de necessidade extrema e urgente, sendo que na primeira o bem público seria declarado por sentença e, na última, pelo governo ou autoridade civil ou militar.[3]

A Lei de 23 de Julho de 1850, que substituiu a Lei de 17 de Abril de 1838, regulou o processo de expropriação, devendo esta ser autorizada por lei ou decreto-lei, contendo a declaração de utilidade pública, consultado o Conselho de Estado, cabendo ao juiz fixar a indemnização na falta de acordo, cuja investidura na propriedade e na posse dos bens expropriados dependia do pagamento da indemnização aos expropriados.

Em quadro de intensa realização de obras públicas, as Leis de 17 de Setembro de 1877, de 8 de Junho de 1859 e de 11 de Maio de 1872 introduziram normas tendentes à simplificação e aceleração do processo de expropriação e, conforme o exigisse o fim da expropriação, a possibilidade de declaração de urgência.

---

[2] MARTINS DE CARVALHO, "Subsídios Para a História da Expropriação em Portugal", Boletim do Ministério da Justiça, nº 21, 1950, páginas 5 e seguintes.

[3] Quanto a esta matéria, pode ver-se CARLA VICENTE, "A Urgência na Expropriação, Algumas Questões", Lisboa, 2008, páginas 41 a 53.

Nova reforma desta matéria foi operada pelo Decreto de 24 de Setembro de 1892, e, depois, pela Lei de 26 de Julho de 1912, regulamentada pelo Decreto de 15 de Fevereiro de 1913.

Seguiram-se, relativos a esta matéria, os Decretos-Leis n.os 17 508, de 22 de Outubro de 1929, 19 502, de 20 de Março de 1931 – este para a execução de melhoramentos rurais com a comparticipação do Estado – 19 666, de 30 de Abril de 1931, e 30 065, de 17 de Novembro de 1931, até que foi publicada a Constituição de 1933, cujo artigo 49º estabelecia dever ser justa a indemnização por expropriação.

Depois disso, foi publicado o Decreto-Lei nº 28 797, de 1 de Julho de 1938, relativo às *expropriações dos centenários*, alterado pelos Decretos-Leis n.os 30 725, de 30 de Agosto de 1940, e 31 168, de 12 de Março de 1941, dos quais se destaca a substituição de grande parte da fase judicial pela fase administrativa e a eliminação da regra da dependência da investidura da entidade beneficiária da expropriação na posse dos bens do pagamento da indemnização devida aos expropriados.

Surgiram depois a Lei nº 2018, de 24 de Julho de 1946, regulamentada pelo Decreto nº 35 831, de 17 de Agosto de 1946, a que se seguiu a Lei nº 2030, de 22 de Junho de 1948, regulamentada pelos Decretos n.os 35 831, de 17 de Agosto de 1948, e 37 759, de 22 de Fevereiro de 1950.

A Lei nº 2030, de 22 de Junho de 1948, estabeleceu sobre as expropriações urgentes e não urgentes, com reflexos na problemática da investidura na posse dos bens expropriados e no momento da obrigatoriedade do pagamento da indemnização a fixar por acordo ou por três árbitros, um nomeado pelo expropriante, um pelo expropriado e o último pelo tribunal da Relação.

O Decreto-Lei nº 37 759, de 22 de Fevereiro de 1950 foi entretanto revogado pelo Decreto nº 43 587, de 8 de Abril de 1961, e finalmente, foi publicada a Lei nº 2063, de 3 de Junho de 1953.

O artigo 42º do Decreto nº 43 587 estabeleceu pela primeira vez o princípio geral de fixação da indemnização, segundo o qual a justa indemnização não visava compensar o benefício alcançado pelo expropriante, mas ressarcir o prejuízo que para o expropriado adviesse da expropriação, medido pelo valor real e corrente dos bens expropriados, e não pelas despesas que houvesse de suportar para obter a substituição da coisa expropriada por outra equivalente.

A Lei 2142, de 14 de Junho de 1969, estabeleceu a alteração do processo geral de expropriações urgentes, e o Decreto-Lei nº 576/70, de 24 de Novembro, admitiu o pagamento da indemnização devida por expropriação em prestações, a que se seguiram os Decretos-Leis n.ᵒˢ 287/71, de 26 de Junho, 322/72, de 22 de Agosto, e 585/73, de 28 de Julho.

Após a revolução de 25 de Abril de 1974, com base em estudo de um subgrupo de trabalho, foi publicado o Decreto-Lei nº 71/76, de 27 de Janeiro, que aprovou o novo regime das Expropriações.

Entretanto, a Constituição de 1976 consignou que, fora dos casos nela previstos, a expropriação por utilidade pública só podia ocorrer mediante o pagamento de justa indemnização (artigo 61º, nº 2).

Na sequência desta Constituição, com a vigência de meses do Decreto-Lei nº 71/76, de 27 de Janeiro, ocorreu a sua substituição pelo Decreto-Lei nº 845/76, de 11 de Dezembro, já com a estrutura de Código das Expropriações.

O Código das Expropriações de 1976 foi substituído pelo Código das Expropriações de 1991, este aprovado pelo Decreto-Lei nº 438/91, de 9 de Novembro.

Entretanto foi dada nova redacção ao nº 2 do artigo 62º da Constituição, segundo o qual a requisição e a expropriação por utilidade pública só podem ser efectuadas com base na lei e mediante o pagamento de justa indemnização.

Finalmente, foi publicada a Lei nº 168/99, de 18 de Setembro, que aprovou o actual Código das Expropriações, aqui em análise.

3. A expropriação distingue-se, nos termos seguintes, da nacionalização, do confisco, do resgate e da requisição.

A expropriação em sentido substancial, traduz-se, essencialmente, na afectação material e jurídica de bens e direitos de uma pessoa à realização de fins de utilidade pública por outra, mediante o pagamento por esta àquela da pertinente indemnização, nos termos da lei (artigos 62º, nº 2, da Constituição, 1308º e 1310º do Código Civil).

A nacionalização é a apropriação pelo Estado de bens consubstanciados em meios de produção integrados no sector privado ou no sector cooperativo social, mediante indemnização, nos termos da lei (artigos 82º e 83º da Constituição).

O confisco chamado de direito comum – caso da perda a favor do Estado dos instrumentos do crime – traduz-se na privação de uma pessoa do seu direito de propriedade sobre uma coisa, sem contrapartida indemnizatória (artigos 109º, nº 1, e 110º, nº 2, do Código Penal).

O resgate é a extinção pela Administração do contrato de concessão de serviços públicos a que se vinculou com a pessoa resgatada e a expropriação dos bens ou direitos a que se reporta, mediante a pertinente indemnização (artigo 7º do Código das Expropriações).

Finalmente, a requisição consubstancia-se na apropriação temporária de bens ou direitos de outrem pela Administração por razões de interesse público, mediante o pagamento de uma justa indemnização (artigo 80º, nº 1, do Código das Expropriações).

A expropriação diferencia-se da nacionalização em razão da especificidade do objecto desta, na medida em que o seu objecto se consubstancia em meios de produção a integrar no sector económico público, e do confisco na medida em que este não visa satisfazer necessidades da Administração, o seu pressuposto é a violação pelo confiscado de normas jurídicas de direito público, e não comporta indemnização.

Por seu turno, a expropriação diferencia-se do resgate na medida em que por via deste a apropriação incide sobre bens ou direitos conexos com um contrato de concessão celebrado entre o resgatado e a Administração, e da requisição porque a primeira visa satisfazer necessidades duradouras, pelo que a apropriação é tendencialmente definitiva, enquanto a última visa satisfazer necessidades transitórias, pelo que apropriação é meramente temporária.[4]

ARTIGO 2º

1. A regulamentação do encargo de mais-valia e a delimitação a que se refere o nº 2 do artigo 17º da Lei nº 2030, de 22 de Junho de 1948, cabem exclusivamente à assembleia municipal competente quando estejam em causa obras de urbanização ou de abertura de vias de comunicação municipais ou intermunicipais.

2. Compete à câmara municipal determinar as áreas concretamente beneficiadas, para os efeitos do nº 5 do artigo do artigo 17º da Lei nº 2030, de 22 de Julho de 1948, nos casos previstos no número anterior.

3. Os regulamentos e as deliberações da assembleia e câmara municipais a que se referem os números precedentes entram em vigor 15 dias após a sua publicação na 2ª série do Diário da República.

1. Reporta-se essencialmente este artigo à definição da competência para a regulamentação do encargo da mais-valia e a delimitação das áreas a ele sujei-

---

4 Sobre esta matéria podem ver-se JOSÉ OSVALDO GOMES, "Expropriações Por Utilidade Pública", Lisboa, 1997, páginas 39 a 42; e FERNANDO ALVES CORREIA, "As Garantias do Particular na Expropriação por Utilidade Pública", Coimbra, 1982, páginas 47 a 76.

tas, bem como ao início da vigência dos regulamentos e das deliberações concernentes da assembleia municipal.

Entre os impostos em sentido amplo tem a doutrina autonomizado as contribuições especiais, por apresentarem a particularidade de na sua base terem manifestações de capacidade contributiva essencialmente resultante do exercício de uma actividade pública.

E entre essas contribuições distinguem-se as de melhoria, por terem na sua base uma vantagem económica essencialmente resultante de actividade da Administração, nas quais se enquadra o encargo da mais-valia, que incide sobre o aumento do valor dos prédios rústicos tornados aptos para a construção em virtude de obras de urbanização ou de construção de infra-estruturas.[5]

2. Várias têm sido as formas pelas quais o Estado – Colectividade tem recuperado as mais valias prediais, designadamente por via da sua exclusão da indemnização derivada da expropriação de terrenos, ou da tributação fiscal e reversão para o fisco ou para quem promoveu o empreendimento, conforme os casos, ou no âmbito dos impostos sobre o rendimento das pessoas singulares ou colectivas ou em sede do encargo de mais valia autonomizado.

A mais valia predial que tem sido sujeita ao mencionado encargo incide sobre os prédios rústicos não expropriados – ou na parte remanescente dos prédios rústicos parcialmente expropriados – que aumentam consideravelmente de valor em virtude de obras de urbanização ou de abertura de grandes vias de comunicação ou da simples aprovação de planos de urbanização ou projectos, em consequência da possibilidade de serem imediatamente aplicados como terrenos para a construção urbana.

A aplicação do mencionado encargo dependia, porém, da delimitação da área objecto de valorização pelo empreendimento, nos termos do artigo em análise, e cujo pagamento ocorria na altura do requerimento de licenciamento de alguma operação de construção.[6]

3. Este artigo refere-se à competência da assembleia municipal para a regulamentação do encargo de mais-valia e a delimitação das áreas territoriais a ele sujeitas prevista no nº 2 do artigo 17º da Lei nº 2030, de 22 de Junho de 1948.

---

5 Neste sentido, pode ver-se JOSÉ CASALTA NADAIS, "Direito Fiscal", Coimbra, 2010, páginas 28 e 29.

6 Neste sentido, pode ver-se LUIS PERESTRELO DE OLIVEIRA, Texto Policopiado, Base Comunicação, Centro de Estudos Judiciários, Lisboa, Outubro de 2009.

Todavia, a Lei nº 2030, de 22 de Junho de 1948, foi revogada pela alínea h) do artigo 1º do Decreto-Lei nº 280/2007, de 7 de Agosto, que estabeleceu o regime do património imobiliário público.

O Decreto-Lei nº 43 587, de 8 de Abril de 1961, que regulamentou a Lei nº 2030, de 22 de Junho de 1948, inseriu matéria relativa à esta mais-valia, mas está revogado, além de que as suas normas concernentes àquele imposto não foram ressalvadas pelo artigo em análise.

A conclusão é, por isso, no sentido da revogação tácita das normas deste artigo que remetem para o artigo 17º, n.ᵒˢ 2 e 5, da Lei nº 2030, de 22 de Junho de 1948.

4. Vários têm sido os diplomas que têm estabelecido normas sobre o encargo de mais-valia ora em análise, designadamente os seguintes.

O Decreto-Lei nº 41 616, de 10 de Maio de 1958, que definiu como área sujeita mais-valia a da margem sul do Tejo por virtude da construção da primeira ponte de ligação de Lisboa a Almada.

O Decreto-Lei nº 46950, de 9 de Abril de 1966, que estabeleceu o encargo de mais-valia de 60%, incidente sobre o aumento de valor dos prédios rústicos e dos terrenos para construção da margem sul valorizados em virtude da construção da ponte de ligação entre Lisboa e Almada.

O Decreto Regulamentar nº 4/83, de 25 de Janeiro, que versou sobre o encargo da mais-valia resultante do aumento do valor dos prédios por virtude da construção de estradas.

O Decreto-Lei nº 51/95, de 20 de Março, que estabeleceu o encargo de mais-valia sobre o aumento do valor dos prédios rústicos, terrenos para construção e áreas resultantes da demolição de prédios urbanos já existentes na área dos municípios beneficiados pela construção da Ponte Vasco da Gama.

O Decreto-Lei nº 54/95, de 22 de Março, que prescreveu o encargo de mais-valia sobre o aumento do valor dos prédios rústicos, terrenos para construção e áreas resultantes da demolição de prédios urbanos devido à realização da EXPO 98.

Finalmente, o Decreto-Lei nº 43/98, de 3 de Março, criou o encargo de mais-valia sobre o aumento do valor dos prédios rústicos, terrenos para construção e áreas resultantes da demolição de prédios urbanos dos concelhos beneficiados pelos investimentos na CREL e na CRIL, na área de Lisboa, e na CREP e na CRIP, na área do Porto.[7]

---

7 JOSÉ CASALTA NADAIS, *obra e local citados.*

ARTIGO 3º

É revogado o Decreto-Lei nº 438/91, de 9 de Novembro.

Estabelece este artigo a revogação do Decreto-Lei nº 438/91, de 9 de Novembro, que aprovou o Código das Expropriações de 1991. Assim, com o início da vigência da Lei nº 168/99, de 18 de Setembro, revogado ficou o Decreto-Lei nº 438/91, de 9 de Novembro, e, consequentemente, o Código das Expropriações de 1991.

ARTIGO 4º

A presente lei entra em vigor 60 dias após a data da sua publicação.

1. A Lei nº 168/99, e, consequentemente, o Código das Expropriações de 1999, entraram em vigor 60 dias após a data da sua publicação, que ocorreu no dia 18 de Setembro de 1999. Temos, assim, que o Código das Expropriações de 1999 entrou em vigor no dia 17 de Novembro de 1999.

2. É o acto administrativo de declaração da utilidade pública da expropriação que constitui a situação jurídica de expropriação, mas cuja eficácia depende da respectiva publicação.

Os actos declarativos da utilidade pública ou da sua renovação são publicados no Diário da República, 2ª Série, ou no Jornal Oficial das Regiões Autónomas (artigos 17º, nº 1 e 90º, ambos deste Código).

Dada a forma não rigorosa como a lei se refere à declaração da utilidade pública da expropriação ou à sua publicação, tem-se suscitado a dúvida sobre o regime de aplicação da lei no tempo que resulta da lei, ou seja, se releva essencialmente neste ponto a data de um ou de outros dos referidos factos.

A referida data releva para variados fins, designadamente em matéria de aplicação das normas substantivas especificamente reguladoras da situação jurídica expropriativa e de quaisquer outras normas condicionantes da avaliação que então estejam em vigor.

É o caso, por exemplo, dos planos directores municipais, cuja natureza é a de regulamentos administrativos, e das normas de fixação da indemnização e de afectação da disponibilidade do direito de propriedade sobre os bens em causa, ou de o onerar, por exemplo por via de hipoteca.

A referida data, embora não releve no que concerne à aplicação imediata da lei geral de processo, assume relevância relativamente às normas processuais que constam no Código das Expropriações.[8]

Como a lei estabelece que a declaração de utilidade pública da expropriação tem de ser publicada no *Diário da República*, ou no Jornal Oficial das Regiões Autónomas, é ineficaz enquanto não for objecto de publicação (artigos 17º, nº 1, deste Código e 130º, nº 2, do Código do Procedimento Administrativo).

Por isso, a conclusão deve ser no sentido de que a lei aplicável em matéria de fixação da indemnização é a vigente, à data da publicação no *Diário da República* ou no *Jornal Oficial das Regiões Autónomas*, da declaração de utilidade pública da expropriação.

A referida aplicabilidade reporta-se, assim, não apenas às normas substantivas e processuais especificamente reguladoras da situação jurídica expropriativa, mas também a quaisquer outras normas condicionantes da avaliação dos bens ou direitos em causa.

Assim, por exemplo, não são aplicáveis as restrições à construção resultantes de um plano director municipal aprovado após a publicação da referida declaração de utilidade pública da expropriação.[9]

3. Sobre a matéria aqui analisada pronunciaram-se, entre outras, as seguintes decisões judiciais:
a) A fixação da justa indemnização não pode tomar em consideração o disposto no plano director municipal ainda não aprovado à data da declaração de utilidade pública nem as potencialidades edificativas dele resultantes (Acórdão da Relação de Lisboa, de 10.10.2000, CJ, Ano XXV, Tomo 4, página 103).
b) A mera declaração em diploma legal de uma área crítica de recuperação e reconversão urbanística não produz efeitos ablativos enquanto não for concretizada através de um acto administrativo que individualize os bens a expropriar. A data desse acto, que vale como declaração de utilidade pública, é a que releva para o cálculo da indemnização (Acórdão da Relação de Lisboa, de 28.06.2001, CJ, Ano XXVI, Tomo 3, página 132).

---

[8] Neste sentido, pode ver-se o acórdão da Relação de Lisboa, de 28 de Junho de 2001, CJ, Ano XXVI, Tomo 3 página 132.
[9] Neste sentido, pode ver-se o Acórdão da Relação de Lisboa, de 21.3.2002, CJ, Ano XXVII, Tomo 3, página 75.

c) A lei aplicável em matéria de fixação da indemnização – normas substantivas e processuais especificamente reguladoras da relação jurídica expropriativa, bem como de quaisquer outras condicionantes da avaliação justiça – é a vigente à data da declaração da utilidade pública da expropriação (Acórdão da Relação de Lisboa, de 5 de Junho de 2008, Processo nº 3283/08-2).

PARTE II – O CÓDIGO DAS EXPROPRIAÇÕES

TÍTULO I
DISPOSIÇÕES GERAIS

ARTIGO 1º
Admissibilidade das expropriações

Os bens imóveis e os direitos a eles inerentes podem ser expropriados por causa de utilidade pública compreendida nas atribuições, fins ou objecto da entidade expropriante, mediante o pagamento contemporâneo de uma justa indemnização nos termos do presente Código.

1. Integrado no Título I, epigrafado de *Disposições gerais*, versa artigo, correspondente ao artigo 1º do Código de 1991, sobre a admissibilidade das expropriações.

O conceito de expropriação tem sido considerado por alguma doutrina na dupla perspectiva estrutural ou procedimental, acentuando nesta última a sequência de actos e formalidades de natureza administrativa e jurisdicional.[10]

Em perspectiva estrutural ou substancial, a expropriação é essencialmente a relação ou situação jurídica administrativa, pela qual o Estado, face à utilidade pública envolvente que considerou existir, decide a extinção do direito subjectivo de propriedade ou de outros direitos reais sobre determinados bens, assumindo a titularidade do domínio pleno mediante o pagamento de uma justa ou adequada indemnização.[11]

É, de algum modo, um meio de solução de um conflito entre um interesse público e um interesse privado, por via da prevalência do primeiro sobre o último, sob a condição de o sujeito negativamente afectado ser justamente indemnizado por quem de direito.[12]

---

[10] Quando a esta perspectiva, pode ver-se JOSÉ OSVALDO GOMES, *obra citada*, páginas 12 a 14.

[11] Neste sentido pode ver-se DIOGO FREITAS DO AMARAL, "Aspectos Jurídicos do Ordenamento do Território, Urbanismo e Habitação, Sumários de Lições, Lisboa 1970/71", página 90.

[12] Neste sentido, pode ver-se MARCELLO CAETANO, "Manual de Direito Administrativo", volume II, 9ª Edição, página 997.

Dir-se-á, em jeito de síntese, que a expropriação por utilidade pública é, *grosso modo*, a privação forçada, motivada pela utilidade pública, mediante indemnização, de direitos privados, em regra relativos a bens imóveis.

A utilidade pública a que este artigo se reporta traduz-se, essencialmente, no interesse público, ou seja, no interesse colectivo, que é o geral de uma comunidade, ainda que os benefícios dela derivados não revertam em concreto para todos os seus membros, mas apenas para alguns deles.

É a Administração Pública que decide sobre a expropriação por utilidade pública, o que se inclui na sua função de prossecução do interesse público, no respeito pelos direitos e interesses legalmente protegidos dos cidadãos (artigo 266º, nº 1, da Constituição).

2. Prevê este artigo os bens imóveis e os direitos a eles inerentes e estatui poderem ser expropriados por causa de utilidade pública por iniciativa de determinada entidade.

Mas como condição estabelece que a causa de utilidade pública esteja incluída nas atribuições legais da entidade expropriante, bem como o pagamento contemporâneo de uma justa indemnização, mas cujo conceito não densifica, limitando-se a remeter, neste ponto, para os termos do Código.

O objecto mediato da expropriação envolve, pois, em regra, os bens imóveis – os prédios, as árvores, as águas e os direitos que lhe sejam inerentes, isto é, que incidam sobre eles, bem como as partes integrantes daqueles prédios rústicos e urbanos (artigo 204º, nº 1, do Código Civil).

Todavia, a lei prevê e salvaguarda a expropriação de bens móveis, designadamente no artigo 91º deste Código, o que se traduz, de algum modo, numa excepção ao que se prescreve neste artigo.

Os direitos inerentes aos referidos imóveis abrangem os direitos reais menores, como é o caso do usufruto, das servidões, do direito de superfície, do direito de uso e habitação e do direito de habitação periódica, a que adiante se fará mais detalhada referência.

Em sentido amplo, o conceito de direitos inerentes aos imóveis é susceptível de abranger direitos que, rigorosamente, não são de natureza real, como é o caso do direito do arrendatário, pessoal de gozo, a que se reporta o artigo 30º, nº 1, deste Código.

Além disso, a lei prevê ser a expropriação susceptível de envolver, indirectamente embora, a extinção por caducidade do referido direito pessoal de gozo do arrendatário (artigo 1051º, alínea f), do Código Civil).

Resulta deste artigo que os expropriados e os demais interessados afectados pela expropriação devem receber de quem de direito a justa indemnização, no que se conforma com o que se prescreve nos artigos 62º da Constituição e 1308º e 1310º do Código Civil.

Com efeito, o artigo 62º da Constituição, estabelece, por um lado, que a todos é garantido o direito à propriedade privada e à sua transmissão em vida ou por morte, nos termos nela estabelecidos e, por outro, que a requisição e a expropriação por utilidade pública só podem ser efectuadas com base na lei e mediante o pagamento de justa indemnização.

Por seu turno, estabelece o 1308º do Código Civil que ninguém pode ser privado, no todo ou em parte, do seu direito de propriedade senão nos casos fixados na lei, e o artigo 1310º do mesmo diploma que, havendo expropriação por utilidade pública, é sempre devida indemnização ao proprietário e aos titulares de outros direitos reais afectados.

Dir-se-á, em síntese, que a indemnização justa é, *grosso modo*, a que, face ao objecto da expropriação, é conforme à justiça e ao direito, ou seja, a legítima, a própria, a adequada e equitativa.

Mais do que mera contrapartida, a justa indemnização é inerente à própria expropriação, cômputo que este artigo remete para outras normas subsequentes do mesmo Código.

A referida característica da inerência não exige, porém, a simultaneidade do pagamento da indemnização à perda do direito de propriedade ou de outro direito real ou de gozo pelo expropriado, bastando, para o efeito, que o diferencial temporal não seja de muito longa duração.

3. Tem vindo a ser discutido sobre se a mera declaração de utilidade pública da expropriação extingue *ipso facto* os direitos subjectivos relativos aos bens que dela são objecto e provoca a sua automática aquisição originária pelo beneficiário da expropriação.

A jurisprudência, seguindo a orientação maioritária da doutrina clássica, tem vindo a considerar que a expropriação por utilidade pública importa a extinção do direito real do expropriado e a constituição originária desse direito na esfera jurídica do beneficiário da expropriação.[13]

---

[13] Neste sentido, podem ver-se os acórdãos da Relação do Porto, de 1 de Outubro de 1992, CJ, Ano XVII, Tomo 4, página 242, e do STJ, de 29 de Novembro de 2005, CJ, Ano XIII, Tomo 3, página 145.

Alguma doutrina, sob o argumento de que os referidos direitos se não extinguem, porque são transferidos para a entidade expropriante, considera que se trata de uma transmissão coactiva típica.[14]

A maioria da doutrina, todavia, considera que a referida aquisição é originária, por virtude de os direitos reais sobre os bens não serem adquiridos dos anteriores titulares, mas independentemente deles, e de ser independente a posição do expropriante face à do anterior titular dos direitos reais sobre os bens expropriados.[15]

O princípio da legitimidade aparente e a extinção dos direitos reais menores sobre os imóveis por virtude da expropriação apontam no sentido da aquisição originária pelo beneficiário da expropriação do direito de propriedade sobre os bens expropriados.

Mas não decorre da lei que a referida extinção dos direitos dos expropriados e demais interessados e a sua aquisição pelo beneficiário da expropriação ocorra por via da mera publicação da declaração de utilidade pública da expropriação.

Com efeito, a publicação da declaração de utilidade pública da expropriação não dispensa a entidade beneficiária da expropriação de ser investida na posse dos bens nem no respectivo direito de propriedade (artigos 19º, n.os 1 a 3, 20º, nº 1 e 51º, nº 5, deste Código).

Além disso, conforme decorre do artigo 88º, nº 1, deste Código, pode a expropriante desistir da expropriação enquanto não for investida na propriedade dos bens a expropriar.

Na realidade, o que resulta da declaração de utilidade pública da expropriação é que o expropriado e os demais interessados, por virtude dela, ficam sujeitos a determinados efeitos jurídicos, uns imediatos, outros mediatos.

Nesta perspectiva, em termos dinâmicos, pode afirmar-se que a expropriação se traduz na execução, por via de acordo ou de decisão judicial, do acto administrativo em que a Administração, invocando a utilidade pública, declara adquirir determinados bens.[16]

---

[14] PIRES DE LIMA E ANTUNES VARELA, "Código Civil Anotado", volume III, 2ª edição, página 106.

[15] Neste sentido, pode ver-se JOSÉ DE OLIVEIRA ASCENSÃO, "A Caducidade de Expropriação no Âmbito da Reforma Agrária – Estudos Sobre Expropriações e Nacionalizações", Lisboa, 1989, páginas 49 e seguintes.

[16] Nesse sentido, pode ver-se PEDRO ELIAS DA COSTA, "Guia das Expropriações Por Utilidade Pública", Coimbra, 2003, página 24.

Assim, só faz sentido falar em aquisição originária na medida em que, investida a entidade beneficiária da expropriação na titularidade dos direitos, depois de cumprido o condicionalismo legal, a sua aquisição por ela é independente das vicissitudes dos direitos dos expropriados na sua vertente subjectiva.

Dir-se-á, em jeito de síntese, que, consumada que seja aquela expropriação, cumprido que seja o condicionalismo legal atinente ao pagamento da indemnização, se constitui na esfera jurídica da entidade beneficiária da expropriação o novo direito de propriedade, em termos de aquisição originária.[17]

3. Sobre a matéria a que este artigo se reporta pronunciaram-se, entre outras, as seguintes decisões judiciais:

a) A justeza do montante indemnizatório por expropriação depende, em termos gerais, de esse valor se traduzir numa adequada restauração da lesão patrimonial, o que implica um mínimo de correspondência a referenciais de mercado (Acórdão do Tribunal Constitucional nº 422/2004, *Diário da República*, II Série, de 4 de Novembro de 2004).

b) Deve ficar fora do âmbito da indemnização o dano apenas resultante do ruído do transito que passou a haver na via que se situa na parcela expropriada. Mas nele deve ser incluído o prejuízo derivado do desnivelamento relativamente aos novos arruamentos com que ficou a parte sobrante destinada a habitação, do maior nível sonoro do trânsito em virtude de tal desnível e do necessário encaminhamento das águas pluviais (Acórdão da Relação do Porto, de 04.11.2004, CJ, Ano XXIX, Tomo 5, página 164).

c) Só são indemnizáveis os prejuízos que sejam consequência directa e necessária da expropriação de um prédio, o que não acontece com os danos causados pela construção de uma auto-estrada e pela circulação de veículos terrestres, visto que não resultam directa e imediatamente do acto expropriativo, mas apenas indirectamente (Acórdão da Relação de Guimarães, de 16.3.2005, CJ, Ano XXX, Tomo 2, página 287).

d) A aquisição dos bens expropriados pela entidade expropriante é originária, extinguindo, por isso, os direitos reais e pessoais inerentes aos bens expropriados, ficando os respectivos titulares com um direito de crédito indemnizatório (Acórdão do STJ, de 29.11.05, CJ, Ano XIII, Tomo 3, página 145).

---

[17] Neste sentido, pode ver-se também PEDRO ELIAS DA COSTA, *obra citada*, páginas 24 e 25.

e) O direito à justa indemnização, que não pode ser irrisória nem atender a valores especulativos, é um direito fundamental de natureza análoga à dos direitos, liberdades e garantias constitucionalmente tutelados, devendo as restrições ao mesmo limitar-se ao necessário para salvaguardar os interesses constitucionalmente protegidos (Acórdão da Relação de Lisboa, de 30.11.2006, CJ, Ano XXXI, Tomo 5, página 132).

f) A susceptibilidade de em processo de expropriação ser ressarcido o dano ambiental sofrido pela parcela sobrante do prédio não envolve qualquer desigualdade relativamente a quem, não sendo também expropriado, sofra dano igual ou equivalente. Mas se inexistir no prédio alguma construção, e situando-se a parcela expropriada na extrema mais distante da zona com melhor aptidão edificativa, o ruído e os gases resultantes da circulação em viaduto implantado naquela extrema não se revestem de gravidade bastante que justifique o arbitramento de indemnização (Acórdão da Relação de Guimarães, de 18.10.07, Processo nº 1491/07-1).

g) A indemnização pela ocupação de área superior à definida na declaração de utilidade pública por parte da entidade expropriante deve ser calculada de acordo com a lei geral, e não em conformidade com as regras do Código das Expropriações. Por isso, o processo de expropriação não é o próprio para sindicar a conduta da entidade expropriante, devendo o lesado intentar a respectiva acção de indemnização (Acórdão da Relação de Guimarães, de 24.01.08, Processo nº 2554/07-2).

h) A aquisição por expropriação por utilidade pública é uma aquisição originária, por via da qual o seu beneficiário adquire na sua esfera jurídica um direito real totalmente novo e independente do direito e da posição que sobre ele tinha o anterior proprietário (Acórdão da Relação de Coimbra, de 30.06.2009, Processo nº 574/08.8TBCVL.C1).

i) O processo de expropriação, cujo escopo é a fixação do valor da indemnização a pagar pela parcela expropriada, não é o meio próprio para se proceder à rectificação de áreas, em termos de se considerar superior à que foi objecto da declaração de utilidade pública, para acréscimo da indemnização (Acórdão da Relação de Guimarães, de 15.10.09, Processo nº 3841.061TBVCT.G1).

ARTIGO 2º
Princípios gerais

Compete às entidades expropriantes e demais intervenientes no procedimento e no processo expropriativos prosseguir o interesse público, no respeito pelos direitos e interesses legalmente protegidos dos expropriados e demais interessados, observando-se, nomeadamente, os princípios da legalidade, justiça, igualdade, proporcionalidade, imparcialidade e boa fé.

1. Versa este artigo, em conexão, além do mais, com o disposto nos artigos 1º e 3º deste Código, parcialmente inovador em relação ao regime de pretérito, sobre os princípios gerais relativos às expropriações.

Diz-se parcialmente inovador em relação ao regime de pretérito, porque o nº 2 do artigo 2º do Código das Expropriações de 1991 já se referia aos deveres de igualdade, justiça e imparcialidade no que concerne à aquisição por via do direito privado.

Tendo em conta o que decorre do artigo 1º deste Código, os mencionados princípios são o corolário daquele outro relevante princípio, que é o da justa indemnização.

2. Prevê este artigo o procedimento e o processo expropriativos e o modo como neles devem actuar as entidades expropriantes e os demais intervenientes.

O procedimento administrativo é uma sucessão ordenada de actos e formalidades tendentes à formação e manifestação da vontade da Administração ou à sua execução, ou seja, o que decorre perante as entidades administrativas ou as que pratiquem actos de natureza administrativa (artigo 1º, nº 1, do Código do Procedimento Administrativo).

O processo expropriativo é, por seu turno, aquele que está a jusante do referido procedimento, susceptível de abranger uma fase administrativa, a primeira, e uma fase judicial, a última.

O referido procedimento, de natureza administrativa, envolve, em regra, a resolução de expropriar, a tentativa de aquisição por via do direito privado, a declaração da utilidade pública da expropriação, a posse administrativa dos bens expropriados e a expropriação amigável.[18]

---

[18] Neste sentido, pode ver-se JOÃO PEDRO DE MELO FERREIRA. "Código das Expropriações Anotado", Coimbra, 2007, página 76.

A fase judicial do processo expropriativo começa, em regra, com o primeiro despacho judicial subsequente à sua remessa ao tribunal pela entidade que o impulsionou, ou seja, aquando do termo da fase administrativa do processo.

3. A segunda parte deste artigo refere-se às entidades expropriantes e demais intervenientes no procedimento e no processo expropriativos, estabelecendo que umas e outros devem prosseguir o interesse público, no respeito pelos direitos e interesses legalmente protegidos dos expropriados e dos demais interessados.

Os sujeitos do processo de expropriação são, do lado activo, a entidade expropriante, ou seja, a que tem competência expropriativa ou a beneficiária da expropriação, e, do lado passivo, os expropriados e os demais interessados, sendo estes os titulares de algum direito real ou ónus sobre os bens a expropriar e os arrendatários de prédios rústicos ou urbanos (artigo 9º, nº 1, deste Código).[19]

Entre os intervenientes no procedimento e no processo expropriativo em sentido estrito, contam-se os árbitros, os peritos e os próprios presidentes dos tribunais da Relação a quem cabe a nomeação de peritos e de árbitros de entre os constantes da respectiva lista oficial.

Todos devem prosseguir o interesse público, no respeito pelos direitos e interesses legalmente protegidos dos expropriados e demais interessados, devendo ter em conta o interesse geral da comunidade que justifica a expropriação em causa, respeitando os direitos e interesses legalmente protegidos dos expropriados e dos demais interessados na expropriação, ou seja, tendo como referencial o princípio da justa indemnização.

O disposto neste artigo conforma-se com o que se prescreve no artigo 266º da Constituição, segundo o qual, por um lado, a Administração Pública visa a prossecução do interesse público no respeito pelos direitos e interesses legalmente protegidos dos cidadãos.

E, por outro, estarem os órgãos e agentes administrativos subordinados à Constituição e à lei e deverem actuar, no exercício das suas funções, com respeito pelos princípios da igualdade, da proporcionalidade, da justiça, da imparcialidade e da boa fé.

---

[19] O próprio Estado também é, de algum modo, interessado, porque, em última análise, pode ser chamado a garantir o pagamento da indemnização devida aos expropriados e demais interessados (artigo 23º, n.os 6 e 7, deste Código).

A parte final do artigo em análise refere-se, a título exemplificativo, aos princípios que enumera, a respeitar pelos aludidos intervenientes nos procedimentos e nos processos expropriativos, designadamente o da legalidade, da justiça, da igualdade, da proporcionalidade, da imparcialidade e da boa fé.

Ao referir-se ao princípio da legalidade, visa este normativo que os intervenientes no procedimento e no processo expropriativo só actuem com fundamento na lei e no respeito pelos limites por ela estabelecidos.

Este princípio envolve o efeito negativo de a violação da lei implicar a invalidade dos actos respectivos, e o efeito positivo no sentido de que esses actos devem ser considerados legais até que seja declarada a referida ilegalidade por quem de direito.[20]

Do princípio da justiça a que este artigo se reporta decorre que as entidades expropriantes e os demais intervenientes no procedimento e no processo de expropriação devem actuar segundo um critério de justiça material – *suum cuique tribuere* – em termos de resultar para os expropriados o recebimento de uma justa indemnização.

O princípio da igualdade, a que se reportam os artigos 13º e 266º, nº 2, da Constituição, implica deverem ser igualmente indemnizados os expropriados e outros interessados em idêntica situação do ponto de vista objectivo, e, desigualmente, os que estejam em situação objectivamente diversa.

O princípio da proporcionalidade, previsto nos artigos 5º, nº 2, do Código do Procedimento Administrativo e 266º, nº 2, da Constituição, envolve aqui a ideia de uma relação de proporção razoável entre o sacrifício dos expropriados ou o de outros interessados e a realização do interesse público.

O princípio da imparcialidade, a que se referem os artigos 266º, nº 2, da Constituição e 44º a 51º do Código do Procedimento Administrativo, significa que as entidades expropriantes e os demais intervenientes, nos procedimentos e nos processos expropriativos, não devem favorecer ou prejudicar os expropriados e ou outros interessados.[21]

Este princípio repercute-se, por exemplo, no funcionamento do regime dos impedimentos e suspeições dos árbitros e dos peritos, a que adiante se fará referência.

Finalmente, o princípio da boa fé, previsto nos artigos 6º-A do Código do Procedimento Administrativo e 266º, nº 2, da Constituição, envolve a ideia de

---

[20] Neste sentido, veja-se JOÃO CAUPERS, "Introdução ao Direito Administrativo", Lisboa, 2007, página 51.
[21] Ibidem, páginas 86 a 90.

que os referidos expropriantes e intervenientes processuais devem agir com a lealdade, a correcção, a diligência e a lisura exigíveis a quem deve legalmente prosseguir o interesse público no respeito dos direitos e interesses legalmente protegidos dos expropriados.

4. Sobre a matéria a que este artigo se reporta pronunciaram-se, entre outras, as seguintes decisões judiciais:

a) os peritos devem prosseguir o interesse público, no respeito pelos direitos e interesses legalmente protegidos dos expropriados e demais interessados, estando sujeitos à observância de determinados princípios, designadamente o de imparcialidade (Acórdão da Relação de Coimbra, de 24.005.2005, Processo nº 1023/05).

b) A depreciação ambiental ou de ruído, para merecer expressão indemnizatória ou obter a concessão de tutela judiciária no processo de expropriação, tem de resultar directamente do acto de declaração da expropriação, sob pena de violação do princípio da igualdade, no caso de derivarem causalmente de abertura de uma estrada ou da realização de outra obra que não afectem apenas os expropriados (Acórdão da Relação de Coimbra, de 08.03.2006, CJ, Ano XXXI, Tomo 2, página 10).

c) Não viola o princípio da igualdade a indemnização superior ao preço por que têm sido vendidos terrenos idênticos na região, já que a respectiva venda tem lugar de acordo com as regras de mercado, de harmonia com o princípio da liberdade contratual, facto que no processo expropriativo não ocorre. É inócuo o facto de o expropriado ter exigido na fase amigável da expropriação um montante consideravelmente inferior pelo bem expropriado. Trata-se de uma fase encerrada em que vigoram critérios que podem não ter a ver apenas com o valor do prédio (Acórdão da Relação de Coimbra, de 30.05.06, Processo nº 178/06.JTRC).

d) O princípio da igualdade, previsto no artigo 13º da Constituição, impõe que o expropriado não fique em situação de desigualdade relativamente àqueles que não foram expropriados – princípio da igualdade na sua vertente externa – nem que em igualdade de circunstâncias entre expropriados, e sem fundamento material bastante, estes recebam indemnizações diferentes – princípio da igualdade na sua vertente interna (Acórdão da Relação de Guimarães, de 27.03.08, Processo nº 160/08-2).

e) Estando em causa a construção de uma via de comunicação, entre os prejuízos que resultam indirectamente da expropriação encontram-se os relativos à perda ou deterioração da qualidade ambiental, designadamente os derivados do ruído da circulação automóvel. Os prejuízos ressarcíveis no âmbito do processo expropriativo são apenas os directamente resultantes da expropriação parcial e não os mencionados, por não terem resultado directamente da expropriação. São ressarcíveis, mas na acção própria (Acórdão do STJ, de 07.07.09, Processo nº 95/09.1YFLSB – 1.ª Secção).

ARTIGO 3º
Limite da expropriação

1 – A expropriação deve limitar-se ao necessário para a realização do seu fim, podendo, todavia, atender-se a exigências futuras, de acordo com um programa de execução faseada e devidamente calendarizada, o qual não pode ultrapassar o limite máximo de seis anos.

2 – Quando seja necessário expropriar apenas parte de um prédio, pode o proprietário requerer a expropriação total:

a) Se a parte restante não assegurar, proporcionalmente, os mesmos cómodos que oferecia todo o prédio;

b) Se os cómodos assegurados pela parte restante não tiverem interesse económico para o expropriado, determinado objectivamente.

3 – O disposto no presente Código sobre expropriação total é igualmente aplicável à parte da área não abrangida pela declaração de utilidade pública relativamente à qual se verifique qualquer dos requisitos fixados no número anterior.

1. Prevê o nº 1 deste artigo os limites das expropriações, sendo a regra no sentido de que elas se devem limitar à realização do respectivo fim actual de utilidade pública, portanto no quadro do interesse público.[22]

Em regra é a necessidade actual que justifica a utilidade pública da expropriação, instrumental da realização do interesse público. Excepcionalmente, porém, pode a Administração considerar necessidades futuras, de harmonia com o programa de execução faseada e calendarizada, com o limite temporal de seis anos.

A lei não se reporta a uma expropriação futura ou faseada, mas a uma expropriação imediata, com base em necessidade pública do presente e do futuro.

---

[22] Este artigo tem alguma conexão com o disposto nos artigos 2º, 4º, 5º, 7º, 29º, 34º, 55º, 74º e 82º, todos deste Código.

Mas condiciona a autorização de expropriação com base em necessidades futuras à utilidade pública, à apresentação de um programa de execução das obras por fases que no conjunto não excedam seis anos.

São as necessidades futuras que justificam, por exemplo, a expropriação por zonas ou lanços a que se reporta o artigo 4º deste Código, a que a seguir se fará referência.

A ideia que decorre deste normativo é essencialmente a de que a expropriação se deve limitar ao que for estritamente necessário à realização do interesse público objectivamente definido.

Mas nessa realização do interesse público pode estar a expropriação de terrenos para além do momentaneamente necessário, por exemplo, no caso de ser previsível, face às circunstâncias, que essa área excedente de terra vai ser proximamente necessária.

Considerando o disposto neste normativo, não se pode concluir no sentido da impossibilidade de expropriação parcial de um prédio com vários andares não constituído em propriedade horizontal, nem nos casos em que sobre os prédios incidam direitos reais menores, designadamente os direitos de usufruto ou de superfície, sem prejuízo, como é de lei, do funcionamento do direito de requerer a expropriação total, verificados que sejam os pertinentes pressupostos.

2. O nº 2 deste artigo prevê a necessidade de expropriação de apenas parte de um ou de vários prédios, concretizada na declaração da sua utilidade pública, se tal bastar para a prossecução do interesse público visado pela referida declaração.

O princípio da necessidade, como pressuposto de legitimidade da expropriação por utilidade pública, manifesta-se essencialmente nas vertentes territorial, modal e temporal, ou seja, em termos de abranger uma parte da coisa, o direito real menor em vez da propriedade e a actualidade da satisfação do interesse em causa, respectivamente.

A referida expropriação parcial, na medida em que implica a fragmentação do prédio e corta a unidade da sua exploração, é susceptível de afectar negativamente o direito patrimonial do expropriado no que concerne ao resultado da respectiva exploração económica.

Mas os árbitros ou os peritos, nos termos do nº 1 do artigo 29º deste Código, devem calcular sempre, separadamente, o valor e o rendimento totais do prédio e das partes abrangidas e não abrangidas pela declaração de utilidade pública.

Ademais, conforme decorre do nº 2 do artigo 29º deste Código, se a parte não expropriada ficar depreciada pela divisão do prédio ou desta resultarem outros prejuízos ou encargos, incluindo a diminuição da área total edificável ou a construção de vedações idênticas às demolidas ou às subsistentes, também se devem especificar os montantes da depreciação e dos prejuízos ou encargos, que acrescem ao valor da parte expropriada.

Na referida hipótese, o proprietário sujeito à expropriação parcial pode requerer a expropriação total do prédio ou dos prédios em causa, verificados que sejam os pressupostos previstos nas duas alíneas – a) e b) – deste normativo.

As partes restantes a que alude a alínea a) deste normativo pressupõem ter havido expropriação parcial de algum prédio ou conjunto de prédios, ou seja, trata-se de áreas dessa unidade que não foram objecto de expropriação.

Temos, assim, que o objecto mediato da expropriação é susceptível de extensão ou ampliação, por via de requerimento do expropriado, nos termos do nº 1 do artigo 55º deste Código, abrindo-se, subsequentemente, o incidente previsto neste último artigo.[23]

Mas a expropriação total do prédio é susceptível de acordo entre a entidade expropriante e o expropriado e demais interessados, nos termos da alínea e) do artigo 34º deste Código.

Conforme adiante se especificará, este Código contém garantias especiais dos particulares contra o poder expropriativo público, além do direito à justa indemnização, como é o caso da caducidade da declaração de utilidade pública da expropriação e do direito de reversão.

3. Prevê o nº 3 deste artigo uma parte da área não abrangida pela declaração de utilidade pública relativamente à qual se verifique algum dos requisitos previstos no nº 2 deste artigo, e estatui ser-lhe aplicável o disposto neste Código sobre a expropriação total.

Enquanto o proémio do nº 2, para o qual o normativo em análise remete, se reporta a toda a área não expropriada do prédio em causa, este nº 3 apenas se refere a parte da área não expropriada do referido prédio.

É como que a fragmentação da parte não expropriada do prédio em mais de que uma parcela, e em que, em relação a uma delas, se verificam os pressupostos previstos nas alíneas a) e b) do nº 2 deste artigo.

---

[23] Adiante nos referiremos à causa de pedir a formular no mencionado incidente.

Assim, verificados os referidos pressupostos, pode o expropriado requerer a expropriação parcial da parte não expropriada do prédio, no quadro da aplicação do regime deste Código concernente à expropriação total.

Mas a entidade beneficiária da expropriação pode obstar à expropriação da parte restante do prédio, desde que nela realize obras, em termos de evitar a situação prevista no nº 2 do artigo em análise.

O pedido de expropriação total, a que se refere o normativo em análise, não prejudica a reversão da totalidade do prédio a que alude o nº 3 do artigo 74º deste Código.

4. Sobre a matéria a que este artigo se reporta pronunciaram-se, entre outras, as seguintes decisões judiciais:

a) O pedido de expropriação total do prédio há-de referir-se necessariamente à parte restante do prédio a expropriar, não a um prédio diferente, embora pertencendo ao mesmo expropriado e seja próximo ou distante da obra pública a executar (Acórdão da Relação de Lisboa, de 10.10.06, Processo nº 5649/2006-7).

b) O artigo 3º, nº 2, deste Código pretende tutelar o interesse do proprietário, estabelecendo como que uma indivisibilidade económica do imóvel, que se traduz em a parte não expropriada seguir o destino da parte expropriada, a pedido do expropriado, podendo tal situação de indivisibilidade económica ocorrer, também, relativamente a mais do que um prédio. Justifica-se a admissibilidade da expropriação, por interpretação extensiva do aludido preceito, relativamente aos prédios que não foram objecto de expropriação parcial e formem uma unidade económica interdependente com o prédio expropriado, verificado o acordo entre expropriante e expropriado (Acórdão da Relação de Lisboa, de 15.05.07, Processo nº 5062/2005-7).

c) A expropriação total a que se refere o artigo 3º, nº 2, deste Código assenta na gravidade dos interesses económicos ou utilidades afectadas na exploração da parte restante, num destino efectivo ou possível, bem como na perda de interesse económico na exploração dessa parte, objectivamente determinada, nesse tipo de destino, em aplicação do princípio constitucional da proporcionalidade ou da proibição do excesso. O valor apreciado em função do sujeito não é um valor arbitrariamente fixado pelo credor ou expropriado, mas um valor determinável por terceiro, nomeadamente o tribunal, em atenção às utilidades que concretamente o beneficiário tiraria da exploração. A simples afectação da utilização da água de rega, em cultura hortícola ou arvense, prejudica gravemente uma exploração inserida em zona de qualidade agrícola elevada, com água de rega e classificada como reserva agrícola nacional. O mesmo ocorre no caso de a parte sobrante corresponder a apenas doze por cento da área expropriada, num total de 354 m2, ou para a exigência de mais espaço para a manobra das máquinas utilizadas na actividade, regos e semelhantes, ou ainda para a distância que os expropriados terão de percorrer propositadamente para acesso à parcela sobrante. Só em situações absolutamente excepcionais, em que haja a garantia quase absoluta de sucesso da operação urbanística e imobiliária, e sem qualquer esforço por banda do investidor, se poderá dizer que não existe risco inerente à actividade construtiva (Acórdão da Relação do Porto, de 14.10.08, Processo nº 0825584).

ARTIGO 4º
Expropriação por zonas ou lanços

1 – Tratando-se de execução de plano municipal de ordenamento do território ou de projectos de equipamentos ou infra-estruturas de interesse público, podem ser expropriadas de uma só vez, ou por zonas ou lanços, as áreas necessárias à respectiva execução.

2 – No caso de expropriação por zonas ou lanços, o acto de declaração de utilidade pública deve determinar, além da área total, a divisão desta e a ordem e os prazos para início da aquisição, com o limite máximo de seis anos.

3 – Os bens abrangidos pela segunda zona ou lanço e seguintes continuam na propriedade e posse dos seus donos até serem objecto de expropriação amigável ou de adjudicação judicial, sem prejuízo do disposto no artigo 19º.

4 – Para o cálculo da indemnização relativa a prédios não compreendidos na primeira zona definida nos termos do nº 2 são atendidas as benfeitorias necessárias neles introduzidas no período que mediar entre a data da declaração de utilidade pública e a data da aquisição da posse pela entidade expropriante da respectiva zona ou lanço.

5 – A declaração de utilidade pública a que se refere o presente artigo caduca relativamente aos bens cuja arbitragem não tiver sido promovida pela entidade expropriante dentro do prazo de um ano, ou se os processos respectivos não forem remetidos ao tribunal competente no prazo de 18 meses, em ambos os casos a contar do termo fixado para a aquisição da respectiva zona ou lanço.

6 – O proprietário e os demais interessados têm direito a ser indemnizados dos prejuízos directa e necessariamente resultantes de o bem ter estado sujeito a expropriação.

32 CÓDIGO DAS EXPROPRIAÇÕES E ESTATUTO DOS PERITOS AVALIADORES

7 – A indemnização a que se refere o número anterior é determinada nos termos do presente Código, utilizando-se, na falta de acordo, o processo previsto nos artigos 42º e seguintes, na parte aplicável, com as necessárias adaptações.

1. Prevê o nº 1 deste artigo as áreas necessárias à execução de planos municipais de ordenamento do território ou à implantação de equipamentos ou de infra-estruturas de interesse público, e estatui poderem as respectivas expropriações ocorrer de uma só vez ou por zonas ou lanços.[24]

Os pressupostos desta expropriação por zonas ou lanços – expropriação parcelar – são o fim de execução do plano municipal de ordenamento do território, de equipamentos ou de infra-estruturas, a envolvência de áreas de dimensão considerável e a possibilidade da execução faseada.[25]

Não se trata, pois, de mera execução faseada da expropriação, mas da própria expropriação faseada, tendo em conta necessidades futuras, conforme está previsto no nº 1 do artigo 3º deste Código.

Os planos municipais de ordenamento do território, a que este normativo se reporta, são instrumentos de planeamento, com a natureza de regulamentos administrativos, que compreendem as seguintes espécies:

– o plano director municipal, que, com base na estratégia de desenvolvimento local, estabelece a estrutura espacial, a classificação básica do solo, bem como os parâmetros de ocupação, considerando a implantação dos equipamentos sociais, e desenvolve a classificação dos solos, urbano e rural;

– o plano de urbanização, que desenvolve, em especial, a qualificação do solo urbano;

– o plano de pormenor, que define, com detalhe, o uso de qualquer área delimitada do território municipal (artigo 9º, nº 2, da Lei nº 48/98, de 11 de Agosto).

O conteúdo material dos referidos planos consta dos artigos 84º a 92º do Decreto-Lei nº 380/99, de 22 de Setembro.[26]

---

[24] O disposto neste artigo está de algum modo conexionado com o que se prescreve nos artigos 3º, nº 1, 17º, nº 5, 19º, nº 1, e 23º deste Código.

[25] Neste sentido, pode ver-se LUIS PERESTRELO DE OLIVEIRA, "Código das Expropriações", Coimbra, 2000, página 35.

[26] Este diploma foi alterado pelos Decretos-Leis n.ºs 53/200, de 7 de Abril, 310/2003, de 10 de Dezembro, 316/2007, de 19 de Setembro, e 46/2009, de 20 de Fevereiro, e pelas Leis n.ºs 58/2005, de 29 de Dezembro, e 56/2007, de 31 de Agosto.

PARTE II – O CÓDIGO DAS EXPROPRIAÇÕES **ART. 4º** 33

2. Prevê o nº 2 deste artigo o acto administrativo de declaração de utilidade pública no caso de expropriação por zonas ou lanços, e estatui que ele deve determinar, além da área total, a divisão desta e a ordem e os prazos para o início da aquisição, com o limite máximo de seis anos.

Temos, assim, que o acto administrativo de declaração da utilidade pública deve inserir os referidos elementos atinentes a esta especial ou particular expropriação, incluindo a ordem e o tempo de aquisição de cada zona ou lanço.

O referido prazo é de direito substantivo, pelo que a sua contagem deve ser feita nos termos das alíneas c) e e) do artigo 279º do Código Civil.

3. Prevê o nº 3 deste artigo os bens abrangidos pela segunda zona ou lanço e seguintes, e estatui, com a salvaguarda do disposto no artigo 19º deste Código, que eles continuam na propriedade e posse dos seus donos até serem objecto de expropriação amigável ou de adjudicação judicial.

O artigo 19º deste Código, que o normativo em análise ressalva, prevê a possibilidade de autorização, pela entidade competente para a declaração da utilidade pública da expropriação, da tomada de posse administrativa dos bens em causa pela entidade expropriante que seja pessoa colectiva de direito público ou concessionária de serviço ou obras públicas.

A referida tomada de posse pela entidade expropriante obedece ao disposto nos artigos 20º, 21º e 22º deste Código, que versam, respectivamente, sobre as condições de efectivação da posse administrativa, a vistoria *ad perpetuam rei memoriam* e o auto de posse administrativa.

O normativo em análise implica, a propósito da titularidade do direito de propriedade, que se distinga entre as parcelas de terreno inseridas na primeira zona ou no primeiro lanço e as parcelas incluídas na segunda zona ou no segundo lanço, e nos seguintes.

O direito de propriedade sobre as parcelas incluídas na primeira zona ou no primeiro lanço deixa de se inscrever na titularidade dos expropriados. Todavia, quanto às parcelas incluídas nos seguintes zonas ou lanços, a perda pelos expropriados do respectivo direito de propriedade ou de posse só ocorre com o contrato de expropriação amigável, a que aludem os artigos 33º a 37º, ou com a adjudicação judicial, prevista no artigo 51º, n.os 5 e 6, todos deste Código, conforme os casos.

Temos, assim, que entre o acto administrativo de declaração de utilidade pública da expropriação de imóveis por zonas ou lanços, por via do qual todos os bens em causa ficam sujeitos a expropriação, e o referido contrato ou a decisão judicial de adjudicação, os expropriados continuam a ser titulares do respectivo direito de propriedade, mas sem a quase totalidade das faculdades a que se reporta o artigo 1305º do Código Civil.

4. Prevê o nº 4 deste artigo o cálculo da indemnização relativa a prédios não compreendidos na primeira zona definida nos termos número anterior e estatui serem atendidas as benfeitorias necessárias neles introduzidas no período que mediar entre a data da declaração de utilidade pública e a data da aquisição da respectiva posse sobre a concernente zona ou lanço pela entidade beneficiária da expropriação.

Assim, quanto aos prédios compreendidos nas zonas ou lanços subsequentes aos primeiros, no mencionado período de tempo, até à investidura da expropriante na posse, o referido direito de propriedade dos expropriados fica destituído das suas faculdades legais, certo que só ficam salvaguardadas as benfeitorias necessárias neles introduzidas.

Em consequência, conforme resulta do artigo 216º, n.ºs 1 e 3, do Código Civil, os expropriados só têm direito a ser indemnizados das despesas feitas para evitar a destruição ou a deterioração dos bens em causa.

5. Prevê o nº 5 deste artigo os bens cuja arbitragem não tiver sido promovida pela entidade beneficiária da expropriação dentro do prazo de um ano e a omissão da remessa ao tribunal competente dos processos respectivos no prazo de dezoito meses, num caso e noutro a contar do termo fixado para a aquisição da respectiva zona ou lanço, e estatui a caducidade da declaração de utilidade pública a que se refere o presente artigo.

Trata-se de prazos de natureza administrativa, pelo que a sua contagem deve observar o disposto no artigo 72º, nº 1, do Código do Procedimento Administrativo.

Temos, assim, que a referida inércia da entidade beneficiária da expropriação na promoção da arbitragem ou na remessa do processo respectivo ao tribunal, no prazo de um ano ou de um ano e meio, contado do termo fixado na declaração da utilidade pública da expropriação para a aquisição da zona ou lanço em causa, respectivamente, implica a caducidade da declaração de expropriação por utilidade pública.

Trata-se de um normativo praticamente idêntico ao que consta do nº 3 do artigo 13º deste Código, que se reporta à caducidade da declaração de expropriação por utilidade pública em geral.

A caducidade traduz-se essencialmente na extinção de direitos por virtude da mera passagem do tempo. Todavia, no caso em análise, o que se extingue imediatamente em razão da caducidade são os efeitos do acto administrativo da declaração de utilidade pública, e só mediatamente o direito da entidade beneficiária da expropriação.

Temos, assim, que a referida caducidade gera a ineficácia dos efeitos da declaração da utilidade pública da expropriação em causa e a extinção do procedimento dela derivado.

Tendo em conta o que se prescreve nos artigos 303º e 333º, nº 2, do Código Civil, aplicáveis nesta matéria de direito administrativo, a caducidade do acto administrativo de declaração de utilidade pública da expropriação não é de conhecimento oficioso.[27]

Outrora, discutia-se se a competência para a declaração da caducidade da declaração de utilidade pública da expropriação em causa se inscrevia nos tribunais da ordem judicial ou nos tribunais da ordem administrativa.

Mas agora, tendo em conta o que se prescreve no nº 4 do artigo 13º deste Código, a referida competência inscreve-se na entidade que declarou a utilidade pública da expropriação ou no tribunal competente para conhecer do recurso da decisão arbitral, conforme os casos.

6. Prevê o nº 6 deste artigo a situação de os bens em causa terem estado sujeitos à expropriação, e estatui que o proprietário e os demais interessados têm direito a ser indemnizados dos prejuízos directa e necessariamente resultantes desses factos.

Assim, são pressupostos do referido direito de indemnização a reserva de expropriação dos bens, a derivada redução do aproveitamento das faculdades que eles poderiam proporcionar, o dano resultante desses factos, e o nexo de causalidade adequada entre este e aqueles.

Os referidos prejuízos ocorrerão em função da mencionada reserva de expropriação, por exemplo, se por causa dela o proprietário dos bens deixou de explorar o terreno por si ou por algum rendeiro ou teve de suportar despesas com arrendamentos.

---

[27] Neste sentido, podem ver-se os Acórdãos da Relação de Évora, de 9 de Junho de 1994, CJ, Ano XIX, Tomo 3, página 282; e da Relação de Lisboa, de 12 de Junho de 1996, CJ, Ano XXI, Tomo 3, página 112.

7. Prevê o nº 7 deste artigo a indemnização a que se reporta o número anterior, e estatui, por um lado, que ela é determinada nos termos do presente Código, e, por outro, que se utiliza, na falta de acordo, o processo previsto nos artigos 42º e seguintes, na parte aplicável, com as necessárias adaptações.

A referida indemnização deve, assim, ser determinada por acordo entre a entidade expropriante e as pessoas afectadas pela reserva de expropriação que se gorou por via da caducidade da declaração de utilidade pública.

Na falta de acordo, a referida indemnização é determinada pelo processo a que se referem os referidos artigos 42º e seguintes deste Código, que começa pela promoção da arbitragem.

ARTIGO 5º
Direito de reversão

1 – Sem prejuízo do disposto no nº 4, há direito a reversão:

a) Se no prazo de dois anos, após a data de adjudicação, os bens expropriados não forem aplicados ao fim que determinou a expropriação;

b) Se, entretanto, tiverem cessado as finalidades da expropriação.

2 – Sempre que a realização de uma obra contínua determinar a expropriação de bens distintos, o seu início em qualquer local do traçado faz cessar o direito de reversão sobre todos os bens expropriados.

3 – Para efeitos do disposto no número anterior entende-se por obra contínua aquela que tem configuração geométrica linear e que, pela sua natureza, é susceptível de execução faseada ao longo do tempo, correspondendo a um projecto articulado, global e coerente.

4 – O direito de reversão cessa:

a) Quando tenham decorrido 20 anos sobre a data da adjudicação;

b) Quando seja dado aos bens expropriados outro destino, mediante nova declaração de utilidade pública;

c) Quando haja renúncia do expropriado;

d) Quando a declaração de utilidade pública seja renovada, com fundamento em prejuízo grave para o interesse público, dentro do prazo de um ano a contar de verificação dos factos previstos no nº 1 anterior.

5 – A reversão deve ser requerida no prazo de três anos a contar da ocorrência do facto que a originou, sob pena de caducidade; decorrido esse prazo, assiste ao expropriado, até ao fim do prazo previsto na alínea a) do nº 4, o direito de preferência na primeira alienação dos bens.

6 – O acordo entre a entidade expropriante e o expropriado ou demais interessados sobre outro destino a dar ao bem expropriado ou sobre o montante do acréscimo da indemniza-

ção que resultaria da aplicação do disposto no nº 8 interpreta-se como renúncia aos direitos de reversão e de preferência.

7 – Se a entidade expropriante pretender alienar parcelas sobrantes, deve comunicar o projecto de alienação ao expropriado e demais interessados conhecidos cujos direitos não hajam cessado definitivamente, por carta ou ofício registado com aviso de recepção, com a antecedência mínima de 60 dias, findos os quais, não sendo exercido o direito de reversão ou, se for o caso, o direito de preferência, se entende que renunciam ao mesmo.

8 – No caso de nova declaração de utilidade pública ou de renovação da declaração anterior, o expropriado é notificado nos termos do nº 1 do artigo 35º para optar pela fixação de nova indemnização ou pela actualização da anterior ao abrigo do disposto no artigo 24º, aproveitando-se neste caso os actos praticados.

9 – Cessa o disposto no nº 2 anterior se os trabalhos forem suspensos ou estiverem interrompidos por prazo superior a dois anos, contando-se o prazo a que se refere o nº 5 anterior a partir do final daquele.

1. Prevê o nº 1 deste artigo o direito de reversão, salvo o disposto no nº 4, ou seja, os casos de cessação desse direito, e estatui que ele ocorre se, no prazo de dois anos, após a data de adjudicação, os bens expropriados não forem aplicados ao fim que determinou a expropriação, ou se, entretanto, tiverem cessado as suas finalidades.[28]

Trata-se de situações em que a entidade beneficiária da expropriação, por qualquer razão, não afectou os bens expropriados ao fim que motivou a declaração de utilidade pública da expropriação, ou em que cessaram as suas finalidades.[29]

Assim, verificados os referidos requisitos negativos, surge na esfera do expropriado, sobre o imóvel ou os imóveis em causa, o referido direito de reversão.

O prazo de inércia da Administração de dois anos a que se reporta a alínea a) deste normativo é contado desde a data da adjudicação à entidade beneficiária da expropriação do direito de propriedade sobre os bens, a que se refere o artigo 51º, nº 5, deste Código.

Trata-se de um prazo de direito substantivo, pelo que deve ser contado nos termos do artigo 279º, alíneas c) e e), do Código Civil.

---

[28] Este artigo está de algum modo conexionado com o disposto nos artigos 2º, 3º, nº 1, 13º, n.os 5 e 7, 51º, nº 5, e 74º a 79º, todos deste Código.

[29] No sentido de que o referido normativo abrange os casos em que, durante o mencionado prazo, a entidade expropriante realizou meros trabalhos de limpesa ou de terraplanagem desarticulados do projecto global, veja-se JOSÉ OSVALDO GOMES, *obra citada*, página 414.

Considerando a expressão *entretanto*, a cessação da causa da expropriação a que se reporta a alínea b) deste normativo releva, independentemente do momento em que ocorra, desde que se verifique depois da aludida adjudicação do direito de propriedade sobre os bens em causa à entidade beneficiária da expropriação, a que alude o referido artigo 51º, nº 5, deste Código.

Neste conceito de cessação da utilização para o fim a que o imóvel foi afecto cabem, ao que parece, os casos em que o imóvel foi usado para o fim justificativo da expropriação, mas que esse fim cessou, naturalmente dentro do prazo mencionado na alínea a) do nº 4 deste artigo.[30]

É pressuposto do direito de reversão, corolário do princípio da proporcionalidade, ter havido expropriação consumada por via da adjudicação do imóvel à entidade expropriante e a sua não afectação ao fim de utilidade pública que esteve na base da declaração de utilidade pública.

A reversão decorre do acto de expropriação, constituindo um direito próprio dos ex-titulares dos bens expropriados como meio de neutralizar o efeito daquele acto, subjectivando-se depois da sua consumação e de se verificar que os bens em causa não foram aplicados ao fim para que foram expropriados ou que cessou a sua aplicação a esse fim.

Trata-se, no fundo, de um poder dos expropriados de fazerem voltar à sua esfera jurídica, por desnecessários ao fim visado de utilidade pública, os bens objecto da expropriação.

Dir-se-á, em síntese, que a reversão é, essencialmente, o retorno dos bens expropriados à titularidade dos expropriados, por virtude da inércia da entidade expropriante ou da alteração do fim da expropriação, em regra sob a obrigação dos primeiros de restituírem à última o que dela hajam recebido a título de indemnização.

Tendo em conta a definição da condição resolutiva que consta do artigo 270º do Código Civil, a estrutura da reversão ou retroversão aponta no sentido de que a expropriação por utilidade pública está sujeita à condição resolutiva legal de não ser dado ao bem, em determinado prazo, o destino previsto na declaração de utilidade pública.[31]

---

[30] Neste sentido, pode ver-se FERNANDA PAULA OLIVEIRA, *obra citada*, página 130, onde refere não estar, no caso, o exercício do direito de reversão sujeito a prazo.

[31] Neste sentido, pode ver-se FERNANDO ALVES CORREIA, "As Garantias do Particular na Expropriação por Utilidade Pública", Separata do volume XXXIII do Suplemento do Boletim da Faculdade de Direito de Coimbra, 1982, página 166.

Sob o argumento de que o direito de reversão assenta na referida garantia constitucional, sem sido entendido que ele é regulado pela lei vigente à data do respectivo exercício.[32]

Como o direito de reversão se constitui no momento da verificação dos referidos pressupostos, ou seja, independentemente do momento da publicação da declaração de utilidade pública da expropriação, deve ser regulado pela lei na vigência da qual ocorreram os respectivos pressupostos (artigo 12º, nº 1, do Código Civil).[33]

Também tem sido discutida a questão de saber se a lei atribui ou não aos expropriados o direito de reversão nos casos de fixação da indemnização no âmbito da expropriação amigável ou de aquisição dos bens em causa por via do direito privado, no âmbito do procedimento administrativo.[34]

A expressão *adjudicação*, a que o normativo em análise se refere, e a finalidade da lei, permitem a sua interpretação no sentido da abrangência de qualquer das referidas formas de aquisição do direito de propriedade sobre os imóveis.

Nesta perspectiva, deve considerar-se que a reversão é susceptível de funcionar em qualquer das espécies de aquisição dos bens em causa, seja a anterior à declaração de utilidade pública da expropriação, seja no decurso do procedimento administrativo, seja a posterior a essa declaração, na chamada expropriação amigável ou na litigiosa.[35]

2. Prevê o nº 2 deste artigo a realização de uma obra contínua determinante da expropriação de bens distintos, e estatui que, sem prejuízo do disposto no nº 9, o seu início em qualquer local do traçado faz cessar o direito de reversão sobre todos os bens expropriados.

Trata-se de expropriações cujo objecto são bens distintos, com vista à implementação de uma obra contínua, cujo início num deles implica a extinção do direito de reversão em relação a cada um dos outros, ainda que não sejam contíguos.

---

[32] Neste sentido FERNANDO ALVES CORREIA, "As Grandes Linhas da Recente Refor do Direito do Urbanismo", Coimbra, 1993, página 71 e seguintes, nota 52; e LUÍS PERESTRELO DE OLIVEIRA, *obra citada*, página 39.

[33] Neste sentido, pode ver-se o Acórdão do Supremo Tribunal Administrativo, de 19 de Janeiro de 1995, BMJ, nº 443, página 130; e o Parecer do Conselho Consultivo da Procuradoria-Geral da República, nº 80/76, de 27 de Outubro, BMJ, nº 268, página 59.

[34] No sentido afirmativo pronunciaram-se PEDRO ELIAS DA COSTA, *obra citada*, página 245; e PEDRO CANSADO PAES, ANA ISABEL PACHECO e LUÍS ALVAREZ BARBOSA, "Código das Expropriações", Coimbra, 2003, página 43.

[35] Neste sentido, pode ver-se PEDRO ELIAS DA COSTA, *obra citada*, páginas 245 e 246.

O conceito de obra contínua consta do nº 3 deste artigo, por seu turno conexo com o que se prescreve no artigo 13º, nº 7, deste Código, relativo à regra da exclusão da declaração da caducidade da declaração de utilidade pública da expropriação.

As referidas obras devem, naturalmente, enquadrar-se no âmbito do fim que justificou a expropriação, e não apenas para evitar a caducidade da declaração de utilidade pública da expropriação.

O nº 9 deste artigo refere-se a mais um caso de não extinção do direito de reversão, no caso de os trabalhos terem sido suspensos ou interrompidos durante mais de dois anos.

3. Prevê o nº 3 deste artigo o conceito de obra contínua para efeitos do disposto no número anterior, e estatui dever entender-se como tal a que tiver configuração geométrica linear e que, pela sua natureza, seja susceptível de execução faseada ao longo do tempo, correspondendo a um projecto articulado global e coerente.

A densificação do conceito de obra contínua é feita por via de uma presunção *iure et de iure* a partir da sua configuração geométrica linear, da susceptibilidade de execução temporalmente faseada e da correspondência a determinado projecto unitário.

A expressão *projecto articulado global e coerente* está utilizada em sentido amplo, não excluindo os estudos desenvolvidos por quem de direito susceptíveis de fundar a declaração de utilidade pública da expropriação, na medida em que delimitem rigorosamente os bens em causa.[36]

Assim, para efeito do disposto no nº 2 deste artigo, são contínuas, por exemplo, as obras que envolvam a construção de estradas, de pontes, de linhas de caminho de ferro ou de aeroportos.

4. Prevê o nº 4 deste artigo a cessação do direito de reversão, e estatui que ela ocorre decorridos vinte anos sobre a data da adjudicação, ou se tiver sido dado aos bens expropriados outro destino mediante nova declaração de utilidade pública, ou se tiver havido renúncia àquele direito pelo expropriado, ou no caso de ocorrer, no prazo de um ano a contar da verificação dos factos previstos no nº 1, a renovação da declaração de utilidade com fundamento em prejuízo grave para o interesse público.

---

[36] Neste sentido, pode ver-se LUIS PERESTRELO DE OLIVEIRA, *obra citada*, página 39.

A alínea a) deste número, que estabelece a cessação do direito de reversão, reporta-se a um caso de caducidade desse direito, cujo prazo começa com a adjudicação do direito de propriedade sobre os imóveis, a que se refere o artigo 51º, nº 5, deste Código.

A alínea b) deste número refere-se ao caso de afectação, pela Administração, por via de nova declaração de utilidade pública, do bem expropriado a fim diverso do previsto na antecedente declaração de utilidade pública.

Esta é uma situação diversa da renovação da declaração de utilidade pública da expropriação, prevista na alínea d) seguinte, caso em que se mantém o destino dos imóveis que constava da antecedente declaração de utilidade pública da expropriação.

A renúncia do expropriado ao direito de reversão, a que alude a alínea c) deste número, é susceptível de ocorrer antes ou depois da ocorrência dos factos a que se reporta o nº 1 deste artigo, em que assenta o direito do expropriado à reversão, inclusivamente no âmbito do acordo a que alude o artigo 34º deste Código.

A renúncia é, essencialmente, a extinção de um direito por vontade exclusiva do seu titular, no caso por exclusiva vontade do expropriado, susceptível de abranger todos ou alguns dos bens em causa.

Pode ser expressa ou tácita, nos termos do artigo 217º, nº 1, do Código Civil, ou seja, respectivamente, quando for feita por palavras, escrito ou outro meio directo de manifestação da vontade, ou se deduza de factos que com toda a probabilidade a revelem.

Nesta matéria, porque está em causa um direito que se conforma com a garantia prevista no artigo 62º, nº 1, da Constituição, só pode relevar a renúncia expressa, salvo nos casos previstos nos n.os 6 e 7 deste artigo.

Na alínea d) deste número consta, finalmente, a renovação da declaração de utilidade pública como causa de extinção do direito de reversão. Não é, em rigor, uma nova declaração de utilidade pública, mas uma mera renovação da anterior, com fundamento no grave prejuízo para o interesse público que adviria do funcionamento do direito de reversão do expropriado.

Entre a declaração de utilidade pública renovada e a renovatória deve decorrer uma relação de identidade, abrangente dos bens, da entidade declarante sob o ponto de vista da sua qualidade jurídica, do fim de utilidade pública e do beneficiário da expropriação.[37]

---

[37] FERNANDO ALVES CORREIA, "A Jurisprudência do Tribunal Constitucional sobre Expropriações por Utilidade Pública e o Código das Expropriações de 1999", Revista de Legislação e Jurisprudência, Ano 133º, nº 3910, página 9, nota 73.

Todavia, esta causa de extinção do direito de reversão só releva no caso de a referida renovação ser publicada no jornal oficial no prazo de um ano contado da verificação de algum factos constitutivos do direito a que se reporta o nº 1 deste artigo.

O referido prazo, de natureza substantiva, é contado nos termos previstos no artigo 279º, alíneas c) e e), do Código Civil.

5. Prevê o nº 5 deste artigo, por um lado, o prazo para o requerimento da reversão, e estatui que a mesma deve ser requerida no prazo de três anos a contar da ocorrência do facto que a originou, sob pena de caducidade.

E, por outro, prevê o decurso do referido prazo até ao fim do prazo de vinte anos previsto na alínea a) do número anterior, e estatui assistir ao expropriado o direito de preferência na primeira alienação dos bens.

A caducidade tem aqui o sentido de extinção automática do direito de requerer a reversão em razão do decurso do tempo, mas este efeito processual repercute-se no respectivo direito substantivo.

Temos, pois, que o expropriado deve requerer a reversão dos bens expropriados no prazo de três anos a contar da sua constituição – verificação dos respectivos pressupostos – nos termos do nº 1 deste artigo, em conformidade com o disposto no artigo 279º, alíneas c) e e), do Código Civil.

Face ao disposto no artigo 74º, nº 1, deste Código, o referido requerimento deve ser dirigido à entidade que houver declarado a utilidade pública da expropriação ou que haja sucedido na respectiva competência.

Já foi referido, com base na excessiva limitação do direito dos expropriados, face ao referido prazo de caducidade, estar este normativo afectado de inconstitucionalidade, por violação dos princípios do Estado de Direito, do acesso ao direito e aos tribunais e do próprio direito de propriedade, por fazer depender a extinção do seu direito de um facto cujo conhecimento lhes pode estar impedido.[38]

Mas não se vê, ao que parece, o fundamento para essa conclusão de impossibilidade de conhecimento, nem para que, por qualquer motivo, se considere a existência do referido vício de inconstitucionalidade.

Não obstante o expropriado ter deixado caducar o exercício do seu direito potestativo de reversão, ainda pode beneficiar, durante o prazo de 20 anos a

---

[38] VICTOR DE SÁ PEREIRA e ANTÓNIO PROENÇA FOUTO, "Código das Expropriações", Porto, 2002, página 30.

contar, nos termos acima referidos, da data da adjudicação do direito de propriedade sobre os bens em causa, do direito de preferência na sua primeira alienação por parte da entidade beneficiária da expropriação.

Assim, na sequência da caducidade do direito de reversão, inscreve-se na titularidade do expropriado o direito de preferência na primeira alienação dos bens até ao termo do prazo de vinte anos contado da data da respectiva adjudicação.

Trata-se de um direito de preferência legal, a que é aplicável o disposto nos artigos 416º a 423º do Código Civil. Este direito de preferência, que o expropriado pode exercer por via da acção a que aludem os artigos 1458º a 1466º do Código Civil, é, porém, susceptível de se extinguir pelas causas a que aludem os n.ᵒˢ 6 e 7 deste artigo.

6. Prevê o nº 6 deste artigo o acordo entre a entidade expropriante e o expropriado ou demais interessados sobre outro destino a dar ao bem expropriado ou sobre o montante do acréscimo da indemnização que resultaria da aplicação do disposto no nº 8 deste artigo, e estatui que isso se interpreta como renúncia aos direitos de reversão e de preferência.

Este normativo está conexionado com o que se prescreve nas alíneas b) e d) do nº 4 e no nº 8 deste artigo, e expressa uma presunção *iure et de iure*, na medida em que o referido acordo entre a entidade expropriante e o expropriado é legalmente equiparado à renúncia ao direito de reversão ou de preferência, conforme os casos.

Temos, pois, que o direito de reversão é susceptível de se extinguir pelas causas típicas constantes do nº 4 deste artigo, bem como em virtude da renúncia presumida a que este normativo se reporta.

7. Prevê o nº 7 deste artigo o caso de a entidade beneficiária da expropriação pretender alienar parcelas sobrantes, e estatui, por um lado, dever comunicar o projecto de alienação ao expropriado e demais interessados conhecidos cujos direitos não hajam cessado definitivamente.

E, por outro, que tal comunicação deve ser feita por carta ou ofício registado com aviso de recepção, com a antecedência mínima de 60 dias, e que, terminado este prazo, sem que o expropriado exerça o direito de reversão ou de preferência, isso deve ser entendido como renúncia a um ou outro dos referidos direitos.

Trata-se de situações em que uma parte dos bens expropriados não foi objecto de aproveitamento por parte da entidade expropriante, mas em que

CÓDIGO DAS EXPROPRIAÇÕES E ESTATUTO DOS PERITOS AVALIADORES

a lei insere uma excepção ao exercício pelos expropriados do direito de reversão.

São áreas relativamente às quais incidiu declaração de utilidade pública da expropriação, ou que foram objecto do procedimento administrativo a ela tendente, e, no âmbito da respectiva execução, não chegaram a ser utilizadas para o fim de interesse público previsto.

Nelas não se incluem, porém, para efeito de reversão, independentemente da intenção de alienação, as áreas que só foram expropriadas por virtude de o expropriado ter pedido a expropriação total.

É pressuposto da aplicação desta excepção, como é natural, que o direito de reversão do expropriado ainda não esteja extinto, nos termos dos n.os 2, 4 e 5 deste artigo.

O referido prazo de 60 dias é contado nos termos do artigo 72º, nº 1, do Código do Procedimento Administrativo. O referencial relativo à sua contagem é, por seu turno, a data prevista para a alienação, devendo ter-se em linha de conta o que se prescreve no artigo 416º, nº 1, do Código Civil.

No caso de o referido prazo de 60 dias terminar depois do fim do prazo de 20 anos a que se reporta a alínea a) do nº 4 e o nº 5 deste artigo, deve o primeiro ser reduzido em função do último.[39]

8. Prevê o nº 8 deste artigo a nova declaração de utilidade pública ou de renovação da declaração anterior, e estatui, por um lado, dever ser o expropriado notificado, nos termos do nº 1 do artigo 35º, para optar pela fixação de nova indemnização ou pela actualização da anterior ao abrigo do disposto no artigo 24º, e, por outro, que nesse caso se aproveitam os actos praticados.[40]

À nova declaração de utilidade pública e à renovação da declaração de utilidade pública anterior reportam-se as alíneas b) e d) do nº 4 deste artigo, referentes à cessação do direito de reversão.

Decorre deste normativo, nas referidas situações, que a extinção do direito de reversão é susceptível de implicar a determinação de uma nova indemnização ou a actualização da que foi anteriormente fixada, conforme os casos.

---

[39] Neste sentido, pode ver-se LUIS PERESTRELO DE OLIVEIRA, *obra citada*, página 40.

[40] Observando que este normativo não se aplica ao titular do direito de reversão cujo bem foi expropriado, mas apenas aos titulares de bens que tendo estado sujeitos a expropriação, não chegaram a ser expropriados, veja-se PEDRO ELIAS DA COSTA, *obra citada*, página 248.

Em qualquer caso, o expropriado pode, pois, optar pela fixação de uma nova indemnização ou pela actualização da que anteriormente lhe foi arbitrada, em conformidade com o que se prescreve no artigo 24º deste Código.

Para o efeito, é o expropriado notificado pela entidade expropriante nos termos do artigo 35º deste Código, com a concernente proposta de indemnização fixada de novo ou actualizada.

No caso de o expropriado optar pela fixação de nova indemnização ou se remeta ao silêncio nesse ponto, suscita-se a dúvida sobre o momento relevante para a sua fixação.

Nessa hipótese, face à garantia da justa indemnização aos expropriados a que se reporta o artigo 62º, nº 2, da Constituição, parece dever ser considerado o momento da publicação da nova declaração de utilidade ou da renovação da primitiva.[41]

9. Prevê o nº 9 deste artigo a suspensão ou a interrupção dos trabalhos por mais de dois anos, e estatui, por um lado, cessar o disposto no nº 2, e, por outro, que o prazo previsto no nº 5 se conta a partir do final daquele.

O nº 2 deste artigo reporta-se à realização de uma obra contínua determinante da expropriação de bens distintos, e estatui a regra de que o seu início em qualquer local do traçado faz cessar o direito de reversão sobre todos os bens expropriados.

O disposto no normativo em análise constitui uma excepção ao que se prescreve no nº 2 deste artigo, porque se os trabalhos forem suspensos ou interrompidos por mais de dois anos não cessa o direito de reversão dos expropriados.

Nesse caso, o prazo de três anos para que os expropriados requeiram a reversão dos bens expropriados é contado a partir do termo do prazo de dois anos de suspensão ou de interrupção dos mencionados trabalhos.

Os referidos prazos, de direito substantivo, contam-se nos termos dos artigos 279º, alíneas c) e e), do Código Civil.

10. Tem vindo a ser discutido sobre se o expropriado pode ou não exercer o direito de reversão quando os imóveis em causa tenham sido alienados a terceiro.

Já foi considerado no sentido afirmativo e que a boa ou má fé dos terceiros adquirentes só releva nas suas relações com a entidade beneficiária da expro-

---

[41] Neste sentido, pode ver-se LUIS PERESTRELO DE OLIVEIRA, *obra citada*, página 40.

priação, para atribuição ou não de um direito de indemnização, mas não enquanto facto impeditivo da reversão.[42]

Mas também já foi decidido pelos tribunais que, mesmo a verificarem-se os pressupostos do direito de reversão, era impossível a sua efectivação se os bens tiverem sido transmitidos a terceiros por acto administrativo consolidado na ordem jurídica.[43]

Tal como, depois disso, em sentido contrário, foi decidido que o direito de reversão apenas cessa nas situações previstas no nº 4 do artigo em análise e de que para o efeito é irrelevante a transferência do domínio ou a constituição de direito de propriedade de outro particular por alienação.[44]

Conforme atrás se referiu, no confronto entre a posição que considera ser o direito de reversão um direito potestativo ou real de compra legalmente conferido aos expropriados e aquela que o considera uma condição resolutiva de direito público, o que nos parece mais conforme com o regime legal é este último.

Nesta última perspectiva, a transferência do direito de propriedade sobre os bens implicada pela expropriação está sujeita à condição resolutiva de a entidade beneficiária da expropriação os afectar aos fins de utilidade pública pressupostos pela respectiva declaração.

O direito de reversão não tem eficácia real e, consequentemente, não é sujeito a registo predial, pelo que a regra é, conforme resulta do artigo 438º, nº 1, do Código Civil, no sentido de que a condição resolutiva em causa não prejudica os direitos adquiridos por terceiro.

Assim, nesse caso, os fundamentos da reversão só são susceptíveis de relevar entre o expropriado e a entidade beneficiária da expropriação ou quem a esta tenha sucedido na respectiva competência, e não no confronto de terceiros, pelo que, alienados os prédios expropriados a terceiros, não pode contra eles o expropriado exercer o direito de reversão.

Todavia, eventualmente, poderá o expropriado exigir à entidade beneficiária da expropriação – ou a quem a substituiu na competência expropriativa –

---

[42] Neste sentido, MARGARIDA OLAZABAL CABRAL, "Direito de reversão Face a Terceiros Adquirentes", *Cadernos de Jurisprudência Administrativa*, nº 6, Ano 1997, página 43.

[43] Acórdão do Supremo Tribunal Administrativo, de 6 de Outubro de 1992, Processo nº 28 577, Apêndice do *Diário da República*, de 17 de Maio de 1996, página 5309.

[44] Neste sentido, pode ver-se o Acórdão do STA de 29.06.04, Processo nº 063/03.

indemnização pelo dano que tenha sofrido em consequência da ineficácia do direito de reversão.[45]

11. Fora do âmbito da expropriação por utilidade pública, o direito público prevê algumas situações de reversão de bens imóveis, como é o caso do direito de reversão das parcelas cedidas gratuitamente aos municípios para implantação de espaços verdes ou equipamentos, pelos proprietários e demais titulares de direitos reais sobre os prédios a lotear, que consta do artigo 45º do Decreto-Lei nº 555/99, de 16 de Dezembro.[46]

Conforme resulta dos n.os 1 e 2 daquele artigo, tem o cedente o direito de reversão sobre as parcelas cedidas, sempre que estas sejam afectas a fins diversos daqueles para que hajam sido cedidas, a que é aplicável o disposto neste Código das Expropriações, com as necessárias adaptações.

Mas por virtude do disposto no nº 3 do referido artigo, em alternativa ao exercício do referido direito de reversão, podem os cedentes exigir aos municípios uma indemnização a determinar nos termos do Código das Expropriações, com referência ao fim a que as respectivas parcelas se encontrem afectas, calculada à data em que pudesse haver lugar à reversão.

12. Sobre a matéria a que este artigo se reporta, pronunciou-se, entre outras, a seguinte decisão judicial:

– Adjudicada a parcela por sentença de 5 de Novembro de 1999, o prazo de dois anos começa a contar-se a partir dessa data, terminando no dia 5 de Novembro de 2001. Consignados os trabalhos em 12 de Julho de 2001, instalado o estaleiro das obras em Agosto de 2001 e lavrado em 28 de Setembro de 2001 o auto de pagamento das primeiras obras realizadas, ocorre causa impeditiva do direito de reversão. A dúvida legítima na qualificação de um acto como marcando o termo inicial da contagem do prazo deve funcionar a favor da Administração, porque o prazo de dois anos é curto para fazer o imprescindível (Acórdão do STA, de 19.05.05, Processo nº 01442/03).

---

45 No mesmo sentido, pode ver-se FERNANDO ALVES CORREIA, "As Garantias do Particular na Expropriação Por Utilidade Pública", Coimbra, 1982, páginas 165 a 169.

46 O referido diploma foi alterado pelas Leis n.os 13/200. de 20 de Julho, e 30-A/2000, de 20 de Dezembro, 15/2002, 2002, de 22 de Fevereiro, 4-A/2003, de 19 de Fevereiro, e 60/2007, de 4 de Setembro, e pelos Decretos-Leis n.os 177/2001, de 4 de Junho, 157/2006, de 8 de Agosto, 18/2008, de 29 de Janeiro, 116/2008, de 4 de Julho, e 26/2010. de 30 de Março.

ARTIGO 6º
Afectação dos bens do domínio público

1 – As pessoas colectivas de direito público têm direito a ser compensadas, em dinheiro ou em espécie, como melhor convier aos fins públicos em causa, dos prejuízos efectivos que resultarem da afectação definitiva dos seus bens de domínio público a outros fins de utilidade pública.

2 – Na falta de acordo, o montante da compensação é determinado por arbitragem, nos termos previstos neste Código, com as necessárias adaptações.

3 – Tornando-se desnecessária a afectação dos bens, estes são reintegrados no património das entidades a que se refere o nº 1.

1. Prevê o nº 1 deste artigo os prejuízos efectivos resultantes da afectação definitiva dos bens de domínio público das pessoas colectivas de direito público a outros fins de utilidade pública, e estatui que elas têm direito a ser compensadas, em dinheiro ou em espécie, como melhor convier aos fins públicos em causa.[47]

Trata-se da transmissão de bens do domínio público de uma pessoa colectiva pública para o domínio público de outra pessoa colectiva pública com finalidade diversa, que vem sendo designada pela doutrina como mutação patrimonial.[48]

As pessoas colectivas de direito público são o Estado, as regiões autónomas, os municípios e as freguesias.

A afectação consubstancia-se no facto jurídico imputável à Administração de que decorre o destino directo e imediato de determinados bens a um fim de utilidade pública, ou a sua adstrição para esse fim a um serviço ou a uma pessoa singular ou colectiva.[49]

Assim, a desafectação verdadeira e própria consiste na passagem, no âmbito da mesma pessoa colectiva de direito público, de bens do domínio privado ao domínio público e vice-versa.

O normativo em análise pressupõe a distinção entre afectação definitiva e a transitória ou não definitiva, sendo que só à primeira situação se reporta. Todavia, em rigor, não se refere a uma situação de afectação, porque do que se trata

---

[47] Este artigo está conexionado com o disposto nos artigos 67º, nº 2 e 69º, ambos deste Código.

[48] Neste sentido, pode ver-se JOSÉ OSVALDO GOMES, *obra citada*, página 42.

[49] JOSÉ PEDRO MONTEIRO FERNANDES, "Dicionário Jurídico da Administração Pública", volume I, Coimbra, 1990, página 269.

é de uma transferência de bens do domínio público de uma pessoa colectiva de direito público para outra.

A referida transferência de bens do domínio público, como ocorre em relação às expropriações em geral, deve derivar de um acto administrativo da autoria de quem para o efeito tiver competência.

O prejuízo, que eventualmente decorra para a pessoa colectiva de direito público que operou a mencionada transferência, deve ser compensado, naturalmente a débito da pessoa colectiva de direito público que integre os respectivos bens na sua esfera jurídica.

Trata-se, pois, do prejuízo efectivo derivado da afectação do bem a outro fim de utilidade pública, e não o correspondente ao seu valor determinado segundo o critério previsto para as expropriações em geral.

A lei refere, por um lado, o prejuízo, e por outro, a sua compensação, em dinheiro ou em espécie, conforme melhor convier ao fim público, não utilizando, portanto, a expressão *indemnização*.

Por isso, parece ser intenção da lei que a referida compensação não é a que decorre do Código das Expropriações quanto à contrapartida da expropriação em geral.

A aludida compensação deve ser determinada por acordo, seja em dinheiro, seja em espécie, a exemplo do que também ocorre nos artigos 67º, nº 2 e 69º deste Código.

2. Prevê o nº 2 deste artigo a falta de acordo sobre o montante da compensação, e estatui que ele é determinado por arbitragem, nos termos previstos neste Código, com as necessárias adaptações.

Assim, se acordo não houver entre as duas pessoas colectivas de direito público envolvidas, a referida compensação é fixada por meio de arbitragem, tendo em conta as particularidades daquelas entidades e a função dos bens em causa.

3. Prevê o nº 3 deste artigo a desnecessidade superveniente da afectação dos bens em causa e estatui a sua reintegração no património das entidades públicas referidas no nº 1, ou seja, no património das pessoas colectivas que os transmitiram.

Neste caso de reintegração dos referidos bens, em paralelismo com o direito de reversão que é próprio do instituto da expropriação, a lei não prevê a restituição da contrapartida recebida pelas pessoas colectivas de cuja esfera patrimonial os bens saíram.

Mas nada impede, como é natural, que as referidas pessoas colectivas estabeleçam, por acordo, o montante da restituição que julguem adequado.

4. A solução legal a que este artigo se reporta, que se traduz em mutação patrimonial, é essencialmente diversa do instituto da expropriação, na medida em que este incide sobre bens do domínio privado.

O domínio público é essencialmente "o conjunto das coisas que, pertencendo ao Estado, às Regiões Autónomas ou às autarquias locais, são submetidas por lei, dado o fim de utilidade pública a que se encontram afectadas, em ordem a preservar a produção dessa utilidade pública, a um regime jurídico especial fundamentalmente caracterizado pela sua não comercialidade."[50]

Integram o domínio público as águas territoriais e os respectivos leitos, as camadas aéreas superiores, os jazigos minerais, as nascentes de águas mineromedicinais, as estradas, as linhas férreas nacionais e outros bens como tal classificados por lei (artigo 84º, nº 1, da Constituição).

Os bens que integram o domínio público do Estado, das regiões autónomas e das autarquias locais, bem como o seu regime, condições de utilização e limites, são definidos por lei (artigo 84º, nº 2, da Constituição).

A titularidade dos imóveis do domínio público pertence ao Estado, às Regiões Autónomas e às autarquias locais, abrangendo poderes de uso, administração, tutela e defesa, nos termos da lei (artigo 15º do Decreto-Lei nº 280/2007, de 7 de Agosto).

À afectação dos imóveis à utilidade pública reporta-se o artigo 16º do referido diploma, resultando do seu nº 1 que, se o interesse público subjacente ao estatuto da dominialidade de um imóvel não decorrer directa e imediatamente da sua natureza, compete ao respectivo titular afectá-lo às utilidades públicas correspondentes à classificação legal.

Acresce, segundo o nº 2 daquele artigo, que a eficácia da afectação referida em último lugar fica dependente da efectiva verificação das utilidades que justificaram a sujeição dos bens ao estatuto da dominialidade, e, de harmonia com o disposto no seu nº 3, que se os imóveis do domínio público se revelarem susceptíveis de proporcionar várias utilidades, estas são determinadas e ordenadas por acto ou contrato administrativo, de acordo com a sua natureza e os interesses públicos co-envolvidos.

---

[50] Parecer do Conselho Consultivo da Procuradoria-Geral da República, nº 86/1998, publicado no *Diário da República*, II Série, de 3 de Dezembro de 1999.

À desafectação dos imóveis refere-se o artigo 17º daquele diploma, segundo o qual, quando sejam desafectados das utilidades que justificaram a sua afectação ao regime da dominialidade, deixam de integrar o domínio público, ingressando no domínio privado do Estado, das Regiões Autónomas ou das autarquias locais.

Quanto a inalienabilidade dos imóveis do domínio público rege o artigo 18º daquele diploma, segundo o qual eles estão fora do comércio jurídico, não podendo ser objecto de direitos privados ou de transmissão por instrumentos de direito privado.

6. As coisas do domínio público não podem ser objecto de direitos privados (artigo 202º, nº 2, do Código Civil).

Elas só podem ser objecto de expropriação depois da sua desafectação do domínio público e da sua integração no domínio privado das pessoas colectivas de direito público.

Trata-se de situações em que uma coisa já de si afectada à utilidade pública, integrada embora no domínio privado de uma pessoa colectiva de direito público, é expropriada a fim de proporcionar a realização de um fim de utilidade pública superior.[51]

Nos termos do artigo 7º da Lei nº 109-B/2001, de 27 de Dezembro, os bens do domínio público ferroviário, desde que não estejam adstritos ao serviço a que se destinam ou dele sejam dispensáveis, poderão ser desafectados desse domínio público e integrados no património privado da Rede Ferroviária Nacional-Refer EP.

7. Sobre a matéria a que este artigo se reporta pronunciaram-se, entre outras, as seguintes decisões judiciais:

a) Não é legalmente possível a expropriação de bens do domínio público, só se permitindo a sua afectação a outros fins de utilidade pública, porque se não trata de conflito entre um interesse privado e um interesse público, mas de dois interesses públicos. Como a expropriação consiste na conversão de uma coisa no seu valor em dinheiro, não pode aplicar-se às coisas que, estando fora do comércio, carecem de valor venal. Como a coisa pública só pode ser expropriada se previamente deixar de ter esse carác-

---

[51] MARCELLO CAETANO, "Manual de Direito Administrativo", 10ª Edição, volume II, página 1032.

ter, só a desafectação a fará passar ao domínio privado, tornando-a então susceptível de ser aplicada a um fim de utilidade pública superior àquele que estava a desempenhar e lhe permitirá assumir valor venal (Acórdão da Relação de Guimarães, de 17.11.09, Processo nº 4494/06.2TBVCT.G1).

b) A competência para o acto de afectação inscreve-se na entidade competente para a expropriação (Acórdão da Relação de Guimarães, de 25.06.09, Processo nº 2359/06.7TBCVT-A.G2).

ARTIGO 7º
Expropriação de bens ou direitos relativos a concessões e privilégios

1 – Com o resgate das concessões e privilégios outorgados para a exploração de obras ou serviços de utilidade pública podem ser expropriados os bens ou direitos a eles relativos que, sendo propriedade do concessionário, devam continuar afectos à obra ou ao serviço.

2 – A transferência de posse dos bens expropriados opera-se conjuntamente com a dos que constituem objecto de resgate, ainda que a indemnização não esteja fixada.

3 – No caso previsto na parte final do número anterior, a entidade expropriante deve proceder à cativação do saldo da dotação orçamental que suporta o encargo e renová-la em cada ano económico enquanto se justificar, ou proceder à caução nos termos da lei.

1. Prevê o nº 1 deste artigo o resgate das concessões e privilégios outorgados para a exploração de obras ou serviços de utilidade pública, e estatui deverem ser expropriados os bens ou os direitos a eles relativos pertencentes ao concessionário, que devam continuar afectos à obra ou ao serviço.[52]

Os contratos de concessão de obras públicas e de serviços públicos são de natureza administrativa, que constam actualmente dos artigos 407º a 430º do Código dos Contratos Públicos, aprovado pelo Decreto-Lei nº 18/2008, de 29 de Janeiro.

A concessão traduz-se essencialmente no acto ou contrato por via do qual uma pessoa colectiva de direito público encarrega uma entidade privada ou pública do desempenho de uma actividade incluída na esfera das suas atribuições e da sua competência.

---

[52] O disposto neste artigo está em conexão com o que se prescreve no artigo 14º, nº 1, alínea b), deste Código.

Trata-se de uma transferência temporária ou resolúvel e parcial por virtude de o ser durante contado período de tempo e porque a entidade concedente não se demite da vigilância e da defesa do interesse público.[53]

O resgate é, por seu turno, a faculdade que à Administração é concedida por lei ou por cláusula do contrato de concessão de serviços públicos de extinguir a relação jurídica emergente do negócio de concessão, mediante o ressarcimento patrimonial do resgatado.[54]

Conforme já se referiu, o resgate distingue-se da expropriação, por virtude de aquele, ao invés desta, pressupor a existência de um contrato de concessão que se extingue.

A referência da lei aos privilégios pretende significar a vantagem ou o benefício concedido aos concessionários de obras ou serviços públicos, por exemplo o de actividade exclusiva.

Face ao disposto no normativo em análise, o resgate das referidas concessões e privilégios, seja de origem legal ou contratual, pode ser acompanhado da expropriação dos bens e direitos a eles relativos da titularidade dos concessionários, que devam continuar afectos à obra ou serviço.

2. Prevê o nº 2 deste artigo a transferência da posse dos bens expropriados, e estatui que ela opera conjuntamente com a dos bens que constituem o objecto de resgate, ainda que a indemnização não esteja fixada.

Mas onde este normativo refere, por lapso, os bens objecto de resgate, pretende reportar-se aos bens objecto da concessão ou do privilégio.

Temos, assim, a simultaneidade da transferência para a entidade pública da posse dos bens expropriados – independentemente da fixação da respectiva indemnização – e dos bens resgatados.

A transferência da propriedade e da posse dos referidos bens do concessionário para a titularidade da concedente opera por força da lei, portanto sem necessidade de decisão judicial para o efeito.

Nesta medida, este normativo prevê um regime de excepção ao geral que consta deste Código.

---

53 DIOGO FREITAS DO AMARAL E LINO TORGAL, Estudos Sobre Concessões e Outros Actos da Administração", Coimbra, 2002, página 231.
54 FERNANDO ALVES CORREIA, "As Garantias do Particular na Expropriação por Utilidade Pública", já citada, página 73.

3. Prevê o nº 3 deste artigo, por referência à parte final do número anterior, a não fixação prévia da indemnização, e estatui, por um lado, dever a entidade expropriante proceder à cativação do saldo da dotação orçamental que suporta o encargo, e, por outro, renová-la em cada ano económico enquanto se justificar, ou proceder à caução nos termos da lei.

Resulta deste normativo a inaplicabilidade das normas deste Código relativas à instrução do procedimento de expropriação em geral, designadamente as que constam do artigo 12º.

Em contrapartida, como garantia do pagamento da indemnização ao concessionário, deverá a entidade pública que implementou o resgate que, por seu turno, implicou a expropriação, optar pela cativação do saldo de dotação orçamental respectivo e a sua renovação, se for caso disso, ou pela prestação de caução, nos termos da lei.

A normalidade de prestação da referida caução será através de depósito em dinheiro (artigo 623º, nº 1, do Código Civil).

4. No que concerne à utilização privativa de bens do domínio público rege o Decreto-Lei nº 289/2007, de 7 de Agosto.

Nos termos do artigo 27º daquele diploma, os particulares podem adquirir direitos de uso privativo do domínio público por licença ou concessão.

Acresce que, conforme o disposto no artigo 28º, n.os 1 e 2, daquele diploma, através de acto ou contrato administrativo podem ser conferidos aos particulares, durante um período determinado de tempo, em regra não prorrogável, poderes exclusivos de fruição de bens do domínio público, mediante o pagamento de taxas.

Finalmente, face ao disposto no artigo 29º, nº 1, do mesmo diploma, a extinção da concessão antes do decurso do prazo, por facto imputável ao concedente, confere ao concessionário o direito a uma indemnização pelas perdas e danos sofridos, correspondentes às despesas que ainda não estejam autorizadas e que representem investimentos em bens inseparáveis dos imóveis ocupados ou cuja desmontagem ou separação dos imóveis ocupados implique a sua deterioração desproporcionada.

ARTIGO 8º
Constituição de servidões administrativas

1 – Podem constituir-se sobre imóveis as servidões necessárias à realização de fins de interesse público.

2 – As servidões apenas dão lugar a indemnização quando:

a) Inviabilizem qualquer utilização que vinha sendo dada ao bem, considerado globalmente;

b) Inviabilizem qualquer utilização do bem, nos casos em que este não esteja a ser utilizado; ou

c) Anulem completamente o seu valor económico.

3 – À constituição das servidões e à determinação da indemnização aplica-se o disposto no presente Código, com as necessárias adaptações, salvo o disposto em legislação especial.

1. Prevê o nº 1 deste artigo as servidões necessárias à realização de fins de interesse público, e estatui que elas podem constituir-se sobre imóveis.

O conceito civilístico de servidão envolve o encargo imposto num prédio – prédio serviente – em proveito exclusivo de outro prédio pertencente a dono diferente – prédio dominante (artigo 1543º do Código Civil).

No âmbito do direito administrativo, a partir do disposto no artigo 1543º do Código Civil, tem a doutrina considerado ser a servidão administrativa o encargo imposto por lei sobre certo prédio em proveito da utilidade pública de uma coisa.[55]

Mas as servidões administrativas distinguem-se das servidões privadas, além do mais, por virtude de naquelas, ao invés do ocorre em relação a estas, não ser essencial a relação predial.

Decorre do normativo em análise ser pressuposto da constituição de alguma servidão administrativa a sua necessidade com vista à realização de fins de interesse público, o mesmo é dizer de fins de utilidade pública, o que tem a ver com determinados bens.[56]

Assim, temos que a constituição de servidões administrativas deve visar a satisfação do interesse público e revelar-se necessária para esse efeito, ou seja, deve visar a satisfação de necessidades concretas de uma coisa que desempenhe uma função de interesse público, como é o caso, por exemplo, de estradas, de cursos de água ou de linhas de condução de energia eléctrica.

---

55 Neste sentido, pode ver-se MARCELLO CAETANO, "Manual de Direito Administrativo", volume II, página 1028.

56 Sobre a alegada distinção entre os conceitos de interesse público e de utilidade púbica, veja-se MARGARIDA OLAZABAL CABRAL, "Poder de Expropriação e Discricionariedade", Revista Jurídica do Urbanismo e do Ambiente, nº 2, Dezembro de 1994, Coimbra, página 111.

Pode dizer-se, pois, que as servidões administrativas se consubstanciam em encargos impostos sobre determinado prédio para proporcionar a utilidade pública de alguma coisa.

Do ponto de vista formal, a constituição das servidões pode derivar de lei ou de contrato administrativo.

Por seu turno, as servidões administrativas distinguem-se essencialmente das restrições de utilidade pública, na medida em que estas se traduzem em limitações ao direito de propriedade com vista à realização de interesses públicos abstractos, sem relação alguma com outros bens, enquanto aquelas se consubstanciam em encargos impostos sobre prédios em proveito de alguma utilidade pública.[57]

Noutra perspectiva, de pendor funcional, as servidões administrativa visam possibilitar a realização de trabalhos ou serviços públicos, enquanto as restrições de utilidade pública são instrumentais de uma determinada e conjuntural opção política.[58]

Entre as mais relevantes restrições de utilidade pública temos, por exemplo, a da reserva agrícola nacional, da reserva ecológica nacional e das áreas sujeitas a regime florestal ou integradas no domínio público hídrico.

Variadas são as situações em que a lei estabelece servidões administrativas que afectam imóveis de particulares, entre as quais, pelo seu relevo e frequência, sobressaem as servidões *non aedificandi*.

A regra é no sentido de que as servidões administrativas são constituídas independentemente de algum processo de expropriação por utilidade pública, mas há excepções, como é o caso, por exemplo, de uma expropriação parcial em que a parte sobrante fica negativamente afectada por uma servidão *non aedificandi*.

As servidões administrativas estão sujeitas por lei a registo predial (artigo 2º, nº 1, alínea u), do Código do Registo Predial).

2. Prevê o nº 2 deste artigo, no proémio e nas suas três alíneas, os únicos casos em que as servidões administrativas implicam a imposição à Administração da indemnização pelo dano sofrido pelos respectivos proprietários quanto aos prédios em causa.

---

[57] FERNANDO ALVES CORREIA, "Expropriação Por Utilidade Pública, Servidões Administrativas, Indemnização", Colectânea de Jurisprudência, Supremo Tribunal Administrativo, Ano IX, Tomo 1, páginas 40 e 41).

[58] Neste sentido, pode ver-se ANTÓNIO PEREIRA DA COSTA, "Direitos dos Solos e da Construção", Minho, 2000, página 10.

PARTE II – O CÓDIGO DAS EXPROPRIAÇÕES **ART. 8º** 57

Trata-se de servidões administrativas que inviabilizem a utilização que vinha sendo dada ao bem globalmente considerado ou qualquer utilização dele nos casos em que não esteja a ser utilizado, ou que anulem completamente o seu valor económico.

Agora, ao invés do que ocorria no regime de pretérito, as servidões administrativas, derivem da lei ou de acto administrativo, resultem ou não de expropriações, comportam a indemnização concernente, se delas resultar alguma das espécies de danos elencados nas três alíneas do normativo em análise.

Com efeito, no regime de pretérito próximo, as servidões administrativas directamente fixadas na lei só consentiam indemnização se a própria a lei expressamente o permitisse, e as servidões constituídas por acto administrativo só comportavam indemnização no caso de diminuição efectiva do valor ou rendimento dos prédios servientes.[59]

A lei distingue conforme os bens sobre que foram constituídas as servidões administrativas estavam ou não então a ser utilizados, ou conforme anulem ou não o seu valor económico.

No caso de o imóvel estar a ser utilizado, a indemnização do dano derivado da constituição da servidão só pode ocorrer no caso de inviabilização, total ou parcial, dessa utilização.

Na hipótese de o imóvel não estar a ser utilizado, a constituição da servidão só dá lugar a indemnização se a mesma inviabilizar qualquer utilização viável do imóvel ou anular em absoluto o seu valor económico.

A doutrina tem acentuado deverem ter direito a indemnização as pessoas afectadas por servidões administrativas que se configurem como expropriações de sacrifício ou substanciais, ou seja, como actos que produzem modificações especiais e graves – anormais – na utilidade do direito de propriedade.

Nessa perspectiva, tem sido referido estarem as normas em análise afectadas de inconstitucionalidade por violação dos princípios do Estado de direito

---

[59] O Tribunal Constitucional, no Acórdão nº 331/99, de 2 de Junho, publicado no *Diário da República*, I Série A, de 14 de Julho de 1999, declarou inconstitucional, com força obrigatória geral, por violação dos artigos 13º, nº 1 e 62º, nº 2, da Constituição, o nº 2 do artigo 8º do Código das Expropriações de 1991, na medida em que não permitia a indemnização no caso das servidões fixadas directamente por lei que incidissem sobre a parte sobrante do prédio parcialmente expropriado, desde que essa parcela já tivesse, anteriormente ao processo expropriativo, capacidade edificativa.

democrático, da igualdade dos cidadãos perante os encargos públicos e da justa indemnização.[60]

Face aos princípios da igualdade e da justa indemnização, a que se reportam os artigos 13º, nº 1, e 62º, nº 2, da Constituição – não no concerne aos seus artigos 2º e 9º, alínea b) – a restrição das normas em análise à atribuição do direito de indemnização pelo dano resultante da imposição aos particulares de servidões administrativas é susceptível de motivar, em especiais situações danosas, o referido juízo de inconstitucionalidade material.

O Tribunal Constitucional julgou inconstitucional, por violação do artigo 13º e do nº 2 do artigo 62º da Constituição, a norma do nº 2 deste artigo, interpretada no sentido de que não confere direito a indemnização a constituição de uma servidão *non aedificandi* de protecção a uma auto-estrada que incida sobre a totalidade da parte sobrante de um prédio expropriado, quando essa parcela fosse classificável como *solo apto para construção* anteriormente à constituição da servidão.[61]

3. Prevê o nº 3 deste artigo a constituição das servidões e a determinação da indemnização, e estatui que se lhe aplica o disposto no presente Código, com as necessárias adaptações, salvo o disposto em legislação especial.

Assim, a indemnização por danos derivados da constituição de servidões administrativas deve ser fixada de harmonia com os critérios da lei relativos ao cálculo da indemnização por expropriação em geral do direito de propriedade.

Em consequência, a indemnização pelos danos decorrentes da constituição das servidões administrativas deve ser justa, em termos de corresponder à diminuição do valor dos imóveis negativamente afectados por virtude daquelas servidões.

A entidade vinculada ao pagamento da referida indemnização é aquela que constituiu a servidão administrativa ou dela beneficia.

4. Sobre a matéria a que este artigo se reporta pronunciaram-se, entre outras, as seguintes decisões judiciais:

---

[60] Nesse sentido, veja-se FERNANDO ALVES CORREIA, "Expropriação por Utilidade Pública, Servidões Administrativas, Indemnização", Parecer, Colectânea de Jurisprudência, Supremo Tribunal de Justiça, Ano IX, Tomo 1, páginas 36 a 53.
[61] Acórdão nº 612/2009, de 2 de Dezembro de 2009, *Diário da República*, 2ª serie, de 25 de Janeiro de 2010.

a) A constituição de servidão *non aedificandi* num solo sem aptidão construtiva não configura um prejuízo enquadrável em qualquer das alíneas do
nº 2 do artigo 8º do Código das Expropriações (Acórdão da Relação de
Guimarães, de 16.03.05, Processo nº 2333/04-1).

b) Não incidindo a servidão *non aedificandi* sobre a totalidade da parcela
sobejante não expropriada do prédio, não se verifica um dos pressupostos que condicionam a atribuição da indemnização, ainda que, antes da
instauração do processo expropriativo, o prédio já estivesse dotado de
aptidão edificativa. Não é a expropriação que dá causa à servidão *non
aedificandi*, mas o preenchimento da hipótese legal que prevê a sua constituição (Acórdão da Relação de Coimbra, de 8.3.2006, Processo
nº 70/06).

c) No caso de expropriação por utilidade pública para construção de uma
estrada, se a servidão *non aedificandi* constituída por causa dela não incidir
sobre a totalidade da parcela sobejante não expropriada do prédio, não se
verifica um dos pressupostos que condicionam a atribuição da indemnização, ainda que antes do processo de expropriação o prédio já estivesse
dotado de aptidão edificativa (Acórdão da Relação de Coimbra, de
08.03.2006, CJ, Ano XXXI, Tomo 2, página 10).

d) O nº 2 do artigo 8º do Código das Expropriações é inconstitucional por
violação do princípio da igualdade, da justa indemnização e do Estado de
direito democrático, por não abranger as servidões administrativas que
atinjam a essencialidade dos prédios, impondo-lhe encargos excepcionais. A servidão *non aedificandi* emergente da implantação de uma auto-
estrada sobre a parte sobrante duma parcela de terreno expropriada parcialmente, com capacidade edificativa antes do processo expropriativo,
deve ser indemnizada nos termos do nº 2 do artigo 29º do Código das
Expropriações, por inconstitucionalidade do artigo 8º, nº 2, por violação
dos artigos 13º, 2 e 9º e 62º, nº 2, da Constituição (Acórdão da Relação de
Guimarães, de 14.01.08, Processo nº 2319/07-1).

e) Tendo em conta o interesse público subjacente ao serviço de gás natural,
compete às concessionárias optar, com vista à implantação e exploração
das infra-estruturas, pela aquisição dos imóveis por via negocial ou pelo
recurso ao regime de servidões previsto no Decreto-Lei nº 11/94, ou ao
das expropriações por causa de utilidade pública, nos termos do Código
das Expropriações. (Acórdão da Relação de Coimbra, de 03.03.09, Processo nº 2414/08.9TBPBL.C1).

CÓDIGO DAS EXPROPRIAÇÕES E ESTATUTO DOS PERITOS AVALIADORES

f) O Decreto-Lei nº 34 021, de 11 de Outubro de 1944, ainda vigora quanto aos pressupostos legais da constituição de servidões administrativas por utilidade pública de pesquisas, estudos e trabalhos de abastecimento de água potável ou de saneamento de aglomerados populacionais e quanto aos pressupostos substantivos e processuais de determinação da respectiva indemnização (Acórdão da Relação de Guimarães, de 25.6.2009, CJ, Ano XXXIV, Tomo 3, página 294).

g) Face ao conceito de justa indemnização, a existência de servidão *non aedificandi* dá sempre lugar a indemnização ao expropriado, não sendo de interpretar restritivamente o nº 2 do artigo 8º do Código das Expropriações em termos de a excluir da indemnização devida aos expropriados (Acórdão da Relação do Porto, de 11.02.10, Processo nº 9908/06.9TBMTS.P1).

ARTIGO 9º
Conceito de interessados

1 – Para os fins deste Código, consideram-se interessados, além do expropriado, os titulares de qualquer direito real ou ónus sobre o bem a expropriar e os arrendatários de prédios rústicos ou urbanos.

2 – O arrendatário habitacional de prédio urbano só é interessado, nessa qualidade, quando prescinda de realojamento equivalente, adequado às suas necessidades e às daqueles que com ele vivam em economia comum à data da declaração de utilidade pública.

3 – São tidos por interessados os que no registo predial, na matriz ou em títulos bastantes de prova que exibam figurem como titulares dos direitos a que se referem os números anteriores ou, sempre que se trate de prédios omissos ou haja manifesta desactualização dos registos e das inscrições, aqueles que pública e pacificamente forem tidos como tais.

1. Prevê o seu nº 1 deste artigo os interessados para os fins deste Código, e estatui que se consideram como tal, os expropriados, os titulares de qualquer direito real ou ónus sobre os bens a expropriar e os arrendatários de prédios rústicos ou urbanos.[62]

---

[62] Este artigo está conexionado com o disposto nos artigos 1º, 4º, nº 6, 10º, nº 3, 11º, n.os 4 e 5, 17º, nº 2, 20º, nº 1, alínea b), 21º, n.os 3 e 7, 32º, 33º, 35º, nº 2, 37º, n.os 4 a 6, 40º, n.os 1 2, e 41º, nº 2, todos deste Código.

Os direitos reais são caracterizados pela doutrina como sendo direitos absolutos, inerentes a uma coisa, funcionalmente dirigidos à sua afectação ao interesse do sujeito.[63]

Assim, o principal interessado no processo de expropriação é o expropriado, em regra o titular do direito de propriedade plena sobre os bens a que o artigo 1º deste Código alude, incluindo a propriedade temporária e a horizontal (artigos 1305º 1307º, nº 2 e 1414º do Código Civil).

No conceito de propriedade em causa cabe a de titularidade singular e plural, designadamente o património comum dos cônjuges, a herança indivisa, o património das sociedades sem personalidade jurídica e a compropriedade, a que se reportam, respectivamente, os artigos 1724º, 1732º, 2024º, 980º e 1403º, nº 1, todos do Código Civil.

Os direitos reais de gozo a que se reporta este normativo são o de usufruto, uso e habitação, superfície, servidão e de habitação periódica, a que se reportam, respectivamente, os artigos 1439º, 1484º, 1524º e 1543º, todos do Código Civil, e o Decreto-Lei nº 275/93, de 5 de Agosto.

Os direitos reais de garantia de natureza substantiva, a cujos titulares este normativo também se reporta, são os de hipoteca, de retenção, de consignação de rendimentos e os privilégios creditórios imobiliários especiais, previstos, respectivamente, nos artigos 686º, 754º e 755º, 656º e 744º, todos do Código Civil, e 122º, nº 1, do Código do Imposto Municipal Sobre Imóveis.

Há ainda direitos reais de garantia de natureza processual, como é o caso do arresto e da penhora, a que se reportam os artigos 622º, nº 2, 822º, nº 1 e 823º, todos do Código Civil.

A lei também considera interessados na expropriação os titulares de ónus sobre os bens a expropriar. Ora, o conceito de ónus tem sido utilizado pela lei para designar realidades de natureza diversa, e a doutrina diverge quanto à sua caracterização.

Com efeito, ora considera os ónus reais como sendo direitos inerentes cujo conteúdo essencial é o poder de exigir a entrega, única ou repetida, de coisas ou dinheiro, a quem for titular de determinado direito real de gozo.[64]

Ora considera não terem os referidos ónus a natureza de direito real de gozo, nem de direito real de garantia, nem de relação jurídica creditória envolvida de

---

[63] Neste sentido, pode ver-se JOSÉ DE OLIVEIRA ASCENSÃO, "Direito Civil-Reais", Coimbra, 2000, página 56.
[64] Neste sentido, pode ver-se JOSÉ DE OLIVEIRA ASCENSÃO, idem, páginas 587 e seguintes.

garantia real, e que se consubstanciam em figura jurídica englobante de uma obrigação *propter rem* e de uma garantia imobiliária.[65]

Dada a letra e fim deste normativo, o conceito de ónus está utilizado no sentido de ónus real, portanto com exclusão da abrangência dos chamados ónus pessoais, ou seja, dos que devem ser cumpridos pelas pessoas sem qualquer referência as coisas concernentes.

Assim, o referido conceito de ónus é de natureza real, por incidir directamente sobre coisas, em razão do que envolve a restrição do respectivo direito de propriedade, como que envolvendo características obrigacionais e reais.

Entre os referidos ónus reais contam-se o apanágio do cônjuge sobrevivo, ou seja, o direito do viúvo de ser alimentado pelos rendimentos dos bens deixados pelo falecido, a que alude o artigo 2018º do Código Civil, a eventual redução das doações sujeitas a colação, a que se referem os artigos 2105º e 2118º do Código Civil, as taxas relativas à rega e à beneficiação e à exploração e conservação, a que se reportam os artigos 65º, nº 7, e 69º, nº 6, do Decreto-Lei nº 269/82, de 10 de Julho, e as anuidades de amortização dos empréstimos concedidos pelo Estado a particulares para a execução de melhoramentos agrícolas ao abrigo da Lei nº 2017, de 25 de Junho de 1946.

Em conformidade, o Código do Registo Predial estabelece, por seu turno, estarem sujeitos a registo os ónus de eventual redução das doações sujeitas a colação, de casa de renda económica sobre os prédios assim classificados e de pagamento das anuidades previstas nos casos de obras de fomento agrícola [artigo 2º, n 1, alíneas q), r) e s)].[66]

Finalmente, decorre deste normativo serem interessados no processo de expropriação os arrendatários de prédios rústicos e urbanos, e que, por isso, nos termos dos artigos 17º, nº 1, 20º, nº 1, alínea a), 21º, nº 1, 22º, nº 3, 33º e 34º e 54º, nº 1, respectivamente, todos deste Código, devem ser notificados do acto declarativo de utilidade pública da expropriação e da autorização da posse administrativa, podem estar presentes no acto de vistoria *ad perpetuam rei memoriam*, devem ser notificados do auto de posse administrativa, podem participar na diligência de tentativa de acordo amigável e arguir determinadas irregularidades processuais.

---

[65] Neste sentido, pode ver-se MANUEL HENRIQUE MESQUITA, "Obrigações Reais e Ónus Reais", Coimbra, 1990, páginas 455 e 456.

[66] Com o entendimento de que não são ónus reais, mas meras restrições ou limitações, as situações de doações sujeitas a colação e dos prédios urbanos de renda económica, pode ver-se MANUEL HENRIQUE MESQUITA, *obra citada*, páginas 458 a 463.

O novo regime dos contratos de arrendamento habitacionais e não habitacionais consta essencialmente do Código Civil e da Lei nº 6/2006, de 27 de Fevereiro, com as alterações introduzidas pelo Decreto-Lei nº 306/2009, de 23 de Outubro.

O novo regime dos contratos de arrendamento rural, florestal e de campanha consta do Decreto-Lei nº 294/2009, de 13 de Outubro.

2. Prevê o nº 2 deste artigo o arrendatário habitacional de prédio urbano, e estatui que ele só é interessado nessa qualidade quando prescinda de realojamento equivalente, adequado às suas necessidades e às daqueles que com ele vivam em economia comum à data da declaração de utilidade pública.

A referência deste normativo à data da declaração de utilidade pública da expropriação deve ser entendida como referida à data da publicação daquela declaração, que a esta assegura a pertinente eficácia.

Importa ter em conta que a expropriação por utilidade pública de imóveis não implica sempre a caducidade do contrato de arrendamento urbano, certo que só a implica quando a primeira se não compadeça com a subsistência do último (artigo 1051º, alínea f), do Código Civil).

Não prescindindo de realojamento, este deve-lhe ser atribuído em termos adequados às suas necessidades e às daqueles que com ele vivam em economia comum à data da declaração da utilidade pública.

Nos termos do nº 2 do artigo 1093º do Código Civil, consideram-se sempre, isto é, em termos de presunção *iure et de iure,* como vivendo com o arrendatário em economia comum a pessoa que com ele viva em união de facto, os seus parentes ou afins na linha recta ou até ao 3º grau da linha colateral, ainda que paguem alguma retribuição, e bem assim as pessoas relativamente às quais, por força da lei ou de negócio jurídico que não respeite directamente à habitação, haja obrigação de convivência ou de alimentos.

Considerando o que se prescreve no nº 2 do artigo 30º deste Código, o arrendatário habitacional do prédio expropriado só é interessado autónomo, isto é, titular de indemnização como encargo autónomo, quando prescinda de realojamento equivalente.

Prescindindo do mencionado alojamento, se o respectivo contrato de arrendamento caducar por virtude da expropriação do prédio, tem o arrendatário direito a indemnização, sendo, por isso, interessado no processo de expropriação.[67]

---

[67] Sobre esta matéria, pode ver-se LAURINDA GEMAS, ALBERTINA PEDROSO E JOÃO CALDEIRA JORGE, "Arrendamento Urbano", Lisboa, 2009, página 243.

Embora este normativo se não refira aos arrendatários rurais, florestais e de campanha, nem especificamente aos arrendatários urbanos para o exercício do comércio, da indústria e de profissão liberal, cujos prédios sejam objecto de expropriação, são interessados nos respectivos processos.

3. Prevê o nº 3 deste artigo as pessoas tidas como interessadas no processo de expropriação, e estatui, por um lado, serem os que no registo predial, na matriz ou em títulos bastantes de prova que exibam figurem como titulares dos direitos a que se referem os números anteriores.

E, por outro, sempre que se trate de prédios omissos ou haja manifesta desactualização dos registos e das inscrições, são interessados os que pública e pacificamente forem tidos como tal.

A primeira parte deste artigo conforma-se com o que se prescreve no artigo 7º do Código do Registo Predial, segundo o qual o registo definitivo constitui presunção de que o direito existe e pertence ao titular inscrito, nos precisos termos em que o registo o define, e com o que estabelece o artigo 12º, nº 1, do Código do Imposto Municipal Sobre Imóveis, segundo o qual, as matrizes prediais são os registos de que constam, designadamente, a caracterização dos prédios, incluindo a identidade dos proprietários e, sendo caso disso, dos usufrutuários e superficiários.

Como títulos de prova dos direitos em causa, pelo menos de primeira aparência, temos os instrumentos documentais dos contratos legalmente exigidos, por exemplo, as escrituras públicas de compra e venda, de permuta, de dação em cumprimento ou de partilha.

No que concerne aos direitos de propriedade ou outros direitos, relevam essencialmente, as sentenças judiciais em que se reconheça a sua aquisição originária por uma pessoa (artigos 498º, nº 4, do Código de Processo Civil e 1316º do Código Civil).

No caso de prédios omissos na matriz e no registo, ou em que ocorra a manifesta desactualização de qualquer das referidas inscrições, permite este normativo que para o efeito em causa se considerem interessados nos processos de expropriação aqueles que pública e pacificamente forem tidos como tais.

Trata-se pessoas que exercem o poder de facto sobre os prédios, cujo exercício inicial tenha ocorrido sem violência, com intenção de se comportarem como titulares de direito real correspondente, em termos de tal ser conhecido pelos eventuais interessados (artigos 1251º, 1252º, nº 2, 1261º, nº 1, e 1262º, todos do Código Civil).

Este normativo consagra o princípio chamado da legitimidade substantiva aparente, porque atribui legitimidade para intervirem no processo de expropriação às pessoas em relação às quais não há a garantia absoluta de que, face aos factos disponíveis e ao direito, sejam os verdadeiros titulares dos bens e direitos em curso de expropriação.

Como corolário deste princípio temos que o aparecimento de interessados, desconhecidos à data da escritura ou do auto no âmbito da expropriação amigável, salvo dolo ou culpa grave da entidade beneficiária da expropriação, apenas dá lugar à reconstituição da situação que existiria se tivessem participado no acordo nos termos em que foi concluído (artigo 37º, nº 5, deste Código).

Ademais, como resulta do artigo 53º deste Código, também constitui corolário do mesmo princípio o incidente para determinação da titularidade dos direitos de crédito decorrentes da expropriação, no caso de conflito sobre a matéria.

Na fase da expropriação litigiosa, porém, a regra é no sentido de que têm legitimidade para intervir no processo a entidade beneficiária da expropriação, os expropriados e os demais interessados (artigo 40º, nº 1, deste Código).

Se o expropriado for casado em regime de comunhão de bens ou de comunhão de adquiridos, deve intervir o respectivo cônjuge nas expropriações de direitos sobre imóveis ou estabelecimentos próprios ou comuns, e, em qualquer regime de bens, no caso de a expropriação envolver a casa de morada de família (artigos 1682º-A do Código Civil e 28º-A, nº 3, parte final, do Código de Processo Civil).

4. Sobre esta matéria pronunciaram-se, entre outras, as seguintes decisões judiciais:

a) Interessados são os titulares de direito a indemnização autónoma ou não e os que, em função da sua posição jurídica anterior relativa ao bem expropriado, podem fazer valer um direito sobre a indemnização (Acórdão da Relação de Guimarães, de 02.03.05, Processo nº 257/05-1).

b) O titular de uma servidão de oleoduto para transporte de gás natural, que constitui um direito real sobre o imóvel a expropriar, é parte interessada no processo de expropriação, mesmo que não pretenda a respectiva indemnização (Acórdão da Relação de Lisboa, de 22 de Junho de 2006, Processo nº 3449/2006-6).

c) O princípio da legitimidade aparente permite a qualquer interessado, que não tenha sido ouvido ou notificado, intervir no processo a qualquer momento, sem que seja forçoso repetir os termos e diligências nele realizados (Acórdão da Relação do Porto, de 12 de Março de 2009, Processo nº 42388).

d) A declaração de utilidade pública não define quem é o interessado, vigorando no processo expropriativo o princípio da legitimidade aparente dos interessados (Acórdão da Relação de Guimarães, de 25.06.09, Processo nº 2359/06.7TBCVT-A.G2).

TÍTULO II
Da declaração de utilidade pública e da autorização de posse administrativa

ARTIGO 10º
Resolução de expropriar

1 – A resolução de requerer a declaração de utilidade pública da expropriação deve ser fundamentada, mencionando expressa e claramente:

a) A causa de utilidade pública a prosseguir e a norma habilitante;

b) Os bens a expropriar, os proprietários e demais interessados conhecidos;

c) A previsão do montante dos encargos a suportar com a expropriação;

d) O previsto em instrumento de gestão territorial para os imóveis a expropriar e para a zona da sua localização.

2 – As parcelas a expropriar são identificadas através da menção das descrições e inscrições na conservatória a que pertençam e das inscrições matriciais, se não estiverem omissas, ou de planta parcelar contendo as coordenadas dos pontos que definem os limites das áreas a expropriar, reportadas à rede geodésica, e, se houver planta cadastral, os limites do prédio, desde que situados a menos de 300 metros dos limites da parcela, em escala correspondente à do cadastro geométrico da propriedade ou, na falta deste, em escala graficamente representada não inferior a 1:1000, nas zonas interiores dos perímetros urbanos, ou a 1:2000 nas exteriores.

3 – Os proprietários e demais interessados conhecidos são identificados através do nome, firma, denominação, residência habitual ou sede.

4 – A previsão dos encargos com a expropriação tem por base a quantia que for determinada previamente em avaliação, documentada por relatório, efectuada por perito da lista oficial, de livre escolha da entidade interessada na expropriação.

5 – A resolução a que se refere o nº 1 anterior é notificada ao expropriado e aos demais interessados cuja morada seja conhecida, mediante carta ou ofício registado com aviso de recepção.

PARTE II – O CÓDIGO DAS EXPROPRIAÇÕES **ART. 10º** 67

1. Prevê o nº 1 deste artigo, nas suas quatro alíneas – a) a d) – a fundamentação da resolução de requerer a declaração de utilidade pública da expropriação, e estatui dever expressar claramente a causa de utilidade pública a prosseguir e a norma habilitante, os bens a expropriar, os proprietários e demais interessados conhecidos, a previsão do montante dos encargos a suportar com a expropriação e o previsto em instrumento de gestão territorial para os imóveis a expropriar e para a zona da sua localização.[68]

Trata-se de uma fase do procedimento administrativo preliminar em relação à declaração de utilidade pública, depois de a Administração já ter formado a vontade de expropriar, ou seja, de uma sucessão ordenada de actos e formalidades tendentes à formação e manifestação da vontade da Administração Pública ou à sua execução (artigo 1º, nº 1, do Código do Procedimento Administrativo).

A referida resolução traduz-se na deliberação da entidade interessada de afectar determinados bens a fins de utilidade pública inseridos nas suas atribuições de interesse público.

A utilidade pública é essencialmente o interesse público ou colectivo, ou seja, o interesse geral de uma determinada comunidade, também designado por bem comum.

A expressão da causa de utilidade pública da expropriação implica que no acto em análise se refiram os factos reveladores dessa utilidade, ou seja, da necessidade premente e definitiva de utilização pelo modo pretendido dos bens em causa.

Acresce que a referida entidade deve expressar no aludido acto administrativo as normas que permitem a resolução de expropriar, a identificação dos bens respectivos, dos seus proprietários e demais interessados conhecidos, bem como o montante pecuniário representativo do custo da expropriação, e a síntese útil do instrumento de gestão territorial para os imóveis a expropriar e para a zona da sua localização, em conformidade com as bases da política de ordenamento do território e de urbanismo, a que se refere a Lei nº 48/98, de 11 de Agosto.[69]

---

[68] Este artigo está conexionado com o que se prescreve nos artigos 9º, 11º, n.os 2 e 5, 12º, nº 1, alínea a), 15º, nº 1, 20º, nº 1, alínea b), e nº 5, alínea a), 21º, nº 1, 23º, nº 2, alíneas c) e d), 25º, nº 2, alínea d), todos deste Código.

[69] A referida Lei foi alterada pela Lei nº 54/2007, de 31 de Agosto, cujas bases estão desenvolvidas no Decreto-Lei nº 380/99, de 22 de Setembro, que se reporta ao regime jurídico dos instrumentos de gestão territorial, alterado pelos Decretos-Leis n.os 316/2007, de 19 de Setembro, e 46/2009, de 20 de Fevereiro, regulamentado pelos Decretos Regulamentares n.os 9/2009, 10/2009 e 11/2009, todos de 29 de Maio.

Releva essencialmente nesta matéria o regime jurídico dos instrumentos de gestão territorial aprovado pelo referido Decreto-Lei nº 380/99, de 22 de Setembro, que assenta, conforme decorre do seu artigo 2º, nº 1, no sistema de gestão territorial organizado no âmbito nacional, regional e municipal.

Nos termos do artigo 2º, n.ᵒˢ 2 e 3, daquele diploma, o âmbito nacional é concretizado pelo programa nacional da política de ordenamento do território, pelos planos sectoriais com incidência territorial, pelos planos especiais de ordenamento do território, que compreendem os planos de ordenamento das áreas protegidas, os planos de ordenamento de albufeiras de águas públicas, os planos de ordenamento da orla costeira e os planos de ordenamento dos estuários, e o âmbito regional os planos regionais de ordenamento do território.

Finalmente, o âmbito municipal, que é o que nesta matéria mais releva, a que se reporta o artigo 2º, nº 4, daquele diploma, é concretizado através dos planos intermunicipais de ordenamento do território e dos planos municipais de ordenamento do território, compreendendo estes, conforme já se referiu, os planos directores municipais, os planos de urbanização e os planos de pormenor.

É essencialmente o regime previsto nos referidos instrumentos de gestão territorial de âmbito municipal para os imóveis a expropriar e para a zona da sua localização, que a entidade promotora da expropriação deve expressar na fundamentação da resolução em causa.

2. Prevê o nº 2 deste artigo a forma de identificação das parcelas a expropriar, e estatui que o deve ser através da menção das descrições e inscrições na conservatória a que pertençam e das inscrições matriciais, se não estiverem omissas, ou de planta parcelar contendo as coordenadas dos pontos que definem os limites das áreas a expropriar, reportadas à rede geodésica, e, se houver planta cadastral, dos limites do prédio, desde que situados a menos de 300 metros dos limites da parcela, em escala correspondente à do cadastro geométrico da propriedade ou, na falta deste, em escala graficamente representada não inferior a 1:1000, nas zonas interiores dos perímetros urbanos, ou a 1:2000 nas exteriores.

É instrumental em relação ao funcionamento neste normativo, relativamente à identificação dos bens a expropriar, o regime do cadastro predial e das matrizes prediais.

É a Direcção-Geral dos Impostos que compete guardar e conservar os elementos de base geométrica em seu poder e das matrizes (artigo 95º, nº 1, do Código do Imposto Municipal Sobre Imóveis).

O cadastro predial é o conjunto de dados que caracterizam e identificam os prédios existentes no território nacional, designadamente a sua localização administrativa e geográfica, configuração geométrica e área (artigo 1º a 5º do Decreto-Lei nº 172/95, de 18 de Julho).

Por seu turno, as normas concernentes à identificação de cada prédio objecto do cadastro, na espécie por via de um código numérico unívoco, constam da Portaria nº 1192/95, de 2 de Outubro.

Conforme decorre do artigos 80º, 86º, nº 1 e 91º, nº 1, todos do Código do Imposto Municipal Sobre Imóveis, as matrizes são constituídas por registos efectuados por artigo em suporte informático ou de papel, correspondendo, em regra, um artigo a cada prédio, cuja numeração dos artigos é seguida na matriz de cada freguesia e em cada secção da matriz cadastral, e registam a caracterização dos prédios, incluindo a sua localização, os direitos e ónus que se lhe referem, o seu valor tributário e a identidade dos proprietários, usufrutuários ou superficiários que haja.

3. Prevê o nº 3 deste artigo a forma de identificação dos proprietários e demais interessados conhecidos, e estatui deverem ser identificados através do nome, firma, denominação, residência habitual ou sede.

Esta exigência no quadro da fundamentação da resolução de requerer a expropriação não se reporta, como é natural, a todos os interessados, mas apenas aos que forem conhecidos pela entidade autora da resolução.

Ela visa assegurar o conhecimento correcto de quem são os interessados na expropriação, pelo que, no que concerne às pessoas singulares, é conveniente que também se indiquem, se conhecidos forem, os respectivos estados civis e profissões.

A referência à firma, à denominação e á sede reporta-se a sociedades ou outras pessoas colectivas, e a menção ao nome e à residência refere-se às pessoas singulares, cujos bens se pretende expropriar.

4. Prevê o nº 4 deste artigo a previsão dos encargos com a expropriação, e estatui que ela tem por base a quantia que for determinada previamente em avaliação, documentada por relatório, efectuada por perito da lista oficial, de livre escolha da entidade interessada na expropriação.

A escolha deste perito pela entidade decisora da resolução de expropriar não passa pela sua nomeação pelo presidente do tribunal da Relação, pelo que não se pode sindicar, desde logo, da existência de algum impedimento.

Ele deve, como é natural, invocar a escusa, por impedimento ou causa de suspeição que haja, e pautar-se, na avaliação e na elaboração do relatório, em conformidade com os princípios previstos no artigo 2º deste Código.

Esta previsão de encargos deve motivar, se for caso disso, o pedido de declaração da utilidade pública da expropriação a que se reporta o artigo 12º, nº 1, alínea c), deste Código, mas é insusceptível de constituir a base mínima da indemnização devida.

Este Código utiliza neste normativo a expressão *entidade interessada na expropriação*, mas noutras normas, sem o conveniente rigor, utiliza a expressão *entidade expropriante* e em algumas outras a expressão *entidade beneficiária da expropriação*.

As entidades expropriantes são as pessoas colectivas públicas, incluindo os seus órgãos que podem declarar a utilidade pública da expropriação e autorizar a posse administrativa dos bens, como é o caso, por exemplo, do Estado, das regiões autónomas e dos municípios.

Distinguem-se delas as entidades beneficiárias da expropriação, que em regra conduzem o processo expropriativo, que alguns autores designam por entidades procedimentalmente expropriantes.[70]

5. Prevê o nº 5 deste artigo a notificação da resolução de expropriar a que se refere o nº 1, e estatui dever a mesma ser dirigida ao expropriado e aos demais interessados cuja morada seja conhecida, mediante carta ou ofício registado com aviso de recepção.

Visa comunicar aos expropriados e aos demais interessados o conteúdo da resolução de requerer a declaração de utilidade pública da expropriação, dando-lhes conhecimento do início do procedimento respectivo com antecedência em relação ao momento da declaração de utilidade pública, por forma a possibilitar-lhes a defesa adequada, face a esse acto, dos seus interesses.[71]

Em quadro de economia e celeridade processual, a referida notificação deve incluir a proposta de aquisição dos bens em causa pela via do direito privado,

---

[70] É o caso de JOSÉ VIEIRA FONSECA, "Principais Linhas Inovadoras do Código das Expropriações de 1999", Revista Jurídica do Urbanismo e do Ambiente, nº 11/12, Junho de 1999, página 115. Neste trabalho utiliza-se, em regra, a expressão *entidades expropriantes* ou *entidades beneficiárias da expropriação* com o sentido mencionado.

[71] Neste sentido, pode ver-se o Acórdão do Supremo Tribunal Administrativo, de 07.01.09, Processo nº 0707/08.

que terá por referência o valor constante do relatório do referido perito (artigo 11º, nº 2, deste Código).

Mas uma coisa é a referida proposta, e outra o relatório de avaliação pericial, certo que este apenas assume a função de elemento de ponderação naquela, podendo, como é natural, divergir em termos quantitativos.

Tem sido afirmado que, como na expropriação urgente não há aquisição por via do direito privado, fica prejudicada a notificação a que alude este normativo (artigos 11º, nº 1 e 12º, nº 1, alínea b), deste artigo).[72]

Todavia, embora esteja dispensada a aquisição dos bens em causa por via do direito privado, o fim desta notificação visa essencialmente proporcionar aos interessados, com a máxima antecedência, o conhecimento da situação expropriativa, a fim de, na altura própria, melhor defenderem os seus direitos.

Em consequência, propendemos em considerar que, também nos casos de urgente expropriação, os interessados devem ser notificados nos termos do normativo em análise.[73]

6. Tem vindo a ser discutido, por um lado, se a resolução de requerer a declaração da utilidade pública da expropriação se integra na fase procedimental do processo de expropriação, ou se constitui uma das vertentes de um pré-procedimento em relação a ela, e, por outro, se a referida resolução consubstancia ou não um acto administrativo.

A posição de sentido afirmativo tem-se baseado, por um lado, em que o procedimento expropriativo começa e a respectiva relação jurídica se forma antes da declaração da utilidade pública da expropriação, por via de três sub-procedimentos, ou seja, a resolução de expropriar, a tentativa de aquisição pelo direito privado e a obtenção da declaração de utilidade pública.

E, por outro, que a resolução de expropriar é um acto administrativo se o seu autor for um órgão da Administração, ou um acto materialmente administrativo se o seu autor for um outro sujeito de direito administrativo, com a consequência de se impor, na espécie, a audição dos interessados na expropriação.[74]

---

[72] Neste sentido, PEDRO CANSADO PAES, ANA ISABEL PACHECO e LUÍS ALVAREZ BARBOSA, *obra citada*, página 83.
[73] Neste sentido, pode ver-se o Acórdão do Supremo Tribunal Administrativo, de 27.01.09, Processo nº 0707/08.
[74] Neste sentido, podem ver-se JOSÉ VIEIRA FONSECA, "Principais Linhas Inovadoras do Código das Expropriações de 1999, 2ª Parte, Revista Jurídica do Urbanismo e do Ambiente, nº 13, Junho de 2000, páginas 57 a 85; JOÃO PEDRO DE MELO FERREIRA, "obra citada", páginas 122 e 123; e JOSÉ OSVALDO GOMES, "Uma Ten-

A posição de sentido negativo tem sido sustentada por alguma doutrina na circunstância, por um lado, de o procedimento expropriativo apenas se iniciar com o requerimento de declaração da utilidade pública da expropriação.

E, por outro, de a referida resolução, nem sempre decidida por um órgão da Administração, não se traduzir em acto administrativo, por não modificar ou extinguir a posição dos particulares, podendo não implicar a expropriação no caso da solução de aquisição por via do direito privado, não obstante os bens em causa poderem eventualmente desvalorizar-se na perspectiva de poderem vir a ser objecto de expropriação.[75]

Vejamos o que nos parece, a propósito, resultar da lei, tendo em conta que a resolução de requerer a declaração da utilidade pública da expropriação é meramente instrumental em relação à formulação do requerimento tendente à própria resolução de expropriação.

Como a função de instrumentalidade da mencionada decisão de resolução de requerer a expropriação se cinge ao requerimento de declaração de utilidade pública da expropriação, propendemos a considerar que ela está a montante do início do procedimento expropriativo legalmente previsto.

A lei considera, no artigo 120º do Código do Procedimento Administrativo, serem actos administrativos as decisões dos órgãos da Administração que ao abrigo de normas de direito público visem produzir efeitos jurídicos numa situação individual e concreta.

O autor da resolução de requerer a expropriação por utilidade pública pode ser uma pessoa colectiva de direito privado, dela não resulta, em qualquer caso, a sujeição dos bens à expropriação, sendo a ocorrência desta e a concernente ablação de direitos meramente eventual.

Pode acontecer que o conhecimento geral da resolução de requerer a declaração da utilidade pública da expropriação implique a desvalorização dos bens, e o seu conhecimento específico pelos interessados obste à mais-valia futura decorrente de benfeitorias voluptuárias, de informações de viabilidade, de licenças ou autorizações administrativas.

---

tativa de Avaliação da Aplicação do Código das Expropriações", Seminário Avaliação do Código das Expropriações, publicado pela Associação Nacional de Municípios Portugueses e Instituto das Estradas de Portugal, 2003, páginas 42 e 43.

75 Neste sentido, pode ver-se FERNANDO ALVES CORREIA, "A Jurisprudência do Tribunal Constitucional sobre Expropriações por Utilidade Pública e o Código das Expropriações de 1999", Revista de Legislação de Jurisprudência, Ano 132º, n.os 3908 e 3909, páginas 325 e 326", e, em sentido próximo, FERNANDA PAULA OLIVEIRA, "Direito do Urbanismo. Do Planeamento à Gestão", Braga, 2010, páginas 117 a 121.

PARTE II – O CÓDIGO DAS EXPROPRIAÇÕES **ART. 11º** 73

Todavia, a referida desvalorização ou a não consideração das benfeitorias ou de informações, licenças ou autorizações são circunstâncias de facto meramente eventuais, tudo ainda em quadro de mera intenção de requerer a declaração da utilidade pública da expropriação, que os interessados podem impugnar por via da pertinente acção administrativa especial.

Acresce a tudo isto que o Código das Expropriações contém normas especiais de procedimento administrativo que, dada a especificidade da matéria, prevalecem sobre o regime geral.

Em consequência, propendemos a considerar que a resolução de requerer a declaração da utilidade pública da expropriação não se consubstancia em acto administrativo tal como a lei o caracteriza nem implica a prévia audiência dos interessados a que se reporta o artigo 100º do Código de Procedimento Administrativo.

Dir-se-á, em síntese que, no âmbito da resolução de requerer a declaração da utilidade pública da expropriação, que não tem a natureza de acto administrativo, proferida a montante do procedimento expropriativo, não há lugar à audiência dos interessados.[76]

ARTIGO 11º
Aquisição por via de direito privado

1 – A entidade interessada, antes de requerer a declaração de utilidade pública, deve diligenciar no sentido de adquirir os bens por via de direito privado, salvo nos casos previstos no artigo 15º, e nas situações em que, jurídica ou materialmente, não é possível a aquisição por essa via.

2 – A notificação a que se refere o nº 5 do artigo anterior deve incluir proposta de aquisição, por via de direito privado, que terá como referência o valor constante no relatório do perito.

3 – No caso referido no nº 2 do artigo 9º, a proposta é apresentada como alternativa ao realojamento nele previsto.

4 – Não sendo conhecidos os proprietários e os demais interessados ou sendo devolvidas as cartas ou ofícios a que se refere o nº 5 do artigo anterior, a existência de proposta é publicitada através de editais a afixar nos locais de estilo do município do lugar da situação do bem ou na da sua maior extensão e das freguesias onde se localize e em dois números seguidos de dois dos jornais mais lidos da região, sendo um destes de âmbito nacional.

---

[76] Neste sentido, podem ver-se os Acórdãos do STA, de 12.12.02, Processo nº 046819, e de 24.03.04, Processo nº 047532, e de 14.04.05, Processo nº 047310.

74 CÓDIGO DAS EXPROPRIAÇÕES E ESTATUTO DOS PERITOS AVALIADORES

5 – O proprietário e os demais interessados têm o prazo de 20 dias, contados a partir da recepção da proposta, ou de 30 dias, a contar da última publicação nos jornais a que se refere o número anterior, para dizerem o que se lhes oferecer sobre a proposta apresentada, podendo a sua contraproposta ter como referência o valor que for determinado em avaliação documentada por relatório elaborado por perito da sua escolha.

6 – A recusa ou a falta de resposta no prazo referido no número anterior ou de interesse na contraproposta confere, de imediato, à entidade interessada na expropriação a faculdade de apresentar o requerimento para a declaração de utilidade pública, nos termos do artigo seguinte, notificando desse facto os proprietários e demais interessados que tiverem respondido.

7 – Se houver acordo, a aquisição por via do direito privado poderá ter lugar ainda que a área da parcela, ou da parte sobrante, seja inferior à unidade de cultura".

1. Prevê o nº 1 deste artigo as diligências a realizar pela entidade interessada na expropriação, antes de requerer a respectiva declaração de utilidade pública, e estatui que ela deve diligenciar no sentido de adquirir os bens por via de direito privado, salvo nos casos previstos no artigo 15º, e nas situações em que, jurídica ou materialmente, não seja possível a aquisição por essa via.[77]

Está integrado num contexto normativo que visa a aquisição por via do direito privado dos bens em relação aos quais tenha havido resolução de requerer a declaração da utilidade pública da expropriação, inspirado no princípio da necessidade da expropriação litigiosa.

É uma vertente do pré-procedimento expropriativo com vista a evitar, sob motivação de simplificação, a aquisição por via do processo de expropriação. Não é, pois, caso de expropriação amigável, conduzindo, em regra, à celebração de um contrato de compra e venda.

Embora se realize na sequência de uma resolução de expropriar e de uma avaliação por um perito da lista oficial nomeado pela entidade beneficiária da expropriação por utilidade pública, a aquisição que haja é essencialmente de direito privado.

A ressalva dos casos previstos no artigo 15º deste Código significa a dispensa de aquisição dos bens por via do direito privado nos casos de expropriação urgente. As situações que, jurídica ou materialmente, não comportam a aqui-

---

[77] Este artigo está conexionado com o que se prescreve nos artigos 9º, nº 2, 10º, n.ºs 1, alínea c) e 5, 15º, 17º, nº 2 e 18º, nº 3, todos deste Código.

sição dos bens pela via do direito privado são, por exemplo, as que justificam as expropriações urgentíssimas, a que se reporta o artigo 16º deste Código.

2. Prevê o nº 2 deste artigo a notificação a que se refere o nº 5 do artigo anterior, e estatui que ela deve incluir a proposta de aquisição, por via de direito privado, referenciando o valor constante do relatório do perito.

A notificação a que se reporta o nº 5 do artigo anterior, por carta ou ofício registados com aviso de recepção, é a que visa a comunicação ao expropriado e aos demais interessados, cuja morada seja conhecida, da resolução de requerer a declaração de utilidade pública da expropriação.

Esta notificação, com a referida proposta, constitui a primeira diligência da entidade interessada na expropriação no sentido de aquisição dos bens por via do direito privado, se não se tratar, conforme já se referiu, de expropriação urgente ou urgentíssima.

A referida proposta deve expressar os bens em causa, a data e o local previsíveis para a celebração do contrato, o respectivo preço e as condições do seu pagamento.

A cada um dos titulares ou co-titulares dos bens, que seja conhecido, deve a entidade interessada na expropriação remeter a pertinente proposta para o efeito, e, quando se tratar de arrendatário habitacional, deve fazê-lo nos termos do número seguinte.

O relatório do perito a que este normativo se reporta é o que consta do nº 4 do artigo anterior, que a entidade interessada na expropriação escolheu da lista oficial para a avaliação dos bens em causa.

A motivação da escolha do aludido perito, face aos princípios da legalidade, da justiça e da boa fé que, nos termos do artigo 2º deste Código, também vinculam as entidades beneficiárias da expropriação, deve assentar em critérios objectivos de desempenho adequado e não em quaisquer outras razões, como, por exemplo, os seus habituais critérios de avaliação.

Importa atentar no facto de os peritos que a entidade interessada na expropriação pode designar livremente para esta avaliação inicial são os mesmos que, relativamente a outras parcelas, podem ser designados árbitros ou peritos na fase jurisdicional da expropriação, em que essa entidade também é interessada.

Por isso, o perito que procedeu à referida avaliação deve suscitar, na fase subsequente do processo, se for caso disso, a recusa da sua participação, seja na arbitragem, seja na perícia.

Certo é que este contrato de compra e venda precede um procedimento expropriativo, há uma avaliação por um perito da lista oficial com vista à formulação da proposta e, se não chegar a ser celebrado, segue-se necessariamente o procedimento expropriativo.

Não obstante, conforme decorre da expressão da lei, esta remete para os termos do direito privado a contratação em causa, sem que a referida avaliação pericial, com vista à proposta de preço justo, tenha a virtualidade de a sujeitar ao direito público.

Propendemos, por isso, a considerar que o contrato em causa que a entidade beneficiária da expropriação celebre com o expropriado e outros interessados é de direito privado.[78]

3. Prevê o nº 3 deste artigo a situação referida no nº 2 do artigo 9º deste Código, e estatui que a proposta é apresentada como alternativa ao realojamento nele previsto.

O nº 2 do artigo 9º deste Código reporta-se ao arrendatário habitacional de prédio urbano, estabelecendo que ele só é interessado nessa qualidade quando prescinda de realojamento equivalente.

A proposta a que o normativo em análise se reporta é a que deve ser apresentada pela entidade interessada ao arrendatário, juntamente com a notificação prevista no nº 5 do artigo anterior, a título de alternativa ao realojamento.

Importa ter em linha de conta neste ponto que a Administração não pode desalojar os moradores de casas de habitação que tenham de ser demolidas para a realização de qualquer empreendimento ou execução de qualquer actividade ou trabalho, sem que tenha providenciado, quando tal se mostre necessário, pelo realojamento dos mesmos (artigo 52º, nº 1, do Decreto-Lei nº 794/76, de 5 de Novembro).

4. Prevê o nº 4 deste artigo a hipótese de não serem conhecidos os proprietários e os demais interessados, ou de serem devolvidas as cartas ou os ofícios a que se refere o nº 5 do artigo anterior.

E estatui que a existência da proposta de aquisição dos bens por via do direito privado é publicitada através de editais a afixar nos locais de estilo do

---

[78] Com o entendimento de que se trata de um contrato de direito público, veja-se FERNANDA PAULA OLIVEIRA, *obra citada*, página 122.

município do lugar da situação dos bens ou na da sua maior extensão e das freguesias onde se localize e em dois números seguidos de dois dos jornais mais lidos da região, um destes de âmbito nacional.

Temos assim que a lei só determina a publicitação por editais a existência da proposta, naturalmente na sede da entidade interessada na expropriação, mas não do respectivo conteúdo.

Os destinatários que conheçam a referida publicitação, se tiverem interesse no conhecimento do conteúdo da proposta, deverão diligenciar pela consecução desse escopo junto da entidade que a formulou, sem o diferimento do prazo de resposta a que se reporta o número seguinte.

5. Prevê o n.º 5 deste artigo a recepção da proposta de aquisição dos bens por via do direito privado, formulada pela entidade interessada, pelo proprietário e ou os demais interessados, e estatui, por um lado, que eles têm o prazo de 20 dias, contado a partir da recepção da proposta, ou de 30 dias a contar da última publicação nos jornais a que se refere o número anterior, para dizerem o que se lhes oferecer sobre a proposta apresentada, e, por outro, que a sua contraproposta pode ter como referência o valor que for determinado em avaliação documentada por relatório elaborado por perito da sua escolha.

Os referidos prazos são de natureza administrativa, pelo que devem ser contados nos termos dos artigos 72.º, n.º 1 e 73.º do Código do Procedimento Administrativo.

O seu início ocorre a partir da data da assinatura pelos destinatários do aviso de recepção da carta ou do ofício, ou data da última publicação nos aludidos jornais, conforme os casos, pelo que não funciona aqui qualquer presunção de notificação.

O proprietário e ou outros interessados podem apresentar à entidade interessada na expropriação uma contraproposta, susceptível de ser fundamentada em relatório de avaliação de perito por eles escolhido ou contratado que não conste das listas oficiais.

No caso de a entidade interessada na expropriação considerar a mencionada contraproposta, com vista à aquisição dos bens por via do direito privado, minimamente aceitável, abrir-se-á, naturalmente, uma fase de negociações.

6. Prevê o n.º 6 deste artigo a situação de recusa ou de falta de resposta pelos interessados notificados no prazo referido no número anterior, ou de falta de interesse na contraproposta por parte da entidade promotora da expropria-

ção, e estatui, por um lado, que isso confere de imediato àquela entidade a faculdade de apresentar o requerimento para a declaração de utilidade pública, nos termos do artigo seguinte, e, por outro, que ela deve notificar desse facto os proprietários e os demais interessados que tiverem respondido.

Reporta-se, pois, este artigo às situações de recusa, pelos proprietários e ou por outros interessados, da proposta formulada pela entidade interessada na expropriação, de falta de resposta pelos primeiros nos referidos prazos, e de falta de interesse daquela entidade na aludida contraproposta.

Em qualquer desses casos, cessa a vinculação da entidade interessada na expropriação de diligenciar pela aquisição dos bens em causa por via do direito privado, e abre-se-lhe a faculdade de requerer a declaração de utilidade pública da expropriação.

Discute-se, no caso de dispensa legal de aquisição por via do direito privado, se a entidade beneficiária da expropriação deve ou não notificar os interessados do requerimento para a declaração de utilidade pública da expropriação, ou seja, do início do procedimento administrativo.

Tendo em conta que os interessados particulares já foram notificados da resolução de expropriar, conforme resulta do nº 5 do artigo 10º deste Código, propendemos a considerar dever a resposta ser no sentido negativo.[79]

7. Prevê o nº 7 deste artigo o acordo entre a aludida entidade e os proprietários e ou outros interessados, e estatui que a aquisição dos bens por via do direito privado poderá ter lugar ainda que a área da parcela, ou da parte sobrante, seja inferior à unidade de cultura.

Temos, assim, que o referido acordo entre as partes, com vista à contratação para transmissão dos bens, sobreleva à problemática da limitação pela unidade de fragmentação predial, ou seja, da unidade de cultura.

Esta problemática da unidade de cultura tem a ver com o regime do emparcelamento rural previsto no Decreto-Lei nº 384/88, de 25 de Outubro, regulamentado pelo Decreto-Lei nº 103/90, de 22 de Março, alterado pelo Decreto-Lei nº 55/91, de 30 de Janeiro.[80]

---

[79] Em sentido contrário, pode ver-se FERNANDA PAULA OLIVEIRA, *obra citada*, páginas 123 e 124.

[80] Nos termos dos nº 1 do artigo 1382º do Código Civil, o emparcelamento é o conjunto de operações de remodelação predial destinadas a pôr termo à fragmentação e dispersão dos prédios rústicos pertencentes ao mesmo titular, com o fim de melhorar as condições técnicas e económicas das explorações agrícolas.

Enquanto não forem fixadas as unidades de cultura nos termos do artigo 21º do Decreto-Lei nº 384/88, mantém-se em vigor a Portaria nº 202/70, de 21 de Abril, de cujo artigo 1º decorre o seguinte.

A norte do Tejo, a unidade de cultura dos terrenos de regadio arvenses e hortícolas, e de sequeiro, nos distritos de Viana do Castelo, Braga, Porto, Aveiro, Viseu, Coimbra, Leiria, é respectivamente, de dois, meio e dois hectares.

Nos distritos de Vila Real, Bragança, Guarda e Castelo Branco, a unidade de cultura é de dois, meio e três hectares, respectivamente, e nos distritos de Lisboa e de Santarém, é de dois, meio e quatro hectares, respectivamente.

A sul do Tejo, nos distritos de Portalegre, Évora, Beja e Setúbal, a mencionada unidade de cultura é dois e meio, meio e sete e meio hectares, respectivamente, e, no distrito de Faro, é de dois e meio, meio e cinco hectares, respectivamente

Todavia, para efeitos de fraccionamento das áreas da reserva agrícola nacional, a unidade de cultura corresponde ao triplo da área fixada na lei geral para os respectivos terrenos e região (artigo 27º do Decreto-Lei nº 73/2009, de 31 de Março).

9. Quanto à matéria a que este artigo se reporta pronunciaram-se, entre outras, as seguintes decisões judiciais:

a) Não constitui preterição de formalidade legal a não notificação dos comproprietários do terreno a expropriar se a entidade interessada enviou o ofício para a morada do titular identificado nos elementos constantes do registo predial e da matriz, desconhecendo o seu falecimento. Tendo a expropriação carácter urgente, não tem lugar a notificação prevista no artigo 11º do Código das Expropriações (Acórdão do STA, de 12.01.06, www.dgsi.pt).

b) Invocando a autora o incumprimento do acordo negocial previsto no artigo 11º do Código das Expropriações, celebrado com a ré, pessoa colectiva de direito público, relativo à indemnização pela resolução de um contrato de arrendamento de um prédio que a última se propunha adquirir, a competência para dele conhecer inscreve-se nos tribunais da ordem judicial (Acórdão do STJ, de 12.02.09, Processo nº 78/09- 1.ª Secção).

ARTIGO 12º
Remessa do requerimento

1 – O requerimento da declaração de utilidade pública é remetido, conforme os casos, ao membro do Governo ou ao presidente da assembleia municipal competente para a emitir, devendo ser instruído com os seguintes documentos:

a) Cópia da resolução a que se refere o nº 1 do artigo 10º e da respectiva documentação;

b) Todos os elementos relativos à fase de tentativa de aquisição por via de direito privado quando a ela haja lugar e indicação das razões do respectivo inêxito;

c) Indicação da dotação orçamental que suportará os encargos com a expropriação e da respectiva cativação, ou caução correspondente;

d) Programação dos trabalhos elaborada pela entidade expropriante, no caso de urgência, bem como a fundamentação desta;

e) Estudo do impacte ambiental, quando legalmente exigido.

2 – Se o requerente for entidade de direito privado, deve comprovar que se encontra caucionado o fundo indispensável para o pagamento das indemnizações a que haja lugar.

3 – A entidade requerida pode determinar que o requerente junte quaisquer outros documentos ou preste os esclarecimentos que entenda necessários.

1. Prevê o nº 1 deste artigo a entidade a quem a interessada na expropriação deve remeter o requerimento com vista à declaração de utilidade pública, e estatui, por um lado, que ela o deve remeter ao membro do Governo ou ao presidente da assembleia municipal competente para a emitir, conforme os casos.

E, por outro, nas suas cinco alíneas – a) a e) – que o referido requerimento deve ser instruído com a cópia da resolução a que se refere o nº 1 do artigo 10º e da respectiva documentação, com todos os elementos relativos à fase de tentativa de aquisição por via de direito privado, quando deva existir, e indicação das razões do respectivo inêxito, com a indicação da dotação orçamental que suportará os encargos com a expropriação e da respectiva cativação ou caução correspondente, com a programação dos trabalhos elaborada pela entidade expropriante, no caso de urgência, bem como a fundamentação desta, e com o estudo do impacte ambiental que seja legalmente exigido.

Está integrado num contexto normativo relativo à remessa do requerimento tendente à declaração de utilidade pública, pela entidade interessada na expropriação, ao membro do Governo ou ao presidente da assembleia municipal competentes para o efeito.[81]

---

[81] Este artigo está conexionado com o disposto nos artigos 1º, 10º, nº 1, 14º, n.os 1, 5 e 6, 19º, nº 1, e 90º, todos deste Código.

A expropriação de bens pode ser requerida por pessoas colectivas públicas ou privadas ou singulares de direito privado, naturalmente por causa de utilidade pública (artigos 1º e 19º, nº 1, deste Código).

O requerimento deve ser enviado ao membro do Governo da respectiva tutela ou, na dúvida sobre a respectiva competência, ao Primeiro-Ministro (artigo 14º, n.os 1, 5 e 6, deste Código).

Na hipótese de ser da assembleia municipal a competência para a declaração da utilidade pública da expropriação, deve-lhe ser requerida pela câmara municipal (artigo 64º, nº 6, alínea c), da Lei nº 169/99, de 18 de Setembro).[82]

Quanto à expropriação de bens situados nas Regiões Autónomas, o requerimento deve ser dirigido ao Governo Regional ou ao Representante da República, conforme os casos (artigo 90º deste Código).

Assim, as entidades com poder de expropriar são os membros do Governo da República, os membros dos governos regionais, os Representantes da República e as assembleias municipais.

A competência para o requerimento de declaração de utilidade pública da expropriação inscreve-se nos titulares dos órgãos das respectivas entidades públicas, em conformidade com a lei, e nos titulares dos órgãos de pessoas colectivas de direito privado, de harmonia com os respectivos estatutos, conforme os casos.[83]

A dotação orçamental a que alude a alínea c) deste normativo é o montante consignado no respectivo orçamento com vista ao pagamento de determinados serviços públicos.

A indicação da dotação orçamental e da respectiva cativação é uma obrigação que incumbe à entidade interessada na expropriação que seja pessoa colectiva de direito público, por exemplo o Estado. A lei faculta-lhe, porém, em alternativa, a prestação de caução, nos termos do artigo 623º, nº 1, do Código Civil, tal como ocorre na situação prevista no artigo 7º, nº 3, deste Código.

A demonstração do programa dos trabalhos, no caso de urgência, com a fundamentação desta, prevista na alínea d) do nº 1 deste artigo, está em conexão com o que se prescreve no artigo 15º, n.os 1 e 2, deste Código.

---

[82] Alterado pela Lei nº 5-A/2002, de 11 de Janeiro.

[83] No que concerne ao elemento de instrução do processo a que se reporta a alínea a) deste normativo, remete-se para o que se escreveu a propósito do artigo 10º, nº 5, deste Código, e, relativamente à estatuição da alínea b), para o que se referiu a propósito do disposto nos n.os 1, 2 e 6 do artigo 11º.

A junção do aprovado estudo de impacte ambiental, prevista na alínea e) do nº 1 deste artigo, só é necessária quando a lei o exija para as obras a inserir nas áreas de terreno a expropriar.

Esta exigência legal, em abstracto, tem assento não só na lei ordinária, como também na Constituição.

As bases do ambiente constam da Lei nº 11/87, de 7 de Abril, alterada pela Lei nº 13/2002, de 19 de Fevereiro, e o regime jurídico do impacte ambiental dos projectos públicos e privados susceptíveis de produzirem efeitos significativos no ambiente consta do Decreto-Lei nº 69/2000, de 3 de Maio.[84]

Na Constituição, no artigo 66º, n.os 1 e 2, alínea b), expressa-se que para assegurar o direito a um ambiente de vida humano sadio e ecologicamente equilibrado, incumbe ao Estado, por meio de organismos próprios, com o envolvimento e a participação dos cidadãos, além do mais, ordenar e promover o ordenamento do território, tendo em vista a correcta localização das actividades, o equilibrado desenvolvimento sócio-económico e a valorização da paisagem.

O elenco a que este normativo se reporta não é taxativo, podendo a entidade requerida exigir outros elementos, designadamente os referentes à integração ou não dos bens a expropriar nas áreas legalmente qualificadas de reserva ecológica nacional ou de reserva agrícola nacional.

2. Prevê o nº 2 deste artigo a hipótese de o requerente da expropriação por utilidade pública ser entidade de direito privado, estatui dever a mesma comprovar que se encontra caucionado o fundo indispensável para o pagamento das indemnizações a que haja lugar.

Assim, a referida pessoa de direito privado, colectiva ou singular, deve demonstrar a prestação de caução, nos termos do artigo 623º, nº 1, do Código Civil, tal como ocorre no caso previsto no artigo 7º, nº 3, deste Código.

3. Prevê o nº 3 deste artigo uma das faculdades enquadradas na competência da entidade requerida quando lhe seja enviado o processo respectivo pelo requerente, e estatui que ela lhe pode determinar a junção de quaisquer outros documentos ou que preste os esclarecimentos que entenda necessários.

---

[84] Este diploma foi rectificado pela Declaração nº 7-D/2000, de 30 de Junho – Suplemento – alterado pelo Decreto-Lei nº 69/2003, de 10 de Abril. O nº 3 do artigo 46º do mencionado diploma foi revogado pelo Decreto-Lei nº 74/2001, de 26 de Fevereiro.

Não é um mero convite ao aperfeiçoamento do processo envolvente do requerimento para a declaração da utilidade pública da expropriação. É uma intimação de correcção dos termos daquele procedimento, tal como é prevista no Código do Procedimento Administrativo.

4. Sobre a matéria a que este artigo se reporta pronunciaram-se, entre outras, as seguintes decisões judiciais:

a) Fica afectado de ilegalidade o acto administrativo de declaração da utilidade pública da expropriação no caso de a caução não garantir a capacidade financeira do expropriante para pagamento da indemnização, pelo facto de não subsistir até ao seu *depósito final* (Acórdão do STA, de 03.12.91, Recurso nº 27346).

b) Interposto recurso contencioso de anulação do acto que declarou a utilidade pública urgente da expropriação de um prédio e autorizou a posse administrativa, com fundamento na omissão de prestação da caução, torna-se a lide inútil, por falta de interesse do recorrente, se a expropriante, em tempo útil, a prestou (Acórdão do STA, de 02.11.89, *Diário da República*, Apêndice, de 30 de Dezembro de 1994).

c) O acto administrativo de declaração da utilidade pública da expropriação sem a prova documental referente às diligências de aquisição dos bens pela via do direito privado do prédio a expropriar está afectado do vício de violação da lei por ofensa do disposto na alínea e) do nº 1 do artigo 12º do Código das Expropriações. A urgência na expropriação por utilidade pública prevista no artigo 12º, nº 1, alínea e), não pode consistir só na simples linguagem do autor do acto, antes devendo suportar-se no condicionalismo do caso reflectido no acto administrativo. Não pode falar-se de urgência se, no período de três anos, no âmbito do órgão autárquico interessado na expropriação, nada foi feito no sentido de esgotar a possibilidade de aquisição por via do direito privado (Acórdão do STA, de 16.06.92, Recurso nº 26 651, BMJ, nº 418, página 605).

d) A avaliação do impacte ambiental é obrigatória em projectos de construção de auto-estradas ou vias rápidas (Acórdão do STA, de 28.01.98, "Cadernos de Justiça Administrativa", nº 15, página 33).

ARTIGO 13º
Declaração de utilidade pública

1 – A declaração de utilidade pública deve ser devidamente fundamentada e obedecer aos demais requisitos fixados neste Código e demais legislação aplicável, independentemente da forma que revista.

2 – A declaração resultante genericamente da lei ou de regulamento deve ser concretizada em acto administrativo que individualize os bens a expropriar, valendo esse acto como declaração de utilidade pública para efeitos do presente diploma.

3 – Sem prejuízo do disposto no nº 6, a declaração de utilidade pública caduca se não for promovida a constituição da arbitragem no prazo de um ano ou se o processo de expropriação não for remetido ao tribunal competente no prazo de 18 meses, em ambos os casos a contar da data da publicação da declaração de utilidade pública.

4 – A declaração de caducidade pode ser requerida pelo expropriado ou qualquer outro interessado ao tribunal competente para conhecer do recurso da decisão arbitral ou à entidade que declarou a utilidade pública e a decisão que for proferida é notificada a todos os interessados.

5 – A declaração de utilidade pública caducada pode ser renovada em casos devidamente fundamentados e no prazo máximo de um ano, a contar do termo dos prazos fixados no nº 3 anterior.

6 – Renovada a declaração de utilidade pública, o expropriado é notificado, nos termos do nº 1 do artigo 35º para optar pela fixação de nova indemnização ou pela actualização da anterior, nos termos do artigo 24º, aproveitando-se neste caso os actos praticados.

7 – Tratando-se de obra contínua, nos termos do nº 3 do artigo 5º, a caducidade não pode ser invocada depois daquela ter sido iniciada em qualquer local do respectivo traçado, salvo se os trabalhos forem suspensos ou estiveram interrompidos por prazo superior a três anos."

1. Prevê o nº 1 deste artigo a fundamentação da declaração de utilidade pública da expropriação, e estatui dever ser devidamente fundamentada e obedecer aos demais requisitos fixados neste Código e demais legislação aplicável, independentemente da forma que revista.

Está integrado num contexto normativo relativo ao acto administrativo de declaração de utilidade pública da expropriação, à respectiva fundamentação, à sua caducidade e à eventual renovação da respectiva eficácia.[85]

---

[85] Este artigo está conexionado com o disposto nos artigos 1º, 10º, 14º, 15º, 16º, 17º, 24º, 34º a 37º, 39º, 88º, 90º, 93º, 94º e 96º, todos deste Código.

É um acto administrativo essencialmente vinculado, porque envolve limites legais, incluindo, além do mais, a competência administrativa do seu autor e o interesse público, e deve, nos termos do artigo 268º, nº 3, da Constituição, conter fundamentação expressa, mas em que também há uma ou outra vertente de poder discricionário da Administração.

Conforme já se referiu, a competência para a declaração de utilidade pública da expropriação inscreve-se no Governo da República, no Governo Regional, nos Representantes da República e na Assembleia Municipal, conforme os casos.

Deve ser fundamentada, tendo em conta os elementos de facto que lhe foram remetidos pelo requerente, a que se refere, além do mais, o artigo 12º deste Código, e, pela própria natureza do referido acto administrativo, a sua forma é a escrita.

Deve conter, clara e expressamente, além do mais, a identidade do seu autor e a qualidade jurídica em que o é, a adequada identificação dos expropriados e de outros interessados, o seu objecto mediato e a pertinente motivação de facto e de direito (artigo 123º do Código do Procedimento Administrativo).

O fim da expropriação dos bens invocado pelo requerente deve envolver utilidade pública, ser comportado pela lei, superar o relevo da utilidade a que estavam afectados, inscrever-se nas atribuições da entidade expropriante, haver necessidade dos bens e da via expropriativa, ser oportuna e conveniente a expropriação, haver ocorrido a regularidade formal da tramitação prévia e ter o expropriante capacidade económica para suportar o pagamento da indemnização.[86]

Na motivação, deve a entidade administrativa autora do acto, a partir dos factos verdadeiros invocados pelo requerente e outros por si conhecidos, expressar ponderadamente o seu juízo sobre o interesse público a realizar com a expropriação e a necessidade dos bens para essa realização.

Mas nem sempre a expropriação depende de declaração da respectiva utilidade pública, nomeadamente na expropriação urgentíssima, na que têm por objecto áreas de desenvolvimento urbano ou de construção prioritárias ou fins de composição urbana, bem como na que é requerida pelo próprio proprietário (artigos 16º, 93º, nº 2, alínea a), 94º, nº 1, alínea a) e 96º, todos deste Código).

---

[86] Neste sentido, ver LUIS PERESTRELO DE OLIVEIRA, *obra citada*, pagina 66.

Mas importa ter em conta a particularidade das expropriações legais, derivadas de lei especial que se refira a determinados imóveis, como é o caso, por exemplo, das áreas críticas de recuperação e reconversão urbanística, a qual implica, como efeito imediato, a declaração de utilidade pública urgente, a tomada de posse administrativa dos imóveis, a ocupação temporária de terrenos, a demolição de edifícios de carácter urgente e a realização de obras de beneficiação (artigos 41º e 42º do Decreto-Lei nº 794/76, de 5 de Novembro).

2. Prevê o nº 2 deste artigo a declaração de utilidade pública resultante genericamente da lei ou de regulamento, e estatui, por um lado, dever ser concretizada em acto administrativo que individualize os bens a expropriar, e, por outro, que ele vale como declaração de utilidade pública para efeitos deste Código.

A declaração de utilidade pública da expropriação, que constitui o facto nuclear constitutivo da relação ou situação jurídica de expropriação, é "o acto administrativo pelo qual se reconhece serem determinados bens necessários à realização de um fim de utilidade pública mais importante que o destino a que estão afectados."[87]

Dir-se-á que se trata de um acto administrativo de execução continuada, porque se alguns dos seus efeitos se produzem com a respectiva publicação, outros são legalmente deferidos para depois dela, nomeadamente a extinção do direito de propriedade do expropriado e a sua aquisição pela entidade expropriante, aquando do contrato no âmbito da expropriação amigável ou da adjudicação judicial no quadro da expropriação litigiosa.[88]

Assim, o acto de declaração de utilidade pública da expropriação por utilidade pública onera os imóveis sujeitos a expropriação, mas não tem a virtualidade de converter o direito de propriedade da titularidade dos expropriados em mero direito de indemnização.[89]

Há no nosso ordenamento casos em que a lei, ao regular determinadas matérias, declara genericamente a utilidade pública das expropriações destinadas a fins com elas relacionados. É para esses casos que rege este normativo, exi-

---

[87] MARCELLO CAETANO, Manual de Direito Administrativo, 9ª Edição, página 1024.

[88] Neste sentido, veja-se PEDRO ELIAS DA COSTA, obra citada, páginas 83 e 84.

[89] Neste sentido, pode ver-se CARLA VICENTE, "A Urgência da Expropriação, Algumas Questões", Lisboa, 2008, páginas 14 a 16; JOSÉ OLIVEIRA ASCENSÃO, "O Urbanismo e o Direito de Propriedade", Instituto Nacional da Administração – INA, 1989, página 332; e JOSÉ OSVALDO GOMES, obra citada, página 331.

gindo a prática de actos administrativos que individualizem os bens que vão ser abrangidos pela expropriação cuja utilidade pública decorre genericamente da lei.

Assim, os procedimentos que em geral devem preceder a declaração de utilidade pública da expropriação passam aqui a reportar-se ao mencionado acto administrativo concretizador. Em consequência, por exemplo, é a data da publicação do referido acto de individualização que releva para efeitos do disposto no n.º 3 deste artigo e do n.º 1 do artigo 23.º deste Código.

Discute-se a questão de saber se os actos expropriativos contidos em lei especial são ou não passíveis de impugnação contenciosa, na medida em que esta tem por objecto actos administrativos.

Há autores que entendem que o acto expropriativo que assuma a forma de lei ou de decreto-lei não está sujeito a impugnação por via de acção administrativa especial, por se tratar de actos formalmente legislativos, embora sejam actos administrativos sob o ponto de vista material em virtude da sua natureza individual e concreta.[90]

Outros, porém, com fundamento no n.º 4 do artigo 268.º da Constituição, que se refere à impugnação de actos administrativos que lesem direitos ou interesses legalmente protegidos dos administrados, independentemente da sua forma, consideram o contrário.[91]

Ora, o 52.º, n.º 1, do Código de Processo nos Tribunais Administrativos estabelece que a impugnabilidade dos actos administrativos não depende da respectiva forma, ou seja, de não constar de lei ou de decreto-lei.

Assim, em princípio, no caso de a lei envolver decisões produtoras de efeitos expropriativos imediatos relativamente a determinados imóveis, isto é, em situações individuais e concretas, nessa estrita medida, o seu conteúdo pode ser sindicado por via da acção administrativa especial.

Todavia, decorre do normativo em análise que, nas referidas situações de declaração genérica de declaração de utilidade pública da expropriação de determinadas áreas territoriais, é exigida a concretização dos prédios em causa por via de acto administrativo que vale efectivamente como declaração de utilidade pública da expropriação.

---

[90] Neste sentido, pode ver-se FERNANDO ALVES CORREIA, "As Garantias do Particular na Expropriação por Utilidade Pública", Coimbra, 1982, páginas 101 e 102.

[91] Neste sentido, pode ver-se JOSÉ OSVALDO GOMES, *obra citada*, página 305.

Em consequência, nesta estrita matéria, a impugnação em acção administrativa especial só é permitida em relação ao referido acto administrativo concretizador com a eficácia de declaração de utilidade pública da expropriação.

3. Prevê o n.º 3 deste artigo, salvaguardando o disposto no n.º 7 – embora por lapso se refira o n.º 6 – a caducidade da declaração de utilidade pública, e estatui que ela ocorre se não for promovida a constituição da arbitragem no prazo de um ano ou se o processo de expropriação não for remetido ao tribunal competente no prazo de 18 meses, em ambos os casos a contar da data da publicação da declaração de utilidade pública da expropriação.

Conforme já se referiu, a caducidade é uma forma de extinção de direitos por virtude do mero decurso do tempo, em quadro de protecção dos interesses das pessoas contra quem os direitos são exercidos. No caso em análise, a caducidade é estabelecida no interesse dos expropriados e demais interessados em similar posição.

A salvaguarda a que se refere o n.º 7 deste artigo, referida no normativo em análise, tem a ver com a proibição da invocação da caducidade depois de a obra contínua ter sido iniciada em qualquer local do respectivo traçado, salvo se os trabalhos forem suspensos ou estiverem interrompidos por prazo superior a três anos.

O decurso do tempo que aqui releva para implicar a caducidade do acto administrativo de declaração de utilidade pública da expropriação é o que decorre desde a sua publicação até um ano ou dezoito meses depois, no primeiro caso se até esse termo não for promovida a constituição da arbitragem, e, no segundo, se o processo não for até esse termo remetido ao tribunal.

À constituição da arbitragem reporta-se o artigo 42.º, e à remessa do processo ao tribunal o artigo 51.º, ambos deste Código, e os referidos prazos são de natureza administrativa, a contar, por força do artigo 98.º, n.º 1, deste Código, nos termos do artigo 72.º, n.º 1, do Código do Procedimento Administrativo.

Face ao que se prescreve nos artigos 34.º a 37.º deste Código, o disposto neste normativo não pode, porém, funcionar no caso de as partes, no âmbito da expropriação amigável, acordarem no montante indemnizatório devido pela expropriação, porque em tais casos não há lugar à constituição da arbitragem nem à remessa do processo ao tribunal.

A particularidade desta espécie de caducidade está em que atinge directamente o acto de declaração da utilidade pública da expropriação e só reflexamente o procedimento ou o processo de expropriação e o direito da entidade expropriante, deixando imunes os direitos dos expropriados.

Apesar de esta espécie de caducidade afectar directamente um acto administrativo e, reflexamente, alguns procedimentos de natureza administrativa, o regime que lhe é aplicável é o dos artigos 303º e 333, nº 2, do Código Civil.

Ora, como a caducidade a que este normativo se reporta não versa sobre matéria excluída da disponibilidade das partes, o tribunal dela não pode conhecer oficiosamente, necessitando, para ser eficaz, de ser invocada judicial ou extrajudicialmente por aquele a quem aproveita, pelo seu representante, ou, tratando-se de incapaz, pelo Ministério Público.

4. Prevê o nº 4 deste artigo a legitimidade para requerer a declaração de caducidade, a competência jurisdicional para o efeito e os destinatários da concernente notificação, e estatui que ela pode ser requerida pelo expropriado ou por outro interessado ao tribunal competente para conhecer do recurso da decisão arbitral ou à entidade que declarou a utilidade pública, e que a decisão que for proferida deve ser notificada a todos os interessados.

A legitimidade para requerer a declaração da caducidade do acto de declaração de utilidade pública da expropriação inscreve-se, pois, na titularidade dos expropriados e de quaisquer outros interessados na expropriação.

Todavia, dado o fim da lei, o conceito de interessados a que este normativo se reporta é o constante do artigo 9º, e não o do artigo 40º, nº 1, pelo que dessa invocação está excluída a entidade beneficiária da expropriação, por virtude de a caducidade lhe não aproveitar, sem prejuízo de poder desistir da expropriação, nos termos e com os limites previstos no artigo 88º, todos deste Código.

Nesta situação, ao invés do que ocorre no caso previsto no artigo 4º, n.os 6 e 7, deste Código, a lei não estabelece o direito dos expropriados e de outros interessados à indemnização por parte da entidade expropriante, por virtude da mencionada declaração de caducidade.

Os expropriados e outros interessados devem formular o requerimento para a declaração da caducidade do referido acto administrativo de declaração de utilidade pública da expropriação no tribunal competente para conhecer do recurso da decisão arbitral ou à entidade que a declarou.

É discutível se os expropriados e ou outros interessados podem, á sua escolha, requerer a caducidade daquele acto administrativo ao tribunal da ordem judicial ou à entidade que o proferiu.

Há quem entenda que, até à constituição da arbitragem, a declaração da caducidade da declaração de utilidade publica da expropriação compete à entidade que praticou aquele acto administrativo, e que, depois disso, compete ao juiz de direito do tribunal que devia conhecer do recurso da decisão arbitral.[92]

Todavia a lei não procede à referida distinção, e não se vislumbra alguma razão ponderosa de sistema que a implique, de modo a que o intérprete a ela deva proceder.

Em consequência, propendemos a considerar que os expropriados e demais interessados na expropriação podem requerer a caducidade da declaração da utilidade pública da expropriação no aludido tribunal da ordem judicial, ou perante a referida entidade administrativa, independentemente da fase do processo que na oportunidade esteja em curso.[93]

Em qualquer caso, a decisão que a propósito seja proferida deve, naturalmente, ser notificada a todos os interessados.

5. Prevê o n.º 5 deste artigo a declaração de utilidade pública caducada, e estatui poder ser renovada em casos devidamente fundamentados, e no prazo máximo de um ano a contar do termo dos prazos fixados no n.º 3.

Conforme resulta do exposto, a declaração de caducidade da declaração de utilidade pública da expropriação implica a extinção dos seus efeitos, incluindo os de natureza processual, neste caso até onde forem incompatíveis com a causa que a determinou.

Temos, porém, que, fundamentadamente, pode a entidade expropriante, até um ano depois do termo dos prazos de um ano ou de 18 meses, o primeiro relativo à constituição da arbitragem e o último concernente à remessa a tribunal do processo de expropriação, renovar a declaração de utilidade pública da expropriação.

O referido prazo é de natureza administrativa, pelo que deve ser contado nos termos do artigo 72.º, n.º 1, do Código do Procedimento Administrativo (artigo 98.º, n.º 1, deste Código).

Ocorrendo a referida renovação, reinicia-se o procedimento expropriativo, com a constituição da arbitragem ou a remessa do processo ao tribunal, con-

---

[92] Neste sentido, pode ver-se LUÍS PERESTRELO DE OLIVEIRA, *obra citada*, página 69.

[93] O Tribunal Constitucional, no Acórdão n.º 302/2008, de 29 de Maio de 2008, publicado no *Diário da República*, II Série, de 1 de Julho de 2008, considerou não ser inconstitucional a interpretação do n.º 4 deste artigo no sentido de que compete aos tribunais da ordem judicial a declaração da caducidade da declaração de utilidade pública da expropriação.

forme os casos, se tais actos não tiverem sido praticados pela entidade expropriante.[94]

6. Prevê o nº 6 deste artigo a renovação da declaração de utilidade pública da expropriação, e estatui, por um lado, dever o expropriado ser notificado, nos termos do nº 1 do artigo 35º, para optar pela fixação de nova indemnização ou pela actualização da anterior, nos termos do artigo 24º, todos deste Código, e, por outro que, nesse caso, se aproveitam os actos praticados.

Assim, no prazo de 15 dias após a publicação da renovada declaração de utilidade pública da expropriação, através de carta ou ofício registados com aviso de recepção, deve a entidade beneficiária da expropriação notificar o expropriado para responder se opta pela fixação de nova indemnização ou pela actualização da anterior nos termos previstos no artigo 24º deste Código.

Neste último caso, ou seja, se o expropriado optar pela actualização da indemnização, aproveitam-se os actos praticados. No primeiro – fixação de nova indemnização –, porém, tal aproveitamento não está previsto.

Mas, no caso de fixação de nova indemnização, pode haver necessidade de aproveitamento de elementos constantes do relatório da *vistoria ad perpetuam rei memoriam* ou do auto da posse administrativa, sobretudo quando, pela alteração ocorrida nos bens, já não for possível a sua reconstituição.[95]

Esta notificação ao expropriado com vista à referida opção só faz sentido se ao tempo da declaração da caducidade da declaração de utilidade pública da expropriação já tiver sido fixada a indemnização.

Acresce que os outros interessados, além dos expropriados, designadamente aqueles a quem tenha sido fixada indemnização autónoma, também devem ser notificados, com vista à referida opção.

Considerando o disposto no artigo 98º, nº 1, deste Código, o referido prazo é contado nos termos do artigo 72º, nº 1, do Código do Procedimento Administrativo.

7. Prevê o nº 7 deste artigo a situação da obra contínua, nos termos do nº 3 do artigo 5º, e estatui que a caducidade não pode ser invocada depois dela ter sido

---

[94] No sentido de que a renovação da declaração da utilidade pública da expropriação implica o percurso de toda a via procedimental, incluindo a diligência de aquisição dos bens pela via do direito privado, veja-se LUÍS PERESTRELO DE OLIVEIRA, *obra citada*, página 69.

[95] Neste sentido, podem ver-se PEDRO CANSADO PAES, ANA ISABEL PACHECO e LUÍS ALVAREZ BARBOSA, *obra citada*, página 96.

iniciada em qualquer local do respectivo traçado, salvo se os trabalhos tiverem sido suspensos ou estado interrompidos por prazo superior a três anos.

Trata-se de uma limitação ao que se prescreve no n° 3 deste artigo, na medida em que a omissão da entidade expropriante de promoção da arbitragem ou da remessa do processo ao tribunal, nos prazos a que aquele normativo alude, não permite, na hipótese de início da obra contínua em algum ponto do respectivo traçado, a invocação da caducidade da declaração de utilidade pública da expropriação.

Com efeito, apenas a suspensão ou a interrupção dos trabalhos por prazo superior a três anos é que justifica a possibilidade de invocação da mencionada caducidade, retomando-se a regra consignada no n° 3 deste artigo.

8. O acto administrativo de declaração da utilidade pública só produz efeitos a partir da respectiva publicação no *Diário da República* ou no *Jornal Oficial das Regiões Autónomas*, conforme os casos (artigos 17º, nº 1 e 90º deste Código e 130º, nº 2, do Código do Procedimento Administrativo).

Ele pode ser impugnado, com vista à sua anulação ou à declaração da sua nulidade ou inexistência jurídica, conforme o caso, para os tribunais da ordem administrativa, por via da acção administrativa especial (artigo 46º, nº 1, alínea a), do Código de Processo nos Tribunais Administrativos).

9. Acontece, não raro, que o texto da declaração de utilidade pública da expropriação contém erros materiais, umas vezes sobre a identidade dos expropriados ou outros interessados, outras sobre o objecto da expropriação, ou seja, sobre as áreas, os artigos matriciais e os números das descrições prediais.

Face ao que prescreve o artigo 148º, n.os 1 e 2, do Código do Procedimento Administrativo, os erros de cálculo e os erros materiais na expressão da vontade dos órgãos administrativos, quando manifestos, podem ser rectificados, a todo o tempo, pelos órgãos competentes para a revogação dos actos, podendo a rectificação ter lugar oficiosamente ou a pedido dos interessados, sob a forma e publicidade usadas para a prática do acto rectificado, com efeitos retroactivos.

Assim, os erros de aritmética ou de escrita ou de representação, quando resultem de modo evidente do contexto da declaração em causa ou das circunstâncias em que a mesma é feita, são rectificáveis pela entidade expropriante, naturalmente a requerimento da entidade beneficiária da expropriação.

Diversa é a situação quando o erro não é manifesto, caso em que segue o regime do erro obstáculo na manifestação da vontade administrativa pelos titulares dos órgãos da Administração.[96]

Todavia, o procedimento expropriativo *lato sensu*, por virtude do princípio da legitimidade aparente, que vigora no direito da expropriações, conforme decorre dos artigos 9º, nº 3 e 37º, nº 5, deste Código, envolve algumas particularidades em relação ao regime geral.

A mera desactualização dos elementos constantes das matrizes prediais ou das descrições registais não justifica o procedimento de rectificação acima referido no caso de existência no processo dos elementos reveladores da identificação dos prédios e ou dos direitos que sobre eles incidam.

Ao invés, no caso de expropriação parcial cuja área constante da declaração de utilidade pública da expropriação é superior à pretendida e necessária ao fim em vista, deverá a entidade beneficiária da expropriação requerer à entidade expropriante a rectificação da área mencionada naquela declaração, sob pena de a expropriação a abranger.

Do mesmo modo, se a área declarada de utilidade pública para a expropriação foi inferior à que era necessária e esta foi afectada pela entidade beneficiária da expropriação ao fim em vista, ela pode requerer à entidade expropriante a rectificação da declaração de utilidade pública.

Na hipótese de a área constante da declaração de utilidade pública da expropriação ser a correcta, mas a entidade expropriante verificar que a mesma não é toda necessária para o fim pretendido, pode desistir da área remanescente, nos termos do artigo 88º deste Código.

No caso de a entidade beneficiária da expropriação ocupar área superior à constante da declaração de utilidade pública da expropriação, pode o expropriado exigir-lhe indemnização em acção própria, por violação do direito de propriedade (artigos 483º, nº 1 e 1305º, do Código Civil).[97]

10. Sobre a matéria a que este artigo se reporta pronunciaram-se, entre outras, as seguintes decisões judiciais:

a) A mera desconformidade na declaração da utilidade pública quanto à área da parcela a expropriar não pode determinar a paralisação do pro-

---

[96] Neste sentido, pode ver-se ANTÓNIO FRANCISCO DE SOUSA, "Código do Procedimento Administrativo Anotado e Comentado", Lisboa, 2009, página 435.

[97] Neste sentido, pode ver-se PEDRO ELIAS DA COSTA, *obra citada*, páginas 85 e 86.

cesso de expropriação, até em nome dos princípios da legitimação do titular aparente e da prevalência da aparência física do prédio. No processo de expropriação pode conhecer-se da alteração ou correcção de inexactidões constantes da declaração de utilidade pública da expropriação, nomeadamente quanto à identificação dos bens a expropriar e respectivas áreas (Acórdão da Relação de Guimarães, de 24.05.06, Processo nº 901/06-1).

b) É nula nos termos da alínea c) do nº 2 do artigo 133º do Código de Procedimento Administrativo a declaração de utilidade pública urgente da expropriação de terrenos para uma obra pública em que nem a listagem que serviu à identificação dos bens, nem a planta publicada relativa ao seu destino permitem uma leitura com legibilidade bastante para esclarecer se os bens em causa foram sujeitos a expropriação (Acórdão do STA, Plenário da Secção, de 29.11.06, Processo nº 042307).

c) Expropriada uma parcela de terreno devidamente individualizada cuja área não corresponde à indicada na declaração de utilidade pública, o valor da indemnização deve ser calculado com base na sua verdadeira área. Mas a entidade beneficiária da expropriação pode desistir da parte do terreno desnecessária para o fim em vista, independentemente da correcção daquela declaração (Acórdão da Relação de Guimarães, de 14.12.06, Processo nº 2339/06-1).

d) O requerimento de interposição de recurso da decisão arbitral não é o meio adequado para suscitar a questão da caducidade da declaração de utilidade pública. Devia ter sido formulado em requerimento autónomo no prazo de dez dias a contar da notificação do despacho a que alude o nº 5 do artigo 51º do Código das Expropriações (Acórdão do STJ, de 13.03.07, CJ, Ano XVI Tomo 1, página 110).

e) Como a caducidade regula directamente o conteúdo da situação do expropriado, abstraindo dos factos que lhe deram origem, a lei aplicável é a que vigorar à data da sua apreciação, independentemente daquela em que foi declarada a utilidade pública da expropriação (Acórdão da Relação de Coimbra, de 11.03.08, Processo nº 148/07.0TBAGRD.C1).

f) Anulado o acto expropriativo extingue-se a sujeição à expropriação e desaparece automaticamente o direito à indemnização como contravalor dos bens a expropriar, tudo se passando como se a referida expropriação nunca tivesse tido lugar. Por isso, pendente no tribunal judicial um processo litigioso respeitante ao montante da indemnização, deve o juiz suspender a instância até à junção da certidão da sentença proferida sobre a declaração de utilidade pública da expropriação (Acórdão da Relação de Lisboa, de 17.04.08, Processo nº 1833/2008-8-8).

g) A caducidade da declaração de utilidade pública, por se tratar de matéria não subtraída à disponibilidade das partes, não é de conhecimento oficioso, antes devendo ser arguida pelo expropriado ou por qualquer outro interessado até ao trânsito em julgado do despacho de adjudicação da propriedade (Acórdão do STJ, de 05.06.08, CJ, Ano XVI, Tomo 2, página 103).

h) No processo de expropriação não podem ser decididas questões sobre a área a expropriar. Tomada pela entidade beneficiária da expropriação posse de área inferior à referida na declaração de utilidade pública, e comunicado por esta esse facto aos expropriados e ao juiz do processo, requerendo a este a correcção da área expropriada, antes do despacho de adjudicação da propriedade, deve considerar-se ter desistido da expropriação da área excedente (Acórdão da Relação do Porto, de 12.2.2009, CJ, Ano XXXIV, Tomo 1, página 304).

i) Não deve distinguir-se entre a parte do prédio aplicada e não aplicada na obra, não podendo a caducidade incidir sobre uma parte da parcela abarcada pela expropriação (Acórdão da Relação de Lisboa, de 05.03.09, Processo nº 261/05.9TBSCR-8).

j) O processo de expropriação não comporta a decisão sobre a alteração ou correcção de inexactidões, nomeadamente no que respeita à área a expropriar (Acórdão da Relação de Guimarães, de 26.03.09, Processo nº 2827/08-1).

k) A inimpugnabilidade da declaração de utilidade pública no processo de expropriação não obsta à redução da área expropriada com base na situação real e com vista à determinação da justa indemnização em função dos bens efectivamente expropriados (Acórdão da Relação de Guimarães, de 26.11.09, Processo nº 3616/06.8TBGMR.G1).

l) Os tribunais administrativos são materialmente competentes para conhecer da acção intentada contra uma pessoa colectiva de direito público com o pedido de declaração de invalidade da portaria que lhe retirou a propriedade de um imóvel, e de indemnização fundado na responsabilidade extracontratual (Acórdão do STJ, de 20.01.10, Processo nº 404/04.0TBBJA.S1 – 2.ª Secção).

m) Ocupada por ente público uma parcela de terreno de um particular e nela construída uma obra pública, sem que tenha utilizado os meios expropriativos ao dispor da Administração, obtendo apenas a declaração de utilidade pública, há preterição de actos e formalidades impostos pela lei como condições de existência e validade da transferência dos direitos, com a inerente violação do direito de propriedade do respectivo dono. A obtenção da declaração de utilidade pública, com a inerente cobertura de legalidade, apenas retira ao desapossamento o carácter de usurpação grosseira. O terreno da parcela em que foi incorporada a obra pública passou, por via disso, a integrar o domínio público, logo ficando fora do comércio e insusceptível de ser objecto de direitos privados, escapando, assim, à previsão da norma do nº 2 do artigo 1311º do Código Civil, vocacionada para a regulamentação de direitos e interesses de natureza privada. O denominado princípio da "intangibilidade da obra pública", princípio geral do direito das expropriações, a operar nomeadamente quando, tendo havido um princípio de actuação legal expropriativa, não ocorra um atentado grosseiro ao direito de propriedade, conduz a que o julgador já não deverá colocar a Administração numa posição idêntica à de um qualquer particular, determinando a restituição do bem ou demolição da obra como meios de fazer cessar uma "via de facto", mas, atendendo ao interesse geral que a obra pública representa, abster-se de ordenar a restituição e limitar-se a conceder ao proprietário uma indemnização pela privação do gozo da coisa, enquanto ela se verificar (Acórdão do STJ, de 29.04.10, Processo nº 1857/05.4TBMAI.S1 – 1.ª Secção).

ARTIGO 14º
Competência para a declaração de utilidade pública

1 – *Salvo nos casos previstos no número seguinte, é da competência do ministro a cujo departamento compete a apreciação final do processo:*
   a) *A declaração de utilidade pública da expropriação dos bens imóveis e direitos a eles inerentes;*
   b) *A declaração de utilidade pública do resgate, não prevista nos respectivos contratos, das concessões ou privilégios outorgados para a exploração de obras ou serviços de utilidade pública ou ainda da expropriação dos bens ou direitos a eles relativos referidos no artigo 7º.*

2 – *A competência para a declaração de utilidade pública das expropriações da iniciativa da administração local autárquica, para efeitos de concretização do plano de urbanização ou plano de pormenor eficaz, é da respectiva assembleia municipal.*

PARTE II – O CÓDIGO DAS EXPROPRIAÇÕES **ART. 14º** 97

3 – A deliberação da assembleia municipal prevista no número anterior deverá ser tomada por maioria dos membros em efectividade de funções.

4 – A deliberação referida no número anterior é comunicada ao membro do Governo responsável pela área da administração local.

5 – O reconhecimento do interesse público requerido pelas empresas e a declaração de utilidade pública da expropriação dos imóveis necessários à instalação, ampliação, reorganização ou reconversão das suas unidades industriais ou dos respectivos acessos é da competência do ministro a cujo departamento compete a apreciação final do processo.

6 – Nos caos em que não seja possível determinar o departamento a que compete a apreciação final do processo ou que não sejam abrangidos pelo disposto nos números anteriores é competente o Primeiro-Ministro, com a faculdade de delegar no ministro responsável pelo ordenamento do território.

1. Começa o nº 1 deste artigo por salvaguardar os casos previstos no número seguinte, ou seja, a competência para a declaração de utilidade pública das expropriações da iniciativa da administração local autárquica, para efeitos de concretização do plano de urbanização ou do plano de pormenor eficaz.

Está integrado num contexto normativo concernente à competência para a declaração de utilidade pública da expropriação, ou seja, ao *jus expropriandi*, tradicionalmente inscrito na titularidade do Estado.[98]

Prevê a seguir a competência para a declaração de utilidade pública da expropriação dos imóveis e direitos a eles inerentes, da do resgate não prevista nos respectivos contratos, da da concessão ou de privilégios outorgados para a exploração de obras ou serviços de utilidade pública, e da dos bens ou direitos a eles relativos referidos no artigo 7º, e estatui que ela se inscreve no ministro a cujo departamento compita a apreciação final do processo, naturalmente exercida por via de acto administrativo escrito.

A referência ao ministro como entidade competente para a declaração de utilidade pública da expropriação não obsta a que ele possa delegar essa competência nalgum dos respectivos secretários de Estado.

O último segmento da referida previsão está conexo com o que se prescreve no nº 1 do artigo 7º deste Código, que autoriza a expropriação de bens ou direitos relativos aos serviços de utilidade pública concessionados, pertencentes

---

[98] Este artigo está em conexão com o disposto nos artigos 1º, 7º, 10º, 17º, 74º, 82º e 90º, todos deste Código.

98 CÓDIGO DAS EXPROPRIAÇÕES E ESTATUTO DOS PERITOS AVALIADORES

aos concessionários, que devam continuar afectos à respectiva exploração, resgatada que seja a concessão, independentemente de o resgate haver sido ou não convencionado entre as partes.

Mas a alínea b) do nº 1 deste artigo não se refere aos casos de resgate contratual, mas apenas às situações de resgate legal, do que decorre existir, quanto a eles, de uma lacuna.

Esta lacuna deve ser preenchida, nos termos do artigo 10º, n.os 1 e 2, do Código Civil, no sentido de a competência para o efeito se inscrever no ministro do ministério em cuja área foi celebrado o referido contrato.[99]

2. Prevê o nº 2 deste artigo a declaração de utilidade pública das expropriações da iniciativa da administração local autárquica, para efeitos de concretização do plano de urbanização ou do plano de pormenor eficaz, e estatui que a competência para o efeito se inscreve na respectiva assembleia municipal.

Trata-se de uma inovação introduzida pelo Código das Expropriações de 1999, motivada pelo escopo de celeridade e simplificação, mas que só se reporta a expropriações que visem a concretização de planos de urbanização ou de pormenor eficazes.

Este normativo tem a ver com o disposto no artigo 118º, nº 1, do Decreto-Lei nº 380/99, de 22 de Setembro, segundo o qual cabe aos municípios proceder à realização das infra-estruturas e dos equipamentos de acordo com o interesse público, os objectivos e as prioridades estabelecidas nos planos municipais de ordenamento do território, recorrendo aos meios previstos na lei.

Conforme decorre do artigo 2º, nº 4, do referido Decreto-Lei nº 380/99, os referidos planos de urbanização e de pormenor são duas espécies que, a par dos planos directores municipais, integram os planos municipais do ordenamento do território.

Trata-se de uma dispensa limitada de intervenção do Governo em tais processos expropriativos, porventura porque a sua eficácia depende do seu acto de ratificação, pelo que não afecta significativamente a *potestas expropriandi* do Estado-Administração.[100]

---

[99] Neste sentido de que declaração de utilidade pública do resgate contratualmente previsto se inscrever no membro do Governo que haja extinguido os referidos contratos de concessão ou de privilégio, pode ver-se LUÍS PERESTRELO DE OLIVEIRA, *obra citada*, páginas 72 e 73.

[100] O entendimento de que este normativo não infringe os princípios da legalidade, da utilidade pública ou interesse público, da proporcionalidade em sentido amplo ou da proibição do excesso e o da indemnização, consagrados nos artigos 62º, nº 2, e 266º, nº 2, nem o princípio do Estado de direito

Paralela limitação do *jus expropriandi* do Estado, a favor dos governos das Regiões Autónomas dos Açores e da Madeira, é a que consta do artigo 90º, nº 1, deste Código.

Dir-se-á, em síntese, que a referida competência expropriativa se inscreve nos ministros, nas assembleias municipais, nos governos regionais e nos representantes da república, conforme os casos.

A competência para a declaração de utilidade pública das restantes expropriações da iniciativa das autarquias locais é regida pelo disposto no nº 1 deste artigo, inscrevendo-se no Ministro com competência nessa área da Administração.[101]

Há outros casos especiais de detenção de poderes expropriativos, como é o caso previsto no artigo 61º do Decreto-Lei nº 307/2009, de 23 de Outubro, segundo o qual a expropriação por utilidade pública inerente à execução da operação de reabilitação urbana, de carácter urgente, se rege pelo Código das Expropriações, mas com a especificidade de a competência para a emissão da resolução de expropriar se inscrever na entidade gestora, e para a emissão do acto administrativo individualizador dos bens na câmara municipal ou no órgão executivo da entidade gestora, consoante tenha ou não havido delegação do poder de expropriação.

3. Prevê o nº 3 deste artigo a deliberação da assembleia municipal consignada no número anterior, e estatui que ela deverá ser tomada por maioria dos membros em efectividade de funções.

Nos termos do artigo 64º, nº 7, alínea c), da Lei nº 169/99, de 18 de Setembro, a assembleia municipal exerce a *potestas expropriandi* do município respectivo por via de deliberação da maioria dos seus membros em efectividade de funções na sequência de propostas que lhe sejam apresentadas pela câmara municipal.

---

democrático previsto nos artigos 2º e 9º, alínea b), todos da Constituição, está expresso por FERNANDO ALVES CORREIA em "Jurisprudência do Tribunal Constitucional sobre Expropriações por Utilidade Pública e o Código das Expropriações de 1999", Ano 132º, n.ºs 3908 e 3909, páginas 327 e 328.

[101] A várias outras sociedades de capitais exclusivamente públicos, constituídas pelo Estado e municípios, como é o caso da Sociedade Polis Litoral Ria Formosa, SA, da Sociedade Polis Litoral Ria Formosa – Sociedade para a Requalificação e Valorização da Ria Formosa, SA, da Sociedade Polis Litoral Norte – Sociedade para a Requalificação e Valorização do Litoral Norte, SA, da Sociedade Polis Litoral Ria de Aveiro – Sociedade para a Requalificação e Valorização da Ria de Aveiro, SA, da Sociedade Polis Sudoeste – Sociedade para a Requalificação e Valorização do Sudoeste Alentejano e Costa Vicentina, SA e da Sociedade Frente Tejo, SA, por via dos Decretos-Leis nas 92/2008, de 3 de Junho, 231/2008, de 28 de Novembro, 11/2009, de 12 de Janeiro , 244/2009, de 22 de Setembro, e 117/2008, de 9 de Julho, foi conferido, no âmbito do seu objecto social, o *jus expropriandi*.

100 CÓDIGO DAS EXPROPRIAÇÕES E ESTATUTO DOS PERITOS AVALIADORES

4. Prevê o nº 4 deste artigo a deliberação referida no número anterior, e estatui dever ser comunicada ao membro do Governo responsável pela área da administração local.

A referida comunicação conforma-se com o regime da tutela administrativa sobre as autarquias locais, exercida nos casos e segundo a lei, que consiste na verificação do cumprimento da lei por parte dos órgãos autárquicos, a que alude o artigo 242º, nº 1, da Constituição.

Além disso, conforma-se com o disposto na Lei nº 27/96, de 1 de Agosto, que estabelece o regime jurídico a que ficam sujeitas as autarquias locais e as entidades equiparadas.

5. Prevê o nº 5 deste artigo o reconhecimento do interesse público requerido pelas empresas privadas e a declaração de utilidade pública de expropriação dos imóveis necessários à instalação, ampliação, reorganização ou reconversão das suas unidades industriais ou dos respectivos acessos, e estatui que a respectiva competência se inscreve no ministro a cujo departamento compita a apreciação final do processo.

Decorre, pois, deste artigo que as empresas privadas podem obter a declaração ministerial do seu interesse público com vista à expropriação de imóveis que sejam necessários à instalação, ampliação, reorganização ou reconversão das suas unidades industriais, incluindo os respectivos acessos.

Trata-se, assim, de declaração de utilidade pública para fins privados, mas de interesse público, em casos excepcionais, legalmente previstos.

É o caso previsto, por exemplo, no artigo 28º do Decreto-Lei nº 423/83, de 5 de Dezembro, segundo o qual, por um lado, é admitida a expropriação por utilidade pública, nos termos da legislação aplicável, dos bens imóveis e direitos a eles relativos necessários à construção, ampliação ou beneficiação de empreendimentos a que tenha sido atribuída utilidade turística a título prévio ou à ampliação, adaptação ou renovação de empreendimentos com a utilidade turística atribuída a título definitivo, e, por outro, que o requerimento para a declaração de utilidade pública deverá ser instruído com os documentos legalmente exigidos e o parecer favorável dos serviços de turismo.

6. Prevê o nº 6 deste artigo os casos em que não seja possível determinar o departamento a que compete a apreciação final do processo ou que não sejam abrangidos pelo disposto nos números anteriores, e estatui ser competente para a declaração da utilidade pública da expropriação o Primeiro-Ministro, com a

faculdade de delegar no ministro responsável pelo ordenamento do território.

Trata-se de casos em que é susceptível de se verificar a dúvida sobre a entidade competente para a declaração da utilidade pública da expropriação em causa, ou até mesmo a existência de conflito negativo ou positivo de competência administrativa.

A solução da lei neste ponto é conforme com o que se prescreve na alínea a) do nº 1 do artigo 201º da Constituição, segundo a qual compete ao Primeiro-Ministro a coordenação e orientação da acção de todos os ministros.

ARTIGO 15º
Atribuição do carácter de urgência

1 – No próprio acto declarativo da utilidade pública, pode ser atribuído carácter de urgência à expropriação para obras de interesse público.

2 – A atribuição de carácter urgente à expropriação deve ser sempre fundamentada e confere de imediato à entidade expropriante a posse administrativa dos bens expropriados, nos termos previstos nos artigos 20º e seguintes, na parte aplicável.

3 – A atribuição de carácter urgente caduca se as obras na parcela não tiverem início no prazo fixado no programa de trabalhos, salvo ocorrendo motivo devidamente justificado.

4 – À declaração de caducidade aplica-se, com as necessárias adaptações, o disposto no nº 4 do artigo 13º.

5 – A caducidade não obsta à ulterior autorização da posse administrativa, nos termos dos artigos 19º e seguintes.

1. Prevê o nº 1 deste artigo o acto declarativo da utilidade pública para obras de interesse público, e estatui que lhe pode ser atribuído carácter de urgência.[102]

Está inserido num contexto normativo relativo à atribuição do carácter de urgência às expropriações por utilidade pública, sendo como que uma consequência jurídica do tempo que passa, a par de outras, como é o caso da aquisição de direitos reais por usucapião, da extinção de direitos por caducidade, da suspensão de direitos, e, até pode constituir a fonte de direito que é costume.[103]

---

[102] Este artigo está conexionado com disposto nos artigos 10º, nº 4, 11º, nº 1, 12º, nº 1, alínea d), 13º, nº 4, 16º, 19º, 20º, nº 5, alínea a), 21º, 33º, 42º, n.ºs 2, alínea e), e 3, 44º, 70º e 82º, nº 1, todos deste Código.
[103] Neste sentido, pode ver-se CARLA VICENTE, *obra citada*, página 25.

A doutrina tem considerado que a situação de urgência envolve cumulativamente um perigo actual e iminente, ameaçador da satisfação de um interesse público legalmente protegido e que imponha determinada actuação imediata e inadiável, como tal prevista na lei.[104]

Em termos de simplificação, dir-se-á ser a necessidade de rapidez na realização das obras projectadas que justifica a urgência da expropriação ou seja, da execução do projecto expropriante.

Acresce que a urgência da expropriação depende, por um lado, de esta se reportar à realização de obras, e, por outro, de as mesmas serem de interesse público, o mesmo é dizer de utilidade pública.[105]

O conceito de obra está utilizado em sentido amplo, significando essencialmente todo o resultado do trabalho que seja interesse público, ou seja, de utilidade pública.

Importa ainda ter em linha de conta que, excepcionalmente, pode a lei determinar o carácter urgente da expropriação, como é o caso previsto nos artigos 41º a 46º do Decreto-Lei nº 794/76, de 5 de Novembro, por exemplo.

2. Prevê o nº 2 deste artigo a atribuição de carácter urgente à expropriação, e estatui, por um lado, dever ser sempre fundamentada, e, por outro, que ela confere de imediato à entidade expropriante a investidura na posse administrativa dos bens expropriados, nos termos previstos nos artigos 20º e seguintes, na parte aplicável.

A fundamentação da urgência da expropriação deve expressar a pretensão do requerente, os fundamentos de facto disponíveis que a justifiquem ou não, bem como as normas jurídicas que a comportam.

A referida fundamentação não é, porém, exigida no caso de a respectiva urgência estar directamente estabelecida na lei, como é o caso, por exemplo, de expropriações com vista ao alargamento ou melhoramento de estradas nacionais.

Tendo em conta o que se prescreve no artigo 103º, nº 1, alínea a), do Código do Procedimento Administrativo, a lei não exige, no caso, anteriormente ao acto administrativo, a prévia audiência dos interessados.

---

[104] Neste sentido, podem ver-se DIOGO DE FREITAS DO AMARAL e MARIA DA GLÓRIA FERREIRA PINTO GARCIA, "O Estado de Necessidade e a Urgência em Direito Administrativo", Revista da Ordem dos Advogados, Ano 59, Lisboa, Abril de 1999.

[105] No sentido de que o conceito de utilidade pública é mais restrito do de interesse público, pode ver--se MARGARIDA OLAZABAL CABRAL, "Poder de Expropriação e Discricionariedade", Revista Jurídica do Direito e do Ambiente, nº 2, Coimbra, Dezembro de 1994, página 139.

Acresce, conforme decorre deste normativo, que o acto administrativo que reconheça à entidade beneficiária da expropriação o carácter urgente da expropriação confere imediatamente àquela a posse administrativa dos bens expropriados.

Ademais, nos termos do nº 5, alínea a), deste Código, a entidade expropriante fica dispensada do depósito prévio do valor da indemnização à efectivação da posse, tendo apenas de o realizar no prazo de 90 dias a contar da data da publicação da declaração da utilidade pública da expropriação, nos termos do artigo 279º, alínea b), do Código Civil.

Nos termos do nº 1 do artigo 70º deste Código, a omissão do referido depósito naquele prazo implica que a entidade beneficiária da expropriação se constitua na obrigação de pagar juros de mora pelo período correspondente.

Acresce que, nos termos dos artigos 20º, n.ºs 6 e 7 deste Código, a entidade beneficiária da expropriação deve solicitar directamente ao presidente do tribunal da Relação a nomeação do perito, ou dos peritos, para a realização da vistoria *ad perpetuam rei memoriam*.

A declaração por quem de direito da urgência da expropriação implica a dispensa de aquisição dos bens por via do direito privado, e, consequentemente, da notificação da resolução de expropriar, a que alude o nº 5 do artigo 10º deste Código.

Tendo em conta o que se prescreve no artigo 11º, nº 1, deste Código, a entidade competente não proferirá acto administrativo de declaração da utilidade pública da expropriação, além do mais, quando se não verificarem os pressupostos da urgência, o que implicará a reformulação do procedimento administrativo em termos de diligência de aquisição dos bens por via do direito privado.

3. Prevê o nº 3 deste artigo o facto de as obras na parcela não terem sido iniciadas no prazo fixado no programa de trabalhos, e estatui, para esse caso, que a atribuição de carácter urgente caduca, salvo ocorrendo motivo devidamente justificado.

O referido motivo impeditivo da caducidade deve ser fundamentado através da indicação dos factos que o revelem. Para o efeito, não basta a afirmação da impossibilidade da efectivação da posse administrativa na data programada, antes sendo necessária a indicação os factos reveladores da aludida impossibilidade.[106]

---

[106] Neste sentido, foi decidido no Acórdão do Supremo Tribunal Administrativo, de 10.03.2004, Processo nº 46 598.

Trata-se de inovação face ao regime anterior ao Código das Expropriações de 1999, ao que parece como meio de obstar à vulgarização da atribuição de carácter urgente às expropriações.

O programa de trabalhos é aquele a que acima se fez referência, como elemento que deve constar do requerimento para a declaração de utilidade pública da expropriação.

O referido prazo de caducidade, salvo motivo justificado, começa no dia em que, segundo o programa de trabalhos, as obras deveriam começar na parcela ou nas parcelas expropriadas.

A mencionada declaração de caducidade implica, para a entidade beneficiária da expropriação, a perda da faculdade de ser imediatamente investida na posse, com a consequência de dever fazer prosseguir o processo de expropriação normal, procedendo ao depósito da quantia mencionada no nº 4 do artigo 10º deste Código.

4. Prevê o nº 4 deste artigo a caducidade do segmento deliberativo concernente à atribuição do carácter de urgência à expropriação, e estatui que se lhe aplica, com as necessárias adaptações, o disposto no nº 4 do artigo 13º.

Em consequência, a referida declaração de caducidade só pode ser requerida, pelo expropriado ou outro interessado, naturalmente ao tribunal competente para conhecer do recurso da decisão arbitral ou à entidade que declarou a utilidade pública da expropriação.

Conforme acima já se referiu, a referida excepção de caducidade não incide sobre matéria excluída da disponibilidade das partes, pelo que não pode ser oficiosamente conhecida pelo tribunal.

5. Prevê o nº 5 deste artigo a situação decorrente da declaração da caducidade da urgência da expropriação por utilidade pública, e estatui que ela não obsta à ulterior autorização da posse administrativa, nos termos dos artigos 19º e seguintes.

Assim, a caducidade do segmento do acto administrativo relativo à urgência da utilidade pública da expropriação não obsta a que entidade beneficiária da expropriação seja investida na posse administrativa da parcela ou das parcelas expropriadas, verificados que sejam os pressupostos legalmente previstos, designadamente aqueles a que se reporta o artigo 19º deste Código.

7. Sobre esta matéria pronunciaram-se, entre outras, as seguintes decisões judiciais:

a) Na fundamentação da atribuição do carácter urgente à expropriação devem referir-se, ainda que sucintamente, os factos de motivação específica daquela atribuição. Utilizando-se a fundamentação por remissão deve existir declaração inequívoca quanto à identificação da proposta, da informação ou do parecer acolhidos (Acórdão do STA, de 03.12.98, Processo nº 37835).

b) A declaração de utilidade pública da expropriação com carácter de urgência não obsta à denegação da providência de suspensão da eficácia do acto contenciosamente recorrido (Acórdão do STA, de 26.11.02, Processo nº 040967).

c) A atribuição do carácter de urgência à expropriação por utilidade pública só visa a entrega imediata dos bens a expropriar à entidade expropriante, sem interferência nos prazos de recurso (Acórdão da Relação de Guimarães, de 31.07.02, CJ, Ano XXVII, Tomo 4, página 269).

d) Tendo a expropriação carácter urgente, não há lugar ao procedimento de notificação da resolução de expropriar, por estar excluída a tentativa prévia de aquisição por via do direito privado. O principal efeito da atribuição de urgência à expropriação por utilidade pública é a prolação do despacho em que, em princípio, se deve autorizar a posse administrativa, sem que essa atribuição dispense, por exemplo, a elaboração do auto de posse (Acórdão da Relação de Guimarães, de 26.03.09, Processo nº 3438/07.9TBVCT.G1).

ARTIGO 16º
Expropriação urgentíssima

1 – Quando a necessidade da expropriação decorra de calamidade pública ou de exigências de segurança interna ou de defesa nacional, o Estado ou as autoridades públicas por este designadas ou legalmente competentes pode tomar posse administrativa imediata dos bens destinados a prover à necessidade que determina a sua intervenção, sem qualquer formalidade prévia, seguindo-se, sem mais diligências, o estabelecido no presente Código sobre fixação da indemnização em processo litigioso.

2 – Sempre que possível, será promovida vistoria ad perpetuam rei memoriam, nos termos previstos no artigo 21º, cumprindo-se, com as necessárias adaptações, o disposto nesse artigo.

1. Prevê o nº 1 deste artigo a necessidade da expropriação por causa de calamidade pública ou de exigências de segurança interna ou de defesa nacional, e

estatui, por um lado, que o Estado, as autoridades públicas por aquele designadas e as legalmente competentes podem tomar posse administrativa imediata dos bens destinados a prover à necessidade que determina a sua intervenção.

E, por outro, que tal ocorre sem qualquer formalidade prévia, e que se segue, sem mais diligências, o estabelecido neste Código sobre a fixação da indemnização em processo litigioso.

Está inserido num contexto normativo que versa essencialmente sobre a expropriação por utilidade pública urgentíssima.[107]

Decorre do nº 2 do artigo 3º do Código do Procedimento Administrativo que os actos administrativos praticados em estado de necessidade, com preterição das regras daquele Código, são válidos se os seus resultados não pudessem ser alcançados de outro modo, mas salvaguardando o direito dos lesados a indemnização nos termos gerais da responsabilidade da Administração.

Há estado de necessidade no caso de se verificar um perigo iminente e actual, para cuja produção não haja concorrido a vontade do órgão, que suscite uma colisão de interesses tal que leve a Administração a agir com preterição daquele processo, para evitar a produção de um mal maior.[108]

O regime legal de declaração de calamidade pública consta do Decreto-Lei nº 477/88, de 23 de Dezembro.[109]

Nos termos do artigo 273º, nº 2, da Constituição, a defesa nacional visa a garantia, além do mais, da liberdade e segurança das populações contra qualquer agressão ou ameaça externa; e a Lei nº 20/87, de 12 de Junho, versa sobre a segurança interna quanto à defesa nacional.[110]

Assim, verificadas as referidas circunstâncias de calamidade pública ou de necessidades relativas à segurança interna ou à defesa nacional, o Estado ou quem este designar, sem declaração de utilidade pública nem autorização para a investidura na posse, pode tomá-la imediatamente quanto aos bens necessários à satisfação das necessidades derivadas daquelas situações.

---

[107] Este artigo está em conexão positiva ou negativa com o disposto nos artigos 11º, nº 1, 13º, 15º, 19º, 20º, 21º, 33º, 42º, n.ᵒˢ 2, alínea e), e 3, 44º, 82º, nº 1 e 91º, nº 1, todos deste Código, e com o nº 2 do artigo 3º do Código de Procedimento Administrativo.

[108] Neste sentido, pode ver-se o Acórdão do Supremo Tribunal Administrativo, de 27 de Maio de 1976, Recurso nº 9 404, Acórdãos Doutrinais", 180, 1539.

[109] Alterado pelo Decreto-Lei nº 81/97, de 9 de Abril.

[110] Alterada pela Lei nº 8/91, de 1 de Abril.

Por isso, poderá o Estado, ou quem ele designar, tomar posse administrativa dos bens em causa, sob registo no auto a que alude o artigo 22º deste Código dos elementos previstos na alínea a) do seu nº 1, se não for possível a realização da *vistoria ad perpetuam rei memoriam*.

Trata-se, assim, de uma situação de assunção na posse dos bens sem que previamente haja declaração de utilidade pública da expropriação, ou seja, em que se legitima uma via de facto. Dir-se-á que o perigo iminente e actual justifica o mal menor do dano na esfera patrimonial dos cidadãos.

Assim, neste quadro, temos que a lei atribui ao Estado ou às entidades públicas que ele designe, por virtude do referido estado de necessidade objectivo, a faculdade de tomar imediata posse dos bens, sem a observância do que a lei prescreve para as situações normais.

Não havendo requerimento de algum interessado para a constituição da arbitragem perante o juiz, deve a entidade beneficiária da expropriação requerer ao presidente do tribunal da Relação competente a nomeação dos árbitros (artigos 42º, n.os 1 e 2, alínea e) e 45º deste Código).

Proferido o acórdão arbitral com a fixação da indemnização, deve aquela entidade proceder ao seu depósito e remeter o processo ao tribunal competente, nos termos e para os efeitos do artigo 51º deste Código.

Como não há, na espécie, declaração de utilidade pública da expropriação, falta o referencial temporal do cálculo da indemnização a que se reporta o artigo 24º, nº 1, deste Código.

Com base em critério de proximidade com a situação de declaração da utilidade pública da expropriação, parece adequado considerar, para o referido efeito, a data da tomada de posse sobre os bens em causa.[111]

2. Prevê o nº 2 deste artigo os casos a que se reporta o nº 1, a promoção da vistoria *ad perpetuam rei memoriam*, e estatui, por um lado, que ela será promovida sempre que possível, nos termos previstos no artigo 21º deste Código, e, por outro, que se cumpre o que ele dispõe, com as necessárias adaptações.

A possibilidade ou não da promoção da vistoria *ad perpetuam rei memoriam* deve ser aferida pelo Estado ou por quem este designar, face às circunstâncias da calamidade ou das necessidades de defesa ou de segurança interna e do estado dos imóveis em causa.

---

[111] Neste sentido, pode ver-se JOÃO PEDRO DE MELO FERREIRA, *obra citada*, página 149.

Todavia, no caso de impossibilidade da promoção daquela diligência, deve a entidade referi-la no auto de posse administrativa, em jeito de justificação da sua preterição.

ARTIGO 17º
Publicação da declaração de utilidade pública

1 – O acto declarativo da utilidade pública e a sua renovação são sempre publicados, por extracto, na 2ª série do Diário da República e notificados ao expropriado e aos demais interessados conhecidos por carta ou ofício sob registo com aviso de recepção, devendo ser averbados no registo predial.

2 – Se o expropriado ou demais interessados forem desconhecidos é aplicável o disposto no nº 4 do artigo 11º.

3 – A publicação da declaração de utilidade pública deve identificar sucintamente os bens sujeitos a expropriação, com referência à descrição predial e à inscrição matricial, mencionar os direitos, ónus ou encargos que sobre eles incidem e os nomes dos respectivos titulares e indicar o fim da expropriação.

4 – A identificação referida no número anterior pode ser substituída por planta, em escala adequada e graficamente representada, que permita a delimitação legível do bem necessário ao fim de utilidade pública.

5 – Quando se trate da expropriação por zonas ou lanços, da publicação do acto declarativo consta a área total a expropriar, a sua divisão de acordo com o faseamento, os prazos e a ordem de aquisição.

6 – São conjuntamente publicadas, por conta das empresas requerentes a que se refere o nº 2 do artigo 14º, as plantas dos bens abrangidos pela declaração de utilidade pública, cumprindo-lhes promover a sua afixação na sede do município ou dos municípios do lugar em que aqueles se situam.

7 – A declaração de utilidade pública é também publicitada pela entidade expropriante mediante aviso afixado na entrada principal do prédio, quando exista.

1. Prevê o nº 1 deste artigo o acto declarativo de utilidade pública da expropriação e o da sua renovação, e estatui, por um lado, deverem ser sempre publicados, por extracto, na 2ª Série do *Diário da República*, e, por outro, deverem ser notificados ao expropriado e aos demais interessados conhecidos por carta ou ofício sob registo com aviso de recepção, e, finalmente, deverem ser averbados no registo predial.

PARTE II – O CÓDIGO DAS EXPROPRIAÇÕES **ART. 17º** 109

Está inserido num contexto normativo que versa essencialmente sobre a publicação da declaração de utilidade pública da expropriação.[112]

Conforme já se referiu, a declaração de utilidade pública da expropriação consubstancia-se em acto administrativo, naturalmente regido pelo direito administrativo.[113]

O acto declarativo de utilidade pública da expropriação tem, pois, de ser publicado na 2ª Série do Diário da República, bem como a renovação da declaração de utilidade pública caducada a que se reporta o nº 5 do artigo 13º deste Código.

Além disso, devem os referidos actos administrativos ser notificados a cada um dos expropriados e outros interessados, conforme o conceito cujo âmbito está delineado no artigo 9º deste Código.

Nos termos do artigo 90º, nº 1, deste Código, a declaração de utilidade pública da expropriação de bens situados nas regiões autónomas pertencentes a particulares ou às autarquias locais é publicada no Boletim Oficial da Região.

Acresce que, segundo o disposto no artigo 90º, nº 2, deste Código, nas referidas regiões autónomas, no caso de expropriação de bens pertencentes à administração central ou necessários para obras da iniciativa do Estado ou de serviços dependentes do Governo da República, a publicação é feita nos termos deste normativo.

A data da publicação da declaração de utilidade pública da expropriação releva, além do mais, como início do prazo de doze meses para a promoção da constituição da arbitragem, do de dezoito meses para a remessa do processo ao tribunal, e do respectivo prazo de caducidade, e ainda no cálculo da justa indemnização (artigos 13º, n.os 3 e 6, e 23º, nº 1, deste Código).

Nos termos do artigo 130º, nº 2, do Código do Procedimento Administrativo, a falta de publicação no *Diário da República* do acto administrativo em análise implica a sua ineficácia, que, no processo de expropriação, constitui uma excepção dilatória, susceptível de implicar a extinção da instância do recurso da decisão arbitral.[114]

---

[112] Este artigo está conexionado com o disposto nos artigos 4º, n.os 2 e 5, 5º, nº 4, alínea c), 11º, nº 4, 13º, n.os 5 e 6, 14º, 15º, 20º, nº 1, alínea a), 22º, nº 2, 23º, nº 1, 35º, 76º, 82º, 88º e 90º, todos deste Código.

[113] Sobre a substituição do acto administrativo pela relação jurídica administrativa, em que os particulares são verdadeiros sujeitos administrativos, e não objecto da actuação da Administração, pode ver-se VASCO PEREIRA DA SILVA, "Em Busca do Acto Administrativo Perdido", Coimbra, 1996, páginas 135 e seguintes.

[114] Acórdão do STJ, de 11.02.69, BMJ, nº 184, página 103.

Os referidos actos administrativos de declaração de utilidade pública da expropriação e da sua renovação são averbados à descrição do prédio, nos termos dos artigos 88.º e 89.º do Código do Registo Predial.[115]

O mencionado averbamento visa o registo da alteração, referenciada à descrição dos prédios em causa, decorrente da declaração de utilidade pública a que este normativo se reporta, e publicita a sujeição daqueles prédios à expropriação, e a esta os titulares de direitos sobre ele, e a entidade beneficiária da expropriação à obrigação de os indemnizar.

A omissão da notificação prevista neste normativo aos interessados conhecidos implica que se não inicie quanto a eles o prazo de propositura da acção administrativa especial impugnatória.[116]

2. Prevê o n.º 2 deste artigo a circunstância de o expropriado ou os demais interessados serem desconhecidos, e estatui ser aplicável o disposto no n.º 4 do artigo 11.º deste Código.

O artigo 11.º deste Código reporta-se à aquisição dos bens pela via do direito privado, e o seu n.º 4 prevê, além do mais, a situação de desconhecimento de quem são os expropriados e ou os demais interessados.

Temos, assim, por virtude da mencionada remissão, que o desconhecimento dos expropriados e demais interessados implica a publicitação do acto de declaração da utilidade pública da expropriação por via de editais, a afixar nos locais de estilo do município do lugar da situação dos bens ou da sua maior extensão e das freguesias onde se localizem e em dois números seguidos de um dos jornais mais lidos na região, um destes de âmbito nacional.

O mesmo acontece no caso de renovação do acto administrativo de declaração de utilidade pública da expropriação. Todavia, neste caso, a hipótese de desconhecimento de quem são os expropriados e demais interessados é remota, porque foi deles que partiu a iniciativa da declaração de caducidade do primitivo acto administrativo.

3. Prevê o n.º 3 deste artigo o conteúdo da publicação da declaração de utilidade pública, e estatui, por um lado, dever a mesma identificar sucintamente

---

[115] Neste sentido, pode ver-se a deliberação do Conselho Técnico da Direcção-Geral dos Registos e Notariado de 28 de Setembro de 2001, publicado no Boletim dos Registos e Notariado, n.º 9/2001, página 52.

[116] Neste sentido se pronunciou o Acórdão do Supremo Tribunal Administrativo de 31 de Maio de 2005, www.dgsi.pt).

os bens sujeitos a expropriação, por referência à descrição predial e à inscrição matricial, e, por outro, dever mencionar os direitos, ónus ou encargos sobre eles incidentes, e, finalmente, os nomes dos respectivos titulares e a indicação do fim da expropriação.

A referência à sucinta identificação dos bens significa que não tem de ser exaustiva, devendo ser concisa, mas em termos de não deixar dúvida sobre ela.

A referida menção à sucinta identificação dos bens expropriados não pode, porém, afectar a obrigatoriedade de publicação integral do aludido acto administrativo (artigo 68º, nº 1, do Código do Procedimento Administrativo).

A aludida publicação deve também mencionar os direitos, ónus ou encargos incidentes sobre os bens objecto de expropriação e os nomes dos seus titulares. Nesta parte, este normativo está conexionado com o que se prescreve no nº 1 do artigo 9º deste Código, segundo o qual são interessados no processo de expropriação os titulares de algum direito real ou ónus sobre os bens a expropriar.

O conceito de ónus e encargos, a que este normativo alude, envolve direitos reais de garantia e as situações a que se reportam as alíneas q), r) e s) do nº 1 do artigo 2º do Código do Registo Predial, respectivamente.[117]

A publicação do fim da expropriação é legalmente exigida com vista à garantia dos expropriados, porque se trata de justificação da decisão de expropriar, naturalmente por via da explicitação, além do mais, do respectivo fim de utilidade pública.

4. Prevê o nº 4 deste artigo a identificação referida no número anterior, e estatui poder ser substituída por planta, em escala adequada e graficamente representada que permita a delimitação legível do bem necessário ao fim de utilidade pública.

A identificação a que este normativo se reporta é a relativa aos bens sujeitos a expropriação. Temos, assim, que a mencionada identificação dos bens sujeitos a expropriação pode ser substituída por planta, em escala adequada e graficamente representada, a publicar no jornal oficial.

A adequação da mencionada escala é inferida da sua legibilidade em termos de permitir, por via da publicação no jornal oficial, a clara percepção dos bens necessários ao fim de utilidade pública em causa.

---

[117] Adiante, a propósito do artigo 32º deste Código, far-se-á, quanto a este ponto, detalhada referência.

Não permitindo a publicação da referida planta a necessária informação aos interessados dos bens expropriar, a conclusão deve ser no sentido da sua ineficácia.

5. Prevê o n.º 5 deste artigo o caso da expropriação por zonas ou lanços, e estatui que da publicação do respectivo acto declarativo deve constar, por um lado, a área total a expropriar, e, por outro, a sua divisão de acordo com o faseamento, e, finalmente, os prazos e a ordem de aquisição.

Este normativo tem conexão com o que se prescreve no n.º 2 do artigo 4.º deste Código, segundo o qual, o acto de declaração de utilidade pública da expropriação deve determinar, além da área total, a divisão desta e a ordem e os prazos para o início da aquisição, com o limite máximo de seis anos.

Decorre do normativo em análise, em estreita conexão com o que se prescreve no n.º 2 do artigo 4.º deste Código, no caso de expropriação por zonas ou lanços, que do respectivo acto declarativo de utilidade pública da expropriação deve constar a área total a expropriar, a sua divisão de acordo com o faseamento, os respectivos prazos e a ordem de aquisição.

Também este normativo visa a garantia dos expropriados e de outros interessados similares no processo de expropriação.

6. Prevê o n.º 6 deste artigo as plantas dos bens abrangidos pela declaração de utilidade pública, e estatui, por um lado, serem conjuntamente publicadas, por conta das empresas requerentes, a que se refere o n.º 2 do artigo 14.º deste Código, e, por outro, que lhes cumpre promover a sua afixação na sede do município ou dos municípios do lugar em que os prédios se situam.

Este normativo refere-se às empresas a que alude o n.º 2 do artigo 14.º deste Código. Dado, porém, o contexto, a referência deve considerar-se reportada ao n.º 5 do mencionado artigo.

O n.º 5 do artigo 14.º deste Código expressa que o reconhecimento do interesse público das empresas e a declaração de utilidade pública de expropriação dos imóveis necessários à instalação, ampliação, reorganização ou reconversão das suas unidades industriais ou dos respectivos acessos é da competência do ministro a cujo departamento compete a apreciação final do processo.

Decorre do normativo em análise que as referidas empresas devem sempre publicar, à sua custa, o conjunto das plantas relativas aos bens abrangidos pela declaração da utilidade pública por elas impulsionada, naturalmente com base no interesse público.

As referidas plantas não se cingem à substituição prevista no nº 4 deste artigo, porque abrangem todos os casos de expropriação por utilidade pública implementados pelas mencionadas empresas.

Acresce que as referidas empresas deverão publicar as plantas relativas aos bens a expropriar na sede dos municípios em que eles se localizem.

7. Prevê o nº 7 deste artigo a referida declaração de utilidade pública, e estatui que ela deve também ser publicitada pela entidade expropriante, mediante aviso afixado na entrada principal do prédio, quando ela exista.

Está conexionado com o que se prescreve no nº 1 deste artigo, na medida em que este último normativo se reporta à principal obrigação de publicação da declaração da utilidade pública da expropriação.

É condição do funcionamento do disposto no normativo em análise que a expropriação incida sobre prédios que tenham uma entrada principal, o que pressupõe, como é natural, que também disponham de uma entrada acessória ou secundária.

8. Sobre a matéria a que este artigo se reporta pronunciaram-se, entre outras, as seguintes decisões judiciais:

a) O eventual erro nos elementos de identificação dos prédios a expropriar, indicados no acto de declaração de utilidade pública, é irrelevante se através de planta que permita a sua delimitação legível não houver dúvidas sobre qual é o prédio expropriar e respectiva área (Acórdão do STA, de 30.01.02, Processo nº 046594, www.dgsi.pt).

b) O acto administrativo de declaração de utilidade pública deve ser rectificado pelo seu autor quanto a erros materiais sobre a área e a configuração da parcela expropriada, cuja rectificação deve ser publicada no *Diário da República*, para que seja eficaz (Acórdão da Relação de Guimarães, de 06.07.05, Processo nº 1009/05-1).

c) Na sentença do processo de expropriação não pode ser conhecida a questão da inexactidão da área da parcela expropriada (Acórdão da Relação de Guimarães, de 22.2.2007, CJ, Ano XXXII, Tomo 1, página 285).

d) A declaração de utilidade pública e a sua publicação no jornal oficial não tem força translativa da propriedade. Na expropriação amigável, só com a outorga da escritura ou do auto de expropriação amigável se transmite a propriedade. Na expropriação litigiosa, só com o despacho de adjudicação é que a entidade beneficiária da expropriação fica investida na propriedade do prédio (Acórdão da Relação de Évora de 29.5.2008, Processo n.º 3128/07-3).

e) A omissão da publicação da declaração de utilidade pública torna-a juridicamente inválida. É aplicável à expropriação por utilidade pública, quanto ao direito substantivo, a lei vigente à data do acto expropriativo, nos termos do artigo 12.º, n.º 1, do Código Civil, mas quanto ao direito adjectivo vale o princípio da aplicação imediata da nova lei (Acórdão da Relação de Lisboa, de 10.12.2009, Processo n.º 228/2002.L1-8).

ARTIGO 17º-A
Dever de comunicação

1 – Após a notificação da declaração de utilidade pública, o expropriado e os demais interessados devem comunicar à entidade expropriante, por escrito, qualquer alteração da sua residência habitual ou sede.

2 – A alteração da residência habitual ou da sede do expropriado e dos demais interessados que não tenha sido comunicada nos termos descritos no número anterior não constitui fundamento para a repetição de quaisquer termos ou diligências do procedimento administrativo.

1. Prevê o n.º 1 deste artigo a notificação da declaração de utilidade pública, e estatui que o expropriado e os demais interessados devem comunicar à entidade expropriante, por escrito, a alteração da sua residência habitual ou da respectiva sede, conforme os casos.

Com origem no artigo 2.º da Lei n.º 56/2008, de 4 de Setembro, está este artigo inserido num contexto normativo que versa sobre a obrigação dos expropriados e demais interessados de comunicarem à entidade beneficiária da expropriação a alteração da sua residência habitual ou sede, conforme os casos.

Este normativo está conexionado com o que se prescreve no n.º 1 do artigo 17.º e no artigo 90.º, n.º 1, ambos deste Código, dos quais decorre a estatuição da notificação da declaração de utilidade pública da expropriação, ou da sua renovação, aos expropriados e aos demais interessados no processo de expropriação.

Notificados efectivamente que sejam, se mudarem de residência habitual ou se alterarem a respectiva sede, conforme os casos, devem comunicar a alteração à entidade beneficiária da expropriação.

Tendo em conta o escopo da lei, ou seja, a celeridade da tramitação processual da expropriação, a mencionada comunicação deve ser imediata à referida alteração da residência habitual ou da sede dos expropriados ou de outros interessados.

2. Prevê o n.º 2 deste artigo a alteração da residência habitual ou da sede do expropriado e dos demais interessados e a sua não comunicação à entidade expropriante, e estatui que isso não constitui fundamento para a repetição de quaisquer termos ou diligências do procedimento administrativo.

Assim, alterado o local de residência habitual, ou da sede dos expropriados e demais interessados, conforme os casos, e não comunicada a alteração à entidade beneficiária da expropriação, não podem os primeiros, sob motivação de não notificação para algum acto do procedimento administrativo, requerer a sua anulação ou exigir a sua repetição.

ARTIGO 18º
Ocupação de prédios vizinhos

1 – A declaração de utilidade pública da expropriação confere à entidade expropriante o direito de ocupar prédios vizinhos e de neles efectuar os trabalhos necessários ou impostos pela execução destes, nos termos previstos nos estudos ou projectos aprovados, ou daqueles que forem definidos em decisão da entidade que produziu aquele acto.

2 – Se o proprietário ou outros interessados forem conhecidos, são previamente notificados da ocupação por carta ou ofício sob registo com aviso de recepção, com a antecedência mínima de 15 dias, podendo qualquer deles exigir a realização de vistoria ad perpetuam rei memoriam, *a qual tem lugar nos termos previstos no artigo 21º, e precede sempre a ocupação.*

3 – Se os proprietários ou outros interessados forem desconhecidos é aplicável o disposto no n.º 4 do artigo 11º.

4 – Aos proprietários e demais interessados prejudicados pela ocupação são devidas indemnizações nos termos gerais de direito, a determinar em processo comum, ao qual se aplica, com as necessárias adaptações, o disposto nos artigos 71º e 72º do presente Código.

1. Prevê o n.º 1 deste artigo a declaração de utilidade pública da expropriação, e estatui que ela confere à entidade beneficiária da expropriação o direito de ocupar prédios vizinhos e de neles efectuar os trabalhos necessários ou impostos pela execução destes, nos termos previstos nos estudos ou projectos apro-

vados, ou naqueles que forem definidos em decisão da entidade que produziu aquele acto.

Está integrado num contexto normativo que versa sobre a ocupação temporária de prédios vizinhos posteriormente à publicação da declaração de utilidade pública da expropriação.[118]

É, pois, pressuposto da referida ocupação de prédios vizinhos, de natureza temporária, a necessidade de neles se efectuarem trabalhos, incluindo os decorrentes da execução dos constantes do plano das obras em causa.

Trata-se, pois, de uma ocupação temporária de prédios, pelo tempo necessário para a prossecução do interesse público, independentemente de acto administrativo específico ou da vontade dos respectivos proprietários ou titulares de outros direitos sobre eles.[119]

A referida necessidade e ou imposição deve resultar dos estudos ou projectos aprovados pela entidade beneficiária da expropriação ou que tenham sido decididos pela entidade que proferiu o acto administrativo declarativo da utilidade pública da expropriação.

É o caso, por exemplo, da delimitação de áreas de recuperação e reconversão urbanística, que implica, directa e imediatamente, a ocupação temporária de terrenos, com vista à instalação transitória de infra-estruturas ou equipamentos ou à realização de outros trabalhos necessários (artigo 42º, nº 1, alínea b), do Decreto-Lei nº 794/76, de 5 de Novembro).

Temos, pois, que a declaração de utilidade pública da expropriação de determinados bens é susceptível de afectar não só os expropriados e outros interessados directos, como também terceiros titulares de direitos sobre prédios de proximidade.

O conceito de prédio vizinho significa, em regra, prédio contíguo. Todavia, dado o fim deste normativo, deve ser entendido como prédio de proximidade o que seja necessário utilizar em razão da mencionada necessidade, imposição, ou definição.

---

[118] Este artigo tem conexão com o disposto nos artigos 11º, nº 4, 21º, 54º, nº 1, 71º e 72º, todos deste Código.

[119] MARCELLO CAETANO, "Estudos de Direito Administrativo", Ática, página 165, definiu a ocupação temporária como sendo "a utilização directa e imediata pela Administração Pública, independentemente de acto administrativo e da intervenção dos proprietários, mas mediante indemnização, de terrenos particulares, para fins determinados de interesse público e durante o tempo estritamente necessário à sua prossecução".

Assim, a entidade beneficiária da expropriação, verificados certos pressupostos, pode, lícita e temporariamente, utilizar prédios de terceiros instrumentalmente à realização do interesse público.

É uma situação paralela à que consta do artigo 1349º do Código Civil, como passagem forçada momentânea, mas sem a natureza de servidão, porque se não verificam os requisitos previstos no artigo 1543º daquele diploma.

Este normativo abrange, por via de interpretação extensiva, as partes sobrantes dos prédios expropriados e os direitos destes ou de outros interessados sobre prédios de proximidade não expropriados.

2. Prevê o nº 2 deste artigo o caso de o proprietário ou outros interessados serem conhecidos, e estatui, por um lado, deverem ser notificados da ocupação por carta ou ofício sob registo com aviso de recepção, com a antecedência mínima de 15 dias, e, por outro, que qualquer deles pode exigir a realização da vistoria *ad perpetuam rei memoriam*, e, finalmente, ter a mesma lugar nos termos previstos no artigo 21º deste Código e preceder sempre a ocupação.

Os proprietários e ou outros interessados a que se reporta este normativo são os relativos aos mencionados prédios de proximidade que devam ser objecto de utilização ou ocupação.

Os mencionados interessados são, por exemplo, os titulares de direitos de usufruto, de superfície, de uso e habitação, de retenção, e os pessoais de gozo, designadamente os arrendatários.

Este normativo reporta-se à notificação da ocupação aos interessados conhecidos, em contraposição ao que consta do normativo seguinte, relativo aos interessados desconhecidos.

Sendo conhecidos, devem ser notificados pela entidade beneficiária da expropriação, por carta ou ofício sob registo com aviso de recepção, com a antecedência mínima de 15 dias, de que vai ocorrer a mencionada ocupação.

O referido prazo é de natureza administrativa, a contar nos termos do artigo 72º, nº 1, do Código do Procedimento Administrativo.

Qualquer dos referidos interessados pode exigir à entidade beneficiária da expropriação a realização de uma vistoria *ad perpetuam rei memoriam*, prevista no artigo 21º deste Código.

Nesse caso, a ocupação em causa não pode ocorrer sem que seja realizada aquela vistoria, naturalmente, além do mais, para definir o estado dos prédios antes das operações de ocupação.

3. Prevê o nº 3 deste artigo o desconhecimento dos proprietários ou outros interessados em relação aos prédios vizinhos, e estatui ser aplicável o disposto no nº 4 do artigo 11º.

Nesse caso, a comunicação de ocupação dos prédios vizinhos é publicitada, com a mencionada antecedência de quinze dias, através de editais a afixar nos locais de estilo do município do lugar da situação dos prédios ou da sua maior extensão e das freguesias onde se localizem e em dois números seguidos de dois jornais mais lidos na região, um destes de âmbito nacional.

A expressão *estilo*, derivada do vocábulo latino *stylos*, com o significado de ponteiro, passou a certa altura a significar o conjunto de fórmulas ou expressões admitidas pelo uso ou costume.

Os lugares de estilo são, por via do direito administrativo consuetudinário, os locais onde os órgãos dos municípios e das freguesias fazem afixar normas ou informações de interesse público destinadas às pessoas residentes nessas áreas populacionais.

Este normativo não prevê que a publicitação a que se refere anteceda o facto da ocupação. Todavia, porque há similitude de situações e lacuna, deve aplicar--se aqui, por analogia, o segmento do nº 2 deste artigo, no sentido de a publicitação anteceder a ocupação por 15 dias (artigo 10º, n.os 1 e 2, do Código Civil).[120]

4. Prevê o nº 4 deste artigo os proprietários e demais interessados prejudicados pela ocupação, e estatui, por um lado, serem-lhe devidas indemnizações nos termos gerais de direito, e, por outro, serem determinadas em processo comum, e, finalmente, que se lhe aplica, com as necessárias adaptações, o disposto nos artigos 71º e 72º do presente Código.

À referida indemnização reporta-se especificamente, por exemplo, o artigo 45º, nº 1, do Decreto-Lei nº 794/76, de 5 de Novembro, segundo o qual a ocupação de terrenos nos termos da alínea b) do nº 1 confere direito a indemnização pelos danos causados.

Temos, assim, que os referidos proprietários e outros interessados têm direito a ser indemnizados nos termos gerais do direito, por facto lícito, verificado o dano e o nexo de causalidade entre ele e as mencionadas operações de ocupação (artigos 483º, nº 2, 562º e 563º do Código Civil).

---

[120] No sentido da sua aplicação por interpretação extensiva, veja-se PEDRO ELIAS DA COSTA, *obra citada*, página 35.

Dir-se-á que os aludidos interessados têm de intentar a referida acção nos tribunais da ordem judicial, usando para o efeito o processo comum ou o regime processual experimental, conforme o local das referidas obras.

Todavia, sendo a acção intentada contra entidades públicas, como se trata de responsabilidade civil extracontratual, propendemos a considerar, ao abrigo do disposto no artigo 4º, nº 1, alínea g), do Estatuto dos Tribunais Administrativos e Fiscais, que o referido processo comum é a acção administrativa comum, da competência do tribunal administrativo de círculo.

Aplicam-se, porém, as normas especiais dos artigos 71º e 72º deste Código relativas ao depósito da indemnização e à sua impugnação, que envolvem um incidente de estrutura executiva.

5. Sobre a matéria a que este artigo se reporta pronunciaram-se, entre outras, as seguintes decisões judiciais:

a) A ocupação do prédio fora do quadro da expropriação ou da nacionalização viola o direito de propriedade e envolve a obrigação de indemnizar os danos sofridos, nos termos do artigo 483º, observando-se, quanto aos frutos, o disposto no artigo 1271º, ambos do Código Civil (Acórdão do STJ, de 30.01.86, BMJ, nº 353, página 459).

b) Os proprietários dos terrenos são obrigados a consentir na sua ocupação temporária para a execução, pelas câmaras municipais, de escavações e assentamento de tubagens e seus acessórios para a instalação de rede pública de saneamento, não podendo embargar essas obras. Fica-lhes salvo o direito de serem indemnizados pela diminuição, transitória ou permanente, do rendimento dos terrenos, bem como pela diminuição do seu valor efectivo resultante da constituição de servidões administrativas de aqueduto público (Acórdão da Relação do Porto de 15.01.96, CJ, Ano XXI, Tomo 1, página 196).

ARTIGO 19º
Posse administrativa

1 – Se a entidade expropriante for pessoa colectiva de direito público ou empresa pública, nacionalizada ou concessionária de serviço público ou de obras públicas, pode ser autorizada pela entidade competente para declarar a utilidade pública da expropriação a tomar posse administrativa dos bens a expropriar, desde que os trabalhos necessários à execução do projecto de obras aprovado sejam urgentes e aquela providência se torne indispensável para o seu início imediato ou para a sua prossecução ininterrupta.

120 CÓDIGO DAS EXPROPRIAÇÕES E ESTATUTO DOS PERITOS AVALIADORES

2 – A autorização de posse administrativa deve mencionar expressa e claramente os motivos que a fundamentam e o prazo previsto para o início das obras na parcela expropriada, de acordo com o programa dos trabalhos elaborado pela entidade expropriante.

3 – A autorização pode ser concedida em qualquer fase da expropriação até ao momento de adjudicação judicial da propriedade.

4 – Se as obras não tiverem início dentro do prazo estabelecido nos termos do nº 2 anterior, salvo motivo justificativo, nomeadamente por atraso não imputável à entidade expropriante, o expropriado e os demais interessados têm o direito de ser indemnizados pelos prejuízos que não devam ser considerados na fixação da justa indemnização.

1. Prevê o nº 1 deste artigo a circunstância de a entidade beneficiária da expropriação ser pessoa colectiva de direito público ou empresa pública, nacionalizada ou concessionária de serviço público ou de obras públicas, a par da urgência dos trabalhos necessários à execução do projecto de obras aprovado, da indispensabilidade da tomada de posse para o seu início imediato ou para a sua prossecução ininterrupta.

E estatui poder a entidade competente para declarar a utilidade pública da expropriação, ou seja, a entidade expropriante, autorizar alguma das referidas entidades beneficiárias da expropriação a tomar posse administrativa dos bens a expropriar.

Está inserido num contexto normativo que versa sobre a posse administrativa dos bens em curso de expropriação.[121]

Nos termos do artigo 1251º do Código Civil, a posse é o poder manifestado por uma pessoa que actua por forma correspondente ao exercício do direito de propriedade ou de outro direito real.

A referência à posse administrativa deriva de a mesma ser conferida, em regra, a entidades administrativas e de estar prevista em normas de direito administrativo. Trata-se da ocupação efectiva pela Administração dos bens objecto da declaração de utilidade pública da expropriação, independentemente da sua investidura no respectivo direito de propriedade.[122]

A referida posse afecta negativamente os direitos reais de gozo dos sujeitos à expropriação sobre os imóveis em causa, na medida em que o domínio de facto passa a ser exercido pela entidade beneficiária da expropriação.

---

[121] Este artigo tem conexão com o que se prescreve nos artigos 12º, nº 1, alínea d), 15º, n.os 2 e 5, 16º, nº 1, 20º, 21º, 22º, 41º, nº 1, 51º, nº 5, 88º e 91º, nº 1, todos deste Código.

[122] Neste sentido, pode ver-se DIOGO FREITAS DO AMARAL, "Aspectos Jurídicos do Ordenamento do Território, Urbanismo e Habitação, "Sumários de Lições, Lisboa 1970-71", página 99.

A autorização para a tomada da posse administrativa sobre os bens a expropriar depende, pois, da urgência da realização dos mencionados trabalhos, ou seja, da sua execução.

A regra é no sentido de que a entidade beneficiária da expropriação deve requerer à entidade competente para o efeito, ou seja, à entidade expropriante, a autorização para tomar posse administrativa dos imóveis objecto da expropriação em curso.

Há casos, porém, em que a posse administrativa da entidade beneficiária da expropriação sobre os bens a expropriar não depende de autorização, designadamente nas expropriações urgentes e urgentíssimas a que se reportam, respectivamente, os artigos 15º, nº 2 e 16º deste Código.

Assim, a autorização de tomada da posse administrativa a que se reporta este normativo tem a ver com as expropriações a que não tenha sido conferida urgência na respectiva declaração de utilidade pública, nem sejam de natureza urgentíssima.

Requerida por alguma das referidas entidades beneficiárias da expropriação, pode a tomada da posse administrativa ser concedida até ao momento a que alude o nº 3 deste artigo.

Nos termos do artigo 15º, nº 5, deste Código, a caducidade da atribuição do carácter urgente à expropriação não obsta à autorização da posse administrativa a que este normativo se reporta.

As condições de efectivação da posse administrativa constam do artigo 20º deste Código, incluindo a realização da vistoria *ad perpetuam rei memoriam*.

2. Prevê o nº 2 deste artigo os elementos que a autorização da posse administrativa deve mencionar, e estatui que ela deve indicar, expressa e claramente, os motivos que a fundamentam e o prazo previsto para o início das obras na parcela expropriada, de acordo com o programa dos trabalhos elaborado pela entidade expropriante.

Esta autorização assume a estrutura de acto administrativo, que deve ser fundamentado pela entidade competente para a declaração da utilidade pública da expropriação, de harmonia com o respectivo programa de trabalhos, por via da menção dos pertinentes factos e do direito aplicável, além de que deve expressar o prazo para o início, por alguma das mencionadas entidades beneficiárias da expropriação, das obras na parcela expropriada.

Em suma, deve o mencionado acto administrativo conter os elementos de facto e de direito necessários à compreensão das razões da sua emissão, no estrito cumprimento do artigo 125º do Código do Procedimento Administrativo.

A consequência do não cumprimento pela entidade beneficiária da expropriação do início das obras no mencionado prazo é a prevista no nº 4 deste artigo.

3. Prevê o nº 3 deste artigo a oportunidade da concessão da autorização da tomada de posse administrativa pela entidade expropriante, e estatui que ela pode ocorrer em qualquer fase da expropriação, até ao momento de adjudicação judicial da propriedade.

Temos, pois, que a autorização para a tomada da posse administrativa pode ser concedida em simultâneo com a declaração da utilidade pública da expropriação ou depois desta.

Assim, o limite temporal *ad quem* para a oportunidade da autorização da tomada de posse administrativa dos bens a expropriar é o da adjudicação à entidade expropriante do direito de propriedade sobre eles, a que alude o nº 5 do artigo 51º deste Código.

A caducidade da declaração de utilidade pública da expropriação, seja esta contemporânea da autorização de tomada da posse administrativa, ou anterior, implica a caducidade daquela autorização.

4. Prevê o nº 4 deste artigo o caso de as obras não terem início no prazo estabelecido nos termos do nº 2 deste artigo por motivo não justificativo, nomeadamente por atraso imputável à entidade beneficiária da expropriação, e estatui, para essa hipótese, que o expropriado e os demais interessados têm o direito de ser indemnizados pelos prejuízos que não devam ser considerados na fixação da justa indemnização.

Este normativo está conexionado com o que se prescreve no nº 2 deste artigo, na medida em que a entidade beneficiária da expropriação deve cumprir, salvo motivo justificativo, o prazo do início dos trabalhos fixado no acto administrativo de autorização de tomada da posse administrativa dos bens a expropriar.

Mas se o não cumprir por motivo não justificado, a consequência jurídica não é a da caducidade da autorização da tomada da posse administrativa, mas a da sujeição da entidade beneficiária da expropriação à obrigação de indemnização dos prejuízos sofridos pelos expropriados e ou por outros interessados, em virtude de terem sido desapossados dos bens em causa.

A referida indemnização, porém, só cobre os prejuízos que não devam ser abrangidos pela indemnização que aos expropriados e a outros interessados venha a ser fixada.

Decorre, pois, deste normativo uma relação de causa e efeito entre o atraso injustificado no início das obras e o prejuízo reparável que não deva ser considerado na fixação da indemnização.

6. Sobre a matéria a que este artigo se reporta pronunciaram-se, entre outras, as seguintes decisões judiciais:

a) A inversão do ónus da prova por virtude de a parte contrária haver culposamente impossibilitado a prova ao onerado é uma medida grave e arriscada, pelo que se impõe tentar reconstituir, por todos os meios, a prova desaparecida. Assim, no caso em que a entidade beneficiária da expropriação tomou posse administrativa da parcela expropriada e procedeu à destruição das edificações nela existentes antes da vistoria *ad perpetuam rei memoriam* que, por isso, não tomou em conta aquelas edificações, tal negligência não pode propiciar um enriquecimento injusto da outra parte, se for possível uma aproximação razoável da verdade (Acórdão da Relação de Coimbra, de 15.2.2005, CJ, Ano XXX, Tomo 1, página 21).

b) Ao acto de transferência da posse não preside qualquer julgamento da legalidade ou da ilegalidade da expropriação, na medida em que o juiz apenas realiza um acto de controlo preventivo, limitado à regularidade formal dos actos processuais (Acórdão da Relação de Lisboa, de 17.04.08, Processo nº 1833/2008-8-8).

ARTIGO 20º
Condições de efectivação da posse administrativa

1 – A investidura administrativa na posse dos bens não pode efectivar-se sem que previamente tenham sido:

a) Notificados os actos de declaração de utilidade pública e de autorização da posse administrativa;

b) Efectuado o depósito da quantia mencionada no nº 4 do artigo 10º em instituição bancária do lugar do domicílio ou sede da entidade expropriante, à ordem do expropriado e dos demais interessados, se aquele e estes forem conhecidos e não houver dúvidas sobre a titularidade dos direitos afectados;

124 CÓDIGO DAS EXPROPRIAÇÕES E ESTATUTO DOS PERITOS AVALIADORES

c) *Realizada vistoria* ad perpetuam rei memoriam *destinada a fixar os elementos de facto susceptíveis de desaparecerem e cujo conhecimento seja de interesse ao julgamento do processo.*

2 – A notificação a que se refere a alínea a) do número anterior deve conter o local, o dia e a hora do acto de transmissão da posse.

3 – O acto de transmissão de posse deverá ter lugar no prédio, parcela ou lanço expropriado.

4 – Se o expropriado e os demais interessados, estando ou devendo considerar-se devidamente notificados, não comparecerem ao acto de transmissão da posse, esta não deixará de ser conferida.

5 – O depósito a que se refere a alínea b) do nº 1 pode ser substituído por caução prestada por qualquer das formas legalmente admissíveis.

6 – O depósito prévio é dispensado:

a) *Se a expropriação for urgente, devendo o mesmo ser efectuado no prazo de 10 dias, contados nos termos do artigo 279º do Código Civil, a partir da data da investidura administrativa na posse dos bens;*

b) *Se os expropriados e demais interessados não forem conhecidos ou houver dúvidas sobre a titularidade dos direitos afectados, devendo o mesmo ser efectuado no prazo de 10 dias a contar do momento em que sejam conhecidos ou seja resolvido o incidente regulado no artigo 53º.*

7 – Na situação prevista na alínea a) do número anterior, caso o depósito da quantia mencionada no nº 4 do artigo 10º não seja efectuado no prazo fixado, são devidos juros moratórios ao expropriado, os quais incidem sobre o montante do depósito.

8 – Atribuído carácter urgente à expropriação ou autorizada a posse administrativa, a entidade expropriante solicita directamente ao presidente do tribunal da Relação do distrito judicial do lugar da situação do bem ou da sua maior extensão a indicação de um perito da lista oficial para a realização da vistoria ad perpetuam rei memoriam.

9 – Pode ser solicitada a indicação de dois ou mais peritos sempre que tal se justifique pela extensão ou número de prédios a expropriar."

1. Prevê o nº 1 deste artigo a investidura administrativa na posse dos bens em curso de expropriação, e estatui, por um lado, que ela se não pode efectivar sem que previamente tenham sido notificados os actos de declaração de utilidade pública e de autorização da posse administrativa.

E, por outro, que tal não pode ocorrer antes de efectuado o depósito da quantia mencionada no nº 4 do artigo 10º em instituição bancária do lugar do domicílio ou sede da entidade expropriante, à ordem do expropriado e ou dos demais interessados, se aquele e estes forem conhecidos e não houver dúvidas sobre a titularidade dos direitos afectados.

E, finalmente, que a referida investidura na posse administrativa não pode operar antes de realizada a vistoria *ad perpetuam rei memoriam* destinada *a* fixar os elementos de facto susceptíveis de desaparecerem e cujo conhecimento seja de interesse ao julgamento do processo.

Está inserido num contexto normativo que versa essencialmente sobre as condições de efectivação da posse administrativa.[123]

A investidura na posse administrativa é formalizada através do auto a que se reporta o artigo 22º deste Código, verificados que sejam os pressupostos de facto a que alude o normativo em análise.

Mas a implementação do procedimento tendente à tomada da posse administrativa pela entidade beneficiária da expropriação pode ocorrer antes da publicação dos actos administrativos de declaração de utilidade pública da expropriação ou da autorização para a referida tomada de posse.

A notificação referida na alínea a) do nº 1 deste artigo é a que deve ser dirigida aos expropriados e aos demais interessados conhecidos, incluindo, se for caso disso, o curador provisório dos interessados incapazes, ausentes ou desconhecidos cuja representação ainda não esteja conferida (artigos 9º, 17º, nº 1, 21º, nº 1 e 41º, nº 2, deste Código).

A notificação a que também se refere o nº 2 deste artigo, por seu turno, deve ser efectuada por via de carta ou ofício sob registo, com aviso de recepção (artigos 17º, nº 1 e 21º, nº 1, deste Código).

Esta notificação dos referidos actos administrativos visa o controlo pelos expropriados e outros interessados de vícios que eles eventualmente contenham e a sua informação com vista à sua decisão quanto à respectiva impugnação.

A condição de investidura na posse administrativa das parcelas em curso de expropriação, que consta da alínea b) do nº 1 deste artigo, envolve o depósito a que alude o nº 4 do artigo 10º deste Código.

Assim, o depósito em causa consubstancia a previsão dos encargos com a expropriação, que tem por base a quantia previamente determinada em avaliação documentada por relatório efectuada por perito da lista oficial, de livre escolha da entidade interessada na expropriação.

---

[123] Este artigo está conexionado com o disposto nos artigos 1º, 3º, 4º, 9º, 10º, nº 4, 15º, nº 2, 17º, nº 1, 17º-A, 21º, nº 1, 22º, 41º, nº 1, 51º, nº 1, 53º, 57º e 91º, nº 1, deste Código, e 279º do Código Civil.

Mas está condicionado à circunstância de os referidos expropriados e interessados serem conhecidos e de não haver dúvida sobre a sua titularidade dos direitos em causa.

Isso significa que não sendo os expropriados e ou outros interessados na expropriação conhecidos ou sendo aparentemente conhecidos e se tiver suscitado no procedimento a dúvida sobre a sua titularidade dos direitos em causa, é dispensado o depósito.

O referido depósito visa tendencialmente a garantia do pagamento atempado da indemnização a quem de direito, em nada condicionando o valor da sua fixação nem ficando desde logo na disponibilidade de levantamento por parte dos expropriados e ou demais interessados.[124]

No caso de expropriações urgentes, o depósito previsto no artigo 10º, nº 4, deste Código é realizado nos termos da alínea a) do nº 6 deste artigo, ou seja, no prazo de dez dias a contar da data da referida investidura na posse dos bens.

A última condição da investidura da entidade beneficiária da expropriação na posse dos bens a expropriar consubstancia-se na realização da vistoria *ad perpetuam rei memoriam*, prevista no artigo 21º deste Código.

Trata-se de registar o estado dos bens a expropriar, antes da investidura da entidade beneficiária da expropriação na sua posse, designadamente os elementos susceptíveis de desaparecimento, relevantes para o julgamento da causa, ou seja, em última análise, para a determinar a justa indemnização.

2. Prevê o 2 deste artigo a notificação a que se refere a alínea a) do número anterior, e estatui que ela deve conter o local, o dia e a hora do acto de transmissão da posse.

Assim, em quadro de economia processual, a notificação dos actos de declaração de utilidade pública da expropriação e de autorização da posse administrativa deve também incluir o local, o dia e a hora do acto de transmissão da posse em causa, a que alude o artigo 22º deste Código.

3. Prevê o nº 3 deste artigo, em conexão com o que se prescreve no nº 2, o sítio do acto de transmissão de posse, e estatui que ele deverá ter lugar no prédio, parcela ou lanço expropriado.

---

[124] Neste sentido, pode ver-se PEDRO CANSADO PAES, ANA ISABEL PACHECO e LUIS ALVAREZ BARBOSA, "obra citada", página 129. No sentido de o valor do referido depósito constituir o mínimo da indemnização, pronunciou-se LUIS PERESTRELO DE OLIVEIRA, *obra citada*, página 83.

Isso significa que o acto simbólico de investidura na posse administrativa sobre os bens expropriados deve ocorrer neles próprios, ou seja, no âmbito da sua estrutura material.

Assim, conforme a expropriação incida sobre prédios, ou sobre alguma das suas parcelas ou lanços, em conformidade com o que se prescreve nos artigos 1º, 3º e 4º deste Código, aí deve ocorrer o acto simbólico da respectiva tomada de posse administrativa.

4. Prevê o nº 4 deste artigo, em conexão com os seus n.os 2 e 3, a circunstância de o expropriado e ou os demais interessados, estando ou devendo considerar-se devidamente notificados, não comparecerem ao acto de transmissão da posse, e estatui que a mesma não deixará de ser conferida.

Decorre, pois, deste normativo a notificação efectiva dos expropriados, nos termos do nº 2 deste artigo, e a sua notificação presumida nas situações em que ela não ocorreu por facto não imputável à entidade beneficiária da expropriação.

É o caso, por exemplo, de os proprietários e ou demais interessados não serem conhecidos, ou de terem sido devolvidas àquela entidade as cartas ou ofícios que lhes forem dirigidos, nos termos do nº 4 do artigo 11º deste Código.

Imputável aos expropriados e demais interessados, e não à entidade beneficiária da expropriação, é também a omissão de notificação efectiva por virtude de, após serem notificados da declaração de utilidade pública, não terem àquela comunicado a sua mudança do local de residência ou de sede, conforme os casos (artigo 17º-A, deste Código).

Assim, a não comparência dos expropriados e ou demais interessados, que tenham sido notificados para o acto de posse administrativa dos bens, ou que devam ter sido para eles considerados notificados, não implica o seu adiamento.

Esta estatuição conforma-se, ademais, com a circunstância de a referida investidura da entidade beneficiária da expropriação na posse dos bens a expropriar decorrer de um seu direito potestativo, não dependente da vontade dos expropriados e ou demais interessados na expropriação.[125]

---

[125] Referir-nos-emos no artigo seguinte à hipótese de os expropriados ou outrem se oporem à investidura da posse em causa.

5. Prevê o nº 5 deste artigo o depósito a que se refere a alínea b) do seu nº 1, e estatui que ele pode ser substituído por caução prestada por qualquer das formas legalmente admissíveis.

Assim, o depósito a que acima se fez referência pode ser substituído por caução, naturalmente por iniciativa da entidade beneficiária da expropriação, o que se conforma com a sua natureza de garantia de pagamento da justa indemnização.

Temos, assim, que a entidade a decidir sobre a substituição do depósito prévio pela prestação de caução é a beneficiária da expropriação.

Como este normativo não se refere a alguma espécie de caução em concreto, ela pode ser prestada por meio de depósito de dinheiro, títulos de crédito, pedras ou metais preciosos, ou por penhor, hipoteca ou fiança bancária (artigo 623º, nº 1, do Código Civil).

6. Prevê o nº 6 deste artigo os pressupostos da dispensa do depósito prévio, e estatui, por um lado, que ela é susceptível de ocorrer quando a expropriação for urgente, e, por outro, no caso de os expropriados e ou demais interessados não serem conhecidos ou houver dúvidas sobre a titularidade dos direitos afectados em causa.

Na primeira das referidas hipóteses, a prevista na alínea a), deve o depósito ser efectuado no prazo de 10 dias a contar, nos termos do artigo 279º do Código Civil, da data da investidura administrativa na posse dos bens.

Na segunda, a que alude a alínea b), o referido depósito deve ser efectuado no prazo de 10 dias a contar do momento do conhecimento da identidade dos expropriados, ou seja, resolvido o incidente regulado no artigo 53º deste Código.

Temos, assim que, salvaguardados os casos da expropriação urgente e do desconhecimento dos expropriados e ou demais interessados ou de dúvida sobre a titularidade dos direitos em causa, a investidura da entidade expropriante na posse administrativa dos bens em causa não pode ocorrer sem o mencionado depósito.

A referência ao artigo 279º do Código Civil quanto à contagem do decêndio em que o depósito em causa deve ser realizado tem a ver com a sua alínea b), em virtude da qual, na sua contagem não se inclui o dia em que ocorreu a posse administrativa em causa.

Assim, o referido prazo que termine em domingo ou dia feriado transfere-se para o primeiro dia útil seguinte (artigo 279º, alínea e), do Código Civil).

A questão prejudicial relativa à titularidade da indemnização é decidida em apenso ao processo de expropriação, conforme o disposto no artigo 53º deste Código. É a partir da decisão definitiva desse incidente, ou do conhecimento da identidade dos expropriados e ou dos demais interessados na expropriação, que deve ser contado o prazo de 10 dias com vista ao referido depósito do valor dos encargos relativos à expropriação.

Quanto a este prazo, como a lei não refere a sua contagem nos termos do artigo 279º do Código Civil, e não é de natureza judicial, é-lhe aplicável o disposto no artigo 72º do Código do Procedimento Administrativo.

7. Prevê o nº 7 deste artigo a situação prevista na alínea a) do número anterior acrescida da de o depósito da quantia mencionada no nº 4 do artigo 10º não ter sido efectuado no prazo fixado, e estatui serem devidos aos expropriados juros moratórios que incidem sobre o montante do depósito.

Refere-se, pois, este normativo à dispensa do depósito prévio no caso de expropriações urgentes e à obrigatoriedade de a entidade beneficiária da expropriação o realizar, no prazo de 10 dias, contado da data da publicação da declaração da utilidade pública da expropriação.

A realização do mencionado depósito não é, pois, condição da tomada pela entidade beneficiária da expropriação de posse administrativa sobre os bens a expropriar. Todavia a omissão por ela do mencionado depósito, no prazo acima referido, implica-lhe o pagamento ao expropriado de juros moratórios.

Embora se trate de um depósito de garantia, provisório por natureza, dependente da manutenção da posse, a lei confere aos expropriados, e só a estes, o recebimento de juros de mora pelo atraso na sua realização.

Estes juros, em rigor, não incidem sobre o depósito a que a lei se refere, mas sobre o valor pelo qual devia ser realizado, cuja taxa, nos termos do artigo 70º, nº 2, deste Código, é a prevista no artigo 559º, nº 1, do Código Civil, ou seja, são contados à taxa legal de quatro por cento, prevista na Portaria nº 291/2003, de 3 de Abril.

8. Prevê o nº 8 deste artigo a atribuição do carácter urgente à expropriação ou a autorização da posse administrativa, e estatui que a entidade beneficiária da expropriação deve solicitar directamente ao presidente do tribunal da Relação do distrito judicial do lugar da situação dos bens, ou da sua maior extensão, a indicação de um perito da lista oficial para a realização da vistoria *ad perpetuam rei memoriam*.

À expropriação a que foi atribuído carácter urgente e à autorização da posse administrativa dos bens nas expropriações não urgentes reportam-se os artigos 15º, nº 2 e 19º deste Código, respectivamente.

Em qualquer desses casos – atribuição do carácter urgente à declaração de utilidade pública da expropriação ou autorização de tomada da posse administrativa pela entidade beneficiária da expropriação – deve esta solicitar ao presidente do tribunal da Relação respectivo a indicação de um perito da lista oficial a fim de proceder à vistoria *ad perpetuam rei memoriam*, a que alude o artigo seguinte, relativa aos bens sobre os quais a posse administrativa vai incidir.

9. Prevê o nº 9 deste artigo, em conexão com o que se prescreve no seu nº 8, a hipótese da considerável extensão ou do número de prédios a expropriar, e estatui poder a entidade expropriante solicitar ao presidente da Relação a indicação de dois ou mais peritos.

A decisão da entidade beneficiária da expropriação de requerer ao presidente do tribunal da Relação a nomeação de mais do que um perito para a realização da vistoria *ad perpetuam rei memoriam* deve assentar na extensão dos bens a expropriar, no tempo normalmente consumido na elaboração daquela vistoria pelo perito único, no andamento regular do procedimento, tudo isto na envolvência do princípio da proporcionalidade.

O presidente do tribunal da Relação não tem poderes funcionais para não deferir a pretensão da entidade expropriante de indicação por ele da referida pluralidade de peritos.

10. Sobre a matéria a que este artigo se reporta pronunciaram-se, entre outras, as seguintes decisões judiciais:

a) A validade da posse administrativa já efectivada não é afectada, nem há impedimento para a futura investidura nela, no caso de a entidade beneficiária da expropriação ter omitido a realização atempada do depósito concernente aos encargos com a ablação, embora deva pagar os respectivos juros (Acórdão da Relação de Coimbra, de 05.06.07, Processo nº 2818/06.1TBBVIS-C1).

b) Anulada a declaração de utilidade pública da expropriação com o processo de expropriação em tribunal a aguardar a avaliação, e declarada a extinção da instância, todos os actos do processo, da fase administrativa e judicial, ficam sem efeito. Devem, por isso, ser restituídas à entidade beneficiária da expropriação as quantias por ela depositadas. A impossibilidade de aquela entidade devolver o bem expropriado, transformado numa alameda da cidade, não obsta à referida restituição das quantias depositadas, restando ao expropriado, por força da intangibilidade das obras públicas, accionar o Estado com vista à sua condenação no pagamento de uma indemnização que inclua o valor real dos bens e os demais danos sofridos (Acórdão do STJ, de 29 de Abril de 2008, CJ, Ano XVI, Tomo 2, página 38).

c) Ao depósito a que se refere o n.º 2, alínea a), do artigo 20º do Código das Expropriações, relativo aos encargos a suportar com a expropriação, não é aplicável o disposto no seu artigo 70º (Acórdão da Relação de Guimarães, de 25.06.09, Processo n.º 378/06.2TBFLG.G1).

ARTIGO 21º
Vistoria *ad perpetuam rei memoriam*

1 – Recebida a comunicação do perito nomeado, a entidade expropriante marca a data, a hora e o local do início da vistoria ad perpetuam rei memoriam, *notificando de tal facto o perito, os interessados conhecidos e o curador provisório, por carta ou ofício registado com aviso de recepção, a expedir de forma a ser recebido com a antecedência mínima de cinco dias úteis, no qual indicará, ainda, se a expropriação é total ou parcial; a comunicação ao perito será acompanhada de cópia dos elementos a que se referem as alíneas a), b) e d) do nº 1 do artigo 10º e, sempre que possível, de indicação da descrição matricial e da inscrição matricial dos prédios; a comunicação ao expropriado e demais interessados mencionará, ainda, a instituição bancária, o local, a data e o montante do depósito a que se refere o alínea b) do nº 1 do artigo anterior e, se for o caso, que o mesmo se encontra à sua ordem.*

2 – O perito que pretenda pedir escusa pode fazê-lo nos dois dias seguintes à notificação prevista no número anterior, devendo a entidade expropriante submeter o pedido à apreciação do presidente do tribunal da Relação para efeitos de eventual substituição.

3 – Os interessados, o curador provisório e a entidade expropriante podem comparecer à vistoria e formular por escrito os quesitos que tiverem por pertinentes, a que o perito deve responder no seu relatório.

4 – O auto de vistoria ad perpetuam rei memoriam *deve conter:*

a) Descrição pormenorizada do local, referindo, designadamente, as construções existentes, as características destas, a época da edificação, o estado de conservação e, sempre que possível, as áreas totais construídas;

b) Menção expressa de todos os elementos susceptíveis de influírem na avaliação do bem vistoriado, nos termos dos artigos 23º e seguintes;

132 CÓDIGO DAS EXPROPRIAÇÕES E ESTATUTO DOS PERITOS AVALIADORES

c) *Plantas, fotografias ou outro suporte de captação da imagem do bem expropriado e da área envolvente;*

d) *Elementos remetidos ao perito nos termos do nº 8 anterior;*

e) *Resposta aos quesitos referidos no nº 10 anterior.*

5 – Nos 15 dias anteriores à realização da vistoria ad perpetuam rei memoriam *deve o perito entregar à entidade expropriante o respectivo relatório, aplicando-se, com as necessárias adaptações, o disposto no artigo 50º.*

6 – Em casos devidamente justificados, designadamente pelo número de vistorias, o prazo a que se refere o número anterior pode ser prorrogado até 30 dias pela entidade expropriante, a requerimento do perito.

7 – Recebido o relatório, a entidade expropriante, no prazo de cinco dias, notificará o expropriado e os demais interessados por carta registada com aviso de recepção, remetendo-lhes cópia do mesmo e dos respectivos anexos, para apresentarem reclamação contra o seu conteúdo, querendo, no prazo de cinco dias.

8 – Se houver reclamação, o perito pronunciar-se-á no prazo de cinco dias, em relatório complementar.

9 – Decorrido o prazo de reclamação, sem que esta seja apresentada, ou recebido o relatório complementar do perito, a entidade expropriante poderá utilizar o prédio para os fins da expropriação, lavrando o auto de posse administrativa e dando início aos trabalhos previstos, sem prejuízo do disposto na legislação aplicável sobre a desocupação de casas de habitação.

1. Prevê o nº 1 deste artigo o recebimento da comunicação do perito nomeado, e estatui, por um lado, que a entidade expropriante marca a data, a hora e o local do início da vistoria *ad perpetuam rei memoriam*.

E, por outro, que aquela entidade deve notificar de tal marcação o perito, os interessados conhecidos e o curador provisório, por carta ou ofício registado com aviso de recepção, a expedir de forma a ser recebido com a antecedência mínima de cinco dias úteis, no qual indicará, também, se a expropriação é total ou parcial.

E, ainda, que a comunicação ao perito deve ser acompanhada de cópia dos elementos a que se referem as alíneas a), b) e d) do nº 1 do artigo 10º e, sempre que possível, de indicação da descrição matricial dos prédios.

E, finalmente, que a comunicação ao expropriado e demais interessados mencionará, ainda, a instituição bancária, o local, a data e o montante do depósito a que se refere o alínea b) do nº 1 do artigo anterior e, se for o caso, que o mesmo se encontra à sua ordem.

Está inserido num contexto normativo que versa sobre o acto pericial da vistoria *ad perpetuam rei memoriam*, e que, ao expressar *entidade a expropriante* pretende expressar a *entidade beneficiária da expropriação*.

Esta diligência tem lugar no caso de expropriações urgentes e em que foi autorizada a tomada de posse administrativa sobre os bens a expropriar, visando essencialmente a fixação dos elementos de prova relevantes para a ulterior avaliação, quando a intervenção no terreno antecede a arbitragem e a peritagem.[126]

É uma diligência materializada em documento particular, sob a forma de relatório, visa salvaguardar o interesse das partes na determinação da justa indemnização, com a especial relevância que lhe advém de constituir o registo dos elementos de facto susceptíveis de desaparecerem e cujo conhecimento interesse para o julgamento da causa (artigo 20º, nº 1, alínea c), deste Código).

O relevo probatório desta prova pericial decorre da impossibilidade, em regra, de uma nova apreciação dos factos materiais a que se reporta, em virtude da transformação neles ocorrida.

Temos, assim, que o acto de notificação a que se reporta este normativo assume a tríplice vertente de designação da vistoria *ad perpetuam rei memoriam*, do perito ou dos peritos que a vão realizar, e dos expropriados e demais interessados, designadamente os curadores que haja.

Os elementos a que aludem as alíneas a), b) e d) do nº 1 do artigo 10º deste Código são a causa de utilidade pública a prosseguir e a norma habilitante, os bens a expropriar e os proprietários e demais interessados conhecidos, e o que esteja previsto em instrumento de gestão territorial para aqueles bens e para a zona da sua localização.

A indicação da descrição predial e da inscrição matricial dos prédios deve ser feita no instrumento de notificação, sempre que possível, ou seja, como é natural, não impera aqui a obrigatoriedade absoluta.

A entidade beneficiária da expropriação deve fazer chegar a carta ou o ofício registados com aviso de recepção aos seus destinatários em tempo não inferior a cinco dias anterior à realização daquela diligência.

O referido prazo é contado a partir da data designada para a diligência de vistoria para trás, nos termos do artigo 72º, nº 1, alíneas a) e b), do Código do Procedimento Administrativo.

---

[126] Este artigo tem conexão com o disposto nos artigos 10º, nº 1, alíneas b) e d), 15º, nº 2, 16º, nº 2, 18º, nº 2, 19º, nº 1, 20º, nº 6, 22º, 23º, 37º, nº 5, 50º e 91º, n.ºs 1 e 2, todos deste Código.

Quanto aos expropriados e aos demais interessados na expropriação, a sua notificação deve também ter por objecto a indicação da instituição bancária, o local, a data e o montante do depósito mencionado na alínea b) do nº 1 do artigo 20º deste Código, e, se for caso disso, que o mesmo se encontra à sua ordem.

O aludido depósito está previsto no nº 4 do artigo 10º deste Código, dependente de os expropriados e os demais interessados serem conhecidos e de não haver dúvidas sobre a titularidade dos direitos em causa.

É uma solução legal essencialmente estabelecida no interesse dos expropriados e demais interessados, na medida em que podem levantar o montante pecuniário depositado à sua ordem.

2. Prevê o nº 2 deste artigo o perito que pretenda pedir escusa, e estatui, por um lado, poder fazê-lo nos dois dias seguintes à notificação prevista no número anterior, e, por outro, dever a entidade beneficiária da expropriação submeter o pedido à apreciação do presidente do tribunal da Relação para efeitos de eventual substituição.

Temos, assim, que o requerimento com o pedido de escusa do perito nomeado para a realização da vistoria *ad perpetuam rei memoriam* deve ser dirigido à entidade beneficiária da expropriação.

O conceito genérico de escusa significa os motivos que alguém invoca a fim de se desonerar de alguma obrigação ou encargo a que esteja sujeito, incluindo os pessoais que revelem a sua inexigibilidade.

O conceito de escusa a que este normativo se reporta, dado o seu escopo, parece estar utilizado em sentido amplo, susceptível de abranger as causas de impedimento, de suspeição e de dispensa legal do exercício da função.[127]

Os peritos nomeados para a realização desta diligência, se pretenderem pedir escusa, devem fazê-lo perante a entidade beneficiária da expropriação no referido prazo de dois dias, contado a partir da notificação respectiva, nos termos do nº 1 do artigo 72º do Código do Procedimento Administrativo.

Quanto ao prazo, trata-se, na espécie, de um normativo especial em relação ao que se prescreve no artigo 18º, nº 2, do Decreto-Lei nº 125/2002, de 10 de Maio, pelo que prevalece sobre o que neste se dispõe.

---

[127] A referida matéria consta dos artigos 572º, nº 1, do Código de Processo Civil e 16º e 17º do Decreto-Lei nº 125/2002, de 10 de Maio.

Conforme decorre do disposto no último dos referidos normativos, as partes também podem invocar a suspeição do aludido perito, ou dos peritos, até ao dia da realização da diligência.

Recebido o pedido de escusa, deve a entidade beneficiária da expropriação remetê-lo ao presidente do tribunal da Relação, que decidirá, se houver fundamento para o efeito, a substituição do requerente.

3. Prevê o nº 3 deste artigo os interessados, o curador provisório e a entidade beneficiária da expropriação, e estatui, por um lado, que eles podem comparecer à vistoria e formular por escrito os quesitos que tiverem por pertinentes, e, por outro, que o perito lhes deve responder no seu relatório.

O conceito de interessados está aqui utilizado em sentido amplo, abrangendo os expropriados e outros interessados na fixação da justa indemnização, a que se reporta o artigo 9º deste Código.

O curador provisório é o que representa no processo de expropriação os interessados incapazes, ausentes ou desconhecidos, em relação aos quais não esteja ainda organizada a respectiva representação (artigo 41º, nº 2, deste Código).

Aqueles interessados, ou quem os represente, devem, pois, indicar o objecto da perícia, no caso sob a forma de quesitos, ao invés do que ocorre no domínio de aplicação do artigo 577º do Código de Processo Civil.

Os aludidos quesitos devem ser apresentados por escrito pelas partes ao perito, ou aos peritos, conforme os casos, no local e na data designados para o início da diligência.

4. Prevê o nº 4 deste artigo o conteúdo do auto de vistoria *ad perpetuam rei memoriam*, e estatui que ele deve conter a descrição pormenorizada do local, referindo, designadamente, as construções existentes, as características destas, a época da edificação, o estado de conservação e, sempre que possível, as áreas totais construídas, a menção expressa de todos os elementos susceptíveis de influir na avaliação dos bens vistoriados, nos termos dos artigos 23º e seguintes deste Código, as plantas, as fotografias ou outros suportes de captação da imagem daqueles bens e da área envolvente, os elementos remetidos ao perito nos termos do nº 1 e a resposta aos quesitos referidos no nº 3.[128]

---

[128] A referência nas alíneas d) e e) deste normativo aos n.os 8 e 10 anteriores decorre de lapso, pois se trata dos n.os 1 e 3, respectivamente.

Resulta, pois, deste normativo o conteúdo do relatório da *vistoria ad perpetuam rei memoriam*, legalmente enunciado, por terem sido considerados idóneos e relevantes, sobretudo no caso da alteração da estrutura dos bens a expropriar na sequência de obras realizadas após a investidura na posse administrativa da entidade beneficiária da expropriação, para a prolação do acórdão arbitral ou da sentença final.

Trata-se, todavia, de um elenco meramente exemplificativo, pelo que o perito, ou os peritos que procedem à vistoria *ad perpetuam rei memoriam* podem inserir no respectivo relatório outros elementos de facto que existam e sejam susceptíveis de relevar nas mencionadas decisões.

5. Prevê o nº 5 deste artigo a entrega pelo perito à entidade expropriante o respectivo relatório, e estatui, por um lado, que o deve fazer nos 15 dias ulteriores à realização da vistoria *ad perpetuam rei memoriam*, e, por outro, que se aplica, com as necessárias adaptações, o disposto no artigo 50º deste Código.

O referido prazo de quinze dias, de que o perito, ou os peritos, dispõem para a entrega à entidade beneficiária da expropriação do relatório da vistoria *ad perpetuam rei memoriam*, é contado do termo daquela diligência, nos termos do artigo 72º, nº 1, do Código do Procedimento Administrativo.

A remissão deste normativo para o artigo 50º deste Código, que versa sobre os honorários devidos aos árbitros, significa que ele se aplica ao perito ou aos peritos que realizem a diligência de vistoria *ad perpetuam rei memoriam*.

Temos, assim, que os honorários do perito que realizou a vistoria *ad perpetuam rei memoriam* lhe são pagos pela entidade beneficiária da expropriação mediante a apresentação de factura devidamente justificada, de acordo com o previsto no artigo 17º, n.os 1 a 4, Regulamento das Custas Processuais e na Tabela IV anexa, ou seja, no valor de um décimo de unidade de conta por cada página.

As despesas que os peritos façam por causa da referida diligência também lhe são pagas pela entidade beneficiária da expropriação, mediante a entrega dos concernentes documentos comprovativos.

6. Prevê o nº 6 deste artigo os casos devidamente justificados, designadamente pelo número de vistorias, e estatui que o prazo a que se refere o número anterior pode ser prorrogado até trinta dias pela entidade beneficiária da expropriação, a requerimento do perito.

O prazo de quinze dias a que alude o nº 5 deste artigo pode, pois, ser prorrogado pela entidade beneficiária da expropriação, a requerimento do perito, até trinta dias, desde que ocorram motivos justificativos para o efeito, incluindo o número de vistorias para que tenha sido nomeado.

Assim, no caso de prorrogação, ao referido prazo de quinze dias acrescerá o que resultar da decisão de prorrogação pela entidade beneficiária da expropriação, até trinta dias, caso em que se contará o novo prazo, unificado, nos termos do artigo 72º, nº 1, do Código do Procedimento Administrativo.

7. Prevê o nº 7 deste artigo o recebimento do relatório pela entidade expropriante, e estatui, por um lado, que ela, no prazo de cinco dias, deve notificar o expropriado e os demais interessados do seu conteúdo, por carta registada com aviso de recepção, e, por outro, que lhes deve remeter cópia daquele relatório e dos respectivos anexos, com a menção de poderem apresentar reclamação contra o seu conteúdo, querendo, no prazo de cinco dias.

Os referidos expropriados e demais interessados, a notificar pela entidade beneficiária da expropriação, são, naturalmente, os conhecidos por via do processo.

O primeiro dos aludidos prazos de cinco dias começa no dia seguinte ao da entrega dos relatórios e é contado de harmonia com o artigo 72º, nº 1, do Código do Procedimento Administrativo.

Face a esse reduzido prazo, parece que o sentido da lei é o de que a entidade beneficiária da expropriação deve entregar nos serviços do correio, naquele prazo, o instrumento de notificação dos expropriados e dos demais interessados.

Não se trata de reclamação de um acto administrativo, do tipo da prevista nos artigos 161º a 165º do Código do Procedimento Administrativo, mas de uma reclamação de um relatório pericial, do género da prevista no nº 2 do artigo 587º do Código de Processo Civil.

O fundamento da referida reclamação do expropriado e ou dos demais interessados é susceptível de consistir na deficiência, obscuridade ou contradição no relatório pericial ou na falta de fundamentação das respectivas conclusões (artigo 587º, nº 2, do Código de Processo Civil).

O prazo de cinco dias para a mencionada reclamação começa no dia imediato àquele em que se considere feita a notificação e é contado nos termos do artigo 72º, nº 1, do Código do Procedimento Administrativo e 254º, nº 3, do Código de Processo Civil.

Apesar de este normativo não o referir expressamente, a entidade beneficiária da expropriação pode reclamar do relatório pericial, no referido prazo de cinco dias, contado do dia seguinte ao do seu recebimento.

A reclamação contra alguma irregularidade que seja cometida no procedimento administrativo, designadamente na convocação ou na realização da vistoria *ad perpetuam rei memoriam*, consta do artigo 54º, nº 1, deste Código.

8. Prevê o nº 8 deste artigo a hipótese de os expropriados ou os demais interessados reclamarem do relatório da vistoria *ad perpetuam rei memoriam*, e estatui que o perito que procedeu à mencionada diligência e o elaborou deverá pronunciar-se no prazo de cinco dias em relatório complementar.

Assim, se houver reclamação do relatório da vistoria *ad perpetuam rei memoriam*, deve a entidade beneficiária da expropriação apresentá-la ao perito respectivo, a fim de sobre ela se pronunciar, no prazo de cinco dias, a contar daquela apresentação, nos termos do artigo 72º, nº 1, do Código do Procedimento.

O referido relatório da vistoria *ad perpetuam rei memoriam*, pela sua natureza e conteúdo, não é um documento autêntico.[129]

9. Prevê o nº 9 deste artigo o decurso do prazo de reclamação a que alude o nº 7 deste artigo sem que a mesma seja apresentada, ou o recebimento do relatório complementar do perito, e estatui, no caso contrário, por um lado, que a entidade beneficiária da expropriação poderá utilizar o prédio para os fins da expropriação, e, por outro, que deverá lavrar o auto de posse administrativa e dar início aos trabalhos previstos, sem prejuízo do disposto na legislação aplicável sobre a desocupação de casas de habitação.

Deve a entidade beneficiária da expropriação, por isso, aguardar o termo do prazo de reclamação do relatório pericial e, caso alguma reclamação dele haja, o termo do prazo de pronúncia do perito que o elaborou.

Temos, assim que, apresentada a resposta pelo perito, ou decorrido o prazo para a apresentação de reclamação no caso de a não haver, verificado fica o pressuposto da investidura da entidade beneficiária da expropriação na posse administrativa dos bens a expropriar, a que se reporta a alínea c) do nº 1 do artigo 20º deste Código.

Nessa hipótese, fica à entidade beneficiária da expropriação a faculdade de tomar posse administrativa dos bens a expropriar, fazendo lavrar o respectivo auto, a que alude o artigo 22º deste Código.

---

[129] Neste sentido, pode ver-se o Acórdão do STJ, de 27.10.98, BMJ nº 480, página 402

Este normativo não estabelece expressamente, para a hipótese de o perito se pronunciar sobre alguma reclamação do relatório pericial, que o reclamante seja notificado dessa pronúncia.

Todavia, dada a similitude de situações, nos termos do artigo 10º, n.os 1 e 2, do Código Civil, justifica-se que o seja, por aplicação analógica do disposto no nº 7 deste artigo.[130]

A ressalva relativa à desocupação das casas de habitação tem a ver, por exemplo, com o que estabelece o artigo 52º, nº 1, do Decreto-Lei nº 794/76, de 5 de Novembro, segundo o qual, a Administração não pode desalojar moradores das casas de habitação que tenham de ser demolidas ou desocupadas, para realização de qualquer empreendimento, actividade ou trabalho sem que tenha providenciado, quando tal se mostre necessário, pelo seu realojamento.

11. Quanto à matéria a que se reporta este artigo pronunciaram-se, entre outras, as seguintes decisões judiciais:

a) Agendada a vistoria *ad perpetuam rei memoriam* e notificados os interessados da sua realização, o mero atraso de meia hora no seu início não justificava que o expropriado pudesse legitimamente pressupor que a mesma tinha sido adiada e abandonasse o local da diligência, o que não configura irregularidade processual (Acórdão da Relação de Coimbra, de 28.11.06, Processo nº 451-A/2001.C1).

b) A vistoria *ad perpetuam rei memoriam*, apesar da sua natureza de prova pericial, merece uma especial credibilidade probatória, posto que não seja documento autêntico, visto que se destina a fixar os elementos de facto relevantes para a causa susceptíveis de desaparecer. Mas as afirmações assertivas ou conclusivas constantes do relatório não envolvem essa especial credibilidade, especialmente quando confrontadas com a avaliação subsequente que averigua directamente realidades descritas naquela vistoria (Acórdão da Relação de Lisboa, de 08.03.07, Processo nº 8274/2006-6).

c) A vistoria *ad perpetuam rei memoriam* não é meio de prova que exclusivamente encerre a verdade absoluta sobre as características do imóvel expropriado. É uma forma de prova pericial, que tem por fim a percepção ou apreciação de factos por meio de peritos, podendo a sua falta ser suprida por prova testemunhal e documental, nomeadamente fotográfica

---

[130] Neste sentido, pode ver-se PEDRO ELIAS DA COSTA, *obra citada*, página 129.

e topográfica. A circunstanciada caracterização dos bens vistoriados com vista a apreender as suas qualidades e potencialidade económica, objectivada no sentido de se encontrar o justo valor indemnizatório, é tarefa de peritos, que podem contemplar circunstâncias não consideradas naquela vistoria (Acórdão da Relação de Guimarães, de 28.06.07, Processo nº 1228/07-2).

d) Num relatório de vistoria *ad perpetuam rei memoriam* não é lícito qualificar juridicamente uma parte da parcela expropriada como situada dentro da faixa do domínio público marítimo, se a declaração de utilidade pública da expropriação a considerou propriedade privada (Acórdão da Relação de Guimarães, de 17.11.09, Processo nº 4494/06.2TBVCT.G1).

ARTIGO 22º
Auto de posse administrativa

1 – O auto de posse deve conter os seguintes elementos:

a) Identificação do expropriado e dos demais interessados conhecidos ou menção expressa de que são desconhecidos;

b) Identificação do Diário da República *onde tiver sido publicada a declaração de utilidade pública e de urgência da expropriação ou o despacho que autorizou a posse administrativa;*

c) Identificação da data e demais circunstâncias susceptíveis de identificarem o relatório da vistoria que dele constará em anexo.

2 – Na impossibilidade de identificação do prédio através da inscrição matricial ou da descrição predial, o auto da posse deve referir a composição, confrontações e demais elementos que possam contribuir para a identificação física do terreno onde se encontra o bem expropriado.

3 – No prazo de cinco dias, a entidade expropriante remete, por carta registada com aviso de recepção, ao expropriado e aos demais interessados conhecidos cópias do auto de posse administrativa.

1. Prevê o nº 1 deste artigo o conteúdo do auto de posse administrativa, e estatui que ele deve inserir a identificação do expropriado e dos demais interessados conhecidos ou a menção expressa de que eles são desconhecidos, do *Diário da República* onde foi publicada a declaração de utilidade pública e de urgência da expropriação, o despacho que autorizou a posse administrativa, e a data e demais circunstâncias susceptíveis de identificarem o relatório da vistoria *ad perpetuam rei memoriam*, que dele constará em anexo.

Está inserido num contexto normativo que se refere ao auto de posse administrativa.[131]

Refere-se, pois, ao elenco dos elementos que devem constar do auto de posse administrativa, que deve preceder o início dos trabalhos previstos para os bens em curso de expropriação (artigo 21º, nº 9, deste Código).

O documento em que se traduz este auto é, no fundo, o título comprovativo da investidura da entidade beneficiária da expropriação na posse administrativa dos bens em curso de expropriação.

Só os expropriados e demais interessados conhecidos devem ser identificados neste auto. No caso de serem desconhecidos, impõe-se a expressa menção dessa circunstância negativa.

2. Prevê o nº 2 deste artigo a impossibilidade de identificação do prédio através da inscrição matricial ou da descrição predial, e estatui que o auto da posse administrativa deve referir a composição, confrontações e demais elementos que possam contribuir para a identificação física do terreno onde se encontra o bem expropriado.

A inscrição matricial e a descrição predial são, naturalmente, elementos essenciais de identificação dos prédios, sejam eles rústicos ou urbanos. Daí que a lei imponha, no caso de impossibilidade de identificação dos prédios por esse meio, que se registem no auto de posse a sua composição, confrontações e outros elementos idóneos a esse fim.

A lei, sem a necessária clareza, refere-se à identificação física do terreno onde se encontra o bem expropriado. Mas parece referir-se à área global do terreno onde se localizam os bens em curso de expropriação.

Ao referir que o auto de posse deve conter os elementos que possam contribuir para a mencionada identificação, tem este normativo implícito que a entidade beneficiária da expropriação pode juntar a planta do imóvel ou da parte do imóvel em curso de expropriação.

3. Prevê o nº 3 deste artigo a consumação da elaboração do auto de posse administrativa, e estatui que, no prazo de cinco dias, deve a entidade beneficiária da expropriação remeter ao expropriado e aos demais interessados conhecidos, por carta registada com aviso de recepção, cópias dele.

---

[131] Este artigo está conexionado com o disposto nos artigos 19º, 20º e 21º, nº 9, todos deste Código.

Temos, assim, em quadro de inovação em relação ao regime do Código de Expropriações anterior, que a entidade beneficiária da expropriação também deve notificar os expropriados e os outros interessados na expropriação da cópia do auto de posse administrativa.

A referida notificação só tem lugar, como é natural, em relação aos expropriados e outros interessados conhecidos.

O referido prazo de cinco dias é contado nos termos do artigo 72º, nº 1, do Código do Procedimento Administrativo.

TÍTULO III
DO CONTEÚDO DA INDEMNIZAÇÃO

ARTIGO 23º
Justa indemnização

1 – A justa indemnização não visa compensar o benefício alcançado pela entidade expropriante, mas ressarcir o prejuízo que para o expropriado advém da expropriação, correspondente ao valor real e corrente do bem de acordo com o seu destino efectivo ou possível numa utilização económica normal, à data da publicação da declaração de utilidade pública, tendo em consideração as circunstâncias e condições de facto existentes naquela data.

2 – Na determinação do valor dos bens expropriados não pode tomar-se em consideração a mais-valia que resultar:

a) Da própria declaração de utilidade pública da expropriação;

b) De obras ou empreendimentos públicos concluídos há menos de cinco anos, no caso de não ter sido liquidado encargo de mais-valia e na medida deste;

c) De benfeitorias voluptuárias ou úteis ulteriores à notificação a que se refere o n.ᵒˢ do artigo 10º;

d) De informações de viabilidade, licenças ou autorizações administrativas requeridas ulteriormente à notificação a que se refere o nº 5 do artigo 10º.

3 – Na fixação da justa indemnização não são considerados quaisquer factores, circunstâncias ou situações criadas com o propósito de aumentar o valor da indemnização.[132]

4 – Sem prejuízo do disposto nos n.ᵒˢ 2 e 3 do presente artigo, o valor dos bens calculado de acordo com os critérios referenciais constantes dos artigos 26º e seguintes deve corresponder

---

[132] O nº 4 deste artigo foi revogado pelo artigo 3º da Lei nº 56/2008, de 4 de Setembro.

ao valor real e corrente dos mesmos, numa situação normal de mercado, podendo a entidade expropriante e o expropriado, quando tal se não verifique, requerer, ou o tribunal decidir oficiosamente, que na avaliação sejam atendidos outros critérios para alcançar aquele valor.

5 – O Estado garante o pagamento da justa indemnização, nos termos previstos no presente Código.

6 – O Estado, quando satisfaça a indemnização, tem direito de regresso sobre a entidade expropriante, podendo, independentemente de quaisquer formalidades, proceder à cativação de transferências orçamentais até ao valor da dívida, incluindo os juros de mora que se mostrem devidos desde a data do pagamento da indemnização.

1. Prevê o nº 1 deste artigo o fim da justa indemnização, e estatui, por um lado, que ela não visa compensar o benefício alcançado pela entidade expropriante, e, por outro, que ela visa ressarcir o prejuízo que para o expropriado advém da expropriação, correspondente ao valor real e corrente do bem, de acordo com o seu destino efectivo ou possível numa utilização económica normal, à data da publicação da declaração de utilidade pública, tendo em consideração as circunstâncias e condições de facto existentes naquela data.

Está inserido num contexto normativo que se reporta essencialmente aos critérios básicos da determinação da justa indemnização contrapartida da expropriação.[133]

Densifica ou concretiza o que a Constituição estabelece no artigo 62º, nº 2, ou seja, que a expropriação por utilidade pública deve assentar na lei, mediante o pagamento de justa indemnização, tal como o artigo 1310º do Código Civil, segundo o qual, pela expropriação é sempre devida ao proprietário e aos titulares dos outros direitos reais afectados a adequada indemnização.

O referido direito à indemnização é de natureza análoga à dos direitos fundamentais e, por isso, sujeito ao regime dos direitos, liberdades e garantias, pelo que, nos termos do artigo 18º, nº 2, da Constituição, só pode ser restringido para a salvaguarda de outros direitos ou interesses constitucionalmente protegidos.[134]

A jurisprudência constitucional, interpretando as pertinentes normas constitucionais, tem considerado, por um lado, que a referida indemnização só é

---

[133] Este artigo está conexionado com o que se prescreve nos artigos 1º, 4º, nº 4, 24º, nº 1, 26º, 27º, 28º, 29º, 30º, 31º, 32º, 70º e 84º deste Código.

[134] Neste sentido, pode ver-se o Acórdão do Tribunal Constitucional, nº 341/86, de 10 de Dezembro de 1986, *Diário da República*, II Série, de 19 de Fevereiro de 1987.

justa se ressarcir o expropriado do prejuízo por ele efectivamente sofrido, e que, por isso, não pode ser de montante tão reduzido que a torne irrisória ou meramente simbólica, nem desproporcionada à perda do bem expropriado, e, por outro, que se não deve atender para o efeito a factores especulativos ou outros que distorçam para mais ou para menos a proporção que deve existir entre o prejuízo imposto pela expropriação e a compensação a pagar por ela.[135]

A este propósito, importa considerar que as normas da lei ordinária sobre o direito de propriedade e a expropriação têm que ser interpretadas e aplicadas de harmonia com o que se prescreve na Constituição.

Indemnizar significa, em geral, ressarcir o dano ou o prejuízo reparável, em regra no quadro da responsabilidade civil. Mas esta indemnização decorrente da expropriação plana fora do referido quadro, tendo a sua causa em facto lícito da Administração, previsto na lei, em qualquer caso derivante de uma perda, cuja compensação a lei obriga.

Enquanto a indemnização no quadro da responsabilidade civil por factos ilícitos, pelo risco ou por incumprimento de obrigações tende a cobrir todos os danos causados ao lesado, incluindo as vantagens que ele não incorporou no seu património em virtude da lesão, nos termos do artigo 564º, nº 1, do Código Civil, a compensação por expropriação apenas envolve o valor da perda do direito que dela for objecto.

A indemnização a que o normativo em análise se reporta é, pois, a que visa a restituição pela perda de direitos sobre os bens em curso de expropriação, o que significa a não abrangência da totalidade dos prejuízos que para o expropriado decorrem da expropriação.[136]

O conceito de indemnização aqui em causa tem, pois, a estrutura a um tempo jurídica e económica, cuja justeza se deve traduzir no equilíbrio económico entre o objecto expropriado e a respectiva indemnização, em correspondência tendencial ao valor real dos bens expropriados.

Nessa linha, este normativo prevê o elemento negativo consistente em a indemnização não visar compensar o benefício alcançado pelo expropriante, e

---

[135] Acórdão do Tribunal Constitucional, nº 20/2000, de 11 de Janeiro de 2000, publicado no *Diário da República*, II Série, de 28 de Abril 2000.

[136] No sentido de que a justa indemnização deve corresponder ao valor que permita ao expropriado a recomposição da sua situação patrimonial, o restabelecimento do rendimento que auferia antes da expropriação e a continuidade da sua vida com dignidade, veja-se PEDRO ELIAS DA COSTA, *obra citada*, página 267.

o positivo de dever apenas ressarcir o prejuízo que para o expropriado advém da expropriação.

Não relevam, assim, para o efeito, os benefícios ou prejuízos advenientes para a entidade beneficiária da expropriação nem a desproporção entre o montante da indemnização e a natureza e os custos das construções visadas com vista à expropriação.

Acresce que o valor dos bens em causa não depende da rentabilidade decorrente da finalidade expropriativa, certo que a respectiva valorização decorre, a montante, da sua utilização normal, efectiva ou potencial.

Com efeito, o prejuízo do expropriado e de outros interessados corresponde ao valor real e corrente dos bens expropriados, de acordo com o seu destino efectivo ou possível, numa utilização económica normal, à data da publicação da declaração de utilidade pública, tendo em consideração as circunstâncias e condições de facto existentes nessa data.

Assim, relevam as circunstâncias e condições de facto existentes à data da publicação da declaração de utilidade pública, não só quanto ao destino efectivo dos bens em causa, como também quanto ao destino possível numa utilização económica normal.

A referência da lei à utilização económica normal implica a exclusão nesta matéria da utilização económica anormal, ou seja, a que não se coaduna com o curso regular ou ordinário das coisas.

A utilização económica normal possível é a que decorre do quadro legal e regulamentar aplicável e de todas as circunstâncias de facto processualmente relevantes, isto é, adquiridas no âmbito da prova produzida, conforme de algum modo decorre do artigo 26º, nº 1, deste Código.

A referência legal ao destino possível dos bens, isto é, à possibilidade do seu aproveitamento no momento da publicação da declaração de utilidade pública da expropriação, depende não só da sua natureza, localização e estado, como também do regime jurídico definidor do respectivo aproveitamento.

O critério para que a lei aponta é o do valor de mercado ou venal, comum ou de compra e venda, tendo em conta todas as características dos bens em causa com influência na respectiva valoração patrimonial, por exemplo a histórica ou panorâmica, o que se conforma com o princípio da igualdade em relação aos proprietários de prédios não expropriados.[137]

---

[137] Neste sentido, pode ver-se FERNANDO ALVES CORREIA, "As garantias do particular na expropriação por utilidade pública", Coimbra, 1982, páginas 127 a 137.

Importa, porém, distinguir entre o valor actual dos bens no mercado normal e aquele que acresce por virtude de mera especulação, isto é, sem correspondência de equilíbrio entre a oferta e a procura actuais.

O mercado é a interacção do conjunto dos vendedores e dos compradores, actuais ou potenciais, que se interessam pela transacção de determinado produto, e funciona sob uma lógica insusceptível de assimilação da realidade que se expresse por via de conteúdos normativos.[138]

O valor real e corrente dos bens expropriados é, pois, tendencialmente, o de compra e venda, considerando um mercado normal ou normalizado, isto é, sem a influência de elementos especulativos, por referência à data da publicação da declaração de utilidade pública da expropriação.

Assim, a indemnização a atribuir ao expropriado deve corresponder tendencialmente ao valor de mercado dos bens, que pode ser diverso do preço que poderia estabelecer-se em contrato de compra e venda que o tivesse como objecto, em função de elementos subjectivos ou de especulação.

Tem sido discutido sobre se o tribunal arbitral poderá ou não utilizar os referidos critérios alternativos. Não encontramos na lei algo que obste a tal solução, antes pelo contrário.

Dir-se-á, em suma, que a justa indemnização pela expropriação deve corresponder ao montante que um comprador não especialmente motivado, face aos elementos globais de facto, incluindo o aproveitamento económico normal, em obediência à lei *lato sensu*, à data da publicação da declaração de utilidade pública, aceitaria pagar pelos bens a título de preço.[139]

Pode dizer-se, em síntese, que este normativo constitui corolário do princípio da justa indemnização previsto nos artigos 62º, nº 2, da Constituição e 1º deste Código, na medida em que permite a correcção, face ao respectivo valor de mercado, por defeito ou por excesso, do valor dos bens achado pelos critérios dos artigos 26º a 30º deste Código.

Em consequência, o valor pelo qual o expropriado adquiriu os bens em curso de expropriação não é determinante no cálculo da justa indemnização que lhe é devida.[140]

---

[138] Neste sentido, pode ver-se FERNANDO ARAÚJO, "Introdução à Economia", volume I, Coimbra, 2004, página 232.

[139] Neste sentido, pode ver-se PEDRO ELIAS DA COSTA, *obra citada*, página 258.

[140] No sentido de não ser constitucionalmente imposta a consideração do valor de aquisição dos bens expropriados, decidiu-se no Acórdão do Tribunal Constitucional, nº 404/2004, publicado no *Diário da República*, II Série, de 22 de Julho de 2004.

Não parece, porém, face ao disposto neste normativo em conjunto com os restantes aplicáveis, que se possa concluir no sentido de que os critérios de avaliação dos bens previstos nos artigos 26º a 30º deste Código são meramente instrumentais em relação ao referido critério do valor de mercado dos bens.

2. Prevê o nº 2 deste artigo, nas suas quatro alíneas – a) a d) – a mais-valia que não deve ser tomada em conta na determinação do valor dos bens expropriados, e estatui que ela envolve: a própria declaração de utilidade pública da expropriação; as obras ou empreendimentos públicos concluídos há menos de cinco anos, no caso de não ter sido liquidado encargo de mais-valia e na sua medida; as benfeitorias voluptuárias ou úteis ulteriores à notificação a que se refere o nº 5 do artigo 10º; e as informações de viabilidade, licenças ou autorizações administrativas requeridas ulteriormente à aludida notificação.

Temos, em primeiro lugar, conforme decorre da alínea a) deste normativo, não dever ser considerada, para o cálculo da indemnização, a mais-valia derivada da própria declaração de utilidade pública da expropriação.

Esta mais-valia significa o "aumento de valor do prédio por efeito de obras, de melhoramentos ou da sua expectativa, que favoreçam a sua situação ou aplicação sem o esforço e inteligência dos proprietários".[141]

A mais-valia resultante da própria declaração de utilidade pública da expropriação é uma valorização gratuita para os expropriados e demais interessados, ou seja, trata-se de uma vantagem que para eles não implica encargo algum.

Por isso, ainda que inexistisse esta norma de exclusão, face ao disposto no nº 1 deste artigo, a referida mais-valia não poderia ser considerada no cálculo da justa indemnização.[142]

Em segundo lugar, face ao disposto na alínea b) deste normativo, temos que não deve ser considerada a mais-valia resultante dos empreendimentos públicos realizados nos últimos cinco anos, isto no caso de não ter sido liquidado o encargo de mais-valia e na medida deste.

---

[141] Assim entendeu MARCELLO CAETANO, "A inclusão da mais-valia na indemnização por expropriação por utilidade pública", *O Direito*, Ano 91º, página 81.

[142] No sentido de que a mais-valia resultante da própria declaração de utilidade pública só pode ser excluída do cálculo da indemnização quando respeitar a todos os prédios da zona em que se situa o prédio expropriado, pode ver-se JOSÉ OSVALDO GOMES, *obra citada*, página 166.

148 CÓDIGO DAS EXPROPRIAÇÕES E ESTATUTO DOS PERITOS AVALIADORES

As obras e os melhoramentos são públicos se realizados foram com recursos públicos, ou seja, com meios do Estado ou de outra pessoa colectiva de direito público.

Considerando que a data da publicação da declaração de utilidade pública da expropriação é o momento relevante para a determinação do valor da indemnização, é de considerar nessa data o termo do prazo de cinco anos contado desde a conclusão das referidas obras ou empreendimentos públicos.[143]

Tem sido discutida a questão de saber se a referida desconsideração da mais-valia na determinação do valor dos bens expropriados deve ou não ocorrer em todas as expropriações, independentemente de quem seja a respectiva entidade beneficiária e de quem custeou as referidas obras e ou empreendimentos públicos.

Há quem entenda deverem interpretar-se restritivamente as referidas normas, em termos de apenas se considerarem abrangidos os abatimentos da mais-valia no caso em que a entidade beneficiária da expropriação haja custeado as referidas obras e ou empreendimentos públicos, sob pena, se assim não fosse, de a entidade beneficiária da expropriação se locupletar com parte da mais-valia dada aos prédios em causa por terceiros.[144]

Mas a lei não distingue entre umas situações e outras, e não se vislumbra a existência ponderosas razões de sistema que impliquem a referida distinção, porque a mais-valia dos prédios expropriados apenas derivou de circunstâncias externas aos titulares dos respectivos direitos de propriedade ou de outros direitos reais de gozo.

Acresce que este normativo se conforma com o princípio da justa indemnização, previsto no artigo 62º, nº 2, da Constituição, na medida em que, de outro modo, considerar-se-ia um valor não gerado pela actividade dos particulares, no âmbito das regras de mercado que lhe são próprias, mas pelos réditos públicos, ou seja, por via comunidade de contribuintes fiscais.

Também tem vindo a ser afirmado que as referidas normas infringem o princípio da igualdade na relação externa da expropriação, no confronto com os

---

[143] Neste sentido, pode ver-se FERNANDO ALVES CORREIA, "A Jurisprudência do Tribunal Constitucional sobre Expropriações por Utilidade Pública e o Código das Expropriações de 1999", Revista de Legislação e Jurisprudência, n.os 3913 e 3914, página 111.

[144] Neste sentido, pode ver-se FERNANDO ALVES CORREIA, "A Jurisprudência do Tribunal Constitucional sobre Expropriações por Utilidade Pública e o Código das Expropriações de 1999", Revista de Legislação e Jurisprudência, nº s 3913 e 3914, página 112.

proprietários não expropriados que tenham beneficiado da mais-valia derivada das mesmas obras e ou empreendimentos, sem a sujeição ao respectivo pagamento.[145]

Não parece que exista aqui a violação do princípio da igualdade, em primeiro lugar na medida em que a referida solução da lei se conforma com o princípio da justa indemnização, a que também estariam sujeitos os proprietários dos prédios vizinhos que tivessem sido expropriados.

E, em segundo lugar, porque a circunstância, porventura, de a lei não sujeitar os proprietários de prédios vizinhos ao pagamento imediato de mais-valia ou aquando da respectiva negociação, só poderia relevar em sede de inconstitucionalidade por omissão, o que não parece poder actualmente concluir-se do nosso ordenamento jurídico, incluindo a sua vertente tributária.

Tendo em conta o princípio da boa fé, previsto no artigo 2º deste Código, e que o procedimento expropriativo começa, em regra, muito antes da publicação da declaração da utilidade pública da expropriação, a circunstância de estas normas excluírem as mais-valias anteriores àquela declaração do cálculo da indemnização, não implica a conclusão no sentido da sua afectação negativa pelo vício da inconstitucionalidade.[146]

Em terceiro lugar, em virtude do disposto na alínea c) deste normativo, excluem-se do cálculo da indemnização as benfeitorias voluptuárias e úteis feitas depois da notificação prevista no nº 5 do artigo 10º deste Código.

Trata-se de um normativo inspirado pela ideia de que as referidas benfeitorias úteis e voluptuárias feitas depois da notificação da resolução de expropriar, a que se reporta o nº 5 do artigo 10º deste Código, visaram o aumento forçado do valor dos bens em curso de expropriação.

Tendo em conta o disposto no artigo 216º, nº 3, do Código Civil, as benfeitorias – oneroso melhoramento dos bens – são as despesas feitas para conservar ou melhorar uma coisa, distinguindo a lei entre as úteis, ou seja, as que não são necessárias à sua conservação, mas que lhe aumentam o valor, e as voluptuárias, que só servem para recreio de quem as faz.

---

[145] Neste sentido, pode ver-se FERNANDO ALVES CORREIA, *Ibidem*, "A Jurisprudência do Tribunal Constitucional sobre Expropriações por Utilidade Pública e o Código das Expropriações de 1999", Revista de Legislação e Jurisprudência, nº s 3913 e 3914, páginas 113 a 116.

[146] Em sentido contrário, podem ver-se PEDRO CANSADO PAES, ANA ISABEL PACHECO e LUÍS ALVAREZ BARBOSA, *obra citada*, pagina 142.

Estas duas espécies de benfeitorias não podem, pois, ser consideradas no cálculo da indemnização, o que se conforma com o que se prescreve no nº 3 deste artigo, que proíbe a consideração para o efeito de factores criados com o fim de aumentar o valor dos bens em curso de expropriação.

Alias, as benfeitorias voluptuárias, pela sua natureza, sempre seriam insusceptíveis de valorizar o respectivo imóvel em termos objectivos.

Tal não acontece, porém, com as benfeitorias necessárias, ou seja, as que têm por fim evitar a perda, destruição ou deterioração das coisas, a que se reporta o artigo 216º, nº 3, primeira parte, do Código Civil.

Com efeito, por exclusão de partes, podem ser consideradas no cálculo da indemnização as benfeitorias necessárias feitas depois da referida notificação aos pretensos expropriados da resolução de expropriar.

Assim, se as benfeitorias tiverem sido feitas com vista a evitar a perda, a destruição ou a deterioração dos prédios em curso de expropriação, portanto também no interesse da entidade beneficiária da expropriação, não podem considerar-se enquadradas na previsão do normativo em análise.

Este normativo é harmónico com o do nº 4 do artigo 4º deste Código relativo à expropriação por zonas ou lanços, segundo o qual, no cálculo da indemnização relativa a prédios não compreendidos na primeira zona são atendidas as benfeitorias necessárias neles feitas entre a data da declaração da utilidade pública e a data da aquisição da posse pela entidade beneficiária da expropriação da respectiva zona ou lanço.

Finalmente, exclui a alínea d) deste normativo da fixação da indemnização a mais-valia resultante de informações de viabilidade, licenças ou autorizações administrativas requeridas depois da notificação a que se reporta o nº 5 do artigo 10º deste Código.

O nº 5 do artigo 10º deste Código reporta-se, conforme já se referiu, à notificação aos expropriados e demais interessados da resolução de requerer a expropriação.

O normativo em análise tem em conta que, embora a relação jurídica da expropriação só afecte os titulares dos direitos de propriedade, em regra depois da publicação da declaração de utilidade pública da expropriação, o respectivo procedimento começa antes dela, com o requerimento tendente àquela declaração.

Assim, se o aumento do valor dos bens em causa resultou das referidas informações, licenças ou autorizações, ou seja, sem qualquer encargo ou despesa para os expropriados, tal justifica a exclusão aqui em análise, em paralelismo com o que se prescreve na alínea a) deste normativo.[147]

3. Prevê o nº 3 deste artigo o âmbito da fixação da justa indemnização, e estatui não deverem ser considerados quaisquer factores, circunstâncias ou situações criadas com o propósito de aumentar o valor da indemnização.

Assim, se as referidas alterações dos prédios, mesmo que se trate de benfeitorias, derivarem do propósito dos proprietários e ou dos demais interessados na expropriação de aumentar o valor da indemnização por ela devido, não podem relevar no mencionado cálculo, independentemente do momento da sua ocorrência em relação à dinâmica da relação jurídica da expropriação.

Isso significa que, na fixação da justa indemnização, apenas se deve atender aos elementos objectivos normais, isto é, aos factores ou circunstâncias inerentes aos bens em curso de expropriação que não tenham resultado da referida intenção de empolamento de valor.

Este normativo é inspirado pelo princípio da justa indemnização, por um lado, e, por outro, pelo princípio da boa-fé, que envolve todo o nosso ordenamento jurídico, que consta do artigo 2º deste Código, ou seja, o dever social de agir com a lealdade, a correcção, diligência e lisura exigíveis das pessoas, conforme as circunstâncias de cada caso.[148]

Tal decorre também artigo 6º-A do Código do Procedimento Administrativo, segundo o qual, no exercício da actividade administrativa, a Administração e os particulares devem agir e relacionar-se segundo as regras da boa fé, ponderando os valores fundamentais do direito relevantes em face das situações consideradas.

Isso mesmo é considerado pela jurisprudência, que considera a boa fé como um padrão ético-jurídico de avaliação das condutas humanas, como honestas, correctas e leais.[149]

A acção de manipulação da realidade por quem vai ser expropriado, com vista a provocar a obtenção de desproporcionada indemnização, pode ser pro-

---

[147] No sentido de que se trata de normas inconstitucionais, veja-se PEDRO ELIAS DA COSTA, *obra citada*, página 262.

[148] Neste sentido, podem ver-se PIRES DE LIMA e ANTUNES VARELA, "Código Civil Anotado", volume II, Coimbra, 1997, páginas 4 e 5).

[149] Neste sentido, o acórdão do Supremo Tribunal Administrativo, de 11 de Setembro de 2008, Processo nº 0112/07.

vada mais facilmente no recurso do acórdão arbitral, por virtude de nele ser admitida a produção de prova testemunhal.

5. Prevê o nº 5 deste artigo, depois de salvaguardar o disposto nos n.ºs 2 e 3, que o valor dos bens é calculado de acordo com os critérios referenciais constantes dos artigos 26º e seguintes, e estatui, por um lado, dever corresponder ao valor real e corrente dos mesmos numa situação normal de mercado, e, por outro, poder a entidade beneficiária da expropriação ou o expropriado, quando tal correspondência se não verifique, requerer, ou o tribunal decidir oficiosamente, que na avaliação sejam atendidos outros critérios para alcançar aquele valor.

A salvaguarda referenciada aos n.ºs 2 e 3 deste artigo tem a ver com a não consideração, na fixação da indemnização, das mais-valias e dos factores, circunstâncias ou situações criadas com o propósito de aumentar o valor da indemnização, a que acima se fez referência.

Ao referir-se ao valor real e corrente dos bens em situação normal suscita este normativo a densificação do conceito de valor, que é susceptível de envolver várias realidades, designadamente um sentido amplo relativo à utilidade de uso, o de troca dos bens por dinheiro em que se traduz o preço, o de transacção em mercado competitivo e aberto e o intrínseco referenciado a uma opinião de valor baseada em determinada perspectiva de rendimento.[150]

Resulta, assim, essencialmente, deste normativo que o valor dos bens, calculado de harmonia com os critérios dos artigos 26º a 30º deste Código, deve corresponder ao valor real e corrente dos mesmos numa situação normal de mercado.

Se assim não acontecer, ou seja, no caso de o valor dos bens, segundo os aludidos critérios, não corresponder ao seu valor corrente em situação normal de mercado, pode a entidade beneficiária da expropriação ou e o expropriado requerer, ou o tribunal decidir oficiosamente, que na avaliação sejam atendidos outros critérios para alcançar aquele valor ideal.

É o caso de se tratar de notória inadequação dos critérios utilizados para a consecução da justa indemnização, caso em que o tribunal, sob rigorosa fundamentação, deve definir outros critérios que julgue adequados, para que os peritos, no respectivo relatório, operem a avaliação de harmonia com eles.

---

[150] Neste sentido, pode ver-se MANUEL LEAL DA COSTA, "Avaliação da Propriedade Rústica", Texto Policopiado, Centro de Estudos Judiciários, Lisboa, Outubro 2009.

Acresce que os peritos, por sua iniciativa, no relatório, podem proceder ao cálculo separado da indemnização com base nos critérios a que aludem os artigos 26º a 30º deste Código, bem como noutros critérios alternativos tidos por adequados à fixação do valor corrente dos bens em situação normal do mercado.[151]

Para o efeito, podem socorrer-se de todos os meios fiáveis necessários ao desempenho da sua função, solicitando, designadamente, a realização de diligências ou a prestação de esclarecimentos, ou que lhe sejam facultados, para o efeito, quaisquer elementos constantes do processo (artigo 583º, nº 1, do Código de Processo Civil).

6. Prevê o nº 6 deste artigo a garantia do pagamento da justa indemnização, nos termos do Código, e estatui ser o Estado quem o garante.

A indemnização a que este normativo se reporta é, naturalmente, a fixada nos termos deste Código, e não qualquer outra que alguém eventualmente convencione ou decorra de responsabilidade civil extracontratual.

Face ao disposto neste normativo, apesar de os municípios e os governos regionais também serem competentes para a declaração da utilidade pública da expropriação, é o Estado Administração que se assume, em qualquer caso, como garante do pagamento da indemnização aos expropriados e aos demais interessados.

Em consequência, em qualquer expropriação, independentemente da entidade de direito público que declarou a respectiva utilidade pública, o Estado assume-se, face ao expropriado e demais interessados, como sujeito garante da referida obrigação de indemnização.[152]

7. Prevê o nº 7 deste artigo, em conexão com o que se prescreve no número anterior, a situação em que o Estado satisfez a indemnização, e estatui, por um lado, que ele tem direito de regresso sobre a entidade beneficiária da expropriação, e, por outro, que ele pode, independentemente de quaisquer formalidades, proceder à cativação de transferências orçamentais até ao valor da

---

[151] Sobre os fundamentos da adopção de critérios avaliativos diversos dos gerais, pode ver-se ALÍPIO GUEDES, "Valorização de Bens Expropriados", Coimbra, 2008, páginas 95 e 96.

[152] Há, porém, quem entenda que, se tiver sido a região autónoma ou a assembleia municipal a declarar a utilidade pública da expropriação e a autorizar a posse administrativa, deve ser aquela e o município, respectivamente, a suportar a mencionada garantia.

154 CÓDIGO DAS EXPROPRIAÇÕES E ESTATUTO DOS PERITOS AVALIADORES

dívida, incluindo os juros de mora que se mostrem devidos desde a data do pagamento da indemnização.

Este normativo está conexionado com o que se prescreve no nº 4 do artigo 71º deste Código, segundo o qual, por um lado, não sendo efectuado o depósito da indemnização no prazo fixado, deve o juiz ordenar o pagamento por força do valor da caução prestada pela entidade expropriante ou determinar outras providências que se revelem necessárias.

E, por outro, no caso de se não realizar por esse modo o pagamento integral da indemnização em causa, que o juiz deverá notificar o serviço que tenha a seu cargo os avales do Estado para que efectue o depósito do montante em falta, em substituição da entidade expropriante.

O aval do Estado é uma garantia financeira excepcional, ou seja, "o acto unilateral pelo qual o Estado garante o cumprimento de dívidas de outras entidades, assumindo, em caso de incumprimento, as respectivas responsabilidades perante os credores".[153]

O referido serviço a que a lei se reporta é a Direcção-Geral do Tesouro do Ministério das Finanças.[154]

8. Sobre a matéria a que este artigo se reporta pronunciaram-se, entre outras, as seguintes decisões judiciais:

a) A lei aplicável em matéria de fixação da indemnização é a vigente à data da declaração da utilidade pública da expropriação, quanto às normas substantivas e processuais especificamente reguladoras da relação jurídica expropriativa e a quaisquer outras condicionantes da avaliação, pelo que não são aplicáveis as restrições à construção resultantes de um plano director municipal aprovado depois daquela declaração (Acórdão da Relação de Lisboa, de 21.03.2002, CJ, Ano XXVII, Tomo 3, página 75).

b) A justa indemnização deve cobrir os prejuízos sofridos pelo expropriado, a calcular de acordo com o valor real do bem resultante do mercado nor-

---

[153] ANTÓNIO LUCIANO DE SOUSA FRANCO, "Finanças Públicas e Direito Financeiro", volume II, Coimbra, 1996, página 142.

[154] A Direcção dos Serviços do Imposto do Rendimento das Pessoas Singulares, por ofício/CX-4/90, de 22 de Novembro, expressou que as expropriações de terrenos para a construção efectuadas depois de 1 de Janeiro de 1989 ficam sujeitas a tributação no quadro do imposto sobre o rendimento das pessoas singulares, independentemente da data da de aquisição, salvo no caso de a mesma ter ocorrido antes de 9 de Junho de 1965.

mal não especulativo, sendo que só a concreta potencialidade edificativa dos terrenos constitui elemento de avaliação tendente à justa indemnização, e não a abstracta e eventualmente longínqua (Acórdão da Relação de Coimbra, Évora, de 11.2.2003, CJ, Ano XXVIII, Tomo 1, página 36).

c) Na determinação objectiva do valor dos bens expropriados releva o seu destino, de acordo com o plano urbanístico em vigor no local, abstraindo dos lucros especulativos que a anomalia dos mercados por vezes propicia (Acórdão da Relação de Guimarães, de 20.04.05, CJ, Ano XXX, Tomo 2, página 293).

d) Para o cálculo da indemnização relevam as características do solo expropriado e das parcelas sobrantes à data da declaração da utilidade pública, bem como as expectativas face às dificuldades do terreno, e não outras circunstâncias posteriores decorrentes da própria expropriação (Acórdão da Relação de Lisboa, de 25.5.2006, Processo nº 4033/2006-6).

e) O tribunal deve atender à situação normal do mercado, independentemente dos valores administrativamente fixados (Acórdão da Relação de Évora, de 21.09.06, CJ, Ano XXXI, Tomo 4, página 230).

f) Qualquer projecção, visando antecipar um valor caracterizável como próximo do valor de mercado e que só considere por antecipação expectativas com correspondência nos elementos elencados nas alíneas a) a d) do nº 2 do artigo 25º, sempre traduzirá um valor de mercado e, nessa medida, corresponde a um valor justo pela ablação do direito de propriedade, sendo que a indemnização não deve envolver juízos de valor baseados em elementos especulativos ou incertos (Acórdão da Relação de Coimbra, de 31.10.06, Processo nº 1096/06.7YRCBR).

g) A indemnização pela expropriação por utilidade pública é diversa da emergente da responsabilidade civil extracontratual; na primeira, importa determinar objectivamente o valor do bem expropriado segundo o funcionamento do mercado, pelo que se não deve atender para o efeito ao valor que lhe corresponderia no caso de rendimento fundiário hipotético se existisse cultura de plantas medicinais e aromáticas referenciada num projecto (Acórdão da Relação de Lisboa, de 15.05.07, Processo nº 4327/2006-7).

h) É justa a indemnização quando o seu valor colocar os expropriados em situação igual à de outrem cujos prédios idênticos não foram objecto de expropriação (Acórdão da Relação de Évora, de 8.11.2007, Processo nº 1707/07-2).

156 CÓDIGO DAS EXPROPRIAÇÕES E ESTATUTO DOS PERITOS AVALIADORES

i) É justa a indemnização que corresponda ao valor comum do bem expropriado, isto é, ao respectivo valor de mercado, ou ainda ao valor de compra e venda (Acórdão da Relação de Évora, de 14.02.08, Processo nº 1298/07-3).

j) O princípio da igualdade impõe que o expropriado não fique numa situação de desigualdade relativamente àqueles que não foram expropriados – princípio da igualdade na sua vertente externa – nem que, em igualdade de circunstâncias entre expropriados, e sem fundamento material bastante, estes recebam indemnizações diferentes – princípio da igualdade na sua vertente interna (Acórdão da Relação de Guimarães, de 27.03.08, Processo nº 160/08-2).

k) No cálculo da indemnização deve ser considerado o aproveitamento económico normal que conduziria ao valor indemnizatório mais elevado, pois esse é que corresponderá ao valor de mercado do bem. Apesar de as infra-estruturas não existirem na parcela expropriada, mas apenas nos arruamentos que dão acesso à mesma, devem ser consideradas para efeitos indemnizatórios (Acórdão da Relação do Porto, de 29.5.2008, CJ, Ano XXXIII, Tomo 3, página 181).

l) Tendo um município, por lapso, construído um viaduto rodoviário num terreno particular, que passou a integrar o domínio público, não podendo ser restituído à situação anterior, deve ser reconhecida ao proprietário indemnização em conformidade com os critérios do Código das Expropriações (Acórdão do STJ, de 24.06.08, CJ, Ano XVI, Tomo 2, página 123).

m) O aumento da intensidade do barulho e da poluição por virtude da construção da auto-estrada não viola qualquer norma relativa quer à emissão de fumos, quer ao nível dos ruídos produzidos. Não é indemnizável a depreciação ambiental da parte sobrante que não é consequência directa e necessária da expropriação, mas deriva de factos posteriores ou estranhos à expropriação, como acontece com a poluição causada pela construção de uma auto-estrada ou um itinerário complementar (Acórdão da Relação de Coimbra, de 24.6.08, Processo nº 318/2000.C1).

n) O critério do valor de mercado dos bens funciona como ponto de referência do cálculo do montante da indemnização, sujeito a correcções ditadas por exigências de justiça no sentido da sua redução ou majoração, em conformidade com o modelo de mercado normativamente entendido, isto é, a indemnização justa deverá proporcionar ao expropriado um valor monetário que o coloque em condições de adquirir outro bem de igual natureza e valor (Acórdão da Relação de Lisboa, de 06.11.08, Processo nº 6772/2008-6).

o) O custo da terraplanagem de um terreno adquirido pela expropriada, necessária para ela reinstalar a sua unidade industrial que foi expropriada, deve ser incluído no cálculo da justa indemnização (Acórdão da Relação de Coimbra, de 02.06.09, Processo nº 3880/03.4TBAVR.C1).

p) A justa indemnização envolve uma garantia do valor de troca, que implica o uso de um referencial de cálculo não completamente desfasado do valor de mercado (Acórdão da Relação de Coimbra, de 20.9.2009, Processo nº 279/07.7TBILH.C1).

q) Os critérios preferenciais dos artigos 26º, nº 2, e 27º, nº 1, deste Código só podem ser postergados se, em concreto, se verificar não atingirem a justa indemnização e que esta se obtém por via da utilização de outros critérios, ou seja, em caso de impossibilidade de obtenção de elementos que permitam a sua utilização, caso em que o tribunal deve diligenciar, ainda que oficiosamente, no sentido de tais elementos serem colocados à disposição dos peritos (Acórdão da Relação de Lisboa, 25.03.10, Processo nº 2686/08.9TJCBR.C1).

r) A Lei nº 56/2008, de 4 de Setembro, que revogou o nº 4 deste artigo, não é interpretativa do direito anterior, mas o normativo revogado, dada a inconstitucionalidade de interpretação diversa, só pode aplicar-se no caso de o município ser o expropriante (Acórdão da Relação do Porto, de 05.01.10, Processo nº 1333/04.2TBMAI.P1).

s) A avaliação de um terreno como apto para a construção não exclui necessariamente o ressarcimento das benfeitorias existentes, podendo, todavia, não ser de atribuir indemnização por elas se isso corresponder a um enriquecimento ilegítimo do expropriado. O critério decisivo para a solução, caso a caso, é o da necessidade ou inevitabilidade da inutilização/ /destruição da mesma benfeitoria, no caso de a parcela ser aproveitada para a construção (Acórdão da Relação do Porto, de 26.01.10, Processo nº 218/08.8TBVPA.P1).

t) Revogado um projecto de arquitectura aprovado, entrando em vigor posteriormente um novo plano director municipal, o valor da parcela expropriada não deve ser calculado por referência ao referido projecto de arquitectura. A frustração da expectativa justificará, quanto muito, indemnização a peticionar em acção própria, pelo dano negativo, com base nas despesas desperdiçadas (Acórdão da Relação de Lisboa, de 09.02.10, Processo nº 2593/05.7TMSNT.L1).

158 CÓDIGO DAS EXPROPRIAÇÕES E ESTATUTO DOS PERITOS AVALIADORES

u) O valor da indemnização corresponde ao preço de mercado da parcela, sendo as regras legais da sua determinação meramente indicativas, porque os critérios referenciais que não correspondam à situação normal de mercado podem não ser aplicados. Apesar de ter aptidão construtiva, dado existirem no local equipamentos urbanos que permitem a construção, mas como a parcela está onerada com uma servidão aeronáutica, é de considerar como solo apto para outros fins que não a construção (Acórdão do STJ, de 25.02.10, Processo nº 5817/03.1TBMAI.S1 – 2.ª Secção).

ARTIGO 24º
Cálculo do montante da indemnização

1 – O montante da indemnização calcula-se com referência à data da declaração de utilidade pública, sendo actualizado à data da decisão final do processo de acordo com a evolução do índice de preços no consumidor, com exclusão da habitação.

2 – O índice referido no número anterior é o publicado pelo Instituto Nacional de Estatística relativamente ao local da situação dos bens ou da sua maior extensão.

3 – Nos casos previstos na parte final do nº 8 do artigo 5º e no nº 6 do artigo 13º, a actualização do montante da indemnização abrange também o período que mediar entre a data da decisão judicial que fixar definitivamente a indemnização e a data do efectivo pagamento do montante actualizado.

1. Prevê o nº 1 deste artigo o modo de cálculo do montante da indemnização, e estatui, por um lado, que ele se calcula com referência à data da declaração de utilidade pública, e, por outro, dever ser actualizado à data da decisão final do processo, de acordo com a evolução do índice de preços no consumidor, com exclusão do mercado de habitação.

Está inserido num contexto normativo atinente ao referencial temporal do cálculo da indemnização, ao âmbito da inerente actualização, e ao respectivo índice.[155]

Tendo em conta o que se prescreve no artigo 23º, nº 1, deste Código, e que a eficácia da declaração de utilidade pública da expropriação depende da sua publicação no *Diário da República* ou no *Jornal Oficial das Regiões Autónomas*, con-

---

[155] Este artigo está conexionado com o disposto nos artigos 1º, 5º, nº 8, 13º, nº 6, 17º, nº 1, 23º, nº 1, 25º, 26º, 27º, 28º, 29º, 30º, 31º, 32º, 68º, 71º e 94º, nº 1, alínea d), todos deste Código.

forme os casos, onde este normativo se refere à declaração de utilidade pública da expropriação deve entender-se a respectiva publicação.

Este normativo refere-se a dois momentos temporalmente diferenciados: o primeiro concernente ao cálculo do montante da indemnização, e o último ao cálculo da respectiva actualização.

A lei afastou-se da solução de o valor da indemnização ser calculado por referência ao momento mais próximo possível do seu recebimento, ou ao momento da avaliação dos bens, optando pela solução de o referido cálculo ser referenciado à data da publicação da declaração da utilidade pública da expropriação.

Conforma-se com a circunstância de ser a partir da referida publicação que os bens sobre que versa a declaração de utilidade pública ficam sujeitos à expropriação e se abre o procedimento tendente à fixação da respectiva indemnização.

Calculado o valor da indemnização por referência ao momento da publicação da declaração de utilidade pública da expropriação, a actualização tem lugar à data da decisão final do processo, mas por referência ao primeiro dos referidos momentos.

Esta actualização, não baseada em situação de mora ou de atraso de pagamento, é estranha aos juros de mora, visando essencialmente proteger o expropriado e ou os demais interessados contra o fenómeno da depreciação da moeda.

A decisão final do processo é a proferida no tribunal da primeira instância transitada em julgado, e a actualização opera por via da consideração da evolução do índice mensal dos preços no consumidor sem as rendas do mercado de habitação.

Tendo em conta o baixo nível de inflação que envolve actualmente a economia portuguesa, por virtude da crise económica e financeira, o relevo deste normativo de actualização é reduzido.

O depósito da indemnização, transitada em julgado a decisão que a fixou, opera nos termos do artigo 71º deste Código.

2. Prevê o nº 2 deste artigo, conexionado com o disposto no número anterior, o índice nele referido, e estatui ser o publicado pelo Instituto Nacional de Estatística relativamente ao local da situação dos bens ou da sua maior extensão.

É, pois, pressuposto deste normativo a existência de uma pluralidade de índices de preços ao consumidor no território nacional, âmbito em que releva, o que foi publicado com referência ao espaço da situação dos imóveis expropriados ou da sua maior parte.

Esta evolução do índice de preços no consumidor é publicada mensalmente, por referência ao mês anterior, e, no último mês do ano, é publicado o índice médio anual.

Ao invés do que já tem sido entendido por alguns autores, propendemos a considerar dever ser com base na referida média anual ou da fracção do ano que deve operar a actualização em causa.

A lei expressa o modo de incidência dos índices dos preços no consumidor em relação ao valor da indemnização em causa. Tendo em conta que se não trata de juros, mas de complementaridade de indemnização, propendemos a considerar que essa incidência deve ser sucessiva.[156]

A actualização do valor da indemnização, no caso de atribuição ao expropriado de parte dela antes do fim do processo, deve operar nos termos definidos em uniformização de jurisprudência, segundo a qual, por um lado, se houver recurso da arbitragem e não tendo esta procedido à actualização do valor inicial, o valor fixado na decisão final é actualizado até à notificação do despacho que autorize o levantamento de uma parcela do depósito, e, daí em diante, a actualização incidirá sobre a diferença entre o valor fixado na decisão final e o valor cujo levantamento foi autorizado.

E, por outro, que se tiver havido actualização na arbitragem, só há lugar a actualização desde a data da publicação da declaração de utilidade pública até à decisão final, sobre a diferença entre o valor fixado na decisão final e o valor cujo levantamento foi autorizado.[157]

3. Prevê o nº 3 deste artigo a actualização do montante da indemnização nos casos previstos na parte final do nº 8 do artigo 5º e no nº 6 do artigo 13º, e estatui que também abrange o período que mediar entre a data da decisão judicial que fixar definitivamente a indemnização e a data do efectivo pagamento do montante actualizado.

Os artigos 5º e 13º deste Código referem-se, respectivamente, aos casos em que cessa o direito de reversão dos bens expropriados e à caducidade da declaração de utilidade pública.

---

[156] Neste sentido, veja-se o Acórdão da Relação de Évora, de 11.01.07, Processo nº 1329/06-2, e, em sentido contrário, o Acórdão da Relação do Porto, de 11.11.2004, CJ, Ano XXIX, Tomo 5, página 169).
[157] Acórdão de Uniformização de Jurisprudência, do Supremo Tribunal de Justiça, nº 7/2001, de 12 de Julho de 2001, publicado no *Diário da República*, II Série-A, nº 248, de 25 de Outubro de 2001.

O nº 8 do artigo 5º e o nº 6 do artigo 13º, ambos deste Código, referem-se, respectivamente, à nova declaração de utilidade pública e à renovação da declaração da utilidade pública anterior, em que o expropriado, na sequência de notificação para o efeito, tenha optado pela actualização da indemnização anterior referenciada à data daquela declaração.

É para essas situações que a actualização do montante da indemnização também abrange o tempo que intermediar entre a data da decisão judicial que fixar definitivamente a indemnização e a data do efectivo pagamento do montante actualizado.

Trata-se, pois, naqueles casos, de situações em que o expropriado prescinde de exigir uma nova indemnização e opta pela mera actualização da indemnização anteriormente fixada, aproveitando-se da actualização prevista no normativo em análise.

No caso de o expropriado não prescindir de exigir uma nova indemnização, aplicar-se-á o disposto no nº 1 deste artigo.

4. A evolução dos índices de preços no consumidor, sem as rendas do mercado de habitação, foi, entre 1998 e 2010, inclusive, de 2,8; 2,3; 2,9; 4,4; 3,6; 3,3; 2,4; 2,3; 3,1, 2,7,; 2,8; 1,4; e 1,4, respectivamente.

5. Sobre a matéria a que este artigo se reporta pronunciaram-se, entre outras, as seguintes decisões judiciais:

a) Na actualização da indemnização não há lugar à capitação sucessiva dos aumentos anuais (Acórdão da Relação do Porto, de 11.11.2004, CJ, Ano XXIX, Tomo 5, página 169).

b) A indemnização fica fixada no montante constante do acórdão arbitral, mesmo sem actualização, quando dele não houve impugnação (Acórdão da Relação de Lisboa, de 24.02.05, Processo nº 333/ 2005-6).

c) Declarada a utilidade pública da expropriação antes da vigência do nº 1 do artigo 24º deste Código, deve este normativo, relativo à actualização da indemnização, aplicar-se ao caso por analogia (Acórdão da Relação de Lisboa, de 25.06.06, Processo nº 4033/2006-6).

d) A actualização deve ser calculada anualmente e, quanto aos períodos inferiores a um ano, mensalmente, segundo os índices dos preços no consumidor. Atribuindo-se ao expropriado indemnização inferior ao montante depositado, a actualização incide sobre aquela entre a data da declaração de utilidade pública e a data da notificação ou depósito (Acórdão da Relação de Coimbra, de 12.12.06, Processo nº 5191/04.9TBLRA.C1).

e) Tendo havido levantamento de uma parcela do depósito, a actualização incidirá sobre a diferença entre o valor fixado na decisão final e aquele cujo levantamento foi autorizado, por referência à data dessa autorização (Acórdão da Relação de Évora, de 11.01.07, Processo nº 1329/06-2).

f) A decisão que adjudicou a parcela à expropriante não é a final para efeito de actualização da indemnização no caso de a decisão arbitral, transitada em julgado, a ter actualizado entre a data da sua prolação e a da declaração da utilidade pública da expropriação (Acórdão da Relação de Lisboa, de 15.03.07, Processo nº 1369/07-6).

g) A actualização da indemnização deve ser feita fazendo incidir o índice de preços relativo ao primeiro ano/ou parte, sobre a indemnização fixada. Sobre o resultado obtido, e não apenas sobre a indemnização em singelo, deve incidir o índice que se lhe seguiu, e assim sucessivamente, até à data do trânsito em julgado da decisão. Se tiver havido pagamentos intermédios, a actualização a partir de então será deduzida da quantia entretanto paga (Acórdão da Relação de Évora, de 06.12.07, Processo nº 803/07-2).

g) Havendo recurso da arbitragem e não tendo esta procedido à actualização do valor inicial, o fixado na decisão final é actualizado até à notificação do despacho que autorize o levantamento de uma parcela do depósito. Dai em diante, a actualização incidirá sobre a diferença entre o valor fixado na decisão final e o valor cujo levantamento foi autorizado (Acórdão da Relação de Guimarães, de 30.04.09, Processo nº 2183/08-1).

h) Sendo o montante da indemnização fixado com referência a valores reportados a uma data posterior à declaração de utilidade pública da expropriação, só a partir de tal data deve ter lugar a actualização a que alude o artigo 24º, nº 1, do Código das Expropriações (Acórdão da Relação do Porto, de 03.03.10, Processo nº 16390/04.3JPRT.P1).

ARTIGO 25º
Classificação dos solos

1 – Para efeitos de cálculo da indemnização por expropriação, o solo classifica-se em:

a) Solo apto para a construção;

b) Solo para outros fins.

2 – Considera-se solo apto para a construção:

a) O que dispõe de acesso rodoviário e de rede de abastecimento de água, de energia eléctrica e de saneamento, com características adequadas para servir as edificações nele existentes ou a construir;

PARTE II – O CÓDIGO DAS EXPROPRIAÇÕES **ART. 25º** 163

b) *O que apenas dispõe de parte das infra-estruturas referidas na alínea anterior, mas se integra em núcleo urbano existente;*

c) *O que está destinado, de acordo com instrumento de gestão territorial, a adquirir as características descritas na alínea a);*

d) *O que, não estando abrangido pelo disposto nas alíneas anteriores, possui, todavia, alvará de loteamento ou licença de construção em vigor no momento da declaração de utilidade pública, desde que o processo respectivo se tenha iniciado antes da data da notificação a que se refere o nº 5 do artigo 10º.*

3 – Considera-se solo apto para outros fins o que não se encontra em qualquer das situações previstas no número anterior.

1. Prevê o nº 1 deste artigo a classificação dos solos para efeitos de cálculo da indemnização por expropriação, e estatui que ele se classifica em solo apto para a construção e solo para outros fins.[158]

Todavia, há uma terceira vertente de cálculo da indemnização por expropriação no artigo 28º deste Código, na medida em que define as regras de cálculo do valor de edifícios ou construções e das respectivas áreas de implantação e logradouros.

Confrontando o disposto neste normativo com o do nº 3, temos que a lei define o que considera solo apto para a construção e, por exclusão de partes, o que deve ser tido por solo apto para outros fins, ou seja, os que não devam ser considerados com aptidão edificativa.

Classificação de diversa estrutura, para efeito da determinação do destino básico dos terrenos, é a constante, além do mais, do artigo 72º, n.º 2, do Decreto-Lei nº 380/99, de 22 de Setembro, que distingue, para o efeito, entre o solo rural e o solo urbano.[159]

A referida classificação do solo rural assenta aqui num critério meramente funcional, enquanto que a definição das categorias do solo urbano se baseia nos critérios funcional e operativo, na envolvência do grau de urbanização do solo e na sua programação.

Tendo em conta o que se prescreve no artigo 4º, nº 3, do Decreto Regulamentar nº 11/2009, de 29 de Maio, a classificação e a reclassificação do solo são

---

[158] Este artigo está conexionado com o disposto nos artigos 10º, nº 5, 24º, 26º, 27º, 28º, 32º e 48º, todos deste Código

[159] Este diploma foi objecto de regulamentação pelo Decreto Regulamentar nº 11/2009, de 29 de Maio.

164 CÓDIGO DAS EXPROPRIAÇÕES E ESTATUTO DOS PERITOS AVALIADORES

estabelecidas nos planos municipais de ordenamento do território, a que acima se fez referência.

2. Prevê o nº 2 deste artigo, nas suas quatro alíneas – a) a d) –, respectivamente, dever considerar-se solo apto para a construção o que dispõe de acesso rodoviário e de rede de abastecimento de água, de energia eléctrica e de saneamento, com características adequadas para servir as edificações nele existentes ou a construir; ou que apenas dispõe de parte das infra-estruturas referidas na alínea anterior, mas se integra em núcleo urbano existente; o que está destinado, de acordo com instrumento de gestão territorial, a adquirir as características descritas na alínea a); e o que não está abrangido pelo disposto nas alíneas anteriores, mas há em relação a ele alvará de loteamento ou licença de construção em vigor no momento da declaração de utilidade pública, desde que o processo respectivo se tenha iniciado antes da data da notificação a que se refere o nº 5 do artigo 10º.

Não se trata, porém, de um elenco cumulativo, e, dentro de cada alínea, o respectivo elenco também não é absoluto.

Resulta do disposto neste normativo que o critério de definição do solo apto para construção que a lei estabelece é de cariz objectivo, ou seja, não envolve a abstracta aptidão edificatória, que todos os solos têm, mas, ao invés, o da potencialidade edificativa, face ao que a propósito a lei do urbanismo dispuser.

A edificação a que este normativo alude é a actividade ou o resultado de construção, reconstrução, ampliação, alteração ou conservação de um imóvel destinado a utilização humana, bem como de qualquer outra construção que se incorpore no solo com carácter de permanência (artigo 2º, alínea a), do Decreto-Lei nº 555/99, de 16 de Dezembro).[160]

Os elementos objectivos que constam da alínea a) deste normativo, que implicam a classificação do solo como apto para construção, exigem que o acesso rodoviário, a rede de abastecimento de água, de energia eléctrica e de saneamento tenham características adequadas às edificações nele existentes ou que nele venham a ser construídas.

---

[160] O referido diploma, relativo ao regime da urbanização e da edificação, foi alterado pelas Leis n.os 13/2000, de 20 de Julho, e 30-A/2000, de 20 de Dezembro, pelo Decreto-Lei nº 177/2001, de 4 de Junho, pelas Leis n.os 15/2002, de 22 de Fevereiro, e 4-A/2003, de 19 de Fevereiro, pelo Decreto-Lei nº 157/2006, de 8 de Agosto, pela Lei nº 60/2007, de 4 de Setembro, e pelos Decretos-Leis n.os 18/008, de 4 de Julho, 116/2008, de 4 de Julho, 26/2010, de 30 de Março e 28/2010, de 2 de Setembro.

PARTE II – O CÓDIGO DAS EXPROPRIAÇÕES **ART. 25º** 165

O acesso rodoviário a que este normativo se reporta é, naturalmente, o que dispõe de pavimentação adequada à normal circulação de viaturas automóveis. A lei não exige, porém, que ela revista especiais características de pavimento, designadamente em calçada betuminosa ou equivalente, bastando que tenha condições de servir de via de comunicação aos utentes das edificações existentes ou a construir.[161]

A verificação do requisito da existência de saneamento apenas depende de o terreno expropriado poder ser por ele servido, o que abrange a situação de a rede estar implantada mas ainda não haver entrado em funcionamento.[162]

Não pode, porém, considerar-se, como é natural, existir saneamento quando apenas existem fossas sépticas, sumidouros ou valas ditas a *céu aberto*.[163]

Tem sido questionado se a existência de uma rede de saneamento constitui ou não requisito essencial de classificação do solo como apto para a construção, ou se o disposto nesta alínea deve ser interpretada no sentido de só se aplicar quando na localidade existir rede de saneamento.[164]

Onde a lei não distingue, também ao intérprete não cabe distinguir, salvo se houver ponderosas razões de sistema que o imponham, o que na hipótese em análise se não vislumbra.

Acresce que letra e o escopo do referido normativo não permitem a sua interpretação restritiva, ao abrigo do artigo 9º do Código Civil, em termos de se cingir aos casos de existência no aglomerado urbano em causa de rede de drenagem dos esgotos.

Em consequência, não se vê fundamento legal para a referida interpretação restritiva, ou seja, para que só deva relevar quando exista saneamento na freguesia da localização do solo em causa.[165]

---

[161] Neste sentido, pode ver-se o Acórdão da Relação de Coimbra, de 28 de Novembro de 2006, CJ, Ano XXXI, Tomo 5, página 31.

[162] Neste sentido, pode ver-se o Acórdão da Relação de Coimbra, de 18 de Outubro de 1983, CJ, Ano VIII, Tomo 4, página. 56.

[163] Neste sentido, pode ver-se o Acórdão da Relação de Coimbra, de 13 de Maio de 1980, CJ, Ano V, Tomo 3, página 259.

[164] Neste último sentido, com fundamento na interpretação deste normativo de harmonia com a Constituição, pode ver-se JOÃO PEDRO DE MELO FERREIRA, *obra citada*, página 184, bem como PEDRO ELIAS DA COSTA, *obra citada*, página 277.

[165] No acórdão da Relação de Guimarães, de 16 de Março de 2005, publicado na Colectânea de Jurisprudência, Ano XXX, Tomo 2, página 297, foi decidido não poder ser considerado apto para a construção o solo que não disponha de rede de drenagem de esgotos, à qual não podia equivaler a mera fossa séptica.

A alínea b) deste normativo complementa, por delimitação negativa, o que se prescreve na sua alínea a), na medida em que expressa bastar à classificação do solo como apto para construção a existência de parte das infra-estruturas na última das referidas alíneas prevista, sob condição de se integrar em núcleo urbano existente.

Temos, assim, que um solo pode ser considerado apto para a construção ainda que não disponha de todas as infra-estruturas a que se alude na alínea a) deste normativo, mas sob condição de se integrar em algum núcleo urbano.

A expressão *núcleo*, que a lei não densifica, é polissémica, porque susceptível de significar a parte central de um todo, o local onde as pessoas concentram as suas habitações, a parte principal de um povoado e o próprio aglomerado urbano.

Tendo em conta a letra e o fim da lei, bem como a própria terminologia urbanística, parece-nos que se deve interpretar o conceito de núcleo urbano no sentido de aglomerado urbano, densificado no Decreto-Lei nº 794/76, de 5 de Novembro, relativo ao regime jurídico da política dos solos.[166]

Assim, deve considerar-se núcleo urbano ou aglomerado urbano o núcleo de edificações autorizadas e respectiva área envolvente, com vias públicas pavimentadas, servido por rede de abastecimento domiciliário de água e drenagem de esgotos, cujo perímetro é definido pelos pontos distanciados 50 metros das vias públicas onde terminem aquelas infra-estruturas urbanísticas (artigo 62º do Decreto-Lei nº 794/76).

Nesta perspectiva, a mera existência de casas de habitação próximas não justifica a conclusão da existência do núcleo urbano a que este artigo se reporta.

Acresce, não poder ser considerado apto para construção o terreno sem construções situado entre edificações ao longo das estradas, que se não configurem como aglomerado urbano. Mas já assim não será se tal terreno se localizar em extensões de aglomerados existentes.[167]

Decorre, por seu turno, da alínea c) deste normativo dever considerar-se solo apto para a construção o que está destinado, de acordo com algum instrumento de gestão territorial, a adquirir as características descritas na alínea a).

---

[166] Neste sentido, pode ver-se FERNANDO ALVES CORREIA, "Manual de Direito do Urbanismo", volume II, Coimbra, 2010, página 240.

[167] No sentido de que o núcleo urbano corresponde ao conjunto de edificações existentes e áreas de expansão, pode ver-se JOSÉ OSVALDO GOMES, *obra citada*, página 188.

Trata-se, pois, de solos que não dispõem de acesso rodoviário, de rede de abastecimento de água, de energia eléctrica e de saneamento, mas que, face ao disposto em algum instrumento de gestão territorial, estão destinados a adquirir aquelas infra-estruturas.[168]

Considerando o disposto no artigo 18º, nº 2, alínea b), do Decreto-Lei nº 380/99, de 22 de Setembro, relevam essencialmente na espécie os planos municipais de ordenamento do território, na medida em que estabelecem, no quadro definido pelos instrumentos de gestão territorial cuja eficácia condicione o respectivo conteúdo, os parâmetros de ocupação e de utilização do solo adequados à concretização do modelo de desenvolvimento urbano adoptado.

Basta, assim, que do referido instrumento de gestão territorial resulte ser o terreno em causa susceptível de vir a dispor das infra-estruturas mencionadas na alínea a) deste normativo, ou seja, de todas elas, e não apenas de alguma ou de algumas.

Nesta perspectiva, expropriado um terreno referenciado em plano director municipal válido e eficaz como destinado à implantação das referidas infra-estruturas, deve ser qualificado como solo apto para a construção para efeitos de cálculo da correspondente indemnização.

Isso depende, pois, de as referidas infra-estruturas estarem previstas em instrumento de gestão territorial eficaz, porque só este é susceptível de produzir os efeitos que lhe são próprios.[169]

Como a relevância dos referidos planos só se verifica depois da respectiva publicação, se ela ocorrer depois da publicação da declaração da utilidade pública da expropriação, não podem relevar para efeito de qualificação do terreno em causa como solo apto para a construção.

O disposto na alínea d) do nº 2 deste artigo, residual em relação ao que se prescreve nas alíneas a) a c), reporta-se ao solo por elas não abrangido, mas em relação ao qual haja alvará de loteamento ou licença de construção em vigor no momento da declaração de utilidade pública, sob condição de o processo respectivo ter sido iniciado antes da data da notificação a que se refere o nº 5 do artigo 10º.

---

[168] No sentido de bastar que o mencionado Plano esteja aprovado e ratificado para que releve nos termos da alínea c) do nº 2 deste artigo, sob pena de inconstitucionalidade por violação do princípio da justa indemnização, veja-se FERNANDA PAULA OLIVEIRA, "A potencialidade edificatória e a justa indemnização por expropriação: análise de um caso concreto", Revista Jurídica do Urbanismo e do Ambiente, nº 9, Junho de 1998, páginas 9 a 25.

[169] No sentido contrário, pode ver-se JOSÉ OSVALDO GOMES, obra citada, páginas 189 a 191.

Assim, para que o solo deva ser considerado apto para construção, basta que exista alvará de loteamento ou licença de construção em vigor no momento da declaração de utilidade pública da expropriação. Não se exige, pois, para o efeito, a existência das referidas infra-estruturas, a integração do terreno em núcleo urbano ou a referência em instrumento de gestão territorial de futura infra-estruturação, a que se reportam as alíneas a) a c) do nº 2 deste artigo.

Dada a função da informação que decorre da publicação no jornal oficial respectivo, da qual depende a eficácia do acto administrativo envolvente, onde a lei se refere à declaração de utilidade pública da expropriação, deve entender-se a publicação daquela declaração.

O processo a que a lei se reporta, que deve preceder a notificação a que alude o nº 5 do artigo 10º deste Código, é o procedimento administrativo em que ocorreu a autorização do loteamento ou do alvará de licença de construção.

A notificação a que se reporta o nº 5 do artigo 10º é a que tem por objecto a resolução da entidade expropriante de requerer a declaração de utilidade pública da expropriação.

É mais um caso em que pode ser considerado apto para a construção o solo sem todas ou parte das infra-estruturas mencionadas na alínea a) do nº 2 deste artigo, o que se traduz em ampliação da previsão sobre o âmbito da classificação dos solos aptos para a construção.

Por isso, não se vislumbra que a parte final da alínea d) do nº 2 deste artigo esteja afectada de inconstitucionalidade por violação de alguma norma constitucional, nomeadamente as relativas à justa indemnização, à igualdade ou à liberdade de informação.[170]

Pode acontecer que os expropriados tenham requerido ao município, depois de lhes ter sido notificada a decisão de requerer a declaração de utilidade pública da expropriação, com êxito de revogação do acto administrativo, a reapreciação do pedido de loteamento ou de licença.

Neste caso, dada a letra e o escopo do normativo em análise, deve considerar-se verificada a condição prevista na parte final da alínea d) do nº 2 deste artigo.[171]

---

[170] Em sentido contrário, pode ver-se PEDRO ELIAS DA COSTA, *obra citada*, página 281.

[171] Neste sentido, mas com a ressalva dos casos em que o pedido de reapreciação não estiver fundamentado em alterações do projecto antes recusado e respeitante à zona expropriada, veja-se LUÍS PERESTRELO DE OLIVEIRA, *obra citada*, página 97.

PARTE II – O CÓDIGO DAS EXPROPRIAÇÕES **ART. 25º** 169

Todavia, o solo só pode ser considerado apto para construção se, ao tempo da publicação da declaração de utilidade pública da expropriação, o expropriado já dispuser de alvará de loteamento ou de licença de construção, conforme os casos.

3. Prevê o nº 3 deste artigo o que deve considerar-se solo apto para outros fins, e estatui dever ser considerado como tal o que não se encontrar em qualquer das situações previstas no número anterior.

Assim, conforme já se referiu, o terreno apto para outros fins caracteriza-se por exclusão de partes, ou seja, é o que não é apto para construção real ou legalmente presumida, categoria que abrange os ocupados por salinas, cultura arvense de regadio, sapal e por alguma construção urbana de apoio.

A referida classificação está facilitada por virtude da existência *urbe et de urbe* de planos municipais de ordenamento do território que delimitam os terrenos vocacionados para a edificação.

Não é fácil, porém, em alguns casos, interpretar os planos directores municipais, face a plantas de reduzida dimensão, no sentido de determinar a natureza dos solos em causa, sobretudo se não houver planos de urbanização, de pormenor ou alvarás de loteamento.

Em consequência, a actividade de facto e de direito de classificação do solo para efeito da indemnização, dos peritos e dos juízes, continua a ser essencialmente relevante.

4. Tem sido controvertida a questão de saber se um terreno que reúna todas ou algumas das características previstas no nº 2 deste artigo, mas que esteja integrado em zona de reserva agrícola nacional ou de reserva ecológica nacional, é ou não susceptível de avaliação como solo apto para a construção.

Conforme se prescreve nos artigos 1º e 2º, n.os 1 e 2, do Decreto-Lei nº 166/2008, de 22 de Agosto, a reserva ecológica nacional é uma estrutura biofísica que integra o conjunto de áreas que, pelo valor e sensibilidade ecológicos ou pela exposição e susceptibilidade perante riscos naturais, é objecto de protecção especial e se consubstancia numa restrição de utilidade pública.[172]

---

[172] A delimitação das reservas ecológicas nacionais é aprovada por Resolução do Conselho de Ministros, ouvida que seja a Comissão Nacional da Reserva Ecológica Nacional, em conexão com o respectivo Plano Director Municipal. Sobre a delimitação da Reserva Ecológica Nacional do Município de Bragança, veja-se a Portaria nº 466/2010, de 6 de Julho.

Face ao disposto no artigo 2º, nº 1, do Decreto-Lei nº 73/2009, de 3 de Março, por seu turno, a reserva agrícola nacional é o conjunto das áreas que, em termos agro-climáticos, geo-morfológicos e pedológicos, apresentam maior aptidão para a actividade agrícola.

Traduz-se, face ao disposto no nº 2 do artigo 2º deste diploma, em uma restrição de utilidade pública de âmbito nacional, à qual se aplica um regime territorial especial, que estabelece um conjunto de condicionamentos à utilização não agrícola do solo.

Acresce, nos termos do artigo 20º, nº 1, daquele diploma, que as áreas da reserva agrícola nacional devem ser afectas à actividade agrícola e são *non aedificandi*, numa óptica de uso sustentado e de gestão eficaz do espaço rural, sendo que a utilização das áreas da reserva para outros fins só é permitida nos casos previstos no artigo 22º, n.os 1 e 2, do referido diploma.

Em consequência, os referidos regimes da reserva agrícola nacional e da reserva ecológica nacional não permitem que os terrenos que nelas se integrem sejam qualificados de solo apto para a construção para efeitos de cálculo da indemnização por virtude da expropriação.[173]

6. Sobre a matéria a que este artigo se reporta pronunciaram-se, entre outras, as seguintes decisões judiciais:

a) A inclusão de um terreno na reserva agrícola nacional ou na reserva ecológica não acarreta necessariamente a extinção da sua capacidade edificativa nem impede a sua classificação como solo apto para construção (Acórdão da Relação de Coimbra, de 22.06.04, CJ, Ano XXIX, Tomo 3, página 31).

b) Se no lote onde se situa a parcela a expropriar, integrada na reserva agrícola nacional, há uma construção, pode justificar a consideração do solo com aptidão construtiva, cabendo à entidade beneficiária da expropriação demonstrar ser a construção clandestina (Acórdão da Relação do Porto, de 4.11.2004, CJ, Ano XXIX, Tomo 5, página 164).

c) Não se pode confundir aglomerado urbano com habitações nas proximidades ou o povoamento disperso (Acórdão da Relação de Guimarães, de 16.3.2005, CJ, Ano XXX, Tomo 2, página 287).

---

[173] Adiante, a propósito do nº 12 artigo seguinte, se tentará aprofundar mais esta problemática, face à evolução da jurisprudência, incluindo a do Tribunal Constitucional.

PARTE II – O CÓDIGO DAS EXPROPRIAÇÕES ART. 25º 171

d) A circunstância de uma parcela estar onerada por servidão *non aedificandi* militar não afasta, só por si, a sua potencialidade edificativa (Acórdão da Relação de Guimarães, de 20 de Abril de 2005, CJ, Ano XXX, Tomo 2, página 293).

e) Os requisitos determinantes da qualificação do solo como apto para construção aferem-se à data da declaração de utilidade pública da expropriação, não relevando o que, por força da finalidade da expropriação, seja absolutamente necessário vir a construir (Acórdão da Relação de Évora, de 17.01.06, Processo nº 1285/05-2).

f) É qualificação jurídica a operação que subsume as características da totalidade ou de parte de um certo terreno às categorias legais de solo apto para construção e de solo apto para outros fins (Acórdão da Relação de Coimbra, de 28.03.06, Processo nº 59/06).

g) Os terrenos integrados na reserva ecológica nacional ou na reserva agrícola nacional não podem ser classificados como solos aptos para construção, já que decorre da lei a proibição de neles construir (Acórdão da Relação de Évora, de 12.10.2006, CJ, Ano XXXI, Tomo 4, página 239).

h) A área das parcelas sobrantes a considerar na expropriação total é a que for determinada pelos peritos e não a que resulta da descrição predial ou é mencionada na vistoria *ad perpetuam rei memoriam*. Considerando-se o terreno como apto para construção, as árvores não podem ser consideradas como melhoramentos em relação à construção a realizar para efeitos de indemnização (Acórdão da Relação de Guimarães, de 27.03.08, Processo nº 160/08-2).

i) Resultando a servidão *non aedificandi* da criação da infra-estrutura que a impõe, há que verificar se o terreno expropriado era apto para a construção antes daquela criação, e, nesse caso, avaliá-lo como terreno apto para a construção. Deve classificar-se como tal o terreno que disponha apenas de acesso rodoviário sem pavimento em calçada, betuminosa ou equivalente (Acórdão da Relação de Lisboa, de 28.11.2006, CJ, Ano XXXI, Tomo 5, página 31).

j) Estando a parcela, à data da declaração de utilidade pública, inserida numa área que deverá integrar um espaço verde público, deve ser qualificada como solo para outros fins (Acórdão da Relação de Évora, de 29.09.07, Processo nº 68/07-3).

k) Não podem ser classificados como aptos para construção, apesar de reunidos os requisitos do nº 2 deste artigo, os solos inseridos na reserva agrícola nacional ou na reserva ecológica nacional, porque os proprietários não podem ter expectativas legalmente fundadas quanto à muito próxima ou efectiva potencialidade edificativa (Acórdão da Relação de Évora, de 06.12.07, Processo nº 803/07-2).

l) A existência na proximidade do imóvel expropriado de algumas quintinhas com construções habitacionais, que não constituam aglomerado urbano, não permite considerar o terreno em causa como solo apto para construção ou valorizá-lo tomando em consideração a sua aptidão edificativa (Acórdão Relação de Lisboa, de 13.12.07, Processo nº 3439/2007-7).

m) Os requisitos estabelecidos nas alíneas do nº 2 deste artigo só revelam a aptidão construtiva do solo se ela não for afastada por lei ou regulamento especial e a construção constitua o seu aproveitamento normal (Acórdão da Relação de Coimbra, de 16.9.2008, CJ, Ano XXXIII, Tomo 4, página 5).

n) A parcela inserida em área de reserva agrícola nacional ou em reserva ecológica nacional só deve ser classificada como apta para construção, apesar de reunir os requisitos fixados no nº 2 do artigo 25º, se o seu proprietário demonstrar que foi autorizado a construir algum edifício ou se a expropriação visar a construção de prédios urbanos (Acórdão da Relação de Coimbra, de 16.6.2009, CJ, Ano XXXIV, Tomo 3, página 17).

o) O não funcionamento das redes de abastecimento de água e de drenagem de esgotos instaladas na via que margina a parcela expropriada não obsta à sua relevância para a qualificação do solo como apto para a construção (Acórdão da Relação do Porto, de 17.09.09, CJ, Ano XXXIV. Tomo 4, página 171).

p) A aplicação da norma do artigo 26º, nº 12, do Código das Expropriações não prescinde da prévia qualificação do terreno como solo apto para construção de acordo com o critério do seu artigo 25º, nº 2. O facto de a parcela integrar o logradouro de um prédio urbano não implica a sua classificação como solo apto para construção, salvo se se integrar em alguma das previsões daquele normativo (Acórdão da Relação de Lisboa, de 23.02.10, Processo nº 6186/07.6TBCS.L1-7).

q) O acto administrativo de licenciamento é constitutivo de direitos, pelo que, se à data do início do processo expropriativo, os expropriados tinham o direito de edificação constante do projecto de arquitectura, tendo a expropriante impedido a referida construção, retirou-lhes dois direitos, o de propriedade e o de edificação (Acórdão da Relação do Porto, de 25.03.10, Processo nº 5159/03.2TBSTS.P1).

ARTIGO 26º
Cálculo do valor do solo apto para a construção

1 – O valor do solo apto para a construção calcula-se por referência à construção que nele seria possível efectuar se não tivesse sido sujeito a expropriação, num aproveitamento económico normal, de acordo com as leis e os regulamentos em vigor, nos termos dos números seguintes e sem prejuízo do disposto no nº 5 do artigo 23º.

2 – O valor do solo apto para construção será o resultado da média aritmética actualizada entre os preços unitários de aquisições, ou avaliações fiscais que corrijam os valores declarados efectuadas na mesma freguesia e nas freguesias limítrofes nos três anos, de entre os últimos cinco, com média anual mais elevada, relativamente a prédios com idênticas características, atendendo aos parâmetros fixados em instrumento de planeamento territorial, corrigido por ponderação da envolvente urbana do bem expropriado, nomeadamente no que diz respeito ao tipo de construção existente, numa percentagem máxima de 10%.

3 – Para os efeitos previstos no número anterior, os serviços competentes do Ministério das Finanças deverão fornecer, a solicitação da entidade expropriante, a lista das transacções e das avaliações fiscais que corrijam os valores declarados efectuadas na zona e os respectivos valores.

4 – Caso não se revele possível aplicar o critério estabelecido no nº 2, por falta de elementos, o valor do solo apto para a construção calcula-se em função do custo da construção, em condições normais de mercado, nos termos dos números seguintes.

5 – Na determinação do custo da construção atende-se, como referencial, aos montantes fixados administrativamente para efeitos de aplicação dos regimes de habitação a custos controlados ou de renda condicionada.

6 – Num aproveitamento económico normal, o valor do solo apto para construção deverá corresponder a um máximo de 15% do custo da construção, devidamente fundamentado, variando, nomeadamente, em função da localização, da qualidade ambiental e dos equipamentos existentes na zona, sem prejuízo do disposto no número seguinte.

7 – A percentagem fixada nos termos do número anterior poderá ser acrescida até ao limite de cada uma das percentagens seguintes, e com a variação que se mostrar justificada:

a) Acesso rodoviário, com pavimentação em calçada, betuminoso ou equivalente, junto da parcela – 1,5%;

b) Passeios em toda a extensão do arruamento ou do quarteirão, do lado da parcela – 0,5%;

c) Rede de abastecimento domiciliário de água, com serviço junto da parcela – 1%;

d) Rede de saneamento, com colector de serviço junto da parcela – 1,5%;

e) Rede de distribuição de energia eléctrica em baixa tensão com serviço junto da parcela – 1%;

f) Rede de drenagem de águas pluviais com colector em serviço junto da parcela – 0,5%;

g) Estação depuradora, em ligação com a rede de colectores de saneamento com serviço junto da parcela – 2%;

h) Rede distribuidora de gás junto da parcela – 1%;

i) Rede telefónica junto da parcela – 1%.

8 – Se o custo da construção for substancialmente agravado ou diminuído pelas especiais condições do local, o montante do acréscimo ou da diminuição daí resultante é reduzido ou adicionado ao custo da edificação a considerar para efeito da determinação do valor do terreno.

9 – Se o aproveitamento urbanístico que serviu de base à aplicação do critério fixado nos n.os 4 a 8 constituir, comprovadamente, uma sobrecarga incomportável para as infra-estruturas existentes, no cálculo do montante indemnizatório deverão ter-se em conta as despesas necessárias ao reforço das mesmas.

10 – O valor resultante da aplicação dos critérios fixados nos n.os 4 a 9 será objecto de aplicação de um factor correctivo pela inexistência do risco e do esforço inerente à actividade construtiva, no montante máximo de 15% do valor da avaliação.

11 – No cálculo do valor do solo apto para a construção em áreas críticas de recuperação e reconversão urbanística, legalmente fixadas, ter-se-á em conta que o volume e o tipo de construção possível não deve exceder os da média das construções existentes do lado do traçado do arruamento em que se situe, compreendido entre duas vias consecutivas.

12 – Sendo necessário expropriar solos classificados como zona verde, de lazer ou para a instalação de infra-estruturas e equipamentos públicos por plano municipal de ordenamento do território plenamente eficaz, cuja aquisição seja anterior à sua entrada em vigor, o valor de tais solos será calculado em função do valor médio das construções existentes ou que seja possível edificar nas parcelas situadas numa área envolvente, cujo perímetro exterior se situe a 300 metros do limite da parcela expropriada.

1. Prevê o nº 1 deste artigo o modo de cálculo do valor do solo apto para a construção, e estatui que ele se calcula por referência à construção que nele seria possível efectuar, se não tivesse sido sujeito a expropriação, num aproveitamento económico normal, de acordo com as leis e os regulamentos em vigor, nos termos dos números seguintes, sem prejuízo do disposto no nº 5 do artigo 23º.

Está inserido num contexto normativo relativo ao valor dos terrenos aptos para construção, que comporta várias perspectivas, designadamente, além da superfície de pavimento, a área de construção, a área bruta de construção, a área bruta do fogo, a área útil, a área habitável e a área habitável privativa.[174]

Refere-se, como é natural, aos terrenos livres de construções ou àqueles em que elas existem, mas estão em ruína ou não assumam, em relação a eles, autonomia económica.

Por virtude da ressalva relativa ao nº 5 do artigo 23º deste Código, o expropriado ou outro qualquer interessado pode requerer ao tribunal, e este pode decidir oficiosamente, que a avaliação dos bens expropriados obedeça a critérios diversos, mas adequados e justificados.

Isso significa que as operações de avaliação não podem deixar de ter em conta a análise dos instrumentos de planeamento e ordenamento do território em vigor com vista a determinar os níveis de limitação e condicionamento quanto ao uso, à fruição e à transformação do solo, por disso depender o conhecimento dos parâmetros de avaliação possíveis.

Os regulamentos a que este normativo essencialmente se refere constam do artigo 2º, nº 4, alínea b), do Decreto-Lei nº 380/99, de 22 de Setembro, ou seja, os planos directores municipais, que definem a edificabilidade dos terrenos e suportam a emissão de alvarás de loteamento e de licenciamento da construção, e os planos de urbanização e de pormenor.[175]

Nos termos do artigo 45º do Decreto-Lei nº 380/99, de 22 de Setembro, os planos especiais de ordenamento do território são instrumentos de natureza regulamentar elaborados pela Administração Central, que estabelecem regimes de salvaguarda de recursos e valores naturais e o regime de gestão compatível com a utilização sustentável do território.

Conforme decorre do artigo 69º, nº 2, do Decreto-Lei nº 380/99, os planos municipais de ordenamento do território – plano director municipal, plano de urbanização e plano de pormenor – são instrumentos de natureza regulamentar, aprovados pelos municípios, que estabelecem o regime do uso do solo, definindo modelos de evolução previsível da ocupação humana e de organização de redes e sistemas urbanos, e, na escala adequada, parâmetros de aproveitamento do solo e de garantia da qualidade ambiental.

---

[174] Este artigo está conexionado com o disposto nos artigos 23º, nº 5, 25º, n.os 1, alínea a), e 2, 28º, 29º e 32º, todos deste Código.

[175] O referido Regime Jurídico dos Instrumentos de Gestão Territorial foi regulamentado pelos Decretos Regulamentares n.os 9/2009, 10/2009 e 11/2009, todos de 29 de Maio.

Finalmente, nos termos do artigo 90º do referido Decreto-Lei nº 380/99, o plano de pormenor desenvolve e concretiza as propostas de ocupação de uma área do território nacional, estabelecendo regras sobre a implantação das infra-estruturas e o desenho dos espaços colectivos, a forma da edificação e a disciplina da sua integração paisagística, a localização e inserção urbanística dos equipamentos de utilização colectiva e a organização espacial.[176]

Há quem entenda – mas não parece – que este normativo é inadequado para se alcançar o valor de mercado normalizado e a indemnização envolvida pelos princípios da igualdade e da proporcionalidade, e que, por isso, é inconstitucional, por violação dos artigos 13º, nº 1 e 62º, nº 2, da Constituição.[177]

Temos, assim, que o solo apto para a construção, em princípio sem esta, é, em regra, avaliado por referência à construção que nele podia ser efectuada se a expropriação que ocorreu não tivesse ocorrido.

O critério da lei é o de que o âmbito e a natureza da referida construção devem ser aferidos segundo um aproveitamento económico normal, que substituiu o do Código das Expropriações de 1991, em que relevava o da construção existente ou da construção possível.

Os solos em que não é possível construir, devido a proibição legal directa ou indirecta, devem, em regra, ser avaliados como sendo aptos para outros fins que não a construção.

O aproveitamento económico normal é o provável, face às características do local, das construções próximas e da lei, independentemente de ele beneficiar a entidade beneficiária da expropriação ou os expropriados.

Em consequência, não releva nesta avaliação, por exemplo, o acréscimo de valor resultante do ramal ferroviário que, na sequência da expropriação, vai ser construído na parcela em curso de expropriação.[178]

Tem vindo a ser discutido se o direito de propriedade privada, a que o artigo 62º, nº 1, da Constituição se reporta, integra ou não a faculdade de erigir uma

---

[176] Importa ter ainda em conta o que os planos especiais de ordenamento do território estabelecem, dado serem vinculativos para os particulares, como é ocaso, por exemplo do Decreto-Lei nº 107/2009, de 15 de Maio, que rege sobre a protecção das albufeiras de águas públicas de serviço público e das lagoas ou lagos de águas públicas.

[177] Nesse sentido, pode ver-se FERNANDO ALVES CORREIA, "Manual de Direito do Urbanismo", volume II, Coimbra, 2010, página 242.

[178] O Tribunal Constitucional, no acórdão nº 275/2004, declarou a inconstitucionalidade deste normativo se interpretado no sentido de incluir na classificação de solo apto para construção os solos integrados na reserva agrícola nacional expropriados para implantação de vias de comunicação.

construção no solo, isto é, de urbanizar, lotear ou edificar, ou seja, o chamado *jus aedificandi*.

Apesar de o referido *jus aedificandi* não estar expressamente previsto no artigo 62º, nº 1, da Constituição, o artigo 1305º do Código Civil expressa gozar o proprietário dos direitos de uso, fruição e disposição das coisas que lhe pertencem, nos limites da lei e com observância das restrições por ela impostas.

Dir-se-á, por isso, que o referido direito de uso e de fruição do solo envolve a faculdade de o seu proprietário nele edificar, embora com os limites decorrentes de normas de direito administrativo, designadamente do direito do urbanismo.

Todavia, decorre implicitamente da lei e é reconhecido pela doutrina e pela jurisprudência, que o *jus aedificandi* se configura como o efeito de uma atribuição jurídico-pública decorrente do ordenamento jurídico urbanístico, designadamente das normas dos instrumentos de gestão territorial, ou seja, dos vários planos urbanísticos, o mesmo é dizer que se trata de um poder acrescentado à esfera jurídica dos particulares nas condições previstas pelas normas jurídico-urbanísticas.

Por isso, propendemos a considerar que o *jus aedificandi* não se inscreve nos particulares titulares do direito de propriedade sobre o solo à luz do artigo 1305º do Código Civil.[179]

2. Prevê o nº 2 deste artigo o valor do solo apto para construção, e estatui que ele constitui o resultado da média aritmética actualizada dos preços unitários de aquisições, ou avaliações fiscais correctoras dos valores declarados efectuadas na mesma freguesia ou limítrofes nos três anos dos últimos cinco, com média anual mais elevada, quanto a prédios similares, nos parâmetros fixados em instrumento de planeamento territorial corrigido por ponderação da envolvente urbana do bem expropriado, nomeadamente no que diz respeito ao tipo de construção existente, até dez por cento.

É o principal critério referencial do cálculo do valor do solo apto para a construção, alternado, todavia, pelo critério subsidiário constante do nº 4 deste artigo. Assim, para além do especialíssimo critério constante do nº 12 deste artigo, temos este critério principal relativo aos valores das aquisições ou fis-

---

[179] Neste sentido, podem ver-se o Acórdão do Supremo Tribunal Administrativo, Pleno da Secção, de 31.03.04, Processo nº 035338, e FERNANDO ALVES CORREIA, "Estudos de Direito do Urbanismo", Coimbra, 1997, páginas 51 e seguintes.

cais correctivos e o supletivo atinente ao custo da construção em condições normais de mercado.

Decorre deste normativo que, por aplicação do critério fiscal de cálculo do valor do solo, este corresponde essencialmente ao da média actualizada entre os preços unitários das aquisições ou das avaliações fiscais correctoras feitas na mesma freguesia ou limítrofes, multiplicada pelo coeficiente de correcção que vai ate dez por cento.

Assim, o critério da referida média aritmética actualizada entre os preços unitários de aquisições é alternado pela correcção derivada de avaliações fiscais pretensamente mais próximas da realidade.

Na realidade, a experiência revela que os preços declarados nos actos de aquisição de terrenos aptos para construção são inferiores ao seu valor de mercado, seja no interesse de quem adquire, de quem aliena ou do adquirente e do alienante, desfasamento actualmente susceptível de ser atenuado por virtude das avaliações fiscais subsequentes aos contratos de transacção imobiliária.

Todavia, conforme é pressuposto do disposto no número seguinte, o relevo da mencionada correcção decorrente das avaliações fiscais relativas às transacções de imóveis depende da informação disponibilizada pelos vários serviços de finanças e do seu rigor.[180]

Na realidade, este critério de cálculo só pode funcionar adequadamente se os árbitros e os peritos tiverem acesso aos referidos elementos fiscais, se estes forem completos, incluindo a área, o volume da construção e o valor unitário do solo, e se as avaliações fiscais forem idóneas à correcção das declarações de preço das transacções.[181]

Como elemento corrector de eventuais desajustamentos derivados do critério da avaliação, temos a ponderação da envolvente urbana dos prédios expropriados, se for caso disso, em termos de correcção da construção existente, variável entre um e dez por cento.

Conforme decorre do exposto, este critério de avaliação é susceptível de não poder funcionar em determinados casos concretos, por virtude da falta de elementos de facto para o efeito, caso em que importa aplicar o critério subsidiário enunciado no nº 4 deste artigo.

---

[180] A informação disponível revela que o normativo em análise não tem sido integralmente aplicado no âmbito das avaliações dos bens expropriados. No sentido da sua rara aplicação, pode ver-se, ALIPIO GUEDES, *obra citada*, página 102.

[181] No sentido da não aplicação deste critério, por não se verificarem as referidas circunstâncias, e outras, veja-se PEDRO ELIAS DA COSTA, *obra citada*, página 294.

No que concerne à menção aos parâmetros fixados em instrumentos de planeamento territorial, importa ter conta que os planos municipais de ordenamento do território e os planos especiais de ordenamento do território vinculam as entidades públicas e também, directa e imediatamente, os particulares.

Considerando a existência do critério subsidiário previsto no nº 4 deste artigo, o segundo de referência, bem como o disposto no nº 5 do artigo 23º deste Código, não é patente a inconstitucionalidade do normativo em análise por violação das referidas normas que consagram os princípios da igualdade e da justa indemnização.

3. Prevê o nº 3 deste artigo, conexo com o que se prescreve na primeira parte do número anterior, a lista das transacções e das avaliações fiscais que corrijam os valores naquelas declarados, e estatui que os serviços competentes do Ministério das Finanças deverão fornecê-las a solicitação da entidade beneficiária da expropriação ou procedimentalmente expropriante.

Temos, assim, que os serviços de finanças deverão fornecer à entidade beneficiária da expropriação, a requerimento desta, a referida lista das transacções e das avaliações fiscais, instrumentais em relação à determinação do valor do solo apto para a construção.

Conforme já se referiu, o relevo do mencionado elemento de avaliação depende da organização pelos serviços de finanças das referidas listas, pressupondo que a entidade beneficiária da expropriação deles as obtenha em tempo útil para a sua disponibilização aos árbitros e aos peritos.

4. Prevê o nº 4 deste artigo a impossibilidade de aplicação do critério estabelecido no nº 2, por falta de elementos, e estatui que o valor do solo apto para a construção deve ser calculado, nos termos dos números seguintes, em função do respectivo custo da construção em condições normais de mercado.

É este, pois, o critério subsidiário de cálculo do valor dos terrenos aptos para a construção, legalmente destinado aos casos de impossibilidade de utilização, por falta de elementos, daqueloutro critério previsto sob o nº 2 deste artigo.

Na realidade, dada a complexa estrutura do critério de cálculo mencionado sob o nº 2 deste artigo, o que o normativo ora em análise estabelece a título subsidiário acaba por poder funcionar, não raro, a título principal.

Ele envolve, pois, o cálculo do valor do solo apto para a construção em função do custo da construção em condições normais de mercado, por referência à data da publicação da declaração de utilidade pública da expropriação, em quadro de aplicação das normas seguintes do mesmo artigo.

A regra é no sentido de que o valor do solo apto para construção deve ser calculado em função do custo da construção e dos índices de construção e de incidência fundiária, segundo a fórmula em que o primeiro é igual ao resultado da multiplicação do segundo pelo terceiro e deste pelo último.

O índice de construção é, por seu turno, a relação entre a área construída ou susceptível de construção e a área do solo, a determinar de harmonia, além do mais, com as regras constantes do respectivo plano director municipal, relevando o índice de incidência fundiária das infra-estruturas existentes na área de localização do terreno a avaliar.[182]

Neste contexto, a área apta para a construção, em que se inclui o logradouro, corresponde à área total do terreno em causa, abatida da área destituída de aptidão edificativa, segundo a normatividade constante do respectivo plano director municipal.

No caso de na avaliação se utilizar determinada taxa de capitalização para aplicação do método comparativo de rendimentos – ou método do rendimento – em relação a uma zona de edifícios de escritórios deve achar-se previamente uma amostra de dimensão significativa de valores potenciais óptimos homogeneizados de bens similares e das correspondentes rendas mensais.

5. Prevê o n.º 5 deste artigo, conexionado com o que se prescreve no número anterior, os elementos a atender para se determinar o custo da construção, e estatui serem seu referencial os montantes fixados administrativamente para efeitos de aplicação dos regimes de habitação a custos controlados ou de renda condicionada.

Conforme resulta do artigo 61.º do Novo Regime do Arrendamento Urbano, aprovado pela Lei n.º 6/2006, de 7 de Fevereiro, até à publicação de um novo regime, mantêm-se em vigor o regime de renda condicionada a que se reporta o revogado Regime do Arrendamento Urbano, constante do Decreto-Lei n.º 329-A/2000, de 22 de Dezembro.[183]

---

[182] Neste sentido, podem ver-se PEDRO CANSADO PAES, ANA ISABEL PACHECO e LUIS ALVAREZ BARBOSA, *obra citada*, página 175.

[183] Aprovado pelo Decreto-Lei n.º 321-B/90, de 15 de Outubro. O regime da renda condicionada constava do Decreto-Lei n.º 23/86, de 23 de Janeiro, diploma que foi revogado pela alínea j) do n.º 1 do referido Decreto-Lei n.º 321-B/90, com a excepção transitória dos artigos 4.º a 13.º e 20.º, que foram substituídos pelo Decreto-Lei n.º 329-A/2000, de 22 de Dezembro. As Portarias n.os 1152/2006, de 30 de Outubro, e 1425-B/2007, de 31 de Outubro, e 1240/2008, de 31 de Outubro, é que fixaram para os anos de 2007, 2008 e 2009, respectivamente, os mencionados valores da construção.

Ao preço de venda dos terrenos destinados a programas de habitação de custos controlados reporta-se, por seu turno, o Decreto-Lei nº 141/88, de 22 de Abril.[184]

Trata-se de valores fixados anualmente por portaria dos Ministros do Ambiente, do Ordenamento do Território e do Desenvolvimento Regional e do Trabalho e da Solidariedade Social.[185]

A lei não estabelece a prioridade de utilização dos valores relativos à construção a custos controlados ou à atinente às casas de renda condicionada. Tendo em conta o fim da lei, propendemos a considerar que os árbitros ou os peritos devem utilizar desses valores o que se revelar mais adequado à consecução do princípio da justa indemnização.[186]

O normativo em análise não estabelece a correspondência absoluta entre o metro quadrado da construção e o fixado nas referidas portarias, porque apenas refere que estes devem ser considerados na avaliação.[187]

O mencionado referencial, porque deriva de lei que assenta em critério restritivo da Administração, é susceptível de limitar o desiderato de fixar o valor real e corrente dos bens, em situação normal de mercado, a que se reporta o nº 5 do artigo 23º deste Código.

Mas a expressão da lei no sentido de se atender, como referencial, aos valores fixados pela Administração, para os referidos efeitos, implica a conclusão que se não trata de normatividade absolutamente vinculativa para o tribunal, porque este, além do mais, pode actuar de harmonia com o que se prescreve no nº 5 do artigo 23º deste Código.

6. Prevê o nº 6 deste artigo o valor do solo apto para a construção num aproveitamento económico normal, e estatui, por um lado, a sua correspondência a um máximo de 15% do custo da construção, devidamente fundamentado, e, por outro, que ele varia, nomeadamente, em função da localização, da quali-

---

[184] O referido diploma foi alterado pelo Decreto-Lei nº 288/93, de 20 de Agosto.

[185] Relativamente ao ano de 2009 foi publicada a Portaria 669/2009, de 22 de Junho, segundo a qual, o valor de cada metro quadrado de construção, para o referido efeito, foi de € 589,69 para a zona I, de € 523,21 para a zona II e de € 484,33 para a zona III.

[186] No sentido de dever atender-se aos custos relativos às casas de renda condicionada, e de ser corrente a conversão da área útil a que se reportam em área bruta, pode ver-se ALÍPIO GUEDES, *obra citada*, página 103.

[187] Neste sentido, pode ver-se o Acórdão da Relação de Guimarães, de 19 de Novembro de 2003, CJ, Ano XXVIII, Tomo V, página 297.

dade ambiental e dos equipamentos existentes na zona, e, finalmente, salvaguarda o disposto no número seguinte.

Versa, pois, este normativo sobre o valor do solo apto para a construção na situação de aproveitamento económico normal a que se reporta também o nº 1 deste artigo.

A localização e a qualidade ambiental dos prédios são agora instrumentais em relação à determinação da percentagem entre um e quinze por cento do custo da construção, certo que se trata de um valor variável nessa medida.[188]

Mas a lei não estabelece o valor relativo de cada um dos elementos que enuncia a título exemplificativo, mas apenas que a referida variação entre um e quinze por cento do valor da construção deve assentar nos factores da localização, da qualidade ambiental e dos equipamentos existentes na zona, salvaguardando o disposto no número seguinte.

Certo é, porém, que só em concreto, perante todas as circunstâncias envolventes, se pode determinar o valor a considerar quanto à localização do terreno, à qualidade ambiental do local e a outros factores relevantes a ter em conta na avaliação.

A lei exige que o custo da construção seja devidamente fundamentado, o que significa dever ser objectivamente determinado, de harmonia com os factos apurados e os critérios legais envolventes.

A ressalva deste normativo, relativamente ao disposto no seguinte, tem a ver com a possibilidade de a percentagem concernente ao custo da construção ser acrescida até ao limite de cada uma das percentagens a que o último dos referidos normativos se reporta.

Todavia, esta fórmula de cálculo do valor do solo apto para construção pode ser afastada pelo tribunal, nos casos em que se justifique a adopção de outros critérios em quadro de necessidade de se atingir o valor real e corrente dos bens expropriados, numa situação normal de mercado, nos termos do nº 5 do artigo 23º deste Código.[189]

---

[188] No Acórdão de Uniformização de Jurisprudência nº 1/99, de 12 de Janeiro de 1999, publicado no *Diário da República*, I Série-A, nº 37, de 13 de Fevereiro de 1999, o Supremo Tribunal de Justiça decidiu que a referida percentagem perderá a sua fixidez, passando a maleabilizar-se no momento da sua aplicação a cada caso concreto, de acordo com a avaliação que se faça da localização e da qualidade ambiental do bem expropriado, visando alcançar a constitucional justa indemnização.

[189] Sobre a insuficiência da referida percentagem de 15% relativamente a solos situados em zonas urbanas muito valorizadas, pode ver-se ALÍPIO GUEDES, *obra citada*, página 103.

Entre esses critérios, se for caso disso, deve utilizar-se o método comparativo, ou seja, por via da prospecção de amostras de mercado comparáveis susceptíveis de revelar os factores de valorização e desvalorização do mercado em termos de operar a sua aplicação aos imóveis sob avaliação em causa.

A técnica de avaliação utiliza vários conceitos de valor, designadamente, o venal ou de capital (preço pago e recebido na transacção), o de mercado (preço susceptível de ser obtido no quadro da oferta e procura), o intrínseco (custo de construção de um bem semelhante, acrescido do valor do terreno de implantação com a redução correspondente à depreciação física e funcional), o de rendimento (capitalização a uma taxa conveniente dos rendimentos médios proporcionados pela propriedade) o residual (obtido pela dedução dos custos associados à construção ao valor presumido da transacção), o efectivo actual (correspondente à utilização a que a coisa está afecta) e o potencial óptimo (o melhor e o máximo aproveitamento da coisa previsto e legalmente consentido).[190]

7. Prevê o nº 7 deste artigo a percentagem a que se alude o número anterior, e estatui, por um lado, que ela poderá ser acrescida até ao limite de cada uma das percentagens seguintes, e, por outro, que esse acréscimo deverá ocorrer com a variação que se mostrar justificada.

O referido acréscimo está delimitado nas nove alíneas deste normativo – a) a i) – em valor de percentagem, sendo que os respectivos valores percentuais são variáveis, com determinado limite máximo para cada um deles.

As normas das alíneas a), b), c), d) e e) deste normativo têm conexão com os elementos de avaliação a que se reporta a primeira parte da alínea a) do nº 2 do artigo 25º deste Código, e os elementos de avaliação a que aludem as suas alíneas f) a i) assumem-se em termos de complementaridade.

Tendo em conta o que se prescreve no nº 6 deste artigo, este critério supletivo de avaliação pode atingir o valor máximo de vinte e cinco por cento sobre o montante do custo da construção.

A referência à proximidade das infra-estruturas à parcela por via da expressão *junto à parcela* envolve o sentido de uma relação de contiguidade propriamente dita.

---

[190] Neste sentido, veja-se ARTUR BEZELGA, "Os Métodos de Avaliação e Expropriação por Utilidade Pública, Abordagem de Síntese", Texto Policopiado, Centro de Estudos Judiciários, Lisboa, Outubro de 2009.

8. Prevê o nº 8 deste artigo o substancial agravamento ou diminuição do custo da construção em virtude das especiais condições do local, e estatui que o montante do acréscimo ou da diminuição daí resultante é reduzido ou adicionado ao custo da edificação a considerar para efeito da determinação do valor do terreno.

Versa, pois, sobre situações em que o custo da construção de referência, em relação à normalidade, se revela excessivo ou reduzido, caso em que o valor do excesso deve ser reduzido e o valor do défice acrescido ao custo da edificação a considerar, com vista à determinação do valor do terreno em causa.

Tem subjacente a relação entre o custo da construção e o valor de mercado de um edifício, já que o solo terá mais ou menos valor consoante o menor ou o maior custo da construção que exija, tendente à consecução do referido valor de mercado normalizado.

O custo da construção é susceptível de ser calculado, por um lado, com base no custo directo de produção, abrangendo os materiais, o equipamento dos edifícios e a mão-de-obra, ou, por outro, por via da consideração do seu custo actualizado, da localização, do ambiente envolvente e da antiguidade, a que alude a alínea a) do nº 1 do artigo 28º deste Código, bem como do lucro do respectivo empreendedor da construção.

Os referidos acréscimo e redução são justificados por circunstâncias excepcionais face à normalidade das coisas, pelo que é de considerar o custo da construção como sendo o custo directo da produção da construção, abrangente dos materiais, do equipamento dos edifícios e da mão-de-obra.[191]

9. Prevê o nº 9 deste artigo o aproveitamento urbanístico que tenha servido de base de aplicação do critério fixado nos n.os 4 a 8 que constitua sobrecarga incomportável para as infra-estruturas existentes, e estatui que no cálculo do montante indemnizatório se deverão ter em conta as despesas necessárias ao seu reforço.

As referidas infra-estruturas são, naturalmente, as previstas no artigo 25º, nº 2, alíneas a) e b), deste Código.

Trata-se de um normativo inovador e de escopo restritivo no que concerne à fixação da indemnização, sob a referida motivação de o aproveitamento urba-

---

[191] Sob o entendimento de este normativo favorecer ilegitimamente o expropriado, e sobre a questão da inclusão ou não das caves no custo da construção, veja-se ALÍPIO GUEDES, *obra citada*, páginas 104 e 105.

nístico envolver sobrecarga incomportável pelas infra-estruturas existentes, ou seja, uma intensa desproporcionalidade entre estas e aquele, que tenha servido de base à aplicação do critério do custo da construção em condições normais de mercado, a que se reportam os n.os 4 a 8 deste artigo.

Está em conexão de conformidade com o que se prescreve nos artigos 24º, n.os 2, alínea b), e 5 e 25º, nº 1, do Decreto-Lei nº 555/99, de 16 de Dezembro, que se reportam ao indeferimento do pedido de licenciamento de operações urbanísticas que constituam sobrecarga incomportável para infra-estruturas ou serviços gerais ou impliquem para o município a realização de obras tendentes à sua superação.

A referida desproporção gera uma situação de carência das mencionadas infra-estruturas, implicante de despesas tendentes ao respectivo reforço. É o custo das mencionadas obras de reforço que devem ser consideradas no cálculo do valor dos terrenos em causa.

Não se trata, porém, de abater ao valor da indemnização devida ao expropriado o custo provável do reforço das infra-estruturas existentes, mas tão só de considerar, no seu cálculo, o referido custo, necessário à determinação do valor real e corrente dos bens em causa em situação normal de mercado, que, em regra, se não revela fácil.[192]

10. Prevê o nº 10 deste artigo o valor resultante da aplicação dos critérios fixados nos n.os 4 a 9, e estatui dever ser objecto de aplicação de um factor correctivo pela inexistência do risco e do esforço inerente à actividade construtiva, no montante máximo de 15% do valor da avaliação.

Reporta-se, pois, este normativo ao valor da indemnização calculado por via do critério subsidiário relativo ao valor do solo apto para a construção em condições normais de mercado, a que se reporta o nº 4, este complementado pelo disposto nos n.os 5 a 9, inclusive, todos deste artigo.

O valor assim obtido vai, assim, ser negativamente afectado por via da aplicação de um factor correctivo variável entre um e quinze por cento, tanto maior quanto maior for o risco e o esforço envolvidos pela construção possível em causa.

---

[192] Referindo a possibilidade de se determinar o valor da parcela depois da construção ou do reforço das infra-estruturas e vias de acesso, compartilhar despesas pelos interessados e aplicar uma elevada taxa de desvalorização, tanto maior quanto menos viável fosse a obtenção do acordo entre os diversos proprietários, veja-se ALÍPIO GUEDES, *obra citada*, página 105.

A determinação do risco e ou do esforço relativos à actividade construtiva tem de assentar em elementos de facto constantes do processo relativos a todas as circunstâncias envolventes do terreno a avaliar, ou seja, não pode prescindir de uma análise objectiva, independentemente, além do mais, do custo dos meios instrumentais utilizados pelo expropriado para obter a justa indemnização.

Com efeito, em situação normal de mercado, há não raro riscos inerentes à construção, como acidentes, mau tempo, encarecimento da mão-de-obra e dos materiais, bem como inerentes à comercialização, designadamente a depreciação do imóvel, as dificuldades de venda por retracção do mercado em virtude do aumento da taxa de juro, por exemplo.

Temos, pois, que no cálculo da indemnização deve ser considerado o referido factor correctivo, com o limite máximo de quinze por cento, por virtude de o expropriado não ter desenvolvido qualquer actividade construtiva, sendo certo que, se a tivesse desenvolvido, teria suportado o respectivo custo e o inerente risco empresarial.

Este factor correctivo não contende com o princípio constitucional da justa indemnização, porque o expropriado não suporta o risco nem o esforço inerentes à actividade construtiva pressuposta para o terreno em causa e que serve de base ao cálculo do valor.[193]

Ao invés, obedece aos princípios da igualdade entre os expropriados e os não expropriados e da justa indemnização, visando evitar que o expropriado, contra os referidos princípios, obtenha indemnização correspondente ao valor do terreno como solo apto para a construção, sem suportar as despesas inerentes ao respectivo aproveitamento construtivo, designadamente de *marketing*, organização, taxas diversas e impostos.[194]

11. Prevê o nº 11 deste artigo o cálculo do valor do solo apto para a construção em áreas críticas de recuperação e reconversão urbanística legalmente fixadas, e estatui não dever o volume e o tipo de construção possível exceder os da

---

[193] Neste sentido foi decidido no Acórdão da Relação de Guimarães, 20 de Abril de 2005, CJ, Ano XXX, Tomo 2, página 293. Quanto à figura da *situação de referência* relativa ao valor do solo e, na sua inexistência, a dedução sistemática de quinze por cento sempre que o expropriado não tenha tomado, antes da declaração da utilidade pública da expropriação, alguma iniciativa de valorização do solo, veja-se ALÍPIO GUEDES, *obra citada*, página 106.

[194] Neste sentido, pode ver-se LUÍS PERESTRELO DE OLIVEIRA, *obra citada*, página 102.

média das construções existentes do lado do traçado do arruamento em que se situe, compreendido entre duas vias consecutivas.

Reporta-se, pois, este normativo, especial, ao cálculo do valor do solo apto para construção em áreas críticas de recuperação e reconversão urbanísticas legalmente fixadas.

Conforme resulta do artigo 41º do Decreto-Lei nº 794/76, de 5 de Setembro, tais áreas são aquelas em que ocorre a falta ou a insuficiência de infra-estruturas urbanísticas, de equipamento social, de áreas livres e espaços verdes, ou em que as deficiências dos edifícios existentes, no que se refere a condições de solidez, segurança ou salubridade, atinjam uma gravidade tal que só a intervenção da Administração, através de providências expeditas, permita obviar eficazmente aos inconvenientes e perigos inerentes.

Acresce que, nos termos do artigo 42º, nº 1, alínea a), do referido Decreto-Lei nº 794/6, que a delimitação de áreas críticas de recuperação e reconversão urbanística implica como efeito imediato, além do mais, a declaração de utilidade pública da expropriação urgente, com autorização de investidura na posse administrativa dos imóveis nelas existentes, de que a Administração necessite para a execução dos trabalhos, segundo o processo especial de expropriação constante deste Código.

É para estas áreas que o normativo em análise prescreve que o volume e o tipo de construção possível têm por limite os da média das construções existentes do lado do traçado do arruamento em que se situe, compreendido entre duas vias consecutivas.

O referido limite relativo ao volume e ao tipo de construção possível, justificado por se tratar de áreas críticas de recuperação e reconversão urbanística, vai, naturalmente, reflectir-se negativamente no cálculo do valor da indemnização devida ao expropriado.

Com efeito, o valor real de mercado dos terrenos em causa, em regra derivado da construção susceptível de neles ser erigida, segundo o disposto nas leis ou regulamentos aplicáveis, não pode, na espécie, basear-se no que vai além da aludida média de construção.

12. Prevê o nº 12 deste artigo a necessidade de expropriar solos classificados como zona verde, de lazer ou para a instalação de infra-estruturas e equipamentos públicos por plano municipal de ordenamento do território plenamente eficaz, cuja aquisição pelos respectivos proprietários seja anterior à sua entrada em vigor.

E estatui dever o valor de tais solos ser calculado em função do valor médio das construções existentes ou que seja possível edificar nas parcelas situadas numa área envolvente cujo perímetro exterior se situe a trezentos metros do limite da parcela expropriada.

Visa, de algum modo, obstar às classificações dolosas dos solos ou à manipulação das regras urbanísticas pelos planos municipais de ordenamento do território.

Pressupõe, pois, a necessidade de expropriar solos que estejam classificados em plano director municipal, de urbanização ou de pormenor, válidos e eficazes, como zona verde, de lazer ou para a instalação de infra-estruturas e equipamentos públicos.

Exige ainda este normativo que a aquisição dos referidos solos pelos expropriados seja anterior à entrada em vigor do plano em que foi operada a referida classificação.

Abrange, assim, os solos que, se não fosse a sua classificação como zona verde ou de lazer ou a sua reserva para a implantação de infra-estruturas e equipamentos públicos, seriam qualificados como aptos para a construção, face à sua localização, respectivas acessibilidades, desenvolvimento urbanístico da zona e infra-estruturas urbanísticas.

Verificados os mencionados pressupostos, o valor dos aludidos terrenos é calculado em função do valor médio das construções existentes ou que seja possível edificar nas parcelas situadas numa área envolvente, cujo perímetro exterior se situe a trezentos metros do seu limite.[195]

Considerando o disposto nos artigos 72º, nº 2, alínea b), e 73º, n.os 3 e 4, do Decreto-Lei nº 380/99, de 22 de Setembro, o perímetro urbano é a porção contínua de território qualificada como solo urbano, abrangente das diferentes categorias de solo urbano susceptíveis de urbanização ou de edificação, incluindo o urbanizado, o passível de urbanização e o afecto à estrutura ecológica necessário ao equilíbrio do sistema urbano.

Em síntese, dir-se-á, por um lado, que se toda área correspondente ao círculo cujo perímetro se situe a trezentos metros do limite do terreno expropriado estiver ocupada por edifícios ou construções, o valor do terreno em causa deve ser calculado com base no valor médio dessas edificações, nos termos do artigo 28º, nº 1, deste Código.

---

[195] Neste sentido, pode ver-se FERNANDO ALVES CORREIA, "Manual de Direito do Urbanismo", volume II, Coimbra, 2010, páginas 251 e 252.

E, por outro que, integrando a mencionada área parcelas de terreno com aptidão edificativa, o seu valor deve ser achado com base no valor médio das construções que nelas seja possível implantar, nos termos previstos no nº 1 deste artigo.[196]

Assim, nunca o valor dos solos classificados para instalação de infra-estruturas e equipamentos públicos pode, para efeitos de expropriação, ser superior àquele que decorre de um aproveitamento económico normal, correspondente ao seu valor real e corrente, numa situação normal de mercado, como acontece com os solos aptos para a construção.

O disposto neste normativo tem suscitado intensa controvérsia interpretativa, designadamente se deve ou não ser aplicado aos terrenos expropriados integrados em zonas legalmente afectas às reservas agrícola nacional ou ecológica nacional, ou seja, se um terreno equiparado a solo para outros fins que não a construção pode ou não ser considerado apto para a construção para efeitos de cálculo do valor da respectiva indemnização.[197]

Com efeito, algumas decisões dos tribunais consideraram que a inclusão de um terreno nas referidas reservas não acarretava necessariamente a extinção da sua capacidade edificativa nem impedia a sua classificação como solo apto para a construção, e que, por interpretação extensiva ou analógica do normativo em análise, deveria o valor do terreno ser calculado nos termos nele definidos.[198]

Mas outras, ao invés, consideraram que os terrenos integrados em zona de reserva ecológica nacional ou de reserva agrícola nacional não podem ser classificados como solos aptos para construção para efeito de indemnização expropriativa.[199]

Acresce que, no Tribunal Constitucional, também se suscitou divergência decisória quanto à conformidade com a Constituição de determinadas interpretações do normativo em análise.

Com efeito, considerou, por um lado, ser inconstitucional, por violação do artigo 13º da Constituição, a interpretação deste normativo no sentido de ser indemnizável, como solo apto para construção, o terreno integrado em zona

---

[196] FERNANDO ALVES CORREIA, "Manual do Direito do Urbanismo", volume II, Coimbra, 2010, páginas 252 e 253.

[197] Acórdão da Relação de Lisboa, de 14 de Junho de 2007, Processo nº 2829/2007-8ª.

[198] Acórdão da Relação de Coimbra, de 22.06.04, CJ, Ano XXIX, Tomo 3 página 30.

[199] Acórdão da Relação de Évora, de 12.10.06, CJ, Ano XXXI, Tomo 4, página 239.

de reserva agrícola nacional com aptidão edificativa segundo os elementos objectivos definidos no n.º 2 do artigo 25.º deste Código.[200]

E, por outro, não ser o mesmo normativo inconstitucional se interpretado no sentido de os terrenos integrados na reserva agrícola nacional à data da declaração da utilidade pública da expropriação, expropriados para implantação de vias de comunicação, deverem ser avaliados na sua conformidade.[201]

Vejamos, em síntese, o que decorre do normativo em análise, tendo em conta a sua letra e escopo.

Conforme acima se referiu, o referido normativo reporta-se aos solos que, se não fosse a sua classificação como zona verde ou de lazer ou a sua reserva para a implantação de infra-estruturas e equipamentos públicos em instrumento de gestão territorial, seriam qualificados como aptos para a construção, face à sua localização, respectivas acessibilidades, desenvolvimento urbanístico da zona e infra-estruturas urbanísticas.

Isso significa que, inverificados os mencionados pressupostos, ainda que os terrenos se localizem na área referida no aludido normativo, se inseridos nas reservas ecológica ou agrícola nacional, não podem ser avaliados ao seu abrigo.

Acresce que o direito de propriedade não é absoluto, certo que o direito de uso, fruição e disposição das coisas pertencentes ao proprietário tem os limites da lei e está sujeito às restrições por ela impostas, entre as quais temos as concernentes ao ambiente e à qualidade de vida das pessoas em geral (artigos 62.º, n.º 1 e 66.º da Constituição e 1305.º do Código Civil).

As parcelas inseridas na reserva ecológica nacional e na reserva agrícola nacional visam a realização de valores referentes ao ambiente de vida humano sadio e ecologicamente equilibrado, por via, além do mais, do descongestionamento das zonas urbanas e do reforço de enquadramento dos espaços agrícolas, florestais e culturais naturais.

A reserva ecológica nacional condiciona a avaliação dos terrenos objecto de expropriação, embora possibilite a execução de algumas operações urbanísticas mediante a autorização ou comunicação prévia à Administração, podendo as áreas dela excluídas ser nela reintegradas no caso de inobservância da respectiva programação urbanística.

Nos termos do artigo 21.º, n.º 1, alínea a), do Decreto-lei n.º 73/2009, de 31 de Março, nas zonas de reserva agrícola nacional são interditas acções que se tra-

---

[200] Acórdão n.º 118/2007, de 16 de Fevereiro, Processo n.º 785/2006; www.tribunalconstitucional.pt.

[201] Acórdão n.º 234/2007, de 30 de Março, "Diário da República", II Série, de 24 de Maio de 2007.

duzam em operações de loteamento, obras de urbanização, construção e ampliação.

Acresce que nas zonas de reserva ecológica nacional, nos termos do artigo 20º, nº 1, do Decreto-Lei nº 166/2008, de 22 de Agosto, são interditos os usos e as acções de iniciativa pública ou privada que se traduzam em operações de loteamento, obras de urbanização, construção e ampliação, vias de comunicação, escavações, aterros e destruição do revestimento vegetal.[202]

Assim, enquanto os referidos terrenos não forem desafectados das mencionadas reservas, não podem ser classificados como solos aptos para construção ou com potencialidade edificativa.[203]

Acresce pelo exposto, que não se vislumbra ser a interpretação nesse sentido susceptível de violar os princípios da igualdade ou o da justa indemnização a que se reportam os artigos 13º, nº 1, e 62º, nº 2, da Constituição.

13. Sobre o disposto neste artigo pronunciaram-se, entre outras, as seguintes decisões judiciais:

a) O expropriado deve ser ressarcido por virtude de a parte sobrante do prédio de maiores dimensões, donde é destacada a parcela, sofrer uma redução no seu valor, designadamente em consequência de ficar onerado com uma servidão administrativa *non aedificandi* para obras de ampliação ou de reconstrução (Acórdão da Relação de Guimarães, de 12.06.07, Processo nº 1012/07-2).

b) A falta de elementos para aplicar o critério referencial do cálculo do valor do solo apto para construção estabelecido no nº 2 do artigo 26º deste Código não implica a nulidade do laudo pericial que utilizou o critério previsto no nº 4 do mesmo artigo (Acórdão da Relação de Guimarães, de 27.03.08, Processo nº 160/08-2).

c) O factor correctivo previsto no artigo 26º, nº 10, não é de aplicação automática, exigindo a demonstração dos riscos que seriam corridos e do esforço que seria suportado no caso de edificação no terreno expropriado (Acórdão da Relação do Porto de 15.04.08, Processo nº 0726871).

d) O critério legal da determinação do custo da construção através dos valores fixados administrativamente, a que se reporta o artigo 26º, nº 5, deste

---

[202] O Decreto-Lei nº 166/2008, de 22 de Agosto, foi regulamentado pela Portaria nº 1356/2008, de 28 de Novembro.

[203] Neste sentido, veja-se o Acórdão da Relação de Lisboa, de 13.10.09, Processo nº 1127/08-1ª.

Código, não é vinculativo, apenas servindo de regra de orientação, ou seja, como critério referencial, como decorre do princípio geral contido no artigo 23º, nº 5, do mesmo Código (Acórdão da Relação de Coimbra, de 17.6.2008, Processo nº 156/05.6TBPNL.C1).

e) Autorizando o plano director municipal o índice de construção líquida máxima de 0,8, é correcta a adopção de um índice de 0,4, se este permitir a construção uma casa semelhante à moradia dos expropriados implantada na parte sobrante. (Acórdão da Relação de Coimbra, de 24.6.08, Processo nº 318/2000.C1).

f) Expropriada uma parcela agrícola inserida na reserva agrícola nacional para construção de uma auto-estrada, carece de fundamento a sua avaliação como solo apto para construção, uma vez que existe impedimento legal do seu aproveitamento com tal finalidade (Acórdão da Relação de Guimarães, de 11.09.08, Processo nº 1445/08).

g) Não sendo possível aplicar os critérios dos artigos 26º, nº 2 e 27º por falta de elementos, devem os peritos socorrer-se dos demais critérios referenciais sequenciais deles constantes. Se a expropriante não solicitar previamente à entidade competente a lista das transacções e das avaliações fiscais que corrijam os valores declarados, incumbe ao tribunal diligenciar pela sua obtenção (Acórdão da Relação de Coimbra, de 21.10.08, Processo nº 337/04.0TBACN.C1).

h) A superioridade da oferta em relação à procura é conforme com a avaliação das sub-parcelas e da área sobrante como solo apto para a construção introduzindo o factor correctivo de 15%, correspondente ao custo de construção, a que se reporta o nº 6 do artigo 26º deste Código, consentâneo com o elevado risco comercial desse mercado (Acórdão da Relação de Coimbra, de 18.11.2008, Processo nº 365/05.8TBCL).

i) Na percentagem a atribuir para efeito de avaliação do solo, nos termos do artigo 26º, nº 6, impõe-se a sua comparação com os demais solos do País para os quais são fixados os critérios legais, tendo em conta a respectiva diversidade quanto ao ambiente, localização e equipamentos (Acórdão da Relação de Guimarães, de 30.04.09, Processo nº 2183/08-1).

j) Não pode ser classificada como solo apto para construção, apesar de reunir os requisitos fixados no artigo 25º, nº 2, deste Código, a parcela inserida em reserva agrícola ou ecológica nacionais, salvo se o seu proprietário tiver sido excepcionalmente autorizado a construir algum edifício ou se a expropriação visar a construção de prédios urbanos, caso em que se não aplica o artigo 26º, nº 12, por interpretação analógica ou extensiva (Acórdão da Relação de Coimbra de 16.6.2009, CJ. Ano XXXIV, Tomo 3, página 17).

k) O valor de mercado dos bens expropriados pode não corresponder ao seu valor real para efeito de indemnização, porque o valor de mercado previsto no nº 4 do artigo 26º é o normativamente entendido, ou seja, o valor de mercado normal, habitual, não especulativo e sujeito às exigências de justiça (Acórdão da Relação de Guimarães, de 25.06.09, Processo nº 431/06.2TBVCT.G1).

l) Se um terreno satisfizer os requisitos do nº 2 deste artigo, mas nele estiver vedada a construção por plano municipal de ordenamento do território, o cálculo da indemnização será efectuado nos termos do artigo 26º, nº 12 se a sua aquisição pelos expropriados for anterior à entrada em vigor do plano director municipal, e como solo para outros fins se a aquisição for posterior (Acórdão da Relação de Lisboa, de 15.09.09, Processo nº 5280/07.8TBCS.L1-1).

m) A inserção de um qualquer solo expropriado em zona de reserva agrícola nacional constitui, em princípio, uma restrição legal ao *jus aedificandi*. Havendo a expectativa razoável de o terreno vir futuramente a ser desafectado da reserva agrícola nacional e a ser afectado à construção, é aceitável que deva ser qualificado como apto para construção (Acórdão da Relação de Guimarães, de 01.10.09, Processo nº 1559/06.4TBFG.G1).

n) O custo da construção determina-se em função de requisitos, por exemplo projectos, mão-de-obra e materiais de construção, enquanto que o custo final de mercado, dependendo de outras variáveis, ascende a quantitativo normalmente superior, porque envolve o lucro do construtor. Só em situações absolutamente excepcionais, em que haja garantia quase absoluta de sucesso da operação urbanística e imobiliária, e sem qualquer esforço por banda do investidor, se poderá dizer que não existe risco inerente à actividade construtiva (Acórdão Relação de Lisboa, de 13.10.09, Processo nº 842/2002.L1-1).

o) Não se demonstrando que o terreno expropriado, antes da vigência do plano director municipal que o classifica como situado em espaços naturais, culturais e de protecção, se situasse em zonas urbanizadas ou urbanizáveis, ou que a sua classificação derive de manipulação de regras urbanísticas, antes se tratando de terreno inculto, de características rurais, que se encontrava sem qualquer tipo de aproveitamento económico, não servido por qualquer infra-estrutura urbanística, não há que fixar o valor da respectiva indemnização em função dos valores médios das construções existentes (Acórdão da Relação de Lisboa, de 13.10.09, Processo nº 1127/08-1).

p) O nº 5 do artigo 26º deste Código não impõe uma correspondência do preço por metro quadrado da construção fixado administrativamente, para o cálculo da indemnização por expropriação. O disposto na sua segunda parte não constitui um critério de cálculo puramente alternativo, sujeito à livre escolha das partes, de acordo com o seu interesse pessoal, mas apenas uma possibilidade aberta pelo legislador para a hipótese de não ser possível, através dos critérios gerais, encontrar o valor real e corrente dos bens (Acórdão da Relação de Guimarães, de 17.11.09, Processo nº 4494/06.2TBVCT.G1).

q) Os solos inseridos na reserva agrícola nacional são áreas *non aedificandi* nas quais são interditas todas as acções que diminuam ou destruam as potencialidades para o exercício da actividade agrícola, tais como operações de loteamento e obras de urbanização, restrições que inviabilizam a sua destinação ao mercado da construção imobiliária, só podendo ser avaliados como solo para outros fins (Acórdão da Relação de Lisboa, de 09.02.10, Processo nº 1296/07.2TBVFX.L11).

r) No cálculo do custo da construção deve levar-se em linha de conta não só a área de implantação da construção, mas também o número de pisos comportados pelos edifícios (Acórdão da Relação de Lisboa, de 09.02.10, Processo nº 2593/05.7TMSNT.L1-7).

s) A aplicação do artigo 26º, nº 12, não prescinde da prévia qualificação do terreno como solo apto para construção de acordo com o critério do seu artigo 25º, nº 2. O facto de a parcela integrar o logradouro de um prédio urbano não implica a sua classificação como solo apto para construção, salvo se ele enquadrar a previsão do último dos referidos normativos (Acórdão da Relação de Lisboa, de 23.02.10, Processo nº 6186/07.6TBCS.L1-7).

t) Os critérios referenciais do cálculo da indemnização previstos no artigo 26º só podem ser preteridos se com eles não for possível obter o justo valor do dano da perda do bem expropriado, não bastando para o efeito que com os critérios alternativos se alcance um valor indemnizatório mais elevado, sendo necessária a prova de que com eles se conseguem os propósitos legais de igualdade e proporcionalidade (Acórdão da Relação do Porto de 04.01.10, Processo nº 825/06.3TBLSD-A.P1).

u) Tendo a parcela características que permitam classificá-la como solo apto para construção ao abrigo do artigo 25º, nº 2, alíneas a) e b), do Código, mas por efeito de um plano municipal de ordenamento do território está classificada como zona de lazer, zona verde, ou para instalação de infra-estruturas e equipamentos públicos, deve ser classificada como solo apto para construção (Acórdão da Relação do Porto, de 18.01.10, Processo nº 2915/05.0TBVNG.P1).

v) O factor correctivo do nº 10 do artigo 26º não é automático, exigindo-se comprovada inexistência de risco e esforço inerente à actividade constru-tiva relevante na situação concreta, sendo de distinguir para o cálculo da indemnização entre a parte da parcela destinada à construção e a parte integrada em área verde urbana de protecção ou parque (Acórdão da Relação do Porto, de 11.02.10, Processo nº 9908/06.9TBMTS.P1).

x) O solo integrado na reserva agrícola nacional ou na reserva ecológica nacional deve ser avaliado como solo para outros fins, salvo a existência de circunstâncias objectivas, designadamente a autorização de constru-ção nele de um edifício, ou se a expropriação visar a construção de pré-dios, caso em que a avaliação opera por aplicação analógica do nº 12 do artigo 26º. (Acórdão da Relação do Porto, de 18.02.10, Processo nº 685/03.6TBLMGPA.P1).

z) A dedução prevista no artigo 26º, nº 9 só visa o reforço das infra-estrutu-ras já existentes, e não a criação de novas infra-estruturas relativamente à parcela que as não tinha, e só deve ocorrer se elas constituírem uma sobrecarga incompatível com as infra-estruturas existentes (Acórdão da Relação do Porto, de 03.03.10, Processo nº 340/04.0TBARC.P1).

zz) O índice geral de construção constante do plano director municipal pode não significar adequação de aplicação a uma concreta parcela. Ele corres-ponde ao respectivo aproveitamento económico normal, que depende de factores vários, designadamente a área e a configuração do solo, as servidões *non aedificandi* existentes, as normas do plano director municipal, que devem ser objecto de aplicação casuística face à situação concreta do ter-reno e das suas área e configuração e das características das construções existentes nas áreas envolventes, incluindo a cércea dominante. A óptima localização nem sempre corresponde a uma boa qualidade ambiental, certo que esta depende de factores como a inexistência de ruídos, de movimento não intenso, da existência de espaços verdes, zonas de lazer, variedade de fauna e flora, bom ambiente social, bom nível económico e social dos habitantes, inexistência de focos de poluição, pelo que a atribuição de uma elevada percentagem só deve ser conseguida em zona que reúna muito boas localização e qualidade ambiental, o que não pode suceder sequer com todos os centros cívicos dos grandes aglomerados populacionais. As valorizações do nº 7 e as deduções do nº 9 do artigo 26º visam a determinação do valor do bem e não a dupla penalização imposta ao expropriado, devendo umas e outras ser atendidas, porque interferem na formação do preço do bem numa situação livre e regular por agentes da transacção. Se não dispuser das infra-estruturas, não pode o terreno ser valorizado como se delas beneficiasse, devendo, no entanto, atender-se às necessárias para o solo adquirir possibilidades concretas de construção, que um construtor teria de implementar e, portanto, a sua falta pesaria negativamente no valor que ele estaria disposto a pagar pelo terreno para nele edificar (Acórdão da Relação do Porto, de 25.03.10, Processo nº 794/05.7TBLSD.P1).

zzz) Um terreno integrado em zona de reserva agrícola nacional ou de reserva ecológica nacional, com as inerentes limitações do *jus aedificandi*, não confere aos proprietários qualquer expectativa de edificação que possa implicar, para efeitos de indemnização por expropriação, a avaliação como solo apto para construção, porque inexiste uma muto próxima ou efectiva potencialidade edificativa (Acórdão da Relação de Lisboa, de 27.04.10, Processo nº 1289/04.1TBBNV.L1-1).

ARTIGO 27º
Cálculo do valor do solo apto para outros fins

1 – O valor do solo apto para outros fins será o resultante da média aritmética actualizada entre os preços unitários de aquisição ou avaliações fiscais que corrijam os valores declarados efectuados na mesma freguesia e nas freguesias limítrofes nos três anos, de entre os últimos cinco, com média anual mais elevada, relativamente a prédios com idênticas características, atendendo aos parâmetros fixados em instrumento de planeamento territorial e à sua aptidão específica.

2 – Para os efeitos previstos no número anterior, os serviços competentes do Ministério das Finanças deverão fornecer, a solicitação da entidade expropriante, a lista de transacções e das avaliações fiscais que corrijam os valores declarados efectuadas na zona e os respectivos valores.

3 – Caso não se revele possível aplicar o critério estabelecido no nº 1, por falta de elementos, o valor do solo para outros fins será calculado tendo em atenção os seus rendimentos efec-

tivo ou possível no estado existente à data da declaração de utilidade pública, a natureza do solo e do subsolo, a configuração do terreno e as condições de acesso, as culturas predominantes e o clima da região, os frutos pendentes e outras circunstâncias objectivas susceptíveis de influir no respectivo cálculo.

1. Prevê o nº 1 deste artigo o valor do solo apto para outros fins, e estatui que ele deve corresponder à média aritmética actualizada dos preços unitários das aquisições ou avaliações fiscais que corrijam os valores declarados efectuadas na mesma freguesia e nas freguesias limítrofes nos três dos últimos cinco anos, com média anual mais elevada, relativamente a prédios com idênticas características, atendendo aos parâmetros fixados em instrumento de planeamento territorial e à sua aptidão específica.

Queda inserido num contexto normativo relativo ao cálculo do valor do solo apto para outros fins, por contraposição ao que prescreve o artigo anterior sobre o cálculo do valor do solo apto para a construção.

Está estreitamente conexionado com o disposto no nº 3 do artigo 25º deste Código, segundo o qual, solo para outros fins é o que não deva ser qualificado como solo apto para a construção, isto é, por exclusão de partes.[204]

É um normativo quase idêntico ao do nº 2 do artigo anterior, que define o principal critério referencial do cálculo do valor do solo apto para construção. A identidade não é, porém, integral, porque neste normativo, ao invés daquele, não se prevê a correcção da avaliação pela ponderação da envolvente do prédio expropriado.

O referido critério da média aritmética actualizada entre os preços unitários das aquisições também é alternado pela correcção derivada de avaliações fiscais, pretensamente mais próximas da realidade.

Trata-se, de algum modo, de um critério de índole limitadora do valor dos prédios expropriados, por via do que resulta de determinadas médias resultantes de declarações nas transacções dos imóveis e nas respectivas avaliações fiscais.

As avaliações fiscais que não sejam envolvidas de limitações são susceptíveis de corrigir o défice de preço constante das declarações das partes nos contratos envolventes.[205]

---

[204] Este artigo está conexionado com o disposto nos artigos 23º, 25º, n.os 1, alínea b), e 3, 28º, nº 3, 29º e 32º, todos deste Código.

[205] No mais, remete-se para aquilo que se escreveu em anotação ao nº 2 do artigo 26º deste Código.

198 CÓDIGO DAS EXPROPRIAÇÕES E ESTATUTO DOS PERITOS AVALIADORES

No caso de não ser possível a aplicação deste critério dito fiscal de avaliação, por falta de elementos, deve aplicar-se o critério subsidiário previsto no nº 3 deste artigo.

2. Prevê o nº 2 deste artigo a lista de transacções e das avaliações fiscais que corrijam os valores declarados, efectuadas na zona e os respectivos valores, e estatui que, para os efeitos previstos no número anterior, os serviços competentes do Ministério das Finanças deverão fornecê-la, a solicitação da entidade expropriante.

Trata-se de um normativo inovador, idêntico ao do nº 3 do artigo anterior, tornado necessário por virtude do conteúdo do nº 1 deste artigo, com o qual está intrinsecamente conexo.

Assim, os serviços de finanças deverão fornecer à entidade beneficiária da expropriação, a requerimento desta, a referida lista das transacções e das avaliações fiscais, ou seja, a certidão do seu conteúdo, instrumentais em relação à determinação do valor do solo apto para outros fins que não a construção.

Conforme acima se referiu, o relevo do mencionado elemento de avaliação depende da organização, em termos de disponibilidade pelos serviços de finanças, das referidas listas de conteúdos.[206]

3. Prevê o nº 3 deste artigo o caso de se não revelar possível aplicar o critério estabelecido no nº 1, por falta de elementos, e estatui, para essa hipótese, que o valor do solo para outros fins será calculado tendo em atenção o seu rendimento efectivo ou possível no estado existente à data da declaração de utilidade pública, a natureza do solo e do subsolo, a configuração do terreno e as condições de acesso, as culturas predominantes e o clima da região, os frutos pendentes e outras circunstâncias objectivas susceptíveis de influir no respectivo cálculo.

Como a eficácia da declaração da utilidade pública da expropriação depende da sua publicação no *Diário da República* ou no jornal oficial das Regiões Autónomas, e tendo em conta o que se prescreve no artigo 23º, nº 1, deste Código, onde se refere a data da declaração de utilidade pública da expropriação, deve entender-se a data da sua publicação.

Temos, pois, que o cálculo do valor da indemnização do solo para outros fins, que não a construção, deve basear-se no respectivo rendimento efectivo e pos-

---

[206] Quanto ao mais, remete-se para o que se escreveu em anotação ao nº 3 do artigo 26º deste Código.

sível, ou seja, o que nele se produz, e o que, dada a sua natureza, é susceptível de produzir.

Para tanto, deve ser considerada a natureza do solo e do subsolo, a configuração do terreno, as respectivas condições de acesso, as culturas predominantes e o clima da região, os frutos pendentes e outras circunstâncias objectivas susceptíveis de influir no respectivo cálculo.

A letra deste normativo sugere ter o mesmo sido pensado para solos destinados à produção agrícola ou florestal; mas abrange, dado o seu elemento teleológico, qualquer tipo de solo, independentemente da natureza ou tipo de utilização.

Com efeito, conforme decorre do artigo 13º, nº 1, do Decreto Regulamentar, nº 11/2009, de 29 de Maio, o destino do prédio pode ser o da produção agrícola, pecuária, florestal, piscícola, o de exploração de recursos geológicos, de produção de energias renováveis, de conservação de recursos e valores naturais, ambientais, florestais, culturais e paisagísticos, ou outra utilização compatível com o estatuto de solo rural.

De qualquer modo, a ideia matriz deste normativo é a de se dever considerar, para o efeito em análise, aquilo que o prédio produzia à data da publicação da declaração de utilidade pública da expropriação, ou que nessa data seria susceptível de produzir, do que resulta o condicionamento do cálculo do seu valor, além do mais, pela especificidade do seu destino.

No caso de o solo não estar a ser utilizado, deve atender-se, no cálculo da indemnização, ao que ele poderia produzir nas melhores condições de aproveitamento à data da publicação da declaração de utilidade pública da expropriação.

A referência às outras circunstâncias objectivas susceptíveis de influir no cálculo do valor do solo, pelo seu sentido abrangente, permite a consideração, no cálculo do valor da indemnização, de quaisquer outros elementos que para o efeito se revelem pertinentes.

Tendo em conta que o terreno apto para outros fins é aquele que não é apto para a construção, e que a primeira parte deste normativo expressa que o valor solo apto para outros fins é calculado tendo em atenção os seus rendimentos efectivo ou possível no estado existente à data da declaração de utilidade pública, propendemos a considerar que as outras circunstâncias objectivas susceptíveis de influir no respectivo cálculo não englobam a sua potencialidade edificativa.[207]

---

[207] Em sentido contrário, pode ver-se JOSÉ OSVALDO GOMES, *obra citada*, páginas 205 a 207.

Este normativo sugere, na avaliação do solo em causa, a utilização do método analítico ou de capitalização do rendimento, por via do qual se determina o valor do capital a partir do rendimento que ele produz, ou seja, através da sua avaliação e capitalização.[208]

Esta taxa de capitalização deve ser determinada por comparação com a procura e a oferta do mercado local no quadro do ciclo do produto, a localização e a acessibilidade dos terrenos em causa, o esforço necessário para obter os rendimentos, o risco associado ao capital investido, a incerteza associada á actividade económica desenvolvida, a taxa de desconto do Banco Central Europeu e a taxa de desvalorização da moeda.[209]

Neste método de avaliação releva essencialmente a respectiva taxa de capitalização, tendente à conversão instrumental do rendimento líquido anual do prédio no valor deste, que a perícia tem considerado variar entre três e cinco por cento.[210]

Dir-se-á, em síntese, que o cálculo do valor da indemnização pelo critério do rendimento envolve, em regra, a determinação das culturas a considerar, da área possível de cultivo, do rendimento líquido, do valor unitário do solo e, finalmente, do valor do solo em causa.

Conforme acima se referiu, na determinação do referido rendimento também relevam a natureza do solo e do subsolo, a configuração do terreno e as condições de acesso.

A estrutura do solo é, pois, o primeiro elemento a considerar na determinação do rendimento, e a natureza do subsolo o segundo.

Considerando o disposto no artigo 202º, nº 2, do Código Civil, quanto ao subsolo que integre elementos geológicos de valor especial importa distinguir, conforme integrem ou não o domínio público, porque se o integrarem não podem ser objecto de expropriação.

Ora, nos termos do artigo 84º, nº 1, alínea c), primeira parte, da Constituição, pertencem ao domínio público os jazigos minerais, as nascentes de águas minero-medicinais e as cavidades naturais subterrâneas existentes no subsolo, pelo que não são susceptíveis de expropriação e, consequentemente, não devem ser objecto de avaliação.

---

[208] Neste sentido, pode ver-se HENRIQUE DE BARROS, "O Método Analítico de Avaliação da Propriedade Rural", Serviço Editorial da Repartição de Estudos do Ministério da Economia, Direcção-Geral dos Serviços Agrícolas, Lisboa, 1943, página 24.

[209] Neste sentido, pode ver-se, MANUEL LEAL DA COSTA, citado "Texto Policopiado", que seguimos de perto.

[210] Neste sentido, pode ver-se ALÍPIO GUEDES, *obra citada*, páginas 110 e 111.

PARTE II – O CÓDIGO DAS EXPROPRIAÇÕES **ART. 27º** 201

Todavia, face ao disposto no referido artigo 84º, nº 1, alínea c), segunda parte, da Constituição, as rochas, incluindo as pedreiras, as barreiras, as areias, as terras comuns e outros materiais habitualmente usados na construção que constem do solo ou do subsolo não integram o domínio público, pelo que podem ser objecto de avaliação com vista à determinação do rendimento do prédio que os envolva.[211]

Tem sido discutida a questão de saber se o valor indemnizatório dos terrenos destinados a outros fins que não a construção deve ou não basear-se nesses elementos se apenas deles houve conhecimento depois do contrato de compra e venda no quadro da chamada expropriação amigável celebrado entre a entidade beneficiária da expropriação e o expropriado ou da adjudicação àquela do direito de propriedade no âmbito da expropriação litigiosa.

Alguma doutrina distingue, para o efeito em análise, conforme o proprietário do terreno conhecia ou desconhecia, naqueles momentos, a sua existência.

No caso de desconhecimento, tem sido considerado que o proprietário expropriado não tem direito à indemnização correspondente, sob o argumento, fundado no artigo 23º, nº 1, deste Código, de esses elementos não corresponderem ao destino efectivo ou possível numa utilização económica normal do bem expropriado à data da publicação da declaração da utilidade pública da expropriação, tendo em conta as circunstâncias e condições de facto naquela data existentes.

Ao invés, no caso de no terreno em causa existirem esses elementos com conhecimento do proprietário, mas que na altura da expropriação não estavam a ser explorados, por virtude de ele não ter possibilidades de o fazer directamente ou por entender não serem as condições de mercado as melhores, teria então direito à respectiva indemnização.[212]

Todavia, não se vislumbra fundamento legal para a referida distinção com base no conhecimento ou não da existência dos referidos elementos por parte do respectivo proprietário ou da possibilidade ou intenção da respectiva exploração, porque o que releva, segundo a lei, é o seu direito à indemnização correspondente ao valor dos bens objecto de expropriação.

---

[211] Sobre "A avaliação de Recursos Geológicos", pode ver-se JOSÉ ANTÓNIO SIMÕES CORTEZ, *Texto policopiado*, Centro de Estudos Judiciários, Outubro de 2009.
[212] Neste sentido, pode ver-se FERNANDO ALVES CORREIA, "Manual de Direito do Urbanismo", volume II, Coimbra, 2010, páginas 254 e 255.

A configuração do terreno e as condições de acesso também relevam, conforme a lei expressa, para a determinação do seu valor, na medida em que podem gerar maiores ou menores custos de exploração e, consequentemente, maior ou menor rendimento.

O relevo das culturas predominantes e do clima da região na avaliação dos terrenos em causa depende, como é natural, de eles estarem, no momento legalmente relevante para o efeito, afectos à produção agrícola ou florestal.

Nesse caso, deve ter-se em conta, na determinação do valor do rendimento dos prédios em causa, o aproveitamento dado pelo expropriado ao seu prédio e o dado por outrem aos prédios contíguos.

Conforme já se referiu, os solos classificados para outros fins que não a construção extravasam da sua mera utilização para fins agrícolas ou florestais, certo serem susceptíveis de aproveitamento em outras actividades, por exemplo, em explorações pecuárias, piscícolas, estaleiros, parque de máquinas, *stand* de venda de veículos automóveis, depósito de materiais a céu aberto ou afixação de cartazes publicitários.[213]

Em consequência, dado o fim da lei, o conceito de culturas predominantes a que este normativo se reporta deve ser extensivamente interpretado de modo a significar os aproveitamentos predominantes.[214]

Face ao que dispõe o artigo 212º, n.os 1 e 2, do Código Civil, são frutos o que uma coisa produz periodicamente sem prejuízo da sua substância, sendo os naturais os que dela provêm directamente, abrangendo os pendentes a que este normativo se refere.

As outras circunstâncias objectivas a que este normativo se reporta são, por exemplo, a mecanização e as técnicas de cultivo utilizadas, o valor da renda paga pelo arrendatário rural, ou a proximidade de mercados abastecedores, neste caso pelo menor custo do transporte de escoamento, conforme os casos.[215]

A lei não estabelece o modo de determinação da referida taxa de capitalização a partir dos elementos acima referidos. Todavia, a avaliação da propriedade rústica destinada ao fim normal envolve a consideração da periodicidade anual ou multi-anual com que se repetem as produções e se obtêm os rendimentos, a durabilidade destes, ou seja, a sua temporalidade ou perpetuidade, bem como a sua variabilidade, isto é, se são constantes ou variáveis.

---

[213] Neste sentido, pode ver-se ALÍPIO GUEDES, *obra citada*, página 110.
[214] Neste sentido, pode ver-se PEDRO ELIAS DA COSTA, *obra citada*, página 313.
[215] *Ibidem*, página 314.

Da conjugação dos referidos elementos – periodicidade, durabilidade e variabilidade – são configuráveis, por um lado, as culturas de rendimento anual perpétuo e constante, perpétuo e variável, e temporário e variável, e, por outro, as culturas de rendimento multi-anual perpétuo e constante ou temporário e variável.

No que concerne ao rendimento económico de povoamentos florestais, temos, por seu turno, que ele depende da sua composição, ou seja, se é puro ou misto, do seu regime de exploração, isto e, da natureza dos produtos a explorar, da periodicidade da exploração, do nível de investimento, dos custos da sua exploração e manutenção e das receitas.

O capital dos povoamentos florestais envolve duas vertentes, ou seja, a relativa à terra ou solo, por um lado, e o de benfeitoria, isto é, o de plantação e do produto acumulado, por outro.

Acresce que, na avaliação do património envolvente de culturas florestais multi-anuais deverá ter-se em conta, além de outras circunstâncias externas positivas ou negativas, conforme os casos, o ano da sua instalação, a sua vida útil, o nível de produção e preços e os encargos de exploração.[216]

No que concerne à avaliação dos sobreiros produtores periódicos de cortiça, a prática tem revelado a consideração do valor provável da produção esperada multiplicado por um coeficiente representativo da relação entre o número de anos que vai da anterior à próxima normal extracção.

4. Sobre a matéria a que este artigo se reporta pronunciaram-se, entre outras, as seguintes decisões judiciais:

a) Classificada a parcela expropriada como solo para outros fins que não a construção, o seu valor tem de ser calculado em função dos seus rendimentos e demais factores previstos no n.º 1 do artigo 27.º (Acórdão da Relação de Lisboa, de 10.10.2000, CJ, Ano XXV, Tomo 4, página 103).

b) A aplicação do método do rendimento fundiário só é de considerar no caso demonstrado de não ser possível a aplicação do critério do no n.º 1 do artigo 27.º. É ilegal o critério apenas fundado no valor passível de obter com a actividade agrícola, devendo ser apurados os factos necessários para a determinação do valor corrente de mercado do prédio (Acórdão da Relação de Évora, de 18.05.2006, CJ, Ano XXXI, Tomo 3, página 244).

---

[216] Neste sentido, MANUEL LEAL DA COSTA, "Trabalho citado", páginas 4 a 7, que neste ponto temos acompanhado de perto.

c) O cálculo do valor do solo para outros fins não tem de atender só ao seu destino de prédio rústico, mas também às suas potencialidades edificativas. Fica depreciada uma habitação devido ao facto de a qualidade de vida dos seus habitantes resultar degradada, face ao aumento da poluição sonora e aos gases tóxicos decorrentes do tráfego da nova via. Para efeito da fixação da justa indemnização há que atender ao valor das parcelas expropriadas na livre concorrência, correspondente ao valor de mercado dos prédios similares (Acórdão da Relação de Évora, de 22.6.2006, CJ, Ano XXXI, Tomo 3, página 255).

d) O valor do solo para outros fins é determinado com base no rendimento anual, capitalizado a determinada taxa de juro, tendo em conta o valor de mercado normal de bens idênticos. Não tem de se atender apenas ao destino de prédio rústico, mas também às suas potencialidades edificativas, por se tratar de circunstâncias objectivas susceptíveis de influir no valor do bem expropriado, correspondente ao real do mercado normativamente entendido (Acórdão da Relação de Évora, de 26 de Junho de 2006, CJ, Ano XXXI, Tomo 3, página 255).

e) A justa indemnização não deve atender a valores especulativos, mas o expropriado deve ser indemnizado do prejuízo que lhe advém da expropriação, medido pelo valor do bem expropriado, tendo em consideração todas as circunstâncias de facto existentes à data da declaração de utilidade pública, designadamente o seu valor de mercado habitual. Não se perspectivando na data da declaração da utilidade pública da expropriação a utilização da parcela para fins agrícolas, mas apenas para fins piscícolas, é aos rendimentos desta última actividade que deve atender-se para a fixação do valor da indemnização (Acórdão da Relação de Lisboa, de 30.11.2006, CJ, Ano XXXI, Tomo 5, página 132).

f) O rendimento possível é o que poderia ser obtido, considerando a realidade de facto existente à data da declaração de utilidade pública da expropriação. Não se deve aferir essa possibilidade das potencialidades do imóvel e da admissão de alterações futuras no plano físico e no plano legal, caso em que o rendimento possível corresponderia ao rendimento virtual. Enquanto rendimento possível, não pode admitir-se, como relevante para o efeito, a actividade que o expropriado só poderia exercer mediante licenciamento, depois de realizadas obras de alteração do imóvel expropriado, sem reporte à data da expropriação (Acórdão da Relação de Lisboa, de 8 de Março de 2007, Processo nº 8274/2006-6).

g) Para se calcular a justa indemnização na expropriação de terrenos aptos para outros fins que não a construção, deve atentar-se nas culturas predominantes na região e não só a uma das suas variedades possíveis (Acórdão da Relação de Évora, de 26.03.07, Processo nº 397/07-2).

h) Na expropriação, para a construção de uma auto-estrada, de uma parcela de terreno arenoso com árvores, a destacar de um prédio rústico, a mera existência de um projecto de implantação de plantas medicinais e aromáticas não pode implicar que no cálculo do seu valor se tenha em conta o rendimento fundiário passível de obter na exploração daquelas plantas (Acórdão da Relação de Lisboa, de 15.05.07, Recurso nº 4327/2006-7ª).

i) O critério do rendimento só deve ser aplicado se de todo se revelar impossível a aplicação o critério do artigo 27º, nº 1 (Acórdão da Relação de Évora de 24.05.07, Processo nº 2626/06-3ª).

j) Os peritos e o tribunal só devem utilizar o critério valor/rendimento quando não há mercado ou as transacções, pelo número e valores movimentados, forem insignificantes (Acórdão da Relação de Évora, de 31.05.07, Processo nº 2317/06-2).

k) O método do rendimento fundiário só deverá ser considerado no caso de se demonstrar a impossibilidade de aplicação do critério do nº 1 do artigo 27º. Os peritos devem munir-se previamente de todos os elementos, informações e meios técnicos, previstos no nº 2 daquele artigo, e o tribunal *a quo* pode requisitá-los, no caso de eles os não poderem obter directamente, e deve ordenar quaisquer outras diligências de prova que entenda úteis para a decisão da causa (Acórdão da Relação de Évora, de 19.06.08, Processo nº 697/08-2).

l) No cálculo do valor da parcela do prédio destinado à cultura agrícola ou agro-florestal, a perda do rendimento lenhoso não é atendível se a compensação por essa perda foi contabilizada na determinação do correspondente valor (Acórdão da Relação de Coimbra, de 18.11.2008, Processo nº 365/05.8TBCL.B.C1).

m) No calculo do rendimento fundiário do terreno integrado em zona de reserva agrícola nacional devem relevar as suas potencialidades produtivas no estado existente à data da declaração de utilidade pública, com base nas culturas predominantes, ainda que se encontre ocasionalmente sem cultivo ou apenas com aproveitamento residual, desde que tais potencialidades subsistam (Acórdão da Relação de Guimarães, de 19.02.09, Processo nº 1061/07.7TBGMR.G1).

n) Com o método dito fiscal ou comparativo pretendeu-se solucionar a questão relacionada com o estabelecimento de um limite ao *quantum indemnizatur*. Só em caso de impossibilidade deste critério, fundamentada e esclarecida, por falta de elementos ou pelo facto de da sua aplicação não resultar um montante indemnizatório que corresponda ao valor real e corrente do bem, é que se deve aplicar o critério supletivo (Acórdão do STJ, de 02.07.09, Processo nº 15/05.2TBSVV.C1.S1 – 2.ª Secção).

o) A utilização, como critério de avaliação, do valor de prédios dos expropriados, com as mesmas características, em expropriações anteriores, só pode ocorrer no caso de identidade essencial das parcelas em confronto As deficiências da peritagem – com a consideração do preço de aquisição de uma outra parcela, sem que se possa afirmar identidade entre ela e a expropriada, sem decisão de se dever atender ao preço de aquisição dessa parcela – torna essa avaliação imprestável para efeitos da fixação da justa indemnização (Acórdão da Relação de Lisboa, de 09.02.10, Processo nº 1296/07.2TBVFX.L1-1).

ARTIGO 28º
Cálculo do valor de edifícios ou construções e das respectivas áreas de implantação e logradouros

1 – Na determinação do valor dos edifícios ou das construções com autonomia económica atende-se, designadamente, aos seguintes elementos:

a) *Valor da construção, considerando o seu custo actualizado, a localização, o ambiente envolvente e a antiguidade;*

b) *Sistemas de infra-estruturas, transportes públicos e proximidade de equipamentos;*

c) *Nível de qualidade arquitectónica e conforto das construções existentes e estado de conservação, nomeadamente dos pavimentos e coberturas das parcelas exteriores, partes comuns, portas e janelas;*

d) *Área bruta;*

e) *Preço das aquisições anteriores e respectivas datas;*

f) *Número de inquilinos e rendas;*

g) *Valor de imóveis próximos, da mesma qualidade;*

h) *Declarações feitas pelos contribuintes ou avaliações para fins fiscais ou outros.*

2 – No caso de o aproveitamento económico normal da área de implantação e do logradouro não depender da demolição dos edifícios ou das construções, a justa indemnização corresponde ao somatório dos valores do solo e das construções, determinados nos termos do presente Código.

3 – No caso contrário, calcula-se o valor do solo, nele deduzindo o custo das demolições e dos desalojamentos que seriam necessários para o efeito, correspondendo a indemnização à diferença apurada, desde que superior ao valor determinado nos termos do número anterior.

1. Prevê o nº 1 deste artigo a determinação do valor dos edifícios ou das construções com autonomia económica, e estatuiu, no conjunto do proémio e das suas alíneas a) a h), sobre os elementos a que se deve atender para o efeito.

Está inserido num contexto normativo sobre o cálculo do valor de edifícios e construções e das respectivas áreas de implantação e logradouros.[217]

É um artigo parcialmente inovador em relação ao regime de pretérito, continente de normas híbridas de avaliação, porque se refere a edificações com autonomia económica e aos terrenos de implantação ou com função de logradouro.

Outrora, os peritos avaliavam as construções urbanas essencialmente com base nos métodos comparativo, da renda ou do custo, ou seja, a partir de elementos de mercado de imóveis semelhantes, da capitalização do rendimento que elas proporcionavam ou eram susceptíveis de vir a proporcionar ou do valor da sua reposição. Agora, por virtude do disposto neste artigo, importa operar as referidas avaliações com base nos critérios por ele enunciados, sem prejuízo das regras técnicas e da experiência dos louvados.

Distingue, pois, a lei, conforme os edifícios ou as construções tenham ou não autonomia económica, a partir do que estabelece a diversidade de regime de determinação do respectivo valor.

A necessária conexão entre os edifícios e os terrenos em que estão implantados implica que o valor dos primeiros envolva o valor dos últimos. Trata-se, de algum modo, da análise do valor dos edifícios na dupla vertente da construção e do terreno.

O proémio do nº 1 deste artigo refere-se ao valor dos edifícios ou das construções. O vocábulo *edifício* em sentido amplo é susceptível de abranger toda e qualquer construção, seja qual for o material respectivo, destinada a habitação ou a qualquer outra actividade, comercial, industrial ou de serviços públicos ou privados.

---

[217] Este artigo está em conexão com o disposto nos artigos 23º, 24º, 25º, 26º, 27º, 29º, 32º e 95º, todos deste Código.

A referida expressão em sentido mais restrito é, por seu turno, susceptível de significar os prédios urbanos destinados ao uso directo das pessoas. Nesta perspectiva, o vocábulo *construções* deve ser concretizado por exclusão de partes, isto é, como abrangendo, por exemplo, os armazéns, as adegas, os celeiros, os palheiros, as arrecadações, os galinheiros e os currais para o gado.[218]

Temos, assim, dever ser esse o sentido a dar às referidas expressões de edifício e de construção, ou seja, de que toda a construção é um edifico em sentido amplo, mas não em sentido estrito.

A expressão *designadamente*, que consta do proémio do nº 1 deste artigo, revela que o elenco dos elementos constante das respectivas alíneas é de carácter exemplificativo.

Em consequência, devem ser considerados na avaliação destes edifícios outros factores objectivos que normalmente influem no valor de mercado normalizado dos bens, como é o caso, por exemplo, do valor histórico, artístico ou panorâmico.[219]

Tendo em conta o disposto no artigo 204º, nº 2, 2ª parte, do Código Civil, a autonomia económica dos edifícios ou construções, com vista à determinação do seu valor, envolve os casos em que o respectivo terreno de implantação ou o logradouro o não tenham.

Assim, os edifícios e as construções serão considerados com autonomia económica se servirem para o exercício de alguma actividade economicamente relevante.

Ao referir-se, na alínea a) do nº 1 deste artigo, ao valor da construção, a lei afastou a aplicação do critério do custo da construção a que se reportam os n.os 4 a 8 do artigo 26º deste Código, ao que acresce ser o valor da construção determinado a partir do seu custo actualizado, tendo em conta a respectiva duração, localização e o ambiente envolvente.

Os elementos *localização* e *ambiente* são susceptíveis de envolver a respectiva panorâmica e a qualidade ambiental relativa, por exemplo, ao ar e à luz envolventes dos prédios em causa.

As alíneas b) e c) têm a ver, além do mais, com a valorização dos edifícios ou outras construções em razão da respectiva estrutura, qualidade, forma, estado

---

[218] Neste sentido, mas a propósito do âmbito do direito de propriedade e do levantamento de construções e edificações, a que se reporta o artigo 1360º do Código Civil, pode ver-se PIRES DE LIMA E ANTUNES VARELA, "Código Civil Anotado", volume III, Coimbra, 1987, páginas 212 e 213.

[219] Nesse sentido, pode ver-se FERNANDO ALVES CORREIA, "Manual de Direito do Urbanismo", volume II, Coimbra, 2010, páginas 258 e 259.

de conservação, nível de infra-estruturas, distância de equipamentos e funcionamento de transportes públicos.

Face ao disposto no artigo 67º, nº 2, alínea a), do Regulamento Geral das Edificações Urbanas, a área bruta a que alude a alínea d) do nº 1 deste artigo é a superfície total do edifício ou da construção, medida pelo perímetro exterior e eixos das respectivas paredes separadoras, incluindo varandas privativas, locais acessórios e a quota que lhe corresponda nas concernentes circulações comuns.

A área útil, por seu turno, corresponde à soma das áreas de todos os compartimentos da habitação, incluindo vestíbulos, circulações interiores, instalações sanitárias, arrumos, outros compartimentos, armários de parede, medidas pelo perímetro interior das paredes que limitam o fogo, descontando encalços até 30 centímetros, paredes interiores, divisórias e condutas.

Finalmente, a área habitável envolve a soma das áreas dos compartimentos da habitação, com excepção de vestíbulos, circulações interiores, instalações sanitárias, arrumos e outros compartimentos medidos como na área útil.

As alíneas e) e f) do nº 1 deste artigo reportam-se ao preço de aquisição pelos expropriados dos edifícios ou das construções, elemento de pretérito, e ao rendimento do presente derivado, por exemplo, de renda paga por um ou por vários inquilinos.

Para a determinação do valor dos edifícios em função do valor das rendas derivadas do respectivo arrendamento é normalmente utilizado pela perícia o método do rendimento, que se contrapõe ao método de custos usado normalmente quanto à área bruta, e o método comparativo, habitualmente usado nas situações previstas nas alíneas a) a c) e e) do nº 1 deste artigo.[220]

As alíneas g) e h) do nº 1 deste artigo não se reportam a critérios de base de determinação do valor dos edifícios ou das construções, em que em regra é usado o método comparativo, antes servindo de índices de ponderação coadjuvantes da avaliação global. Com efeito, a primeira, a alínea g), em perspectiva comparativa e em quadro de tendencial igualdade, alude ao valor dos imóveis próximos, da mesma qualidade, referência que abrange, dado o contexto, os edifícios e as construções acima referidos.

Os imóveis próximos referidos não são apenas os contíguos, mas também os integrados em espaço de proximidade, com o sentido de vizinhança alargada.

---

[220] Neste sentido, pode ver-se ALÍPIO GUEDES, *obra citada*, páginas 112 e 113.

A segunda das referidas alíneas, a alínea h), em perspectiva de moralização, determina que se devem considerar, para o mencionado efeito, os valores constantes de declarações dos expropriados aos serviços de finanças para efeito de pagamento de impostos, ou seja, a responsabilização pelos actos próprios, e as avaliações ocorridas para fins fiscais ou outros.

Este último normativo, porque versa sobre um mero índice de determinação do valor global dos bens em causa, ou seja, porque não envolve um critério tendente à sua fixação, nem se traduz em penalização baseada na fuga ao fisco, não permite a conclusão de que contraria o disposto no artigo 62º, nº 2, da Constituição.

2. Prevê o nº 2 deste artigo a hipótese de o aproveitamento económico normal da área de implantação e do logradouro não depender da demolição dos edifícios ou das construções, e estatui que a justa indemnização corresponde ao somatório dos valores do solo e das construções, determinados nos termos do presente Código.

Face ao disposto no artigo 26º, nº 1, deste Código, o aproveitamento económico normal deve ser aferido pela natureza da edificação em causa e do solo em que está implantada, tendo em conta as leis e os regulamentos em vigor.

Resulta, pois, deste normativo a distinção entre os casos em que aproveitamento económico normal da área de implantação e do logradouro dependam ou não da demolição dos edifícios e ou das construções.

Na segunda das referidas hipóteses, a negativa, a justa indemnização corresponde à soma dos valores do solo e dos edifícios e construções, determinados nos termos deste Código.

Esta situação configura-se, de algum modo, como uma avaliação fragmentada, por um lado, do solo, e, por outro, dos edifícios e ou construções, como se estas fossem meras benfeitorias.

Daqui pode derivar ser o valor de mercado inferior ao da soma do valor da construção passível de se realizar no terreno em causa com o dos edifícios ou construções nele existentes.[221]

3. Prevê o nº 3 deste artigo a hipótese de o aproveitamento económico normal da área de implantação e do logradouro depender da demolição dos edifícios

---

[221] Neste sentido, pode ver-se PEDRO CANSADO PAES, ANA ISABEL PACHECO e LUÍS ALVAREZ BARBOSA, *obra citada*, página 186.

ou das construções, e estatui, para essa hipótese, por um lado, que ao valor do solo se deduz o custo das demolições e dos desalojamentos que seriam necessários para o efeito, e, por outro, corresponder a indemnização à diferença apurada se for superior ao valor determinado nos termos do número anterior.

Assim, a lei não comporta a solução de as construções existentes serem consideradas em termos de acréscimo ao valor do respectivo terreno, como se de benfeitorias se tratasse.

Trata-se da hipótese frequente, em que a parte edificada se não adequa ao aproveitamento económico próprio da sua natureza, e exige, para o efeito, a respectiva demolição total ou parcial, e estatui, para essa hipótese, dever funcionar o valor do solo abatido do custo da demolição do edificado, como se este não tivesse a autonomia a que a lei se reporta.

Assim, começa-se por determinar o valor dos edifícios ou construções, independentemente do valor do terreno de implantação, ou seja, abstraindo do valor dele, em conformidade com o referido critério da autonomia. Mas depois, a partir da ideia de aproveitamento económico normal da área de implantação ou do logradouro, com vista à determinação da pertinente indemnização, o valor do solo passa a prevalecer em relação ao das edificações.

A letra da lei, designadamente a das normas dos n.os 2 e 3 deste artigo, não configura, em termos de previsão, a especificidade do hibridismo envolvente da demolição de interiores e de manutenção isolada de fachadas e ou cérceas. Mas o seu elemento finalístico justifica a sua aplicação à mencionada situação, em quadro de interpretação extensiva, em termos de apenas se considerarem, na avaliação, aqueles elementos de construção.

A circunstância de a expropriação ter por objecto a casa de habitação dos expropriados não pode justificar a utilização exclusiva, na avaliação, de critérios diversos daqueles que resultam deste artigo, embora tendo em conta o princípio decorrente do nº 1 do artigo 23º deste Código. Com efeito, não decorre da lei a obrigatoriedade de opção pelo valor de mercado ou de substituição, sem prejuízo de se dever ter em conta, para o efeito, o valor dos imóveis situados proximamente envolvidos da mesma qualidade daqueles que são objecto de expropriação.[222]

---

[222] No sentido de a valorização dever operar em termos de valor de substituição, independentemente do valor de mercado, veja-se PEDRO ELIAS DA COSTA, *obra citada*, páginas 329 e 330.

De qualquer modo, o realojamento dos expropriados está legalmente garantido, conforme já se referiu, nos termos do artigo 52º do Decreto-Lei nº 794/76, de 5 de Novembro – Regime Jurídico da Política de Solos.

4. O disposto neste artigo tem estreita conexão, conforme já se aludiu, com o que se prescreve no artigo 95º deste Código.

Assim, se na expropriação de terrenos que, por facto do proprietário, estejam total ou parcialmente ocupados com construções não licenciadas cujos moradores devam ser desalojados e ou realojados pela administração central ou local, o valor do solo desocupado é calculado nos termos gerais, mas com dedução do custo estimado das demolições e dos desalojamentos necessários para o efeito.

Em consequência, no referido âmbito da expropriação, só devem ser valorizadas as construções que não sejam clandestinas, ou seja, as que estejam devidamente licenciadas.

Assim, as construções não licenciadas não podem ser valorizadas para efeitos de indemnização, pelo que se os terrenos expropriados inserirem esse tipo de construção, importa apenas determinar o valor dos primeiros.

5. Sobre a matéria a que este artigo se reporta pronunciaram-se, entre outras, as seguintes decisões judiciais:

a) O valor de terrenos localizados em centro histórico, no qual estão implantados edifícios antigos, desactualizados sob o ponto de vista funcional, não depende do valor desses edifícios, mas unicamente da potencialidade que os mesmos apresentem com vista à sua reconstrução. A Administração, perante cérceas permitidas a prédios vizinhos, deverá autorizar as mesmas em situações semelhantes na reconstrução de prédios da mesma natureza (Acórdão da Relação do Porto, de 29.10.98, CJ, Ano XXIII, Tomo 4, página 217).

b) Os edifícios, desde que tenham a potencialidade de prestar uma função economicamente relevante, apesar de degradados, têm um valor para além do terreno onde se encontram implantados (Acórdão da Relação de Lisboa, de 15.4.1999, CJ, Ano XXIV, Tomo 3, página 102).

c) No cálculo da indemnização deve ser considerado o aproveitamento económico normal que conduzir ao valor indemnizatório mais elevado, pois esse é o que corresponderá ao valor de mercado do bem. Apesar de as infra-estruturas não existirem na parcela expropriada, mas apenas nos arruamentos que dão acesso à mesma, devem ser consideradas para efeitos indemnizatórios (Acórdão da Relação do Porto, de 29.5.2008, CJ, Ano XXXIII, Tomo 3, página 181).

d) No caso de o bem expropriado se encontrar arrendado, a indemnização ao proprietário tem de considerar a existência de arrendamento, que pode ser um factor valorizador, como causador de uma mais-valia ao prédio expropriado, como é o caso de um arrendamento rural em zona onde a maioria dos terrenos se encontram abandonados, ou um factor desvalorizador, como é o caso de um contrato de arrendamento para habitação de duração ilimitada cuja renda seja inferior à corrente de mercado. O cálculo da indemnização devida ao seu proprietário deve tomar em linha de conta o valor da renda que lhe vinha sendo paga pelos arrendatários, bem como o período previsível da sua duração. O quadro legislativo à luz do qual deve ser perspectivada a evolução previsível do arrendamento em questão é o que estava em vigor à data da publicação da declaração da utilidade pública da expropriação. O valor dos bens expropriados deve corresponder ao somatório das rendas que os proprietários poderiam receber – duração provável do arrendamento – adicionado ao valor do imóvel devoluto no termo do contrato, após a adequada valorização, de forma a traduzir valores futuros em valor actuais (Acórdão da Relação de Lisboa, de 21.10.08, Processo nº 4184/2008-1).

e) Só as construções com autonomia económica devem ser consideradas na avaliação do solo apto para construção, de acordo com os critérios estabelecidos nos n.os 1 e 2, do artigo 28º. As demais construções, que constituem benfeitorias úteis, devem ser valorizadas autonomamente, mas não são de considerar novamente no valor do solo calculado de acordo com o referido critério (Acórdão da Relação de Guimarães, de 30.04.09, Processo nº 2183/08-1).

f) Quando a expropriação implica a aquisição de um novo lar, deve ter-se em conta a necessidade de fazer face aos encargos e despesas, tais como a procura e reorganização de vida, mudança dos bens móveis e o cancelamento da contratação imobiliária (Acórdão da Relação do Porto, de 16.03.10, Processo nº 96/04.7TBETR.P1).

ARTIGO 29º
Cálculo do valor nas expropriações parciais

1 – Nas expropriações parciais, os árbitros ou os peritos calculam sempre, separadamente, o valor e o rendimento totais do prédio e das partes abrangidas e não abrangidas pela declaração de utilidade pública.

2 – Quando a parte não expropriada ficar depreciada pela divisão do prédio ou desta resultarem outros prejuízos ou encargos, incluindo a diminuição da área total edificável ou a construção de vedações idênticas às demolidas ou às subsistentes, especificam-se também, em separado, os montantes da depreciação e dos prejuízos ou encargos, que acrescem ao valor da parte expropriada.

3 – Não haverá lugar à avaliação da parte não expropriada, nos termos do nº 1, quando os árbitros ou os peritos, justificadamente, concluírem que, nesta, pela sua extensão, não ocorrem as circunstâncias a que se referem as alíneas a) e b) do nº 2 e o nº 3 do artigo 3º.

1. Prevê o nº 1 deste artigo o cálculo pelos árbitros e pelos peritos do valor dos prédios nos casos da sua expropriação parcial, e estatui, para essa hipótese, que o devem fazer separadamente, em relação ao valor e ao rendimento totais do prédio e das partes abrangidas e não abrangidas pela respectiva declaração de utilidade pública.[223]

Está inserido num contexto normativo relativo à determinação do valor da indemnização devida aos expropriados no caso das expropriações parciais, que são aquelas que incidem apenas sobre parte de um prédio, o que pode gerar a depreciação da parte não expropriada, ou seja, da sua parte sobrante.

O conceito de prédio a que este normativo se reporta abrange os rústicos e os urbanos, tal como são caracterizados pelo artigo 204º, nº 2, do Código Civil, caracterização que não coincide com o disposto nos artigos 3º e 4º do Código do Imposto Municipal Sobre Imóveis que, no seu artigo 5º, configura a categoria do prédio misto, ou seja, o que insira parte rústica e parte urbana, sem que nenhuma delas possa ser havida como principal.

Temos, assim, que o normativo em análise abrange os prédios urbanos e rústicos e os mistos, mas não, em princípio, pela natureza das coisas, os edifícios sem logradouro. Mas nada impede a expropriação apenas do logradouro de um prédio urbano.

---

[223] Este artigo está conexionado com o disposto nos artigos 3º, n.ºs 2, alíneas a) e b) e 3, 49º, nº 3, e 55º, todos deste Código.

Em qualquer caso de expropriação, decorre deste normativo que os árbitros e os peritos devem calcular sempre, separadamente, por um lado, o valor e o rendimento total do prédio, e, por outro, o valor e o rendimento das partes abrangidas e não pela expropriação.

A expressão *sempre* reporta-se ao cálculo do valor e do rendimento unitários do prédio e ao relativo a cada uma das suas partes, a expropriada e a não expropriada, salvo a situação de limitação da avaliação a que alude o nº 3 deste artigo.

O valor locativo ou de rendimento ou de exploração é o que resulta da capitalização, a determinada taxa conveniente, dos rendimentos médios proporcionados pela propriedade.[224]

Apesar de o rendimento ser, não raro, instrumental quanto à determinação do valor dos bens, a lei exige que os árbitros e os peritos, na espécie, os calculem em separado.

O cálculo em separado a que se reporta o normativo em análise não é preterido pela circunstância de os proprietários dos prédios parcialmente expropriados optarem pela formulação do pedido de expropriação total nos termos dos artigos 3º, nº 2 e 55º, nº 1, ambos deste Código.

2. Prevê o nº 2 deste artigo as situações em que a parte não expropriada fica depreciada pela divisão do prédio ou em que desta resultem outros prejuízos ou encargos, incluindo a diminuição da área total edificável, ou a construção de vedações idênticas às demolidas ou às subsistentes, e estatui, por um lado, que se especificam também, em separado, os montantes da depreciação e dos referidos prejuízos ou encargos, e, por outro, que acrescem ao valor da parte expropriada.

Reporta-se, pois, este normativo aos casos em que, em razão da expropriação parcial de um prédio e da sua consequente divisão, a parte sobrante fica depreciada, ou em que da referida divisão resultam para o proprietário prejuízos ou encargos.

Dele decorre o princípio de que a entidade beneficiária da expropriação deve indemnizar o expropriado por todos os prejuízos resultantes da expropriação, relativamente ao prédio que foi objecto de fragmentação, por virtude desta, mas sem inclusão dos prejuízos que eventualmente resultem da própria execução da obra pela referida entidade.

---

[224] Neste sentido, pode ver-se ARTUR BEZELGA, "Os Métodos de Avaliação e a Expropriação por Utilidade Pública, Abordagem de Síntese", Texto Policopiado, Centro de Estudos Judiciários, Lisboa, 2009.

A depreciação a que a lei se reporta é a que se traduz em diminuição proporcional do valor de mercado da parte sobrante. O prejuízo é, por seu turno, o dano ou perda patrimonial, e o encargo é, essencialmente, a despesa que tem de ser realizada em virtude da referida divisão do prédio.

Há prejuízo para o proprietário por virtude da divisão do prédio, por exemplo, quando em razão dela os custos de produção de um terreno agrícola aumentam.

A depreciação e o prejuízo directamente resultantes da expropriação parcial, a que a lei se reporta, ocorrem, por exemplo no caso de a parte sobrante, por qualquer facto, deixar de ser edificável, ficar reduzido o seu anterior índice de construção, ocorrer a impossibilidade de cultivo por virtude da perda da água de poço existente na parte expropriada do prédio, o encravamento ou o défice de acesso à via pública.

A referida depreciação é susceptível de resultar de outras circunstâncias relativas à proporcionalidade entre a dimensão do prédio, no confronto da actividade nele exercida, da circulação interna nos prédios, das vedações, ou da diminuição de áreas de pastagens.

Entre outros prejuízos e encargos da parte sobrante, a que este normativo se refere, temos a construção necessária de muros de suporte ou de vedações, ou a perda de rendimento em razão do aumento do custo da produção por virtude da fragmentação predial em causa.[225]

Em qualquer caso, porém, conforme resulta do artigo 563º do Código Civil, tem de existir um nexo de causalidade adequada entre o facto da expropriação parcial do prédio em causa e os danos, incluindo os derivados da depreciação e as despesas que a lei designa por encargos.

É nessa situação de depreciação da parte sobrante, de prejuízo ou de acréscimo de encargos que aos árbitros e aos peritos se impõe a especificação em separado dos respectivos montantes.

O valor assim determinado em separado vai acrescer ao valor da parte expropriada do prédio.[226]

Há, porém, depreciações e prejuízos que não resultam directamente da expropriação, mas apenas indirectamente, por decorrerem de actuações pos-

---

[225] Neste sentido, podem ver-se JOSÉ OSVALDO GOMES, *obra citada*, páginas 216 a 220, e PEDRO ELIAS DA COSTA, *obra citada*, páginas 320 a 325.

[226] Sobre o dever dos árbitros e dos peritos de determinarem se a expropriação gerou ou não directamente alguma mais valia na parte sobrante do prédio e, em caso afirmativo de a deduzirem ao montante global da indemnização, veja-se PEDRO ELIAS DA COSTA, *obra citada*, páginas 326 e 327.

teriores da entidade beneficiária da expropriação, como é o caso, por exemplo, da depreciação ambiental, da instalação na parcela sobrante de infra-estruturas, da constituição de servidões administrativas ou da sujeição a restrições de utilidade pública.

Como estas depreciações e prejuízos não resultam directamente da expropriação, mas de actuações posteriores da entidade beneficiária da expropriação, não são susceptíveis de indemnização no âmbito do processo de expropriação. Isso não obsta, porém, ao direito do expropriado à indemnização do prejuízo derivado de servidão administrativa afectante da parte sobrante da parcela expropriada, nos termos do artigo 8º, nº 2, deste Código, mas não no próprio processo de expropriação.

Todavia, não parece que o expropriado tenha direito a ser indemnizado, pela entidade beneficiária da expropriação, do dano ambiental derivado da construção de uma auto-estrada e da circulação nela de veículos automóveis, ou do ruído ou da poluição que eles provocam.[227]

Acresce que, como é natural, a esta indemnização não é deduzido o valor das obras realizadas pela entidade beneficiária da expropriação na sequência do pedido de expropriação total a que se reportam os artigos 3º, nº 2, e 55º a 57º, todos deste Código.

3. Prevê o nº 3 deste artigo o caso de os árbitros ou os peritos, justificadamente, concluírem que na parte não expropriada, pela sua extensão, não ocorrem as circunstâncias a que se referem as alíneas a) e b) do nº 2 e o nº 3 do artigo 3º, e estatui, para essa hipótese, não haver lugar à avaliação nos termos do nº 1 deste artigo.

Temos, assim, estarem os peritos e os árbitros dispensados, nas expropriações parciais, do cálculo separado do valor e do rendimento da parte não expropriada, se, justificadamente, concluírem que ela assegura proporcionalmente os mesmos cómodos que todo o prédio assegurava ou se os cómodos por ela assegurados assumirem interesse efectivo para o expropriado.

Todavia, este normativo não dispensa aos árbitros nem aos peritos o cálculo separado do valor e o rendimento totais do prédio e da parte abrangida pela expropriação, porventura com o escopo de mais ampla motivação da avaliação da parte expropriada do prédio.

---

[227] Neste sentido, pode ver-se FERNANDO ALVES CORREIA, "Manual de Direito do Urbanismo", II Volume, Coimbra, 2010, páginas 260 a 262.

A entidade beneficiária da expropriação deve pagar ao proprietário, no caso de expropriação de uma parcela de um prédio rústico de uso agrícola arrendado, resultando três parcelas sobrantes, o valor real e corrente da parcela expropriada mais o valor das depreciações das partes sobrantes face à construção empreendida.

As circunstâncias a que se reportam as alíneas a) e b) do nº 2 do artigo 3º são as de a parte restante não assegurar, proporcionalmente, os mesmos cómodos que oferecia todo o prédio, e de os cómodos assegurados pela parte restante não envolverem interesse económico efectivo para o expropriado.

Consequentemente, verificado pelos árbitros ou pelos peritos que se não verificam as circunstâncias negativas acima referidas, não têm de proceder à avaliação separada do valor e o rendimento da parte do prédio não expropriada, ou seja, da parte sobrante da expropriação.

Os árbitros e os peritos, nos respectivos relatórios, devem expressar, se for caso disso, os fundamentos de facto e de direito justificativos da não avaliação separada a que alude o nº 1 deste artigo.

4. Sobre a matéria a que este artigo se reporta pronunciaram-se, entre outras, as seguintes decisões judiciais:

a) Deve ser incluído no âmbito da indemnização o prejuízo derivado do desnivelamento relativamente aos novos arruamentos com que ficou a parte sobrante do prédio destinada a habitação, no que concerne ao maior nível sonoro do trânsito, em virtude daquele desnível e do necessário encaminhamento das aguais pluviais (Acórdão da Relação do Porto, de 04.11.04, CJ, Ano XXIX, Tomo 5, página 165).

b) Deve ser paga a indemnização que suporte a reconstrução dos muros ou vedações destruídos, caso se torne necessário, ou a construção de novos muros e vedações cuja necessidade veio a surgir em virtude da expropriação. O processo de expropriação não é o meio próprio para o expropriado fazer valer a pretensão de obrigar a entidade beneficiária da expropriação a proceder à construção de muros nas partes sobrantes (Acórdão da Relação de Coimbra, de 11.01.2005, Processo nº 3 411/05).

c) Os prejuízos ambientais que resultam da construção de um itinerário complementar não são indemnizáveis, porque não resultam directamente da expropriação parcial do prédio e da sua divisão (Acórdão da Relação de Guimarães, de 16.03.05, Processo nº 2333/04-1).

d) Na expropriação parcial, o expropriado deve ser ressarcido de qualquer prejuízo atendível que dela lhe tenha advindo. O dano derivado do ruído

PARTE II – O CÓDIGO DAS EXPROPRIAÇÕES **ART. 29º** 219

proveniente do tráfego numa estrada, embora não resulte directamente do acto expropriativo, deriva da normal utilização da obra que o justificou e, consequentemente, deve ser valorizado (Acórdão da Relação de Évora de 17.5.2007, Processo nº 390/07-3).

e) O expropriado deve ser ressarcido por virtude de a parte sobrante do prédio donde foi destacada a parcela expropriada sofrer redução no seu valor, em razão de ficar onerada com servidão administrativa *non aedificandi* para obras de ampliação ou reconstrução (Acórdão da Relação de Guimarães, de 12.06.07, Processo nº 1012/07-2).

f) A depreciação da parte sobrante é apenas a resultante da divisão do prédio, e os outros prejuízos ou encargos são, por exemplo, a diminuição da área total edificável ou a reconstrução de vedações idênticas às demolidas (Acórdão da Relação de Coimbra, de 26.06.07, Processo nº 686/03.4TBTNV.C1).

g) Os benefícios de proximidade da auto-estrada prevalecem sobre os malefícios ao nível ecológico, pelo que estes não devem ser objecto de indemnização. O processo expropriativo não é o próprio para apreciar qualquer dano não previsto no artigo 29º (Acórdão da Relação de Guimarães, de 28.06.07, Processo nº 829/07).

h) A servidão *non aedificandi* sobre a parte sobrante duma parcela de terreno expropriada, com capacidade edificativa antes do processo expropriativo, emergente da implantação de uma auto-estrada, deve ser indemnizada, dada a inconstitucionalidade do artigo 8º, nº 2, por violação dos artigos 13º, 2 e 9º e 62º, nº 2, da Constituição (Acórdão da Relação de Guimarães, de 14.01.08, Processo nº 2319/07).

i) A limitação do acesso rodoviário decorrente da expropriação parcial da parcela deve considerar-se como prejuízo – diminuição funcional relevante – e, por isso, é ressarcível (Acórdão da Relação de Guimarães, de 31.01.2008, CJ, Ano XXXIII, Tomo 1, página 276).

j) Nas expropriações parciais releva a situação do prédio de onde é destacada a parcela objecto de expropriação, entendido como uma unidade, e não a situação dessa parcela isoladamente considerada, visto que esta, na data da publicação da declaração de utilidade pública, não tinha existência autónoma (Acórdão da Relação de Lisboa, de 06.11.08, Processo nº 6772/2008-6).

k) O nº 2 do artigo 29º do Código das Expropriações não confina a depreciação da parte restante ao prejuízo directo resultante da divisão do pré-

220 CÓDIGO DAS EXPROPRIAÇÕES E ESTATUTO DOS PERITOS AVALIADORES

dio, devendo considerar-se os outros prejuízos e encargos decorrentes da obra intencionada, desde que sejam previsíveis e onerem especificamente a parcela sobrante (Acórdão da Relação de Guimarães, de 11.09.08, Processo nº 1445/08).

l) Sendo a depreciação do valor da parcela sobrante uma consequência indirecta da afectação da parcela expropriada ao fim determinante da expropriação, devido à construção do edifício, são indemnizáveis, nos termos do artigo 29º, nº 2, deste Código, os prejuízos resultantes da desvalorização por virtude do ensombramento, da perda de vistas para o mar, da qualidade ambiental e do parque de estacionamento (Acórdão da Relação de Lisboa, de 12 de Março de 2009, Processo nº 1943/06.3TBPDL-2).

m) Na expropriação parcial, a servidão *non aedificandi* constituída na parte sobrante não dá lugar a indemnização se não impedir a edificação com o mesmo índice de construção, nem quando a área afectada pela servidão consistir em logradouro de construção existente (Acórdão da Relação de Guimarães, de 30.04.09, Processo nº 2183/08-1).

n) Não são de considerar abrangidos no cálculo da indemnização devida no âmbito do processo expropriativo as depreciações ou prejuízos indirectamente resultantes da expropriação, ou seja, os que incidem sobre a parte sobrante mas resultem da afectação da parte expropriada ao fim determinante da expropriação, como é o caso dos danos causados pela construção de uma auto-estrada e pela circulação de veículos de circulação terrestre, que, a existirem, são ressarcíveis em processo autónomo (Acórdão da Relação de Guimarães, de 25.06.09, Processo nº 431/06.2TBVCT.G1).

o) Face ao disposto no artigo 29º deste Código, os prejuízos ressarcíveis no âmbito do processo expropriativo são apenas os directamente resultantes da expropriação parcial (Acórdão da Relação do Porto de 13.10.2009, Processo nº 1136/07.2TBCHV.P1).

p) Quando a expropriação parcial de um prédio determinar o surgimento de três partes sobrantes separadas entre si e da parte restante maior, daí resultando a perda objectiva do seu interesse económico, deve a desvalorização dessas duas partes menores ser considerada no valor da indemnização devida aos expropriados (Acórdão da Relação do Porto, de 26.01.10, Processo nº 218/08.8TBVPA.P1).

q) Na expropriação parcial em que o plano director municipal determina a localização do prédio em área predominantemente residencial do nível 2, cujo índice máximo de utilização é de 1 e a cércea máxima de seis pisos, impõe-se a avaliação da totalidade do prédio e, depois, a da parcela expropriada (Acórdão da Relação do Porto, de 09.02.10, Processo nº 8477/06.4TBMAI.P1).

ARTIGO 30º
Indemnização respeitante ao arrendamento

1 – O arrendamento para comércio, indústria ou exercício de profissão liberal, ou para habitação no caso previsto no nº 2 do artigo 9º, bem como o arrendamento rural, são considerados encargos autónomos para efeito de indemnização dos arrendatários.

2 – O inquilino habitacional obrigado a desocupar o fogo em consequência da caducidade do arrendamento resultante de expropriação pode optar entre uma habitação cujas características, designadamente de localização e renda, sejam semelhantes às da anterior ou por indemnização satisfeita de uma só vez.

3 – Na fixação da indemnização a que se refere o número anterior atende-se ao valor do fogo, ao valor das benfeitorias realizadas pelo arrendatário e à relação entre as rendas pagas por este e as praticadas no mercado.

4 – Na indemnização respeitante a arrendamento para comércio, indústria ou exercício de profissão liberal atende-se às despesas relativas à nova instalação, incluindo os diferenciais de renda que o arrendatário irá pagar, e aos prejuízos resultantes do período de paralisação da actividade, necessário para a transferência, calculados nos termos gerais de direito.

5 – Na indemnização respeitante a arrendamento rural atende-se, além do valor dos frutos pendentes ou das colheitas inutilizadas, ao valor das benfeitorias a que o rendeiro tenha direito e aos demais prejuízos emergentes da cessação de arrendamento, calculados nos termos gerais de direito.

6 – O disposto nos números anteriores é também aplicável se a expropriação recair directamente sobre o arrendamento e no caso de resolução do contrato de arrendamento, nos termos dos artigos 8º e 11º do Decreto nº 139-A/79, de 24 de Dezembro.

1. Prevê o nº 1 deste artigo o arrendamento para o comércio, indústria ou exercício de profissão liberal, ou para habitação no caso previsto no nº 2 do artigo 9º, bem como o arrendamento rural, e estatui serem considerados encargos autónomos para efeito de indemnização aos arrendatários.

Está inserido num contexto normativo que se reporta essencialmente à indemnização aos arrendatários em geral no caso de expropriação dos prédios locados, pressupondo que acessoriamente, por força da lei, se extingue o contrato de arrendamento em vigor, impossibilitando a prestação do senhorio.[228]

A referida extinção não ocorre por efeito da mera publicação da declaração da utilidade pública da expropriação, mas apenas aquando da investidura da entidade beneficiária da expropriação na posse do prédio locado, ou aquando do despacho de adjudicação judicial àquela da respectiva propriedade e da posse, ou aquando da celebração do contrato de compra e venda no âmbito da chamada expropriação amigável.

Dir-se-á que a expropriação por utilidade pública dos prédios arrendados implica a caducidade do contrato de arrendamento que sobre eles incida, passando a constituir um encargo autónomo para efeito de o arrendatário ser indemnizado pela entidade beneficiária da expropriação.

A autonomia desta indemnização significa que esta não decorre da mera redução da indemnização devida ao titular do direito de propriedade sobre o prédio locado pela respectiva expropriação. Isso não significa, porém, que se não deva ter em conta, na avaliação dos prédios locados, a circunstância de estes estarem sob arrendamento.

Este regime de indemnização do arrendatário é aplicável não só no caso de a expropriação incidir directamente sobre o contrato de arrendamento, como também quando o objecto directo da expropriação é o prédio locado de que decorre a caducidade daquele contrato. Em consequência, nestas hipóteses, interessado do lado passivo, tem o arrendatário legitimidade para intervir no processo de expropriação, nos termos do artigo 9º, nº 1, deste Código.

Importa ter em conta, dado o disposto no artigo 1066º do Código Civil, que o arrendamento conjunto de uma parte urbana e de uma parte rústica é havido como urbano quando essa seja a vontade dos contratantes; e que, na dúvida, se atende, sucessivamente, ao fim principal do contrato e à renda que as partes tenham atribuído a cada uma delas; e que na falta ou insuficiência de qualquer dos referidos critérios, se tem o arrendamento por urbano.

Este artigo só se reporta, pois, ao direito de indemnização de arrendatários de prédios para fins habitacionais, rurais ou para o exercício do comércio, indústria ou profissão liberal.

A designação de arrendamento para o comércio ou indústria, profissão liberal constava dos artigos 110º a 120º e 121º e 122º do Regime do Arrendamento

---

[228] Está conexionado com o disposto nos artigos 1º, 9º, nº 2, ambos deste Código, especialmente com este último, que considera os arrendatários interessados directos na relação jurídica de expropriação, por virtude da caducidade dos respectivos contratos em razão dela.

Urbano-RAU. Actualmente, porém, a lei engloba todas as referidas espécies nos arrendamentos para fins não habitacionais, previstos nos artigos 1108º a 1113º, e regula especialmente o arrendamento para habitação nos artigos 1092º a 1107º, todos do Código Civil.

O Novo Regime do Arrendamento Urbano, aprovado pela Lei nº 6/2006, de 27 de Fevereiro, não se refere à repercussão da expropriação dos imóveis locados na relação jurídica de arrendamento, pelo que rege para o efeito o disposto no artigo em análise.

O nº 2 do artigo 9º deste Código reporta-se ao arrendatário habitacional de prédio urbano, expressando que ele só é interessado nessa qualidade quando prescinda de realojamento equivalente adequado às suas necessidades e às daqueles que com ele vivam em economia comum à data da declaração de utilidade pública.

Assim, o disposto neste artigo só é aplicável ao arrendatário habitacional se o contrato de arrendamento se extinguir por caducidade em virtude da expropriação do prédio locado, se não optar pelo seu realojamento e da respectiva família.

Conforme resulta do artigo 1051º, nº 1, alínea f), do Código Civil, o contrato de arrendamento urbano caduca no caso de expropriação do locado por utilidade pública, salvo se puder subsistir.

Qualquer que seja o arrendamento – rural, para o exercício do comércio, da indústria, de profissão liberal ou para habitação – quanto a este último se o arrendatário prescindir de alojamento, a sua extinção por virtude da caducidade da expropriação implica a autónoma indemnização do arrendatário.

Nesse caso, o arrendatário deve ser ressarcido, pela entidade beneficiária da expropriação, do prejuízo que lhe tenha advindo da extinção do contrato de arrendamento, independentemente da indemnização a que o locador tenha direito por virtude da expropriação do locado.

Em contraponto, na fixação do valor do locado, importa considerar a existência do respectivo contrato de arrendamento, em regra desvalorizador do valor de mercado do prédio.[229]

Correspondentemente, na determinação da indemnização devida ao locador pela expropriação do prédio, não devem ser consideradas as benfeitorias pelas quais o arrendatário tenha de ser indemnizado.[230]

---

[229]Neste sentido, pode ver-se o Acórdão da Relação do Porto, de 25 de Novembro de 1997, BMJ, nº 471, página 449.

[230] Neste sentido, veja-se PEDRO ELIAS DA COSTA, *obra citada*, página 343.

Conforme já se referiu, a caducidade do contrato de arrendamento ocorre, em regra, na data do auto da posse administrativa, ou do despacho de adjudicação da propriedade e da posse do prédio, em que o locatário deixa de ter o gozo do prédio locado.

Dada a letra o fim da lei, embora a extinção do contrato de arrendamento por virtude da expropriação implique a extinção do contrato de subarrendamento que haja, o subarrendatário não tem direito a indemnização.

Também tem vindo a ser discutido sobre se releva para efeito da indemnização, a que este normativo se reporta, o contrato-promessa de arrendamento e o contrato de arrendamento nulo.

Considerando a letra e o fim da lei, propendemos a considerar, em qualquer dos referidos casos, que o sujeito activo das referidas situações jurídicas, desde que, de boa fé venha ocupando o prédio expropriado, pagando ao senhorio a renda convencionada, com a intenção de se comportar como sendo arrendatário, tem direito à pertinente indemnização.[231]

2. Prevê o nº 2 deste artigo o inquilino habitacional que seja obrigado a desocupar o fogo em consequência da caducidade do arrendamento resultante de expropriação, e estatui que ele pode optar entre a obtenção de uma habitação cujas características, designadamente de localização e renda, sejam semelhantes às da anterior, ou pela indemnização a satisfazer de uma só vez.

É pressuposto da aplicação deste normativo a distinção entre os casos em que, no quadro da expropriação, o contrato de arrendamento caduca e aqueles em que não caduca.

Há, com efeito, casos em que o referido contrato de arrendamento não caduca, por exemplo nas situações de expropriação parcial, em que ele subsiste, sem prejuízo de o arrendatário, afectado pela diminuição do gozo do locado, poder exigir ao senhorio, nos termos nos termos do artigo 1040º do Código Civil, a redução proporcional da renda.

A previsão do normativo em análise, ao invés, apenas se reporta ao inquilino habitacional que seja obrigado a desocupar o prédio por virtude da caducidade do contrato de arrendamento para habitação, caso em que ele passa a ser cre-

---

[231] No sentido de que é pressuposto da referida indemnização a existência de contrato de arrendamento válido, veja-se FERNANDO GRAVATO MORAIS, "Efeitos na relação arrendatícia da expropriação por utilidade pública, em especial a indemnização do arrendatário", Texto policopiado, Centro de Estudos Judiciários, Lisboa, Outubro de 2009.

dor, no confronto da entidade beneficiária da expropriação, de um direito a indemnização em espécie ou por equivalente pecuniário.

Fora desse caso de subsistência do contrato de arrendamento, a alternativa depende da opção do arrendatário, na medida em que pode requerer à entidade beneficiária da expropriação a atribuição do gozo de uma casa semelhante, relativamente a características de localização e renda, ou o pagamento a pronto da indemnização em dinheiro.

A semelhança de características da casa arrendada e da substitutiva facultada ao arrendatário pela entidade beneficiária da expropriação deve resultar de factos de referência que a revelem, sendo que a opção daquele pelo realojamento exclui a obrigação de indemnização.

A circunstância de o arrendatário habitacional optar pelo recebimento de casa de substituição, naturalmente por via de acordo entre ele e a entidade beneficiária da expropriação, não implica, como é natural, a conclusão de que o contrato de arrendamento anterior se não extinguiu por via da expropriação.[232]

À fixação da indemnização do arrendatário, no caso de ele optar pela indemnização por equivalente pecuniário, e não pela indemnização em espécie, reporta-se o número seguinte deste artigo.

3. Prevê o nº 3 deste artigo os elementos a que se deve atender na fixação da indemnização a que se refere o nº 2, e estatui ser de considerar o valor do fogo, o valor das benfeitorias realizadas pelo arrendatário e a relação entre as rendas por ele pagas e as praticadas no mercado.

O direito de indemnização do arrendatário com base no referido diferencial da renda não depende necessariamente de já haver arrendado outra casa para a sua habitação.

Não resulta expressamente deste normativo o modo como há-de ser calculado o valor do fogo ou da renda, nem o tipo de benfeitorias que devem ser objecto de indemnização pecuniária.

A expressão *fogo*, derivada do termo latino *focus*, tem o sentido de lar ou casa habitada, a cujo valor se reportam os artigos 32º e 33º do Novo Regime do Arrendamento Urbano.[233]

---

[232] No sentido de que optando o inquilino por uma casa de substituição da expropriada não há expropriação do direito ao arrendamento, veja-se o Acórdão do Supremo Tribunal de Justiça, de 26 de Abril de 1995, CJ, Ano III, Tomo 2, página 48.

[233] O regime de determinação e verificação do coeficiente de conservação dos prédios está regulado no Decreto-Lei nº 156/2006, de 8 de Agosto, e as directrizes para a fixação do nível de conservação do locado estão previstas em anexo à Portaria nº 1192-B/2006, de 3 de Novembro.

O valor do fogo em causa é susceptível de servir para estabelecer a sua relação com a renda paga pelo arrendatário habitacional em causa e com a renda paga por outros arrendatários em mercado de proximidade quanto a fogos essencialmente semelhantes.

Na avaliação relativa ao diferencial da renda, tem vindo a ser considerado, com certa envolvência de arbítrio, ora um período de tempo curto envolvido de determinada taxa de capitalização, ou um período de tempo mais longo, não raro até dez anos.

Dado o critério legal de cálculo da indemnização por equivalente pecuniário, propendemos a considerar dever-se ter em conta, para aquele efeito, as circunstâncias da relação jurídica de arrendamento – natureza e conservação do prédio locado, tempo do arrendamento, características de senhorios e arrendatários e perspectivas de duração da relação de locação – envolvidas de juízos de equidade e de proporcionalidade.[234]

Temos, por último, como elemento constitutivo do direito à indemnização em causa, as benfeitorias feitas pelos arrendatários nos prédios locados.

A regra que decorre do artigo 29º, nº 1, do Novo Regime do Arrendamento Urbano é no sentido de que a cessação do contrato de arrendamento dá ao arrendatário o direito a compensação pelas obras licitamente feitas nos termos aplicáveis às benfeitorias realizadas pelo possuidor de boa fé, em conformidade com o disposto nos artigos 1273º a 1275º do Código Civil.

Em consequência, no que concerne às benfeitorias voluptuárias, pode o arrendatário levantá-las, se isso não implicar o detrimento do locado, e se o implicar nem as pode levantar nem tem direito a ser por elas indemnizado (artigo 1275º do Código Civil).

Nos termos do artigo 1273º do Código Civil, o arrendatário tem direito a levantar as benfeitorias úteis – dispensáveis para a conservação do prédio, mas que lhe aumentam o valor – desde que o possa fazer sem detrimento do locado, ou, se implicar aquele detrimento, a ser indemnizado pelo seu valor, calculado segundo as regras do enriquecimento sem causa, e, no que concerne às benfeitorias necessárias – evitam a perda, a destruição ou a deterioração do prédio – a ser por elas indemnizado.

---

[234] Sobre a incorrecção do critério de determinar o capital cujo rendimento gera o diferencial de renda por via de taxa de rendimento adequada à conjuntura económica, veja-se ALÍPIO GUEDES, *obra citada*, página 119.

Assim, tem o arrendatário direito a ser indemnização pelas benfeitorias necessárias e pelas benfeitorias úteis que não possa levantar sem detrimento do locado, salvo se as fizer depois da sua notificação da resolução de expropriar o prédio locado.

Tendo em conta a opção do arrendatário prevista no número anterior e o elemento literal deste normativo, propendemos a considerar que ele não abrange a indemnização correspondente às despesas feitas pelo arrendatário com a nova localização da habitação, designadamente as resultantes do transporte de mudança, nem a do dano derivado da cessação ou interrupção da actividade industrial caseira que o arrendatário habitacional exerça no locado.[235]

4. Prevê o n.º 4 deste artigo a indemnização respeitante ao arrendamento para comércio, indústria ou exercício de profissão liberal, e estatui, por um lado, dever atender-se às despesas relativas à nova instalação, nelas incluídos os diferenciais de renda que o arrendatário irá pagar, e, por outro, que se deve atender aos prejuízos resultantes do período de paralisação da actividade, necessário para a transferência, calculados nos termos gerais de direito, pressupondo a continuação deslocalizada do exercício da respectiva actividade.

Trata-se dos contratos de arrendamento que a nova lei designa por arrendamentos para fins não habitacionais, cuja referência ao cálculo dos prejuízos nos termos gerais de direito pretende significar o cálculo da indemnização pelos referidos prejuízos nos termos da lei civil geral.

No caso de os arrendatários, cujo contrato de arrendamento caducou por virtude da expropriação do prédio locado, suportarem despesas concernentes às novas instalações, incluindo o diferencial de renda para mais que haja, a respectiva vertente indemnizatória reporta-se aos respectivos montantes, que eles devem provar.

Assim, o direito de indemnização dos referidos arrendatários abrange as despesas relativas às obras nas novas instalações e à mudança dos equipamentos em causa.

O diferencial de renda a que este normativo se reporta é determinado no confronto da renda histórica e da actual ou futura que os arrendatários são forçados a pagar para continuar a mencionada actividade, nos termos acima referidos.

---

[235] Em sentido contrário, pode ver-se JOSÉ OSVALDO GOMES, *obra citada*, página 225. Veja-se, porém, o disposto no artigo 31.º deste Código.

A indemnização dos locatários decorrente dos prejuízos necessariamente derivados da paralisação da actividade comercial, industrial ou liberal é, por seu turno, calculada nos termos gerais do direito.

Trata-se de indemnização por facto lícito gerador do dano, para o que importa considerar o disposto nos artigos 562º, 563º, 564º e 566º do Código Civil, incluindo o nexo de causalidade adequada e a utilização de juízos de equidade, no limite do que se considerar provado.

É uma indemnização em dinheiro que, por isso, tem como medida a diferença entre a situação patrimonial daqueles arrendatários na data em que deixaram de ter o gozo do locado e aquela em que estariam no momento do apuramento dos factos relativos ao prejuízo se não tivesse ocorrido a caducidade do contrato de arrendamento.[236]

Os prejuízos resultantes da paralisação da actividade profissional do arrendatário têm de ser determinados tendo em conta, além do mais, o tempo respectivo, a não realização de operações negociais, a perda de lucro concernente e de clientela, o valor dos salários pagos e da taxa social única paga à segurança social, na envolvência de juízos de equidade e de proporcionalidade.

Ocorre, em regra, conexão entre o tempo de paralisação da actividade em causa e o tempo da mudança de instalações, que não deve ultrapassar o que for objectivamente necessário, tendo em conta, além do mais, a natureza e a quantidade dos elementos materiais a transferir e a maior ou menor dificuldade e complexidade de viabilizar a operacionalidade das novas instalações.

Em perspectiva mais ampla, dir-se-á poderem também relevar no cálculo da indemnização em causa, por exemplo, a duração da actividade no locado, as despesas feitas para a contratação de espaço similar adequado ou a necessidade de mudança de actividade.

O cálculo da mencionada indemnização deve operar com base nos factos invocados pelo arrendatário e na prova produzida, entre a qual é susceptível de relevar a derivada da sua declaração à Administração Fiscal para efeitos de liquidação do imposto sobre o rendimento de pessoas singulares ou colectivas e dos recibos de pagamento de salários e da taxa social única.[237]

---

[236] Sobre o direito a indemnização dos proprietários dos prédios a indemnização pela interrupção da actividade comercial, industrial, liberal ou agrícola que neles exerçam, veja-se o artigo 31º deste Código.
[237] Neste sentido, pode ver-se o Acórdão do Supremo Tribunal de Justiça, de 24 de Outubro de 1996, Processo nº 578/96.

A diferença na esfera patrimonial dos arrendatários envolve o défice de rendimento por eles auferido, incluindo o correspondente à perda de clientela que resulte de paralisação da actividade em causa.[238]

O referido regime, porque a lei o não exclui, é aplicável quando a expropriação incide excepcionalmente sobre o próprio contrato de arrendamento.

5. Prevê o nº 5 deste artigo a indemnização respeitante a arrendamento rural, e estatui, para essa hipótese, que se atende ao valor dos frutos pendentes, das colheitas inutilizadas, das benfeitorias a que o rendeiro tenha direito e aos demais prejuízos emergentes da cessação de arrendamento, calculados nos termos gerais de direito.

Mas o que é calculado nos termos gerais de direito não são os prejuízos, mas sim o valor da indemnização em virtude deles, ao invés do que parece estar expresso no normativo em análise.

De harmonia com a noção de prédio rústico do artigo 204º, nº 2, do Código Civil, é decisiva para a qualificação de um contrato como sendo de arrendamento rural a destinação económica dos terrenos e construções que constituam o seu objecto mediato.

O novo regime do arrendamento rural consta do Decreto-Lei nº 294/2009, de 13 de Outubro, envolvendo, nos termos do seu artigo 3º, nº 1, três tipos de contratos de arrendamento rural, ou seja, o agrícola, o florestal e o de campanha.

Nos termos do artigo 2º, n.os 1 e 2, do referido diploma, o arrendamento rural é a locação total ou parcial de prédios rústicos, para fins agrícolas, florestais, ou outras actividades de produção de bens ou serviços associadas à agricultura, à pecuária e à floresta, e presume-se como tal o que recaia sobre prédios rústicos, quando do contrato e respectivas circunstâncias não resulte destino diferente.

Acresce, conforme decorre do nº 3 do artigo 2º do aludido diploma, que o arrendamento conjunto de uma parte rústica e de uma parte urbana é considerado rural quando seja essa a vontade expressa dos contratantes ou, na dúvida, quando seja considerado como tal, nos termos do artigo 1066º do Código Civil.

---

[238] No sentido de a perda da clientela ser indemnizável, pode ver-se PEDRO ELIAS DA COSTA, *obra citada*, página 346. No sentido contrário, mas imputando ao normativo em análise a violação dos artigos 13º, nº 1 e 62º, nº 2, da Constituição, pode ver-se FERNANDO ALVES CORREIA, "Manual de Direito do Urbanismo", volume II, Coimbra, 2007, páginas 267 e 268.

Nos termos dos artigos 15º, nº 1, e 18º, nº 1, alínea c), do referido diploma, o contrato de arrendamento rural cessa por caducidade no caso de expropriação do prédio locado, salvo se esta for compatível com a sua subsistência.

Conforme decorre dos n.ᵒˢ 2 e 3 do artigo 18º do mesmo diploma, a expropriação da totalidade do prédio arrendado importa a caducidade do arrendamento rural, e, se a expropriação for total, o arrendamento é considerado como encargo autónomo para efeitos de indemnização do arrendatário pela entidade beneficiária da expropriação.

Face ao disposto no nº 4 do artigo 18º do aludido diploma, no cálculo da indemnização, além do valor dos frutos pendentes e das colheitas inutilizadas, atende-se ao valor dos capitais investidos e demais prejuízos emergentes da cessação do arrendamento, calculados nos termos gerais de direito, do que decorre a sua quase identidade com o nº 5 do artigo ora em análise.

Acresce, nos termos do nº 5 do artigo 18º do mesmo diploma, que se a expropriação for parcial, o arrendatário, independentemente dos direitos referidos no número anterior em relação à parte expropriada, pode optar pela resolução do contrato de arrendamento ou pela redução proporcional da renda.

Temos, pois, que na indemnização autónoma do arrendatário se atende ao valor dos frutos pendentes ou das colheitas inutilizadas, ao valor das benfeitorias a que ele tenha direito e aos demais prejuízos por ele sofridos calculados nos termos gerais de direito.

O conceito de frutos pendentes envolve os ligados às coisas que os produziram, enquanto o de colheitas tende, na terminologia agrícola, a significar a safra ou recolha dos frutos das árvores ou os produtos do solo agrícola. O conceito de colheita, por seu turno, é utilizado no duplo sentido de frutos ou produtos já colhidos e pendentes de formação.

Nesta perspectiva, propendemos a considerar que as colheitas inutilizadas a que este normativo se reporta são as respeitantes aos frutos e produtos ainda em formação afectados pela expropriação.

Quanto às benfeitorias pelas quais o arrendatário deve ser indemnizado importa ter em conta o disposto a propósito no referido Decreto-Lei nº 294/2009, de 13 de Outubro.

Nos termos do seu artigo 23º, nº 1, o arrendatário pode realizar no prédio arrendado acções de recuperação sem o consentimento do senhorio, se este estiver em mora quanto à obrigação de fazer reparações que, pela sua urgência, não se compadeçam com a demora do respectivo procedimento judicial, ou, independentemente da referida mora, sob mero aviso contemporâneo ao senhorio, se a respectiva urgência não permitir qualquer dilação, em qualquer caso com direito ao pertinente reembolso.

Considerando o que se prescreve no nº 2 do referido artigo 23º daquele Decreto-Lei, salvo cláusula contratual em contrário, o arrendatário carece do consentimento do senhorio para a realização de benfeitorias úteis no prédio arrendado, e, face ao disposto no seu nº 4, as benfeitorias úteis feitas sem aquele consentimento não justificam a indemnização subsequente à cessação do contrato de arrendamento.

Acresce, face ao disposto nos n.os 5 e 6 do mesmo artigo 23º, que as benfeitorias úteis realizadas pelo arrendatário com o consentimento do senhorio dão direito ao pagamento ao mesmo de indemnização se reverterem para o último após a cessação do contrato de arrendamento, e que, salvo cláusula em contrário, aquela cessação por qualquer causa implica a reversão para o mesmo das benfeitorias feitas pelo arrendatário.

Ademais, por força do disposto no artigo 24º do aludido diploma, a indemnização pelas benfeitorias úteis realizadas pelo arrendatário com consentimento do senhorio, que para este revertam no fim do arrendamento, é calculada tendo em conta o custo suportado pelo arrendatário, as vantagens das quais ele haja usufruído na vigência do contrato e o proveito patrimonial e de rendimentos que delas resultem futuramente, para o senhorio, cujo pagamento pode ser fraccionado, de forma a que as prestações se efectuem aquando da percepção pelo senhorio dos benefícios resultantes das benfeitorias.

Resulta, pois, do exposto que o arrendatário rural cujo contrato se extinga por virtude da expropriação do prédio arrendado, tem, por um lado, direito à indemnização pelas benfeitorias necessárias previstas no artigo 23º, nº 1, do Decreto-Lei nº 294/2009, de 13 de Outubro, ou seja, as pertinentes reparações no prédio arrendado, mas não pelas benfeitorias voluptuárias que haja feito.

E, por outro, tem direito a indemnização pelas benfeitorias úteis que haja feito no prédio locado, por exemplo, os poços, minas, muros de socalco ou de suporte, desde que consentidas pelo senhorio.

Além disso, tem o arrendatário rural direito a indemnização pelos demais prejuízos derivados da cessação do contrato de arrendamento – danos emergentes e lucros cessantes – calculados nos termos dos artigos 562º a 564º, segundo o critério da diferença constante no nº 2 do artigo 566º, todos do Código Civil.

Os momentos referenciais para a aplicação destas normas são, por um lado, o da perda pelo arrendatário do domínio de facto sobre o prédio arrendado e o termo do ano agrícola no dia 29 de Setembro e, por outro, o do apuramento dos factos relativos aos danos em causa.

Entre os danos emergentes são susceptíveis de se verificar os que derivam do subaproveitamento dos bens de produção pertença do arrendatário, da venda forçada de gado de rendimento ou de trabalho, de perda de capital de exploração circulante, como é o caso de sementes, fertilizantes e alimentos para o gado. Os lucros cessantes correspondem, por seu turno, aos benefícios que o arrendatário deixou de obter em consequência da perda do domínio de facto sobre o prédio expropriado.

No plano da prova, são susceptíveis de relevar as últimas declarações do arrendatário à Administração Fiscal para efeito de liquidação do imposto sobre o rendimento das pessoas singulares ou das pessoas colectivas, conforme os casos.

6. Prevê o n.º 6 deste artigo, por um lado, os casos em que a expropriação recai directamente sobre o arrendamento, e, por outro, de resolução do contrato de arrendamento, nos termos dos artigos 8.º e 11.º do Decreto n.º 139-A/79, de 24 de Dezembro, e estatui ser aplicável o disposto nos números anteriores.

Versa, pois, o normativo em análise sobre a aplicação do disposto nos normativos anteriores ao arrendamento como objecto primário da expropriação.

A sua primeira parte visa às expropriações em geral que incidam sobre qualquer um dos tipos de contrato de arrendamento, e não sobre o prédio a aquele contrato se reporta. Nesse caso, por força do normativo em análise, é aplicável, com as necessárias adaptações, o regime que decorre dos n.os 1 a 5 deste artigo.

Todavia, a última parte do normativo em análise expressa que o mencionado regime também é aplicável ao caso de resolução do contrato de arrendamento nos termos dos artigos 8.º e 11.º do Decreto-Lei n.º 139-A/79, de 24 de Dezembro.

Ora, o Decreto-Lei n.º 139-A/79, de 24 de Dezembro, por via da Declaração de Rectificação n.º 168/80, de 23 de Julho de 1980, passou a ter o n.º 507-A/79, de 24 de Dezembro, em cujos artigos 8.º e 11.º regulava os casos de denúncia motivada, de resolução e de caducidade dos contratos de arrendamento de imóveis do Estado.

Todavia, o referido Decreto-Lei n.º 507-A/79, de 14 de Dezembro, foi revogado pelo artigo 128.º, alínea m), do Decreto-Lei n.º 280/2007, de 7 de Agosto, que se reporta, além do mais, ao arrendamento de imóveis do Estado.

Este último diploma refere, no artigo 63.º, ser aplicável aos mencionados arrendamentos o disposto na lei civil, com excepção dos artigos 64.º e 65.º.

Por força do artigo 64º, n.ºs 1 e 2, daquele diploma, o Estado pode denunciar os contratos de arrendamento antes do termo do prazo ou da sua renovação, sem dependência de acção judicial, quando os prédios se destinem à instalação e ao funcionamento dos seus serviços ou a outros fins de interesse público, sob autorização pelo membro do Governo responsável pela área das finanças e notificação do arrendatário pela Direcção-Geral do Tesouro.

E, face ao disposto no nº 3 do referido artigo, se o arrendatário não desocupar o prédio no prazo de 120 dias a contar da mencionada notificação, fica sujeito a despejo imediato, sem dependência de acção judicial, a executar nos termos do nº 3 do artigo 76º daquele diploma.

Acresce, nos termos do artigo 65º, nº 1, do mesmo diploma, que a desocupação resultante de denúncia por motivos de interesse público confere ao respectivo arrendatário o direito à indemnização correspondente a uma renda por cada mês de antecipação relativamente ao termo previsto para o contrato, com o limite de doze rendas e à compensação pelas benfeitorias previamente autorizadas e não amortizadas que tenham provocado o aumento do seu valor locativo.

Todavia, nos termos do nº 2 do aludido artigo, o valor da mencionada compensação não pode exceder o correspondente ao do referido aumento do valor locativo dos prédios.

Finalmente, decorre do nº 3 do mesmo artigo, não ter o arrendatário direito a indemnização ou compensação nos casos em que venha a ocupar imóvel disponibilizado pelo Estado que reúna condições funcionalmente idênticas às do imóvel desocupado.

Ora, o Decreto-Lei nº 280/2007, de 7 de Agosto, que substituiu o Decreto-Lei nº 507-A/79, de 14 de Dezembro, não se refere à resolução do contrato de arrendamento, mas apenas à respectiva denúncia com vista à instalação e ao funcionamento dos serviços do Estado ou a outros fins de interesse público.

Mas, para esse caso, o mencionado diploma estabelece um regime especial de indemnização devida aos arrendatários que pretere o que consta da segunda parte do normativo em análise.

Pelo exposto, propendemos a considerar que o segmento da segunda parte do nº 6 deste artigo – *e no caso de resolução do contrato de arrendamento nos termos dos artigos 8º e 11º do Decreto nº 139-A/79, de 24 de Dezembro* – está tacitamente revogado.

7. Relativamente à matéria a que este artigo se reporta pronunciaram-se, entre outras, as seguintes decisões judiciais:

a) A indemnização autónoma do arrendatário rural é cumulável com a do proprietário, que não deixa de o ser pelo facto de ser arrendatário e comproprietário de parte da parcela (Acórdão da Relação de Lisboa, de 25.02.01, CJ, Ano XXVI, Tomo 1, página 271).

b) O acordo entre a entidade beneficiária da expropriação e o arrendatário rural, no decurso do processo, pode constar de documento particular de quitação subscrito pelo último (Acórdão da Relação de Guimarães, de 03.11.2004, CJ, Ano XXIX, Tomo 5, página 277).

c) Como o arrendamento é um encargo autónomo para efeito de indemnização, não há necessidade de a arbitragem destinada a fixar a correspondente indemnização se debruçar sobre a indemnização devida ao proprietário do prédio, caso esta já tenha sido objecto de anterior decisão arbitral (Acórdão da Relação de Coimbra, de 14.03.2006, Processo nº 107/06).

d) Na determinação do valor da indemnização devida ao arrendatário comercial deve atender-se às despesas relativas à nova instalação, incluindo os diferenciais de renda que o arrendatário irá pagar e os prejuízos resultantes do período de paralisação da actividade necessária para a transferência (Acórdão da Relação de Lisboa, de 20.04.06, www.dgsi.pt).

e) Os prejuízos emergentes da cessação do arrendamento rural, calculados nos termos gerais de direito, abarcam os lucros cessantes, ou seja, as expectativas de ganho resultantes da continuação da actividade de rendeiro (Acórdão da Relação de Évora, de 01.03.07, Processo nº 747/05-2).

f) O critério valorimétrico na determinação da perda da vantagem económica do arrendatário, decorrente da diferença entre a renda histórica praticada e a renda actual, terá de assentar num capital a esgotar ao fim de certo prazo. A indemnização pelo diferencial de rendas deverá ainda levar em conta a evolução da unidade monetária em que a mesma se irá exprimir e a circunstância da indemnização ser paga de uma só vez (Acórdão da Relação de Lisboa, de 23.10.07, Processo nº 1119/07-7).

g) A indemnização devida ao arrendatário em virtude de expropriação não é dedutível à indemnização devida ao proprietário expropriado (Acórdão da Relação de Guimarães, de 31.01.08, CJ, Ano XXXIII, Tomo 1, página 276).

h) O valor da indemnização a atribuir ao arrendatário corresponde à que este tem direito por virtude da caducidade do contrato, benfeitorias e prejuízos, não devendo ser deduzida na indemnização fixada ao proprietário (Acórdão da Relação do Porto de 15.04.08, Processo nº 0726871).

i) Invocados em processo de expropriação, como causa de pedir, factos relativos a um contrato de arrendamento rural, a não junção aos autos de um exemplar escrito desse contrato constitui a excepção dilatória prevista no artigo 35°, n° 5, do Regime do Arrendamento Rural, que tem como consequência a extinção da instância, a menos que se alegue que a falta é imputável à parte contrária (Acórdão da Relação de Guimarães, de 13.11.08, Processo n° 1942/08-2).

j) A expropriação por utilidade pública importa a caducidade do contrato de arrendamento rural. Sendo nulo o contrato de subarrendamento rural, não pode o subarrendatário exigir da entidade beneficiária da expropriação o encargo autónomo de indemnização (Acórdão do STJ, de 03.02.09, Processo n° 3881/08 – 6.ª Secção).

k) A caducidade do contrato de arrendamento por efeito da expropriação do imóvel locado ocorre aquando da impossibilidade objectiva de o locador assegurar ao locatário o seu gozo. Na falta de acordo sobre o momento do despejo, aquela impossibilidade ocorre aquando da investidura da entidade beneficiária da expropriação na posse do prédio expropriado. O pagamento pela entidade beneficiária da expropriação de uma indemnização ao locatário do prédio expropriado, nos termos dos artigos 9° e 30° deste Código, não equivale à referida impossibilidade, pelo que não isenta o locatário da obrigação de pagar as rendas, sem prejuízo de ele poder denunciar o contrato (Acórdão da Relação de Guimarães, de 26.03.09, Processo n° 3438/07.9TBVCT.G1).

l) A caducidade do contrato de arrendamento por virtude da expropriação por utilidade pública do prédio arrendado ocorre com a declaração de expropriação, embora a posse efectiva da entidade beneficiária da expropriação só se consume com o desapossamento efectivo, com o auto de posse administrativa e sua notificação aos expropriados e outros interessados. O proprietário expropriado não pode continuar a exigir do arrendatário as rendas a partir da declaração de utilidade pública da expropriação, sendo que as rendas que estava a receber, e que, por via da expropriação deixou de obter, devem ser consideradas na fixação da justa indemnização (Acórdão do STJ, de 03.10.09, Processo n° 3438/07.9TBVCT.G1.S1 – 1.ª Secção).

m) O direito de indemnização do arrendatário rural pelos danos abrangidos pela expropriação prescreve no prazo de vinte anos, sendo-lhe inaplicável o disposto no artigo 498°, n° 1, do Código Civil (Acórdão da Relação do Porto, de 25.03.10, Processo n° 2058/05.7TBVCD-A.P1).

ARTIGO 31º
Indemnização pela interrupção da actividade comercial, industrial, liberal ou agrícola

1 – Nos casos em que o proprietário do prédio nele exerça qualquer actividade prevista no nº 4 do artigo anterior, à indemnização pelo valor do prédio acresce a que corresponder aos prejuízos da cessação inevitável ou da interrupção e transferência dessa actividade, pelo período de tempo objectivamente necessário, calculada nos termos do mesmo preceito.

2 – Se da expropriação resultarem prejuízos para o conjunto da exploração agrícola efectuada directamente pelo proprietário, à indemnização correspondente acresce a relativa àqueles prejuízos, calculada nos termos gerais de direito.

1. Prevê o nº 1 deste artigo os casos em que o proprietário do prédio neste exerça qualquer das actividades previstas no nº 4 do artigo anterior, e estatui, por um lado, que à indemnização pelo valor do prédio acresce a que corresponder aos prejuízos derivados da cessação inevitável ou da interrupção e transferência dessa actividade, pelo período de tempo objectivamente necessário, e, por outro, que ela é calculada nos termos do referido preceito.

Está inserido num contexto normativo que versa essencialmente sobre a indemnização pelos prejuízos decorrentes da cessação, interrupção e transferência da actividade comercial, industrial, liberal ou agrícola exercida pelos proprietários nos prédios expropriados.[239]

As actividades previstas neste normativo, dada a remissão para o nº 4 do artigo anterior, são o comércio, a indústria ou a profissão liberal que os proprietários dos prédios expropriados neles exerçam ao tempo da publicação da declaração de utilidade pública da expropriação.

Trata-se de um normativo que só é aplicável no caso de ser o proprietário a exercer no prédio expropriado a actividade a que se reporta. Com efeito, se ela for exercida por arrendatário do prédio, caduca, em regra, o respectivo contrato de arrendamento.

A indemnização aqui prevista visa cobrir os prejuízos decorrentes da cessação, interrupção e transferência da mencionada actividade pelo período de tempo estritamente necessário, determinado objectivamente.

É para estes danos que o normativo em análise prevê o direito dos proprietários dos prédios expropriados à dupla indemnização, uma pela expropriação dos prédios, e a outra pelos mencionados prejuízos.

---

[239] Este artigo está conexionado com o disposto nos artigos 1º, 23º, nº 1, 24º, nº 1, 29º e 30º, todos deste Código.

A lei condiciona, pois, a atribuição da mencionada indemnização à cessação inevitável da aludida actividade ou à sua interrupção e transferência pelo tempo objectivamente necessário.

É inevitável a referida cessação, por exemplo, quando a actividade desenvolvida dependa em absoluto das características do prédio expropriado ou quando o encargo com a obtenção de local substitutivo inviabilize economicamente a sua continuação.[240]

Nesse caso, a indemnização devida ao proprietário do prédio envolve, por um lado, o valor deste, e, por outro, o dos prejuízos decorrentes da cessação da mencionada actividade, o último a calcular nos termos gerais de direito.

Nesta hipótese, na avaliação do dano concernente, em quadro de juízos de equidade, não se exclui o referencial do valor de trespasse do estabelecimento, ou seja, o respectivo valor de mercado com base na capitalização do seu rendimento liquido anual.[241]

Com efeito, o contrato de trespasse corresponde ao que tem por objecto a alienação, onerosa ou gratuita, de um estabelecimento comercial ou industrial, ou seja, nos termos do artigo 1112º, nº 2, a contrario, quando a transmissão seja acompanhada da transferência conjunta das instalações, utensílios, mercadorias ou outros elementos que o integrem e a transmissão não vise o exercício no prédio de outro ramo de comércio ou indústria, ou, de um modo geral, não ocorra a sua afectação a outro destino.

Na prática é difícil determinar o rendimento líquido anual do estabelecimento, a menos que se possa ter acesso à respectiva contabilidade organizada e esta corresponda à realidade, o que nem sempre acontece.

No caso de interrupção da mencionada actividade, porém, a indemnização apenas cobre os respectivos prejuízos pelo tempo razoavelmente exigível a um operador económico normal ou padrão, no quadro das circunstâncias envolventes do caso.

Nesse cômputo de perda do rendimento da mencionada actividade inclui-se o que deriva da perda de clientela que tenha ocorrido sem a respectiva reconstituição, e os prejuízos directamente envolvidos pela transferência da referida actividade abrangem as despesas relativas à implementação das novas instalações em causa.

---

[240] Neste sentido, podem ver-se LUÍS PERESTRELO DE OLIVEIRA, *obra citada*, página 112; e PEDRO ELIAS DA COSTA, *obra citada*, página 354.

[241] Quanto ao critério de avaliação do trespasse de estabelecimentos, veja-se ALÍPIO GUEDES, *obra citada*, páginas 118 e 119.

O cálculo da mencionada indemnização nos termos gerais de direito significa que deve operar à luz dos artigos 562º a 564º e 566º, ou seja, tendo essencialmente em conta o critério da diferença de ordem patrimonial a que se reporta o nº 2 do último dos mencionados artigos, todos do Código Civil.

A referência aos termos gerais do direito implica que a indemnização seja susceptível de abranger os danos emergentes e os lucros cessantes, e mesmo os danos futuros, se previsíveis.

O ónus de prova dos referidos danos incumbe ao expropriado, nos termos do artigo 342º, nº 1, do Código Civil e, quanto aos meios de prova, configurar-se-ão como relevantes, além do mais, as declarações fiscais relativas aos anos imediatamente anteriores para efeito da liquidação do imposto sobre o rendimento das pessoas singulares ou colectivas, conforme os casos.

2. Prevê o 2 deste artigo os prejuízos derivados da expropriação para o conjunto da exploração agrícola efectuada directamente pelo proprietário, e estatui, por um lado, dever à indemnização relativa ao prédio acrescer a concernente àqueles prejuízos, e, por outro, que ela é calculada nos termos gerais de direito.

Trata-se da expropriação de prédio ou de prédios rústicos afectados a uma exploração agrícola desenvolvida pelo respectivo proprietário, em termos de lhe causar prejuízos.

Prevê, pois, este normativo a soma do valor da indemnização calculada nos termos do artigo 27º, nº 1, deste Código com a correspondente aos prejuízos a que se refere.

A propósito desta vertente indemnizatória importa distinguir os casos em que a expropriação inviabiliza em absoluto a continuação da exploração agrícola em prédio ou prédios diversos e aqueles em que tal não acontece.

Em qualquer caso, a indemnização dos prejuízos sofridos será calculada nos termos gerais de direito, ou seja, em conformidade com o disposto nos artigos 562º a 564º e 566º do Código Civil, conforme acima se referiu.

Na hipótese de a expropriação implicar a inviabilidade absoluta da continuação da mencionada actividade agrícola, os prejuízos em causa são susceptíveis de envolver os danos emergentes e os lucros cessantes, nos termos do nº 1 do artigo 564º do Código Civil.

No caso contrário, isto é, se puder operar a interrupção ou a transferência da referida actividade, a indemnização pode abranger os prejuízos decorrentes dos custos da implantação da estrutura necessária para a mencionada exploração agrícola, da destruição de frutos pendentes e da perda de rendimento durante o período de tempo razoável para o efeito.

No caso de possibilidade, face ao âmbito da expropriação, de manutenção da actividade agrícola em área mais reduzida do que a original, deve ser fixada a concernente indemnização, tendo em conta, além do mais, o valor das alfaias agrícolas que tiverem de ficar desactivadas.

Dado o elemento literal e o escopo deste normativo, também é aplicável aos casos de possibilidade de manutenção da actividade agrícola no âmbito da expropriação de apenas parte do respectivo prédio.

Isso não obsta, todavia, a que a expropriação parcial do prédio em que se desenvolve a exploração agrícola seja susceptível de justificar o pedido de expropriação total, verificados os pressupostos a que alude o artigo 3º, nº 2, deste Código.[242]

3. Sobre a matéria a que este artigo se reporta pronunciaram-se, entre outras, as seguintes decisões judiciais:

a) Os prejuízos indemnizáveis advenientes da exploração agrícola cessada por força da expropriação são os efectivos, e não os lucros cessantes. A consideração dos prejuízos efectivos no cálculo da indemnização depende de estarem provados, pelo menos pela sua referência expressa no auto de avaliação dos peritos (Acórdão da Relação de Lisboa, de 20.06.91, www.dgsi.pt).

b) Incluindo-se no objecto da expropriação um edifício onde os expropriados exploram um estabelecimento comercial, nenhuma indemnização é devida com referência a esse estabelecimento. O que tem lugar é a indemnização pelos prejuízos decorrentes da interrupção da actividade do estabelecimento durante o tempo necessário para a sua instalação noutro lugar (Acórdão da Relação do Porto, de 01.10.92, CJ, Ano XVII, Tomo 4, página 242).

c) Na determinação da justa indemnização devida ao proprietário de um prédio destinado à exploração agrícola com fins lucrativos, o facto de o mesmo estar situado na proximidade de centros urbanos e mercados abastecedores e com fácil acesso rodoviário tem de ser mais valorizado do que outro que, com a mesma área e tipo de produção, fique afastado ou

---

[242] Neste sentido, pode ver-se JOSÉ OSVALDO GOMES, *obra citada*, página 237.

240 CÓDIGO DAS EXPROPRIAÇÕES E ESTATUTO DOS PERITOS AVALIADORES

tenha mais difícil acesso a esses centros, caso em que se justifica a atribuição de uma majoração de 10% (Acórdão da Relação de Guimarães, de 5.6.2008, CJ, Ano XXXIII, Tomo 3, página 278).

ARTIGO 32º
Indemnização pela expropriação de direitos diversos da propriedade plena

Na expropriação de direitos diversos da propriedade plena, a indemnização é determinada de harmonia com os critérios fixados para aquela propriedade, na parte em que forem aplicáveis.

1. Prevê este artigo a indemnização por causa da expropriação de direitos diversos da propriedade plena, e estatui dever ser determinada de harmonia com os critérios fixados para aquela propriedade, isto na parte em que forem aplicáveis.[243]

Estabelece a contraposição dos direitos a que se refere com a propriedade plena, também chamada perfeita ou consolidada, ou seja, aquela cuja plenitude de direitos se inscreva na titularidade do mesmo sujeito ou dos mesmos sujeitos.

O referido conceito de propriedade plena abrange os casos de propriedade temporária, de compropriedade e de propriedade horizontal, a que se reportam os artigos 1307º, nº 2, 1403º, nº 1, e 1414º e 1420º, nº 1, do Código Civil, respectivamente.[244]

Na compropriedade, em que a propriedade plena se inscreve na titularidade de uma pluralidade de sujeitos, seja em geral, seja no caso de partes comuns dos edifícios no âmbito da propriedade horizontal, a indemnização pela expropriação tem por base a quota de cada um nesse direito. Mas este artigo não se reporta à indemnização pela expropriação de algum direito de propriedade plena, porque se refere ao cálculo da indemnização de direitos expropriados diferentes dela, para efeitos de aplicação de similar critério em tanto quanto se justificar.

---

[243] Este artigo está conexionado com o que se prescreve nos artigos 1º, 9º, nº 1, 23º, nº 1, 24º, nº 1, 26º, nº 1, 27, nº 1 e 28º, todos deste Código.

[244] No sentido de que a compropriedade e a propriedade temporária são diversos da propriedade plena, pode ver-se JOSÉ OSVALDO GOMES, *obra citada*, página 238.

A referência deste artigo a direitos diversos da propriedade plena é susceptível de abranger os direitos reais menores, bem como outras realidades insusceptíveis de subsunção ao direito de propriedade plena.

Entre os direitos reais menores temos o usufruto, o direito de uso e habitação, o direito de superfície, as servidões prediais e o direito real de habitação periódica, a que se referem os artigos 1439º, 1484º, 1524º, 1543º, todos do Código Civil, e o Decreto-Lei nº 275/93, de 5 de Agosto).[245]

A acessão mobiliária e imobiliária, a que se reportam os artigos 1339º a 1343º do Código Civil, não pode ser reconduzida a um direito real menor, porque juridicamente se trata da união de uma coisa de uma pessoa à coisa da titularidade de outra. Mas também não pode ser reconduzida para o efeito à mera benfeitoria, porque, quanto a esta, ao invés da primeira, o que ocorre, conforme decorre do artigo 216º do Código Civil, é o melhoramento de uma coisa no âmbito de determinada relação jurídica.

Todavia, dada a sua estrutura jurídica – tendencial conversão em situação de propriedade plena – justifica-se a conclusão de que o direito do incorporante se integra no disposto no artigo em análise.

Na generalidade dos casos a que este artigo se reporta, o direito de cada um dos sujeitos expropriados incide sobre a indemnização relativa aos bens expropriados, calculada em termos de propriedade plena. Assim, se estiver constituído o usufruto sobre o bem expropriado, ele passa incidir, conforme resulta do artigo 1480º do Código Civil, sobre a indemnização devida pela expropriação.

O referido na lei quanto à extinção do direito de usufruto é o que ocorre também em relação à extinção outros direitos reais menores, designadamente o uso e habitação, o direito de superfície e o direito de servidão.

Nos termos do artigo 1490º do Código Civil, no caso de se extinguir o direito de uso e habitação sobre o prédio expropriado, ele passa a incidir sobre a indemnização devida pela expropriação.

Conforme decorre do artigo 1542º do Código Civil, extinguindo-se o direito de superfície, cabe a cada um dos titulares a parte da indemnização correspondente ao valor do respectivo direito, e, extinguindo-se o direito de servidão, cabe ao respectivo titular a indemnização correspondente ao seu valor.

---

[245] O Decreto-Lei nº 275/93, de 5 de Agosto, alterado pelos Decretos-Leis n.os 180/99, de 22 de Maio, 22/2002, de 31 de Janeiro, 76-A/2006, de 29 de Março, e 116/2008, de 4 de Julho, versa sobre o regime do direito real de habitação periódica.

Finalmente, considerando o disposto nos artigos 1333º, nº 2 e 1340º, nº 2, do Código Civil, expropriado que seja o prédio em que ocorreu a acessão imobiliária industrial, cada um dos interessados, superada a situação de incerteza, receberá a parte da indemnização correspondente ao seu direito.

Na sequência, importa determinar o valor da indemnização correspondente aos mencionados direitos que se extingam, a que são aplicáveis as normas do Código do Imposto Municipal sobre as Transmissões Onerosas de Imóveis, aprovado pelo Decreto-Lei nº 287/2003, de 12 de Novembro, que seguem.

Assim, o valor da propriedade separada do usufruto ou do uso e habitação vitalícios obtém-se deduzindo ao valor da propriedade plena determinadas percentagens de harmonia com a idade da pessoa de cuja vida dependa a duração daqueles ou, havendo várias, da mais velha ou da mais nova, consoante deva terminar pela morte de qualquer uma ou da última que sobreviver.

No caso de o usufruto ou do uso ou habitação serem temporários, deduz-se ao valor da nua propriedade plena 10% por cada período indivisível de cinco anos, conforme o tempo por que esses direitos ainda devam durar, não podendo, porém, a dedução exceder a que se faria no caso de serem vitalícios [artigo 13º, alínea a)].

O valor do usufruto obtém-se descontando ao valor da propriedade plena o valor da propriedade, calculado nos termos da regra antecedente, e o valor actual do uso e habitação é igual ao do referido usufruto quando os direitos sejam renunciados, e a esse valor menos 30%, nos demais casos [artigo 13º, alínea b)].

O valor do direito de propriedade do solo, quando o direito de superfície for perpétuo, é o correspondente a 20% do valor do terreno [artigo 13º, alínea f)].

O valor do direito de superfície perpétuo é igual ao valor da propriedade plena do imóvel, deduzido o valor da propriedade do solo, calculado nos termos da alínea anterior [artigo 13º, alínea g)].

O valor da propriedade do solo, quando o direito de superfície for temporário, obtém-se, por seu turno, deduzindo ao valor da propriedade plena 10% por cada período completo de cinco anos, conforme o tempo por que aquele direito ainda deva durar, não podendo, porém, a dedução exceder 80% [artigo 13º, alínea h)].

O valor actual do direito de superfície temporário obtém-se, por seu turno, descontando ao valor da propriedade plena o valor da propriedade do solo, calculado nos termos da alínea anterior [artigo 13º, alínea i)].

O valor do terreno de prédio rústico sujeito a direito de superfície é o correspondente a 20% do respectivo valor [artigo 13º, alínea j)].

A determinação da indemnização pela expropriação do direito de habitação periódica, por virtude da sua estrutura, assume alguma especificidade, certo que, nos termos do artigo 4º, nº 1, alínea n), do Decreto-Lei nº 275/93, de 5 de Agosto, o acto da sua constituição integra o valor relativo de cada um desses direitos de acordo com determinada unidade padrão.[246]

Relativamente a cada um desses direitos reais de habitação periódica, conforme decorre dos artigos 10º e 11º, nº 2, alínea c), do Decreto-Lei nº 275/93, é emitido pela conservatória do registo predial um certificado predial que o titula, donde deve constar o respectivo valor.

Ora, decorre do referido regime legal que os titulares do direito real de habitação periódica exercerão o seu direito sobre a indemnização que tenha sido fixada em relação à propriedade do imóvel ou dos imóveis em causa.

Finalmente, uma palavra sobre os direitos reais de garantia susceptíveis de incidirem, em termos de sub-rogação, sobre o valor da indemnização correspondente aos bens a que respeitem.

Tendo em conta o que se prescreve no artigo 823º do Código Civil, se a coisa penhorada for expropriada ou sofrer diminuição de valor, e, em qualquer dos casos, houver lugar a indemnização de terceiro, o exequente conserva sobre os créditos respectivos, ou sobre as quantias pagas a título de indemnização, o direito que tinha sobre a coisa.

Acresce que a lei estabelece, a propósito da hipoteca, conforme resulta do artigo 692º, nº 3, do Código Civil, que se o bem hipotecado for expropriado, o seu titular conserva sobre a quantia paga a título de indemnização a preferência de pagamento que por virtude dela lhe cabia.

O mesmo regime, por remissão da lei, isto é, dos artigos 692º, nº 3 e 665º do Código Civil, é aplicável no caso de expropriação do imóvel sobre o qual incida a consignação de rendimentos.

Discute-se se os titulares destes direitos reais menores são credores da indemnização no confronto da entidade beneficiária de expropriação ou do titular do direito de propriedade plena sobre os bens expropriados.[247]

---

[246] O Decreto-Lei nº 275/93, de 5 de Agosto, foi alterado pelo Decreto-Lei nº 22/2002, de 31 de Janeiro.
[247] No primeiro sentido, pode ver-se JOSÉ OSVALDO GOMES, *obra citada*, páginas 238 e 239; no segundo, pode ver-se LUIS PERESTRELO DE OLIVEIRA, *obra citada*, página 47.

Conforme decorre do nº 1 do artigo 9º deste Código, são interessados no processo de expropriação não só os titulares do direito à indemnização calculada com base na propriedade plena, como também os titulares dos direitos reais menores.

Da referida posição de interessado do lado passivo na relação jurídica de expropriação decorre o direito de indemnização dos titulares dos direitos reais menores no confronto da entidade beneficiária da expropriação.

O que acontece, conforme decorre deste artigo, é que o cálculo da indemnização global, em termos de unidade, é feito com base no direito de propriedade plena, mas em termos de o seu titular e os titulares dos direitos reais menores assumirem sobre ela o respectivo direito de participação.

Já se colocou a questão de saber se os titulares de direitos pessoais de gozo sobre os bens expropriados, designadamente os comodatários, devem ou não ser indemnizados pela entidade beneficiária da expropriação.

Tendo em conta que a excepção de indemnização de titulares de direitos pessoais de gozo só se reporta aos arrendatários dos prédios expropriados, interpretamos a lei no sentido negativo.[248]

Finalmente, importa ter em conta que os mencionados direitos reais menores e de garantia se extinguem automaticamente, por caducidade, por virtude da expropriação do direito de propriedade.

2. Sobre a matéria a que este artigo se reporta, pronunciaram-se, entre outras, as seguintes decisões judiciais:

a) A concessionária de gás natural deve indemnizar os expropriados titulares de imóveis onerados com servidões de gás, em função dos prejuízos que resultem da sua intervenção nesses imóveis, independentemente de quem e em que condições executa esses trabalhos. Devem ser incluídos no objecto da avaliação os custos da oneração do terreno da expropriada e da estabilização do talude que a intervenção da expropriante tornou necessária. Compete à arbitragem a determinação do montante indemnizatório quando não haja acordo das partes. (Acórdão da Relação de Coimbra, de 14.02.2006, Processo nº 2448/05).

---

[248] O Acórdão da Relação de Lisboa, de 24.03.94, CJ, Ano XIX, Tomo 2, página 106, decidiu, porém, que o ocupante de terreno por cedência a título precário e gratuito – comodato – é interessado no processo de expropriação desse terreno, podendo nele reclamar indemnização nos termos do 32º do Código das Expropriações.

b) O credor hipotecário não pode obter a entrega directa pela entidade beneficiária da expropriação da indemnização respeitante à expropriação da coisa hipotecada. Na falta de acordo, entre o credor e o devedor hipotecário, de liberação da dívida, pode aquela entidade recorrer à consignação em depósito como forma de cumprimento liberatório dessa obrigação (Acórdão da Relação de Coimbra, de 20.9.2009, Processo nº 279/07.7TBILH.C1.

TÍTULO IV
PROCESSO DE EXPROPRIAÇÃO

CAPÍTULO I
EXPROPRIAÇÃO AMIGÁVEL

ARTIGO 33º
Tentativa de acordo

Antes de promover a constituição da arbitragem, a entidade expropriante deve procurar chegar a acordo com o expropriado e os demais interessados nos termos dos artigos seguintes.

1. Prevê este artigo o acordo nos termos dos artigos seguintes entre a entidade beneficiária da expropriação, por um lado, e o expropriado e demais interessados, se os houver, por outro, e estatui que a primeira o deve promover antes da constituição da arbitragem.[249]

Não obstante a epígrafe deste capítulo, não se trata, em rigor, de expropriação amigável, porque o expropriado já está sujeito à expropriação, isto por virtude da publicação da respectiva declaração de utilidade pública.

Com efeito, do que se trata é de uma fase tendente ao acordo de fixação da indemnização, ou seja, de adesão do expropriado e dos demais interessados à expropriação dita não litigiosa.

Os artigos seguintes a que este artigo se refere são os identificados sob 34º a 37º, que versam sobre o objecto do acordo, a proposta da entidade beneficiária da expropriação, a formalização do acordo por escritura ou auto, conforme os casos, e o conteúdo de uma ou de outro.

---

[249] Este artigo está conexionado com o disposto nos artigos 9º, nº 1, 34º, 35º, 36º e 37º, todos deste Código.

É pressuposto da aplicação deste artigo que as partes não tenham logrado acordar no sentido da aquisição dos bens a expropriar por via do direito privado, antes da declaração da utilidade pública da expropriação, nos termos do artigo 11º deste Código.

Esta expropriação, dita amigável, depende, naturalmente, do acordo entre a entidade beneficiária da expropriação e todos os nela interessados, ou seja, entre a primeira e a globalidade dos titulares de direitos ou ónus reais sobre os imóveis em curso de expropriação.

Não havendo acordo de um ou de algum dos interessados na expropriação, certo é que não pode funcionar o que a lei designa por expropriação amigável, salvo no caso de autonomia de indemnização, como ocorre na expropriação do direito de arrendamento.

Pode acontecer que haja interessados ocultos que, por isso, não foram chamados com vista ao acordo de expropriação amigável. Mas isso não obsta, só por si, conforme decorre dos artigos 37º, nº 5 e 40º, ambos deste Código, a que o seu direito de crédito indemnizatório fique salvaguardado.

ARTIGO 34º
Objecto de acordo

Nas expropriações amigáveis podem constituir objecto de acordo com a entidade expropriante ou demais interessados:

a) O montante da indemnização;

b) O pagamento de indemnização ou de parte dela em prestações, os juros respectivos e o prazo de pagamento destes;

c) O modo de satisfazer as prestações;

d) A indemnização através da cedência de bens ou direitos nos termos dos artigos 67º e 69º;

e) A expropriação total;

f) Condições acessórias.

Prevê este artigo o objecto do acordo de expropriação amigável entre a entidade beneficiária da expropriação ou expropriante e o expropriado e demais interessados, se os houver, e estatui a possibilidade da sua abrangência dos conteúdos a que se reportam as alíneas a) a f).[250]

---

[250] Este artigo está conexo com o disposto nos artigos 9º, 33º, 35º a 40º, 67º, 69º e 84º, nº 4, alínea a), todos deste Código.

Trata-se de um elenco aberto ou meramente exemplificativo, ou seja, podem as partes inserir, além das elencadas nas alíneas a) a h), outras cláusulas negociais, como é o caso, por exemplo, da renúncia do expropriado ao direito de reversão e do acréscimo de indemnização em contrapartida dessa renúncia, implícito no artigo 5º, nº 6, deste Código.

Além disso, podem as partes convencionar as garantias de pagamento a prestar pela entidade beneficiária da expropriação no confronto do expropriado e dos demais interessados.[251]

As cláusulas essenciais do referido elenco são as constantes das alíneas a) a d) deste artigo, por se reportarem à assaz relevante matéria da indemnização.

Resulta da alínea b), em conexão relevante com o que se prescreve nos artigos 67º, n.os 1, 2 e 5, 68º 69º, todos deste Código, que as partes podem convencionar o pagamento da indemnização ou de parte dela em prestações, bem como o respectivo prazo de pagamento e os juros.

As partes, ao abrigo do disposto na alínea e) deste artigo, também podem convencionar a expropriação total, naturalmente quando a declaração de utilidade pública da expropriação só abranger uma parte do prédio.

Este normativo está conexionado com o que se prescreve no nº 2 do artigo 3º deste Código, segundo o qual, conforme já se referiu, quando seja necessário expropriar apenas uma parte de um prédio, pode o seu proprietário requerer a expropriação total.

Finalmente, resulta da alínea f) deste artigo que as partes podem convencionar condições acessórias, ou seja, cláusulas acessórias ou complementares das principais. Assim, ao seu abrigo, podem as partes convencionar, por exemplo, que a entidade expropriante proceda a alguma melhoria na parte não expropriada do prédio em causa.[252]

ARTIGO 35º
Proposta da entidade expropriante

1 – No prazo de 15 dias após a publicação da declaração de utilidade pública, a entidade expropriante, através de carta ou ofício registado com aviso de recepção, dirige proposta do montante indemnizatório ao expropriado e aos demais interessados cujos endereços sejam conhecidos, bem como ao curador provisório.

---

[251] Neste sentido, pode ver-se LUÍS PERESTRELO DE OLIVEIRA, *obra citada*, página 115.
[252] Neste sentido, pode ver-se PEDRO CANSADO PAES, ANA ISABEL PACHECO e LUÍS ALVAREZ BARBOSA, *obra citada*, página 207.

2 – O expropriado e demais interessados dispõem do prazo de 15 dias para responder, podendo fundamentar a sua contra-proposta em valor constante de relatório elaborado por perito da sua escolha.

3 – Na falta de resposta ou de interesse da entidade expropriante em relação à contraproposta, esta dá início à expropriação litigiosa, nos termos dos artigos 38º e seguintes, notificando deste facto o expropriado e os demais interessados que tiverem respondido.

4 – O expropriado e os demais interessados devem esclarecer, por escrito, dentro do prazo de oito dias a contar da data em que tenham sido notificados para o efeito, as questões que lhes foram postas pela entidade expropriante.

1. Prevê o nº 1 deste artigo a proposta do montante indemnizatório e estatui que a entidade beneficiária da expropriação a deve dirigir, por carta ou ofício registados com aviso de recepção, ao expropriado e aos demais interessados cujos endereços sejam conhecidos, bem como ao curador provisório, no prazo de 15 dias contado desde a data da publicação da declaração de utilidade pública da expropriação.

Está inserido num contexto normativo que versa essencialmente sobre a obrigação de a entidade beneficiária da expropriação dirigir aos expropriados e demais interessados uma proposta com vista à consecução da chamada expropriação amigável.

Temos, assim, que a entidade beneficiária da expropriação, no referido prazo, contado da data da publicação da utilidade pública da expropriação, a que se refere o artigo 17º deste Código, deve enviar ao expropriado e demais interessados que sejam conhecidos, bem como ao curador provisório que haja, a referida proposta, a fim de obstar à expropriação litigiosa.

Mas a lei não exclui que a mencionada proposta seja formulada pela entidade beneficiária da expropriação aos expropriados e aos demais interessados no mesmo instrumento em que os notifica do acto administrativo de declaração da utilidade pública da expropriação a que se reporta o artigo 17º, nº 1, deste Código.

Face ao disposto no artigo 1405º, nº 1, do Código Civil, no caso de os bens em curso de expropriação se inscreverem na titularidade de mais do que um sujeito, como é o caso da compropriedade, a entidade expropriante deve dirigir a proposta a todos eles.

O regime legal desta proposta – e da respectiva resposta – é o previsto nos artigos 217º a 235º do Código Civil, com as adaptações que se justificarem.

Face ao disposto no artigo 98º, nº 1, deste Código, o referido prazo de quinze dias é contado nos termos do artigo 72º, nº 1, alíneas a) e b), do Código do Procedimento Administrativo.

A remessa pela entidade expropriante da mencionada proposta de indemnização ao expropriado e demais interessados depende de os respectivos endereços serem conhecidos, naturalmente no âmbito do procedimento administrativo em curso.

Considerando o disposto no artigo 41º, nº 2, deste Código, a remessa da referida proposta ao curador provisório pressupõe a existência de interessados incapazes, ausentes ou desconhecidos, sem que esteja organizada a respectiva representação.

Tendo em conta o disposto no artigo 224º, n.os 1 e 2, do Código Civil, a declaração negocial em que se traduz a referida proposta da entidade beneficiária da expropriação torna-se eficaz logo que chegue ao poder do expropriado e demais interessados, ou que eles não receberam por culpa própria, neste caso na altura em que a podiam ter recebido se culposamente não tivessem agido.

2. Prevê o nº 2 deste artigo a resposta do expropriado e ou dos demais interessados, e estatui, por um lado, que eles dispõem do prazo de 15 dias para responderem, e, por outro, poderem fundamentar a sua contra-proposta em valor constante de relatório elaborado por um perito da sua escolha.

Face ao disposto no artigo 98º, nº 1, deste Código, recebida a proposta negocial mencionada sob o nº 1 deste artigo pelo expropriado e demais interessados, estes dispõem do prazo de 15 dias, contado nos termos do artigo 72º, nº 1, do Código do Procedimento Administrativo, para responderem.

Assim, se o termo do referido prazo terminar em dia em que o serviço da entidade beneficiária de expropriação não esteja aberto ao público, ou não funcione durante o período normal, transfere-se para o primeiro dia útil seguinte.

No caso de titularidade plural de direitos sobre os bens em curso de expropriação, como é o caso dos comproprietários ou dos co-usufrutuários, a referida proposta deve ser subscrita por todos eles.

Na hipótese de o expropriado e ou os demais interessados, notificados nos termos deste normativo, não concordarem com o valor da indemnização proposto pela entidade beneficiária da expropriação, e pretenderem formular uma contraproposta adequada sobre o valor da indemnização, podem contratar um perito para a avaliação dos bens e juntar à proposta o respectivo relatório.[253]

A lei não refere aqui a possibilidade de os expropriados designarem um perito da lista oficial para avaliar os bens em causa, e coloca-se a dúvida sobre se o podem fazer ou não.

Considerando o disposto no artigo 15º do Decreto-Lei nº 125/2002, de 10 de Maio, a lei só proíbe os peritos avaliadores constantes das listas oficiais de intervirem como peritos indicados pelas partes em processos que corram termos no tribunal.

Ora, como esta fase do procedimento expropriativo ainda não corre termos em tribunal, propendemos a considerar que os expropriados e demais interessados podem contratar um perito integrado nas listas oficiais para a avaliação a que este normativo se reporta.

Mas se isso acontecer, e o processo dever prosseguir, certo é esse perito não deverá intervir, seja na arbitragem, seja na diligência pericial que haja.

3. Prevê o nº 3 deste artigo a falta de resposta ou de interesse da entidade beneficiária da expropriação em relação à contraproposta dos expropriados e ou demais interessados, e estatui que a primeira deve iniciar a expropriação litigiosa, nos termos dos artigos 38º e seguintes deste Código, notificando deste facto o expropriado e os demais interessados que tiverem respondido.

Este normativo prevê, pois, as situações de falta de resposta do expropriado e demais interessados, no prazo acima referido, incluindo a dilação a que alude o artigo 73º do Código do Procedimento Administrativo, ou a resposta deles com contraproposta sem interesse para a entidade beneficiária da expropriação.

Nos termos do artigo 228º, nº 1, alínea a), do Código Civil, a falta de resposta do expropriado e demais interessados no referido prazo implica a extinção da referida proposta.

A falta de resposta de algum dos expropriados ou outros interessados, no caso de pluralidade, implica, nos mesmos termos, a extinção da proposta que lhes foi dirigida pela entidade beneficiária da expropriação.

Face ao disposto no artigo 217º, nº 1, do Código Civil, a formulação de contraproposta pelos aludidos destinatários significa que não aceitaram a pro-

---

[253] Sobre a falta de acordo quanto à divisão do valor da indemnização devida rege o nº 4 do artigo 37º deste Código.

posta que lhes foi dirigida pela entidade beneficiária da expropriação. Esta pode, porém, aceitá-la ou não, conforme nela tenha ou não interesse, face ao valor de indemnização e outras condições dela objecto.

Considerando o disposto no artigo 233º do Código Civil, a aceitação com aditamentos, limitações ou outras modificações importa rejeição da proposta; mas se a modificação for suficientemente precisa, equivale a nova proposta, contanto que outro sentido não resulte da declaração.

Considerado que seja pela entidade beneficiária da expropriação a sua falta de interesse na referida contraproposta, deve então iniciar a expropriação litigiosa, abrindo o respectivo processo, nos termos do artigo 39º deste Código.

Ela não tem, porém, de especificamente notificar expropriado e demais interessados de que não aceitou a referida proposta. O que ela tem de fazer, apenas, é operar a notificação do início do processo de expropriação litigiosa aos interessados que tenham respondido.

Nesse instrumento de notificação, ou noutro, pode a entidade expropriante solicitar ao expropriado e aos demais interessados as informações de que careça com vista à regular a tramitação do processo de expropriação.

A mencionada notificação deve operar nos termos previstos no artigo 70º do Código do Procedimento Administrativo. É, porém, prudente a utilização de carta registada.

4. Prevê o nº 4 deste artigo, implicitamente, a notificação prevista no nº 1 ou no 3 deste artigo ao expropriado e demais interessados cujo objecto envolva o pedido de informação pela entidade beneficiária da expropriação, e estatui que os notificados devem esclarecer por escrito as questões que lhes tenham sido por ela postas, no prazo de oito dias, contado da data em que tenham sido notificados para o efeito.

Considerando o disposto no artigo 254º, nº 3, do Código de Processo Civil, se na notificação for utilizada carta registada no correio, o expropriado e ou os demais interessados devem considerar-se notificados no terceiro dia posterior ao do registo, ou no primeiro dia útil seguinte, caso o não seja.

O referido prazo, de natureza administrativa, é contado nos termos dos artigos 72º e 73º do Código do Procedimento Administrativo.

O expropriado e demais interessados – vinculados aos princípios da cooperação e da boa fé, nos termos do artigo 2º deste Código – devem, no referido prazo, informar a entidade expropriante dos elementos que lhes foram pedidos, ou, se for o caso, de que deles não dispõem.

Tendo em conta o disposto no artigo 7º, nº 1, do Código do Procedimento Administrativo, nada impede que os expropriados e os demais interessados, a fim de formularem a resposta a que alude o nº 2 deste artigo, requeiram à entidade beneficiária da expropriação informação, documentada ou não, de que careçam.

5. Sobre a matéria a que este artigo se reporta pronunciaram-se, entre outras, as seguintes decisões judiciais:

a) Tendo a expropriante proposto um valor de indemnização que o expropriado não aceitou, nada impede que, na arbitragem e ou na decisão que vier a ser proferida no recurso dela, seja fixado um valor inferior ao proposto inicialmente pela primeira. Esta não fica vinculada ao valor proposto, podendo recorrer do acórdão arbitral e sustentar no recurso indemnização devida de valor inferior (Acórdão da Relação do Porto, de 12.6.2003, CJ, Ano XXVIII, Tomo 3, página 256).

b) O valor contido na proposta feita pela entidade expropriante na fase pré-litigiosa não a vincula, nomeadamente quanto a qualquer indemnização mínima a fixar posteriormente, esgotando-se com a aceitação ou recusa dessa mesma proposta (Acórdão da Relação de Coimbra, de 15.2.2005, CJ, Ano XXX, Tomo 1, página 21).

c) Para a determinação do valor de um prédio objecto de expropriação não relevam os valores oferecidos na fase amigável do processo. Trata-se de uma fase encerrada, marcada por outra ordem de razões e critérios, por via de regra não totalmente coincidentes com os legais, na busca, no âmbito da liberdade contratual, de uma solução breve, consensual e satisfatória, que evite a demora e a incomodidade da litigiosidade (Acórdão da Relação de Coimbra, de 16.09.08, Processo nº 1793/03.9TBAND.C1).

ARTIGO 36º
Formalização do acordo por escritura ou auto

1 – O acordo entre a entidade expropriante e os demais interessados deve constar:

a) De escritura de expropriação amigável, se a entidade expropriante tiver notário privativo;

b) De auto de expropriação amigável, a celebrar perante o notário privativo do município do lugar da situação do bem expropriado ou da sua maior extensão, ou, sendo a entidade expropriante do sector administrativo, perante o funcionário designado para o efeito.

2 – O disposto nas alíneas anteriores não prejudica o recurso ao notário público, benefi-ciando os interessados de prioridade sobre o restante serviço notarial.

3 – O auto ou a escritura celebrado nos termos dos números anteriores, que tenha por objecto parte de um prédio, qualquer que seja a sua área, constitui título bastante para efei-tos da sua desanexação.

1. Prevê o nº 1 deste artigo o conteúdo do acordo entre a entidade beneficiá-ria da expropriação, o expropriado e os demais interessados, e estatui que ele deve constar de escritura de expropriação amigável, se aquela entidade tiver notário privativo, ou de auto de expropriação amigável, a celebrar perante o notário privativo do município do lugar da situação do bem expropriado ou da sua maior extensão, ou, sendo aquela entidade do sector público administra-tivo, perante o funcionário designado para o efeito.

Está integrado num contexto normativo que se reporta à formalização do acordo sobre a indemnização devida pela entidade beneficiária da expropria-ção por causa desta.[254]

Refere-se, pois, este normativo à forma do contrato celebrado entre a enti-dade beneficiária da expropriação e o expropriado e demais interessados a que alude o artigo seguinte.

No caso de a entidade beneficiária da expropriação ter notário privativo, a forma do referido contrato é a de escritura pública. Acresce, tendo em conta o disposto no artigo 3º do Código do Notariado, que a lei permite, excepcional-mente, o exercício de funções notariais por quem não seja notário.

Resulta da lei relativa ao regime legal das autarquias locais – artigo 68º, nº 2, alíneas b) e c), da Lei nº 169/99, de 18 de Setembro – competir ao presidente da câmara municipal, por um lado, a designação do funcionário que serve de notário privativo para lavrar os actos notariais expressamente previstos no Código do Notariado, e, por outro, para nomear o funcionário que deve servir de oficial público para lavrar todos os contratos que a lei preveja ou para os quais não seja exigida escritura pública.

Em consequência, face ao disposto na alínea a) do nº 1 deste artigo, sendo a entidade beneficiária da expropriação um município, a escritura de expropria-ção amigável deve ser lavrada pelo seu notário privativo.[255]

---

[254] Este artigo está conexionado com o disposto nos artigos 33º, 34º, 35º, 37º, este último relativo ao prazo de celebração do referido contrato e ao seu conteúdo, e 98º, todos deste Código.

[255] No Parecer do Conselho Técnico da Direcção-Geral dos Registos e do Notariado de 30 de Junho de 2000, Boletim do Registo e do Notariado, nº 7/2000, página 51, foi entendido o seguinte: O acto de

Ademais, face ao disposto na primeira parte da alínea b) do nº 1 deste artigo, no caso de a entidade beneficiária da expropriação não ter notário privativo, o que constitui a regra, o referido contrato deverá ser celebrado em auto, perante o notário privativo do município do lugar da situação dos bens expropriados ou da sua maior extensão.

Depois do Decreto-Lei nº 55/95, de 29 de Março, o Estado e os serviços dotados de autonomia administrativa e financeira deixaram de dispor de oficial próprio com funções notariais.

Face ao disposto públicas nos artigos 23º e seguintes do Decreto-Lei nº 55/99, de 17 de Dezembro, alterado pela Lei nº 300/2007, de 23 de Agosto, o sector público administrativo integra o Estado, as regiões autónomas, as autarquias locais, os institutos públicos, as fundações públicas e as associações públicas.[256]

Tendo em conta o disposto na parte final da alínea b) do nº 1 deste artigo, se a entidade beneficiária da expropriação não for um município, se integrar o sector público administrativo, ou seja, uma das aludidas pessoas colectivas de direito público, o referido auto deverá ser lavrado por um funcionário designado para o efeito.

2. Prevê o nº 2 deste artigo, por remissão, o disposto nas alíneas a) e b) do seu nº 1, e estatui, por um lado, que ele não prejudica o recurso ao notário público, e, por outro, que os interessados têm prioridade sobre o restante serviço notarial.

Assim, o regime da forma do contrato – escritura ou auto – e o da competência para a respectiva outorga não é vinculativo, pelo que os interessados podem formalizá-lo nos serviços notariais normais, agora na sua maioria privatizados, naturalmente por via de escritura pública.

Neste caso, a lei impõe aos notários a atribuição de prioridade de outorga das escrituras dos acordos em análise no confronto com o restante serviço notarial a seu cargo.

3. Prevê o nº 3 deste artigo a hipótese de o auto ou a escritura celebrados nos termos dos números anteriores apenas envolver parte de um prédio, qualquer

---

expropriação amigável relativo a bens imóveis, elaborado na secretaria de uma câmara municipal – sem prévia declaração de utilidade pública que lhe respeite – só pode relevar como de aquisição por via do direito privado, sendo insuficiente para titular o facto aquisitivo daqueles bens a favor do município.
[256] Sobre esta matéria, podem ver-se GONÇALO GUERRA TAVARES e NUNO MONTEIRO DENTE, "Código dos Contratos Públicos e Âmbito da Sua Aplicação", Coimbra, 2010, páginas 34 a 41.

que seja a sua área, e estatui que o mesmo constitui título bastante para efeitos da sua desanexação.

Este normativo tem, pois, a ver com as hipóteses de expropriação parcial, em que o objecto do contrato, consubstanciado em escritura pública ou auto, apenas incide sobre parte de um prédio.

Nesta hipótese, estabelece este normativo que os mencionados autos e escrituras públicas são documentos idóneos à feitura da desanexação, ou seja, à autonomização predial da parcela de terreno em causa.

Dada a motivação da referida desanexação – expropriação por utilidade pública – a área da parte do prédio assim autonomizada, ainda que inferior à unidade de cultura – no caso de se tratar de prédio rústico – não releva negativamente para efeitos daquela desanexação.

4. Quanto à matéria a que este artigo alude, pronunciaram-se, entre outras, as seguintes decisões judiciais:

a) Se, depois de declarada a utilidade pública da expropriação de determinado bem, os expropriados e a expropriante acordarem em celebrar, em cartório notarial, escritura por via da qual, mediante um preço, os primeiros declararam vender e a última comprar, determinado prédio, sem qualquer referência ao procedimento administrativo nem à indemnização correspondente, não pode tal negócio ser considerado título de expropriação amigável, por as respectivas declarações negociais não poderem ser interpretadas nesse sentido à luz do disposto no artigo 238º do Código Civil (Acórdão do Supremo Tribunal Administrativo, de 22.11.2000, "Cadernos de Justiça Administrativa", nº 25, página 54).

b) Tratando-se de contrato de arrendamento sujeito a forma escrita, justifica-se por igual a forma escrita para a formalização do acordo amigável de cessação da relação de arrendamento e a fixação do encargo indemnizatório, a cargo do expropriante, para com o arrendatário, no âmbito do processo expropriativo. Todavia, tal acordo não justifica uma formalidade mais solene do que aquela que resulta da extinção geral, por mútuo consenso, da genérica relação de arrendamento. O acordo entre a entidade expropriante e o arrendatário rural no decurso do processo pode constar de documento particular de quitação subscrito pelo arrendatário (Acórdão da Relação de Guimarães, de 03.11.2004, CJ, Ano XXIX, Tomo 5, página 277).

ARTIGO 37º
Conteúdo da escritura ou auto

1 – O auto ou a escritura serão lavrados dentro dos oito dias subsequentes àquele em que o acordo estabelecido for comunicado pela entidade expropriante ao notário, oficial público ou funcionário designado nos termos da alínea b) do nº 1 do artigo anterior, em conformidade com o disposto no Código do Notariado.

2 – Do auto ou escritura deverão ainda constar:

a) A indemnização acordada e a forma de pagamento;

b) A data e o número do Diário da República *em que foi publicada a declaração de utilidade pública de expropriação;*

c) O extracto da planta parcelar.

3 – A indemnização acordada pode ser atribuída a cada um dos interessados ou fixada globalmente.

4 – Não havendo acordo entre os interessados sobre a partilha da indemnização global que tiver sido acordada, é esta entregue àquele que por todos for designado ou consignada em depósito no lugar do domicílio da entidade expropriante, à ordem do juiz de direito da comarca do lugar da situação dos bens ou da maior extensão deles, efectuando-se a partilha nos termos do Código de Processo Civil.

5 – Salvo no caso de dolo ou culpa grave por parte da entidade expropriante, o aparecimento de interessados desconhecidos à data da celebração da escritura ou do auto apenas dá lugar à reconstituição da situação que existiria se tivessem participado no acordo nos termos em que foi concluído.

6 – A entidade expropriante deve facultar ao expropriado e aos demais interessados cópia autenticada do auto ou da escritura de expropriação amigável, quando solicitada.

1. Prevê o nº 1 deste artigo a oportunidade da outorga do auto ou da escritura previstos no artigo anterior, e estatui dever ocorrer dentro dos oito dias subsequentes àquele em que o acordo for comunicado pela entidade expropriante ao notário, ao oficial público ou ao funcionário designado nos termos da alínea b) do nº 1 do artigo anterior, em conformidade com o disposto no Código do Notariado.

Está integrado num contexto normativo relativo ao conteúdo da escritura pública ou do auto relativos ao contrato envolvente da designada expropriação amigável.[257]

---

[257] Este artigo está conexionado com o disposto nos artigos 4º, nº 7, 33º a 36º, 40º, nº 2, 50º, nº 2, 73º, n.ºs 1 e 2, 84º, nº 4, 97º e 98º, nº 1, todos deste Código.

Dele decorre a obrigação da entidade beneficiária da expropriação de remeter o texto do contrato em causa ao notário, institucionalizado ou do município, ou ao funcionário da entidade pública administrativa, por ela designado para a sua elaboração.

Remetido que seja o texto do contrato a quem deva operar a sua outorga – notário ou o referido funcionário – deve agendar a escritura ou o auto, conforme os casos, no referido prazo de oito dias, que deve ser contado, face ao artigo 98º, nº 1, deste Código, nos termos do artigo 72º, nº 1, do Código do Procedimento Administrativo.

Independentemente de o contrato ser formalizado por escritura ou auto de expropriação amigável, o regime que lhe é aplicável é o previsto no Código do Notariado.

Considerando o disposto no artigo 54º, nº 4, do Código do Notariado, a prova dos números das descrições e das referências relativas às inscrições no serviço de registo predial é feita pela exibição de certidão de teor, passada com a antecedência não superior a seis meses, ou, quanto a prédios situados em concelho onde tenha vigorado o registo obrigatório, pela exibição da respectiva caderneta predial actualizada, elementos que devem ficar a constar das referidas escrituras ou autos.

Conforme decorre do artigo 9º, n.os 1 e 2, alínea a), do Código do Registo Predial, os factos de que resulte a transmissão de direitos sobre imóveis não podem ser titulados sem que estejam definitivamente inscritos a favor da pessoa de quem se adquirem, salvo, por exemplo, os relativos à expropriação aqui em análise.

O contrato a que este artigo se reporta desempenha uma importante função no âmbito da relação jurídica administrativa de expropriação, na medida em que por ele se convenciona a fixação da respectiva indemnização, mas a sua natureza jurídica não é pacífica.

Certo é que os expropriados e os demais interessados outorgam no referido contrato numa posição em que já não podem evitar a ablação do seu direito de propriedade ou outro, e só podem negociar sobre o montante indemnizatório, eventualmente em termos de evitar a via litigiosa para a sua fixação, razão porque alguma doutrina o qualifica como sendo de natureza pública.[258]

---

[258] Neste sentido, mesmo em relação à aquisição dos prédios por via do direito privado, podem ver-se FERNANDA PAULA OLIVEIRA, obra citada, páginas 121 e 122, e DULCE LOPES, "O Procedimento expropriativo: complicação ou complexidade?", Seminário sobre a *Avaliação do Código das Expropriações*, Associação Nacional de Municípios/Instituto de Estradas de Portugal, 2003, página 22.

Todavia, considerando a posição em que as partes outorgam no referido contrato, em quadro de proposta e de contraproposta, bem como o conceito de contrato administrativo que consta do nº 6 do artigo 1º do Código dos Contratos Públicos, aprovado pelo Decreto-Lei nº 18/2008, de 29 de Janeiro, propendemos em considerar que o mesmo não pode ser considerado de natureza administrativa.[259]

Face ao disposto nos artigos 875º do Código Civil e 43º, nº 1, do Código do Registo Predial, os referidos escritura pública e auto são título bastante, não só para a transmissão dos referidos direitos sobre os imóveis, como também para o concernente registo predial de aquisição.

2. Prevê o nº 2 deste artigo o conteúdo dos referidos autos ou escrituras públicas, e estatui que deles deve constar a indemnização acordada, a forma de pagamento, a data e o número do *Diário da República* em que foi publicada a declaração de utilidade pública da expropriação e o extracto da concernente planta parcelar.

O referido conteúdo envolve cláusulas negociais e elementos materiais relativos à publicação da declaração da utilidade pública da expropriação e à planta respectiva.

O normativo da alínea a) deste número está em conexão com o que se prescreve no artigo 67º, nº 2, segundo o qual, nas expropriações amigáveis, a entidade expropriante, o expropriado e os demais interessados podem acordar no pagamento da indemnização em prestações e na cedência de bens ou direitos de acordo com o previsto no artigo 69º, ambos deste Código.

A referência à publicação da declaração de utilidade pública da expropriação está, por seu turno, em conexão com o que prescreve o artigo 17º deste Código. A planta parcelar referida na alínea c), por sua vez, é um elemento de identificação do objecto material da expropriação, contendo, conforme decorre do artigo 10º, nº 2, deste Código, as coordenadas dos pontos definidores dos limites das áreas a expropriar reportadas à rede geodésica.

Trata-se, pois, de um elenco de normas meramente exemplificativo, conforme decorre, além do mais, do artigo 34º deste Código, que se reporta ao conteúdo do contrato, também a título exemplificativo.

---

[259] Em sentido contrário, pode ver-se LUÍS PERESTRLO DE OLIVEIRA, *obra citada*, página 114. No mesmo sentido decidiu o Acórdão do Supremo Tribunal Administrativo, de 30.11.98, BMJ, nº 381, página 438, e assim também é considerado por JOÃO PEDRO DE MELO FERREIRA, *obra citada*, páginas 222 e 223.

O valor da indemnização pode ser pago antes da escritura ou do auto em análise, ou na altura da sua celebração, ou depois disso, se assim tiver sido acordado, acordo que deve constar de um ou de outro daqueles actos, conforme os casos.

Considerando o disposto nos artigos 408º, nº 1, 874º e 879º, todos do Código Civil, celebrado o contrato a que se reporta este artigo, segue-se, por mero efeito dele, a aquisição pela entidade beneficiária da expropriação do direito de propriedade sobre os bens objecto da respectiva declaração de utilidade pública.

Isso significa que, na espécie, não é necessária a decisão judicial no sentido da adjudicação à entidade beneficiária da expropriação do direito de propriedade sobre os imóveis em curso de expropriação, ao invés do que ocorre no caso previsto no artigo 51º, nº 5, deste Código.

Todavia, o referido contrato de compra e venda, porque consolidado na ordem jurídica, similarmente com o que ocorre, nos termos do artigo 282º, nº 3, da Constituição, com a adjudicação por via de sentença transitada em julgado, não pode ser afectado pela declaração de inconstitucionalidade de normas concernentes às expropriações.[260]

3. Prevê o nº 3 deste artigo a indemnização acordada pelas partes, nos termos do contrato, e estatui que ela pode ser atribuída a cada um dos interessados ou fixada globalmente.

Está conexionado com o que se prescreve no artigo 73º deste Código, que se reporta à atribuição do valor da indemnização em causa, e tem a ver com as situações em que o direito de indemnização se inscreve na titularidade de mais do que uma pessoa, como é o caso dos co-herdeiros, co-legatários, comproprietários, do concurso entre proprietários e titulares de direitos reais menores, designadamente usufrutuários, superficiários, usuários de habitação e proprietários de prédios dominantes no âmbito do direito de servidão.

A montante do funcionamento deste normativo, que se reporta à divisão do *quantum* indemnizatório, está o acordo dos interessados sobre o respectivo valor, surgindo na sequência, no caso de pluralidade de titulares, a questão da sua fixação por referência a cada um ou à respectiva globalidade.

Temos, assim, que o montante indemnizatório pode ser atribuído no auto ou na escritura a cada um dos interessados, segundo o direito de crédito de cada um, ou fixado por referência à titularidade de todos eles, isto é, globalmente.

---

[260] Neste sentido, pode ver-se JOSÉ OSVALDO GOMES, *obra citada*, página 367.

A atribuição a cada um dos interessados do concernente montante indemnizatório há-se assentar, necessariamente, no direito substantivo que aproveita a cada um deles.

Para o caso, porém, de a indemnização ter sido fixada e atribuída em globo na escritura ou no auto de expropriação amigável e de não haver acordo dos interessados sobre a sua partilha, rege o disposto no número seguinte.

4. Prevê o nº 4 deste artigo o caso de não haver acordo dos interessados sobre a partilha da indemnização global que tiver sido acordada, e estatui, por um lado, dever a mesma ser entregue àquele que por todos for designado, ou consignada em depósito no lugar do domicílio ou sede da entidade beneficiária da expropriação, à ordem do juiz de direito da comarca do lugar da situação dos bens ou da sua maior extensão, e, por outro, que a partilha se faz nos termos do Código de Processo Civil.

Trata-se, assim, da falta de acordo dos vários interessados sobre a partilha do montante da indemnização global acordada por todos eles e pela entidade beneficiária da expropriação, ou seja, de uma situação de litígio entre eles sobre o modo de proceder à sua divisão, situação em que importa distinguir entre os casos em que todos os interessados designam um deles para receber o valor da indemnização e aqueles em que não ocorre essa designação.

Na primeira hipótese, a entidade beneficiária da expropriação entregará o valor em causa ao mencionado mandatário, dele recebendo, nos termos do artigo 395º do Código Civil, a correspondente quitação por escrito, por se tratar de um facto extintivo da obrigação de pagamento decorrente de um contrato com essa forma.

Quanto à segunda das referidas hipóteses, importa enquadrá-la no regime legal da consignação em depósito, ou seja, nos termos do artigo 841º, nº 1, alínea a), do Código Civil, o devedor pode livrar-se da obrigação mediante o depósito da coisa devida, quando, sem culpa sua, não puder efectuar a prestação ou não puder fazê-lo com segurança por qualquer motivo relativo à pessoa do credor.

Na referida situação, a entidade beneficiária da expropriação, sem que tal lhe possa ser censurado do ponto de vista ético-jurídico, não pode efectuar a prestação com segurança, por motivos relativos aos credores, pelo que, consignando em depósito o montante indemnizatório convencionado, livra-se, nos termos do artigo 762º, nº 1, do Código Civil, da sua obrigação de pagamento.

Assim, na segunda situação acima referida, a entidade beneficiária da expropriação deve consignar a respectiva quantia em depósito, no lugar do seu domicílio ou sede, à ordem do juiz de direito com competência jurisdicional cível na comarca do lugar da situação dos bens, ou se estes se situarem na área de mais do que uma comarca, à ordem do juiz da comarca onde se localizar a maior parte da respectiva área.

Realizada a mencionada consignação em depósito, com o que se extinguiu a obrigação de pagamento da entidade beneficiária da expropriação, a divisão do montante consignado pelos vários interessados opera segundo o estabelecido no Código de Processo Civil.

Propendemos a considerar, por virtude da natureza da situação em causa, que a partilha a que se reporta este normativo é aquela a que essencialmente aludia o artigo 1373º do Código de Processo Civil e a que agora alude o artigo 54º da Lei nº 29/2009, de 29 de Junho.

Nesta perspectiva, parece-nos que esta partilha apenas envolve a audição dos interessados sobre o modo da sua realização e a decisão do juiz do processo de expropriação, a seguir, a definir os seus termos.

5. Prevê o nº 5 deste artigo o aparecimento de interessados, desconhecidos à data da celebração da escritura ou do auto de expropriação amigável, salvo o caso de dolo ou culpa grave por parte da entidade beneficiária da expropriação, e estatui que só há lugar à reconstituição da situação que existiria se eles tivessem participado no acordo nos termos em que foi concluído.

Está de algum modo conexionado com o que se prescreve no artigo 9º deste Código, que se refere ao conceito de interessados no processo de expropriação, versando sobre a situação em que, depois da celebração do referido contrato, surgiram interessados na expropriação que até àquela celebração não eram conhecidos, ou seja, de cuja existência se não sabia.

Nos termos do artigo 487º, nº 2, do Código Civil, o dolo e a culpa em análise são apreciados pela diligência de um bom pai de família face às circunstâncias do caso, ou seja, em abstracto.

O dolo ou a culpa da entidade beneficiária da expropriação a que este normativo se reporta tem a ver com a causa de que derivou a não inclusão daqueles interessados no quadro do processo de expropriação. O dolo é o artifício ou a astúcia imputável àquela entidade no confronto das pessoas cuja intervenção foi preterida no processo de expropriação, com a intenção de as prejudicar. A referida culpa é a grosseira, ou seja, a falta de cuidado ou de diligência na

262 CÓDIGO DAS EXPROPRIAÇÕES E ESTATUTO DOS PERITOS AVALIADORES

verificação da existência dos referidos interessados em que jamais incorreria uma pessoa minimamente cuidadora e prudente.

Na ausência de dolo ou de culpa grosseira imputável à entidade beneficiária da expropriação, o surgimento de interessados na indemnização apenas implica a recomposição da situação indemnizatória, como se eles tivessem acordado no montante que foi considerado.

No caso de ser imputável à entidade beneficiária da expropriação o dolo ou a culpa grave, nos termos acima referidos, ela tem de indemnizar os referidos interessados que entretanto surgiram, independentemente do mencionado contrato, mas cujos efeitos não são afectados.

6. Prevê o n.º 6 deste artigo a solicitação pelo expropriado e ou demais interessados à entidade beneficiária da expropriação de cópia autenticada do auto ou da escritura de expropriação amigável, e estatui que a última lhos deve facultar.

Esta informação documentada é susceptível de aproveitar ao expropriado e demais interessados, para muitos efeitos, por exemplo para o previsto no artigo 73.º, n.º 2, deste Código.

7. Sobre a matéria a que este artigo se reporta pronunciaram-se, entre outras, as seguintes decisões judiciais:
a) Como não pode haver expropriação sem a prévia declaração de utilidade pública, não tendo esta ocorrido, o denominado auto de expropriação amigável, por via do qual o direito de propriedade sobre o prédio foi transferido para o município mediante o pagamento por este do respectivo preço, consubstancia um contrato de compra e venda previsto no artigo 874.º do Código Civil (Acórdão do Supremo Tribunal de Justiça, de 10.11.92, Processo n.º 80 180).
b) Depois de declarada a utilidade pública da expropriação de determinado bem, se os expropriados e a expropriante declararam, em escritura notarial, os primeiros vender e a última comprar, mediante determinado preço, determinado prédio, sem qualquer referência ao procedimento administrativo e à indemnização correspondente, não pode aquele negócio, interpretado nos termos do artigo 238.º do Código Civil, valer como título de expropriação amigável (Acórdão do Supremo Tribunal Administrativo, de 22.11.2000, "Cadernos de Justiça Administrativa", n.º 25, página 54).

CAPÍTULO II
EXPROPRIAÇÃO LITIGIOSA

SECÇÃO I
Disposições introdutórias

ARTIGO 38º
Arbitragem

1 – Na falta de acordo sobre o valor da indemnização, é este fixado por arbitragem, com recurso para os tribunais comuns.

2 – O valor do processo, para efeitos de admissibilidade de recurso, nos termos do Código de Processo Civil, corresponde ao maior dos seguintes:

a) Decréscimo da indemnização pedida no recurso da entidade expropriante ou acréscimo global das indemnizações pedidas nos recursos do expropriado e dos demais interessados, a que se refere o número seguinte;

b) Diferença entre os valores de indemnização constantes do recurso da entidade expropriante e o valor global das indemnizações pedidas pelo expropriado e pelos demais interessados nos respectivos recursos, a que se refere o número seguinte.

3 – Da decisão arbitral cabe recurso com efeito meramente devolutivo para o tribunal do lugar da situação dos bens ou da sua maior extensão.

1. Prevê o nº 1 deste artigo a falta de acordo sobre o valor da indemnização nos termos dos artigos 33º a 37º deste Código, e estatui, por um lado, que ele é fixado por arbitragem, e, por outro, que do acórdão arbitral há recurso para os tribunais comuns.

Está inserido num contexto normativo no quadro das disposições introdutórias do regime da expropriação litigiosa, versando sobre a arbitragem necessária, inspirado na alínea s) do nº 1 do artigo 6º do Código das Custas Judiciais, relativa ao valor da causa para efeito de custas, segundo a qual, nos recursos em expropriações, o valor é o da diferença entre a indemnização fixada na arbitragem e a importância indicada pelo recorrente, e, havendo mais de um recorrente, o correspondente à maior das diferenças.[261]

---

[261] Este artigo está em conexão com o disposto nos artigos 13º, n.os 3 e 4, 33º, 35º, nº 3, 42º, 43º, nº 1, 46º, 47º, 48º, 49º, 51º, nº 5, 52º, 54º, nº 1, 58º, 59º, 60º e 65º, todos deste Código.

Conforme resulta do artigo 42º, nº 1, deste Código, é à entidade beneficiária da expropriação, ainda que seja de direito privado, que compete a promoção, perante si, da arbitragem.

Considerando o disposto no artigo 1525º do Código de Processo Civil, a arbitragem é desenvolvida por uma formação de árbitros, que integram um tribunal arbitral necessário, previsto em lei especial, em que se traduz este Código das Expropriações.

Com efeito, o acórdão é controlado por via de recurso para os *tribunais comuns*, nos termos da lei, naturalmente, do artigo 680º, nº 1, do Código de Processo Civil, por quem tiver ficado vencido.

O segmento normativo *tribunais comuns* não é correcta, porque, nos termos dos artigos 211º, nº 1 e 215º, nº 1, da Constituição, do que se trata é de tribunais judiciais ou da ordem judicial.

O início da fase processual relativa à expropriação litigiosa começa logo após a constatação da inexistência de acordo quanto à fixação da pertinente indemnização, na sequência da notificação desse facto ao expropriado e demais interessados, nos termos do nº 3 do artigo 35º deste Código, mas a fase judicial propriamente dita apenas começa com o recurso da decisão arbitral.

Esta fase processual assume a estrutura de um processo especial não previsto no Código de Processo Civil, cuja particularidade consiste em a dinâmica do recurso do acórdão do tribunal arbitral funcionar, de algum modo, em termos similares a uma petição inicial de uma acção.

O objecto deste processo especial é a fixação da indemnização devida aos expropriados e aos demais interessados, sendo que este Código não regula directamente a respectiva dinâmica processual global, certo conter várias normas que remetem, a propósito, para o Código de Processo Civil.

Por isso, embora se trate de um processo especial regulado por um especifico Código, sem norma genérica de remissão para o Código de Processo Civil, face ao disposto no artigo 463º, nº 1, daquele Código, deve considerar-se a sua aplicação subsidiária.[262]

2. Prevê o nº 2 deste artigo o valor do processo para efeitos de admissibilidade de recurso nos termos do Código de Processo Civil, e estatui que ele corresponde ao maior de entre os valores referenciados nas suas alíneas a) e b).

---

[262] Neste sentido, veja-se o Acórdão do Supremo Tribunal de Justiça, de 26.06.01. CJ, Ano IX, Tomo 2, página 137, e FERNANDO ALVES CORREIA, "Manual de Direito do Urbanismo", volume II, Coimbra, 2010, página 405.

O recurso a que este normativo se reporta não é o da decisão arbitral, mas sim o da sentença proferida no termo do processo de expropriação implementado por via da interposição de recurso daquela decisão.

A prevalência no quadro da alternativa relativa ao valor da causa atinente aos recursos das decisões proferidas no tribunal da ordem judicial é resolvida segundo o critério do maior quantitativo apurado ao abrigo do disposto nas alíneas a) e b) do normativo em análise.

Na alínea a) deste normativo distingue-se entre o recurso do acórdão arbitral interposto pela entidade beneficiária da expropriação, por um lado, e o recurso interposto pelo expropriado ou por algum outro interessado, por outro, utilizando para o efeito os conceitos de decréscimo e de acréscimo entre o valor atribuído no acórdão arbitral e o pretendido com o recurso a que se reporta o n.º 3 deste artigo.

O referido decréscimo é o que deriva do confronto entre o montante da indemnização pretendido por via do recurso, pela entidade beneficiária da expropriação, e o que foi fixado no acórdão arbitral. O acréscimo, por seu turno, é o que decorre da globalidade das indemnizações pretendidas em todos os recursos interpostos pelo expropriado ou por algum dos demais interessados, no confronto com o montante a estes últimos atribuído no acórdão arbitral.

A alínea b) deste normativo reporta-se, por seu turno, à diferença entre o valor da indemnização pretendido pela entidade beneficiária da expropriação, sob o argumento de ser o devido, por via do recurso interposto, e o valor global das indemnizações pretendidas pelo expropriado e pelos demais interessados, através dos respectivos recursos, a que se refere o n.º 3 deste artigo.

Tendo em conta o disposto nos artigos 678.º, n.º 1 e 691.º, n.º 1, do Código de Processo Civil, este recurso, que é de apelação, só é admitido quando a causa tenha valor superior ao da alçada do tribunal da primeira instância e a sentença impugnada seja desfavorável para o recorrente em valor superior a metade da alçada daquele tribunal, salvo se fundada dúvida houver sobre a sucumbência, caso em que apenas se atenderá ao valor da causa.

Face ao que se prescreve no artigo 24.º, n.º 1, da Lei n.os 3/99, de 3 de Janeiro, e 31.º, n.º 1, da Lei n.º 52/2008, de 28 de Agosto, a alçada do tribunal da 1ª instância é actualmente de € 5 000 e a da Relação de € 30 000.

Conforme decorre do artigo 315.º, n.º 3, do Código de Processo Civil, deve o juiz, no despacho de admissão do recurso, fixar o respectivo valor processual nos termos do normativo em análise.

Considerando o que se prescreve no artigo 12º, nº 2, da Portaria nº 419--A/2009, de 17 de Abril, nos recursos para a Relação e para o Supremo Tribunal de Justiça aplicam-se, no que concerne à taxa de justiça, as regras previstas no nº 2 do artigo 7º do Regulamento das Custas Processuais.[263]

3. Prevê o nº 3 deste artigo o recurso da decisão arbitral, e estatui que ele é admissível com efeito meramente devolutivo para o tribunal do lugar da situação dos bens ou da sua maior extensão. Assim, o recurso do acórdão arbitral é interposto por alguma das partes – a entidade beneficiária da expropriação, o expropriado ou algum outro interessado – não dependendo do valor da causa, que nesta fase processual não assume relevo.

É interposto para o tribunal de competência cível do lugar da situação dos bens expropriados ou, no caso de eles se situarem na área de mais do que uma comarca, para o referido tribunal da área da sua maior extensão, e, nos termos do artigo 682º do Código de Processo Civil, é admissível o recurso subordinado.

Tem vindo a ser discutido, tendo em conta que este recurso é instrumental da abertura da fase jurisdicional do processo de expropriação – tal como sucede com a petição inicial – se o recorrente deve ou não indicar o montante indemnizatório pretendido, para ser fixado na sentença final, ou se lhe basta a mera invocação dos motivos da sua discordância do acórdão recorrido.[264]

Certo é o artigo 58º deste Código só impõe ao recorrente que no requerimento de interposição do recurso indique as razões da sua discordância do acórdão arbitral, as provas, o seu perito, o objecto da perícia, e que requeira a intervenção do tribunal colectivo, se a pretender, mas isso não significa que não deva indicar o valor da indemnização a atribuir-lhe.

Mas ele deve indicar no recurso o respectivo valor processual ou seja, a utilidade económica do pedido, nos termos do artigo 305º, nº 1, do Código de Processo Civil, com base no qual deve ser calculado, além do mais, o montante da taxa de justiça devida.

---

[263] Sobre a admissibilidade de recurso do acórdão da Relação para o Supremo Tribunal de Justiça rege o artigo 66º, nº 5, deste Código, o que adiante se analisará.

[264] No sentido negativo, pode ver-se o Acórdão do Supremo Tribunal de Justiça de 27 de Maio de 1997, BMJ, nº 467, página 546.

Com efeito, nos termos do artigo 12º, nº 1, da Portaria nº 419-A/2009, de 17 de Abril, nos processos de expropriação é devida taxa de justiça com a interposição do recurso da decisão arbitral ou do recurso subordinado, nos termos da tabela I-A do Regulamento das Custas Processuais.

Considerando essa circunstância e a de a impugnação do acórdão arbitral em termos de afirmação pelo recorrente da sua discordância em relação a ele, tal implica a expressão do *quantum* indemnizatório que o tribunal arbitral não fixou e deveria ter fixado, ou seja, o montante de indemnização que pretende lhe seja reconhecido pelo tribunal da ordem judicial.

Pelo exposto, propendemos a considerar que o recorrente, seja o expropriado ou outro interessado, seja a entidade beneficiária da expropriação, deve indicar no requerimento de interposição do recurso a quantia indemnizatória que deve ser fixada pelo tribunal da ordem judicial.

4. No domínio da vigência do Código das Expropriações de 1991 foi suscitada a inconstitucionalidade, com fundamento na violação do nº 3 do artigo 214º da Constituição – correspondente ao actual artigo 212º, nº 3 – das normas dos seus artigos 37º, 50º, 51º, nº 1, 52º, nº 2 e 53º, nº 2, por delas resultar a competência dos tribunais da ordem judicial para conhecer do recurso do acórdão arbitral envolvente de uma relação jurídica administrativa.

Com efeito, decorre agora do artigo 214º, nº 3, da Constituição, tal como constava anteriormente do seu artigo 212º, competir aos tribunais administrativos o julgamento das acções e recursos contenciosos tendentes a dirimir os litígios emergentes das relações jurídicas administrativas.

Na linha de uma tradição do nosso ordenamento jurídico iniciada por via das Leis de 22 e de 23 de Julho de 1850, portanto há cerca de 160 anos, insere-se na competência dos tribunais da ordem judicial o conhecimento do recurso do acórdão arbitral.

Não decorre do nº 3 do artigo 212º da Constituição a proibição absoluta de a lei ordinária conferir aos tribunais da ordem judicial a competência para conhecer da indemnização decorrente da expropriação por utilidade pública.

A matéria da fixação da indemnização no processo expropriativo demarca-se, por via da respectiva natureza, da relação jurídica da expropriação propriamente dita, que tem como elemento nuclear a declaração da utilidade pública da expropriação.

Em consequência, a conclusão é no sentido de que as normas dos artigos 38º, 52º e 58º a 66º do Código das Expropriações de 1999, que atribuem aos tribu-

268 CÓDIGO DAS EXPROPRIAÇÕES E ESTATUTO DOS PERITOS AVALIADORES

nais da ordem judicial a competência para conhecer da matéria da expropriação, não infringem o disposto no artigo 212º, nº 3, da Constituição.[265]

5. Quanto à matéria a que este artigo se reporta, pronunciaram-se, entre outras, as seguintes decisões judiciais:

a) Até ao momento em que se interponha recurso são competentes os juízos cíveis. Só no caso de ser requerida a intervenção do colectivo e de se apurar ser o valor da causa superior ao da alçada da Relação é que os autos são remetidos às varas cíveis (Acórdão da Relação do Porto, de 27.2.2003, CJ, Ano XXVIII, Tomo 1, página 200).

b) Há três decisões finais: a da arbitragem, a da primeira instância e a da Relação, podendo qualquer delas ser a final, desde que dela não haja recurso. A decisão arbitral é equiparável a uma decisão judicial, pelo que, não tendo dela sido interposto recurso, torna-se definitiva, com força de caso julgado (Acórdão da Relação de Lisboa, de 15.03.07, Processo nº 1369/07-6).

c) O valor do processo é conhecido com a apresentação das alegações do recurso, nos termos do artigo 38º, nº 2, deste Código (Acórdão da Relação de Guimarães, de 16.04.09, Processo nº 1333/06.8TBFLG.G1).

ARTIGO 39º
Autuação

1 – É aberto um processo de expropriação com referência a cada um dos imóveis abrangidos pela declaração de utilidade pública.

2 – Quando dois ou mais imóveis tenham pertencido ao mesmo proprietário ou conjunto de proprietários é obrigatória a apensação dos processos em que não se verifique acordo sobre os montantes das indemnizações.

---

[265] O Tribunal Constitucional, reportando-se aos artigos 37º, 50º, 51º, nº 2 e 53º, nº 2, do Código das Expropriações de 1991, idênticos aos artigos 38º, 52º e 58º a 66º deste Código, considerou, por um lado, que, independentemente de saber se o referido artigo da Constituição atribuía aos tribunais administrativos uma reserva absoluta de jurisdição, ou se os consagra como tribunais comuns em matéria administrativa, nada obstava a que se atribua aos tribunais da ordem judicial a competência para o julgamento de questões de direito administrativo, e, por outro que, para além de existir uma larga tradição jurídica de atribuir aos tribunais da ordem judicial a competência para conhecer dos litígios respeitantes ao valor da indemnização por expropriação, estes tribunais, pela sua organização, estão mais próximos das populações e, por isso, em melhores condições de defesa dos direitos dos expropriados e demais interessados (Acórdão nº 746/96, publicado no *Diário da República*, II Série, de 4 de Setembro de 1996).

1. Este artigo prevê no n.º 1 cada um dos imóveis abrangidos pela declaração de utilidade pública da expropriação, e estatui que a cada um deve corresponder um processo de expropriação.

Está inserido num contexto normativo de natureza processual relativo à apensação de processos de expropriação.[266]

Conforme decorre do artigo 204.º, n.ᵒˢ 1, alínea a), e 2, do Código Civil, entre as coisas imóveis temos os prédios rústicos e urbanos, os primeiros consubstanciados em partes delimitadas do solo e nas construções nele existentes que não tenham autonomia económica, e os últimos consistentes em edifícios incorporados no solo com os terrenos que lhes sirvam de logradouro.

Temos, assim, no caso de ser objecto de expropriação uma pluralidade de parcelas a desanexar de um único prédio, que só deve ser aberto pela entidade expropriante um único processo de expropriação.

Esta solução da lei tem a vantagem de a pluralidade de parcelas ser objecto de unitária avaliação arbitral e judicial, e, consequentemente, da economia processual e de custos.

2. Prevê o n.º 2 deste artigo a hipótese de dois ou mais imóveis terem pertencido ao mesmo proprietário ou ao mesmo conjunto de proprietários, e estatui ser obrigatória a apensação de processos em que se não verifique o acordo sobre os montantes das indemnizações.

Reporta-se, pois, este normativo à pluralidade de imóveis com pretérita relação de pertença ao mesmo proprietário ou ao mesmo grupo de comproprietários, a qual justifica a apensação dos processos de expropriação instaurados por referência a cada um dos prédios objecto da declaração de utilidade pública da expropriação.

Estes pressupostos de apensação dos processos de expropriação assumem-se como especiais no confronto com os gerais a que se reporta o artigo 275.º, n.º 1, do Código de Processo Civil, com a vantagem da unidade de apreciação global, ao que acresce a economia processual e de custos, além de evitar a contradição de julgados em relação às questões suscitadas em cada um dos processos.

---

[266] Este artigo está conexionado com o disposto nos artigos 13.º, n.º 2 e 46.º, n.º 4, ambos deste Código.

Face ao disposto no artigo 275º, nº 2, do Código de Processo Civil, os diversos processos devem ser apensados ao que tiver sido instaurado em primeiro lugar.[267]

Todavia, não obstante a referida apensação de processos, cada um conserva a sua autonomia, designadamente quanto ao respectivo valor para efeito de recurso e de pagamento de custas.

Acresce que, no caso de a apensação implicar complexidade derivada da extensão dos imóveis em curso de expropriação ou do seu número, pode justificar-se a nomeação de mais de um grupo de árbitros, conforme o previsto no artigo 46º deste Código.

Mas havendo acordo sobre o montante da indemnização em algum dos referidos processos, ele não transita, como é natural, da fase da expropriação amigável, a que se reportam os artigos 33º a 37º, para fase da arbitragem a que alude o nº 1 do artigo 38º, todos deste Código.

3. Sobre a matéria a que este artigo se reporta pronunciaram-se, entre outras, as seguintes decisões judiciais:

a) A mera circunstância de a parcela ser explorada em regime de hortejo por diversos arrendatários rurais não justifica o procedimento da expropriante de a subdividir em sete sub-parcelas e na abertura de outros tantos processos de expropriação com vista à determinação da indemnização devida a cada um. Há neste caso que proceder à incorporação e não à apensação (Acórdão da Relação de Lisboa, de 15.4.2008, CJ, Ano XXXIII, Tomo 2, página 112).

b) Verificados os requisitos deste artigo, a abertura de um processo por cada um dos imóveis abrangidos pela declaração de utilidade pública da expropriação e a apensação de processos são obrigatórias para a entidade expropriante. Abertos dois processos relativos a duas parcelas de dois imóveis diferentes dos mesmos expropriados, e efectuada por ela a sua apensação, com realização da arbitragem, depósito bancário dos montantes arbitrados e remessa ao tribunal para os efeitos previstos no artigo 51º, nº 5, é ilegal o despacho do juiz a ordenar a devolução de todo o expediente à entidade expropriante para aí se proceder à organização e sepa-

---

[267] No sentido de que o processo a apensar é aquele a que corresponda a expropriação da parcela de maior extensão, em função do qual foi determinada a competência do tribunal, vejam-se PEDRO CANSADO PAES, ANA ISABEL PACHECO e LUÍS ALVAREZ BARBOSA, *obra citada*, página 219.

ração do processado em função de cada imóvel no pressuposto de que a apensação só pode ocorrer judicialmente (Acórdão da Relação do Porto, de 18.03.10, CJ, Ano XXXV, Tomo 2, página 171).

ARTIGO 40º
Legitimidade

1 – Tem legitimidade para intervir no processo a entidade expropriante, o expropriado e os demais interessados.

2 – A intervenção de qualquer interessado na pendência do processo não implica a repetição de quaisquer termos ou diligências.

1. Prevê o nº 1 deste artigo a entidade expropriante, o expropriado e os demais interessados, e estatui terem legitimidade para intervir no processo, estando por isso inserido num contexto normativo de cariz processual relativo à legitimidade para a intervenção de partes no processo de expropriação, sob motivação do princípio da legitimidade aparente.[268]

A legitimidade aqui em causa é um pressuposto processual, ou seja, trata-se da legitimidade *ad causam*, a que se reporta, em geral, o artigo 26º do Código de Processo Civil.

Está conexionado com o disposto no artigo 9º deste Código, que se refere ao conceito de interessados, segundo o qual se consideram como tal, além do expropriado, os titulares de qualquer direito real ou ónus sobre o bem a expropriar e os arrendatários de prédios rústicos e urbanos, salvo os habitacionais que não prescindam de realojamento equivalente.

São esses os demais interessados, além da entidade beneficiária da expropriação e do expropriado, a que o normativo em análise confere legitimidade para intervirem no processo.

Na fase judicial do processo de expropriação, deve o juiz, oficiosamente, diligenciar no sentido de fazer intervir no processo de expropriação quem para o efeito tiver legitimidade.

Neste contexto, os herdeiros de algum expropriado ou de outro qualquer interessado, que entretanto haja falecido, se fizerem a prova dessa qualidade,

---

[268] Este artigo está conexionado com o que se prescreve nos artigos 9º, 34º, 35º, 37º, nº 5 e 41º, n.os 2 a 4, todos deste Código.

devem ser admitidos a intervir no processo de expropriação na posição do falecido, de harmonia com o disposto no artigo 41º, nº 1, deste Código.

2. Prevê o nº 2 deste artigo a intervenção de qualquer interessado na pendência do processo, e estatui que ela não implica a repetição de quaisquer termos ou diligências.

Em geral, face ao disposto no artigo 320º do Código de Processo Civil, a intervenção principal espontânea ou provocada de uma pessoa numa causa pendente pressupõe a existência de uma relação de litisconsórcio ou de coligação.

Segundo decorre do artigo 321º do Código de Processo Civil, o interveniente principal faz valer um direito próprio, paralelo ao do autor ou do réu, apresentando o seu próprio articulado ou aderindo aos apresentados pela parte com quem se associa.

O disposto no normativo em análise é inspirado no princípio da economia processual, tal como ocorre no regime geral previsto no artigo 322º, nº 2, do Código de Processo Civil, em que o interveniente aceita a causa no estado em que se encontrar, é considerado revel quanto aos actos e termos anteriores e passa a ter os direitos de parte principal a partir do momento da sua intervenção.

Este normativo não distingue, pois, conforme a causa por que os referidos interessados só acedem supervenientemente ao processo, designadamente se isso é ou não imputável a culpa grave ou dolo da entidade beneficiária da expropriação, pelo que se não encontra fundamento para a conclusão no sentido de, nessa hipótese, o processo de expropriação seja reiniciado, por aplicação analógica do disposto no artigo 37º, nº 5, deste Código.[269]

Isso não exclui, todavia, que a entidade beneficiária da expropriação, verificados os respectivos pressupostos, incluindo o dano e o nexo de causalidade adequada, possa incorrer na obrigação de indemnizar.

3. Quanto à matéria a que este artigo se reporta pronunciaram-se, entre outras, as seguintes decisões judiciais:
a) A decisão administrativa relativa à expropriação e a decisão judicial concernente à determinação da correspondente indemnização, em razão da

---

[269] No sentido contrário, podem ver-se VICTOR DE SÁ PEREIRA e ANTÓNIO PROENÇA FOUTO, *obra citada*, página 130, e JOSÉ OSVALDO GOMES, *obra citada*, página 376.

natureza da relação material controvertida, só produzem o seu efeito útil normal se estiverem na causa todos os expropriados, incluindo os titulares da quota ideal do direito de propriedade sobre os bens expropriados ou de um direito hereditário que indirectamente os abranja. O resultado do recurso da decisão arbitral interposto por um ou mais expropriados aproveita aos expropriados que não recorrerem, nos termos do artigo 683º, nº 1, do Código de Processo Civil (Acórdão da Relação de Lisboa, de 19.10.2000, CJ, Ano XXV, Tomo 4, página 121).

b) É admissível o incidente de intervenção de terceiros no processo de expropriação, ainda que ao abrigo do princípio da adequação formal previsto no artigo 265º-A do Código de Processo Civil. Reconhecido à expropriante, no âmbito de um processo de arbitragem internacional, o direito de regresso a exercer contra o Estado Português na parte em que os encargos da expropriação dos terrenos e construções da área expropriada ultrapassem determinado valor, é legítimo requerer a sua intervenção acessória em processo de expropriação relativo a um dos prédios (Acórdão da Relação de Lisboa, de 04.10.2001, CJ, Ano XXVI, Tomo 4, página 114).

c) No processo de expropriação vigora o princípio da legitimidade aparente dos interessados, segundo o qual a entidade expropriante não está obrigada a averiguar exaustivamente quem são os autênticos titulares dos direitos que incidem sobre o imóvel a expropriar, podendo dirigir-se tão só a quem como tal figure nas inscrições predial e fiscal, sem prejuízo, ao longo do processo expropriativo, constatando-se a desconformidade com a realidade, de se proceder à correspondente correcção. Na fase judicial do processo de expropriação, o juiz deve participar activamente no esforço de determinar quem tem legitimidade para intervir no processo na qualidade de expropriado (Acórdão da Relação de Lisboa, de 22 de Fevereiro de 2008, Processo nº 10390/2007-2).

ARTIGO 41º
Suspensão da instância e nomeação de curador provisório

1 – O falecimento, na pendência do processo, de algum interessado só implica a suspensão da instância depois de notificada à entidade expropriante a adjudicação da propriedade e posse, esta no caso de não ter havido investidura administrativa.

2 – Havendo interessados incapazes, ausentes ou desconhecidos, sem que esteja organizada a respectiva representação, o juiz, oficiosamente ou a requerimento do Ministério Público ou de qualquer interessado, nomeia-lhe curador provisório, que será, quanto aos incapazes, na falta de razões ponderosas em contrário, a pessoa a cuja guarda estejam entregues.

3 – No caso de o processo de expropriação ainda não se encontrar em juízo, o juiz determina a sua remessa imediata, para os efeitos do número anterior, pelo período indispensável à decisão do incidente.

4 – A intervenção do curador provisório cessa logo que se encontre designado o normal representante do incapaz ou do ausente ou passem a ser conhecidos os interessados cuja ausência justificara a curadoria".

1. Prevê o nº 1 deste artigo o falecimento, na pendência do processo, de algum interessado, e estatui que isso só implica a suspensão da instância depois de notificada à entidade expropriante a adjudicação do direito de propriedade e da posse sobre o prédio, esta no caso de não ter havido investidura administrativa.

Está inserido num contexto normativo de natureza adjectiva relativo à suspensão da instância no processo administrativo e à nomeação de curador provisório.[270]

Trata-se de uma excepção ao disposto nos artigos 276º, nº 1, alínea a), e 277º, nº 1, ambos do Código de Processo Civil, na medida em que se não afecta de imediato a continuidade da instância com a sua suspensão, nos termos do artigo 284º, nº 1, alínea a), daquele diploma, até à notificação da decisão que considere habilitado o sucessor da parte falecida ou extinta.

Temos, pois, neste processo especial de expropriação, com estrutura complexa, com uma fase administrativa em que se insere a arbitragem necessária, e outra judicial, que envolve, dado o seu objecto e fim, o referido desvio ao regime geral, na medida em que a suspensão da instância por óbito de algum interessado só ocorre com a notificação à entidade beneficiária da expropriação da adjudicação da propriedade e da posse dos bens expropriados.

Assim, falecido algum interessado, só após a notificação da entidade beneficiária da expropriação de lhe ter sido adjudicado o direito de propriedade, nos termos do nº 5 do artigo 51º deste Código, com posse dos bens expropriados, é que se suspende a instância.

---

[270] Este artigo está conexionado com o disposto nos artigos 15º, nº 1, 16, nº 1, 19º, 20º, 22º, 40º e 51º, nº 5, todos deste Código.

Há, porém, o desvio à dilação em causa, no caso de a entidade expropriante ter sido investida na posse administrativa dos bens expropriados, nos termos dos artigos 15º, nº 1, 16, nº 1, 19º, 20º e 22º, todos deste Código.

Face ao disposto no artigo 284º, nº 1, alínea a), do Código de Processo Civil, suspensa que seja a instância por virtude do decesso de algum interessado, só retoma o seu curso depois da notificação da decisão que considere habilitados os respectivos sucessores segundo o direito substantivo.

Considerando o disposto artigo 373º, nº 1, do Código de Processo Civil, o incidente de habilitação deve ser autuado por apenso, salvo se a legitimidade já estiver reconhecida notarialmente ou por decisão judicial proferida noutro processo transitada em julgado, caso em que a habilitação correrá no próprio processo com base na certidão da sentença ou na escritura de habilitação.

Além disso, tendo em conta o que se prescreve no artigo 372º, nº 4, do Código de Processo Civil, se tiver havido inventário, ter-se-ão por habilitados como herdeiros os que tiverem sido indicados pelo cabeça-de-casal, caso todos nele estejam citados e nenhum tiver impugnado a sua legitimidade ou a dos outros dentro do prazo legal, ou se, tendo havido impugnação, esta tiver sido julgada improcedente, o que, naturalmente, se prova por via da junção da respectiva certidão.

A extinção na pendência do processo de alguma pessoa colectiva ou sociedade não dá lugar à suspensão da instância, mas à substituição daquelas, nos termos dos artigos 166º do Código Civil e 162º, do Código das Sociedades Comerciais, conforme os casos.

No caso de o Estado ser a entidade beneficiária da expropriação e o expropriado o único interessado, e este falecer na pendência do processo expropriativo – sem descendentes, ascendentes, irmãos, descendentes destes ou outros colaterais até ao quarto grau conhecidos – a que se reporta o artigo 2133º, nº 1, alíneas a) a d), do Código Civil, extingue-se a instância por confusão.

Na hipótese de o Estado ser o sucessor do falecido expropriado ou de outro interessado, face ao disposto no artigo 20º, nº 1, do Código de Processo Civil, a instância não se suspende, passando o primeiro a intervir do processo de expropriação sob a representação do Ministério Público.[271]

Isso não inviabiliza nem dispensa, todavia, a declaração da herança vaga em causa para o Estado, nos termos dos artigos 2155º do Código Civil e 1133º do Código de Processo Civil.

---

[271] Neste sentido, pode ver-se JOSÉ OSVALDO GOMES, *obra citada*, página 377.

2. Prevê o nº 2 deste artigo a existência no processo de expropriação de interessados incapazes, ausentes ou desconhecidos, sem que esteja organizada a respectiva representação, e estatui, por um lado, que o juiz, oficiosamente ou a requerimento do Ministério Público ou de qualquer interessado, lhe deve nomear curador provisório, e, por outro, quanto aos incapazes, na falta de razões ponderosas em contrário, dever ser nomeada para o efeito a pessoa a cuja guarda estejam entregues.

A previsão deste normativo envolve, pois, a existência, no processo de expropriação *lato sensu*, de interessados incapazes, ausentes ou desconhecidos, sem que esteja organizada a respectiva representação, reportando-se à situação em que o processo de expropriação já está na fase jurisdicional propriamente dita, mas que, conforme decorre do nº 4 deste artigo, abrange o caso de ele estar em fase pretérita.

Os interessados incapazes são os menores de 18 anos de idade e os sujeitos a interdição ou a inabilitação, a que se reportam os artigos 122º, 138º e 152º do Código Civil, respectivamente.

Face ao disposto nos artigos 124º, 139º e 153º do Código Civil, a incapacidade dos menores é suprida por via da responsabilidade parental e, subsidiariamente, pela tutela; e a dos interditos pela tutela, ou seja, por via da sua representação por um tutor, e a dos inabilitados por um curador.[272]

Considerando o que se prescreve no artigo 89º, nº 1, do Código Civil, os interessados ausentes são aqueles que desapareceram sem que deles se saiba parte e que não tenham deixado representante legal ou procurador.

Os desconhecidos a que o normativo em análise se reporta são os incertos, isto é, aqueles relativamente aos quais há elementos no sentido de existirem, mas sem possibilidade da sua identificação.

É para esta situação que rege o artigo 16º, nº 1, do Código de Processo Civil, segundo o qual, quando a acção seja proposta contra incertos, por o autor não ter possibilidade de identificar os interessados directos em contradizer, são representados pelo Ministério Público.

Mas em relação a eles, não obstante a letra do normativo em análise, não faz sentido a referência à circunstância negativa de ainda não estar organizada a sua representação. Ora, é para esses interessados no processo de expropriação,

---

[272] O Decreto-Lei nº 272/2001, de 13 de Outubro, estabelece a competência do Ministério Público para decidir, além do mais, os pedidos de autorização legalmente exigida para a prática de actos pelo representante legal do incapaz.

que não é possível identificar, que o normativo em análise impõe lhe seja nomeado curador provisório.

Temos, pois, ser para as referidas restantes situações, em que ainda não está organizada a representação dos referidos incapazes, que o normativo em análise determina a representação *ad hoc* por um curador provisório.

A lei, em conformidade com a boa ordenação das coisas, no caso de incapazes, não havendo motivos ponderosos em contrário, por exemplo informações de falta de cuidado, estabelece dever a curadoria ser atribuída à pessoa ou entidade que deles cuida.

Todavia, no caso dos ausentes, o curador provisório, nos termos do artigo 92º, nº 1, do Código Civil, deve ser escolhido de entre o cônjuge do ausente, os seus herdeiros presumidos ou algum ou alguns dos interessados na conservação dos bens.

Trata-se de um incidente do processo de expropriação, na sequência do qual, nos termos do artigo 11º, n.os 1 e 2, do Código de Processo Civil, o curador provisório pode praticar os mesmos actos que competiriam ao respectivo representante geral.

3. Prevê o 3 deste artigo a hipótese de o processo de expropriação ainda não se encontrar em juízo, e estatui dever o juiz determinar a sua remessa imediata, para os efeitos do número anterior, pelo período indispensável à decisão do incidente.

Reporta-se, pois, este normativo ao caso de ser necessária a nomeação de curador provisório aos incapazes, aos ausentes ou aos desconhecidos na fase do processo de expropriação anterior à jurisdicional.

Com efeito, a normalidade das coisas, que decorre do artigo 51º, nº 1, deste Código, é no sentido de a entidade beneficiária da expropriação dever remeter o processo ao tribunal competente no prazo de 30 dias a contar do conhecimento da decisão arbitral.

Mas é a esta situação de necessidade de nomeação de curador especial na fase do processo de expropriação anterior à sua remessa ao tribunal da ordem judicial que este normativo se reporta. Nesse caso, logo que a entidade beneficiária da expropriação conheça da referida situação, deve remeter o processo ao referido tribunal, a fim de nele correr termos o incidente a que alude o artigo 11º do Código de Processo Civil.

Isso não obsta, porém, a que o Ministério Público ou algum interessado requeiram no processo de expropriação a nomeação do referido curador provisório, a que se seguirá, naturalmente, a remessa do processo ao tribunal para esse efeito.

Nesse caso, ou em qualquer outro em que o processo não esteja ainda afecto ao tribunal e seja a este remetido com vista à decisão do referido incidente, só naquele permanecerá até àquela decisão ser proferida e ao cumprimento das pertinentes formalidades subsequentes.

4. Prevê o nº 4 deste artigo a cessação da intervenção do curador provisório no processo de expropriação, e estatui que ela ocorre logo que se encontre designado o normal representante do incapaz ou do ausente ou passem a ser conhecidos os interessados cuja ausência justificara a curadoria.

Assim, o curador provisório cessa as suas funções no processo de expropriação, nomeado que tenha sido o representante do incapaz ou do ausente ou conhecidos que sejam os interessados incertos.

Acresce que, como é natural, também cessa a intervenção do curador provisório nomeado no processo de expropriação aos interessados ausentes se estes nele intervierem. Do mesmo modo, se os interessados desconhecidos intervierem no processo de expropriação, certo é que, *ipso facto*, cessará a intervenção do curador provisório que lhes foi nomeado.

5. Quanto à matéria a que este artigo se reporta pronunciaram-se, entre outras, as seguintes decisões judiciais:

a) Não produz efeitos o despacho por via do qual, desconhecido no processo o óbito da expropriada, esta é notificada para actualizar o registo da propriedade do imóvel expropriado, tal como o não produz o despacho logicamente dependente da interrupção da instância. Assim, se depois da habilitação, o juiz, por despacho, impôs às herdeiras da expropriada a junção da certidão do registo de propriedade com as inscrições actualizadas, ele agiu com base em situação nova, a impor, face ao incumprimento, o despacho de interrupção da instância. Por isso, não é este despacho mera duplicação do anterior, cuja validade é de aceitar. Não podia, porém, declarar-se deserta a instância porque, quando a esse último despacho de interrupção da instância, não haviam decorrido dois anos (Acórdão da Relação de Lisboa, de 13 de Dezembro de 2007, Processo nº 9978/2007-8).

b) Não demonstrado nos autos o óbito da pessoa que figura no registo predial como titular do prédio a expropriar, não pode a entidade expropriante invocar relevantemente o princípio da legitimidade aparente com vista a que a posição do expropriado seja ocupada por alegados herdeiros do titular inscrito. Na fase judicial do processo de expropriação, o juiz deve participar activamente no esforço de determinar quem tem legitimidade para intervir no processo na qualidade de expropriado. A nomeação de curador provisório pressupõe que se apure, com razoável certeza, a verificação dos respectivos pressupostos, nomeadamente a de que é efectivamente desconhecido o paradeiro de algum interessado conhecido, e/ou que existem outros interessados cuja identificação é desconhecida (Acórdão da Relação de Lisboa, de 22 de Fevereiro de 2008, Processo nº 10390/2007-2).

SECÇÃO II
Da Tramitação do Processo

SUBSECÇÃO I
Arbitragem

ARTIGO 42º
Promoção da arbitragem

1 – Compete à entidade expropriante, ainda que seja de direito privado, promover, perante si, a constituição e funcionamento da arbitragem.

2 – As funções da entidade expropriante referidas no número anterior passam a caber ao juiz de direito da comarca do local da situação do bem ou da sua maior extensão em qualquer dos seguintes casos:

a) Se for julgada procedente a reclamação referida no nº 1 do artigo 54º;

b) Se o procedimento de expropriação sofrer atrasos não imputáveis ao expropriado ou aos demais interessados que, no seu conjunto, ultrapassem 90 dias, contados nos termos do artigo 279º do Código Civil;

c) Se a lei conferir ao interessado o direito de requerer a expropriação de bens próprios;

d) Se a declaração de utilidade pública for renovada;

e) Nos casos previstos nos artigos 92º, 93º e 94º.

3 – O disposto nas alíneas b), c), d) e e) do número anterior depende de requerimento do interessado, decidindo o juiz depois de notificada a parte contrária para se pronunciar no prazo de 10 dias.

4 – Se for ordenada a remessa ou a avocação do processo, o juiz fixa prazo para a sua efectivação, não superior a 30 dias, sob pena de multa até 10 unidades de conta, verificando-se atraso não justificado.

1. Prevê o nº 1 deste artigo a constituição e o funcionamento da arbitragem, e estatui competir à entidade beneficiária da expropriação, ainda que seja de direito privado, promovê-la perante si.

Está integrado num contexto normativo, de natureza adjectiva, que versa essencialmente sobre a promoção da arbitragem.[273]

A arbitragem assume a natureza de primeira instância jurisdicional inserida na fase administrativa do processo de expropriação, que termina com a prolação de um acórdão, susceptível de recurso para o tribunal da ordem judicial e de constituir, se o não houver, um título executivo.

Tal como na fase anterior – procedimental –, a implementação da fase da expropriação litigiosa, por via da constituição e funcionamento da arbitragem, compete sempre à entidade beneficiária da expropriação, ainda que ela seja de direito privado.

Considerando o disposto no artigo 45º, nº 3, deste Código, no âmbito da referida incumbência, a entidade beneficiária da expropriação deve solicitar ao presidente do tribunal da Relação a designação dos árbitros que hão-de constituir o tribunal arbitral.

Importa ter em linha de conta, face ao disposto no artigo 13º, nº 3, deste Código, que se a arbitragem não for promovida no prazo de um ano a contar da publicação da declaração de utilidade pública da expropriação, esta fica afectada de caducidade.

Mas esta matéria da constituição e funcionamento da arbitragem, conforme decorre do nº 2 deste artigo, nem sempre se inscreve na competência da entidade beneficiária da expropriação.

2. Prevê o nº 2 deste artigo, em conexão com o que se prescreve no nº 1, excepcional em relação a ele, as funções da entidade beneficiária da expropriação referidas no número anterior, e estatui para os casos que enuncia nas suas alíneas a) a e), que elas passam a caber ao juiz de direito da comarca do local da situação do bem em causa ou do da sua maior extensão.

Versam as referidas alíneas a) a e) deste número sobre os casos de procedência da reclamação referida no nº 1 do artigo 54º deste Código, de o procedimento expropriativo sofrer atrasos não imputáveis ao expropriado ou aos demais interessados que, no seu conjunto, ultrapassem 90 dias, contados nos

---

[273] Este artigo está conexionado com o disposto nos artigos 4º, n.ºs 6 e 7, 6º, nº 2, 13º, n.ºs 5 e 6, 15º, 16º, 38º, nº 1, 41º, nº 3, 43º, nº 1, 45º, 49º, 51º, nº 2, 54º, n.ºs 1 e 2, 92º, 93º e 94º, todos deste Código.

termos do artigo 279º do Código Civil, de a lei conferir ao interessado o direito de requerer a expropriação de bens próprios, de a declaração de utilidade pública ser renovada, e nas situações previstas nos artigos 92º, 93º e 94º deste Código, respectivamente.

O caso da alínea a) deste normativo é o da procedência da reclamação deduzida pelo expropriado, ou pela entidade beneficiária da expropriação – se lhe não for imputável o vício – para o juiz, de qualquer irregularidade cometida no procedimento administrativo, nomeadamente na convocação ou na realização da vistoria *ad perpetuam rei memoriam*, na constituição e funcionamento da arbitragem ou nos laudos ou acórdãos dos árbitros, incluindo a falta de cumprimento dos prazos legalmente previstos.

Os atrasos por mais de 90 dias não imputáveis ao expropriado e demais interessados, a que se reporta a alínea b) deste normativo, são contados em termos de excepção ao regime geral de contagem de prazos a que se reporta o artigo 98º deste Código, sendo que, nos termos do artigo 279º, alínea b), do Código Civil, não se inclui na contagem referida o dia em que devia ter sido praticado o acto processual em causa.

Os casos em que a lei confere ao interessado o direito de requerer a expropriação de bens próprios, a que alude a alínea c) deste normativo, têm a ver, por exemplo, com o disposto nos artigos 96º deste Código e 130º do Decreto-Lei nº 389/99, de 22 de Setembro. Com efeito, resulta do último dos referidos artigos poderem os proprietários exigir a expropriação por utilidade pública dos seus terrenos necessários à execução dos planos quando se destinem à regularização de estremas indispensável à realização do aproveitamento previsto em algum plano de pormenor.

À renovação da declaração de utilidade pública da expropriação, prevista na alínea d) deste normativo, reporta-se o artigo 13º, n.ºs 5 e 6, deste Código. Os casos previstos nos seus artigos 15º e 16º, a que se reporta a alínea e) deste normativo, referem-se, por seu turno, à atribuição do carácter de urgência à expropriação, e à expropriação urgentíssima.

Finalmente, os casos previstos nos artigos 92º a 94º deste Código, referidos na alínea f) deste normativo, têm a ver com as situações de aplicação subsidiária do processo de expropriação, quanto à determinação do valor dos bens nos casos de não aceitação do preço convencionado de acordo com o regime do direito legal de preferência, ou de áreas de desenvolvimento urbano prioritário e de construção prioritária, e de expropriação para fins de composição urbana.

3. Prevê o nº 3 deste artigo o disposto nas alíneas b), c), d) e e) do número anterior, e estatui, por um lado, que as funções de constituição e funcionamento da arbitragem passam a competir ao juiz sob requerimento do interessado, e, por outro, que ele deve decidir depois de notificada a parte contrária para se pronunciar no prazo de 10 dias.

Isso significa que só ficam de fora da disponibilidade dos interessados os casos de procedência da reclamação referida no nº 1 do artigo 54.º e os previstos nos artigos 92º a 94º, todos deste Código. Assim, nos casos previstos nas alíneas b) a e) do número anterior, a transferência pontual das referidas competências, na sequência do requerimento do interessado, envolve a abertura de um incidente processual, com notificação da parte contrária para se pronunciar em dez dias, a que se segue, findo o referido prazo, a pertinente decisão do juiz.

Tendo em conta o disposto nos artigos 98º, nº 2, deste Código e 254º, nº 3, do Código de Processo Civil, o referido prazo de dez dias é contado nos termos do artigo 144º, n.os 1 a 3, do Código de Processo Civil, devendo considerar-se a parte contrária notificada, se o for por carta registada, no terceiro dia posterior ao do registo, ou no primeiro dia útil seguinte, caso o não seja.

A apresentação do mencionado requerimento é feita, conforme decorre do artigo 43º, nº 1, deste Código, na secretaria do tribunal, e dado o disposto no artigo 211º, nº 1, alínea a), do Código de Processo Civil, não está sujeita a distribuição, porque depende do processo de expropriação, e o juiz, nos termos do artigo 160º, nº 1, daquele diploma, dispõe, no caso, para a decisão, do prazo de dez dias, contado da data da respectiva conclusão, nos termos acima referidos.

O regime processual deste incidente consta do artigo seguinte, epigrafado de petições a apresentar ao tribunal. Outros casos de determinação judicial de remessa do processo constam dos artigos 41º, nº 3, 51º, nº 2, 54º, nº 2, deste Código.

4. Prevê o nº 4 deste artigo a ordem de remessa, ou a avocação do processo, e estatui, para essa hipótese, que o juiz fixa prazo à entidade beneficiária da expropriação para a sua efectivação, não superior a 30 dias, sob pena de multa até 10 unidades de conta no caso de atraso não justificado dessa diligência.[274]

---

[274] Este normativo tem algum paralelismo com a situação prevista no artigo 127º, nº 2, do Código de Processo nos Tribunais Administrativos, segundo o qual quando a providência decretada exija da Administração a adopção de providências infungíveis, de conteúdo positivo ou negativo, o tribunal pode condenar de imediato o titular do órgão competente no pagamento da sanção pecuniária compulsória que se mostre adequada a assegurar a efectividade da providência decretada.

Temos, pois, que se o juiz, na sequência da decisão da referida reclamação, ordenar à entidade beneficiária da expropriação que lhe remeta o processo ou o avoque, deve fixar àquela para o efeito um prazo não superior a 30 dias.

Face ao disposto no artigo 98º, nº 2, deste Código, o referido prazo, judicialmente fixado, porque destinado a prática de um acto em juízo, é contado desde o dia seguinte à notificação da entidade beneficiaria da expropriação, nos termos nos termos do artigo 144º, n.os 1 e 3, do Código de Processo Civil.

Considerando o que se prescreve no artigo 254º, nº 3, do Código de Processo Civil, a entidade beneficiária da expropriação considera-se notificada, se o for por carta registada no correio, no terceiro dia útil posterior ao do registo, e, caso o não seja, no primeiro dia útil seguinte.

No caso de a entidade beneficiária da expropriação não remeter ao juiz o processo no prazo por ele fixado e não justificar o atraso ocorrido, ele condená-la-á no pagamento de multa com o valor variável na correspondência entre uma e dez unidades de conta, em conformidade com a duração do atraso.[275]

5. Sobre a matéria a que este artigo se reporta pronunciaram-se, entre outras, as seguintes decisões judiciais:

a) O artigo 42º aplica-se aos processos pendentes cuja declaração de expropriação por utilidade pública tenha sido proferida antes da sua entrada em vigor (Acórdão da Relação do Porto, de 14.11.2001, CJ, Ano XXX, Tomo 5, página 184).

b) O pedido de avocação previsto na alínea b) do nº 2 do artigo 42º só está condicionado à verificação dos atrasos no procedimento expropriativo por mais de 90 dias. Celebrados dois contratos-promessa com vista à obtenção, no quadro da expropriação amigável, do acordo sobre a indemnização, não pode ser deferida a avocação do processo sem o prévio reconhecimento, através do meio processual pertinente, da eventual invalidade daqueles contratos (Acórdão da Relação de Guimarães, de 08.05.08, Processo nº 582/08-2).

c) A ocupação abusiva – vias de facto – não pode justificar o processo de expropriação ao abrigo do artigo 42º, nº 2, alíneas b) ou c), do Código das

---

[275] Nos termos dos artigos 22º do Decreto-Lei nº 34/2008, de 26 de Fevereiro, e 3º do Decreto-Lei nº 323/2009, de 24 de Dezembro, durante o ano de 2010, pelo menos, a unidade de conta tem o valor de € 102.

284 CÓDIGO DAS EXPROPRIAÇÕES E ESTATUTO DOS PERITOS AVALIADORES

expropriações (Acórdão da Relação de Lisboa, de 16.03.10, Processo nº 253/10.6YRL.SB-1).

ARTIGO 43º
Petições a apresentar no tribunal

1 – As petições a que se referem o nº 2 do artigo 41º, o nº 3 do artigo anterior, o nº 2 do artigo 51º e a parte final do nº 2 do artigo 54º são apresentadas directamente na secretaria do tribunal competente para o processo de expropriação litigiosa.

2 – Os processos originados pelas petições referidas no número anterior são dependência do processo de expropriação; o juiz a quem este for distribuído determinará que aqueles processos lhe sejam remetidos, ficando com a competência exclusiva para os respectivos termos subsequentes à remessa.

3 – Os processos recebidos nos termos da parte final do número anterior são apensados ao processo de expropriação.

1. Prevê o nº 1 deste artigo as petições a que se referem o nº 2 do artigo 41º, o nº 3 do artigo anterior, o nº 2 do artigo 51º e a parte final do nº 2 do artigo 54º, todos deste Código, e estatui que elas são apresentadas directamente na secretaria do tribunal competente para o processo de expropriação litigiosa.

Está inserido num contexto normativo de natureza processual essencialmente reportado às petições a apresentar no tribunal.[276]

Todavia, não se trata, em rigor, de petições iniciais no sentido afirmado no Código de Processo Civil, por exemplo no seu artigo 467º, mas de simples requerimentos.

Elenca, pois, os requerimentos previstos nas normas a que se reporta e estabelece que a sua apresentação deve ocorrer na secretaria do tribunal competente para do processo de expropriação.

Temos, assim, que a arguição de irregularidades cometidas na fase administrativa do processo de expropriação é susceptível de ocorrer perante o tribunal competente para conhecer do recurso do acórdão arbitral.[277]

O nº 2 do artigo 51º deste Código, mencionado neste normativo, relativo à remessa do processo a juízo pela entidade beneficiária da expropriação depois

---

[276] Este artigo está conexionado com o disposto nos artigos 41º, nº 2, 42º, nº 3, 51º, nº 2, 54º, nº 2, e 96º, todos deste Código.

[277] Quanto ao conteúdo do nº 2 do artigo 41º e do nº 3 do artigo 42º, remete-se para o que no seu âmbito referimos.

da prolação do acórdão arbitral, reporta-se ao requerimento de qualquer interessado para que o juiz àquela requisite ou ordene a respectiva remessa.

Finalmente, o nº 2 do artigo 54º refere-se à reclamação dos interessados para o juiz, com vista à avocação do processo por ele no quadro da arguição de irregularidades.

2. Prevê o nº 2 deste artigo os processos originados pelas petições referidas no número anterior, e estatui, por um lado, serem dependência do processo de expropriação, e, por outro, que o juiz a quem ele for distribuído determinará que aqueles processos lhe sejam remetidos, passando a inscrever-se, na sua competência exclusiva, o conhecimento dos seus termos subsequentes à remessa.

O conceito de processos a que este normativo se reporta está utilizado em sentido material, ou seja, como estrutura documental envolvente dos mencionados requerimentos e das subsequentes peças processuais.

Os referidos processos são materialmente autónomos em relação ao processo de expropriação, mas dependentes dele, sendo que o juiz que tenha competência para conhecer do último inscreve na sua competência o conhecimento dos primeiros.

Cada um dos referidos requerimentos dá origem a um incidente processual, porque envolve questões processuais secundárias em relação ao processo de expropriação, com a especialidade de os seus termos correrem por apenso ao processo de expropriação.

Nos termos do artigo 211º, nº 1, alínea a), do Código de Processo Civil, se os mencionados requerimentos não deverem ser imediatamente apensados ao processo de expropriação, são objecto de distribuição em juízo.

Os juízes a quem forem distribuídos os referidos requerimentos podem ordenar que o processo de expropriação lhe seja remetido, a fim de decidirem as questões processuais em causa.

A referida remessa não implica, pois, necessariamente, a distribuição do processo de expropriação; mas quando ela ocorrer, o juiz requisitará os processos dos incidentes, cuja decisão se imponha depois da remessa.

3. Prevê o nº 3 deste artigo os processos recebidos pelo tribunal nos termos da parte final do número anterior, e estatui que eles são apensados ao processo de expropriação.

Os processos a que este normativo se reporta são, pois, os relativos aos mencionados incidentes.

São apensados ao processo de expropriação, independentemente da fase em que este se encontre, a meramente administrativa sob a égide da entidade beneficiária da expropriação, ou a jurisdicional propriamente dita, esta sob o controlo funcional do juiz.

ARTIGO 44º
Natureza dos processos litigiosos

Os processos de expropriação litigiosa, bem como os que deles são dependentes, não têm carácter urgente, sem prejuízo de os actos relativos à adjudicação da propriedade e da posse e sua notificação aos interessados deverem ser praticados mesmo durante as férias judiciais.

1. Prevê este artigo os processos de expropriação litigiosa e os que deles são dependentes, e estatui, por um lado, a regra de não terem carácter urgente, e, por outro, que isso é sem prejuízo de os actos relativos à adjudicação da propriedade e da posse e sua notificação aos interessados deverem ser praticados mesmo durante as férias judiciais.[278]

No processo civil geral, no artigo 143º, n.ºs 1 e 2, do Código de Processo Civil, estabelece-se que, sem prejuízo dos actos realizados de forma automática, não se praticam actos processuais nos dias em que os tribunais estejam encerrados e durante o período de férias judiciais, salvo as citações, notificações e os actos que se destinem a evitar dano irreparável.

Acresce, por um lado, nos termos do artigo 144º, nº 1, do Código de Processo Civil, que o prazo processual estabelecido por lei ou fixado por despacho do juiz é contínuo, suspendendo-se durante as férias judiciais, salvo se a sua duração for igual ou superior a seis meses ou se tratar de actos a praticar em processos que a lei considere urgentes.[279]

O disposto neste artigo terminou com a confusão entre a urgência da expropriação e a urgência da fixação da indemnização no âmbito do recurso do acórdão arbitral. Agora está claro que os processos de expropriação, envolvam ou não expropriações urgentes, não são urgentes.

---

[278] Este artigo está em conexão com o disposto nos artigos 15º, 16º, 19º, 42º, nº 2, alínea e) e 51º, nº 5, todos deste Código.

[279] O Acórdão de Uniformização de Jurisprudência nº 9/2009, proferido no dia 31 de Março de 2009, publicado no *Diário da República*, I Série, de 19 de Maio de 2009, decidiu no sentido de que os procedimentos cautelares revestem sempre carácter urgente, mesmo na fase de recurso.

Distingue, por um lado, em primeiro lugar, entre os processos de expropriação propriamente ditos e os processos que deles estejam dependentes. Estão dependentes do processo de expropriação litigiosa os processos previstos nos artigos 41º, nº 2, 42º, nº 3, 51º, nº 2 e na parte final do nº 2 do artigo 54º, a que alude o nº 1 do artigo anterior, todos deste Código.

E, por outro, em segundo lugar, no âmbito do processo de expropriação e respectivos apensos, os actos processuais relativos à adjudicação da propriedade e da posse sobre os bens em curso de expropriação e a sua notificação aos interessados, e os restantes actos processuais.

Quanto a estes actos processuais, só os primeiros, isto é, os concernentes à adjudicação da propriedade e ou à investidura na posse administrativa dos bens em curso de expropriação, e respectivas notificações, devem ser praticados durante as férias judiciais.

As férias judiciais decorrem de 22 de Dezembro a 3 de Janeiro, do domingo de Ramos à segunda-feira de Páscoa e de 15 de Julho a 31 de Agosto (artigos 12º da Lei nº 3/99, de 3 de Janeiro, e 12º da Lei nº 52/2008, de 28 de Agosto).

Resulta, pois, da parte final deste artigo que os actos processuais relativos à adjudicação da propriedade e à investidura na posse devem ser praticados entre 22 de Dezembro e 3 de Janeiro, do domingo de ramos à segunda-feira de Páscoa, e de 15 de Julho e 31 de Agosto.

Assim, decorre do artigo em análise a regra de que os processos de expropriação e respectivos apensos não são urgentes, bem como a excepção de deverem ser praticados durante as férias judiciais os actos processuais a que se reporta, por isso legalmente considerados urgentes.

Trata-se, em suma, dos actos processuais previstos nos artigos 51º, n.ºs 5 e 6, e 19º, 20º e 22º, todos deste Código, cujos prazos de execução correm termos mesmo no período das ferias judiciais.

Nesses períodos, notificados os interessados do despacho de adjudicação da propriedade e da determinação na investidura na posse dos bens à entidade beneficiária da expropriação, suspendem-se então os prazos processuais em geral.

2. Sobre a matéria a que se reporta este artigo pronunciaram-se, entre outras, as seguintes decisões judiciais:
   a) A apresentação dos relatórios dos peritos no tribunal durante as férias judiciais não viola normas de processo civil (Acórdão da Relação do Porto de 12.02.01, CJ, Ano XXVI, Tomo 1, página 210).

288 CÓDIGO DAS EXPROPRIAÇÕES E ESTATUTO DOS PERITOS AVALIADORES

b) A atribuição do carácter de urgência à expropriação por utilidade pública tem por finalidade exclusiva possibilitar a entrega imediata dos bens a expropriar à entidade expropriante, sem implicar a qualificação de processo urgente, nomeadamente para efeito de contagem do prazo de recurso (Acórdão da Relação de Guimarães, de 31.07.02, CJ, Ano XXVII, Tomo 4, página 269).

c) Só são urgentes os actos de adjudicação da propriedade e da posse à entidade expropriante e a sua notificação aos interessados, que devem ser praticados mesmo durante as férias judiciais, ao invés de todos os demais (Acórdão da Relação de Évora, de 13.02.03, CJ, Ano XXVIII, Tomo 1, página 248).

d) A atribuição, pelo acto declarativo de utilidade pública, do carácter de urgência à expropriação não tem reflexo na contagem dos prazos para a prática dos diversos actos processuais, por exemplo para a interposição de recursos, salvo se envolverem a adjudicação da propriedade ou da posse dos bens expropriados ou as conexas notificações (Acórdão da Relação de Coimbra, de 25.01.2006, Processo nº 3966/05).

ARTIGO 45º
Designação dos árbitros

1 – Na arbitragem intervêm três árbitros designados pelo presidente do tribunal da Relação da situação dos prédios ou da sua maior extensão.

2 – Os árbitros são escolhidos de entre os peritos da lista oficial, devendo o presidente do tribunal da Relação indicar logo o que presidirá.

3 – Para o efeito do disposto nos números precedentes, a entidade expropriante solicita a designação dos árbitros directamente ao presidente do tribunal da Relação.

4 – O despacho de designação dos árbitros é proferido no prazo de cinco dias.

1. Prevê o nº 1 deste artigo a intervenção na arbitragem, e estatui que nesta intervêm três árbitros designados pelo presidente do tribunal da Relação da situação dos prédios ou da sua maior extensão.

Está inserido num contexto normativo de natureza adjectiva relativo à designação dos árbitros, prevalecendo na sua aplicação, dada a relação de especialidade, sobre o disposto no nº 3 do artigo 12º da Lei nº 31/86, de 29 de Agosto.[280]

---

[280] Este artigo está conexionado com o disposto nos artigos 42º, 46º, 47º e 49º, todos deste Código.

Esta previsão legal de nomeação dos árbitros pelo presidente do tribunal da Relação, e não também pelas partes, como outrora ocorria, é motivada pelo interesse público da imparcialidade e da independência dos nomeados.

A situação dos prédios em curso de expropriação ou da sua maior parte no caso de algum deles se estender por mais do que um distrito judicial, deve confrontar-se com os distritos judiciais do Porto, de Coimbra, de Lisboa e de Évora, bem como com a área de competência do tribunal da Relação de Guimarães.

É à entidade beneficiária da expropriação, ainda que seja de direito privado, nos termos do artigo 42º, nº 1, deste Código, que compete a promoção, perante si, da constituição e do funcionamento da arbitragem.

A referida promoção da arbitragem, conforme decorre do artigo 46º, n.os 1 e 2, deste Código, é susceptível de envolver a designação de grupos de árbitros pelo presidente do tribunal da Relação.

A arbitragem significa aqui o tribunal arbitral necessário, genericamente previsto nos artigos 1525º a 1528º do Código de Processo Civil, cujo regime especial é salvaguardado pelo primeiro dos referidos artigos, segundo o qual, se o julgamento arbitral for prescrito por lei especial, atender-se-á ao que nesta estiver, a propósito, determinado.

As condições do exercício das funções dos árbitros no âmbito dos processos de expropriação constam do Decreto-Lei nº 125/2002, de 10 de Maio, a que adiante se fará referência.[281]

2. Prevê o nº 2 deste artigo a escolha dos referidos árbitros, e estatui, por um lado, que eles são escolhidos de entre os peritos da lista oficial, e, por outro, que o presidente do tribunal da Relação deverá logo indicar o que presidirá.

Assim, requerida pela entidade beneficiária da expropriação a constituição da arbitragem, o presidente do tribunal da Relação com jurisdição no local dos prédios em curso de expropriação, ou da sua maior parte, conforme os casos, deve proferir despacho de nomeação dos árbitros de entre os que integrem a respectiva lista oficial de peritos.

A competência para a prática de qualquer acto administrativo tem, como é natural, de resultar da lei, mas esta não inscreve em outro qualquer juiz, que não o presidente do tribunal da Relação, a competência para a nomeação dos árbitros.

---

[281] Alterado pelos Decretos-Leis n.os 12/2007, de 19 de Janeiro, e 94/2009, de 27 de Abril.

Assim, decorre da lei que o presidente do tribunal da Relação é o gestor das sucessivas nomeações, tal como o é do controlo das mesmas, face às respectivas listas, em termos de consecução dos princípios da igualdade e da justiça, a que se reporta o artigo 2º deste Código.

Decorrentemente, a competência para a nomeação dos referidos árbitros incumbe sempre ao presidente do respectivo tribunal da Relação, ainda que a arbitragem decorra perante o juiz do tribunal competente por força do disposto no nº 2 do artigo 42º deste Código.[282]

3. Prevê o nº 3 deste artigo a diligência da entidade beneficiária da expropriação no sentido da constituição da arbitragem, e estatui que ela deve solicitar directamente ao presidente do tribunal da Relação a designação dos respectivos árbitros.

Assim, verificada a extensão dos prédios em curso de expropriação, isto é, se algum deles se situa ou não na área de jurisdição de mais de um distrito judicial, e, no caso afirmativo, em qual deles tem a parte maior da sua área, deve a entidade beneficiária da expropriação requerer ao presidente do tribunal da Relação competente a nomeação dos três árbitros.

Nos termos do artigo 13º, nº 3, deste Código, a referida solicitação deve ocorrer no prazo de um ano a contar da publicação da declaração da utilidade pública da expropriação, sob pena de esta caducar.

Face ao disposto nos artigos 39º, nº 2, e 46º, nº 4, deste Código, no instrumento da referida solicitação, deve a entidade beneficiária da expropriação indicar a localização da parcela ou das parcelas, por referência ao respectivo distrito judicial, e a titularidade do respectivo direito de propriedade.

4. Prevê o nº 4 deste artigo o prazo de nomeação dos árbitros pelo presidente do tribunal da Relação competente, e estatui que este deve proferir o respectivo despacho no prazo de cinco dias.

Tendo em conta o âmbito das listas de peritos, o presidente do tribunal da Relação a que este normativo se reporta é o de Guimarães, o do Porto, o de Lisboa, o de Coimbra e o de Évora.

---

[282] Há divergência quanto a este ponto, na medida em que alguns presidentes das Relações têm considerado inscrever-se essa competência no juiz do processo a quem passe a competir a direcção da fase da arbitragem.

De harmonia com o que prescrevem os artigos 98º, nº 1, deste Código e 72º, nº 1, alíneas a) e b), do Código do Procedimento Administrativo, o referido prazo começa no dia imediato àquele em que o requerimento para a nomeação dos árbitros foi recebido pelo presidente do tribunal da Relação, correndo continuadamente e suspendendo-se nos sábados, domingos e feriados.

Conforme decorre do artigo seguinte, o presidente do tribunal da Relação, no caso de a entidade beneficiária da expropriação lho ter requerido fundamentadamente, pode nomear, com vista à realização da arbitragem, mais de um grupo de árbitros.

Tendo em conta o que se prescreve nos artigos 1528º do Código de Processo Civil e 12º, nº 3, da Lei nº 31/86, de 29 de Agosto, o referido despacho do presidente do tribunal da Relação é insusceptível de impugnação.

Importa ter em conta a regra e a excepção do funcionamento da arbitragem, ou seja, os casos em que ela se processa perante a entidade beneficiária da expropriação – tramitação normal – e aqueles em que a mesma se processa perante o tribunal da 1ª instância – tramitação atípica.

Naturalmente que os presidentes dos tribunais da Relação devem ir controlando, em qualquer caso, a nomeação de árbitros, de modo a que, em sistema de sucessividade, segundo a ordem das listas, todos os peritos nelas inscritos possam vir a ser nomeados para o exercício da sua actividade.

ARTIGO 46º
Designação de grupos de árbitros

1 – Pode ser designado mais de um grupo de árbitros sempre que, em virtude da extensão e do número de bens a expropriar, um único grupo de árbitros se mostre manifestamente insuficiente para assegurar o normal andamento de todos os processos.

2 – A decisão prevista no número anterior é da competência do presidente do tribunal da Relação da situação dos bens a expropriar ou da sua maior extensão, mediante proposta fundamentada da entidade expropriante.

3 – Se os peritos da lista oficial forem insuficientes para a constituição do conveniente número de grupos de árbitros, recorre-se a peritos incluídos nas listas de outros distritos, com preferência, quando possível, para os da lista dos distritos contíguos.

4 – A distribuição dos processos pelos grupos de árbitros consta do despacho de designação e respeita a sequência geográfica das parcelas, que a entidade expropriante deve indicar no seu pedido, sem prejuízo do disposto no nº 2 do artigo 39º, com as necessárias adaptações.

1. Prevê o nº 1 deste artigo a possibilidade de designação de mais de um grupo de árbitros, e estatui que a mesma ocorre quando, em virtude da extensão e do número de bens a expropriar, um único grupo de árbitros se mostre manifestamente insuficiente para assegurar o normal andamento de todos os processos.

Está inserido num contexto normativo de natureza processual relativo à designação de grupos de árbitros, cada um composto por três árbitros, devendo um deles ser nomeado o seu presidente.[283]

A regra da nomeação pelo presidente do tribunal da Relação de apenas um grupo de árbitros é aqui quebrada pela possibilidade de nomeação de mais do que um grupo de árbitros, sob requerimento da entidade beneficiária da expropriação nesse sentido, adequadamente fundamentado.

O pressuposto da referida nomeação de mais de um grupo de árbitros é o número de prédios em curso de expropriação, ou a sua extensão, desproporcionais em relação ao único grupo normal de árbitros.

A insuficiência de um único grupo de árbitros para a decisão arbitral tem de ser manifesta, o mesmo é dizer clara ou ostensiva, segundo o critério da proporcionalidade, face à extensão ou complexidade do objecto da decisão arbitral, sob o referencial do andamento normal de todos os processos.

Este normativo pressupõe, pois, a pluralidade de prédios em curso de expropriação e a sua extensão considerável, tendo essencialmente em vista o caso previsto no artigo 39º, nº 2, deste Código, segundo o qual, quando dois ou mais imóveis tenham pertencido ao mesmo proprietário ou conjunto de comproprietários, é obrigatória a apensação dos processos.

Conforme já se referiu, o requerimento da entidade beneficiária da expropriação no sentido de nomeação de mais de um grupo de árbitros para a arbitragem deve ser fundamentado por via da afirmação dos respectivos pressupostos de facto.

2. Prevê o nº 2 deste artigo a decisão prevista no número anterior, e estatui ser da competência do presidente do tribunal da Relação da situação dos bens a expropriar ou da sua maior extensão, mediante proposta fundamentada da entidade beneficiária da expropriação.

---

[283] Este artigo está conexionado com o que se prescreve nos artigos 39º, 45º, 47º e 89º, todos desde Código.

PARTE II – O CÓDIGO DAS EXPROPRIAÇÕES **ART. 46º** 293

Temos, assim, competir ao presidente do tribunal da Relação a nomeação de mais do que um grupo de árbitros, sendo a situação dos bens a expropriar, objecto dos vários processos, que essencialmente determina esta solução legal.

No caso de todos os prédios se situarem na área do mesmo distrito judicial, é ao presidente do respectivo tribunal da Relação que compete a prolação da mencionada decisão.

Na hipótese de os referidos prédios se localizarem em mais do que um distrito judicial, é o critério da quantidade, ou da maior parte, que rege para a definição da competência do presidente do tribunal da Relação.

A boa gestão destas nomeações de árbitros constantes das listas oficiais implica a adopção de um critério de sucessividade susceptível de garantir o princípio da igualdade de oportunidade no exercício das suas funções de índole pericial.

Também este despacho do presidente do tribunal da Relação, considerando o disposto nos artigos 1528º do Código de Processo Civil e 12º, nº 3, da Lei nº 31/86, de 29 de Agosto, não é susceptível de impugnação.

3. Prevê o nº 3 deste artigo a insuficiência dos peritos da lista oficial para a constituição do conveniente número de grupos de árbitros, e estatui, por um lado, que se deve recorrer aos peritos incluídos nas listas de outros distritos e, por outro, que para tal, quando possível, preferem os das listas dos distritos contíguos.

Nos termos do artigo 2º, n.os 1 a 4, do Decreto-Lei nº 125/2002, de 10 de Maio, as funções de perito avaliador só podem ser exercidas por peritos integrados nas listas oficiais organizadas por distritos judiciais – Porto, Coimbra, Lisboa e Évora – sendo que no de Lisboa há três listas, uma para a área continental, outra para os círculos judiciais dos Açores e outra para o círculo judicial do Funchal.

A cada um dos referidos distritos judiciais corresponde um tribunal da Relação, mas há um deles, o de Guimarães, que não corresponde a nenhum distrito judicial, antes integrando parte da área que era do distrito judicial do Porto e do respectivo tribunal da Relação.

Em consequência, não obstante a dificuldade de gestão de uma única lista de peritos por dois juízes – o presidente do tribunal da Relação do Porto e o presidente do tribunal da Relação de Guimarães – este último, em relação aos bens expropriados situados na área de jurisdição do respectivo tribunal da Relação, também nomeia os árbitros respectivos.

Pode acontecer que os peritos incluídos nas listas distritais concernentes sejam insuficientes para a nomeação pelo presidente do tribunal da Relação de todos os árbitros necessários ao preenchimento da mencionada pluralidade de grupos de árbitros.

Quando assim acontecer, pode o presidente do tribunal da Relação decisor integrar nos vários grupos de árbitros os peritos de mais de uma lista oficial distrital, caso em que a preferência nessa nomeação deve ser direccionada aos peritos integrados na lista do distrito em causa ou de algum dos distritos contíguos.

4. Prevê o nº 4 deste artigo a distribuição dos processos pelos grupos de árbitros, e estatui, por um lado, que ela deve constar do despacho de designação e respeitar a sequência geográfica das parcelas, e, por outro, que a entidade beneficiária da expropriação a deve indicar no seu pedido, sem prejuízo do disposto no nº 2 do artigo 39º deste Código, com as necessárias adaptações.

Regula, pois, este normativo a distribuição dos processos em causa pela pluralidade dos grupos de árbitros, que deve constar do despacho do presidente do tribunal da Relação nomeante e ter em conta a sequência geográfica das parcelas.

Com efeito, o mesmo grupo de árbitros deve ser designado para a decisão de fixação da indemnização atinente a parcelas com autonomia de avaliação materialmente contíguas. Decorrentemente, conforme já se referiu, a entidade beneficiária da expropriação tem que indicar, no requerimento para a nomeação da pluralidade de grupos de árbitros, a sequência geográfica das parcelas em curso de expropriação e a titularidade do respectivo direito de propriedade.

Isso não pode, porém, obstar ao funcionamento do disposto no nº 2 do artigo 39º deste Código, com as necessárias adaptações, que versa sobre o caso de dois ou mais imóveis terem pertencido ao mesmo proprietário ou ao mesmo conjunto de proprietários, cuja apensação de processos a lei determina.

Decorre, pois, da lei que os processos relativos a parcelas que pertencem ao mesmo proprietário ou conjunto de proprietários, por razões de economia de meios, celeridade e de eficácia, devem ser atribuídos ao mesmo grupo de árbitros.

Dado o fim da unidade relativa que resulta da apensação prevista no nº 2 do artigo 39º deste Código, não faz sentido que a designação respeite a sequência geográfica das parcelas, porque do que se trata é de prédios que pertenceram ao mesmo proprietário ou ao mesmo conjunto de comproprietários.

A notificação da designação dos árbitros consta do artigo seguinte, ou seja, o artigo 47º deste Código.

5. Sobre a matéria a que este artigo se reporta pronunciou-se, entre outras, a seguinte decisão judicial:

– Se as equipas de árbitros forem constituídas à revelia do disposto neste artigo – irregularmente – incumbia às partes arguir a irregularidade, nos termos do artigo 54º, nº 1, deste Código, no prazo ali indicado, sob pena de sanação (Acórdão. da Relação de Lisboa, de 17.07.08, Processo nº 5150/2008-2).

ARTIGO 47º
Notificação da designação dos árbitros

1 – No prazo de 10 dias a contar da sua recepção, a entidade expropriante notifica na íntegra a comunicação da designação dos árbitros:

a) Por carta ou ofício registado, com aviso de recepção, dirigido aos interessados de que se conheça a respectiva residência e ao curador provisório;

b) Por edital, com dilação de oito dias, a afixar na entrada principal do edifício da câmara municipal do concelho onde se situam os prédios ou a sua maior extensão, relativamente aos interessados não abrangidos pela alínea anterior e àqueles que não for possível notificar nos termos nela prescritos;

c) Aos árbitros, devendo a comunicação dirigida ao respectivo presidente ser acompanhada do processo de expropriação ou de cópia deste e, sempre que possível, de indicação da descrição predial e da descrição matricial do prédio.

2 – Na notificação e nos editais a que se refere o número anterior dá-se conhecimento ao expropriado e aos demais interessados da faculdade de apresentação de quesitos nos termos do artigo seguinte.

1. Prevê o nº 1 deste artigo a comunicação, a quem refere, pela entidade beneficiária da expropriação, da designação dos árbitros, e estatui, por um lado, que o deve fazer na íntegra, no prazo de 10 dias, a contar da sua recepção.

E, por outro, que o deve fazer por carta ou ofício registado, com aviso de recepção, dirigidos aos interessados de que se conheça a respectiva residência, e ao curador provisório, por edital, com a dilação de oito dias, a afixar na entrada principal do edifício da câmara municipal do concelho onde se situam os prédios ou a sua maior extensão, relativamente aos interessados não abrangidos pela alínea anterior e àqueles que não for possível notificar nos termos nela prescritos.

E, finalmente, quanto aos árbitros, que a comunicação deve ser dirigida ao respectivo presidente e ser acompanhada do processo de expropriação ou da sua cópia, e, sempre que possível, da indicação das descrições prediais e matriciais dos prédios em causa.

Está integrado num contexto normativo de natureza adjectiva relativo à notificação da designação dos árbitros, como que o primeiro chamamento dos expropriados e demais interessados ao processo de expropriação, a partir do qual podem formular quesitos.[284]

Acresce que, tendo em linha de conta o disposto no artigo 26º, nº 3, deste Código, a entidade beneficiária da expropriação, caso já disponha das listas de transacções e das avaliações fiscais que corrijam os valores declarados na zona e os respectivos valores, deve nesta oportunidade remetê-las ao árbitro presidente.

O presidente do tribunal da Relação, proferido que seja o despacho da designação dos árbitros, comunica-o à entidade beneficiária da expropriação. Recebida a referida comunicação, ou seja, a cópia do despacho do presidente do tribunal da Relação, aquela entidade notifica-a, na íntegra, no prazo de dez dias, às pessoas mencionadas nas alíneas a) a c) do nº 1 deste artigo.

O referido prazo, regulado no artigo 72º, nº 1, alíneas a) e b), do Código do Procedimento Administrativo, começa a correr no dia imediato ao do recebimento da comunicação do presidente do tribunal da Relação e suspende-se nos sábados, domingos e feriados.

Nos termos da alínea a) do nº 1 deste normativo, os interessados cuja residência seja conhecida e o curador provisório que haja são notificados por ofício ou carta registados com aviso de recepção.

Face ao disposto no artigo 9º, n.os 1 e 2, deste Código, interessados são o expropriado e os titulares de algum direito real ou ónus sobre os bens em curso de expropriação, incluindo o arrendatário habitacional que tenha prescindido do respectivo realojamento, e, tendo em conta o disposto no artigo 41º, nº 2, do mesmo diploma, é curador provisório o nomeado aos interessados incapa-

---

[284] Este artigo está conexionado com o disposto nos artigos 35º, nº 3, 41º, nº 2, 45º, 46º, 48º e 49º, todos deste Código.

zes, ausentes ou desconhecidos, em relação aos quais não esteja organizada a respectiva representação.

Nos termos da alínea b) deste normativo, os interessados em relação aos quais se não conheça a residência ou que não seja possível notificar por ofício ou carta registados com aviso de recepção, a notificação da designação dos árbitros é feita por edital, com a dilação de oito dias.

O referido edital é afixado na entrada principal do edifício da câmara municipal do município da situação dos prédios, ou da sua maior extensão no caso de se estenderem pela área de mais do que um município. Para o efeito, deve a entidade beneficiária da expropriação remetê-la ao presidente da câmara municipal e solicitar-lhe a sua afixação e a remessa da certidão desse facto.

Nos termos do artigo 250º, n.ºs 1 e 2, do Código de Processo Civil, a notificação daqueles interessados considera-se ocorrida na data da publicação daquele edital, a que se segue o referido prazo de dilação de oito dias.

De harmonia com o disposto no artigo 48º deste Código, é a contar da mencionada notificação, que se inicia o prazo de quinze dias para os interessados apresentarem ao árbitro presidente os pertinentes quesitos, que começa após aquele prazo de dilação de oito dias a que alude a alínea b) do normativo em análise, da qual deve constar aquela faculdade.

Os árbitros, por seu turno, são notificados por carta ou ofício registados no correio, dirigidos ao respectivo presidente, com a particularidade de a referida notificação dever ser sempre acompanhada do processo de expropriação ou da sua cópia, bem como, se possível, da indicação da descrição predial e da inscrição matricial do prédio ou dos prédios em curso de expropriação.

2. Prevê o nº 2 deste artigo a notificação postal e edital a que aludem as alíneas a) e b) do nº 1 deste artigo, e estatui que por elas se deve dar conhecimento ao expropriado e aos demais interessados da faculdade de apresentação de quesitos, nos termos do artigo seguinte.

Este normativo refere, pois, que na notificação e nos editais deve ser dado conhecimento ao expropriado e aos demais interessados da aludida faculdade. Mas a expressão não é rigorosa, porque os editais também veiculam uma das espécies de notificação.

Temos, assim, que o instrumento de notificação por via postal ou edital deve inserir a advertência de que os notificados dispõem do prazo de quinze dias, contados desde a data da notificação, ou decorrida a dilação, nos termos do artigo 48º deste Código, a fim de apresentarem os pertinentes quesitos.

Como o referido instrumento de inserção dos quesitos deve ser enviado ao árbitro presidente, a mencionada notificação deve conter o local de contacto do mesmo, a residência, o domicílio profissional ou outro, conforme os casos.

Tendo em conta o que se prescreve no artigo 22º, nº 3, deste Código, na oportunidade, se for caso disso, ou seja, se entretanto a entidade beneficiária da expropriação, na sequência de autorização para o efeito, tomou posse administrativa do prédio ou dos prédios em causa, pode remeter ao expropriado e demais interessados conhecidos a cópia do respectivo auto.

3. Nos termos do artigo 18º, nº 1, do Decreto-Lei nº 125/2002, de 10 de Maio, os árbitros, quando se verifique alguma causa do seu impedimento, devem comunicar desde logo o facto à entidade expropriante.[285]

E de harmonia com artigo 18º, nº 3, daquele diploma, até ao dia da realização da arbitragem, podem as partes e os próprios árbitros requerer a declaração do impedimento ou da suspeição, especificando as circunstâncias de facto que constituam a sua causa. Compete ao presidente do tribunal da Relação conhecer da existência do impedimento e da suspeição e declará-los, ouvindo os árbitros, se necessário.

Finalmente, segundo o artigo 18º, nº 4, do mesmo diploma, no caso de serem os árbitros a declararem-se impedidos, deve a entidade beneficiária da expropriação requerer a sua substituição ao presidente do tribunal da Relação, indicando o fundamento do pedido, sem necessidade de qualquer outra formalidade.

ARTIGO 48º
Apresentação de quesitos

No prazo de 15 dias a contar da notificação podem as partes apresentar ao árbitro presidente, em quadruplicado, os quesitos que entendam pertinentes para a fixação do valor dos bens objecto da expropriação.

1. Prevê este artigo o prazo de apresentação, pelas partes, ao árbitro presidente, dos quesitos pertinentes para a fixação do valor dos bens em curso de

---

[285] Alterado pelos Decretos-Leis n.os 12/2007, de 19 de Janeiro, e 94/2009, de 27 de Abril.

expropriação, e estatui, por um lado, que ela deve ocorrer no prazo de 15 dias a contar da notificação, e, por outro, que o devem fazer em quadruplicado.[286]

A notificação a que este artigo se reporta é a prevista no n.º 1, alíneas a) e b), do artigo 47.º deste Código, a fazer pela entidade beneficiária da expropriação aos interessados e, se for caso disso, ao curador provisório.

Conforme decorre do artigo 47.º, n.º 2, deste Código, é por via daquela notificação que os expropriados e os demais interessados são advertidos da sua faculdade de apresentação dos quesitos nos termos do artigo ora em análise.

O referido prazo de quinze dias é contado desde o dia seguinte ao da notificação prevista na alínea a) do n.º 1 do artigo anterior, suspende-se nos sábados, domingos e feriados, nos termos dos artigos 98.º, n.º 1, deste Código e 72.º, n.º 1, alíneas a) e b), do Código do Procedimento Administrativo, podendo ainda ser susceptível da dilação prevista no artigo 73.º deste último diploma, verificados que sejam os respectivos pressupostos.

Os mencionados quesitos devem consubstanciar os factos susceptíveis de inspecção ocular, relevantes para a fixação do valor dos bens em curso de expropriação, segundo as várias soluções plausíveis das questões de direito, a exemplo do que se prescreve no artigo 511.º, n.º 1, do Código de Processo Civil.

O instrumento de inserção dos quesitos deve ser formulado em quadruplicado, sendo um exemplar para cada um dos árbitros e o outro para ficar no respectivo processo, o qual não é notificado à parte contrária.

Com efeito, apresentados os quesitos, não têm os apresentantes a faculdade de reclamação das respostas dos árbitros, ou de lhes solicitarem esclarecimentos ou de produzirem alegações prévias ao acórdão arbitral.

A entidade beneficiária da expropriação, que procede à notificação prevista no n.º 1 do artigo anterior, é a primeira a conhecer da designação dos árbitros, incluindo o árbitro presidente, por via da comunicação que lhe é feita pelo presidente do tribunal da Relação.

Propendemos a considerar que a entidade beneficiária da expropriação deve apresentar os seus quesitos ao árbitro presidente no prazo de quinze dias contado desde a mencionada comunicação, nos termos do artigo 71.º, n.º 1, do Código do Procedimento Administrativo.

---

[286] Este artigo está conexionado com o disposto nos artigos 21.º, n.ºs 3 e 4, alínea f), 47.º, n.º 2, 49.º, n.ºs 3 e 6 e 54.º, n.º 1, todos deste Código.

ARTIGO 49º
Decisão arbitral

1 – O acórdão dos árbitros é proferido em conferência, servindo de relator o presidente.

2 – O acórdão, devidamente fundamentado, é tomado por maioria; não se obtendo uma decisão arbitral por unanimidade ou maioria, vale como tal a média aritmética dos laudos que mais se aproximarem ou o laudo intermédio, se as diferenças entre ele e cada um dos restantes foram iguais.

3 – Os laudos são juntos ao acórdão dos árbitros, devem ser devidamente justificados e conter as respostas aos quesitos com indicação precisa das que serviram de base ao cálculo da indemnização proposta, bem como a justificação dos critérios de cálculo adoptados e a sua conformidade com o disposto no nº 4 do artigo 23º.

4 – A decisão dos árbitros é entregue à entidade expropriante no prazo máximo de 30 dias a contar da recepção da comunicação a que se refere a alínea c) do nº 1 do artigo 47º ou da apresentação dos quesitos.

5 – Em casos devidamente justificados, designadamente em razão do número de arbitragens, o prazo a que se refere o número anterior pode ser prorrogado até 60 dias, a requerimento de qualquer dos árbitros, dirigido à entidade expropriante.

6 – É aplicável o disposto no nº 3 do artigo 21º.

1. Prevê o nº 1 deste artigo a forma como deve ser proferido o acórdão dos árbitros, e estatui, por um lado, que o deve ser em conferência, e, por outro, ser o relator o presidente do tribunal arbitral.

Está inserido num contexto normativo que essencialmente se reporta à estrutura do acórdão arbitral.[287]

A doutrina e a jurisprudência divergem quanto à natureza da referida conferência. Com efeito, a jurisprudência tem vindo a considerar que se trata de um tribunal arbitral necessário, mas alguma doutrina considera que ela é uma instância de natureza pré-jurisdicional, sob o argumento da falta de expressão do princípio do contraditório.[288]

Conforme decorre dos artigos 209º, nº 2, da Constituição e 1525º a 1528º do Código de Processo Civil, os tribunais arbitrais são de existência facultativa,

---

[287] Este artigo está conexionado com o disposto nos artigos 20º, 21º, nº 3, 23º, nº 5, 24º, 25º, 26º, 27º, 29º, 30º, 31º, 32º, 38º, n.ᵒˢ 1 e 3, 42º, 46º, 47º, 48º, 49º, 50º e 54º, nº 1, todos deste Código.

[288] Neste sentido, podem ver-se JOSÉ OSVALDO GOMES, *obra citada*, página 381; e JOSÉ LEBRE DE FREITAS, "A Citação dos Interessados como Garantia da Defesa no Processo de Expropriação", Estudos em Memória do Professor Doutor João de Castro Mendes, páginas 177 e seguintes.

que a lei ordinária distingue nas espécies de voluntários e necessários, estes últimos regulados subsidiariamente pela Lei nº 31/86, de 29 de Agosto.

As partes, ou seja, a entidade beneficiária da expropriação, os expropriados e os demais interessados têm a faculdade, previamente à decisão arbitral, de formular aos árbitros os quesitos que entenderem.

Além disso, os laudos dos árbitros, que devem agir com imparcialidade, constituem a fundamentação específica do acórdão arbitral, em relação ao qual a diligência de avaliação é instrumental. Acresce, conforme decorre do nº 3 deste artigo, que o acórdão arbitral deve ser devidamente fundamentado, e dele podem as partes vencidas interpor recurso.

Dir-se-á que a referida conferência se traduz em um órgão colegial que, por imposição legal e iniciativa da entidade beneficiária da expropriação, procedendo com imparcialidade e independência, no âmbito da sua competência legal, de harmonia com um procedimento pré-estabelecido, fixa a versão autêntica dos factos incertos ou controvertidos e determina o direito que lhes é aplicável, em decisão obrigatória para os interessados.[289]

Perante este quadro, propendemos a considerar, conforme já se referiu, que a referida conferência se traduz em tribunal arbitral necessário, a cujo recurso das respectivas decisões são aplicáveis, com as necessárias adaptações, as pertinentes normas do Código de Processo Civil.

2. Prevê o nº 2 deste artigo a estrutura do acórdão arbitral, e estatui, por um lado, que ele deve ser tomado por maioria e devidamente fundamentado, e, por outro, para o caso de se não conseguir a unanimidade ou a maioria, valer como tal a média aritmética dos laudos que mais se aproximarem, ou o laudo intermédio se as diferenças entre ele e cada um dos restantes forem iguais.

A Constituição, no artigo 205º, nº 1, determina que as decisões dos tribunais em geral, que não sejam de mero expediente, devem ser fundamentadas nos termos da lei, e a lei geral de processo estabelece, por seu turno, no artigo 158º do Código de Processo Civil, que as decisões proferidas sobre qualquer pedido controvertido ou sobre alguma dúvida suscitada no processo são sempre fundamentadas e que a fundamentação não pode consistir na simples adesão aos fundamentos alegados no requerimento ou na oposição.

---

[289] Em sentido aproximado, quanto aos tribunais arbitrais voluntários, pode ver-se MARCELLO CAETANO, "Manual de Ciência Política e Direito Constitucional", Coimbra, 1967, páginas 600 e 601.

Em conformidade com as referidas regras gerais, o normativo em análise expressa que os três árbitros devem proferir o acórdão determinativo do valor da indemnização relativa aos bens em curso de expropriação com a necessária fundamentação, e que a sua redacção incumbirá ao presidente do grupo de árbitros.

Assim, os árbitros devem fundamentar de facto e de direito o decidido, de modo a que fique claro o seu *iter* cognoscitivo quanto ao apuramento dos factos relevantes, naturalmente com base nos elementos de prova que considerem relevantes, e à sua subsunção ao direito expropriativo aplicável.

O acórdão arbitral só releva se tomado por unanimidade ou maioria, ou seja, no sentido resultante da sua votação por todos ou, pelo menos, por dois dos respectivos árbitros.

A lei salvaguarda a hipótese de os árbitros não conseguirem a unanimidade ou a maioria na votação, estabelecendo como solução o relevo de uma presunção de maioria com base na média aritmética dos laudos e no laudo intermédio. Temos, pois, que a lei estabelece o modo de formação da referida maioria com base num critério quantitativo, que resulta da própria configuração de cada um e do conjunto dos laudos.

Assim, apurados no conjunto dos três laudos os dois que em termos quantitativos mais se aproximem, determina-se a respectiva média aritmética, que vale como votação arbitral de maioria. Todavia, se a diferença entre o laudo intermédio e cada um dos outros for igual, vale como maioria decisória o primeiro dos referidos laudos, isto é, o intermédio.[290]

A decisão sobre o montante da indemnização do tribunal arbitral não tem de coincidir com o valor proposto pela entidade beneficiária da expropriação no âmbito da chamada expropriação amigável não aceite pelo expropriado, nada obstando, face à diversidade de situações, à sua fixação em valor superior ou inferior.

3. Prevê o nº 3 deste artigo a conexão entre os laudos dos árbitros, o seu acórdão e a motivação dos primeiros, e estatui que estes devem ser devidamente justificados e conter as respostas aos quesitos, com indicação precisa das que serviram de base ao cálculo da indemnização proposta, bem como a justifica-

---

[290] Assim, se o laudo de um dos árbitros inserir a avaliação de € 100 000, e o de outro a avaliação de € 50 000, e o do restante a avaliação de € 25 000, o valor da avaliação a considerar é de € 50 000, correspondente ao objecto do laudo intermédio.

ção dos critérios de cálculo adoptados *e a sua conformidade com o disposto no n⁰ 4 do artigo 23⁰.*

O segmento normativo *em conformidade com o disposto no n⁰ 4 do artigo 23⁰* está tacitamente revogado, por virtude de o aludido n⁰ 4 do artigo 23⁰ deste Código haver sido expressamente revogado pelo artigo 3⁰ da Lei n⁰ 56/2008, de 4 de Setembro.

Tendo em conta o disposto nos artigos 23⁰ da Lei n⁰ 31/86, de 29 de Agosto, e 1528⁰ do Código de Processo Civil, o acórdão do tribunal arbitral, a reduzir a escrito, deve conter a identificação da entidade beneficiária da expropriação e do expropriado e demais interessados, a referência ao despacho designativo dos árbitros, a identificação destes, a decisão de avaliação e a sua motivação, o lugar da arbitragem e da prolação do acórdão, a data deste e a assinatura dos árbitros.

Os laudos apresentados por cada um dos árbitros, que estes devem juntar ao texto do acórdão, inserem as respostas aos quesitos, precisando as que serviram de base ao cálculo da indemnização, e a justificação, com base nos factos e na lei aplicável, do critério ou dos critérios de cálculo adoptados.

A estrutura do acórdão arbitral é susceptível de variar conforme haja ou não unanimidade na decisão dos três árbitros, mas, em qualquer caso, deve inserir a resposta aos quesitos que haja, a qual deve anteceder o próprio acórdão.

No primeiro caso – unanimidade dos árbitros – a sua estrutura formal é susceptível de envolver uma primeira parte concernente ao relatório, a segunda relativa à descrição da parcela ou das parcelas, a terceira atinente ao critério de avaliação, a quarta relativa à própria avaliação, e a quinta concernente à conclusão ou decisão.

No segundo caso – não unanimidade dos árbitros – a respectiva estrutura formal é susceptível de envolver uma primeira parte com o respectivo relatório, onde se mencione a não obtenção do consenso e a abertura dos subscritos com os vários laudos, uma segunda parte em que se descrevam os valores apresentados por cada um dos árbitros, e a terceira parte com a decisão de fixação da indemnização.[291]

No caso de os árbitros, na avaliação, adoptarem critérios diversos dos directamente previstos neste Código, nos termos do n⁰ 5 do seu artigo 23⁰, devem explicitar no acórdão as razões dessa opção.

---

[291] Sobre a forma do acórdão arbitral, pode ver-se ALÍPIO GUEDES, *obra citada*, páginas 147 a 161.

304 CÓDIGO DAS EXPROPRIAÇÕES E ESTATUTO DOS PERITOS AVALIADORES

A omissão de motivação da decisão arbitral pelos árbitros traduz-se na irregularidade a que alude o n.º 1 do artigo 54.º deste Código.

4. Prevê o n.º 4 deste artigo o prazo em que a decisão dos árbitros deve ser entregue à entidade expropriante, e estatui que o deve ser no prazo máximo de 30 dias a contar da recepção da comunicação a que se refere a alínea c) do n.º 1 do artigo 47.º deste Código, ou da data da apresentação dos quesitos.

O acórdão arbitral deve, pois, ser entregue pelo presidente do tribunal à entidade beneficiária da expropriação – não aos expropriados – no referido prazo máximo de trinta dias, contado desde a data em que ao primeiro foi comunicada a designação, comunicação essa acompanhada do processo de expropriação ou da sua cópia e de outros documentos relevantes.

Face ao disposto no artigo 254.º, n.º 3, do Código de Processo Civil, a referida comunicação ao árbitro presidente deve considerar-se realizada no terceiro dia útil posterior ao do registo da carta ou do ofício no correio ou no primeiro dia útil posterior, caso o não seja.

Considerando o que se prescreve nos artigos 72.º, n.º 1, do Código do Procedimento Administrativo e 98.º, n.º 1, deste Código, o referido prazo é contado desde o dia seguinte ao da mencionada comunicação, naqueles termos presumida, que corre continuadamente, suspendendo-se aos sábados, domingos e feriados e, se terminar em dia em que os serviços da entidade expropriante não estejam abertos ao público, ou em que não funcionem durante o período normal, transfere-se o seu termo para o primeiro dia útil seguinte.

Todavia, se houver apresentação de quesitos – ao presidente do tribunal – por algum interessado, deve o mencionado prazo ser contado a partir da data dessa apresentação.

5. Prevê o n.º 5 deste artigo os casos justificados de prorrogação do prazo de apresentação do acórdão arbitral, designadamente em razão do número de arbitragens a cargo dos árbitros, e estatui que o prazo a que se refere o número anterior pode ser prorrogado até 60 dias, a requerimento de qualquer dos árbitros, dirigido à entidade beneficiária da expropriação.

O número de arbitragens é, porém, apenas um dos fundamentos possíveis da prorrogação aos árbitros do prazo de apresentação do acórdão arbitral à entidade beneficiária da expropriação.

A motivação do requerimento de prorrogação do referido prazo, inerente a cada um dos árbitros, pode assentar nos mais variados motivos, de ordem pessoal ou outra, do que se não exclui a própria complexidade do julgamento, por seu turno decorrente de idêntica característica da vistoria e da avaliação.

6. O nº 6 deste artigo prevê, por remissão, o disposto no nº 3 do artigo 21º deste Código, e estatui, sem mais, ser o mesmo aplicável.

Temos, assim, que este normativo, pela sua estrutura, não disponibiliza elementos que permitam, com a necessária clareza, a determinação do seu sentido prevalente.

O nº 3 do artigo 21º deste Código expressa que os interessados, o curador provisório e a entidade beneficiária da expropriação podem comparecer à vistoria *ad perpetuam rei memoriam* e formular por escrito os quesitos que tiverem por pertinentes e a que o perito deve responder no respectivo relatório.

Por via da conjugação do normativo em análise com o disposto no artigo 48º deste Código, foi entendido que o legislador expressou mais do que pretendia, pelo que se imporia a sua interpretação restritiva, no sentido de os referidos interessados poderem assistir à vistoria, mas sem formularem quesitos no seu âmbito.[292]

Finalmente, há quem interprete a lei no sentido de que esta pretende estabelecer os elementos que devem constar dos laudos dos árbitros e que, por isso, pretendeu referir o disposto no nº 4 do artigo 21º, mas que, por lapso, se referiu ao nº 3 deste artigo.[293]

Face ao elemento literal do normativo em análise, poder-se-á concluir, porventura, que os referidos interessados, o curador provisório que haja, bem como a entidade beneficiária da expropriação, além de poderem comparecer na diligência de vistoria, também têm a faculdade de no seu âmbito apresentarem quesitos dirigidos à sua resposta pelos árbitros.

Todavia, face ao que dispõe o artigo 48º deste Código, os quesitos relativos à arbitragem têm de ser apresentados no prazo de quinze dias a contar da notificação aos interessados da nomeação dos árbitros, a arbitragem não tem que ser realizada nos prédios em curso de expropriação, e a lei não exige que os árbitros neles realizem alguma diligência de vistoria.

Tendo em conta que a lei estabelece um prazo para a apresentação de quesitos aos árbitros, que a vistoria *ad perpetuam rei memoriam* antecede o julgamento

---

[292] Neste sentido, pode ver-se LUÍS PERESTRELO DE OLIVEIRA, *obra citada*, páginas 131 e 132.

[293] Neste sentido, foi entendido por PEDRO CANSADO PAES, ANA ISABEL PACHECO e LUIS ALVAREZ BARBOSA, *obra citada*, página 234.

arbitral, e que a lei não estabelece que no seu âmbito os árbitros realizem alguma vistoria aos bens em curso de expropriação, bem como a inserção sistemática do normativo em análise, propendemos a considerar que o legislador pretendeu referir-se ao nº 3 do artigo 22º deste Código.[294]

Nesta perspectiva, o que resulta do normativo em análise é que a entidade beneficiária da expropriação deve enviar ao expropriado e aos demais interessados conhecidos, por carta registada com aviso de recepção, a cópia do acórdão arbitral, sem o formalismo da citação.

Considerando o disposto no artigo 54º, nº 1, deste Código, a partir da referida notificação, podem os notificados, se for caso disso, reclamar, no prazo geral de dez dias, contado nos termos do artigo 72º, nº 1, do Código do Procedimento Administrativo, de alguma irregularidade que tenha havido na constituição e ou no funcionamento da arbitragem.

7. Quanto à matéria a que este artigo se reporta, pronunciaram-se, entre outras, as seguintes decisões judiciais:

a) O critério da média aritmética dos laudos para determinação do montante da indemnização apenas se aplica à fase da arbitragem; na fase do julgamento prevalece a decisão do juiz, fundamentada nos factos provados constantes do processo (Acórdão da Relação de Coimbra, de 09.01.2001, CJ, Ano XXVI, Tomo 1, página 9).

b) É adequada a notificação dos expropriados da decisão arbitral por mera carta registada, para os efeitos previstos nos artigos 51º, nº 5, e 52º, nº 1, deste Código. É inaplicável à notificação da decisão arbitral o prazo de dilação previsto no artigo 252º-A, nº 3, do Código de Processo Civil (Acórdão da Relação de Lisboa, de 09.07.03, CJ, Ano XXVIII, Tomo 4, página 86).

c) A indemnização a fixar no acórdão arbitral não tem de respeitar o valor proposto pela expropriante e que o expropriado não aceitou, nada obstando à sua fixação em valor superior ou inferior (Acórdão da Relação de Évora, de 13.06.03, CJ, Ano XXVIII, Tomo 3, página 256).

d) O valor do acórdão arbitral circunscreve-se à declaração da medida da indemnização devida aos expropriados pela privação dos bens. Havendo recurso, as questões prejudiciais e as qualificações jurídicas que precede-

---

[294] Neste sentido, pode ver-se PEDRO ELIAS DA COSTA, *obra citada*, pagina 163, que refere, para justificar o lapso, corresponder o artigo 21º, nº 3, da Proposta de Lei nº 252/VII-GOV ao actual nº 3 do artigo 22º deste Código.

ram a determinação do peso de cada componente do *quantum* indemnizatório impugnado são sempre sindicáveis pelo tribunal *ad quem,* mesmo que não incluídas expressamente na delimitação do objecto do recurso. É de qualificação jurídica a operação que subsume as características do terreno às categorias legais de solo apto para construção ou para outros fins (Acórdão da Relação de Coimbra, de 28.03.06, Processo nº 59/06).

e) A fase da arbitragem não é um acto pré-judicial de natureza administrativa, mas um julgamento de um tribunal arbitral necessário, cuja decisão assume natureza judicial (Acórdão da Relação de Coimbra, de 17.6.2008, Processo nº 156/05.6TBPNL.C1).

f) No processo de expropriação, os árbitros funcionam como um tribunal, pelo que o seu acórdão constitui o julgamento das questões que aprecia e, assim, transita em julgado na parte não recorrida (Acórdão da Relação de Lisboa, de 13 de Outubro de 2009, Processo nº 842/2002.L1-1).

i) A decisão arbitral é uma decisão judicial proveniente de um tribunal arbitral necessário, não é um simples arbitramento, constitui o julgamento das questões cujo conhecimento lhes é submetido, sendo-lhe aplicável, em matéria de recursos, o regime do Código de Processo Civil, pelo que o poder de cognição do juiz se delimita pelas conclusões das alegações do recorrente e pelo decidido no acórdão arbitral, transitando em tudo quanto seja desfavorável para o não recorrente, envolvendo a falta de recurso concordância com o decidido pelos árbitros. A eficácia do caso julgado estende-se à decisão das questões preliminares ou conexas que forem antecedentes lógicos indispensáveis à emissão da parte dispositiva do julgado, isto é, que se prendam directamente com o direito invocado. A classificação atribuída no acórdão arbitral à parcela como solo apto para a construção envolve qualificação jurídica, sendo legítimo ao tribunal, em sede de recurso, alterá-la (Acórdão do STJ, de 26.11.2009, Processo nº 2416/04.4TJVNF.S1 – 7.ª Secção).

j) Impugnada a classificação do solo, colocam-se em crise todos ao parâmetros do cálculo da indemnização que possam depender dessa classificação, não transitando em julgado questão alguma que se situe nesse âmbito (Acórdão da Relação do Porto, de 25.03.10, Processo nº 794/05.7TBLSD.P1).

ARTIGO 50º
Honorários

1 – Os honorários dos árbitros serão pagos pela entidade expropriante, mediante apresentação de factura devidamente justificada e de acordo com o Código das Custas Judiciais.
2 – As despesas efectuadas pelos árbitros são pagas mediante entrega dos respectivos comprovativos.
3 – A entidade expropriante está dispensada do pagamento de honorários aos árbitros que, salvo motivo justificativo, não entreguem o acórdão nos prazos legais.

1. O nº 1 deste artigo prevê os honorários devidos aos árbitros, e estatui que lhes devem ser pagos pela entidade beneficiária da expropriação, mediante apresentação de factura devidamente justificada e de acordo com o Código das Custas Judiciais.

Está inserido num contexto normativo concernente ao pagamento dos honorários dos árbitros e das despesas por eles realizadas no âmbito e por causa da arbitragem para que foram nomeados.[295]

A referência ao Código das Custas Judiciais já não corresponde à realidade actual, porque aquele Código foi substituído pelo Regulamento das Custas Processuais, aprovado pelo Decreto-Lei nº 34/2008, de 26 de Fevereiro.

Resulta, pois, deste normativo ser a entidade beneficiária da expropriação, ainda que de direito privado, quem tem a obrigação de pagar aos árbitros os honorários respectivos mediante a apresentação por cada um deles da correspondente factura devidamente fundamentada, designadamente por via da explicitação das diligências efectuadas e da respectiva duração.

Nos termos do Regulamento das Custas Processuais, a remuneração do serviço prestado pelos árbitros varia entre o correspondente a uma e dez unidades de conta, ou se for por página de relatório, a cada uma corresponde um décimo de unidade de conta.[296]

2. Prevê o nº 2 deste artigo a realização de despesas pelos árbitros, e estatui deverem ser pagas mediante entrega por eles dos respectivos comprovativos.

---

[295] Este artigo está conexionado como o disposto nos artigos 21º, nº 5 e 61º, nº 4, deste Código, 447º-C do Código de Processo Civil, 16º, 17º e 19º a 24º do Regulamento das Custas Processuais
[296] Conforme já se referiu, durante o ano de 2010, a unidade de conta tem o valor de € 102 (artigos 22º do Decreto-Lei nº 34/2008, de 26 de Fevereiro, e 3º do Decreto-Lei nº 323/2009, de 24 de Dezembro).

As referidas despesas são susceptíveis de envolver, por exemplo, o custo dos transportes que tiverem de utilizar, que eles devem documentar devidamente, nos termos acima referidos.

Considerando o disposto no artigo 447º-C, n.os 1 e 2, do Código de Processo Civil, embora este normativo não estabeleça sobre quem recai a obrigação de pagamento das despesas em causa aos árbitros, dado o contexto, também lhes devem ser pagas pela entidade beneficiária da expropriação.

3. Prevê o nº 3 deste artigo a não entrega à entidade beneficiária da expropriação, pelos árbitros, no prazo legal, do acórdão arbitral, e estatui que tal omissão, sem motivo justificativo, dispensa a primeira de pagamento aos últimos dos concernentes honorários.

Trata-se de um normativo que visa a apresentação tempestiva pelos árbitros do acórdão arbitral à entidade beneficiária da expropriação, circunstância essencial no desiderato de ela pagar a indemnização devida a quem de direito, tão rápido quanto possível.

Trata-se, aparentemente, de uma sanção desproporcionada. Mas queda proporcionada porque a lei permite que os árbitros possam evitá-la, justificando o respectivo atraso. Além disso, nos termos do artigo 49º, n.os 4 e 5, deste Código, o prazo de trinta dias para os árbitros entregarem o acórdão pode ser prorrogado, até sessenta dias, a seu pedido.

A justificação do atraso deve ocorrer perante a entidade beneficiária da expropriação em instrumento contemporâneo da entrega àquela pelos árbitros do acórdão arbitral e, se houver litígio a propósito do relevo ou não da justificação, deve o incidente ser decidido pelo juiz que seja competente para conhecer do recurso do acórdão arbitral.

Acresce que, nos termos do artigo 12º, nº 1, alínea c), do Decreto-Lei nº 125/2002, de 10 de Maio, a entrega pelos árbitros, para além do prazo legal, sem motivo justificativo, do acórdão arbitral, é susceptível de implicar a sua exclusão das listas de peritos.

Além disso, face ao disposto nos artigos 19º, nº 5, da Lei nº 31/86, de 29 de Agosto, e 1528º do Código de Processo Civil, os árbitros que injustificadamente obstarem a que a decisão seja proferida dentro do prazo fixado respondem pelos danos causados.

4. Sobre a matéria a que este artigo se reporta pronunciou-se, entre outras, a seguinte decisão judicial:

– O despacho judicial que ordena o pagamento aos peritos das quantias relativas aos honorários e às despesas não é de mero expediente, porque não se limita ao simples ordenamento e disciplina dos actos processuais, uma vez que tomou posição em matéria de custas, fixando uma remuneração concreta e ajustada ao trabalho realizado por eles dentro dos limites legais. É indispensável, para apreciar a razoabilidade dos honorários e despesas pedidas pelos peritos, que estes explicitem quais as diligências que foram efectuadas e a sua duração (Acórdão da Relação de Évora, de 20.01.2005, CJ, Ano XXX, Tomo 1, página 243).

ARTIGO 51º
Remessa do processo

1 – A entidade expropriante remete o processo de expropriação ao tribunal da comarca da situação do bem expropriado ou da sua maior extensão no prazo de 30 dias, a contar do recebimento da decisão arbitral, acompanhado de certidões actualizadas das descrições e das inscrições em vigor dos prédios na conservatória do registo predial competente e das respectivas inscrições matriciais, ou de que os mesmos estão omissos, bem como da guia de depósito à ordem do tribunal do montante arbitrado ou, se for o caso, da parte em que este exceda a quantia depositada nos termos da alínea b) do nº 1 ou do nº 5 do artigo 20º; se não for respeitado o prazo fixado, a entidade expropriante deposita, também, juros moratórios correspondentes ao período de atraso, calculados nos termos do nº 2 do artigo 70º, sem prejuízo do disposto nos artigos 71º e 72º.

2 – Se o processo não for remetido a juízo no prazo referido, o tribunal determina, a requerimento de qualquer interessado, a notificação da entidade expropriante para que o envie no prazo de 10 dias, acompanhado da guia de depósito, sob cominação de o mesmo ser avocado.

3 – Decorrendo o processo perante o juiz, nos termos previstos no presente Código, este, após entrega do relatório dos árbitros, notifica a entidade expropriante para proceder ao depósito da indemnização no prazo de 30 dias; não sendo efectuado o depósito no prazo fixado, determina-se o cumprimento do disposto na parte final do nº 1 anterior, com as necessárias adaptações.

4 – Se os depósitos a que se referem os números anteriores não forem efectuados nos prazos previstos, é aplicável o disposto no nº 4 do artigo 71º.

5 – Depois de devidamente instruído o processo e de efectuado o depósito nos termos dos números anteriores, o juiz, no prazo de 10 dias, adjudica à entidade expropriante a propriedade e posse, salvo, quanto a esta, se já houver posse administrativa, e ordena simulta-

neamente a notificação do seu despacho, da decisão arbitral e de todos os elementos apresentados pelos árbitros, à entidade expropriante e aos expropriados e demais interessados, com indicação, quanto a estes, do montante depositado e da faculdade de interposição de recurso a que se refere o artigo 52º.

6 – A adjudicação da propriedade é comunicada pelo tribunal ao conservador do registo predial competente para efeitos de registo oficioso.

1. Prevê o nº 1 deste artigo a remessa do processo de expropriação ao tribunal da comarca da situação do bem expropriado ou da sua maior extensão, e estatui, por um lado, que é a entidade beneficiária da expropriação quem o deve fazer no prazo de 30 dias, a contar do recebimento da decisão arbitral.

E, por outro, que essa remessa deve ser acompanhada de certidões actualizadas das descrições e das inscrições dos prédios em vigor na conservatória do registo predial competente e das respectivas inscrições matriciais, ou de que os mesmos estão omissos, bem como da guia de depósito à ordem do tribunal do montante arbitrado, ou, se for o caso, da parte em que este exceda a quantia depositada nos termos da alínea b) do nº 1 ou do nº 5 do artigo 20º.

E, finalmente, se não for respeitado o prazo fixado, que a entidade expropriante deve depositar, também, os juros moratórios correspondentes ao período de atraso, calculados nos termos do disposto no artigo 70º, sem prejuízo do que prescrevem os artigos 71º e 72º, todos deste Código.

Está inserido num contexto normativo relativo à remessa do processo de expropriação ao tribunal competente para conhecer do recurso do acórdão arbitral.[297]

A regra é a de que a entidade beneficiária da expropriação deve remeter o processo de expropriação ao tribunal competente para conhecer do recurso do acórdão arbitral, no prazo de trinta dias a contar da data do seu recebimento, a que se reportam os n.os 4 e 5º do artigo 49º deste Código.

Não tem de ser acompanhado de petição inicial com o pedido de adjudicação do direito de propriedade ou de investidura na posse, bastando que a remessa seja acompanhada de carta ou ofício, sem prejuízo de o juiz poder sindicar os vícios processuais que haja.[298]

---

[297] Este artigo está conexionado com o disposto nos artigos 13º, nº 3, 15º, nº 2, 16º, nº 1, 19º, n.os 1 a 3, 20º, 43º, nº 1, 44º, 52º, 53º, nº 4, 55º, nº 4, 70º, nº 2, 71º e 72º, deste Código.
[298] Neste sentido, pode ver-se o Acórdão da Relação de Évora, de 27 de Abril de 1995, CJ, Ano XX, Tomo 2, página 270.

O referido prazo é contado desde o dia imediato ao recebimento do acórdão arbitral, nos termos do artigo 72º, nº 1, do Código do Procedimento Administrativo.

Acresce que, face ao disposto no artigo 13º, nº 3, deste Código, o referido processo deve ser remetido ao tribunal no prazo de dezoito meses a contar da data da publicação da declaração de utilidade pública da expropriação, sob pena de operar caducidade daquela declaração.

O processo de expropriação deve ser acompanhado dos referidos elementos positivos e negativos do registo predial e dos serviços de finanças, bem como da guia de depósito do montante da indemnização arbitrada aos interessados sujeitos à expropriação.

A ressalva referenciada à alínea b) do nº 1 ou do nº 5 do artigo 20º tem a ver com o depósito do valor da previsão dos encargos a suportar com a expropriação aquando da resolução de requerer a declaração de utilidade pública da expropriação ou na sequência desta declaração, caso em que a referida guia de depósito deve corresponder à diferença entre o que já foi depositado e o que o deve ser em conformidade com o acórdão arbitral.

O não cumprimento pela entidade beneficiária da expropriação do prazo de remessa ao tribunal do processo de expropriação com a mencionada guia de depósito, sujeita-a, como já se referiu, ao pagamento de juros moratórios correspondentes ao atraso que ocorrer, que ela também deve depositar à ordem do aludido tribunal e documentar o depósito através da concernente guia.

Os referidos juros moratórios são calculados nos termos do artigo 559º, nº 1, do Código Civil e da Portaria nº 291/2003, de 3 de Abril, actualmente à taxa anual de quatro por cento. Todavia, considerando o disposto no artigo 804º, nº 2, do Código Civil, se a omissão do depósito lhe não for imputável, por exemplo, por virtude de o expropriado não colaborar na informação necessária para o efeito, ela não deve ser responsabilizada pelo seu pagamento.[299]

Na parte final deste normativo, porém, salvaguarda-se o disposto nos artigos 71º e 72º deste Código, na medida em que prescreve que a sua previsão e estatuição não podem ser prejudicadas pelo enunciado regime.

O disposto nos artigos 71º e 72º deste Código, salvaguardado pelo normativo em análise, reporta-se essencialmente ao depósito da indemnização e à impugnação dos montantes depositados na sequência e em conformidade com o que foi decidido na sentença proferida pelo tribunal da primeira instância.

---

[299] Neste sentido, embora com outra motivação, pode ver-se PEDRO ELIAS DA COSTA, *obra citada*, página 169.

Tendo em conta a fase do processo a que este normativo se reporta – início do processo judicial – a referida ressalva só tem sentido útil no que concerne às providências para que os expropriados e demais interessados possam sindicar o montante depositado e receber, provisoriamente embora, o que lhes é devido.

Importa também ter em conta nesta matéria os regimes especiais de expropriação, como é o caso, por exemplo, da constituição de servidões administrativas com vista à implantação de infra-estruturas de gás natural, prevista no Decreto-Lei nº 11/94, de 13 de Janeiro, segundo o qual, terminada a fase administrativa, o processo é remetido a tribunal, incluindo a guia de depósito do valor da indemnização fixado pelo acórdão arbitral.

Nesse caso, interposto recurso da decisão dos árbitros que fixou a indemnização devida ao dono do terreno afectado pela constituição de servidão de gás, o concessionário deve depositar o respectivo montante.

2. Prevê o nº 2 deste artigo a hipótese de a entidade beneficiária da expropriação não remeter o processo de expropriação a juízo no prazo referido no nº 1, e estatui que o tribunal deve determinar, a requerimento de qualquer interessado, a notificação daquela entidade para que lho envie no prazo de 10 dias, acompanhado da guia de depósito, sob cominação de o mesmo ser judicialmente avocado.

O referido requerimento, a que se reporta o nº 1 do artigo 43º deste Código, é apresentado directamente na secretaria no tribunal, passando o respectivo processado a ser dependente, nos termos do nº 2 daquele artigo, do processo de expropriação propriamente dito.

Aquela dependência materializa-se na apensação do aludido requerimento ao processo de expropriação, nos termos do nº 3 do artigo 43º deste Código, tal como ocorre com o requerimento para a nomeação de curador provisório.

Aquele prazo é de trinta dias, de que a entidade beneficiária da expropriação dispõe para remeter o processo ao tribunal, conforme estabelece o nº 1 deste artigo.

Assim, omitida pela entidade beneficiária da expropriação a sua obrigação processual de remessa do processo de expropriação ao tribunal competente, se algum interessado lho requerer, deve o tribunal ordenar a sua notificação para que lho remeta, com a guia de depósito, no prazo de dez dias, sob pena de avocação.

A avocação a que a lei se reporta significa a acção de deslocação do processo de expropriação da esfera da entidade beneficiária da expropriação para a do tribunal, ou seja, para a esfera do juiz que o avoca.

Considerando o que se prescreve no artigo 254º, nº 3, do Código de Processo Civil, a notificação da entidade beneficiária da expropriação deve considerar-se operada, se não for ilidida a respectiva presunção, no terceiro dia posterior ao do registo no correio da carta respectiva, ou no primeiro dia útil seguinte, caso o não seja.

O referido prazo de dez dias, que este normativo fixa para a remessa do processo de expropriação, é contado nos termos dos artigos 144º, n.os 1 a 3, do Código de Processo Civil e 98º, nº 1, deste Código.

3. Prevê o nº 3 deste artigo, por um lado a tramitação do processo perante o juiz, e estatui que, após a entrega do relatório dos árbitros, é notificada à entidade beneficiária da expropriação para proceder, no prazo de 30 dias, ao depósito do montante da indemnização.

E, por outro, a não realização do aludido depósito no prazo fixado, e estatui que se determina o cumprimento do disposto na parte final do nº 1 anterior, com as necessárias adaptações.

Ora, conforme já se referiu, o processo de expropriação, na fase da arbitragem, pode correr termos perante o juiz do tribunal competente, em vez de o ser perante a entidade beneficiária da expropriação, como é a regra, designadamente em alguma das situações previstas no artigo 42º, nº 2, deste Código.

É para esse caso que o normativo em análise determina que, após a entrega do acórdão arbitral pelos árbitros, o tribunal deve mandar notificar a entidade beneficiária da expropriação a fim de, no prazo de 30 dias, proceder ao depósito do valor da indemnização e juntar ao processo a respectiva guia de depósito.

Face ao disposto no artigo 254º, nº 3, do Código de Processo Civil, a notificação da entidade beneficiária da expropriação deve considerar-se operada, se não for ilidida a presunção, no terceiro dia posterior ao do registo no correio da carta respectiva, ou no primeiro dia útil seguinte, caso o não seja.

O referido prazo de trinta dias, que este normativo fixa para a comprovação do depósito, é contado nos termos dos artigos 144º, n.os 1 a 3, do Código de Processo Civil e 98º, nº 1, deste Código.

Se a entidade beneficiária da expropriação não comprovar o referido depósito no prazo mencionado, segue-se contra ela a sanção pecuniária de pagamento de juros moratórios, nos termos acima referidos.

4. Prevê o n.º 4 deste artigo o caso de os depósitos a que se referem os números anteriores não serem efectuados nos prazos neles previstos, e estatui a aplicabilidade do disposto no n.º 4 do artigo 71.º deste Código. Os referidos depósitos são o previsto nos n.ºs 1 e 2 deste artigo, por um lado, e o previsto no seu n.º 3, por outro.

A consequência da omissão de comprovação da realização dos mencionados depósitos – por via das respectivas guias de depósito – por parte da entidade beneficiária da expropriação, é a de o juiz ordenar o pagamento em falta por força da caução por ela prestada ou outras providências que considere necessárias e adequadas.

Seguidamente, nos termos do n.º 4 do artigo 71.º deste Código, faltando o pagamento de alguma quantia, o juiz deve mandar notificar a entidade que tem a cargo os avales do Estado – a Direcção-Geral do Tesouro – para que efectue o referido depósito em falta, em substituição da entidade beneficiária da expropriação.

5. Prevê o n.º 5 deste artigo a completa instrução do processo de expropriação e a realização do mencionado depósito nos termos dos números anteriores, e estatui, por um lado, que o juiz, no prazo de 10 dias, deve adjudicar à entidade beneficiária da expropriação a propriedade e a posse dos bens expropriados, salvo quanto a esta posse, se investidura nela daquela entidade já tiver havido.

E, por outro, dever o juiz ordenar simultaneamente a notificação do seu despacho, da decisão arbitral e de todos os elementos apresentados pelos árbitros à entidade beneficiária da expropriação e aos expropriados e demais interessados, com indicação, quanto a estes, do montante depositado e da faculdade de interposição do recurso a que se refere o artigo 52.º.

Esta notificação é feita por mera carta registada no correio, ou seja, não é necessário aviso de recepção, de cuja data presumida se conta o prazo para a interposição do recurso do acórdão arbitral.[300]

Nos termos do artigo 44.º deste Código, conforme já se referiu, estes actos processuais relativos à adjudicação da propriedade e da posse sobre os bens em curso de expropriação, incluindo a respectiva notificação, devem ser praticados durante os períodos das férias judiciais.

---

[300] No sentido de a referida notificação deve seguir o formalismo da citação, pode ver-se JOSÉ OSVALDO GOMES, *obra citada*, página 383.

Mas a entidade beneficiária da expropriação deve diligenciar no sentido da completude da instrução do processo a remeter ao tribunal, porque dela depende a decisão judicial que se deve seguir.

No caso de o processo não estar devidamente instruído, ou seja, se faltar a junção de algum documento necessário, por exemplo a guia de depósito, a certidão relativa à identificação dos prédios em causa ou à titularidade dos direitos em curso de expropriação, deve o juiz, em aplicação extensiva do nº 2 do artigo 508º do Código de Processo Civil, proferir despacho de aperfeiçoamento tendente a suprir a falta, a notificar à entidade beneficiária da expropriação. Verificada pelo juiz a completude da instrução do referido processo, incluindo o depósito concernente à indemnização, deve então proferir o despacho de adjudicação a que este normativo se reporta.

O referido despacho deve referir-se à remessa do processo a juízo, à declaração de utilidade pública da expropriação e a outros factos assentes relevantes, bem como ao direito aplicável, incluindo o disposto neste normativo, concluindo por fim em termos decisórios.

Nele se devem identificar correcta e completamente os bens em curso de expropriação, o que, aliás, é necessário na medida em que a aquisição do direito de propriedade sobre eles pela entidade beneficiária da expropriação está sujeita a registo predial (artigo 2º, nº 1, alínea a), do Código do Registo Predial).

Certo é, que na prolação do referido despacho, com a estrutura de sentença, o juiz não controla a legalidade do acto de declaração de utilidade pública da expropriação, porque a respectiva competência se inscreve nos tribunais administrativos de círculo, nem tem de apreciar da legitimidade substantiva do expropriado ou dos demais interessados.[301]

Todavia, se o objecto material do acto administrativo de declaração de utilidade pública da expropriação, ou seja, o imóvel ou a parte dele em causa não estiver definido, o juiz deve indeferir o pedido de adjudicação da propriedade em causa, o que significa não ser a referida decisão de cariz meramente formal.

Dispõe o juiz, para efeito, do prazo de dez dias, contado desde a data da abertura da conclusão que lhe seja feita, nos termos dos n.os 1 a 3 do artigo 144º do Código de Processo Civil, para preferir a referida decisão.

---

[301] Neste sentido, pode ver-se FERNANDO ALVES CORREIA, "Manual de Direito do Urbanismo", volume II, Coimbra, 2010, página 409.

Mas a lei não exige que o juiz ouça as partes antes da decisão de adjudicação em causa, mas ela pode ser sindicada por via de recurso, nos termos gerais da lei de processo.

Tendo em conta o disposto nos artigos 15º, nº 2, 16º, nº 1, e 19º, n.os 1 a 3, deste Código, a referida decisão abstrairá, como é natural, da adjudicação da posse sobre os bens em curso de expropriação se a entidade beneficiária da expropriação já estiver nela investida, como é o caso das expropriações com carácter urgente ou urgentíssimo, ou derivada de autorização da entidade competente para a declaração da utilidade pública da expropriação.

Além do exposto, deve o juiz determinar a notificação do referido despacho, da decisão arbitral e de todos os elementos apresentados pelos árbitros à entidade beneficiária da expropriação, com envio da respectiva cópia, aos expropriados e aos demais interessados, mencionando quanto a estes últimos o montante depositado e a faculdade de interporem recurso.

Assim, a lei, no caso de expropriação parcial, não determina a advertência dos expropriados no sentido de que podem pedir a expropriação total, o que se conforma com a excepcionalidade da situação de desvantagem prevista no nº 2 do artigo 3º deste Código.

É por via do referido despacho de adjudicação do direito de propriedade sobre os bens expropriados à entidade beneficiária da expropriação, transitado em julgado, que se transmitem daqueles para esta os referidos direitos, os primeiros perdendo-o e a última adquirindo-o, com a particularidade de se tratar de uma aquisição originária.

O recurso a que este normativo se reporta é o que incide sobre o acórdão arbitral a que se refere o artigo seguinte. Mas o despacho de adjudicação da propriedade e da posse, conforme já se referiu, é susceptível de recurso nos termos gerais.

6. Prevê o nº 6 deste artigo a comunicação da adjudicação da propriedade à entidade beneficiária da expropriação, e estatui dever o tribunal comunicá-la ao conservador do registo predial competente, para efeitos de registo oficioso.

Este registo oficioso é subsequente ao averbamento no registo predial da declaração de utilidade pública da expropriação a que alude o artigo 17º, nº 1, deste Código.

Independentemente da entidade que superintenda na arbitragem, visa o referido registo o conhecimento por terceiros da consumação da expro-

318 CÓDIGO DAS EXPROPRIAÇÕES E ESTATUTO DOS PERITOS AVALIADORES

priação ou que por virtude dela os prédios ficaram com diversa área ou forma.[302]

Assim, transitado em julgado o despacho de adjudicação do direito de propriedade sobre os bens expropriados à entidade beneficiária da expropriação, independentemente de haver ou não recurso do acórdão arbitral, deve o juiz ordenar a comunicação a que se reporta este normativo, com vista à inscrição a que aludem os artigos 2º, nº 1, alínea a) e 91º, nº 1, do Código do Registo Predial.

7. Sobre a matéria a que este artigo se reporta pronunciaram-se, entre outras, as seguintes decisões judiciais:

a) O despacho de adjudicação da propriedade é apenas precedido de um acto de controlo preventivo no qual o juiz só verifica a regularidade formal dos actos do procedimento expropriativo. Não há que ouvir previamente as partes que já tiveram a oportunidade de se expressar antes da remessa do processo ao tribunal, e há recurso do referido despacho. Estando pendente no foro administrativo o pedido de suspensão da eficácia da declaração da utilidade pública da expropriação, não deve o juiz adjudicar a propriedade da parcela expropriada (Acórdão da Relação de Coimbra, de 29. 02. 2000, CJ, Ano XXV, Tomo 1, página 36).

b) A remessa ao tribunal dos autos de expropriação para a adjudicação da propriedade e a notificação das partes não significa o início da instância de uma acção declarativa, que só se inicia com o recurso da arbitragem (Acórdão da Relação do Porto, de 27.02.2003, CJ, Ano XXVIII, Tomo 1, página 200).

c) A notificação do despacho de adjudicação e do acórdão arbitral não é nem equivale a citação do expropriado para o processo de expropriação, pelo que não há que observar os preceitos relativos à citação, designadamente quanto à necessidade de patrocínio judiciário (Acórdão da Relação de Évora, de 01.07.2004, CJ, Ano XXIX, Tomo 4, página 237).

---

[302] O Conselho Técnico da Direcção-Geral dos Registos e do Notariado emitiu, no dia 29 de Maio de 2003, o seguinte parecer: "O registo oficioso do prédio a favor da entidade expropriante, nos termos do artigo 51º, nº 6, do Código das Expropriações, será feito pelo conservador do registo predial competente face à comunicação efectuada pelo tribunal do despacho do juiz a adjudicar àquela entidade a propriedade, sendo desnecessária, porque a ele não sujeito, a certificação do seu trânsito em julgado" (Boletim dos Registos e do Notariado, nº 6/2003 – Junho).

d) No processo de expropriação por utilidade pública destinado à construção de uma auto-estrada, a adjudicação deve ser ao Estado e não à entidade concessionária da construção e exploração, porque os imóveis nunca se integram no património dela, que se limita a requerer a expropriação em nome do Estado para o fim visado, muito embora venha depois a surgir como sua beneficiária (Acórdão do STJ, de 07.03.06, CJ, Ano XIV, Tomo 1, página 100).

e) O expropriante só fica judicialmente investido na propriedade desde o despacho de adjudicação (Acórdão da Relação de Coimbra, de 14.3.2006, Processo n.º 107/06).

f) A decisão prevista no artigo 50.º, n.º 5 assume as características de conhecimento e fundamentação próprias de uma decisão judicial, não se limitando a respeitabilizar um acto da administração pública, impondo-se ao juiz verificar se houve declaração de utilidade pública, se foi dado cumprimento ao disposto no artigo 39.º, n.º 2 – apensação de processos nas condições previstas – se os peritos que realizaram a arbitragem foram designados pelo tribunal da Relação. Não há violação do princípio do contraditório, porque o expropriado já conheceu do processo de expropriação litigiosa e a adjudicação tem a sua génese num acto de *jus imperii* que não visando a regulação de interesses contrapostos, mas antes a afirmação do interesse público originado pela declaração de utilidade pública do Estado na prossecução do interesse público (Acórdão da Relação de Lisboa, de 10.10.06, Processo n.º 5649/2006-7).

g) O tribunal pode oficiosamente ordenar ao expropriante o depósito dos juros moratórios pelo atraso na remessa do processo, ao abrigo do artigo 51.º deste Código, porque faz parte do seu poder de fiscalização da legalidade (Acórdão da Relação de Guimarães, de 09.11.06, Processo n.º 1734/06-2).

h) No requerimento de interposição de recurso da decisão arbitral não se pode suscitar a caducidade da declaração de utilidade pública, devendo sê-lo em requerimento autónomo no prazo de dez dias a contar da notificação do despacho a que alude o n.º 5 do artigo 51.º do Código das Expropriações (Acórdão do STJ, de 13.03.07, CJ, Ano XVI Tomo 1, página 110).

i) A adjudicação ao expropriante da propriedade e da posse do imóvel sem audição prévia do expropriado não desrespeita o princípio do contraditório, por não constituir acto judicial do ponto de vista material, uma vez que o juiz não tem poder de julgamento ou de apreciação da legalidade

320 CÓDIGO DAS EXPROPRIAÇÕES E ESTATUTO DOS PERITOS AVALIADORES

ou ilegalidade da expropriação, nem da sua conveniência ou oportunidade, limitando-se a controlar formalmente a observância dos trâmites do procedimento expropriativo (Acórdão da Relação de Lisboa, de 15.05.07, Processo nº 5062/2005-7).

j) No processo de expropriação por utilidade pública, antes de adjudicar a propriedade à entidade expropriante, deve o juiz, em obediência ao princípio do contraditório, ouvir as partes se os elementos do processo revelarem a dúvida sobre a verificação ou não dos pressupostos de adjudicação do prédio à expropriante, por exemplo, a existência ou não de declaração de utilidade pública (Acórdão da Relação de Lisboa, de 27.09.07, Processo nº 6291/2007-6).

k) No caso de, através do mecanismo processual da apensação de acções, cada um dos juízes atribui a competência ao outro para o julgamento de dois processos de expropriação, com distintos imóveis dos mesmos expropriados, a primeira decisão transitada em julgado vincula o juiz a quem o processo é remetido (Acórdão da Relação de Coimbra, de 02.10.07, Processo nº 272/07.0YRCBR).

l) O tribunal actua oficiosamente na medida em que se lhe impõe sempre proferir despacho de ou de não adjudicação, não sendo correcto que, por falta de documentação e de cooperação das partes, declare a instância interrompida, eximindo-se a proferir aquele despacho (Acórdão da Relação de Lisboa, de 13.12.07, Processo nº 9978/2007-8).

m) O acto de adjudicação da propriedade não tem efeito constitutivo da expropriação por não ser essencial ao conceito desta a existência de uma entidade sua beneficiária. Não lhe preside qualquer julgamento de legalidade porque o juiz apenas procede ao controlo preventivo limitado à regularidade formal dos actos processuais. Se o acto expropriativo for anulado, extingue-se a sujeição à expropriação e desaparece automaticamente o direito à indemnização, como se a expropriação nunca tivesse tido lugar. Por isso, se estiver pendente no tribunal comum um processo respeitante ao montante da indemnização, o juiz deve suspender a instância até que seja junta certidão da sentença que se pronuncie sobre a existência e a validade da declaração de utilidade pública da expropriação (Acórdão da Relação de Lisboa, de 17.04.08, Processo nº 1833/2008-8-8).

n) O prazo de 30 dias concedido pelo artigo 51º, nº 1, à entidade expropriante para enviar o processo ao tribunal da comarca após a decisão arbitral é de natureza administrativa, contado nos termos do artigo 72º do

Código de Procedimento Administrativo, correndo durante as férias judiciais (Acórdão da Relação de Lisboa de 17.06.08, Processo nº 1141/2008-1).

o) Não tendo a expropriante procedido ao depósito da indemnização fixada na decisão arbitral no prazo de 30 dias, cabe o tribunal sancionar tal falta oficiosamente, sem prejuízo de aquela poder alegar e provar que o atraso não lhe foi imputável (Acórdão da Relação de Guimarães, de 09.10.08, Processo nº 1997/08-2).

p) A circunstância de constar da inscrição matricial e da descrição predial área inferior à que consta do acto expropriativo não obsta à adjudicação da propriedade, pois o expropriado não é prejudicado, dado o cálculo da indemnização ser feito com base uma área maior e os proprietários confinantes não sofrem prejuízo, dado que a decisão de adjudicação não lhes é oponível, por não serem intervenientes no processo. A presunção do artigo 7º do Código do Registo Predial não é extensiva à área constante da descrição, e o que cumpre adjudicar é a propriedade sobre o prédio expropriado e não uma sua determinada área (Acórdão da Relação de Lisboa, de 28.04.09, Processo nº 111/ 08.4TBSRQ.L1-1).

q) No âmbito de uma expropriação, o tribunal não deve adjudicar a propriedade se não existir o acto de declaração de utilidade pública da expropriação (Acórdão do STJ, de 14.05.09, Processo nº 4000/08 – 1.ª Secção).

r) Fora do caso específico da remessa do processo ao tribunal e ou do conhecimento do depósito a que alude o nº 1 do artigo 51º, em que se presume a culpa da expropriante, a lei não impõe a esta a obrigação de depositar automaticamente juros devidos por outros atrasos havidos ao longo do processo expropriativo (Acórdão da Relação de Guimarães, de 25.06.09, Processo nº 378/06.2TBFLG.G1).

s) As irregularidades cometidas na arbitragem, que não foram arguidas pelas partes nem objecto de recurso, não devem ser conhecidas pelo tribunal da Relação, sob pena de excesso de pronúncia (Acórdão do STJ, de 02.07.09, Processo nº 15/05.2TBSVV.C1.S1, 2.ª Secção).

u) Sem a declaração de utilidade pública da expropriação, acto nuclear do procedimento expropriativo, não pode ser adjudicada a propriedade à entidade expropriante (Acórdão da Relação de Lisboa, de 16.03.10, Processo nº 253/10.6YRL.SB-1).

ARTIGO 52º
Recurso

1 – O recurso da decisão arbitral deve ser interposto no prazo de 20 dias a contar da notificação realizada nos termos da parte final do nº 5 do artigo anterior, sem prejuízo do disposto no Código de Processo Civil sobre interposição de recursos subordinados, salvo quanto ao prazo, que será de 20 dias.

2 – Quando não haja recurso, o juiz observa, no que respeita à atribuição da indemnização aos interessados, o disposto nos n.ᵒˢ 3 e 4 do artigo 37º, com as necessárias adaptações.

3 – Se houver recurso, o juiz atribui imediatamente aos interessados, nos termos do número anterior, o montante sobre o qual se verifique acordo, retendo, porém, se necessário, a quantia provável das custas do processo no caso de o expropriado ou os demais interessados decaírem no recurso.

4 – Qualquer dos titulares de direito a indemnização pode requerer, no prazo de 10 dias a contar da notificação da decisão a que se refere o número anterior, que lhe seja entregue a parte da quantia sobre a qual não se verifica acordo que lhe competir, mediante prestação de garantia bancária ou seguro -caução de igual montante.

5 – Não sendo exercido o direito a que se refere o número anterior, a entidade expropriante pode requerer a substituição por caução do depósito da parte da indemnização sobre a qual não se verifica acordo.

1. Prevê o nº 1 deste artigo o prazo de interposição de recurso da decisão arbitral, e estatui, por um lado, que o deve ser no prazo de 20 dias a contar da notificação realizada nos termos da parte final do nº 5 do artigo anterior, e, por outro, que tal não prejudica o disposto no Código de Processo Civil sobre interposição de recursos subordinados, com excepção do prazo, que também é de 20 dias.

Está inserido num contexto normativo que versa essencialmente sobre os recursos do acórdão arbitral.[303]

Os termos específicos do recurso do acórdão arbitral, ou seja, o requerimento, o despacho de admissão, a resposta, as diligências instrutórias, a designação e nomeação dos peritos, a notificação para o acto de avaliação e as alegações subsequentes constam dos artigos 58º a 64º deste Código.

Decorre do nº 3 do artigo 38º deste Código que do acórdão arbitral cabe sempre recurso com efeito devolutivo para o tribunal do lugar da situação dos bens ou da sua maior extensão.

---

[303] Este artigo está conexionado com o disposto nos artigos 38º, n.ᵒˢ 1 e 3, 49º, nº 6, 51º, n.ᵒˢ 1 e 5, 55º, nº 1, 58º, 59º e 60º, todos deste Código.

O prazo de interposição dos recursos independentes, que é de 20 dias, começa com a notificação prevista no nº 5 do artigo anterior, ou seja, com a notificação aos sujeitos processuais do despacho de adjudicação à entidade expropriante do direito de propriedade e ou da posse sobre os bens expropriados, bem como aos expropriados e outros interessados da faculdade de interposição deste recurso.

O referido prazo é natureza processual judicial, a que se reporta, além do mais, o nº 2 do artigo 98º deste Código.

Face ao disposto no artigo 254º, nº 3, do Código de Processo Civil, a referida notificação considera-se verificada no terceiro dia útil posterior ao do registo da carta no correio, ou no primeiro dia útil seguinte, caso o não seja.

Considerando o que se prescreve no artigo 98º, nº 2, deste Código, o mencionado prazo começa a correr no dia imediato ao da referida notificação, contando-se nos termos dos n.os 1 a 3 do artigo 144º do Código de Processo Civil, suspendendo-se e durante os períodos de férias judiciais.

Face ao disposto no artigo 44º deste Código, a regra nesta matéria é no sentido de que os actos do processo de expropriação e dos respectivos apensos, salvo os relativos à adjudicação da propriedade ou à investidura na posse, incluindo as respectivas notificações, não têm carácter urgente.

Nesta matéria aplicam-se também as regras relativas à prática extemporânea de actos processuais, seja as concernentes ao justo impedimento, seja aquelas que permitem essa prática mediante o pagamento de multa, seja as atinentes à prorrogação de prazo por acordo, a que se reportam os artigos 145º, n.os 5 a 8, 146º e 148º, todos do Código de Processo Civil.

Começa aqui, com a interposição do recurso do acórdão arbitral, a fase jurisdicional propriamente dita, ao mesmo tempo que terminam as fases de natureza administrativa.

Qualquer das partes pode interpor recurso subordinado, face ao independente interposto pela parte contrária, sendo que o respectivo prazo é contado, nos termos acima referidos, de harmonia com o que é estabelecido no artigo 682º, n.os 1 e 2, do Código de Processo Civil, a partir da notificação da interposição do recurso independente.

Temos, pois, que nos processos de expropriação é admissível o recurso subordinado do acórdão arbitral quando uma das partes dele recorra a título independente. E enquanto no regime geral o prazo de interposição do recurso subordinado é de trinta dias – artigo 685º, nº 1, do Código de Processo Civil –

no regime especial em análise esse prazo é apenas de vinte dias, em consonância com o prazo para a interposição do recurso independente.

Conforme decorre do artigo 682º, nº 2, do Código de Processo Civil, no caso de o primeiro recorrente desistir do recurso, ou de este ficar sem efeito, ou de o tribunal dele não conhecer, caduca o recurso subordinado, sendo as custas da responsabilidade do recorrente independente.

Tendo em conta o disposto no artigo 682º, nº 4, do Código de Processo Civil, salvo declaração expressa em contrário, a renúncia ao direito de recorrer ou a aceitação expressa ou tácita da decisão por parte de um dos litigantes não obsta à interposição do recurso subordinado, isto desde que a parte contrária recorra da decisão.

Quem não recorrer da decisão arbitral não pode posteriormente pô-la em causa para qualquer efeito, devendo respeitar o caso julgado, nos termos do artigo 673º do Código de Processo Civil.

Face ao disposto no artigo 58º deste Código, dela discordando, isto é, não concordando com o montante indemnizatório fixado pelos árbitros, têm os interessados a faculdade de da mesma recorrerem, indicando os fundamentos da sua discordância, ou seja, a indemnização que deveria ter sido arbitrada e que o não foi.

Assim, não pode o recorrido não recorrente invocar relevantemente, com vista à redução ou ampliação da indemnização fixada no acórdão arbitral, por exemplo, a errada consideração de determinado índice de construção.

Nos termos do artigo 12º, nº 1, da Portaria nº 419-A/2009, de 17 de Abril, com a apresentação do requerimento de interposição do recurso deve ser junto, pelo recorrente, o documento comprovativo do pagamento da taxa de justiça.

2. Prevê o nº 2 deste artigo o caso de não haver recurso, e estatui dever o juiz observar, no que respeita à atribuição da indemnização aos interessados, o disposto nos n.os 3 e 4 do artigo 37º, com as necessárias adaptações.

O não haver recurso significa que do acórdão arbitral ninguém o interpôs, do que decorre o seu trânsito em julgado, isto é, a sua definitividade, sendo para essa hipótese que rege o normativo em análise.

A referida adaptação justifica-se na medida em que a atribuição da indemnização a que aludem aqueles normativos decorre da expropriação amigável, portanto em quadro de diversidade em relação à hipótese em análise.

Vê-se, pois, que o normativo em análise contém uma prescrição idêntica à que consta do nº 1 do artigo 73º deste Código, que se reporta à atribuição das indemnizações em geral.

No caso de só haver um interessado com direito à indemnização, não pode haver conflito nesta matéria, pelo que o juiz se limita a ordenar a sua entrega ao respectivo credor.

Todavia, havendo mais do que um titular do direito à indemnização, rege o nº 3 do artigo 37º deste Código, segundo o qual a indemnização acordada pode ser atribuída a cada um dos interessados ou fixada globalmente.

Tem o referido normativo a ver com as situações em que o direito de indemnização se inscreve na titularidade de mais do que uma pessoa – caso de co-herdeiros, de co-legatários, de comproprietários, ou de concurso entre proprietários e titulares de direitos reais menores, designadamente usufrutuários, titulares de direito de superfície, de uso e habitação e de servidão – e no acórdão arbitral não foi individualizado o quantitativo monetário devido a cada uma.

A atribuição a cada um dos interessados do concernente montante indemnizatório há-de assentar, necessariamente, no direito substantivo em que se baseia o direito subjectivo de cada um deles. Por isso, além do mais, deve o juiz ordenar a notificação dos titulares do direito à indemnização a fim de, em dez dias, contados nos termos acima referidos, se pronunciarem sobre a distribuição do seu montante.

No caso de todos os interessados na indemnização acordarem em que, determinado o valor indemnizatório, este seja atribuído a cada um, a ordem da respectiva entrega pelo juiz observará os termos desse acordo.

Na hipótese de falta do referido acordo, o montante da indemnização deve ser entregue àquele que por todos for designado, o que o juiz observará no respectivo despacho.

Não designando os vários interessados, por acordo, aquele a quem o montante indemnizatório deve ser entregue, nada mais incumbe ao tribunal, oficiosamente, nesta matéria.

A partir daí, caberá aos credores da indemnização a implementação da partilha do montante indemnizatório em causa nos termos do Código de Processo Civil, no incidente adequado.

3. Prevê o nº 3 deste artigo a hipótese de haver recurso do acórdão arbitral, e estatui dever o juiz atribuir imediatamente aos interessados, nos termos do número anterior, o montante sobre o qual se verifique o acordo, e reter-se, se necessário, a quantia provável das custas do processo em termos de prevenção para o caso de o expropriado e ou os demais interessados decaírem no recurso.

As suas normas são de algum modo inspiradas pelo princípio da contemporaneidade da indemnização em relação à desapropriação dos bens em causa por via da expropriação.

Temos, assim que, interposto o recurso do acórdão arbitral, o juiz deve atribuir imediatamente aos interessados o montante da indemnização sobre o qual eles chegaram a acordo.

A remissão para o disposto no número anterior implica, no caso de se tratar de uma pluralidade de titulares do direito à indemnização fixada no acórdão arbitral, que eles estejam de acordo quanto ao montante que deve ser entregue a cada um, ou a algum deles globalmente.

Na falta de acordo da pluralidade dos titulares do direito à indemnização, não pode o juiz atribuí-la a cada um individualmente ou a um deles em termos de globalidade.

Mas o tribunal só pode aferir da existência e do âmbito do referido acordo depois de se saber se a parte contrária ao primeiro recorrente interpôs ou não recurso subordinado, pelo que deve diferir a decisão de atribuição do montante indemnizatório, se for caso disso, para depois do termo do prazo de interposição do referido recurso.[304]

No caso contrário, ou seja, na hipótese de atribuição da indemnização em qualquer das referidas modalidades, estabelece a lei a reserva do valor provável das custas devidas pelos expropriados e demais interessados para o caso de estes decaírem nos recursos.

A referida reserva visava essencialmente prevenir a perda da garantia de pagamento das custas eventualmente devidas pelos expropriados recorridos no que concerne ao montante da indemnização objecto do recurso interposto pela entidade beneficiária da expropriação.

Este segmento normativo tinha conexão com o que se prescrevia no nº 2 do artigo 66º, segundo o qual as custas devidas pelo expropriado saíam do depósito da indemnização, isto porque, nos termos do artigo 29º, nº 3, alínea d), ambos do Código das Custas Judiciais, nos processos de expropriação havia dispensa de pagamento de taxa de justiça inicial e subsequente.

Mas o actual Regulamento das Custas Processuais não contém preceitos idênticos ao dos artigos 29º, nº 3, alínea d) e 66º do Código das Custas Judiciais, pelo que se impõe determinar se o normativo relativo à reserva de indemnização para efeito de pagamento de custas está ou não revogado.

---

304 Neste sentido, pode ver-se PEDRO ELIAS DA COSTA, *obra citada*, página 183.

Tendo em conta que os recorridos não estão legalmente vinculados ao pagamento de taxa de justiça, razão de ser do que se prescrevia no artigo 66º do Código das Custas Judiciais, o normativo em análise relativo à reserva de indemnização para efeito do pagamento de custas já não tem suporte legalmente justificativo.

Propendemos, por isso, a considerar que o mencionado normativo está tacitamente revogado, isto no concerne aos processos de expropriação iniciados depois de 20 de Abril de 2009, ou seja, nos termos do artigo 27º, nº 1, do Decreto-Lei nº 34/2008, de 26 de Fevereiro, desde o primeiro acto processual praticado pela entidade beneficiária da expropriação na sequência da publicação da declaração da utilidade pública da expropriação[305].

4. Prevê o nº 4 deste artigo o requerimento de algum interessado no sentido de lhe ser entregue a parte da quantia indemnizatória que lhe competir, sobre a qual não haja acordo, e estatui que o pode fazer, no prazo de 10 dias a contar da notificação da decisão a que se refere o número anterior, mas mediante a prestação de garantia bancária ou seguro caução de igual montante.

Também estas normas são de algum modo inspiradas pelo princípio da contemporaneidade da indemnização em relação à desapropriação dos bens em causa por via da expropriação.

Tendo em conta o disposto no artigo 254º, nº 3, do Código de Processo Civil, a referida notificação considera-se ocorrida no terceiro dia útil posterior ao do registo da carta no correio, ou no primeiro dia útil seguinte, caso o não seja.

O aludido prazo de dez dias é contado nos termos do artigo 144º, n.os 1 a 3, do Código de Processo Civil, do modo acima referido, na medida em que se trata de um prazo judicial.

Reporta-se, pois, este normativo ao diferencial entre o montante indemnizatório fixado aos expropriados e demais interessados no acórdão arbitral e aquele que a entidade beneficiária da expropriação considera, nas alegações do recurso que interponha, ser o por ela devido.

É, por isso, um normativo de salvaguarda do interesse dos credores do direito à indemnização e da entidade beneficiária da expropriação, na medida em que os primeiros, se o recurso da última for procedente no que concerne à

---

[305] No sentido de que esta reserva de indemnização para garantia de pagamento de custas envolve inconstitucionalidade, veja-se JOSÉ VIEIRA DA FONSECA, Estudo citado, n.º 15/16, Ano VIII, Junho/Dezembro de 2001, página 202.

328 CÓDIGO DAS EXPROPRIAÇÕES E ESTATUTO DOS PERITOS AVALIADORES

definição da definitiva da indemnização, por via de prestação de caução, garantem a pertinente restituição.

É um regime de prestação de caução diverso do geral previsto no artigo 623º, nº 1, do Código Civil, na medida em que se restringe aos contratos de seguro-caução e de garantia bancária.

O regime do seguro-caução consta do Decreto-Lei nº 183/88, de 24 de Maio, alterado pelo Decreto-Lei nº 214/99, de 15 de Junho; o dos contratos de garantia bancária, de natureza comercial, não está, porém, legalmente tipificado.

5. Prevê o nº 5 deste artigo o não exercício do direito a que se refere o número anterior, e estatui que entidade beneficiária da expropriação pode requerer a substituição por caução do depósito da parte da indemnização sobre a qual não se verifica o mencionado acordo.

Assim, no caso de nenhum dos titulares do direito de indemnização, na hipótese de interposição do recurso, exigir a respectiva entrega, pode a entidade expropriante exercer a faculdade de requerer a prestação de caução relativamente ao depósito da parte da indemnização em relação à qual não haja o mencionado acordo.

6. Quanto à matéria a que este artigo se reporta pronunciaram-se, entre outras, as seguintes decisões judiciais:

a) Não há limite temporal ou outro para a entidade beneficiária da expropriação proceder à substituição por caução do depósito da parte da indemnização sobre a qual se não verificou o acordo (Acórdão do STJ, de 23.03.99, CJ, Ano VII, Tomo 3, página 27).

b) O prazo de 20 dias para interpor o recurso da decisão arbitral relativa à constituição da servidão de gás começa a contar-se da notificação da decisão arbitral efectuada pela entidade beneficiária da expropriação sob a égide da qual funcionou a arbitragem, independentemente de toda a tramitação prevista no artigo 51º deste Código (Acórdão da Relação de Coimbra, de 03.03.09, Processo nº 2414/08.9TBPBL.C1).

ARTIGO 53º
Dúvidas sobre a titularidade de direitos

1 – Se o recebimento do depósito, nos termos do artigo precedente, depender da decisão de questão prévia ou prejudicial respeitante à titularidade da indemnização, é esta decidida provisoriamente no processo, precedendo produção da prova que o juiz tiver por necessária.

2 – O incidente a que se refere o número anterior é autuado por apenso, devendo ser decidido no prazo de 30 dias.

3 – Enquanto não estiver definitivamente resolvida a questão da titularidade do crédito indemnizatório, não se procede a nenhum pagamento que dela dependa sem que seja prestada caução; a caução prestada garante também o recebimento da indemnização por aquele a quem, na respectiva acção, seja reconhecido definitivamente direito à mesma.

4 – Da decisão do incidente cabe recurso, com efeito meramente devolutivo, que sobe imediatamente no apenso.

1. Prevê o nº 1 deste artigo a hipótese de o recebimento do depósito, nos termos do artigo precedente, depender da decisão de questão prévia ou prejudicial respeitante à titularidade da indemnização, e estatui, por um lado, que esta é decidida provisoriamente no processo, e, por outro, que tal é precedido de produção da prova julgada necessária pelo juiz.

Está inserido num contexto normativo relativo a dúvidas sobre a titularidade do direito de indemnização inspirado pelo princípio da legitimidade aparente que decorre do disposto no artigo 9º, nº 3, deste Código.[306]

O recebimento do valor depósito nos termos do artigo antecedente tem a ver com os seus n.os 2 a 4, que se referem às hipóteses de ter ou não sido interposto recurso do acórdão arbitral.

Considerando o disposto no artigo 52º, nº 2, não tendo sido interposto o referido recurso, o juiz deve atribuir a indemnização aos interessados, observando o estabelecido no artigo 37º, n.os 3 e 4, com as necessárias adaptações, ambos deste Código.

Face ao que se prescreve no artigo 52º, nº 3, deste Código, havendo recurso, deve o juiz atribuir imediatamente aos interessados, nos termos do nº 2, o montante sobre o qual se verifique acordo entre a entidade beneficiária da expropriação e os expropriados e os demais interessados.

Finalmente, nos termos do artigo 52º, nº 4, deste Código, qualquer dos titulares do direito à indemnização pode requerer que lhe seja entregue a parte que lhe couber sobre a qual não exista o referido acordo, sob garantia.

É para o caso de divergência ou dúvida quanto à determinação de quem são os titulares do direito à indemnização em termos de não permitir a sua atribuição, nos termos referidos, que rege o normativo em análise.

---

[306] Este artigo está conexionado com o disposto nos artigos 52º, 72º, nº 5 e 73º, nº 2, todos deste Código.

A dúvida sobre quem são os titulares do direito de indemnização em causa deriva, em regra, da controvérsia sobre a titularidade dos direitos sobre os bens objecto de expropriação.

Como uma questão é prejudicial quando a sua decisão anula ou prejudica uma outra, o normativo em análise reporta-se apenas a uma questão prévia, porque necessária à decisão de atribuição da mencionada indemnização.

A lei basta-se neste ponto com a decisão provisória da referida questão, isto na sequência da produção dos meios de prova que o juiz considere necessária.

Por se tratar de uma decisão provisória, a lei atribui ao juiz, sob a envolvência do princípio do inquisitório, a que se reporta o nº 3 do artigo 265º, à margem do que se prescreve no artigo 303º, nº 1, ambos do Código de Processo Civil, a diligência de prova relativa ao incidente.

Nada obsta, porém, considerando o normativo geral do artigo 519º, nº 1, do Código de Processo Civil, a que o juiz ouça as partes envolvidas no processo de expropriação sobre a referida questão, nem que as notifique a fim de apresentarem meios de prova atinentes e pertinentes de que disponham.

A este propósito de decisão provisória, deve ter-se em linha de conta, por um lado, que havendo conflito de presunções, uma derivada do registo e a outra emergente da posse, é esta que prevalece, salvo se aquela anteceder o início da posse.

E, por outro, que a penhora registada não prevalece sobre o direito de propriedade não registado adquirido antes da referida penhora, e, finalmente que, adquirido por contrato de compra e venda determinado prédio, o titular de hipoteca judicial obtida sobre ele depois daquele contrato, com registo anterior ao registo daquela aquisição, não pode opor ao adquirente do prédio o registo do seu direito hipotecário.[307]

2. O nº 2 deste artigo prevê o incidente referido no número anterior, e estatui, por um lado, no sentido de o mesmo ser autuado por apenso, e, por outro, que ele deve ser decidido no prazo de 30 dias.

---

[307] Neste sentido decidiu-se, respectivamente, no Acórdão do STJ, de 19.02.92, BMJ, nº 414, página 545, e no Acórdão da Relação de Lisboa, de 14.01.03, CJ, Ano XVIII, Tomo 1, página 105, e no Acórdão do STJ, de 18.05.94, BMJ, nº 437, página 515. Quanto a esta problemática do registo predial, pode ver-se o Acórdão de Uniformização de Jurisprudência do STJ, nº 3/99, de 18 de Maio de 1999, publicado no *Diário da República*, I Série A, de 10 de Julho de 1999.

Temos, assim, que o referido incidente corre por apenso ao processo de expropriação, a exemplo do que decorre do n.º 3 do artigo 43.º deste Código quanto a outros incidentes.

A lei estabelece que o referido incidente deve ser decidido no prazo de 30 dias. Dado o contexto, parece que ele deve contar-se desde a altura em que se colocar a questão da atribuição da indemnização, a que se reportam os n.ºs 2 a 4 do artigo anterior.

Tendo em conta o disposto no artigo 44.º deste Código, não se trata de um incidente processual de carácter urgente, pelo que não segue o regime dos processos urgentes.

Temos, assim, por isso, que se trata de um prazo judicial, que corre termos de harmonia com o que se prescreve no artigo 144.º, n.ºs 1 a 3, do Código de Processo Civil.

3. Prevê o n.º 3 deste artigo a circunstância de ainda não estar definitivamente resolvida a questão da titularidade do crédito indemnizatório, e estatui, por um lado, que se não procede a nenhum pagamento que dela dependa, sem que seja prestada caução, e, por outro, que a caução prestada garante também o recebimento da indemnização por aquele a quem, na respectiva acção, seja reconhecido definitivamente o direito à mesma.

Assim, enquanto não estiver definitivamente decidida a titularidade da indemnização em causa, o pagamento de alguma quantia que à mesma respeite depende de prestação de caução que garanta a sua devolução, se for caso disso.

Como este normativo não se reporta a algum meio específico de caução, é aplicável o disposto no artigo 623.º, n.ºs 1 e 2, do Código Civil. Todavia, o n.º 4 do artigo anterior, em situação paralela, exige a prestação de caução por via de seguro-caução ou de garantia bancária, meios que mais se adequam à estrutura do incidente em análise.

Decorre deste normativo, ao referir-se à respectiva acção, que a decisão definitiva da titularidade do direito à indemnização em causa deve ser objecto de acção própria, ou seja, a referida questão não pode ser decidida no processo especial de expropriação.

Independentemente de quem venha a ser reconhecido como titular do controverso direito de indemnização, quem o for, têm-no garantido por via da referida caução.

332 CÓDIGO DAS EXPROPRIAÇÕES E ESTATUTO DOS PERITOS AVALIADORES

4. Prevê o n.º 4 deste artigo a impugnação do despacho proferido no âmbito do aludido incidente, e estatui que ela pode ocorrer por via de recurso, com efeito meramente devolutivo, subindo no respectivo apenso.

Tendo em conta o disposto nos artigos 676.º, n.º 2, 678.º, n.º 1, 680.º, n.º 1, 685.º, n.º 1 e 691.º, n.º 2, alínea n), todos do Código de Processo Civil, trata-se de um recurso de apelação, a interpor no prazo de 30 dias, sujeito às regras gerais de legitimidade e das alçadas.

Nos termos dos artigos 6.º, n.ºs 1 e 2 e 7.º, n.º 2, do Regulamento das Custas Processuais, os recorrentes devem proceder ao pagamento da taxa de justiça relativa à interposição do recurso.

O efeito devolutivo do recurso aqui previsto conforma-se com a regra prevista no artigo 692.º, n.º 1, e a sua subida no apenso, em separado, harmoniza-se com o princípio da celeridade e com o que se prescreve no artigo 691.º-A, n.º 2, todos do Código de Processo Civil.

5. Sobre a matéria a que este artigo se reporta, pronunciou-se, entre outras, a seguinte decisão judicial:

– O procedimento previsto no artigo 53.º deste Código tem a natureza de processo incidental, cuja decisão tem carácter provisório, alicerçando o juiz a sua decisão em prova sumária. Atenta a natureza sumária da prova a produzir, nada impede que o juiz pondere, como princípio de prova, em conjugação com outros meios probatórios, a sentença proferida em processo extinto, por desistência do pedido. A falta de título que legitime a intervenção como expropriado obsta ao reconhecimento, ainda que a título provisório, do direito de indemnização (Acórdão da Relação do Porto, de 19.05.10, Processo n.º 275/09.OTBVPA-A.P1).

SUBSECÇÃO II
Arguição de Irregularidades

ARTIGO 54º
Reclamação

1 – O expropriado, a entidade expropriante nos casos em que lhe não seja imputável ou os demais interessados podem reclamar, no prazo de 10 dias a contar do seu conhecimento, contra qualquer irregularidade cometida no procedimento administrativo, nomeadamente na convocação ou na realização da vistoria ad perpetuam rei memoriam, bem como na constituição ou no funcionamento da arbitragem ou nos laudos ou acórdão dos árbitros, designadamente por falta de cumprimento dos prazos fixados na lei, oferecendo logo as provas que tiverem por convenientes e que não constem já do processo.

2 – Recebida a reclamação, o perito ou o árbitro presidente, conforme for o caso, exara informação sobre a tempestividade, os fundamentos e as provas oferecidas, devendo o processo ser remetido pela entidade expropriante ao juiz de direito da comarca da situação dos bens ou da sua maior extensão no prazo de 10 dias a contar da apresentação da reclamação, sob pena de avocação imediata do procedimento pelo tribunal, mediante participação do reclamante, instruída com cópia da reclamação contendo nota de recepção com menção da respectiva data.

3 – O juiz decide com base nas provas oferecidas que entenda úteis à decisão do incidente e nos elementos fornecidos pelo procedimento, podendo solicitar esclarecimentos ou provas complementares.

4 – Sendo a reclamação julgada improcedente, o juiz manda devolver imediatamente o processo de expropriação à entidade expropriante.

5 – No despacho que julgar procedente a reclamação, o juiz indica os actos ou diligências que devem ser repetidos ou reformulados, sem prejuízo do disposto no nº 2 do artigo 42º.

6 – Da decisão cabe recurso, com efeito meramente devolutivo, que sobe com o recurso da decisão final."

1. Prevê o nº 1 deste artigo a reclamação contra qualquer irregularidade cometida no procedimento administrativo, nomeadamente na convocação ou na realização da vistoria *ad perpetuam rei memoriam*, na constituição e funcionamento da arbitragem, ou nos laudos ou no acórdão dos árbitros, designadamente por falta de cumprimento dos prazos fixados na lei.

E estatui que o expropriado, a entidade beneficiária da expropriação nos casos em que o vício lhe não seja imputável, ou os demais interessados, a podem formular no prazo de 10 dias a contar do seu conhecimento, oferecendo logo as provas que tiverem por convenientes e que não constem já do processo.

Está inserido num contexto normativo essencialmente relativo à reclamação de irregularidades cometidas no procedimento administrativo.[308]

O instrumento de reclamação formulado pelos expropriados e ou demais interessados deve ser apresentado nos serviços da entidade beneficiária da expropriação.

---

[308] Este artigo está conexionado com o disposto nos artigos 21º, nº 7, 42º, n.os 1 e 2, alínea a) e 43º, nº 1, todos deste Código.

A vistoria *ad perpetuam rei memoriam* está prevista no artigo 21º, a promoção da arbitragem consta do artigo 42º, a designação dos árbitros está prevista nos artigos 45º e 46º, e os laudos dos árbitros e o acórdão arbitral constam, por seu turno, do artigo 49º, todos deste Código.

O elenco das irregularidades a que este normativo se reporta, cometidas no procedimento administrativo, é meramente exemplificativo. Isso significa que outras mais irregularidades que haja naquele procedimento são susceptíveis de reclamação nos mesmos termos.

Trata-se vícios decorrentes da infracção de normas relativas a formalidades envolventes do aludido procedimento, portanto, com exclusão de vícios de outra natureza, que sejam derivados de infracção de normas processuais ou de direito substantivo.[309]

Dir-se-á que da violação de normas adjectivas concernentes aos actos processuais de vistoria *ad perpetuam rei memoriam* e da arbitragem em geral cabe reclamação, e que da infracção de normas substantivas, designadamente no atinente a critérios de decisão, definição de direitos e fixação da indemnização a quem se julga ser expropriado ou proprietários das parcelas expropriadas, cabe recurso.[310]

O disposto neste artigo não tem, porém, a virtualidade de permitir a impugnação do conteúdo da vistoria *ad perpetuam rei memoriam* ou do acórdão arbitral, porque para a primeira das referidas diligências prevê a lei a respectiva reclamação no artigo 21º, nº 7, e, para a última, há o recurso a que aludem os artigos 38º, nº 3 e 58º, todos deste Código.

Face ao disposto nos artigos 72º, nº 1, do Código do Procedimento Administrativo e 98º, nº 1, deste Código, o prazo para a referida reclamação é de dez dias, contado desde o respectivo conhecimento, que começa a correr no dia imediato ao mesmo e se suspende nos sábados, domingos e feriados, e, se terminar em dia em que os serviços da entidade beneficiária da expropriação não estejam abertos ao público ou não funcionem durante o período normal, transfere-se para o primeiro dia útil seguinte

Considerando o que se prescreve no artigo 205º, nº 1, do Código de Processo Civil, ultrapassado que seja o mencionado prazo de arguição da nulidade, sanado fica o vício que haja.

---

[309] Neste sentido, pode ver-se PEDRO ELIAS DA COSTA, *obra citada*, página 238.
[310] Neste sentido, pode ver-se o Acórdão da Relação de Lisboa, de 03.10.96, CJ, Ano XXI, Tomo 4, página 108.

Com o instrumento de reclamação, deve o requerente apresentar logo as provas que entenda pertinentes, que não constem já do processo, sendo que a este incidente, sob regime especial face ao que se prescreve nos artigos 303º e 304º do Código de Processo Civil, é tramitado nos próprios autos.

2. Prevê o nº 2 deste artigo o recebimento da reclamação pela entidade beneficiária da expropriação, e estatui, por um lado, que o perito ou o árbitro presidente, conforme for o caso, exara informação sobre a sua tempestividade, os respectivos fundamentos e as provas oferecidas.

E, por outro, que o processo deve ser remetido pela entidade beneficiária da expropriação ao juiz de direito da comarca da situação dos bens ou da sua maior extensão no prazo de 10 dias a contar da apresentação da reclamação.

E, finalmente, verificado que a entidade expropriante não remeteu o processo ao tribunal no referido prazo, é logo avocado pelo tribunal, mediante participação do reclamante, instruída com a cópia da reclamação contendo nota de recepção com menção da respectiva data.

Temos, assim, que os instrumentos de reclamação da vistoria *ad perpetuam rei memoriam*, da constituição e funcionamento da arbitragem, recebidos que sejam pela entidade beneficiária da expropriação, são apresentados ao respectivo perito ou ao árbitro presidente, conforme os casos.

O perito ou o árbitro presidente deve, pois, exarar no referido processo informação ou parecer sobre a tempestividade da reclamação, os seus fundamentos e as provas oferecidas pelo reclamante.

O processo deve de seguida ser remetido pela entidade beneficiária da expropriação ao juiz de direito competente para o recurso da decisão arbitral, ou seja, ao juiz da comarca da situação dos bens em curso de expropriação, ou da sua maior extensão no caso de se estenderem pela área de mais do que uma comarca.

Conforme decorre do artigo 98º, nº 2, deste Código, o referido prazo de remessa do referido processo é de dez dias, contado do dia imediato ao da apresentação da reclamação, nos termos do artigo 72º, nº 1, do Código do Procedimento Administrativo.

Dado o início da contagem do referido prazo – desde a apresentação do instrumento de reclamação – tem a entidade expropriante de diligenciar para que o perito ou o árbitro presidente sejam céleres na informação acima referida no processo.

No caso de a entidade beneficiária da expropriação não cumprir o referido prazo de remessa do processo ao tribunal, pode o reclamante requerer-lhe a sua avocação imediata, instruindo o requerimento nos termos acima referidos.

Considerando o disposto no artigo 43º, nº 1, deste Código, o referido requerimento, a que a lei chama petição, é directamente apresentado na secretaria do tribunal.

3. Prevê o nº 3 deste artigo a decisão pelo juiz no referido incidente, e estatui que ele o deve fazer com base nas provas oferecidas que entenda úteis à decisão e nos elementos fornecidos pelo procedimento, podendo solicitar esclarecimentos ou provas complementares.

Face ao disposto no artigo 160º, nº 1, do Código de Processo Civil, deve juiz decidir a referida reclamação incidental no prazo de dez dias, fazendo produzir, para o efeito, as provas oferecidas que considere relevantes, tendo em conta as decorrentes do procedimento, bem como, se for caso disso, poderá requisitar ao reclamante e ou à entidade beneficiária da expropriação os esclarecimentos e ou as provas complementares que tiver por convenientes.

Isso significa, tendo em conta o disposto no artigo 43º, nº 2, deste Código, que o juiz do incidente pode requisitar à entidade beneficiária da expropriação o procedimento em causa.

4. Prevê o nº 4 deste artigo a hipótese de a reclamação ser julgada improcedente, e estatui dever o juiz mandar devolver imediatamente o processo de expropriação à entidade beneficiária da expropriação.

No caso contrário, ou seja, se a mencionada reclamação for julgada procedente, o regime é o que consta do número seguinte.

5. Prevê o nº 5 deste artigo a hipótese de a reclamação em causa ser julgada procedente, e estatui que, no respectivo despacho, o juiz deve indicar os actos ou diligências a repetir ou a reformular, sem prejuízo do disposto no nº 2 do artigo 42º deste Código.

Assim, no caso de o juiz considerar provada a existência de irregularidades no procedimento relativo à convocação e realização da vistoria *ad perpetuam rei memoriam* ou na constituição e funcionamento da arbitragem, incluindo os laudos e o acórdão arbitral, especificará os actos e ou diligências que devem ser repetidos ou reformulados.

A referida decisão deverá, como é natural, ser notificada à entidade beneficiária da expropriação com vista à repetição ou reformulação dos aludidos actos.

Salvaguarda, porém, este normativo o disposto no nº 2 do artigo 42º deste Código. Isso significa, nos termos da alínea a) do nº 1 daquele artigo, que se a irregularidade respeitar à constituição e ou ao funcionamento da arbitragem, em regra no âmbito da entidade beneficiária da expropriação, essa actividade passa a operar sob a égide do juiz que decidiu a reclamação.

6. Prevê o nº 6 deste artigo a decisão do incidente em causa, e estatui que dela cabe recurso, com efeito meramente devolutivo, a subir com o recurso da decisão final.

Temos, pois, que da decisão proferida pelo juiz no incidente, quer seja de improcedência ou de procedência da reclamação, cabe recurso para o tribunal da Relação.

Este recurso era, no regime de pretérito, o de agravo, que foi abolido pelo Decreto-Lei nº 303/2007, de 24 de Agosto. Ora, perante a hipótese de alteração de cada uma das leis que previam a existência do recurso de agravo, o legislador optou por expressar, no artigo 4º daquele diploma, que todas as referências aos recursos de agravo se devem considerar reportadas, respectivamente, aos recursos de apelação ou de revista.

Nesta perspectiva, face ao disposto nos artigos 676º, nº 2, 680º, nº 1, 685º, nº 1 e 691º, nº 2, alínea n), todos do Código de Processo Civil, temos que se trata de um recurso de apelação, a interpor por quem tiver ficado vencido, se o valor do incidente for superior ao da alçada do tribunal da 1ª instância, no prazo de 30 dias contado da notificação da respectiva decisão.

Considerando o disposto no artigo 692º, nº 1, do Código de Processo Civil, o efeito meramente devolutivo do recurso corresponde à regra do recurso de apelação. Todavia, face ao que se prescreve no artigo 691º-A daquele diploma, não quadra a subida deste recurso com o que seja interposto da decisão final, porque o respectivo regime é o da subida em separado.

Uma solução alternativa desta problemática, considerando o disposto no artigo 691º, n.os 3 e 4, do Código de Processo Civil, é a de que as referidas questões só podem ser impugnadas no recurso da decisão final, ou, não o havendo, se a sua decisão tiver interesse para o recorrente independentemente daquela decisão, num recurso único a interpor após o respectivo trânsito.

Todavia, propendemos a considerar que este normativo relativo à subida diferida deste recurso, agora de apelação, é especial em relação ao regime geral do recurso de apelação, pelo que, nos termos do artigo 7º, nº 3, do Código Civil, prevalece sobre este.

Em consequência, concluímos no sentido de que o recurso de apelação a que este normativo se reporta sobe com o recurso que venha a ser interposto da decisão final.

7. Sobre a matéria a que alude este artigo pronunciaram-se, entre outras, as seguintes decisões judiciais:

a) Tem legitimidade para reclamar para o tribunal quanto à tramitação e aos factos praticados no processo de expropriação, arguindo irregularidades, quem alegou a qualidade de arrendatário e que no decurso dos trabalhos atinentes à expropriação lhe haver sido destruída a passagem de acesso do locado à via pública (Acórdão da Relação de Lisboa, de 16.11.99, CJ, Ano XXIV, Tomo 5, página 89).

b) A legitimidade aparente deve ser sustentada por documentação actualizada quando se inicia a fase judicial. É de anular tudo a partir da remessa do processo a juízo no caso de o processo ter corrido termos desde o início à revelia dos verdadeiros proprietários – o que o tribunal tinha que conhecer, porque os havia habilitado – pelo que não puderam defender os seus direitos e pugnar pela justa indemnização (Acórdão da Relação de Évora de 14.12.2006, Processo nº 1720/06-3).

c) Um despacho que ordena a notificação simultânea de várias situações não é nulo, porque não é posto em causa o princípio do contraditório, nem o que não fixa prazo para a prática de qualquer acto, porque rege o prazo geral de 10 dias (Acórdão da Relação de Évora, de 20.09.07, Processo nº 68/07-3).

d) No procedimento administrativo relativo a expropriação por utilidade pública com carácter de urgência, remetido que seja ao tribunal judicial na fase da vistoria *ad perpetuam rei memoriam*, a pendência no tribunal administrativo de acção administrativa especial para anulação daquela declaração não é motivo para a suspensão prevista no artigo 279º, nº 1, do Código de Processo Civil (Acórdão da Relação de Coimbra, de 06.11.2007, Processo nº 1131/04.3TBAGD.C1).

SUBSECÇÃO III
Pedido de Expropriação Total

ARTIGO 55º
Requerimento

1 – Dentro do prazo do recurso da decisão arbitral podem os interessados requerer a expropriação total, nos termos do nº 2 do artigo 3º.

2 – A entidade expropriante é notificada para, no prazo de 20 dias, responder ao pedido de expropriação total.

3 – O juiz profere decisão sobre o pedido de expropriação total, no prazo de 10 dias, dela cabendo recurso, com subida imediata em separado e com efeito meramente devolutivo.

4 – Decretada a expropriação total, é a entidade expropriante notificada para efectuar depósito complementar do montante indemnizatório, nos termos aplicáveis do nº 3 do artigo 51º.

5 – Enquanto não estiver definitivamente decidido o pedido de expropriação total, o expropriado e os demais interessados só podem receber o acréscimo de indemnização correspondente mediante prestação de garantia bancária ou seguro -caução de igual montante.

6 – Na hipótese prevista neste artigo, podem adquirir a parte do prédio que não seja necessária ao fim da expropriação as pessoas que gozem de preferência legal na respectiva alienação e os proprietários de terrenos confinantes, por esta ordem, gozando os segundos do direito de execução específica.

1. Prevê o nº 1 deste artigo o requerimento pelos interessados na expropriação total nos termos do nº 2 do artigo 3º deste Código, e estatui que eles a podem requerer no prazo do recurso da decisão arbitral.

Está inserido num contexto normativo essencialmente reportado ao requerimento envolvente do pedido de expropriação total, funcionando em termos de excepção ao princípio do limite da expropriação a que se reporta o nº 1 do artigo 3º deste Código.[311]

O nº 2 do artigo 3º deste Código, para que o normativo em análise remete, prevê a necessidade de expropriar apenas parte de um prédio e de o proprietário poder requerer a expropriação total se a parte restante não assegurar, proporcionalmente, os mesmos cómodos que oferecia todo o prédio, ou se os cómodos por ela assegurados não tiverem para ele interesse económico objec-

---

[311] Este artigo está conexionado com o disposto nos artigos 3º, nº 2, 29º, 34º, alínea e), 51º, nº 3, 56º e 74º, nº 3, todos deste Código.

340 CÓDIGO DAS EXPROPRIAÇÕES E ESTATUTO DOS PERITOS AVALIADORES

tivamente determinado, salvo se a entidade expropriante realizar as obras que obstem às referidas consequências negativas.[312]

É como que uma proposta de alienação tornada vinculativa por via de uma decisão judicial, concretizada no âmbito do processo de expropriação, dada a conexão envolvente, em quadro de excepção ao princípio da necessidade da expropriação.[313]

Mas os expropriados apenas têm direito, verificados os respectivos pressupostos, a requerer a expropriação total, mas não, mesmo a título subsidiário, a pedir a condenação da requerida a realizar as obras que evitem a situação prevista no nº 2 do artigo 3º deste Código.[314]

É um incidente, agora próprio da fase judicial, que corre no processo de expropriação, certo que a lei não estabelece que deva correr por apenso, o que constitui a excepção.

Face ao disposto no artigo 254º, nº 3, do Código de Processo Civil, o prazo a que este normativo se refere começa com a notificação aos expropriados e outros interessados da faculdade de interposição de recurso, que se considera operada no terceiro dia útil posterior ao do registo da carta no correio ou no primeiro dia útil seguinte, caso o não seja.

Assim, começa o referido prazo a correr no dia imediato ao da referida notificação, o qual, conforme decorre do artigo 98º, nº 2, deste Código, é contado nos termos do artigo 144º, n.os 1 a 3, do Código de Processo Civil.

Temos pois, considerando o disposto no artigo 52º, nº 1, deste Código, com base nos mencionados pressupostos, poder o proprietário expropriado de parte de um prédio requerer a expropriação total no prazo de vinte dias contado da notificação prevista na parte final do nº 5 do artigo 51º deste Código.

Embora a letra deste normativo só verse sobre o pedido de expropriação total, tendo em conta o que se prescreve no artigo 3º, nº 3, deste Código, também abrange, por interpretação extensiva, a parte da área não abrangida pela declaração de utilidade pública em relação à qual se verifiquem os respectivos pressupostos, que não apenas a parte remanescente.

Face ao disposto nos artigos 264º, n.os 1 e 2, e 303º, nº 1, do Código de Processo Civil, o requerente tem o ónus de alegar os factos que integram os refe-

---

[312] Remete-se neste ponto para o que se escreveu em anotação aos artigos 3º e 29º deste Código.

[313] Qualificando a situação como *cessão amigável* pode ver-se FERNANDO ALVES CORREIA, "As Garantias do Particular na Expropriação por Utilidade Pública", Coimbra, 1982, página 119.

[314] No sentido contrário, pode ver-se JOSÉ OSVALDO GOMES, *obra citada*, páginas 212 e 213.

ridos pressupostos, ou seja, os relativos à previsão do artigo 3º, nº 2, deste Código, e deve indicar os meios de prova que os demonstrem, designadamente a documental e a testemunhal.

A causa de pedir do referido pedido de expropriação total envolve, pois, factos reveladores de que a parte restante não assegura ao expropriado, proporcionalmente, os mesmos cómodos que lhe oferecia todo o prédio, ou de que os cómodos proporcionados por essa parte restante não têm interesse económico para o expropriado, objectivamente determinado.

Assim, é pressuposto do referido requerimento de expropriação total que a parte não expropriada envolva proporcionalmente uma substancial redução das utilidades respectivas, ou que o resultado da sua usufruição, objectivamente considerado, seja destituído de interesse económico para o expropriado.

Várias são as situações de facto susceptíveis de integrar as referidas normas, entre as quais se contam os casos em que a parte sobrante do terreno apto para a construção deixa de poder ser utilizada para esse efeito, ou em que resulta da fragmentação défice de aproveitamento para aquele fim, ou eliminação ou redução da respectiva acessibilidade.[315]

O requerente e o requerido não estão, porém, limitados à apresentação dos meios de prova previstos no artigo 58º deste Código, que se reporta ao recurso do acórdão arbitral.[316]

No caso de os requerentes da expropriação total não indicaram os elementos de prova visando a comprovação dos pressupostos de que depende o seu deferimento, não vemos fundamento para que o juiz ordene, para o efeito, a realização de alguma diligência de prova pericial.

Todavia, à luz do artigo 29º, nº 1, deste Código, tem o requerente o ónus de prova facilitado, porque os árbitros, no caso das expropriações parciais, devem, em regra, calcular em separado o valor e o rendimento totais do prédio e das partes abrangidas e não abrangidas pela declaração de utilidade pública da expropriação.

Ademais, face ao artigo 29º, nº 2, deste Código, quando a parte não expropriada do prédio ficar depreciada pela divisão, ou desta resultarem prejuízos ou encargos, incluindo a diminuição da área total edificável ou a construção de

---

[315] Neste sentido, pode ver-se JOSÉ OSVALDO GOMES, *obra citada*, paginas 215 a 217.

[316] Em sentido contrário, pode ver-se JOÃO PEDRO DE MELO FERREIRA, *obra citada*, página 261.

vedações idênticas às demolidas ou às subsistentes, devem os árbitros especificar, em separado, os montantes da depreciação e dos referidos prejuízos ou encargos.

Pode acontecer que os árbitros nada refiram quanto ao cálculo dos mencionados valores ou dos montantes da depreciação, prejuízos ou encargos, ou concluam erradamente pela não verificação dos pressupostos da expropriação total.

Isso não significa que essa falta de referência constitua irregularidade, dada a ressalva do nº 3 do artigo 29º deste Código, tal como a realização do referido cálculo separado não significa que se verifiquem os pressupostos do pedido de expropriação total.

De qualquer modo, a infundada omissão da mencionada avaliação em separado é susceptível de servir de fundamento da reclamação a que se reporta o artigo 54º, nº 1, deste Código.

Ao invés do que já tem sido considerado, não parece, porém, resultar da lei, dada a diversidade e autonomia das situações que, sob pena de caso julgado, a continuação da tramitação do incidente relativo ao pedido de expropriação total dependa da interposição de recurso do acórdão arbitral.[317]

O objecto do acordo nas expropriações amigáveis é susceptível de envolver, para além da vertente da indemnização, a própria expropriação total do prédio ou dos prédios em causa, e, nos termos do artigo 74º, nº 3, deste Código, este pedido de expropriação total não prejudica a reversão da totalidade do prédio.

2. Prevê o nº 2 deste artigo a resposta ao referido pedido de expropriação total pela entidade beneficiária da expropriação, e estatui no sentido de que ela é notificada para apresentar a resposta no prazo de 20 dias.

Assim, notificada a entidade beneficiária da expropriação do conteúdo do requerimento apresentado pelo proprietário expropriado, ela tem a faculdade de lhe responder no referido prazo de 20 dias.

Face ao disposto no artigo 254º, nº 3, do Código de Processo Civil, aquela notificação deve considerar-se realizada no terceiro dia útil posterior ao do registo da carta no correio ou no primeiro dia útil seguinte, caso o não seja.

---

[317] Em sentido contrário, podem ver-se JOÃO PEDRO DE MELO FERREIRA, *obra citada*, página 261; PEDRO CANSADO PAES, ANA ISABEL PACHECO e LUÍS ALVAREZ BARBOSA, *obra citada*, página 263; e VICTOR SÁ PEREIRA e ANTÓNIO PROENÇA FOUTO, *obra citada*, página 158.

Face ao disposto no artigo 98º, nº 2, deste Código, o referido prazo começa a correr no dia imediato à referida notificação e é contado nos termos do artigo 144º, n.ºs 1 a 3, do Código de Processo Civil.

A entidade beneficiária da expropriação, na respectiva resposta, pode declarar a confissão do pedido, a negação dos seus fundamentos ou a afirmação da sua pretensão de realizar obras na parte do prédio não expropriado com vista a evitar a situação a que alude o nº 2 do artigo 3º deste Código.

3. Prevê o nº 3 deste artigo a decisão do incidente de expropriação total, e estatui que o juiz o deve fazer no prazo de dez dias, correspondente ao geral previsto no artigo 160º, nº 1, nos termos do artigo 144º, n.ºs 1 a 3, ambos do Código de Processo Civil.

Face ao disposto no artigo 304º, nº 5, do Código de Processo Civil, produzidas as provas que o devam ser, o juiz decide a matéria de facto, justificando a decisão, e, seguidamente, julga de direito, considerando ou não procedente a pretensão do requerente.

A decisão do objecto deste incidente pressupõe a determinação da natureza e aptidão de todo o prédio antes da sua fragmentação em resultado da expropriação e da natureza e aptidão da parte remanescente após a expropriação, conforme tal aptidão seja para construção ou para outros fins.

Da referida decisão, seja de procedência ou de improcedência da pretensão formulada pelo requerente, cabe recurso, com efeito meramente devolutivo, ou seja, a sua interposição não obsta à produção, embora provisória, de efeitos pela decisão recorrida.

Considerando o disposto no artigo 57º deste Código, a entidade beneficiária da expropriação pode tomar posse da parte do prédio objecto do incidente de expropriação total antes do trânsito em julgado da respectiva decisão, mas sob prestação de caução.

Face ao regime actual, este recurso é de apelação, a interpor para o tribunal da Relação, cujo efeito corresponde ao regime geral previsto no artigo 692º, nº 1, do Código de Processo Civil.

Acresce que a subida imediata do referido recurso em separado também corresponde ao que se prescreve no regime geral, conforme decorre do artigo 691º-A, nº 2, do Código de Processo Civil, pelo que prejudicada está a análise do regime geral ou especial prevalecente.

Considerando o disposto nos artigos 24º, nº 1, da Lei nº 3/99, de 3 de Janeiro, 31º, nº 1, da Lei nº 52/2008, de 28 de Agosto, 315º, nº 3, 676º, nº 2,

680º, nº 1, do Código de Processo Civil, a sua admissão depende da legitimidade de quem o interpõe – o expropriado ou a entidade beneficiária da expropriação – e de o valor processual do incidente superar quantitativamente o da alçada do tribunal da primeira instância, actualmente no montante de € 5 000.

Face ao disposto no artigo 98º, nº 2, deste Código, o prazo para a sua interposição, por via de requerimento com as alegações, é de quinze dias, a contar da notificação da referida decisão, nos termos dos artigos 144º, n.os 1 a 3, e 254º, nº 3, e 691º, n.os 2, alínea j), e 5, todos do Código de Processo Civil.

Face ao disposto no artigo 315º, nº 3, do Código de Processo Civil, se aquando da interposição do recurso ainda não estiver fixado o valor processual deste incidente, deve o juiz fixá-lo no despacho em que se pronuncie sobre a sua admissão.

Dado o objecto da decisão recorrida, esta não está sujeita ao regime restritivo de recurso para o Supremo Tribunal de Justiça que consta do artigo 66º, nº 5, deste Código. Isso não significa, porém, dado o regime geral dos recursos, que aquela decisão comporte mais do que o segundo grau de jurisdição.

4. Prevê o nº 4 deste artigo a decisão de procedência do pedido de expropriação total, e estatui dever a entidade expropriante ser notificada para efectuar o depósito complementar do montante indemnizatório, nos termos aplicáveis do nº 3 do artigo 51º.

Assim, face ao disposto no nº 3 do artigo 51º deste Código, no fim da decisão de expropriação total em causa, deve o juiz ordenar a notificação da entidade beneficiária da expropriação para efectuar o depósito complementar da indemnização no prazo de trinta dias.

Nos termos do artigo 98º, nº 2, deste Código, o referido prazo é contado na conformidade dos artigos 144º, n.os 1 a 3, e 254º, nº 3, do Código de Processo Civil.

Face ao disposto no artigo 51º, nº 5, deste Código, apesar de a lei o não expressar, deve o juiz adjudicar à entidade beneficiária da expropriação a parte dos prédios em causa não abrangidos pela declaração de utilidade pública da expropriação, ou seja, aquela que não foi inicialmente considerada necessária para o efeito.

Trata-se, pois, de uma situação em que a expropriação não decorre de declaração de utilidade pública, mas sim da lei e de sentença judicial de natureza constitutiva.

Acresce que, nos termos do artigo 51º, nº 6, deste Código, a referida adjudicação do direito de propriedade sobre a parte dos prédios em causa deve ser comunicada à conservatória do registo predial para efeito de registo.

5. Prevê o nº 5 deste artigo a situação em que não está ainda definitivamente decidido o pedido de expropriação total, e estatui que o expropriado e os demais interessados só podem receber o acréscimo de indemnização correspondente mediante prestação de garantia bancária ou de seguro-caução de igual montante.

Este normativo tem paralelismo com os artigos 52º, nº 4, e 53º, nº 3, ambos deste Código, visando a situação que decorre entre a decisão final do incidente no sentido da procedência do pedido de expropriação total e o respectivo trânsito em julgado.

É nesta situação temporal que o expropriado e os demais interessados que haja só podem receber o acréscimo da indemnização correspondente à parte do prédio não inicialmente expropriada mediante a prestação de caução por via de garantia bancária ou de seguro-caução.

A referida caução visa garantir o eventual direito da entidade beneficiária da expropriação ao reembolso do montante indemnizatório recebido pelo expropriado e demais interessados no caso de o recurso por ela interposto proceder.

6. Prevê o nº 6 deste artigo a expropriação total requerida pelo respectivo proprietário a par da existência de titulares do direito de preferência legal na alienação e de proprietários de terrenos confinantes, e estatui, por um lado, que eles podem adquirir a parte do prédio não necessária ao fim da expropriação, por essa ordem, e, por outro, que os últimos gozam do direito de execução específica.

Este normativo distingue, pois, entre os preferentes legais e os proprietários dos prédios confinantes; mas tal distinção não é rigorosa, visto que os últimos também são preferentes legais na alienação dos prédios em causa.

Reporta-se, pois, este normativo à possibilidade de os preferentes adquirirem a parte do prédio não necessária à expropriação, ou seja, aquela que motivou o pedido de expropriação total.

Gozam do direito de preferência na compra e venda de prédios urbanos, por exemplo, os arrendatários há mais de três anos, nos termos do artigo 1091º, nº 1, alínea a), do Código Civil, bem como os arrendatários há mais de três anos de prédios rústicos para fins agrícolas e florestais, nos termos do artigo 31º, nº 2, do Decreto-Lei nº 294/2009, de 13 de Outubro, com a ressalva de que, por força do nº 3 deste último artigo, o referido direito de preferência do arrendatário caduca perante o exercício do mesmo direito por algum co-herdeiro ou comproprietário.

Além disso, gozam do direito de preferência na compra e venda, por um lado, os proprietários de terrenos confinantes de área inferior à unidade de cultura, ainda que um deles seja de área superior àquela unidade (artigos 1380º, nº 1, do Código Civil e 18º, nº 1, do Decreto-Lei nº 384/88, de 25 de Outubro).[318]

E, por outro, nos termos do artigo 1555º, nº 1, do Código Civil, os proprietários de prédios onerados com servidão legal de passagem, qualquer que seja o respectivo título constitutivo, na compra e venda do prédio dominante.

Temos, assim, que os titulares de preferência legal que não sejam proprietários de prédios confinantes preferem na aquisição da parte não necessária à expropriação em relação aos que sejam proprietários de prédios confinantes.

Todavia, os proprietários de prédios confinantes, se os preferentes não exercerem o respectivo direito, gozam do direito de execução específica, ou seja, o direito de requererem judicialmente a aquisição do direito de propriedade sobre a referida parte do prédio.

Dir-se-á tratar-se de uma acção declarativa constitutiva a intentar pelo proprietário confinante contra o expropriado, formulando o pedido de transferência do direito de propriedade para si, com fundamento nos factos relativos à expropriação parcial em causa.

Propendemos, todavia, a considerar que os referidos direitos de preferência e de execução específica devem ser exercidos pelos interessados no próprio incidente de expropriação total, no confronto do expropriado e da entidade beneficiária da expropriação, por via do incidente de oposição espontânea, nos termos adaptados dos artigos 342º e 343º do Código de Processo Civil.

7. Quanto à matéria a que este artigo se reporta pronunciaram-se, entre outras, as seguintes decisões judiciais:
a) Não releva o pedido de expropriação total feito em alegações de recurso para o tribunal da Relação (Acórdão da Relação do Porto, de 04.11.2004, CJ, Ano XXIX, Tomo 5, página 164).

---

[318] O Assento do Supremo Tribunal de Justiça, de 18 de Março de 1986, publicado no *Diário da República*, I Série, de 17 de Maio de 1986, decidiu que o direito de preferência conferido pelo artigo 1380º do Código Civil não depende da afinidade ou identidade de culturas nos prédios confinantes.

b) A perda a ter conta para efeitos de expropriação total é a que resulta directa e imediatamente da expropriação do prédio e da sua divisão – não de um viaduto em fase final de construção – bem como a constituição de servidões *non aedificandi* sobre a parte não expropriada e a perda de privacidade que da divisão resultar para os expropriados que continuarem a utilizá-la (Acórdão da Relação de Guimarães, de 15.02.05, Processo nº 2478/05-2).

c) Não constando que determinado imóvel, em condições de também ser abrangido pela mesma expropriação, tenha sido objecto nalguma parte de declaração de utilidade pública da expropriação, e sendo a área a expropriar a correspondente à totalidade do prédio, não poderá o prédio ser adjudicado à expropriante, e, consequentemente, deverá ser julgada extinta a instância por impossibilidade da lide com fundamento na inexistência de declaração de utilidade pública (Acórdão da Relação de Lisboa, de 27.09.07, Processo nº 6291/2007-6).

d) Não tendo os expropriados indicado, no requerimento de expropriação total, quaisquer meios de prova, pode o juiz solicitar aos peritos que vão proceder à avaliação do bem expropriado que se pronunciem sobre se estão ou não reunidos os pressupostos de que o artigo 3º, nº 2, deste Código faz depender a concessão da expropriação total, pelo que inexiste motivo para a aplicação subsidiária do regime do Código de Processo Civil dos incidentes da instância, nomeadamente o seu artigo 303º, nº 1 (Acórdão da Relação de Guimarães, de 21.02.2008, CJ, Ano XXXIII, Tomo 1, página 283).

e) A área das parcelas sobrantes a considerar na expropriação total é a que for determinada pelos peritos e não a que resulta da descrição predial ou da vistoria *ad perpetuam rei memoriam* (Acórdão da Relação de Guimarães, de 27.03.08, Processo nº 160/08-2).

f) A decisão do incidente de expropriação total não tem de aguardar qualquer outra decisão, designadamente a da peritagem, por se tratar de um incidente com tramitação própria, prazos autónomos e dinâmica probatória específica, no qual devem ser indicadas e produzidas as respectivas provas, não dependente do que se disse no acórdão arbitral, que não é tecnicamente prova pericial, e muito menos se estiver impugnado em recurso para o tribunal (Acórdão da Relação do Porto, de 20.01.09, Processo nº 0820748, Processo nº 0820748).

g) Quando se avalia um pedido de expropriação total de um terreno, deve atender-se, não ao destino que lhe era dado pelo proprietário antes da expropriação, mas à aptidão, condições, possibilidades e potencialidades face ao plano director municipal local, atendendo tanto à área, como à natureza, estrutura e ou possibilidade de construção (Acórdão da Relação do Porto de 03.02.09, Processo nº 0822523).

h) O que se pretende proteger com a faculdade dada ao expropriado de pedir a expropriação total é o seu interesse em que um seu prédio seja totalmente expropriado face à ausência de utilidade e de interesse económico ocasionado pela expropriação parcial, mas não o interesse em que essa utilidade e interesse não sejam reduzidos (Acórdão do STJ, de 19.03.09, Processo nº 413/09 – 2.ª Secção).

i) A possibilidade de o expropriado requerer a expropriação total reporta-se necessariamente ao mesmo prédio, caso em que é desnecessária nova declaração de utilidade pública da sua expropriação, pois já foi declarada a utilidade pública da expropriação do prédio limitada a uma sua parte. Em caso de prédios distintos dos que foram abrangidos pela declaração de utilidade da expropriação, ainda que pertencentes ao mesmo dono, é necessária nova declaração de utilidade pública da expropriação, não se podendo aqui falar de uma "expropriação total", mas sim de nova expropriação (Acórdão do STJ, de 14.05.09, Processo nº 4000/08 – 1.ª Secção).

j) Tendo a expropriada formulado o pedido de expropriação total em relação à parcela sobrante B, não o tendo feito relativamente à parcela sobrante A, e tendo a decisão da 1.ª instância decretado a expropriação total do sobrante de ambas as parcelas, conheceu de objecto que não podia conhecer, pelo que foi cometida a nulidade prevista no artigo 668º, nº 1, alínea e), do Código de Processo Civil (Acórdão do STJ, de 25.06.09, Processo nº 199/09.0YFLSB – 2.ª Secção).

k) O depósito complementar previsto no nº 4 do artigo 55º no caso de procedência do pedido de expropriação total deve levar em conta o valor fixado na decisão arbitral pendente de recurso ou entretanto indicado pelos peritos na avaliação realizada nos termos do artigo 61º, nº 2, ainda que sobre esse valor não tenha havido juízo decisório do tribunal no quadro da decisão prevista nos artigos 65º e 66º. A declaração da expropriante de pretender realizar obras na parte do prédio não expropriada, a fim de obter a improcedência do pedido de expropriação total, deve ter lugar no âmbito da resposta àquele pedido. Não basta afirmar a intenção de realizar aquelas obras, tendo de se alegar e provar factos que demonstrem a seriedade dessa declaração. O depósito complementar do montante indemnizatório, a efectuar depois de decretada a expropriação total, reporta-se ao valor emergente da decisão arbitral (Acórdão da Relação do Porto, de 23.09.09, Processo nº 0825441, Processo nº 0820748).

l) O expropriado pode requerer a expropriação total, sem necessidade de recorrer simultaneamente da decisão arbitral, mesmo nos casos em que os árbitros não tenham procedido à avaliação da parte não abrangida pela declaração de utilidade pública (Acórdão da Relação do Porto, de 20.10.09, Processo nº 3770/06.9TBVCD-A.P1).

m) A aferição objectiva da perda do interesse económico na exploração deve fazer-se em face do destino possível da parte sobrante à data da declaração de utilidade pública da expropriação (Acórdão da Relação do Porto, de 07.12.09, Processo nº 296/05.1TBCPV-AP1).

n) Indeferido na primeira instância o pedido de expropriação total formulado pela expropriada, que não recorreu de tal decisão, deve considerar-se haver transitado em julgado aquela questão autónoma, pelo que a Relação não pode conhecer e revogar a sentença quanto a tal questão, por esta não integrar o objecto do recurso, nem ir contra o efeito do caso julgado, sob pena de excesso de pronúncia (Acórdão do STJ, de 25.03.10, Processo nº 460/05.3TJVNF.S1 – 2.ª Secção).

ARTIGO 56º
Improcedência do pedido

1 – Quando a entidade expropriante pretender realizar obras na parte do prédio não expropriada por forma a evitar a situação prevista no nº 2 do artigo 3º, improcede o pedido de expropriação total.

2 – Para efeitos do disposto no número anterior, o juiz na decisão em que conhecer da improcedência do pedido, fixa prazos para o início e a conclusão das obras pela entidade expropriante.

3 – Se as obras não forem iniciadas no prazo fixado pelo juiz, a instância é renovada.

4 – Se as obras forem iniciadas, mas não estiverem concluídas no prazo fixado pelo juiz, este, ouvida a entidade expropriante, decide, de acordo com o respectivo estado de execução, se a instância é renovada.

1. Prevê o nº 1 deste artigo a pretensão da entidade beneficiária da expropriação de realizar obras na parte do prédio não expropriada por forma a evitar a situação prevista no nº 2 do artigo 3º deste Código, e estatui que, nessa hipótese, deve improceder o pedido de expropriação total.

Está inserido num contexto normativo essencialmente relativo à improcedência do pedido de expropriação total formulado pelo expropriado, inspirado pelo princípio de que os dinheiros públicos só devem ser utilizados para fins de interesse público, que os entes públicos devem sempre acautelar.

O nº 2 do artigo 3º deste Código, mencionado neste normativo, versa, como já se referiu, sobre a situação em que é necessário expropriar apenas uma parte de um prédio e em que a parte restante não assegura, proporcionalmente, os mesmos cómodos que oferecia todo o prédio, ou de os cómodos assegurados pela parte restante não terem interesse económico para o expropriado, determinado objectivamente. É nessa situação que a lei faculta ao expropriado a formulação do pedido de expropriação total.

A altura própria para a formulação desta defesa da entidade beneficiária da expropriação é na resposta a que alude o nº 2 do artigo anterior, onde ela pode invocar factos que infirmem os factos integrantes do nº 2 do artigo 3º deste Código, ou apenas que vai realizar as obras para evitar o dano.

No primeiro caso, considerando o disposto no artigo 487º, nº 2, do Código de Processo Civil, a sua alegação de factos tendentes a infirmar os articulados pelo expropriado não configura uma defesa por excepção peremptória, mas sim por via de impugnação.

O ónus de prova dos factos previstos no nº 2 do artigo 3º deste Código, embora negativos, incumbe ao requerente – o expropriado – nos termos do artigo 342º, nº 1, do Código de Processo Civil.

Nessa hipótese, a entidade beneficiária da expropriação, considerando o disposto no artigo 346º do Código Civil, pode opor ao expropriado a contraprova a respeito dos factos negativos por ele alegados, de modo a torná-los duvidosos, e, se o conseguir, a questão de facto é decidida contra ele.

No segundo caso, que é o previsto no nº 1 deste artigo, deve aquela entidade alegar factos reveladores das obras que pretende realizar, onde e em que tempo é que elas vão ocorrer, com vista a determinar-se, em juízo prudencial, se elas são ou não susceptíveis de afastar as referidas desvantagens económicas, ou seja, não basta para o efeito da decisão de improcedência do pedido de expropriação total a sua mera alegação de que pretende realizá-las.[319]

Tendo em conta o disposto no artigo 487º, nº 2, do Código de Processo Civil, esta defesa configura-se como excepção peremptória, na medida em que

---

[319] Neste sentido, pode ver-se JOSÉ OSVALDO GOMES, *obra citada*, página 211.

envolve factos susceptíveis de extinguir o direito à expropriação total invocado pelo expropriado.

Discute-se a compatibilidade da defesa da entidade beneficiária da expropriação por impugnação e excepção peremptória, ou seja, a negação dos factos a que se reporta o nº 2 do artigo 3º deste Código, e a declaração da sua pretensão de realizar as referidas obras.[320]

Todavia, não se vê obstáculo a que a entidade beneficiária da expropriação negue para o caso a verificação da desvantagem económica a que se refere o nº 2 do artigo 3º deste Código, e subsidiariamente, para o caso de não ser procedente essa defesa, declarar a sua intenção de eliminar a referida desvantagem por via da realização de obras.

Este incidente apenas comporta dois articulados – o requerimento de petição formulado pelo expropriado e o instrumento de resposta da entidade beneficiária da expropriação – a que se reportam os n.ºs 1 e 2 do artigo 55º deste Código. No entanto, como aquela entidade, neste último caso, produziu defesa por excepção peremptória e não pode haver audiência preliminar nem audiência final, propendemos a considerar, de harmonia com o artigo 3º, nº 4, do Código de Processo Civil, ter o expropriado a faculdade de apresentar instrumento de resposta.[321]

Produzidas as provas, apurada e interpretada a matéria de facto, se ela revelar que as obras anunciadas são susceptíveis de afastar a desvantagem prevista no nº 2 do artigo 3º deste Código, deve o juiz decidir de mérito no sentido da improcedência do pedido de expropriação total, nos termos do nº 3 do artigo anterior.

2. Prevê o nº 2 deste artigo a decisão de improcedência do pedido de expropriação total, e estatui que nela deve o juiz fixar prazo para o início e a conclusão das obras pela entidade beneficiária da expropriação.

A fixação pelo juiz do prazo para o início e o termo das obras obstáculo à referida desvantagem pressupõe, pois, a decisão de improcedência do pedido de expropriação total formulado pelo expropriado.

---

[320] No sentido negativo, sob o argumento de a indicação da idoneidade das obras a realizar para afastar a desvantagem prevista no nº 2 do artigo 3º deste Código significar o reconhecimento do fundamento do pedido de expropriação total, pode ver-se JOSÉ OSVALDO GOMES, *obra citada*, página 211.

[321] Neste sentido, podem ver-se VICTOR DE SÁ PEREIRA e ANTÓNIO PROENÇA FOUTO, *obra citada*, página 159.

O referido prazo deve ser fixado com base nos factos provados relativos às obras ou trabalhos que têm de ser realizados que o justifiquem, em critério de proporcionalidade e objectividade.

3. Prevê o nº 3 deste artigo o caso de a entidade beneficiária da expropriação não iniciar as obras no prazo judicialmente fixado, e estatui, para essa hipótese, a renovação da instância.

É uma renovação da instância declarada por via judicial, mas sem qualquer efeito constitutivo derivado da decisão, porque esta se limita a verificar um facto e a declarar um efeito processual.

A renovação da instância pressupõe que ela se extinguiu, nomeadamente pelo julgamento, o que significa ter a respectiva decisão transitado em julgado, como é o caso, por exemplo, da hipótese prevista no artigo 292º do Código de Processo Civil.

A instância a que este normativo se reporta é a relação jurídica processual relativa ao incidente em causa, isto é, não se refere ao recurso do acórdão arbitral.

No caso de o expropriado interpor recurso da declaração da improcedência do aludido pedido, e o prazo do início das obras terminar antes da sua decisão definitiva, não se pode dizer que se extinguiu a instância relativa a este incidente, pelo que parece não fazer sentido o segmento deste normativo referente à renovação da instância.

Como o aludido recurso tem efeito devolutivo, o início da realização das obras não depende do trânsito em julgado da aludida decisão, pelo que pode suceder haver decisão de continuação dos termos do incidente fora do quadro da renovação da instância.

Assim, em rigor, a renovação da instância só ocorrerá, verificado o mencionado pressuposto, transitada que seja em julgado a decisão declarativa da improcedência do pedido de expropriação total.

4. Prevê o nº 4 deste artigo o início das obras e a sua não conclusão no prazo judicialmente fixado, e estatui que, ouvida a entidade beneficiária da expropriação, o juiz deverá decidir, de acordo com o respectivo estado de execução, se a instância deve ou não ser renovada.

É, pois, pressuposto do funcionamento deste artigo que as obras tenham sido iniciadas no prazo judicialmente fixado, mas que não foram concluídas no prazo para o efeito fixado pelo juiz.

O conhecimento pelo tribunal do atraso na conclusão da obra pode derivar de uma pluralidade de vias, incluindo a informação da entidade beneficiária da expropriação, mas, em regra, derivará de requerimento apresentado pelo expropriado.

Nesta situação, a lei coloca em alternativa, consoante a pertinente ponderação judicial, o resultado de renovação ou não da instância, conforme o respectivo estado de execução. Previamente a essa decisão, porém, impõe-se ao juiz a audição da entidade beneficiária da expropriação, caso não tenha sido ela a comunicar ao tribunal o referido atraso e a sua causa.

A audição a que este normativo se reporta significa que a entidade beneficiária da expropriação deve ser mandada notificar a fim de, em 10 dias – contado da respectiva notificação, nos termos dos artigos 144º, n.os 1 a 3 e 254º, nº 3, do Código de Processo Civil e 98º, nº 2, deste Código – se pronunciar sobre a causa da não conclusão das obras, o seu estado e âmbito, bem como o termo do prazo previsto para a sua execução.

Apresentada a resposta pela entidade beneficiária da expropriação, deve o juiz, de harmonia com o disposto no artigo 3º, nº 3, do Código de Processo Civil, ordenar a audição do expropriado a fim de, no referido prazo, contado daquele modo, se pronunciar sobre a situação.

É neste quadro, apurado que seja o estado da obra, o que falta para a sua conclusão, a causa do atraso, e ponderado o interesse das partes, designadamente o prejuízo sofrido pelo expropriado, certo que já há obra feita e correspondente dispêndio, usando de juízos de proporcionalidade e de razoabilidade, que o juiz deve decidir se a instância se renova ou não.

Aqui, ao invés do que ocorre no número anterior, a decisão do juiz assume uma vertente constitutiva. Todavia, como o normativo em análise se configura como especial em relação ao regime de recurso previsto no Código de Processo Civil, propendemos a considerar dever prevalecer sobre este.

ARTIGO 57º
Caução

Enquanto não tiver transitado em julgado a decisão sobre o pedido de expropriação total, a entidade expropriante só pode entrar na posse da parte do bem cuja expropriação foi requerida pelo expropriado mediante prestação de caução.

1. Prevê este artigo a situação anterior ao trânsito em julgado da decisão sobre o pedido de expropriação total, e estatui que a entidade expropriante só

CÓDIGO DAS EXPROPRIAÇÕES E ESTATUTO DOS PERITOS AVALIADORES

pode entrar na posse da parte do bem cuja expropriação foi requerida pelo expropriado mediante prestação de caução.

Trata-se, pois, de um artigo relativo à prestação de caução no âmbito da expropriação total, portanto inserido num contexto de garantia dos direitos dos expropriados.[322]

Está especialmente conexionado com o que se prescreve no artigo 55º, nº 4, segundo o qual, decretada a expropriação total, é a entidade expropriante notificada para efectuar o depósito complementar do montante indemnizatório, nos termos aplicáveis do nº 3 do artigo 51º, ambos deste Código.

Mas o expropriado, conforme decorre do artigo 55º, nº 5, deste Código, enquanto não estiver definitivamente decidido o incidente, não pode receber o referido montante sem prestar caução por garantia bancária ou seguro-caução.

Procedente que seja o pedido de expropriação total formulado pelo expropriado, o tribunal deve adjudicar à entidade beneficiária da expropriação o direito de propriedade sobre a parte do prédio que não foi objecto de declaração de utilidade pública.

Tendo em conta o que se prescreve nos artigos 1263º,alínea c), e 1264º, nº 1, do Código Civil, ou seja, a figura do chamado *constituto possessório*, a adjudicação do direito de propriedade sobre a mencionada parte do prédio à entidade beneficiária da expropriação implica que esta possa tomar posse sobre ela.

Importa, porém, ter em conta que o normativo em análise pressupõe a interposição de recurso com efeito meramente devolutivo da decisão que deferiu a pretensão do expropriado de expropriação total, e que é para salvaguardar o interesse dos expropriados, na hipótese de revogação da decisão que autorizou a expropriação total, que se condiciona a tomada de posse da referida parte do prédio pela entidade beneficiária da expropriação à prestação de caução.

A função jurídica da caução é essencialmente a de assegurar a solvabilidade do devedor; mas abrange as várias modalidades de garantia oferecidas por ele ao credor ou por este exigidas.

Como este normativo não expressa a forma de prestação de caução, em princípio, poderá ser prestada por algum dos meios a que se reporta o artigo 623º, nº 1, do Código Civil. Todavia, dado o paralelismo com o nº 5 do artigo 55º deste Código, propendemos a considerar deverem ser os meios de prestação

---

[322] Este artigo está conexionado com o disposto nos artigos 19º, 34º, alínea e), 51º, nº 3, 52º, n.ºs 4 e 5, 53º, nº 3, 55º, n.ºs 4 e 5, 70º, nº 3 e 72º, nº 3, todos deste Código.

de caução nele consignados, ou seja, a garantia bancária ou o seguro-caução, os que o artigo em análise prevê.

2. Sobre a matéria a que este artigo se reporta pronunciou-se, entre outras, a seguinte decisão judicial:

– A prestação de caução, nos casos em que é permitida, não se satisfaz com a simples junção aos autos de cópia de um documento alegadamente emitido por uma instituição bancária, antes se exigindo a observância de um conjunto de formalidades, nomeadamente requerimento, notificação à parte contrária e apreciação pelo juiz, nos termos dos artigos 981º a 984º e 990º do Código de Processo Civil (Acórdão da Relação do Porto, de 13.04.10, Processo nº 1404/05.8TBMAI.P1).

SUBSECÇÃO IV
Recurso da Arbitragem

ARTIGO 58º
Requerimento

No requerimento da interposição do recurso da decisão arbitral, o recorrente deve expor logo as razões da discordância, oferecer todos os documentos, requerer as demais provas, incluindo a prova testemunhal, requerer a intervenção do tribunal colectivo, designar o seu perito e dar cumprimento ao disposto no artigo 577º do Código de Processo Civil.

1. Prevê este artigo o conteúdo do requerimento de interposição do recurso do acórdão arbitral, e estatui que nele o recorrente deve expor as razões da sua discordância, oferecer todos os documentos, requerer as demais provas, incluindo a testemunhal, requerer a intervenção do tribunal colectivo, designar o seu perito e dar cumprimento ao disposto no artigo 577º do Código de Processo Civil.[323]

Assim, o objecto deste recurso, misto de impugnação e de acção, são os factos e o direito que consubstanciam a discordância do recorrente relativamente ao conteúdo do acórdão arbitral, com o qual se abre a fase jurisdicional do pro-

---

[323] Este artigo está conexionado com o disposto nos artigos 38º, n.ºs 1 e 3, 52º,59º, 60º e 64º, todos deste Código.

cesso de expropriação, com o debate sobre o valor da indemnização devida pela entidade beneficiária da expropriação, em virtude da ablação dos direitos abrangidos pela declaração de utilidade pública da expropriação.

Tendo em conta o disposto no artigo 38º, nº 3, deste Código, este recurso é interposto para o tribunal da ordem judicial do lugar da situação dos bens, ou da sua maior parte, em curso de expropriação, é sempre admissível e corresponde-lhe o efeito meramente devolutivo, face ao que se prescreve no artigo 52º, nº 1, daquele diploma, no prazo de 20 dias a contar da notificação do acórdão arbitral.

Podem interpô-lo a entidade expropriante, os expropriados e ou os demais interessados, conforme os casos, cuja interposição assume especial relevo, na medida em que são os referidos fundamentos de facto e ou de direito que delimitam o seu objecto, incluindo, conforme já se referiu, o montante da indemnização diverso do fixado no acórdão arbitral que segundo o recorrente deve ser fixado.

Esta indicação do montante da indemnização pretendido pelo recorrente constitui, aliás, um corolário, por um lado, do que se prescreve no nº 2 do artigo 38º deste Código, na medida em que se traduz num elemento necessário à determinação do valor da causa para efeito de recurso da sentença proferida pelo tribunal da ordem judicial.[324]

E, por outro, do que o artigo 12º, nº 1, da Portaria nº 419-A/2009, de 17 de Abril, estabelece, certo que se revela necessário ao cálculo da taxa de justiça devida pelo impulso de interposição do recurso.[325]

A lei não exige, porém, que o recorrente formule conclusões, ao invés do que é exigido para os recursos em geral no artigo 685º-A, n.os 1 e 2, do Código de Processo Civil, mas a sua formulação, que não constitui irregularidade relevante, é susceptível de envolver utilidade para a decisão.[326]

Como corolário da estrutura mista deste recurso, deve o recorrente juntar os documentos probatórios de que disponha e requerer as demais provas a produzir, nomeadamente a testemunhal e a derivada de confissão do recorrido.

---

[324] Neste sentido, podem ver-se LUÍS PERESTRELO DE OLIVEIRA, *obra citada*, página 138; e JOÃO PEDRO DE MELO FERREIRA, *obra citada*, página 264. Em sentido contrário, foi decidido no Acórdão do Supremo Tribunal de Justiça, de 27 de Maio de 1997, BMJ, nº 467, página 546.

[325] Pronunciar-nos-emos, a propósito da sentença proferida pelo tribunal da 1ª instância, sobre se nela pode ou não haver condenação no pagamento de indemnização de valor superior ao do pedido.

[326] Neste sentido, pode ver-se o Acórdão do Supremo Tribunal de Justiça, de 23 de Janeiro de 1996, BMJ, nº 453, página 396.

Não tem, porém, de requerer a prova pericial, porque, nos termos do nº 2 do artigo 61º deste Código, ela é obrigatória, mas deve indicar o seu perito, e, se pretender a intervenção do tribunal colectivo, deve requerê-la.

Dada a letra e o fim deste artigo, o oferecimento das provas constituídas e o requerimento das provas constituendas, salvo a pericial, dada a sua obrigatoriedade, não podem ser diferidos para momento posterior.

Considerando o disposto no artigo 577º do Código de Processo Civil, ao invés do que ocorria no pretérito, tem agora o recorrente de indicar as questões de facto sobre as quais pretende a resposta dos peritos no instrumento de interposição do recurso, tal como o recorrido, no instrumento de resposta.

Este artigo não se refere a qualquer condição para que o julgamento da matéria de facto seja realizado pelo tribunal colectivo, pelo que o respectivo regime deve ser verificado de harmonia com o que se prescreve nas pertinentes normas do regime geral, cuja condição primária, nos termos dos artigos 106º, alínea b), da Lei nº 3/99, de 3 de Janeiro, e 137º, alínea b), da Lei nº 52/2008, de 28 de Agosto, é a de que o valor da causa exceda o da alçada do tribunal da Relação,

Tem vindo a ser discutido se a intervenção do tribunal colectivo no julgamento do recurso depende de requerimento de recorrentes e recorridos nesse sentido, ou se basta que uma das partes a requeira.

Certo é que a redacção deste artigo, neste ponto, se conformou com o disposto no nº 1 do artigo 646º do Código de Processo Civil, que vigorava aquando da publicação deste Código, segundo o qual, a discussão e julgamento da causa são feitos com a intervenção do tribunal colectivo, se alguma das partes a tiver requerido. Todavia, foi o primeiro dos mencionados normativos alterado pelo artigo 1º do Decreto-Lei nº 183/2000, de 10 de Agosto, dele passando a constar que a discussão e julgamento da causa só são feitos com intervenção do tribunal colectivo se ambas as partes assim o tiverem requerido.

Quanto a este ponto, face ao disposto no artigo 7º, nº 3, do Código Civil, temos a regra de que a lei geral não revoga a lei especial, excepto se outra for a intenção inequívoca do legislador.

Ora, no exórdio do Decreto-Lei nº 183/2000, em termos de proximidade a esta problemática, apenas se mencionam a necessidade de obstar à morosidade processual, as principais causas ao nível do processo civil declarativo comum dessa morosidade e a adopção de medidas simplificadoras que permitam a resolução dos litígios em tempo útil e evitem o bloqueio do sistema judicial.

Não se vislumbra, pois, nem do texto da lei, nem do mencionado preâmbulo, a intenção do legislador de alterar o disposto no artigo em análise, pelo que propendemos a considerar, na espécie, que a intervenção do tribunal colectivo no julgamento da matéria de facto, verificados os demais pressupostos, apenas depende de requerimento para o efeito do recorrente ou do recorrido.[327]

Dito isto, impõe-se determinar como é que se distribui a competência do juiz de comarca a quem o processo especial de expropriação é necessariamente distribuído, e a do juiz de círculo, e das varas cíveis ou mistas no confronto dos juízos cíveis.

No caso de não ter sido requerida a intervenção do tribunal colectivo, independentemente do valor da causa, a competência para conhecer do processo especial de expropriação, desde a apresentação em juízo até à sentença, inclusive, inscreve-se no juiz a quem o mesmo foi distribuído.

Nas comarcas em que haja juízos e varas cíveis ou mistas, o processo começa nos juízos cíveis e, requerida que seja a intervenção do tribunal colectivo, findo que seja o prazo de apresentação da resposta no recurso ou nos recursos, deve o processo ser remetido às referidas varas, a quem passa a competir a tramitação e a decisão subsequente.

Na hipótese, porém, de haver juiz de círculo, o juiz do juízo a quem o processo foi distribuído deve remetê-lo ao primeiro logo que finde o prazo de apresentação da resposta no recurso, e não apenas depois concluída a diligência pericial, caso em que o julgamento da matéria de facto deve ser feito pelos três juízes que compõem o tribunal colectivo.

Nos termos do artigo 508º, nº 2, do Código de Processo Civil, a omissão pelo recorrente da indicação do respectivo perito é susceptível de ser superada por via de despacho de aperfeiçoamento.

Conforme já se referiu, tendo em conta o disposto nos artigos 12º, nº 1, da Portaria nº 419-A/2009, de 17 de Abril, 6º, nº 2, 7º, nº 2 e 14º, nº 1, do Regulamento das Custas Processuais, com a interposição do recurso deve o recorrente demonstrar o pagamento da respectiva taxa de justiça.

2. Sobre a matéria a que este artigo se reporta pronunciaram-se, entre outras, as seguintes decisões judiciais:

a) O recurso do acórdão arbitral interposto por um ou mais expropriados aproveita aos não recorrentes, nos termos do nº 1 do artigo 683º do

---

[327] Neste sentido, podem ver-se PEDRO CANSADO PAES, ANA ISABEL PACHECO e LUÍS ALVAREZ BARBOSA, *obra citada*, páginas 264 e 265.

Código de Processo Civil (Acórdão da Relação de Lisboa, de 19.10.2000. CJ, Ano, Tomo 4, página 121).

b) O recorrente, no requerimento de interposição do recurso da decisão arbitral, não tem de indicar o montante da indemnização a que se julga com direito, bastando-lhe a indicação das razões da discordância em relação à decisão recorrida, podendo ampliar o pedido até ao encerramento da discussão, isto é, até ou nas alegações (Acórdão do STJ, de 26 de Junho de 2001, CJ, Ano IX, Tomo 2, página 137).

c) Até ao momento em que se interponha recurso são competentes os juízos cíveis. Apenas no caso de ser requerida a intervenção do colectivo e apurado um valor superior ao da alçada da Relação, é que se deve remeter o processo para as varas cíveis (Acórdão da Relação do Porto, de 27.2.2003, CJ, Ano XXVIII, Tomo 1, página 200).

d) Tendo o expropriado interposto recurso e apresentado as razões da sua discordância em requerimento por si subscrito, mas sem observar o disposto no artigo 58º deste Código, justifica-se que o juiz fixe prazo para a constituição de advogado e a sanação das irregularidades formais, mencionando logo a respectiva cominação, sob pena de esta não poder ser aplicada (Acórdão da Relação de Évora, de 01.07.2004, CJ, Ano XXIX, Tomo 4, página 237).

e) Configuram um conflito negativo de competência intra-judicial os despachos transitados em julgado do juiz do juízo cível da comarca e do círculo judicial em que, sucessiva e reciprocamente, declinam a sua própria competência para a tramitação do processo de expropriação em que não foi requerida a intervenção do tribunal colectivo (Acórdão do STJ, de 12.07.05, CJ, Ano XIII, Tomo 2, página 166).

f) O requerimento de interposição do recurso da decisão arbitral inicia a acção de expropriação litigiosa, e, consequentemente, figura como uma verdadeira petição inicial, onde terá de ser indicado o valor da indemnização que o recorrente considera justa, indispensável para o cálculo das custas (Acórdão da Relação de Évora de 06.10.2005, Processo nº 955/05-2)

g) Quando num processo de expropriação apenas a entidade expropriante requereu a intervenção do tribunal colectivo, esta não pode ter lugar, cabendo ao juiz singular do juízo onde o processo deu entrada levar a cabo o seu prosseguimento e realizar o julgamento (Acórdão da Relação de Coimbra, de 16.01.07, Processo nº 2259/06.0YRCBR).

h) O julgamento no processo de expropriação por utilidade pública só será realizado pelo tribunal colectivo se o valor da causa for superior ao da alçada do tribunal da Relação e no requerimento de interposição do recurso tiver sido pedida a sua intervenção (Acórdão da Relação de Évora, de 22.03.07, Processo nº 2952/06-3).

i) Se num processo de expropriação com valor superior à alçada da Relação não tiver sido requerida a intervenção do tribunal colectivo, a sua tramitação corre perante o juiz da comarca (Acórdão da Relação de Évora de 20.09.2007, Processo nº 481//07-2).

j) A presidência do juiz de círculo ao julgamento nos processos de expropriação com valor superior à alçada da Relação depende de ter sido requerida a intervenção do tribunal colectivo (Acórdão da Relação de Évora de 8.11.2007, Processo nº 1872/07-3).

k) Se o processo de expropriação tiver valor superior ao da alçada da Relação, cabe às varas cíveis ou mistas a preparação e o julgamento do recurso da decisão arbitral, devendo o julgamento decorrer com a intervenção do tribunal colectivo se tal for requerido por expropriante e expropriado. Onde não existam varas cíveis ou mistas, o julgamento cabe ao juiz que devia presidir ao colectivo, se requerido por ambas as partes (Acórdão da Relação de Évora, de 11.01.08, Processo nº 3088/07-3).

l) Em data anterior ao termo da apresentação das provas pode ser junta a cópia de um acórdão, por se traduzir em citação jurisprudencial (Acórdão da Relação de Évora, de 06.03.08, Processo nº 1378/07-3).

m) Um parecer técnico deverá incidir sobre questões concretas em apreciação no processo, ainda que já discutidas em outra sede judicial. Mas as partes não podem, a pretexto de parecer, juntar ao processo todo e qualquer documento no qual vejam algum interesse no intuito de impressionar o tribunal na sua decisão (Acórdão da Relação de Lisboa, de 18.11.08, Processo nº 6772/2008-6).

n) Requerida a intervenção do tribunal colectivo por expropriante e expropriado, ou apenas por um deles no requerimento de interposição do recurso da decisão arbitral, só pode ser recusada se o valor da causa for inferior à alçada do tribunal da Relação. Essa intervenção restringe-se à fase do julgamento, ou seja, à inspecção judicial, que haja, à inquirição das testemunhas e à prolação do acórdão por quem a ele presidir. Se não foi considerado o pedido de intervenção do tribunal colectivo, ocorre a nulidade prevista no artigo 201º e o fundamento de anulação, mas sem afectar as diligências probatórias constantes do processo (Acórdão da Relação de Guimarães, de 16.04.09, Processo nº 1333/06.8TBFLG.G1).

o) Por aplicação subsidiária das regras do processo ordinário, é admissível, em processo de expropriação, mesmo depois da interposição do recurso da decisão arbitral e da apresentação da resposta, juntar documentos, a coberto do preceituado nos artigos 523º, nº 2, e 524º, e bem assim aditar e/ou alterar o rol de testemunhas, de acordo com o que preceitua o artigo 512º-A, todos do Código de Processo Civil (Acórdão do STJ, de 11.02.10, Processo nº 280/09 – 2.ª Secção).

ARTIGO 59º
Admissão do recurso

Interposto recurso, o processo é concluso ao juiz para se pronunciar sobre a sua admissibilidade, fixar o respectivo efeito e ordenar a notificação da parte contrária para responder, no caso de prosseguimento.

1. Prevê este artigo a interposição do recurso do acórdão arbitral, e estatui por um lado, dever o processo ser concluso ao juiz do processo, e, por outro, dever este pronunciar-se sobre a sua admissibilidade e fixar o respectivo efeito, e, finalmente, sob a previsão do prosseguimento do recurso, estatui dever o juiz ordenar a notificação da parte contrária para responder.

Versa, pois, este artigo sobre o âmbito do despacho judicial de admissão ou não do recurso arbitral.[328]

Os pressupostos objectivos e subjectivos da admissibilidade dos recursos em geral são a tempestividade, a recorribilidade, a legitimidade, o interesse processual, a competência do tribunal para o qual foi interposto, bem como o patrocínio judiciário.[329]

Dada a especificidade deste recurso, misto de recurso e de acção, não se põe a questão da conciliação das pertinentes normas deste Código com as do regime geral do recurso de apelação, isto sem prejuízo de, subsidiariamente, se aplicarem ao primeiro algumas normas próprias deste último.

Relevam, pois, nesta fase os elementos a inserir no requerimento de interposição deste recurso, que constam do artigo anterior, sendo que a sua admis-

---

[328] Este artigo está conexionado com o disposto nos artigos 38º, n.ºs 1 e 3, 51º, nº 5, 52º, nº 1, 58º e 60º, todos deste Código.

[329] Neste sentido, pode ver-se ANTÓNIO SANTOS ABRANTES GERALDES, "Recursos em Processo Civil, Novo Regime, Coimbra, 2010, páginas 168 a 170.

sibilidade, conforme já se referiu, não depende do valor processual da causa. No mais, deve o juiz verificar se ocorrem ou não os referidos pressupostos da admissão do recurso, e, no caso afirmativo, admiti-lo, e, no caso negativo, rejeitá-lo, ou seja, indeferir o requerimento de interposição.

Considerando o disposto no artigo 685º-C, nº 2, do Código de Processo Civil, o requerimento de interposição do recurso deve ser indeferido, além do mais, se tiver sido apresentado fora do prazo respectivo, ou se nele não forem indicadas as razões de discordância em relação ao acórdão recorrido.

No caso de o recurso ser admitido, deve o juiz fixar o respectivo efeito que, nos termos do nº 3 do artigo 38º deste Código, é meramente devolutivo, aliás harmónico com a regra do recurso de apelação a que se reporta o artigo 692º, nº 1, do Código de Processo Civil.

Ademais, na altura da prolação deste despacho, se for caso disso, deve o juiz, conforme os casos, ordenar a apensação a que alude o nº 2 do artigo 39º, a declaração de escolha definitiva do perito a que se refere o artigo 62º, nº 1, alínea b), e a remessa dos processos que devam ser apensados ao processo principal a que alude o nº 3 do artigo 43º, todos deste Código.

Tendo em conta o disposto no artigo 685º-C, nº 5, do Código de Processo Civil, o despacho que admita o recurso em análise e determine o respectivo efeito não pode ser impugnado pelas partes.

Quanto ao despacho de não admissão do referido recurso, é discutido o modo de reagir contra ele pelo recorrente, entendendo alguns autores e decisões jurisprudenciais que ele deve utilizar o recurso para o efeito.[330]

Ora, no regime geral dos recursos, face ao disposto no artigo 688º, nº 1, do Código de Processo Civil, do despacho que não admita o recurso pode o recorrente reclamar para o tribunal que seria competente para dele conhecer, no prazo de dez dias a contar da notificação da decisão.

Acresce, conforme decorre do artigo 688º, n.os 2 e 3, do Código de Processo Civil, que a reclamação, dirigida ao tribunal superior, é apresentada na secretaria do tribunal recorrido, instruída com o requerimento de interposição do recurso com as alegações, a decisão recorrida e o despacho objecto de reclamação, tudo autuado por apenso, seguindo-se a resposta do recorrido no prazo de dez dias.

---

[330] No sentido de que do mencionado despacho cabe recurso, podem ver-se JOÃO PEDRO DE MELO FERREIRA, *obra citada*, página 272; JOSÉ OSVALDO GOMES, *obra citada*, página 385, e o Acórdão do Supremo Tribunal de Justiça de 24 de Junho de 1984, BMJ, nº 338, página 362.

Na sequência, considerando o disposto no artigo 688º, nº 5, do Código de Processo Civil, o referido apenso é remetido ao tribunal superior e apresentado ao relator, que deve decidir sobre a manutenção do despacho ou admitir o recurso, sem prejuízo de poder requisitar ao tribunal os documentos que entenda necessários.

Ora, neste caso de rejeição do recurso do acórdão arbitral pelo juiz do tribunal da primeira instância, como nele se inscreve a competência para conhecer daquele recurso, face às referidas regras gerais, também lhe competiria conhecer da referida reclamação do despacho de rejeição.

Como não se pode inscrever na mesma entidade a competência para proferir o despacho de rejeição do recurso e para decidir a reclamação da sua rejeição, impõe-se a necessária adaptação normativa, que nos parece dever ser no sentido de aquela reclamação dever ser decidida pelo tribunal competente para conhecer do recurso da sentença proferida no tribunal da primeira instância.

Em consequência, propendemos a considerar no sentido de que do despacho de rejeição do recurso do acórdão arbitral pode o recorrente reclamar, no prazo de dez dias a contar da respectiva notificação, nos termos dos artigos 144º, n.os 1 a 3 e 254º, nº 3, ambos do Código de Processo Civil, para o respectivo tribunal da Relação.

A conclusão é, por isso, no sentido, por um lado, de que do despacho de rejeição do recurso do acórdão arbitral cabe reclamação, e, por outro, ser o tribunal da Relação, através do relator a quem for distribuído o apenso, quem dela deve conhecer.

2. Sobre a matéria a que este artigo se reporta pronunciaram-se, entre outras, as seguintes decisões judiciais:

a) Recebido o recurso da decisão arbitral pelo juiz, esgotou-se-lhe o poder jurisdicional a propósito do seu recebimento e das questões aí abordadas, donde o caso julgado formal, se não houver reclamação ou recurso desse despacho (Acórdão do STJ, de 30.9.97, CJ, Ano V, Tomo 3, página 41).

b) A atribuição de urgência à expropriação por utilidade pública só visa possibilitar a entrega imediata dos bens a expropriar à entidade expropriante, daí não resultando que o processo de expropriação seja urgente, nomeadamente com vista à contagem dos prazos de recurso (Acórdão da Relação de Guimarães, de 31.7.2002, CJ, Ano XXVII, Tomo 4, página 269).

ARTIGO 60º
Resposta

1 – A resposta a que se refere o artigo anterior é apresentada no prazo de 20 dias a contar da notificação da decisão que admitir o recurso; no caso de o recorrido pretender interpor recurso subordinado, a resposta conterá também o respectivo requerimento e as razões da sua discordância, podendo a parte contrária responder no prazo de 20 dias a contar da notificação do despacho que admitir tal recurso e ampliar o objecto da perícia.

2 – Com o recurso subordinado ou com a resposta devem ser oferecidos todos os documentos, requeridas as demais provas, incluindo a prova testemunhal, requerida a intervenção do tribunal colectivo e designado o perito, dando -se cumprimento, quando for o caso, ao disposto no artigo 577º do Código de Processo Civil.

1. Prevê o nº 1 deste artigo a resposta a que se refere o artigo anterior, e estatui, por um lado, dever a mesma ser apresentada no prazo de 20 dias a contar da notificação do despacho de admissão do recurso, e, por outro, sob a previsão de o recorrido pretender interpor recurso subordinado, estatui que a resposta deve conter também o respectivo requerimento e as razões da sua discordância, e, finalmente, poder a parte contrária responder no prazo de 20 dias a contar da notificação do despacho que admitir aquele recurso, bem como proceder à ampliação do objecto da perícia.

Está inserido num contexto normativo que versa essencialmente sobre a resposta ou contra-alegação do recorrido ao requerimento de interposição do recurso do acórdão arbitral.[331]

Assim, admitido o recurso interposto por via do requerimento previsto no artigo 59º deste Código, é notificada a parte contrária para responder, a qual deve apresentar o respectivo instrumento de resposta no prazo de vinte dias a contar da referida notificação, nos termos dos artigos 144º, n.ºs 1 a 3 e 254º, nº 3, do Código de Processo Civil.

Nos termos do artigo 682º, nº 1, do Código de Processo Civil, é pressuposto da admissão do recurso subordinado a circunstância de ambas partes terem ficado vencidas e de uma delas ter interposto recurso – o independente.

No caso de o recorrido pretender interpor recurso subordinado, deve, pois, apresentar o respectivo requerimento no instrumento de resposta, e o juiz deve pronunciar-se sobre a sua admissibilidade, em conformidade com o dis-

---

[331] Este artigo está conexionado com o disposto nos artigos 52º, n.ºs 1 e 3, 58º e 59º, todos deste Código.

posto no artigo anterior, e ordenar a notificação do primeiro recorrente, tal como está previsto para o recurso independente.[332]

Tendo em conta o disposto no artigo 59º deste Código, apresentada a resposta ao recurso independente do acórdão arbitral no requerimento do recurso subordinado do mesmo acórdão, pode o recorrido – recorrente no recurso independente – apresentar a respectiva resposta no prazo de vinte dias a contar da notificação do despacho de admissão do recurso subordinado.

Face ao disposto no artigo 98º, nº 2, deste Código, o referido prazo é contado nos termos dos artigos 144º, n.ᵒˢ 1 a 3 e 254º, nº 3, do Código de Processo Civil.

Conforme resulta da parte final do artigo 58º deste Código, um dos elementos que devem constar do requerimento de interposição do recurso, seja ele independente ou subordinado, é o objecto da perícia.

Como se trata de recurso, embora subordinado, interposto pela parte contrária, o primeiro recorrente pode ampliar, na respectiva resposta, no âmbito do contraditório que lhe é legalmente conferido, o objecto da perícia que indicara no recurso que interpôs.

Conforme decorre dos artigos 52º, nº 1, deste Código e 682º, nº 3, do Código de Processo Civil, no caso de o primeiro recorrente desistir do recurso que interpôs ou de este ficar sem efeito, ou o tribunal dele não conhecer, o recurso subordinado caduca, ficando as custas a cargo do primeiro.

2. Prevê o nº 2 deste artigo os elementos que o recorrente subordinado e a parte contrária devem juntar ao respectivo instrumento processual de interposição e de resposta, e estatui, por um lado, deverem ser oferecidos todos os documentos, requeridas as demais provas, incluindo a testemunhal, requerida a intervenção do tribunal colectivo e designado o respectivo perito, e, por outro, dever dar-se cumprimento, se for caso disso, ao disposto no artigo 577º do Código de Processo Civil.

Trata-se de um normativo paralelo ao do artigo 58º deste Código, que se reporta ao requerimento do recurso do acórdão arbitral, pelo que se remete para o que em relação a ele, a propósito, se expressou.

Tendo em conta o que se prescreve no artigo 52º, nº 3, deste Código, importa ter em linha de conta, conforme já se referiu, que, havendo recurso, deve o juiz

---

[332] Quanto ao despacho de admissão do recurso subordinado e ao regime legal da sua impugnação, remete-se para o que se escreveu em anotação ao artigo 59º deste Código.

CÓDIGO DAS EXPROPRIAÇÕES E ESTATUTO DOS PERITOS AVALIADORES

atribuir imediatamente aos interessados o montante da indemnização sobre o qual se verifique acordo.

Segue-se, na sequência normal, a fase instrutória do recurso do acórdão arbitral, misto de recurso e de acção, nos termos dos artigos 61º e seguintes desde Código, a que abaixo se fará referência.

4. Sobre a matéria a que este artigo se reporta pronunciaram-se, entre outras, as seguintes decisões judiciais:

a) Embora o Código das Expropriações não preveja a aplicação subsidiária do Código de Processo Civil, são-lhe aplicáveis subsidiariamente, em caso de lacuna, as disposições gerais e comuns que regulam o processo ordinário. Mas não é admissível a aplicação subsidiária do artigo 523º, nº 2, do Código de Processo Civil, por virtude de a apresentação dos documentos ter lugar com o recurso da decisão arbitral ou e ou com a resposta (Acórdão da Relação de Coimbra, de 05.07.2005, CJ, Ano XXX, Tomo 4, página 5).

b) As provas oferecidas pelas partes, designadamente a testemunhal, não é obrigatória, dependendo da apreciação que o juiz faça da sua pertinência e interesse para a decisão da causa. É um poder de indagação oficiosa, que o juiz deve usar sempre que a situação concreta o justifique (Acórdão da Relação de Guimarães, de 25.06.09, Processo nº 378/06.2TBFLG.G1).

ARTIGO 61º
Diligências instrutórias

1 – Findo o prazo para a apresentação da resposta, seguem-se imediatamente as diligências instrutórias que o tribunal entenda úteis à decisão da causa.

2 – Entre as diligências a realizar tem obrigatoriamente lugar a avaliação, a que o tribunal preside, cabendo-lhe fixar o respectivo prazo, não superior a 30 dias, e resolver por despacho as questões de direito suscitadas pelos peritos de que dependa a avaliação.

3 – É aplicável o disposto nos artigos 578º e 588º do Código de Processo Civil.

4 – Incumbe ao recorrente, e só a este, ainda que se trate de entidade isenta de custas, o encargo de efectuar o preparo para despesas com a avaliação e a inspecção judicial, se a esta houver lugar.

5 – Quando se efectuar inspecção judicial, ficam a constar do respectivo auto todos os elementos reputados necessários para a decisão da causa.

6 – Não há lugar a segunda avaliação.

7 – Sendo necessário obter esclarecimentos de quem não haja de ser chamado a depor ou documento em poder de terceiro, o tribunal ordena a respectiva notificação, para o efeito, fixando prazo adequado; em caso de incumprimento do prazo, sem motivo justificativo, é aplicada multa até 10 unidades de conta.

1. Prevê o nº 1 deste artigo o termo do prazo para a apresentação da resposta ao recurso, ou aos recursos, e estatui que se seguem imediatamente as diligências instrutórias que o tribunal entenda úteis à decisão da causa.

Está inserido num contexto normativo essencialmente relativo às diligências instrutórias subsequentes à interposição do recurso ou dos recursos do acórdão arbitral.[333]

Começa aqui, a seguir à apresentação do instrumento de resposta ao recurso ou aos recursos interpostos, a fase instrutória do processo de expropriação, cujas diligências pelo juiz consideradas úteis para a decisão final respectiva ele deve ordenar por despacho.

A particularidade deste normativo é a de que, no quadro do princípio do inquisitório, o juiz pode restringir os meios de prova oferecidos pelas partes ou diligenciar para além deles, de harmonia com o que, no seu prudente arbítrio, considere útil para a decisão da causa, segundo as várias soluções plausíveis das questões de direito.

Temos aqui, pois, uma vertente de intervenção discricionária do juiz sobre a utilidade das diligências instrutórias, a par de outras que constam dos artigos 23º, nº 5, 53º, nº 1, 71º, nº 4 e 72º, nº 4, todos deste Código.

2. Prevê o nº 2 deste artigo, conexo com o que se prescreve no n 1, as diligências susceptíveis de constituir objecto da fase instrutória, e estatui, por um lado, que entre elas tem lugar a avaliação, presidida pelo juiz, e, por outro, que ao juiz cabe fixar o prazo para o efeito, não superior a 30 dias, e resolver por despacho as questões de direito suscitadas pelos peritos de que dependa a avaliação.

Decorre, pois, deste normativo que os peritos podem suscitar ao juiz do processo questões de direito conexas com a matéria de facto que lhes cumpre apreciar e avaliar, por exemplo no que concerne à avaliação do solo ou das construções nele inseridas.

---

[333] Este artigo está conexionado com o disposto nos artigos 58º, 59º, 60º, 62º, 63º e 78º, nº 2, todos deste Código.

Dada a complexidade técnica da diligência de avaliação em causa, esta solução legal de o juiz dever resolver as questões fáctico-jurídicas que lhe forem postas pelos peritos é da maior relevância, não só para a economia processual, como também para o cálculo da justa indemnização a arbitrar em cada caso.

Outrora, a lei distinguia, no âmbito da prova pericial, entre o exame, relativo a coisas móveis e a pessoas, a vistoria, concernente a imóveis, e a avaliação, no caso de o seu objecto ser a determinação do valor de bens ou direitos. Agora, ao invés, a lei não procede à referida distinção, certo que, conforme decorre dos artigos 388º do Código Civil e 577º, nº 1, do Código de Processo Civil, integra todas as referidas diligências no conceito mais amplo de prova pericial, ou seja, a percepção ou apreciação de factos por meio de peritos.

Esta diligência pericial, obrigatória, que visa essencialmente a avaliação dos bens em causa, com vista à determinação do montante indemnizatório concernente, é tão relevante para o efeito que a lei atribui a sua presidência ao próprio juiz.

A referida obrigatoriedade, ao invés do que decorre em relação aos outros meios de prova, deriva essencialmente da complexidade técnica da avaliação das várias espécies de bens, e, por isso, da necessidade de colaboração de pessoas com conhecimentos específicos de que a generalidade das pessoas não dispõe.

Nos termos do artigo 581º, n.os 1 e 2, do Código de Processo Civil, o juiz deve designar o dia e a hora do início da diligência pericial e da prestação pelos peritos do compromisso de honra, em regra no tribunal.

Nesse acto, deve o juiz fixar aos peritos o prazo, até 30 dias, para que apresentem em juízo o respectivo relatório, o qual é contado, conforme decorre do artigo 98º, nº 2, deste Código, nos termos dos artigos 144º, n.os 1 a 3, e 254º, nº 3, do Código de Processo Civil.

A designação e a nomeação dos peritos está prevista no artigo 62º, e a notificação das partes para o acto de avaliação consta do artigo 63º, ambos deste Código.

Conforme resulta do disposto no nº 2 do artigo 63º deste Código, a cada perito é entregue uma cópia do requerimento de interposição dos recursos e das respostas que haja, bem como do despacho do juiz definidor do objecto da perícia.

Na sequência da entrega dos referidos elementos aos peritos, se a estes se suscitarem dúvidas sobre questões de direito de cuja resolução a avaliação dependa, por exemplo, a oportunidade da utilização de critérios especiais de avaliação, a que alude o artigo 23º, nº 5, deste Código, devem expô-las ao juiz.

Nesse caso, deve o juiz, por despacho, esclarecer as dúvidas apresentadas pelos peritos, expressando claramente os procedimentos de avaliação que eles devem empreender na avaliação em causa.

3. Prevê o nº 3 deste artigo, por remissão, o disposto nos artigos 578º e 588º do Código de Processo Civil, e estatui ser o mesmo aqui aplicável.

Este normativo está conexo com o que se prescreve no número anterior, por-que tem a ver com a prolação pelo juiz do despacho determinante do início da diligência pericial em causa.

Considerando o disposto no artigo 578º, nº 2, do Código de Processo Civil, no despacho em que o juiz ordene a referida diligência pericial, a que acima se aludiu, deve fixar-lhe o respectivo objecto, restringindo ou ampliando o indi-cado pelas partes, em conformidade com o que entenda necessário à correcta determinação do valor dos bens em curso de expropriação.

Temos, assim, que a determinação do objecto da avaliação compete ao juiz do processo.

4. Prevê o nº 4 deste artigo o encargo de efectuar o preparo para despesas com a avaliação, e a inspecção judicial que haja, e estatui incumbir o mesmo ao recorrente, ainda que se trate de entidade isenta de custas.

Este normativo foi estruturado tendo em vista o Código das Custas Judiciais, mas este Código foi entretanto substituído pelo Regulamento das Custas Pro-cessuais, aprovado pelo Decreto-Lei nº 34/2009, de 20 de Abril, pelo que importa proceder à sua necessária adaptação.

Resulta do artigo 4º daquele Regulamento a regra de que as entidades públi-cas, salvo o Ministério Público no exercício da sua competência própria, não são, em regra, isentas de pagamento de custas.

Vê-se que este normativo ainda utiliza a terminologia relativa ao preparo para despesas. Mas, conforme resulta do artigo 20º, nº 1, do referido Regula-mento, ao conceito e função dos preparos para despesas sucedeu o pagamento antecipado de encargos.

No regime geral, por força do disposto no nº 2 do artigo 20º do mencionado Regulamento, quando a parte beneficie de isenção de custas ou de apoio judi-ciário na modalidade dispensa de encargos com o processo, as despesas para com terceiros são adiantadas pelo Instituto de Gestão Financeira e das Infra-Estruturas da Justiça, IP.

As despesas com terceiros, a que o referido normativo se reporta, abrangem o custo da diligência pericial em análise, actualmente designado encargos, cujo pagamento era outrora previamente garantido por via dos então chamados preparos para despesas.

Agora, no caso de o recorrente do acórdão arbitral, seja a entidade beneficiária da expropriação, seja o expropriado, beneficiar de isenção de custas, temos que o normativo em análise constitui uma excepção ao que se prescreve no nº 2 do artigo 20º do referido Regulamento.

Mas quanto à entidade beneficiária da expropriação não é configurável que o Instituto de Gestão Financeira e das Infra-Estruturas da Justiça, IP tenha de se lhe substituir no pagamento antecipado de encargos com a diligência pericial em análise ou com a inspecção judicial que haja, porque ela não goza de isenção de custas nem assume as condições legais de concessão do apoio judiciário.

Todavia, no que concerne ao expropriado, quando for o recorrente, pode acontecer que beneficie de isenção de custas ou de apoio judiciário na modalidade de dispensa de encargos com o processo.

Nesse caso, na primeira das referidas situações, por virtude da excepção a que alude o normativo em análise, deverá o expropriado recorrente proceder ao pagamento das despesas envolvidas pela diligência pericial e pela inspecção judicial que haja.

Na segunda das mencionadas situações – quando o expropriado recorrente beneficie do apoio judiciário na modalidade de dispensa de pagamento de encargos –, por seu turno, conforme resulta do nº 2 do artigo 20º do mencionado Regulamento, o respectivo adiantamento é feito pelo Instituto de Gestão Financeira e das Infra-Estruturas da Justiça, IP.

As despesas com a perícia, ou com a inspecção judicial, ultrapassam, necessariamente, o montante de duas unidades de conta. Em consequência, a secção de processos, logo que seja ordenada a diligência, deve notificar a entidade beneficiária da expropriação a fim de proceder ao pagamento do montante que foi objecto do cálculo que fez.

Temos, pois, nos termos do artigo 20º, nº 1, do Regulamento das Custas Processuais, que a secção de processos deve calcular, por estimativa, os referidos encargos, honorários e despesas, e intimar a entidade beneficiária da expropriação para proceder ao respectivo pagamento.

O montante dos referidos encargos é calculado nos termos do nº 2 do artigo 17º do Regulamento das Custas Processuais, enquanto remete para a anexa

Tabela IV, entre o correspondente a uma e dez unidades de conta por serviço/deslocação, ou de um décimo de unidade de conta por fracção/página, conforme os casos.334

A omissão do pagamento dos referidos encargos pelo recorrente não implica, todavia, que a perícia ou a inspecção judicial se não realizem, na medida em que o referido Instituto, conforme decorre do artigo 23º do Regulamento das Custas Processuais, tem de assegurar, nesse caso, o adiantamento do seu montante aos respectivos intervenientes.

5. Prevê o nº 5 deste artigo a hipótese de se efectuar inspecção judicial aos imóveis expropriados, e estatui, para essa hipótese, deverem ficar a constar do respectivo auto todos os elementos reputados necessários para a decisão da causa.

Temos, assim, que são cumuláveis, no âmbito da determinação do valor dos bens expropriados, as diligências de perícia e de inspecção judicial, cada uma com o seu âmbito específico.

Conforme decorre dos artigos 388º e 390º do Código Civil, enquanto a prova pericial tem por objecto a percepção ou apreciação de factos por meio de peritos, a prova por inspecção judicial, por seu turno, tem por fim a percepção directa de factos pelo tribunal.

Tendo em conta o disposto no artigo 612º, nº 1,do Código de Processo Civil, pode haver lugar a inspecção judicial quando o juiz o julgue conveniente, a fim de se esclarecer sobre qualquer facto que interesse à avaliação dos bens expropriados, podendo deslocar-se ao local dos imóveis ou mandar proceder à reconstituição de factos pertinentes, quando a entender necessária.

Face ao que se prescreve no artigo 614º do Código de Processo Civil, é permitido ao juiz fazer-se acompanhar de pessoa que tenha competência técnica para o elucidar no âmbito da averiguação e interpretação dos factos que se propõe observar, que nomeará no despacho em que ordenar a diligência, mesmo de entre os peritos integrantes das listas oficiais.

Tendo em conta o disposto no artigo 615º do Código de Processo Civil, realizada que seja a inspecção judicial, o seu conteúdo, os elementos probatórios considerados úteis para a avaliação dos bens – factos instrumentais relevantes

---

334 O valor da unidade de conta é, entre 20 de Abril de 2009 e 31 de Dezembro de 2010, do montante de € 102, conforme decorre dos artigos 22º do Decreto-Lei nº 34/2008, de 26 de Fevereiro, e 3º do Decreto-Lei nº 323/2009, de 24 de Dezembro.

para a prova dos factos principais – são registados em auto, podendo o juiz determinar o seu registo fotográfico, caso em que será junto àquele auto.

Tendo o referido perito prestado algum esclarecimento no decurso da diligência, deverá ficar consignado em acta, porque esta deve reproduzir fielmente tudo o que se passou no seu decurso, e consignar o que o juiz, que preside ao acto, considerar útil para a decisão da causa.

Entendendo-se que o referido esclarecimento revela interesse para a decisão da causa, não pode pretender-se que ele seja eliminado sob o argumento de extravasar o fim da inspecção, porque esta visa esclarecer esses factos com interesse para aquela decisão e não apenas sobre os que foram alegados pelo recorrente e ou pelo recorrido.

6. Prevê o nº 6 deste artigo o âmbito das diligências de avaliação, e estatui que não pode haver lugar à segunda, ou seja, aquela a que se refere o nº 2 deste artigo.

Tendo em conta o disposto no artigo 589º, nº 1, do Código de Processo Civil, trata-se de um normativo que diverge do regime geral, na medida em que, no seu âmbito, as partes podem requerer que se proceda a segunda perícia, no prazo de 10 dias, contado nos termos do artigo 144º, n.os 1 a 3, daquele diploma da data do conhecimento da primeira, alegando-se fundamente as razões da respectiva discordância relativamente ao relatório pericial apresentado.

A proibição da segunda perícia é justificada pela composição da primeira – três peritos nomeados pelo juiz de uma lista oficial e um por cada uma das partes – e ainda porque, na realidade, já houve uma diligência pericial prévia à decisão, à arbitral, embora objecto de recurso.[335]

Isso não significa, todavia, a impossibilidade absoluta de uma segunda perícia, que para todos os efeitos será a única relevante, por exemplo, quando a primeira é anulada em via de recurso da sentença final, ao abrigo do artigo 712º, nº 4, do Código de Processo Civil.

Nem significa que, perante uma avaliação alicerçada em elementos de facto deficientes ou contraditórios, o juiz não possa determinar que os peritos elaborem um relatório complementar, com o suprimento dos referidos vícios, ainda que tal implique a feitura de uma nova diligência pericial.

---

[335] Neste sentido, pode ver-se PEDRO ELIAS DA COSTA, *obra citada*, página 185.

Com efeito, a proibição de segunda perícia a que este normativo se reporta não exclui que o juiz, na sequência da verificação de algum erro ou deficiência na avaliação, ordene aos peritos a sua pertinente rectificação ou repetição.

Há, porém, quem entenda que este normativo é inconstitucional por violação dos princípios da justa indemnização e da igualdade, a que se reportam, respectivamente, os artigos 62º, nº 2, e 13º, nº 1, da Constituição.[336]

Tendo em conta os meios processuais que a lei coloca ao dispor dos expropriados e demais interessados com vista à determinação da justa indemnização, designadamente no âmbito das várias diligências instrutórias envolventes, não nos parece que o normativo em análise esteja afectado pelos referidos vícios de inconstitucionalidade.

7. Prevê o nº 7 deste artigo a necessidade de obtenção de esclarecimentos de quem não haja de ser chamado a depor, ou de documento em poder de terceiro, e estatui dever o tribunal ordenar a respectiva notificação e fixar o prazo adequado para o efeito.

Prevê, ademais, o incumprimento pela pessoa notificada, no referido prazo, sem motivo justificativo, do seu dever de colaboração com o tribunal, e estatui dever ser-lhe aplicada uma multa até dez unidades de conta.

Há diligências instrutórias susceptíveis de envolver pessoas singulares ou colectivas, incluindo entidades públicas, ou seja, a obtenção de informações ou de documentos que estejam em poder de quem não é parte no processo nem testemunha nele indicada para depor.

Relevando esses elementos para a boa realização da justiça indemnizatória, deve o juiz ordenar a notificação de quem os tiver tendente à sua apresentação em juízo, em prazo razoável, com a referida cominação.

Tendo os peritos conhecimento da existência daquela informação relevante, designadamente para a eficiência dos actos periciais, devem sugerir ao juiz a sua prestação.

A ideia central deste artigo é a verificação, após a realização da diligência pericial e, se for caso disso, da diligência de inspecção judicial, da existência de dúvida do juiz sobre algum ponto da factualidade relevante para a decisão sobre o cálculo da indemnização devida ao expropriado e a outros interessa-

---

[336] Neste sentido, pode ver-se FERNANDO ALVES CORREIA, "Manual de Direito do Urbanismo", volume II, Coimbra, 2010, páginas 427 a 433.

dos, e da possibilidade de alguma pessoa poder esclarecê-la, directamente ou por via de algum documento de que disponha.

Tendo em conta o disposto no artigo 519º, nº 1, do Código de Processo Civil, no caso de as pessoas detentoras da mencionada informação estarem arroladas como testemunhas, prestá-la-ão na respectiva audiência, e, na hipótese de o documento revelador de factos pertinentes para a decisão da causa estar na disponibilidade de alguma das partes, a solução é no sentido de o juiz lhes ordenar a respectiva junção.

É para a hipótese de o mencionado documento estar em poder de terceiro ou de a referida informação estar na disponibilidade de quem não está arrolado como testemunha, que este normativo estatui dever o tribunal ordenar a pertinente notificação com prazo adequado para o seu cumprimento.

Este normativo é conforme com o que se prescreve no artigo 535º do Código de Processo Civil, segundo o qual, incumbe ao tribunal, por sua iniciativa ou a requerimento de qualquer das partes, requisitar aos organismos oficiais, às partes ou a terceiros, informações, pareceres técnicos, plantas, fotografias, desenhos, objectos ou outros documentos necessários ao esclarecimento da verdade.

Ao abrigo deste normativo, por sugestão das partes ou dos peritos, pode o juiz requisitar aos municípios informação sobre projectos de construção nos prédios expropriados e respectivos índices de ocupação, e, aos serviços de finanças, as declarações prestadas para efeitos fiscais pelos interessados no processo de expropriação, por exemplo nos casos previstos nos artigos 30º e 31º deste Código.[337]

As referidas entidades têm que cumprir a mencionada requisição de informação no prazo fixado pelo juiz, ou comunicar ao tribunal os factos justificativos do incumprimento, sob pena de se sujeitarem à pena de multa a que este normativo alude.

O valor da referida multa é variável, estabelecendo a lei o seu limite máximo, correspondente ao valor de dez unidades de conta, mas não o seu limite mínimo, pelo que ocorre, na espécie, uma lacuna.

Este normativo diverge do regime geral constante do artigo 27º, nº 1, do Regulamento das Custas Processuais, do qual decorre que, fora dos casos excepcionalmente graves, se na lei processual for prevista a condenação em

---

[337] Neste sentido, podem ver-se PEDRO CANSADO PAES, ANA ISABEL PACHECO e LUÍS ALVAREZ BARBOSA, *obra citada*, página 267.

multa de algum interveniente, sem indicação do respectivo montante, poderá ser fixado entre meia unidade de conta e cinco unidades de conta.

Como o normativo em análise se não reporta ao limite mínimo da referida multa, deve aplicar-se subsidiariamente o disposto no artigo 27º, nº 1, do Regulamento das Custas Processuais, em termos de se considerar que ele corresponde a metade de uma unidade de conta.

Tendo em conta o disposto no artigo 27º, nº 3, do Regulamento das Custas Processuais, a mencionada multa deve ser fixada pelo juiz, segundo um critério de proporcionalidade, tendo em conta os reflexos da violação na regular tramitação do processo e no apuramento dos dados necessários para o cálculo da indemnização em causa, a situação económica do faltoso e a repercussão da condenação no seu património.[338]

8. Sobre a matéria a que se reporta este artigo pronunciaram-se, entre outras, as seguintes decisões judiciais:

a) A inspecção judicial ao local não é obrigatória, dependendo apenas do critério do juiz (Acórdão da Relação do Porto, de 27.05.80, CJ, Ano V, Tomo 1, página 82).

b) O juiz pode dar sem efeito a avaliação e ordenar a sua repetição sem necessidade de substituição dos peritos que intervieram na primeira (Acórdão da Relação de Coimbra, de 23.03.95, CJ, Ano XX, Tomo 2, página 89).

c) Constitui faculdade do tribunal fazer intervir um técnico na inspecção judicial, sem prejuízo do princípio da cooperação a que alude o artigo 266º do Código de Processo Civil (Acórdão da Relação do Porto de 12.2.2001, CJ, Ano XXVI, Tomo 1, página 210).

d) Integra a competência funcional do relator da Relação a determinação da diligência pericial de avaliação da parcela expropriada na perspectiva de se tratar de solo apto para fins diversos da construção, no caso de a perícia no recurso do acórdão arbitral só ter procedido à sua avaliação como solo apto para a construção e a expropriante haver alegado no recurso de apelação dever a indemnização ser calculada com base em solo da primeira das referidas espécies (Acórdão do STJ, de 11.9.08. Agravo n.º 2370/2005, 7ª Secção).

---

[338] O valor da unidade de conta, durante o ano de 2010, corresponde a € 102, nos termos dos artigos 22º do Decreto-Lei nº 34/2008, de 26 de Fevereiro, e 3º do Decreto-Lei nº Decreto-Lei nº 323/2009, de 24 de Dezembro.

ARTIGO 62º
Designação e nomeação dos peritos

1 – A avaliação é efectuada por cinco peritos, nos termos seguintes:

a) Cada parte designa um perito e os três restantes são nomeados pelo tribunal de entre os da lista oficial;

b) Se dois ou mais interessados tiverem designado peritos diferentes, são notificados para, no prazo de cinco dias, declararem qual o nome definitivamente escolhido, prevalecendo, na falta de acordo, a vontade da maioria, se desta fizer parte o proprietário expropriado; faltando a designação válida de algum perito, devolve -se a nomeação ao tribunal, aplicando-se o disposto na parte final da alínea anterior.

2 – A falta de comparência de qualquer perito determina a sua imediata substituição, que é feita livremente pelo tribunal, nos termos da parte final da alínea a) do nº 1.

3 – As regras de recrutamento de peritos, a sua integração nas listas oficiais e a forma de publicação destas constam de decreto regulamentar, a publicar no prazo máximo de três meses a contar da data da publicação do presente Código.

1. Prevê o nº 1 deste artigo o número de peritos que devem proceder à avaliação, ou seja, à diligência pericial, e quem os deve designar, e estatui, por um lado, que ela é efectuada por cinco peritos, e, por outro, que cada parte pode designar um perito e que os três restantes são nomeados pelo tribunal de entre os da lista oficial.

Prevê ainda a particular situação de dois ou mais interessados terem designado peritos diferentes, e estatui, por um lado, serem notificados para, no prazo de cinco dias, declararem qual o nome definitivamente escolhido, e, por outro, que prevalece, na falta de acordo, a vontade da maioria, se desta fizer parte o proprietário expropriado.

Finalmente, prevê este normativo a falta de designação válida de algum perito, e estatui que se devolve a nomeação ao tribunal e que se aplica o disposto na parte final da alínea anterior.

Está inserido num contexto normativo que essencialmente se reporta à designação e nomeação dos peritos.[339]

Temos, assim, que a avaliação, ou seja, a diligência pericial obrigatória, é realizada por cinco peritos, o que significa um desvio ao regime geral constante

---

[339] Este artigo está conexionado com o disposto nos artigos 58º, 60º, nº 2, 63º, nº 2 e 78, nº 2, todos deste Código.

dos artigos 568º, nº 1, e 569º, nº 1, do Código de Processo Civil, em que a perícia é singular e, excepcionalmente, colegial.

Nos termos da alínea a) do nº 1 deste artigo, desses cinco peritos, cada uma das partes, ou seja, o recorrente e o recorrido, ou os recorrentes e os recorridos, deve indicar um deles, e o juiz nomeia os três restantes de entre os da lista oficial, a que se reporta o artigo 2º do Decreto-Lei nº 125/2002, de 10 de Maio.

Importa ter em linha de conta, conforme decorre do artigo 15º do Decreto-Lei nº 125/2002, que os perigos avaliadores constantes da mencionada lista não podem intervir como peritos indicados pelas partes em processos de expropriação que corram termos em tribunal.[340]

Deve haver em cada tribunal um registo das sucessivas nomeações de peritos, conforme já se referiu, de modo a que todos eles disponham da possibilidade de serem nomeados, de harmonia com o princípio da igualdade, sem prejuízo de se poder ter em conta, para o efeito, o objecto da avaliação, os conhecimentos e a experiência científica conhecida a cada um.

A alínea b) do nº 1 deste artigo refere-se à pluralidade de interessados recorrentes, importando distinguir os casos em que todos eles indicam o mesmo perito e aqueles em que tal não acontece, ou seja, quando dois ou mais interessados indiquem peritos diferentes.

Nesta última hipótese abre-se um incidente no âmbito da fase de nomeação dos peritos, caso em que o juiz deve ordenar a notificação, por carta registada, de cada um, recorrentes ou recorridos, conforme os casos, a fim de, em cinco dias, indicarem o nome do perito que entendam escolher de entre os que todos hajam mencionado.

Considerando o disposto no artigo 98º, nº 2, deste Código, o referido prazo é contado nos termos dos artigos 144º, n.ᵒˢ 1 a 3 e 254º, nº 3, ambos do Código de Processo Civil.

No caso de todos os interessados acabarem, com ou sem acordo, por indicar o mesmo perito, é esse que o juiz deve nomear para integrar a perícia colegial em causa. No caso contrário, deve o juiz verificar qual é o perito com mais votos de indicação ou se ocorre uma posição maioritária em que se inclua o proprietário expropriado, sendo que, neste último caso, deve a nomeação para a dili-

---

[340] As funções de perito avaliador previstas nos artigos 10º, 4, 20º, nº 6, 45º, todos deste Código, só podem ser exercidas por peritos integrados nas listas oficiais, conforme decorre do artigo 2º, nº 1, do Decreto-Lei nº 125/2002.

gência pericial em causa ser feita de harmonia com a vontade dessa maioria de interessados, ou seja, de metade e mais uma das referidas pessoas.

Fora desse caso, quando a indicação de perito pela parte recorrente plural infringir o disposto neste normativo, passa a caber ao juiz a nomeação do perito respectivo, aplicando-se o disposto na parte final da alínea a) do nº 1 deste artigo. Isso significa que o juiz, em substituição da referida parte plural, deve nomear-lhe perito de entre os da lista oficial prevista no artigo 2º do Decreto-Lei nº 125/2002.

A omissão pelo juiz da nomeação de peritos que integrem aquelas listas oficiais constitui a nulidade processual a que se reporta o artigo 201º, nº 1, do Código de Processo Civil.

2. Prevê o nº 2 deste artigo a falta de comparência de qualquer perito, e estatui, por um lado, que ela determina a sua imediata substituição, e, por outro, que ela é feita livremente pelo tribunal, nos termos da parte final da alínea a) do nº 1.

É pressuposto do funcionamento deste normativo a notificação dos peritos, não só da sua nomeação, como também do início da diligência pericial de avaliação e para o respectivo juramento compromissório. Com efeito, tendo em conta o disposto no artigo 581º do Código de Processo Civil, os peritos nomeados prestam compromisso de cumprimento consciente da função que lhes é cometida, no início da diligência se o juiz a ela estiver presente, e, no caso contrário, pode aquele compromisso ser prestado mediante declaração escrita, por eles assinada, designadamente no relatório pericial.

Os recorrentes, os recorridos e os peritos devem ser notificados do despacho designativo do dia e da hora do início da diligência de avaliação, previsto no nº 2 do artigo 61º deste Código, no qual o juiz deve indicar o objecto da perícia, indeferindo as pretensões de inclusão nele de pontos de facto que considere impertinentes para a correcta avaliação dos bens em causa.

A falta de comparência de algum perito na data e local designados para o início da mencionada diligência de avaliação implica a sua imediata substituição por outro perito dos constantes da respectiva lista oficial, ainda que se trate de peritos indicados pelas partes – recorrente ou recorrido.

A tal não obsta, com efeito, o artigo 15º do Decreto-Lei nº 125/2002, de 10 de Maio, ao estabelecer que os peritos avaliadores constantes da lista oficial não podem intervir como peritos indicados pelas partes em processos de expropriação que corram em tribunal, Com efeito, na situação em análise, os peritos substitutos dos indicados pelas partes, não são por estas indicados, mas pelo juiz do processo.[341]

A referida falta de comparência pressupõe, como é natural, a obrigação por parte dos peritos de estarem presentes no referido acto, o que pode não acontecer em várias situações envolventes. Com efeito, tendo em conta o disposto nos artigos 571º, nº 3, e 572º, nº 2, do Código de Processo Civil, os peritos a quem seja inexigível o desempenho da função pericial, por exemplo devido motivos pessoais, podem pedir escusa da intervenção como tal por via de requerimento formulado no prazo de cinco dias a contar do conhecimento da nomeação.

Além disso, há situações legais que impedem a participação dos peritos nas diligências periciais e outras, ou justificam a sua não participação nelas, o que tem a ver com os impedimentos e suspeições. Com efeito, tendo em conta o disposto no artigo 18º, nº 1, do Decreto-Lei nº 125/2002, de 10 de Maio, verificada a causa de impedimento em relação aos peritos, devem logo comunicá-la ao tribunal, especificando os factos que a revelem.

Acresce que, face ao disposto no artigo 18º, nº 2, do referido Decreto-Lei nº 125/2002, até ao dia da realização da diligência pericial podem as partes, e os próprios peritos, requerer a declaração do respectivo impedimento ou da suspeição, especificando os factos respectivos.

Tendo em conta o disposto nos artigos 18º, nº 3, do Decreto-Lei nº 125/2002, de 10 de Maio, e 572º, nº 1, do Código de Processo Civil, compete ao juiz do processo, em relação aos peritos, conhecer do mencionado impedimento ou suspeição e declará-los, ouvindo-os, se o considerar necessário, e deve fazê-lo, oficiosamente, até ao início da realização da diligência pericial em causa.

Face ao disposto no artigo 573º do Código de Processo Civil, cabe ao juiz a nomeação de peritos, por um lado, em qualquer caso em que se imponha a nomeação de novo perito em virtude da verificação de alguma causa de impedimento, de suspeição ou de dispensa legal do exercício da função de perito, e, por outro, nos casos de remoção do perito inicialmente designado ou de impossibilidade superveniente de o perito indicado pelo recorrente ou pelo recorrido realizar a diligência por facto que lhe seja imputável.

Tendo em conta o disposto no artigo 572º, nº 3, do Código de Processo Civil, das referidas decisões proferidas sobre impedimentos, suspeições ou escusas não cabe recurso.

---

[341] Em sentido contrário, no regime de pretérito, pode ver-se JOSÉ OSVALDO GOMES, *obra citada*, página 386.

380 CÓDIGO DAS EXPROPRIAÇÕES E ESTATUTO DOS PERITOS AVALIADORES

4. Prevê o n.º 3 deste artigo as regras de recrutamento de peritos, a sua integração nas listas oficiais e a forma de publicação destas, e estatui deverem constar de decreto regulamentar, a publicar no prazo máximo de três meses a contar da data da publicação deste Código.

Embora este normativo tenha estabelecido que o diploma sobre as regras de recrutamento dos peritos, da sua integração nas listas oficiais e da forma de publicação desta deveria ser publicado no prazo de três meses, só o foi passados cerca de dois anos e meio daquele limite temporal, por via do Decreto-Lei n.º 125/2002, de 10 de Maio.

5. Sobre a matéria a que este artigo se reporta pronunciaram-se, entre outras, as seguintes decisões judiciais:

a) Constitui irregularidade o desrespeito da lista oficial no âmbito da nomeação dos peritos, o que pode influenciar o exame e discussão da causa, mas deve ser arguida no prazo de 10 dias a contar da notificação do despacho que os nomeou, sob pena de se considerar-se sanada (Acórdão da Relação de Coimbra, de 4.4.2006, Processo n.º 523/06).

b) Em processo de expropriação, a tramitação da avaliação é regulada pelo Código das Expropriações, e, nas lacunas, também pelo Código de Processo Civil. O artigo 62.º do Código das Expropriações estabelece um regime específico, pelo que não há lugar à aplicação subsidiária do artigo 573.º do Código de Processo Civil. Se a designação de peritos pelas partes não for válida, devolve-se a nomeação ao juiz, que poderá solicitar à parte a designação de outro perito, aceitar a indicação de outro pela parte no caso de vir a considerar-se existir obstáculo à nomeação do perito inicialmente designado, ou proceder à sua substituição imediata nos termos do aludido artigo 62.º deste Código (Acórdão da Relação de Guimarães, de 20.07.06, Processo n.º 1420/06-2).

c) Não tendo a expropriante arguido o impedimento do perito nomeado que emitiu parecer na fase amigável da expropriação, no prazo de 10 dias após ter tomado conhecimento da sua nomeação, nem até ao momento da realização da diligência, apenas o tendo feito quando recebeu o relatório por ele subscrito, sanado fica o impedimento (Acórdão da Relação de Évora, de 21.9.2006, CJ XXXI, Tomo 4, página 230).

d) Os peritos designados pelas partes ao abrigo do artigo 62.º deste Código só estão sujeitos ao regime de impedimentos e suspeições previstos nos artigos 122.º, n.º 1, e 127.º, n.º 1, aplicáveis por força do n.º 1 do artigo 571.º, todos do Código de Processo Civil. Os impedimentos do artigo 16º do Decreto-Lei nº 125/2002 apenas valem para os peritos avaliadores que constem das listas oficiais (Acórdão da Relação de Coimbra, de 24.4.07, Processo nº 2132/06.2TBAVR-C1).

e) Tendo intervindo, sem discordância das partes, contra o disposto na lei, árbitros na fixação da indemnização devida pela constituição da servidão administrativa de aqueduto subterrâneo por utilidade pública sobre o prédio rústico dos recorrentes, no recurso a perícia é realizada por cinco peritos, nos termos dos artigos 61º, nº 2 e 62º, nº 1, alíneas a) e b), ambos deste Código (Acórdão da Relação de Guimarães, de 25.6.2009, CJ, Ano XXXIV, Tomo 3, página 294).

ARTIGO 63º
Notificação para o acto de avaliação

1 – As partes são notificadas para, querendo, comparecerem no acto da avaliação.

2 – É entregue a cada perito cópia dos recursos, das respostas aos mesmos e do despacho que tiver sido proferido nos termos do nº 2 do artigo 578º do Código de Processo Civil.

1. Prevê o nº 1 deste artigo o comparecimento das partes no acto de avaliação, e estatui que elas são notificadas para esse efeito, para que, querendo, possam comparecer.

Está, pois, inserido num contexto normativo essencialmente relativo à notificação das partes para o acto pericial de avaliação.

Considerando o disposto no artigo 577º, nº 1, do Código de Processo Civil, as partes devem indicar, no requerimento de interposição do recurso, ou no instrumento de resposta, o objecto da diligência pericial, enunciando as questões de facto em relação às quais pretendem ser esclarecidas.

Por força do normativo em análise, o despacho previsto no nº 2 do artigo 61º deste Código, em que o juiz designa o dia do início da diligência pericial, também deve ser notificado às partes, a fim de poderem comparecer no acto de avaliação então iniciado.

O elemento literal deste normativo não permite a sua interpretação no sentido de que as partes apenas podem comparecer no acto de inspecção judicial. Pela própria natureza das coisas, só faz sentido que compareçam ao acto de inspecção aos prédios, pelos peritos, no início da diligência pericial.[342]

---

[342] No sentido de que as partes só podem comparecer no acto de inspecção judicial, veja-se ALÍPIO GUEDES, *obra citada*, páginas 123 e 124.

Isso mesmo decorre do regime geral constante da lei de processo, designadamente do artigo 580º, nº 1, do Código de Processo Civil, na medida em que o despacho acima referido ordenador da realização da perícia é notificado às partes para o fim previsto no normativo em análise. Todavia, as partes já não podem, no próprio acto de avaliação em curso, apresentar quesitos aos peritos que a realizam, com vista à respectiva resposta.

2. Prevê o nº 2 deste artigo a cópia dos recursos, das respostas aos mesmos e do despacho que tiver sido proferido nos termos do nº 2 do artigo 578º do Código de Processo Civil, e estatui que ela deve ser entregue a cada um dos peritos.

Este normativo tem estreita conexão com o disposto nos artigos 58º e 60º deste Código, que se referem, respectivamente, ao requerimento de interposição do recurso e ao instrumento da respectiva resposta.

O despacho a que se referem os n.ºs 2 dos artigos 578º do Código de Processo Civil e 61º deste Código é o que ordena a realização da perícia e determina o seu objecto, ampliando ou restringindo o que foi indicado pelas partes no instrumento de interposição do recurso ou da respectiva resposta.

Conforme resulta do disposto no artigo 585º, nº 3, do Código de Processo Civil, o juiz deve fixar o prazo, até 30 dias, para os peritos realizarem a diligência pericial, podendo o referido prazo, em caso de motivo justificado, ser prorrogado por uma só vez.

Conforme resulta do artigo 98º, nº 2, deste Código, o referido prazo é contado nos termos do artigo 144º, n.ºs 1 a 3, do Código de Processo Civil, e os peritos nomeados devem, em regra, estar presentes no acto designado para o início da diligência de avaliação, sendo tal comparência obrigatória, ao invés dos recorrentes e dos recorridos.

Eles prestam perante o juiz, conforme decorre do disposto artigo 581º, nº 1, do Código de Processo Civil, o seu compromisso de cumprirem conscientemente a função pericial que lhe é cometida pelo tribunal.

No caso de algum perito não comparecer ou de se verificar a invalidade da sua nomeação, deve o juiz nomear o respectivo substituto, nos termos do nº 2 do artigo 62º deste Código.

Acresce, tendo em conta o que se prescreve no artigo 570º, nº 2, do Código de Processo Civil, o juiz pode destituir o perito que desempenhe negligentemente as funções para que foi designado, designadamente quando não apresente ou impossibilite, pela sua inércia, a apresentação do relatório pericial no prazo fixado.

Além disso, nos termos do artigo 12º, nº 1, alínea c), do Decreto-Lei nº 125/2002, de 10 de Maio, são excluídos da lista de peritos avaliadores os que não entregarem os relatórios nos prazos fixados sem motivo justificado.

É com base nos elementos a que se refere o normativo em análise que os peritos devem proceder à diligência de avaliação em causa, sem prejuízo de poderem suscitar ao juiz, nos termos do nº 2 do artigo 61º deste Código, as questões jurídicas de que dependa a avaliação.

Impõe-se-lhes reunir e discutir o resultado da avaliação e, depois disso, participar na elaboração do relatório único, ou seja, não pode o conjunto dos peritos elaborar mais do que um relatório.

Tendo em conta o que se prescreve no artigo 586º, n.os 1 e 2, do Código de Processo Civil, o resultado desta diligência deve ser suficientemente fundamentado, e, não havendo unanimidade, deve o discordante expressar no relatório as respectivas razões.

A título de fundamentação devem expressar no relatório os factos envolventes, incluindo a motivação técnica, que implicaram a conclusão sobre o montante indemnizatório a que chegaram.

3. Sobre a matéria a que este artigo se reporta pronunciaram-se, entre outras, as seguintes decisões judiciais:

a) O juiz pode dar sem efeito a avaliação e ordenar a sua repetição, que não tem de ser feita por peritos diferentes dos que intervieram na primeira (Acórdão da Relação de Lisboa, de 23.3.95, CJ, Ano XX, Tomo 2, página 88).

b) Quanto à fase das avaliações, nos termos do artigo 596º do Código de Processo Civil, as partes podem dela reclamar com base na deficiência, obscuridade ou contradição nas respostas dos peritos, caso em que o juiz, se a reclamação for atendida, deve ordenar que os peritos completem, harmonizem ou esclareçam as suas respostas (Acórdão da Relação de Lisboa, de 12.03.98, CJ, Ano XXXIII, Tomo2, página 93).

c) Constitui mera irregularidade sanável, sem influência no exame e decisão da causa, a incompletude da data aposta no laudo elaborado pelos peritos que intervieram na avaliação, tal como a circunstância de a sua cópia, remetida à expropriante, não se encontrar assinada por todos eles (Acórdão da Relação do Porto de 12.2.2001, CJ, Ano XXVI, Tomo 1, página 210).

d) Indicando os peritos, por unanimidade, com base no seu conhecimento do mercado local, os valores de mercado decorrentes da utilização do critério do investimento, simulando-os por consulta às empresas imobiliárias que operam na mesma área do território para venda de construções, ocorre indicador seguro da fixação judicial da prestação indemnizatória, desde que se mostrem suficientemente especificados e justificados os critérios que presidiram à atribuição daquele valor (Acórdão da Relação de Lisboa, de 13.10.04, Processo nº 1104/04.6YXLSB.L1-1).

e) Em princípio, é de preferir o juízo arbitral à perícia, porque os árbitros oferecem acrescidas garantias de acerto, em virtude da sua selecção, funcionando como primeira instância, salvo erro manifesto de julgamento (Acórdão da Relação de Coimbra, de 12.12.06, Processo nº 5191/04.9TBLRA.C1).

f) Na fixação da indemnização, só quando não há mercado ou as transacções forem insignificantes pelo número e valores movimentados, é que os peritos e o tribunal devem lançar mão do critério valor/rendimento (Acórdão da Relação de Évora, de 31.05.07, Processo nº 2317/06-2).

g) Como meio de prova que é, o relatório pericial só pode ser impugnado por via da reclamação, nos termos dos artigos 577º, 587º e 588º do Código de Processo Civil, mas não com base na sua nulidade. Os peritos estão vinculados à lei, mas são livres na sua apreciação valorativa dos factos, devendo decidir com independência e de acordo com a sua percepção e conhecimentos específicos (Acórdão da Relação de Guimarães, de 28.06.07, Processo nº 829/07).

h) No caso de os peritos terem prestado esclarecimentos deficientes, deve deferir-se o pedido de novos esclarecimentos para o suprimento das deficiências. Os peritos minoritários também devem responder aos quesitos formulados (Acórdão da Relação de Coimbra, de 25.09.07, Processo nº 942/03).

i) Tendo sido apresentado um só laudo, assinado por quatro dos cinco peritos nomeados, não deve ser proferida sentença sem que antes se colha a assinatura que falta ou o perito restante apresente o seu laudo (Acórdão da Relação de Coimbra, de 02.10.07, Processo nº 354/02).

j) Não compete às conservatórias do registo predial nem aos serviços de finanças classificar os solos, não podendo extrair-se da certidão por elas emitida que um prédio se destina a cultura agrícola arvense (Acórdão da Relação de Lisboa, de 05.06.08, Processo nº 3283/08-2).

ARTIGO 64º
Alegações

1 – Concluídas as diligências de prova, as partes são notificadas para alegarem no prazo de 20 dias.

2 – O prazo para a alegação do recorrido ou dos recorridos corre a partir do termo do prazo para alegação do recorrente, contando-se este último desde a notificação para alegar.

3 – Recorrendo a título principal tanto a entidade expropriante como o expropriado, alega aquela em primeiro lugar.

1. Prevê o nº 1 deste artigo a conclusão das diligências de prova, e estatui que as partes devem disso ser notificadas para apresentarem as suas alegações no prazo de 20 dias.

Está inserido num contexto normativo essencialmente referente às alegações do recurso do acórdão arbitral.[343]

Tendo em conta o disposto no artigo 684º-B, nº 2, do Código de Processo Civil, este normativo e os seguintes deste artigo não se conformam com o que se prescreve no novo regime do recurso de apelação e de revista implementado pelo Decreto-Lei nº 303/2007, de 24 de Agosto, em vigor desde 1 de Janeiro de 2008, na medida em que, em regra, o respectivo instrumento de interposição deve incluir as alegações do recorrente.

Do regime geral dos recursos não decorre, porém, algum normativo no sentido da derrogação do artigo em análise, nem de outros congéneres que, face ao disposto no artigo 7º, nº 3, do Código Civil, configuram um regime especial, que, por isso, deve prevalecer sobre o primeiro.

Conforme já se referiu, face ao disposto nos artigos 58º e 60º, nº 2, deste Código, as provas susceptíveis de ser produzidas no âmbito do recurso do acórdão arbitral são aquelas que o recorrente e o recorrido apresentem nos instrumentos de interposição do recurso e de resposta que se lhe reporte.

Este normativo não se reporta, como é natural, às provas constituídas, como é o caso da prova documental, mas às provas constituendas, ou seja, designadamente, a testemunhal e a pericial.

Estas diligências de prova, que abrangem sempre a avaliação pericial, podem abranger outras provas, como é o caso da documental e da testemunhal, a que acima se fez referência.

---

[343] Este artigo está conexionado com o disposto nos artigos 52º, nº 1, e 58º, 59º, 60º, 61º, 62º, todos deste Código.

386 CÓDIGO DAS EXPROPRIAÇÕES E ESTATUTO DOS PERITOS AVALIADORES

A produção da prova testemunhal, que tenha sido admitida, implica a realização de uma audiência de julgamento pelo juiz do processo ou pelos três juízes que compõem o colectivo, conforme os casos.

A diligência pericial é o mais relevante meio de prova susceptível de ser produzido neste processo especial de expropriação, com vista à determinação do valor da justa indemnização, instrumentalizado pelo relatório ou laudo elaborado pelos cinco peritos.

Tendo em conta o disposto nos artigos 21º do Decreto-Lei nº 125/2002, de 10 de Maio, e 586º, n.os 1 e 2, do Código de Processo Civil, o referido laudo deve ser elaborado de harmonia com as normas legais e regulamentares aplicáveis, devendo os peritos fundamentar de modo claro o cálculo do valor a que os peritos ou algum ou alguns deles chegaram por via da sua diligência de apreciação dos factos na envolvência do direito aplicável.

Conforme já se referiu, tendo em conta o disposto no artigo 583º, nº 1, do Código de Processo Civil, os peritos, se o julgarem necessário, podem solicitar informações ou diligências complementares e, se verificarem que os critérios legais de avaliação utilizados não conduzem ao valor real e corrente dos bens em causa, devem desenvolver um módulo de avaliação subsidiário tendente à consecução do objectivo a que alude o nº 5 do artigo 23º deste Código.

O referido relatório ou laudo deve envolver, além da resposta autónoma aos quesitos formulados pelas partes, uma primeira parte relativa ao relatório, uma segunda parte concernente à descrição das coisas a avaliar, uma terceira parte atinente ao critério da avaliação, uma quarta parte relativa à operação da avaliação propriamente dita e, finalmente, uma quinta parte envolvente da síntese ou conclusão do valor da indemnização a que os peritos chegaram.[344]

Realizadas as referidas diligências periciais, devem os peritos remeter ao tribunal o mencionado relatório, com o conteúdo acima sinteticamente referido, juntando a respectiva nota de honorários e despesas.

Face ao disposto nos artigos 98º, nº 2, deste Código e 587º, n.os 1 e 2, do Código de Processo Civil, aquele relatório é notificado aos recorrentes e aos recorridos, que dele podem reclamar, no prazo de em 10 dias a contar da respectiva notificação, contado nos termos dos artigos 144º, n.os 1 a 3 e 254º, nº 3, daquele diploma, com fundamento na sua deficiência, obscuridade ou contradição.

---

[344] Neste sentido, podem ver-se os exemplos dados por ALÍPIO GUEDES, *obra citada*, páginas 149 a 156.

PARTE II – O CÓDIGO DAS EXPROPRIAÇÕES **ART. 64º** 387

Ademais, nos termos do artigo 587º, nº 3, do Código de Processo Civil, no caso de procedência da reclamação, deve o juiz determinar que os peritos completem ou esclareçam as questões que dela são objecto.

Acresce, face ao disposto no artigo 587º, nº 4, do Código de Processo Civil, ainda que não haja reclamação, deve o juiz ordenar, se for caso disso, que os peritos completem ou esclareçam um ou outro ponto do relatório.

E concluídas que sejam as referidas diligências de prova, incluindo a audiência de julgamento, se for caso disso, são as partes – recorrentes e recorridos – notificadas, cada uma delas com vista a produzir a sua alegação no prazo de vinte dias, prazo esse destinado a uns e outros.

A referida notificação às partes para alegarem deve operar por carta registada no correio, nos termos dos artigos 254º, nº 1 e 255º, nº 1, ambos do Código de Processo Civil.

As aludidas alegações são susceptíveis de versar sobre os factos que devem ser considerados assentes, o direito aplicável e a indemnização que o tribunal deverá fixar, ou seja, as alegações a que este normativo se reporta abrangem a vertentes de facto e a de direito.

3. Prevê o nº 2 deste artigo o prazo para a alegação do recorrido ou dos recorridos, e estatui, por um lado, que ele corre a partir do termo do prazo para alegação do recorrente, e, por outro, que este último se conta desde a sua notificação para alegar.

Considerando o disposto no artigo 98º, nº 2, deste Código, o prazo de vinte dias para os recorrentes alegarem é contado nos termos dos artigos 144º, n.os 1 a 3, e 254º, nº 3, do Código de Processo Civil, desde a data da sua presumida notificação para o efeito.

E o prazo para o recorrido ou os recorridos alegarem, também de 20 dias, é contado nos termos do artigo 144º, n.os 1 a 3, do Código de Processo Civil, a partir do termo do prazo de alegação do recorrente ou dos recorrentes.

Esta notificação deve ser feita directamente pelo mandatário do recorrente ao mandatário do recorrido, nos termos do artigo 229º-A, nº 1, do Código de Processo Civil.

Ocorre que o novo regime geral dos recursos não prevê expressamente o prazo de alegação no caso de haver uma pluralidade de recorrentes ou de recorridos, porque é único o prazo de interposição do recurso, cujo instrumento deve inserir as respectivas alegações.

No quadro do regime especial do recurso em análise, dada a sua estrutura, fica a dúvida sobre a solução a seguir naquela situação de pluralidade de recorrentes ou de recorridos no âmbito do recurso do acórdão arbitral.

Certo é que o normativo em análise teve em conta o que na altura da publicação deste Código estava estabelecido no nº 4 do artigo 698º do Código de Processo Civil, ou seja, que no caso de pluralidade de recorrentes ou de recorridos, ainda que representados por advogados diferentes, o prazo de alegação era único, incumbindo à secção de processos providenciar para que todos pudessem proceder ao exame do processo durante o prazo de que dispunham.

Perante a referida falta de previsão, face ao que se prescreve no artigo 10º, nº 3, do Código Civil, propendemos a considerar dever aplicar-se, no âmbito do recurso do acórdão arbitral, em caso de pluralidade de recorrentes ou de recorridos, a normatividade equivalente àquela que constava do regime de recursos de pretérito.

3. Prevê o nº 3 deste artigo o recurso a título principal da entidade beneficiária da expropriação e do expropriado, e estatui dever aquela alegar em primeiro lugar.

Trata-se, pois, da interposição de recurso a título principal por aquela entidade e pelo expropriado, caso em que a primeira é considerada o primeiro recorrente para efeitos de apresentação do instrumento de alegação, o que significa ser o expropriado, nesse caso, legalmente considerado o segundo recorrente.

Este normativo foi inspirado no artigo 698º, nº 3, do Código de Processo Civil, que vigorava aquando da publicação do actual Código, segundo o qual, se tiverem apelado ambas as partes, o primeiro apelante tem ainda, depois de notificado da apresentação da alegação do segundo, direito a produzir nova alegação no prazo de 20 dias, mas somente para impugnar os fundamentos da segunda apelação.

No caso de recurso principal e de recurso subordinado não funciona, porém, o referido regime, ou seja, se o recorrido interpuser recurso subordinado, a sua resposta ao recurso principal incluirá a interposição do seu recurso e a motivação da sua discordância da pretensão deduzida no recurso principal.

Acresce, tendo em conta o disposto nos artigos 60º, nº 1 e 98º, nº 2, deste Código, que a parte recorrente a título principal pode responder ao recurso subordinado no prazo de 20 dias contado nos termos dos artigos 144º, n.ºs 1 a 3, e 254º, nº 3, do Código de Processo Civil, desde a notificação do despacho que o admitiu, e ampliar o objecto da perícia.

4. Discute-se, a propósito do disposto neste artigo, se o pedido de indemnização formulado pelo expropriado e demais interessados pode ou não ser ampliado na fase do recurso da decisão arbitral.

Tem sido decidido, ora no sentido negativo, ora no sentido positivo, isto é, da sua possibilidade até à apresentação do relatório pericial, ou antes das alegações, ou no âmbito destas.

Importa, a este propósito, ter em conta que o recurso da decisão arbitral se traduz num misto de recurso e de acção, ou seja, num processo especial, a que se reporta o n.º 1 do artigo 463.º do Código de Processo Civil.

Ora, conforme decorre do artigo 463.º, n.º 1, do Código de Processo Civil, os processos especiais regem-se pelas disposições que lhe são próprias e pelas disposições gerais e comuns, e, em tudo que não estiver previsto numas e noutras, pelo que se acha estabelecido quanto ao processo ordinário.

O artigo 273.º, n.º 2, do Código de Processo Civil, por seu turno, estabelece que até ao encerramento da discussão em primeira instância é permitida a ampliação do pedido se ela for o desenvolvimento ou a consequência do pedido primitivo.

Ora, no caso deste recurso do acórdão arbitral, que também assume a característica de acção, a discussão sobre a matéria de facto e de direito só termina com as alegações a que se reporta o artigo em análise.

Propendemos, por isso, a considerar que o expropriado, até ao encerramento da discussão no tribunal da primeira instância, pode ampliar o valor da indemnização que invocou aquando da interposição do recurso, em consequência ou em desenvolvimento do pedido primitivo.

Também tem sido discutido se a falta de alegação neste recurso do acórdão arbitral envolve ou não a consequência da sua deserção.

Ora, as alegações em causa não visam a delimitação do objecto do recurso, cuja sede própria é o requerimento tendente à sua interposição, a que aludem os artigos 58.º e 60.º, n.º 1, deste Código.

Por esse mesmo motivo e pelo facto de o recurso do acórdão arbitral se traduzir em misto de recurso e de acção, propendemos a considerar que a falta da referida alegação pelos recorrentes não implica a deserção a que alude o artigo 291.º, n.º 2, do Código de Processo Civil.[345]

---

[345] Neste sentido, pode ver-se JOSÉ OSVALDO GOMES, *obra citada*, página 387.

5. Sobre a matéria a que se reporta este artigo pronunciaram-se, entre outras, as seguintes decisões judiciais:

a) O pedido pode ser ampliado até ao encerramento da discussão, ou seja, até às ou nas alegações de recurso do acórdão arbitral (Acórdão do STJ, de 26.06.2001, CJ, Ano IX, Tomo 2, página 137).

b) No processo de expropriação, o pedido pode ser ampliado até ou nas alegações a que alude o artigo 64º deste Código. Não sendo pedida a ampliação, não pode o tribunal a arbitrar indemnização superior à pedida pelos expropriados no requerimento de interposição do recurso (Acórdão da Relação de Guimarães, de 24.9.2003, CJ, Ano XXVIII, Tomo 4, página 274).

c) As alegações a que alude o artigo 64º, nº 1, deste Código têm a mesma natureza das que versam sobre o aspecto jurídico da causa previstas no artigo 657º do Código de Processo Civil, a delimitação do âmbito do recurso fixa-se pelas alegações constantes do requerimento de interposição, a que se refere o artigo 52º, nº 1, daquele Código (Acórdão da Relação de Coimbra, de 09.05.06, Processo nº 287/06).

d) A realização de diligência pericial por iniciativa do relator da Relação, por virtude de os peritos, no tribunal da 1ª instância, só haverem avaliado a parcela de terreno em causa como solo apto para a construção, e de a entidade expropriante, no recurso de apelação da respectiva sentença, invocar dever ser avaliada para outros fins, não implica, no seu termo, a notificação das partes para alegarem nos termos do artigo 64º, nº 1, do Código das Expropriações de 1999, pelo que a sua falta não envolve a nulidade do acórdão subsequentemente proferido (Acórdão do STJ, de 11.09.08, Agravo nº 2370/2008, 7ª Secção).

e) O processo de expropriação não constitui o meio processual adequado para se formular em articulado superveniente o pedido de indemnização pelas despesas decorrentes da mudança de habitação, do arrendamento de um apartamento ou da construção de nova moradia, porque ele apenas visa a compensação aos expropriados do valor dos bens expropriados, sem prejuízo do ressarcimento por via do instituto da responsabilidade civil, em acção declarativa de condenação (Acórdão do STJ, de 25.03.09, Processo nº 3820/08 – 1.ª Secção).

ARTIGO 65º
Prazo de decisão

As decisões sobre os recursos da decisão arbitral são proferidas no prazo máximo de 30 dias a contar do termo fixado para as alegações das partes.

1. Este artigo, epigrafado de *prazo de decisão*, prevê o prazo de prolação da sentença relativa ao recurso do acórdão arbitral, e estatui dever sê-lo no prazo máximo de 30 dias a contar do termo do prazo fixado para a alegação das partes.[346]

É conforme com o que se prescreve no artigo 658º do Código de Processo Civil, segundo o qual, concluída a discussão do aspecto jurídico da causa, o processo é concluso ao juiz, que deverá proferir a sentença no prazo de trinta dias.

A menção ao prazo máximo de trinta dias, porventura sob a ideia de excluir a decisão para além daquele prazo, não assume qualquer relevo, pelo que se revela escusada.

O termo do prazo de alegação do recorrente e do recorrido está previsto no artigo 64º deste Código, e o referido prazo máximo de 30 dias é contado desde o dia imediato ao termo do mencionado prazo, conforme o disposto no artigo 144º, n.os 1 a 3, do Código de Processo Civil.

Trata-se, com efeito, de um prazo judicial, porque representa o tempo em que deve ser proferido o acto processual sentença, cujo escopo acaba por ser meramente ordenador da marcha do processo.

O seu incumprimento, sem qualquer repercussão negativa no âmbito da tramitação processual que não seja a que envolve necessariamente o atraso, salvo no plano disciplinar ou da responsabilidade civil do Estado pela não prolação de decisão final em prazo razoável.[347]

4. Sobre a matéria a que este artigo se reporta pronunciaram-se, entre outras, as seguintes decisões judiciais:

a) O tribunal deve afastar-se do laudo dos peritos, ainda que unânime, desde que o critério e os parâmetros por eles defendidos nos seus relatórios não se afigurem legalmente sustentáveis (Acórdão da Relação do Porto de 12.2.2001, CJ, Ano XXVI, Tomo 1, página 210).

---

[346] Este artigo está conexionado com o que se estabelece nos artigos 55º, nº 3, 64º e 66º, todos deste Código.

[347] Ao conteúdo da sentença e à respectiva forma, referir-nos-emos na anotação ao artigo seguinte.

CÓDIGO DAS EXPROPRIAÇÕES E ESTATUTO DOS PERITOS AVALIADORES

b) O relatório subscrito pela maioria dos peritos devidamente fundamentado não pode, sem qualquer outra argumentação relevante, ser posto em causa pelo tribunal se não se socorrer, no confronto dos valores apresentados, de outros critérios técnicos objectivamente sustentados (Acórdão da Relação de Évora, de 05.05.2005, CJ, Ano XXX, Tomo 3, página 241).

c) Quando se trate de questões meramente técnicas, deve o tribunal preferir o laudo dos peritos por si designados, salvo se não estiver devidamente fundamentado nos factos e na lei (Acórdão da Relação de Évora, de 12.10.06, Processo nº 1134/06-3).

d) É de preferir, em princípio, o juízo arbitral à perícia, porque os árbitros oferecem acrescidas garantias de acerto, em virtude da sua selecção, funcionando como a primeira instância, salvo manifesto erro de apreciação (Acórdão da Relação de Coimbra, de 12.12.06, Processo nº 5191/04.9TBLRA.C1).

e) Não há contradição entre os fundamentos e a decisão se o juiz considerou parcelares pareceres dos peritos e, depois, atribuiu uma indemnização total. Se as obras que motivaram a expropriação provocaram danos em parcela não expropriada, os prejuízos daí resultantes terão de ser pedidos em acção de processo comum e não no de expropriação, sob pena de funcionar o efeito do erro na forma de processo (Acórdão da Relação de Évora, de 4.10.07, Processo nº 1692/07-3).

f) Havendo divergência insanável dos peritos na avaliação da parcela expropriada e na depreciação do terreno remanescente, deve o juiz optar, na decisão da matéria de facto, pelas avaliações com melhor fundamento técnico, se necessário recorrendo ao critério do *bonus pater famílias*. Não é aceitável decidir-se de determinada maneira porque foi essa a opinião maioritária dos peritos, ou que se dê maior relevância ao laudo dos peritos nomeados pelo juiz, na pressuposição de que estes são mais isentos ou imparciais do que os indicados pelas partes (Acórdão da Relação de Évora, de 17.01.08, Processo nº 660/07-3).

g) O tribunal não está vinculado em absoluto a respeitar a prova pericial, podendo apreciar livremente o resultado obtido, corrigindo-o, se necessário, segundo critérios de justiça e equidade. Havendo disparidade nos autos periciais, deve dar preferência ao laudo dos peritos por si nomeados por darem maior garantia de imparcialidade e independência. As conclusões da perícia não podem ser substituídas por relatórios obtidos noutros processos (Acórdão da Relação de Lisboa, de 17.07.08, Processo nº 5150/2008-2).

h) No processo de expropriação, pese embora a força probatória dos laudos periciais, o juiz conserva o estatuto de *peritus peritorum*, não estando obrigado a sufragar as bases de cálculo adoptadas pelos peritos, elas próprias de natureza subjectiva, quando envolvam desvio relevante relativamente a casos análogos ou contendam com critérios jurisprudenciais de larga consagração (Acórdão da Relação de Guimarães, de 19.02.09, Processo nº 1061/07.7TBGMR.G1).

i) O processo expropriativo não tem tramitação aparentada com os processos declarativos típicos nem com os recursos constantes do Código de Processo Civil, uma vez que visa a realização de diligências de prova com vista a atribuir a justa indemnização aos expropriados. A sentença deve pronunciar-se sobre as questões objecto dos recursos, sem pôr em causa o caso julgado que esteja formado. A circunstância de a sentença se não reportar expressamente à decisão arbitral, mas à avaliação pericial, se estiver fundamentada, não é afectada de nulidade, nem viola algum princípio constitucional (Acórdão da Relação de Guimarães, de 30.04.09, Processo nº 2183/08-1).

j) O laudo maioritário constitui um valor seguro para a fixação judicial da indemnização. Mas como as respostas dos peritos estão sujeitas à livre apreciação do tribunal, este, com base na análise crítica das provas, de forma não arbitrária, pode afastar-se de qualquer dos laudos ou de todos (Acórdão da Relação de Lisboa, de 14.05.09, Processo nº 211/1996.L1-6).

k) O juiz não pode, sem fundamento sólido, afastar-se do resultado das peritagens, quando elas são unânimes, ou quando os peritos formarem a maioria e oferecerem garantias de imparcialidade, sobretudo quando os peritos do tribunal são os maioritários (Acórdão da Relação de Lisboa, de 07.07.09, Processo nº 61/1996.L1-1).

ARTIGO 66º
Decisão

1 – O juiz fixa o montante das indemnizações a pagar pela entidade expropriante.

2 – A sentença é notificada às partes, podendo dela ser interposto recurso, com efeito meramente devolutivo.

3 – É aplicável o disposto nos n.ᵒˢ 2 a 4 do artigo 52º, com as necessárias adaptações, devendo o juiz ordenar que a entidade expropriante efectue o depósito que for necessário no prazo de 10 dias.

4 – O disposto nos números precedentes é também aplicável no caso de o processo prosseguir em traslado.

5 – Sem prejuízo dos casos em que é sempre admissível recurso, não cabe recurso para o Supremo Tribunal de Justiça do acórdão do tribunal da Relação que fixa o valor da indemnização devida.

1. O nº 1 deste artigo prevê uma das vertentes da sentença a que se reporta o artigo anterior, e estatui dever o juiz fixar o montante das indemnizações a pagar pela entidade beneficiária da expropriação.

Está inserido num contexto normativo relativo à sentença final no tribunal da 1ª instância e aos recursos que dela são admissíveis.[348]

Decorre da lei que à expropriação por utilidade pública deve corresponder a justa indemnização, em conformidade com o valor corrente dos bens expropriados, de acordo com o seu destino efectivo ou possível numa utilização económica normal à data da publicação da declaração de utilidade pública, face às circunstâncias e condições de facto naquela data existentes.

Tendo em conta o disposto nos artigos 205º, nº 1, da Constituição e 158º do Código de Processo Civil, a referida sentença deve ser suficientemente fundamentada de facto e de direito, em termos de da sua motivação decorrer o *iter* cognoscitivo do juiz, elemento necessário ao seu controlo externo e instrumental da decisão das partes sobre a sua impugnação ou não.

A sua forma é a prevista no artigo 659º do Código de Processo Civil, sem prejuízo da necessidade da sua adaptação conforme o julgamento da matéria de facto seja realizado pelo juiz singular ou pelo tribunal colectivo.

A regra, conforme resulta do nº 1 daquele artigo, é a de que o relatório deve começar por identificar as partes e o objecto do litígio, do qual devem ressaltar as questões que o tribunal deve solucionar, por terem sido invocadas pelos recorrentes.

Considerando o disposto nos artigos 659º, nº 2, e 653º, nº 2, do Código de Processo Civil, no caso de não ter havido intervenção do tribunal colectivo, seguem-se os fundamentos de facto, ou seja, os factos considerados provados

---

[348] Está conexionado com o disposto nos artigos 38º, nº 1, 71º, 72º, nº 3 e 97º, todos deste Código.

e não provados, sob análise critica das provas e especificação das que foram decisivas para a convicção do juiz).[349]

Na determinação dos factos provados, conforme resulta do n.º 3 do artigo 659.º do Código de Processo Civil, deve o juiz ter em consideração, além dos factos derivados do relatório pericial ou do auto de inspecção judicial, os que derivam da prova plena, designadamente de confissão, acordo das partes ou de documentos com essa força probatória.

Face ao disposto nos artigos 389.º, 391.º e 396.º do Código Civil e 655.º, n.º 1, do Código de Processo Civil, a decisão da matéria de facto, afora o âmbito da prova plena – derivada de documentos, de confissão ou acordo das partes ou de presunções – envolve a livre apreciação, designadamente da prova testemunhal, da pericial e da derivada de inspecção judicial.

Os peritos são dotados de especiais conhecimentos técnicos, que devem exercitar nas perícias, tendo presente o critério do interesse público, pelo que a prova pericial assume relevo essencial na fixação da matéria de facto necessária à determinação da justa indemnização devida aos expropriados e aos demais interessados.

Por isso, a esmagadora maioria da jurisprudência tem vindo a considerar que, sendo divergentes os laudos periciais, cabe em princípio ao tribunal dar preferência ao dos peritos oficiosamente escolhidos, pelas suas garantias de competência técnica e de imparcialidade.[350]

Mas não é rigorosamente assim, conforme resulta do artigo 391.º do Código Civil, porque o tribunal, com base na livre valoração dos juízos periciais e da restante prova, salvo a plena, deve fixar os factos relevantes para a determinação da indemnização segundo as várias soluções plausíveis das questões de direito, independentemente da qualidade em que os peritos actuem.

Temos pois que, fixados os factos provados, deve o juiz proceder à análise do seu sentido, subsumindo-os às normas jurídicas aplicáveis, incluindo as relativas às custas processuais.

A parte final é a que envolve a decisão, ou seja, a relativa à fixação ou não indemnização, incluindo a condenação no pagamento das custas de quem por estas for responsável.

---

[349] Tendo sido o tribunal colectivo a proceder ao julgamento da matéria de facto, a respectiva decisão assume autonomia formal em relação à sentença propriamente dita, que vai ser elaborada pelo juiz de círculo ou pelo juiz da vara a quem foi distribuído o processo para julgamento, conforme os casos.

[350] Acórdão da Relação de Lisboa, de 30.6.2005, CJ, Ano XXX, Tomo 2, página 116.

Temos, pois, que a sentença, seja a proferida pelo juiz do processo, seja pelo juiz da vara cível ou mista, seja pelo juiz de círculo, envolve quatro partes, a primeira concernente ao relatório, a segunda à decisão da matéria de facto, com a pertinente motivação e o elenco dos factos não provados e provados, estes pela sua ordem lógica e cronológica, a terceira à análise fáctico-jurídica com a enunciação da consequência jurídica da aplicação do direito aos factos provados, e a quarta à decisão propriamente dita com o âmbito da procedência ou não do recurso ou dos recursos, consubstanciada na fixação da indemnização pretendida pelos recorrentes no todo ou em parte, conforme os casos.

2. Prevê o nº 2 deste artigo a sentença prevista no artigo anterior, e estatui, por um lado, que ela é notificada às partes, e, por outro, que dela pode ser interposto recurso com efeito meramente devolutivo.

Temos, pois, que a sentença é notificada à entidade beneficiária da expropriação, aos expropriados e aos demais interessados que haja, ou seja, aos recorrentes e aos recorridos, por carta registada no correio, nos termos dos artigos 254º, nº 1 e 255º, nº 1, ambos do Código de Processo Civil.

Além disso, considerando o disposto no artigo 19º do Decreto-Lei nº 125/2002, de 10 de Maio, deve também ser notificada aos árbitros e aos peritos que intervieram no processo nomeados pelo tribunal.

Face ao disposto no artigo 680º, nº 1, do Código de Processo Civil, dela pode a parte vencida no todo ou em parte interpor recurso, seja a entidade beneficiária da expropriação, o expropriado ou qualquer outro interessado.

Trata-se do recurso de apelação, a que em regra se reportam os artigos 691º a 693º-B e 700º a 705º e 707º a 720º, todos do Código de Processo Civil, com as especificações a que alude o artigo 685º-B do mesmo diploma no caso de impugnação da decisão da matéria de facto.

O valor da causa para efeito de recurso para o tribunal da Relação é o que consta especialmente do artigo 38º, nº 2, deste Código, a que acima já se fez referência, e, nos termos dos artigos 678º, nº 1, do Código de Processo Civil, 24º, nº 1, da Lei nº 3/99, de 3 de Janeiro, e 31º, nº 1, da Lei nº 52/2008, de 28 de Agosto, a sua interposição depende de o valor da causa ser superior ao da alçada do tribunal da primeira instância, actualmente no valor de € 5 000, e de a decisão impugnada ser desfavorável para o recorrente em valor superior a metade da alçada desse tribunal.

Considerando o disposto no artigo 98º, nº 2, deste Código, o prazo de interposição deste recurso é de 30 dias, contado desde a data da notificação presumida dos interessados, nos termos dos artigos 144º, n.ᵒˢ 1 a 3, e 254º, nº 3, todos do Código de Processo Civil.

Quanto ao regime de subida, temos que ele sobe nos próprios autos, nos termos do nº 1 do artigo 691º e da alínea a) do nº 1 do artigo 691º-A, ambos do Código de Processo Civil.

Este normativo atribui especialmente ao referido recurso o efeito devolutivo, o que coincide com a regra do regime geral a que alude o nº 1 do artigo 692º do Código de Processo Civil.

O referido efeito significa que a interposição do recurso não obsta a que a sentença recorrida produza efeitos fora do processo onde foi proferida, ou seja, não afecta, por exemplo, a adjudicação da propriedade e da posse à entidade beneficiária da expropriação a que se reporta o artigo 51º, nº 5, deste Código.

Conforme resulta dos artigos 666º a 670º do Código de Processo Civil, a regra da extinção do poder jurisdicional com a prolação da sentença só é excepcionada no que concerne à rectificação de erros materiais, aclaração e reforma, com distinção de regime conforme dela seja ou não interposto recurso.

3. O nº 3 deste artigo prevê o disposto nos n.ᵒˢ 2 a 4 do artigo 52º deste Código, e estatui, por um lado, ser o mesmo aplicável no recurso, com as necessárias adaptações, e, por outro, dever o juiz ordenar que a entidade beneficiária da expropriação efectue o depósito que for necessário, no prazo de 10 dias.

O disposto nos n.ᵒˢ 2 a 4 do artigo 52º deste Código envolve, por um lado, dever o juiz observar, quando não haja recurso, relativamente à atribuição da indemnização aos interessados, com as necessárias adaptações, o disposto nos n.ᵒˢ 3 e 4 do artigo 37º do mesmo diploma, e, por outro, havendo recurso, dever o juiz atribuir imediatamente aos interessados, nos termos referidos, o montante sobre o qual se verifique o acordo, e, finalmente, que qualquer dos titulares do direito a indemnização pode requerer, no prazo de dez dias, a contar da notificação daquela decisão, que lhe seja entregue a parte da quantia que lhe competir sobre a qual se não verifique acordo, mediante a prestação de caução de igual montante, por garantia bancária ou seguro-caução.

Não haver recurso significa, naturalmente, que da sentença ninguém o interpôs, do que decorre o seu trânsito em julgado, isto é, nos termos do artigo 677º do Código de Processo Civil, a sua definitividade.

Nessa hipótese, deve o juiz observar, com as necessárias adaptações, o disposto nos n.os 3 e 4º do artigo 37º, por virtude das remissões do nº 2 do artigo 52º e do normativo aqui em análise.

A referida adaptação justifica-se na medida em que a atribuição da indemnização a que se referem os n.os 3 e 4 do artigo 37º deste Código se reporta aos casos de expropriação amigável, o que aqui, neste normativo, se não verifica.

No caso de só haver um interessado com direito à indemnização, como não pode haver conflito na matéria, o juiz limita-se a ordenar a entrega do respectivo montante ao credor que dele seja, e se houver mais do que um, é aplicável o nº 3 do artigo 37º deste Código, segundo o qual a indemnização acordada pode ser atribuída a cada um dos interessados ou globalmente fixada.

Este último normativo tem a ver com as situações em que o direito de indemnização se inscreve na titularidade de mais do que uma pessoa – como é o caso de co-herdeiros, de co-legatários, de comproprietários e de concurso entre proprietários e titulares de direitos reais menores, designadamente usufrutuários, titulares de direito de superfície, de uso e habitação e de servidão – e no acórdão arbitral e na sentença se não individualizou o quantitativo do direito de cada uma.

A atribuição a cada um dos interessados do concernente montante indemnizatório há-de assentar, como é natural, no direito substantivo da titularidade de cada um deles.

Previamente à decisão a que se reporta o normativo em análise, deve o juiz ordenar a notificação dos titulares do direito à indemnização a fim de, em dez dias, contados nos termos acima referidos, se pronunciarem sobre a distribuição do seu montante.

No caso de todos os interessados na indemnização acordarem em que determinado valor indemnizatório seja atribuído a cada um, a ordem de entrega pelo juiz observará os termos desse acordo, e, na hipótese de falta do referido acordo, deve ser entregue àquele que por todos for designado, o que o juiz observará no respectivo despacho.

Não designando os vários interessados, por acordo, aquele a quem o montante indemnizatório deve ser entregue, nada mais incumbe ao tribunal oficiosamente nesta matéria, cabendo aos credores da indemnização a partilha do montante indemnizatório por via do incidente a que se reporta o artigo 54º da Lei nº 29/2009, de 29 de Junho.

Diversa é a situação no caso de da referida sentença ser interposto recurso pela entidade beneficiária da expropriação, pelos expropriados ou demais interessados, ou por uma e outros, o que implica a aplicação, com as necessárias adaptações, do disposto no nº 3 do artigo 52º deste Código.

Nesse caso, deve o juiz atribuir imediatamente aos interessados, nos termos do nº 2 do daquele artigo, o montante indemnizatório sobre o qual se verifique o acordo dos interessados.[351]

Temos, assim, que, interposto o recurso da sentença em causa, deve o juiz atribuir imediatamente aos interessados o montante sobre o qual houver acordo deles.

No caso de se tratar de uma pluralidade de titulares do direito à indemnização fixada na sentença, releva a circunstância de estarem de acordo quanto ao montante a entregar a cada um, ou a algum deles globalmente, para divisão posterior.

Na falta de acordo da pluralidade dos titulares do direito à indemnização, não pode o juiz atribuí-la a cada um individualmente, ou a um deles em termos de globalidade.

Todavia, tendo em conta o disposto no nº 4 do artigo 52º deste Código, mesmo na falta do referido acordo, qualquer dos titulares do direito à indemnização pode requerer que lhe seja entregue a parte da quantia indemnizatória que lhe competir, no prazo de 10 dias a contar da notificação da sentença, mediante a prestação de caução de igual montante por garantia bancária ou seguro caução.

Trata-se do diferencial entre o montante indemnizatório fixado na sentença e aquele que a entidade beneficiária da expropriação considera, nas alegações do recurso que interponha, ser àqueles devido.

É um normativo de salvaguarda do interesse dos credores do direito à indemnização, na medida em que os primeiros garantem, por via de prestação de caução, se o recurso da última for procedente no que concerne à definição da definitiva da indemnização, a restituição que seja devida.

Trata-se de um regime de prestação de caução diverso do geral, previsto no artigo 623º, nº 1, do Código Civil, na medida em que se cinge aos contratos de garantia bancária e de seguro-caução.

A garantia bancária é, essencialmente, um contrato entre o devedor e um banco, pelo qual este assume o compromisso de emitir uma declaração, vincu-

---

[351] Quanto à dispensa da retenção do montante indemnizatório para garantia do pagamento das custas pelos expropriados, remete-se para o que se escreveu em anotação ao nº 3 do artigo 52º deste Código.

lando-se em termos correspondentes àqueles que o credor exigiu ao devedor no âmbito de uma relação designada de valuta.

Neste quadro, a vinculação do banco perante o beneficiário só surge com a emissão pelo primeiro do termo de garantia e respectiva entrega, normalmente ao respectivo dador, cliente do banco.[352]

O contrato de seguro-caução é atípico, a favor de terceiro, consubstanciado numa tríplice relação: entre o tomador do seguro e o beneficiário, designada de *valuta*, entre a seguradora e o tomador, chamada de cobertura, e entre a seguradora e o beneficiário, designada de prestação.

Este tipo de garantia não envolve, em regra, a indemnização à primeira solicitação.[353]

A referida notificação, face ao disposto no artigo 254º, nº 3, do Código de Processo Civil, considera-se ocorrida no terceiro dia útil posterior ao do registo, ou no primeiro dia útil seguinte, caso o não seja.

O mencionado prazo de dez dias é contado nos termos do artigo 144º, n.os 1 a 3, do Código de Processo Civil, do modo acima referido, na medida em que se trata de um prazo judicial.

4. O nº 4 deste artigo prevê o disposto nos números precedentes, e estatui, para o caso de o processo prosseguir em traslado, ser o mesmo também aplicável.

A referência aos números procedentes só tem razão de ser em relação ao número precedente, ou seja, ao nº 3 deste artigo, e o traslado é, no caso, a cópia imediata da sentença, passada pelo escrivão, a pedido do credor da indemnização.

Face ao disposto no artigo 47º, nº 1, do Código de Processo Civil, o processo prossegue no regime geral em traslado no caso de o exequente instaurar acção executiva para pagamento de quantia certa com base em sentença recorrida cujo efeito do recurso seja meramente devolutivo, que assim constitui título executivo.

O normativo em análise não se refere à referida situação de execução com base em traslado, antes estando conexionado com o que se prescreve no nº 4 do artigo 52º deste Código para o caso de interposição de recurso com efeito devolutivo da sentença favorável ao expropriado e ou a outros interessados.

---

[352] Neste sentido, pode ver-se MANUEL JANUÁRIO DA COSTA GOMES, "Sobre a Circulabilidade do Crédito Emergente da Garantia Bancária Autónoma ao Primeiro Pedido", *Revista da Banca*, Número 64, Julho/Dezembro, 2007, páginas 45 a 47.

[353] O contrato de seguro-caução é regulado pelo Decreto-Lei nº 183/88, de 24 de Maio, alterado pelo Decreto-Lei nº 214/99, de 15 de Junho.

Dir-se-á resultar do normativo em análise que os expropriados podem requerer, no prazo de 10 dias, contado nos termos acima referidos, da notificação da sentença, a emissão do aludido traslado a fim de por via dele correr termos o incidente de depósito e de levantamento conforme o nº 4 do artigo 52º deste Código.

O mesmo regime é susceptível de aplicação no caso de o acórdão da Relação ter fixado a indemnização e haver recurso, por exemplo, para o Tribunal Constitucional, na medida em que o efeito que lhe corresponde, face ao disposto no artigo 78º, nº 3, da Lei nº 28/82, de 15 de Novembro, é o meramente devolutivo.

Esta situação é configurável na sequência da sentença proferida no tribunal da primeira instância, e, eventualmente, na do acórdão da Relação proferido em recurso, se houver recurso houver para o Supremo Tribunal de Justiça e, naturalmente, se os expropriados não tiverem já usado da referida faculdade no primeiro dos aludidos tribunais.

5. Prevê o nº 5 deste artigo a salvaguarda dos casos em que é sempre admissível recurso, e estatui não haver recurso para o Supremo Tribunal de Justiça do acórdão da Relação que fixou o valor da indemnização devida.

Assim, no processo de expropriação, a regra é no sentido de não haver recurso para o Supremo Tribunal de Justiça do acórdão da Relação que conheceu da sentença proferida no tribunal da 1ª instância, salvo nos casos em que é sempre admissível recurso.

Consequentemente, quanto à fixação da indemnização no processo de expropriação, por força da lei, só temos como possíveis os seguintes graus de jurisdição: o acórdão arbitral, a sentença proferida no tribunal da primeira instância judicial em recurso daquele acórdão e o acórdão da Relação proferido em recurso daquela sentença.

Quanto à possibilidade de recurso para o Supremo Tribunal de Justiça do acórdão do tribunal da Relação, ela só ocorre nos casos em que é sempre admissível recurso.

Tendo em conta o disposto no artigo 678º, nº 2, do Código de Processo Civil, os recursos dos acórdãos da Relação sempre admissíveis, independentemente do valor da causa e da sucumbência, são, por um lado, aqueles a que é imputada a violação de regras de competência internacional ou em razão da matéria ou da hierarquia, ou que ofendam o caso julgado, e, por outro, os respeitantes ao valor da causa ou dos incidentes com o fundamento de que excede a alçada do tribunal de que se recorre, e os das decisões proferidas no domínio da mesma legislação sobre a mesma questão fundamental de direito contra jurisprudência uniformizada do Supremo Tribunal de Justiça.

Fora deste quadro de normas de absoluta admissibilidade do recurso, os acórdãos da Relação proferidos no âmbito do processo de expropriação, salvo os que o forem na pendência do recurso de apelação – à margem da reapreciação da decisão proferida no tribunal da 1ª instância – não admitem recurso de revista para o Supremo Tribunal de Justiça, nem mesmo a revista excepcional a que se reporta o artigo 721º-A do Código de Processo Civil.

Em consequência, nem sequer, ao que parece, pode haver recurso de revista para o Supremo Tribunal de Justiça do acórdão da Relação em contradição com outro já transitado em julgado proferido por qualquer outra Relação ou pelo Supremo Tribunal de Justiça, no domínio da mesma legislação, sobre a mesma questão fundamental de direito, a que alude a alínea c) do nº 1 do artigo 721º-A do Código de Processo Civil.

Regime diverso é o referente ao recurso de revista de acórdãos da Relação proferidos no âmbito do recurso de apelação fora do quadro directo da impugnação da sentença proferida no tribunal da 1ª instância.

Nestes casos de acórdãos proferidos na pendência do processo na Relação, considerando o disposto no artigo 721º, nº 2, do Código de Processo Civil, apenas podem ser impugnados no recurso de revista que venha a ser interposto nos termos acima referidos, salvo os proferidos sobre a incompetência relativa da Relação, ou cuja impugnação com o recurso de revista seja absolutamente inútil, e outros legalmente previstos.

Nestas situações, tendo em conta o disposto no artigo 721º, nº 4, do Código de Processo Civil, se não houver ou não for admissível recurso de revista das decisões referidas em último lugar, esses acórdãos podem ser impugnados se tiverem interesse para o recorrente, independentemente daquela decisão, num recurso único, a interpor no prazo de 15 dias após o trânsito em julgado daquela decisão.

Considerando o disposto no artigo 721º, nº 5, do Código de Processo Civil, as decisões interlocutórias que tenham sido impugnadas conjuntamente com a sentença final proferida no tribunal da 1ª instância, nos termos do nº 3 do artigo 691º do Código de Processo Civil, também não podem ser objecto de recurso de revista.

Perante este quadro, a conclusão é a de que não há recurso para o Supremo Tribunal de Justiça dos acórdãos da Relação que tenham incidido sobre decisões proferidas no tribunal da primeira instância directa ou directamente relativas à fixação da indemnização.

A fixação da indemnização assenta, como é natural, na selecção, interpretação e aplicação da lei substantiva, pelo que esta lhes diz necessariamente respeito. Por seu turno, também as normas processuais relativas ao processo de expropriação se referem de algum modo à fixação da indemnização, na medida em que lhe são instrumentais.

Em consequência, não tem apoio legal a opinião de que é admissível recurso para o Supremo Tribunal de Justiça dos acórdãos da Relação que conheçam de decisões proferidas no tribunal da primeira instância com fundamento na violação da lei substantiva ou processual.[354]

6. Tem vindo a ser discutido, por um lado, se no âmbito da decisão arbitral pode haver lugar à aplicação do disposto no nº 4 do artigo 684º do Código de Processo Civil, segundo o qual os efeitos do caso julgado, na parte não recorrida, não podem ser prejudicados pela decisão do recurso nem pela anulação do processo, e, por outro, se a sentença pode fixar a indemnização devida aos expropriados em montante superior ao pedido por via do recurso do acórdão arbitral.

Alguns autores concluem, a propósito, no sentido, por um lado, de poder ser excedido o valor peticionado pelas partes no requerimento de interposição do recurso se o fundarem em normas inconstitucionais, e, por outro, no caso de o recurso ter sido interposto pelo expropriado com fundamento na simples discordância dos critérios adoptados no acórdão para determinação do montante indemnizatório.[355]

Conforme já se referiu, o recorrente do acórdão arbitral deve expor as razões da sua discordância sobre o montante da indemnização que nele lhe foi fixado, expressando, naturalmente, o que na sua perspectiva deveria ter sido.

Temos que a decisão dos árbitros neste processo de expropriação têm natureza jurisdicional, e, consequentemente, a mesma força vinculativa das sentenças judiciais.[356]

---

354 No sentido de que pode haver recurso para o Supremo Tribunal de Justiça com fundamento autónomo na violação da lei substantiva, podem ver-se PEDRO CANSADO PAES, ANA ISABEL PACHECO e LUÍS ALVAREZ BARBOSA, *obra citada*, página 281.

355 Neste sentido, pode ver-se JOSÉ OSVALDO GOMES, *obra citada*, páginas 389 e 390.

356 Neste sentido, pode ver-se o Acórdão do Tribunal Constitucional nº 259/97, publicado no *Diário da República*, II Série, de 30 de Junho de 1997.

Conforme já se referiu, quem recorre do acórdão arbitral tem de motivar a discordância, o que passa pela menção do valor de indemnização que, segundo o quadro de facto e de direito aplicável, deveria ser nele fixada.

Tendo em conta o disposto nos artigos 3º, nº 1, 661º, nº 1, e 668º, nº 1, alínea e), do Código de Processo Civil, o tribunal não pode fixar a mencionada indemnização para além do pedido que lhe seja formulado, porque se o fizer a sentença fica afectada de nulidade.

Por isso, a sentença proferida no tribunal da 1ª instância no âmbito do processo de expropriação – misto de recurso e de acção – não pode fixar a indemnização devida aos expropriados para além do pedido formulado no instrumento de interposição do recurso, ou posteriormente.

Nesta perspectiva, o expropriado ou outro interessado que não recorra do acórdão arbitral não pode obter, no recurso só interposto pela entidade beneficiária da expropriação, indemnização superior àquela que lhe foi arbitrada naquele acórdão.

Ao invés, se a entidade beneficiária da expropriação não tiver recorrido do mencionado acórdão, não pode ser atribuída aos expropriados recorrentes indemnização inferior à nele fixada.

Do mesmo modo, nos termos do nº 4 do artigo 684º do Código de Processo Civil, se o acórdão arbitral tiver partes distintas, com distintas vertentes de indemnização, se os recorrentes não invocaram no recurso, em relação a elas, a sua discordância, a conclusão é a de que ficam abrangidas pelo caso julgado.

Finalmente, dir-se-á que o tribunal está sempre limitado pelo valor do pedido formulado pelos recorrentes, seja a entidade beneficiária da expropriação ou o expropriado ou outros interessados do lado passivo, independentemente de o terem ou não fundamentado em normas por eles consideradas afectadas de inconstitucionalidade.

Com efeito, se os recorrentes tiverem fundamento para considerar as normas inconstitucionais, devem invocar este vício e formular o respectivo pedido em conformidade.

E se, porventura, a declaração de constitucionalidade for posterior à formulação do referido pedido, que implique acrescido âmbito indemnizatório, podem os recorrentes proceder à sua alteração, nos termos do artigo 273º, nº 2, do Código de Processo Civil.

7. Sobre a matéria a que este artigo se reporta pronunciaram-se, entre outras, as seguintes decisões judiciais:

PARTE II – O CÓDIGO DAS EXPROPRIAÇÕES **ART. 66º** 405

a) Se a sentença proferida em processo de expropriação fixou indemnização superior à do acórdão arbitral, não se verifica a violação da proibição da *reformatio in pejus* prevista no nº 4 do artigo 684º do Código de Processo Civil, sendo irrelevante para o efeito que na indemnização fixada na sentença se tenha incluído uma verba não considerada no acórdão arbitral, e sem a qual a indemnização teria sido inferior à fixada (Acórdão da Relação de Évora, Porto de 25.02.2001, CJ, Ano XXVI, Tomo 1, página 271).

b) Em caso de recurso, sob pena de violação do caso julgado formal, tendo havido acordo sobre a indemnização já entregue ao expropriado, não pode o julgador fixar indemnização inferior àquela (Acórdão da Relação de Coimbra, de 11.2.2003, CJ, Ano XXVIII, Tomo 1, página 37).

c) Se com a expropriação não se criou – *ex novo* – uma servidão *non aedificandi*, mas apenas ocorreu uma deslocação da área sujeita à proibição de construir, sem que se tenha agravado o ónus já existente, não há lugar a indemnização (Acórdão da Relação de Lisboa, de 03.05.05, Processo nº 3525/2005-6).

d) O julgamento arbitral é um acto jurisdicional baseado em especialização essencialmente pericial, e a questão qualificativa é meramente prejudicial do juízo indemnizatório, que deste não pode ser cindida. O princípio da preclusão contido no nº 1 do artigo 684º do Código de Processo Civil não impede que o recurso seja extensível aos mencionados critérios jurídicos de qualificação, ainda que não tenham sido directamente impugnados. Havendo recurso dessa decisão, as questões prejudiciais e as qualificações jurídicas que precederam a determinação do relevo de cada componente do *quantum* indemnizatório impugnado são sempre sindicáveis pelo tribunal *ad quem*, mesmo que não incluídas expressamente na delimitação do objecto do recurso (Acórdão da Relação de Coimbra, de 28.03.06, Processo nº 59/06).

e) Atenta a imperatividade da regra da justa indemnização, deve atender-se à desvalorização da parte sobrante e ao valor dos eucaliptos, ainda que não objecto do único recurso – da expropriante – desde que não extravasem os limites dos valores que balizam o recurso (Acórdão da Relação de Coimbra, de 12.12.06, Processo nº 5191/04.9TBLRA.C1).

f) Na sentença do processo de expropriação não pode ser conhecida a questão da inexactidão da área da parcela expropriada (Acórdão da Relação de Guimarães, de 22.02.2007, CJ, Ano XXXII, Tomo 1, página 285).

406 CÓDIGO DAS EXPROPRIAÇÕES E ESTATUTO DOS PERITOS AVALIADORES

g) Em processo de expropriação, o tribunal da primeira instância, que funciona como de recurso, está impedido de conhecer de questões não impugnadas no requerimento de interposição que não sejam de conhecimento oficioso (Acórdão da Relação de Lisboa, de 22.03.07, Processo nº 1403/2007).

h) Não tendo os expropriados recorrido da decisão arbitral por omissão de fixação da indemnização pela depreciação da parte sobrante e se o recurso interposto pela expropriante não versou sobre ela, vedado está ao tribunal *a quo* fixar oficiosamente a indemnização a título daquela depreciação da parcela sobrante, sob pena de ir além do *thema decidendum* recursivo e violar o artigo 684º, nº 4, do Código de Processo Civil, com a consequência da nulidade da (Acórdão da Relação de Guimarães, de 03.05.07, Processo nº 589/07-1).

i) Em processo de expropriação, a força probatória do laudo pericial só abrange a percepção e a valoração técnica dos factos, não se estendendo aos juízos jurídicos que a lei reserva ao julgador, como é o caso da qualificação do solo como apto para construção (Acórdão da Relação de Guimarães, de 04.10.07, Processo nº 1565/07 -1).

j) O conhecimento do recurso da decisão arbitral está limitado pelas questões suscitadas pelas partes que não sejam de conhecimento oficioso, ressalvadas aquelas que se suscitem na sequência e por causa da avaliação efectuada no seu âmbito (Acórdão da Relação de Lisboa, de 14.07.07, Processo nº 2829/2007-8).

k) A pendência nos tribunais administrativos de um procedimento cautelar de suspensão da eficácia da declaração de utilidade pública, instaurado por terceiro, não constitui causa prejudicial determinante da suspensão do processo expropriativo (Acórdão do STJ, de 2.10.2008, CJ, Ano XVI, Tomo 3, página 54).

l) Não tendo os expropriados questionado a classificação pelos árbitros do solo da parcela, a Relação, ao alterá-la, violou o artigo 684º, nº 4, do Código de Processo Civil, uma vez que os efeitos do caso julgado, na parte não recorrida, não podem ser prejudicados pela decisão do recurso (Acórdão do STJ, de 03.03.09, Processo nº 3872/08 – 6.ª Secção).

m) Decidida expressa ou implicitamente no acórdão arbitral a inexistência de desvalorização da parte sobrante, sem impugnação na fase do recurso, forma-se caso julgado que impede a decisão que considere na indemnização essa desvalorização. Mas tal não ocorre se a expropriada, na fundamentação do seu recurso daquele acórdão, impugnou aquela inexistência de desvalorização de forma clara e adequada (Acórdão do STJ, de 12.03.09 Processo nº 4054/08 – 6.ª Secção).

n) A fixação da matéria de facto através da mera remissão para o conteúdo do laudo maioritário traduz-se em nulidade da sentença por omissão dos fundamentos quanto ao valor indemnizatório fixado, por nela não haver exame crítico das provas nem definição dos elementos factuais que serviram de base ao cálculo da indemnização, o que se traduz em nulidade da sentença (Acórdão da Relação de Guimarães, de 19.07.09, Processo nº 179/06.8TBFLGG1).

o) À regra da inadmissibilidade de recurso para o Supremo Tribunal de Justiça não obsta o facto de o recorrente pretender discutir questões de direito e demonstrar ter havido violação da lei substantiva, já que, a admitir-se o recurso, tal implicaria a análise de questões de direito substantivo cuja resolução teria, forçosa e logicamente, reflexos no *quantum* indemnizatório e redundaria na reapreciação do valor da indemnização (Acórdão do STJ, de 01.10.09, Processo nº 965/06.9TBSSB.S1 – 2.ª Secção).

p) Em processo de expropriação litigiosa não há, para além da Relação, fora dos casos excepcionais em que o recurso é sempre admissível, recurso para o Supremo Tribunal de Justiça de decisões interlocutórias, processuais ou substantivas, certo que essas decisões são todas elas passos de um caminho para a decisão final sobre a indemnização (Acórdão do STJ, de 22.10.09, Recurso nº 900/05.1TBLSD.S1 – 7.ª Secção).

q) A expropriante, tendo deixado ocorrer a deserção do seu recurso para a Relação, não pode aproveitar as suas contra-alegações no recurso dos expropriados para, invocando o disposto no artigo 684º-A do Código de Processo Civil, suscitar a questão da indemnização por despesas com a reinstalação dos expropriados fixada na sentença (Acórdão do STJ, de 03.12.09, Processo nº 585/05.5TBLSD.S1 – 2.ª Secção).

r) Interposto recurso apenas pela expropriante, a indemnização a fixar pelo tribunal não pode exceder o quantitativo fixado na arbitragem, tendo em conta a proibição da *reformatio in pejus* que decorre do artigo 684º, nº 4, do Código de Processo Civil (Acórdão da Relação de Lisboa, de 23.02.10, Processo nº 6186/07.6TBCS.L1-7).

s) Como no recurso do acórdão arbitral são aplicáveis as normas do Código de Processo Civil, se os expropriados dele não recorrerem, ele transita em julgado na parte em que considerou todo o solo como apto para outros fins, embora atribuindo-lhe uma valorização resultante da possibilidade de construção de uma habitação de dois pisos (Acórdão da Relação do Porto, de 03.03.10, Processo n° 340/04.0TBARC.P1).

t) Quando do acórdão arbitral só a expropriante interpôs recurso, a decisão não pode agravar a sua posição, devendo o tribunal balizar-se pelo valor máximo atribuído naquele acórdão, mas pode indagar se o valor da indemnização deverá ser inferior (Acórdão da Relação de Lisboa, de 09.03.10, Processo n° 3225/06.1TBFUN.L1).

u) A pretensão do recorrente de demonstrar a violação da lei substantiva tem reflexos na indemnização derivada da expropriação, traduzindo-se na reapreciação do respectivo valor, pelo que do acórdão da Relação não é admissível recurso para o Supremo Tribunal de Justiça (Acórdão do STJ, de 25.03.10, Processo n° 158/06.6TBOVRP.P1.S1 – 1.ª Secção).

v) Como nenhuma decisão é separada dos seus pressupostos, ao impugnar-se o *quantum* indemnizatório impugnam-se logicamente os fundamentos de facto e/ou de direito que sustentam a decisão. O recurso para o Supremo Tribunal de Justiça cuja interposição é vedada é o que se refere à fixação da indemnização, seja com fundamento na discordância dos critérios legais que a decisão recorrida adoptou ou interpretou, seja com base na discordância relativamente à matéria de facto em que assentou, sendo a única excepção a dos casos em que a lei expressa ser sempre admissível recurso (Acórdão do STJ, de 27.05.10, Revista n° 118/1999.L1.S1-2ª Secção).

TÍTULO V
DO PAGAMENTO DAS INDEMNIZAÇÕES

ARTIGO 67º
Formas de pagamento

1 – As indemnizações por expropriação por utilidade pública são pagas em dinheiro, de uma só vez, salvo as excepções previstas nos números seguintes.

2 – Nas expropriações amigáveis, a entidade expropriante, o expropriado e os demais interessados podem acordar no pagamento da indemnização em prestações ou na cedência de bens ou direitos de acordo com o previsto no artigo 69º.

3 – O disposto no número anterior aplica-se à transacção judicial ou extrajudicial na pendência do processo de expropriação.

4 – Não são pagas quaisquer indemnizações sem que se mostre cumprido o disposto no artigo 29º do Código da Contribuição Autárquica.

5 – O pagamento acordado em prestações é efectuado dentro do prazo máximo de três anos, podendo o montante das mesmas variar de acordo com as circunstâncias.

1. Prevê o nº 1 deste artigo a oportunidade de pagamento da indemnização derivada de expropriação por utilidade pública, e estatui, por um lado, dever ser paga em dinheiro, de uma só vez, e, por outro, que devem ser salvaguardadas as excepções previstas nos números seguintes.

Está inserido num contexto normativo essencialmente relativo às formas e ao tempo do pagamento da indemnização decorrente de expropriação por utilidade pública.[357]

Dele resulta, pois, a regra no sentido de que o pagamento do montante indemnizatório devido pela entidade beneficiária da expropriação ao expropriado e aos demais interessados deve ser paga de uma só vez, harmónica com o princípio de que a justa indemnização implica a contemporaneidade da expropriação e do pagamento da respectiva contrapartida monetária, mas que é afectada por via de excepções, designadamente as previstas nos números seguintes deste artigo.

2. Prevê o nº 2 deste artigo o pagamento da indemnização nas expropriações amigáveis, e estatui que a entidade expropriante, o expropriado e os demais interessados podem acordar no pagamento da indemnização em prestações ou na cedência de bens ou direitos, de acordo com o previsto no artigo 69º.

Os artigos 68º e 69º deste Código, em relação aos quais este artigo está em conexão, reportam-se, respectivamente, ao pagamento de juros das quantias em dívida, e à cedência de bens e direitos ao expropriado e demais interessados com vista à satisfação da respectiva indemnização.

Trata-se da primeira excepção ao referido princípio da contemporaneidade da expropriação e ao pagamento da indemnização devida aos expropriados e demais interessados, que tem lugar nas expropriações amigáveis a que aludem os artigos 33º a 37º deste Código.

Com efeito, nos termos do artigo 34º, alíneas b) e d), deste Código, nas expropriações amigáveis pode constituir objecto de acordo entre a entidade

---

357 Este artigo está especialmente conexionado com o disposto nos artigos 1º, 23º, n.os 6 e 7, 32º, 34º, alínea d), 68º, 69º, 70º, 73º, 80 e 84º, todos deste Código.

beneficiária da expropriação e o expropriado e ou os demais interessados, o pagamento da indemnização ou de parte dela em prestações ou através da cedência de bens ou direitos.

Ademais, mesmo fora das expropriações amigáveis, considerando o disposto no artigo 69º deste Código, podem as partes acordar que a indemnização seja satisfeita total ou parcialmente através da cedência de bens ou direitos aos expropriados e aos demais interessados.

O referido pagamento da indemnização por via da cedência aos expropriados e demais interessados de bens ou direitos traduz-se, de algum modo, na figura da dação em cumprimento, a que alude o artigo 837º do Código Civil.

Temos, pois, que o pagamento da indemnização em prestações pecuniárias ou por via da cedência de bens ou direitos só pode ocorrer por acordo entre a entidade beneficiária da expropriação e os titulares do direito de indemnização derivado da expropriação.

3. O nº 3 deste artigo prevê o disposto no número anterior, e estatui que ele é aplicável nas transacções judiciais ou extrajudiciais realizadas na pendência do processo de expropriação.

Nos termos dos artigos 1248º e 1250º do Código Civil, trata-se de contratos pelos quais as partes previnem ou terminem um litígio mediante recíprocas concessões, que podem envolver a constituição, modificação ou extinção de direitos diversos do direito controvertido.

A transacção extrajudicial não é a que se realiza fora do processo, mas a que se realiza antes dele. No caso deste normativo, porém, a oportunidade de realização da transacção extrajudicial situa-se durante a pendência do processo de expropriação, que começa na sequência mediata da publicação da declaração de utilidade pública da expropriação e termina com o trânsito em julgado da sentença proferida no tribunal da primeira instância, contrato que tem o seu reporte adjectivo nos artigos 297º a 301º do Código de Processo Civil.

Neste plano adjectivo, nos termos do artigo 297º do Código de Processo Civil, os representantes das pessoas colectivas, sociedades, incapazes ou ausentes só podem transigir nos precisos limites das suas atribuições ou precedendo autorização especial.

Acresce que, conforme o disposto no artigo 298º daquele diploma, no caso de litisconsórcio voluntário é livre a transacção individual, limitada ao interesse de cada um na causa, e, na hipótese de litisconsórcio necessário, a transacção de algum dos litisconsortes só produz efeitos quanto a custas.

Ademais, tendo em conta o disposto no artigo 300º, n.ºs 1 e 2, do mesmo diploma, a transacção pode fazer-se por documento autêntico ou particular, sem prejuízo das exigências de forma da lei substantiva, ou por termo no processo lavrado pela secção de processos a pedido verbal dos interessados.

Por outro lado, face ao que se prescreve no artigo 300º, nº 3, do referido diploma, lavrado o termo ou junto o documento, deve examinar-se, pelo seu objecto e pela qualidade das pessoas que nela intervierem, se a transacção é válida, e, no caso afirmativo, assim será declarado por sentença, condenando-se ou absolvendo-se nos seus precisos termos.

Finalmente, a transacção, conforme decorre do artigo 300º, nº 4, do mencionado diploma, também pode fazer-se em acta, quando resulte de conciliação obtida pelo juiz, caso em que este se limitará a homologá-la por sentença ditada para a acta, condenando nos respectivos termos.

Dir-se-á, em síntese, por força do normativo em análise, que o acordo de pagamento da indemnização em prestações pecuniárias ou por via da cedência de bens ou direitos pode ocorrer por via de contrato de transacção judicial ou extrajudicial outorgado entre a entidade beneficiária da expropriação e os expropriados e demais nela interessados até ao trânsito em julgado da sentença proferida pelo tribunal da primeira instância, na sequência ou não de recurso para o tribunal da Relação.

Transitada em julgado a sentença homologatória da transacção, irreleva, com vista à sua anulação, a invocação do erro de direito sobre a constitucionalidade de uma norma legal.[358]

4. Prevê o nº 4 deste artigo o cumprimento do disposto no artigo *29º do Código da Contribuição Autárquica*, e estatui que a indemnização pela expropriação não pode ser paga sem que o mesmo seja cumprido.

Onde a lei refere o artigo 29º do Código da Contribuição Autárquica, a referência deve considerar-se feita para o artigo 127º do Código do Imposto Municipal Sobre Imóveis – CIMI –, aprovado pelo Decreto-Lei nº 287/2003, de 12 de Novembro, que substituiu aquele Código.

Decorre do referido artigo que não devem ser pagas indemnizações por expropriação sem a observância do disposto no artigo 124º daquele Código e sem que se mostrem pagas ou garantidas as dividas vencidas relativas ao imposto municipal sobre imóveis.

---

[358] Neste sentido, pode ver-se JOÃO CALVÃO DA SILVA, CJ, Ano II, Tomo 2, página 5.

O artigo 124º Código do Imposto Municipal Sobre Imóveis estabelece, por seu turno, no nº 1, que as entidades públicas intervenientes em actos relativos à constituição ou transmissão de direitos sobre prédios devem exigir a exibição do documento comprovativo da inscrição do prédio na matriz, ou, sendo omisso, de que foi apresentada declaração para a sua inscrição.

E, no nº 2, prescreve que se o cumprimento do disposto no número anterior se mostrar impossível, deve fazer-se expressa menção do facto e das razões dessa impossibilidade, e comunicá-los aos serviços de finanças da área da situação dos prédios.

Temos, pois, que a entidade beneficiária da expropriação, no âmbito do processo administrativo de expropriação em que superintenda, e o juiz no âmbito do processo judicial, devem verificar o cumprimento das referidas normas de direito tributário.

5. Prevê o nº 5 deste artigo o tempo do pagamento acordado em prestações, e estatui, por um lado, que ele deve ser efectuado dentro do prazo máximo de três anos, e, por outro, poder o montante das mesmas variar de acordo com as circunstâncias.

Temos, assim, que o acordo de pagamento da indemnização em prestações não pode exceder o prazo de três anos, contado entre a data do pagamento da primeira e a do pagamento da última prestação.

O referido prazo, de direito substantivo, é contado nos termos do artigo 279º, alínea c), do Código Civil, terminando às vinte e quatro horas do dia que lhe corresponda, dentro do último ano.

Conforme decorre do disposto no artigo 279º, alínea e), do Código Civil, no caso de o mencionado prazo terminar num sábado, domingo ou feriado, transfere-se o respectivo termo para o primeiro dia útil seguinte.

As referidas prestações podem ser mensais, semestrais ou anuais, e até de montante desigual, consoante seja o acordo estabelecido entre a entidade beneficiária da expropriação, por um lado, e os expropriados e os demais interessados que haja, por outro.

6. Sobre a matéria a que este artigo se reporta pronunciou-se, entre outras, a seguinte decisão judicial:
– O prazo para o depósito da indemnização fixada judicialmente, a cargo da entidade expropriante, tem natureza substantiva (Acórdão do STJ, de 09.11.2000, CJ, Ano VIII, Tomo 3, página 118).

ARTIGO 68º
Quantias em dívida

1 – As quantias em dívida vencem juros, pagáveis anual ou semestralmente, conforme for acordado.

2 – Na falta de convenção entre as partes, a taxa de juro é a dos juros moratórios, nos termos do artigo 70º.

3 – O montante das prestações vincendas é automaticamente actualizado no caso de agravamento do índice de preços no consumidor, na zona em causa, com exclusão da habitação, publicado pelo Instituto Nacional de Estatística.

1. Prevê o nº 1 deste artigo as quantias em dívida aos expropriados e ou demais interessados, pela entidade beneficiária da expropriação, e estatui, por um lado, que elas vencem juros, e, por outro, que estes devem ser pagos anual ou semestralmente, conforme for acordado.

Está inserido num contexto normativo essencialmente referente aos juros das quantias em dívida aos expropriados e demais interessados pela entidade beneficiária da expropriação e à actualização das prestações vincendas.[359]

As referidas quantias de débito são as que decorrem de acordo nas expropriações ditas amigáveis, e nas litigiosas, estas no âmbito da transacção judicial ou extrajudicial, cujo limite temporal das prestações não pode exceder três anos, conforme resulta do disposto no artigo 67º, n.os 2, 3 e 5, deste Código.

Elas vencem, pois, juros, que devem ser pagos anual ou semestralmente, conforme o acordo das partes, a contar do vencimento da obrigação de pagamento do valor da indemnização respectiva, tendo em conta o montante de cada prestação sucessivamente paga.

O referido acordo é relevante, não só quanto à periodicidade do pagamento, como também à própria taxa de juros devidos pela entidade beneficiária da expropriação.

Tendo em conta o disposto no artigo 279º, alíneas c) e e), do Código Civil, o referido prazo, de direito substantivo, termina às vinte e quatro horas do dia que lhe corresponda, dentro do último semestre ou ano, e, se terminar em dia de sábado, domingo ou feriado, transfere-se para o primeiro dia útil seguinte.

2. Prevê o nº 2 deste artigo a falta de convenção entre as partes sobre a taxa de juros, e estatui corresponder à taxa dos juros moratórios, nos termos do artigo 70º.

---

[359] Este artigo está conexionado com o disposto nos artigos 1º, 24º, 67º e 70º, todos deste Código.

414 CÓDIGO DAS EXPROPRIAÇÕES E ESTATUTO DOS PERITOS AVALIADORES

Este normativo remete, assim, para o disposto no artigo 70º, nº 2, deste Código, que estabelece ser a taxa de juros moratórios a fixada nos termos do artigo 559º do Código Civil.

Assim, nos termos do artigo 559º, nº 1, do Código Civil, os juros legais e os estipulados sem determinação de taxa ou quantitativo são os fixados em portaria ministerial conjunta que, no caso, ainda é a Portaria nº 291/2003, de 8 de Abril, que estabelece a taxa anual de juros em quatro por cento.

Em rigor, este normativo não se refere a juros moratórios, porque não são causados pela mora da entidade beneficiária da expropriação, mas sim aos juros remuneratórios do capital devido aos expropriados e ou demais interessados retido pela entidade beneficiária da expropriação.

3. Prevê o nº 3 deste artigo a actualização do montante das prestações vincendas, e estatui que ela ocorre automaticamente no caso de agravamento do índice de preços no consumidor, na zona em causa, com exclusão da habitação, publicado pelo Instituto Nacional de Estatística.

É pressuposto do funcionamento deste artigo o acordo de pagamento pela entidade beneficiária da expropriação ao expropriado e ou demais interessados do montante indemnizatório respectivo, pois só assim se justifica a existência de prestações vencidas e vincendas.

A referida actualização depende da verificação do agravamento do índice de preços no consumidor na zona em causa, com exclusão da habitação, conforme a respectiva publicação oficial.

A zona em causa é aquela onde deve ser cumprida a obrigação de pagamento das prestações vincendas, que não diverge, em regra, do que ocorre na mesma região ou no mesmo distrito, sendo o referido agravamento que vai funcionar para actualizar cada uma das prestações vincendas, e que se deve reportar, em termos de média mensal, à periodicidade de cada uma delas.

Esta actualização não exclui a obrigação de pagamento de juros por parte da entidade beneficiária da expropriação, porque a função da primeira é ainda o ressarcimento do expropriado e dos demais interessados pela perda dos bens expropriados, enquanto os juros tendem a compensá-los da indisponibilidade do montante indemnizatório no prazo envolvido.[360]

---

[360] O índice de preços no consumidor sem a habitação evoluiu desde 1998, conforme já se referiu, nos termos seguintes: 1998 – 2,8; 1999 – 2,3; 2000 – 2,9; 2001 – 4,4; 2002 – 3,6; 2006 – 3,1; 2003-3,3; 2004 – 2,4; 2005-2,3; 2006 – 3,1; 2007 – 2,7; 2008 – 2008; 2009 – 1,4; e 2010 – 1,4.

4. Quanto à matéria a que este artigo se reporta, pronunciaram-se, entre outras, as seguintes decisões judiciais:

a) A omissão de pagamento pela entidade expropriante de uma prestação na data do respectivo vencimento está sujeita às consequências da mora, não sendo aplicável o disposto no artigo 781º do Código Civil (Acórdão do STJ, de 25.11.92, Processo nº 82691).

b) Os juros previstos no artigo 68º do Código das Expropriações são remuneratórios do capital retido pela entidade expropriante autorizada a pagar a indemnização em prestações, nada tendo a ver com a natureza indemnizatória dos juros moratórios (Acórdão da Relação do Porto, de 10.10.2000, CJ, Ano XXV, Tomo 4, página 205).

c) No caso de o prédio expropriado estar em compropriedade, a falta de acordo entre os condóminos na distribuição do produto da indemnização não é susceptível de a agravar no confronto da entidade beneficiária da expropriação (Acórdão da Relação de Évora de 25.10.2007, Processo nº 1497/07-2).

d) Na actualização da indemnização deve atender-se ao índice dos preços no consumidor sem habitação no mês da sua fixação definitiva e no mês da publicação da declaração da utilidade pública da expropriação (Acórdão da Relação de Lisboa, de 6.04.10, Processo nº 2273/04.0TBFUC.L1-1).

ARTIGO 69º
Cedência de bens ou direitos

As partes podem acordar que a indemnização seja satisfeita, total ou parcialmente, através da cedência de bens ou direitos ao expropriado ou aos demais interessados.

1. Prevê este artigo a indemnização total ou parcial através da cedência de bens ou direitos ao expropriado ou aos demais interessados, e estatui que as partes o podem acordar.[361]

Tendo em conta o disposto no artigo 34º, alínea d), deste Código, a indemnização através da cedência de bens ou direitos, nos termos do artigo 67º do mesmo diploma e do ora em análise, pode ser acordada entre a entidade bene-

---

[361] Este artigo está conexionado com o que dispõem os artigos 34º, alínea d), e 67º, nº 2, ambos deste Código.

ficiária da expropriação e o expropriado e ou os demais interessados nas expropriações amigáveis.

Com efeito, resulta do n.º 2 do artigo 67.º deste Código que, nas expropriações amigáveis, a entidade beneficiária da expropriação, o expropriado e os demais interessados podem acordar no pagamento da indemnização por via da cedência de bens ou direitos.

Todavia, por força deste artigo, a possibilidade de acordo quanto à indemnização em espécie estende-se às próprias expropriações ditas litigiosas.

Esta indemnização em espécie é susceptível de consistir na transferência para o expropriado ou para os demais interessados do direito de propriedade ou pessoal de gozo sobre bens da mesma natureza dos que foram objecto de expropriação, ou de natureza diversa.

O referido acordo pode, pois, ter um objecto misto, ou seja, o pagamento da indemnização por via de entrega de dinheiro e por via de transmissão de bens ou direitos.

Neste último caso, do que se trata é da dação em cumprimento, a que se reporta o artigo 837.º do Código Civil, segundo o qual, a prestação de coisa diversa da que for devida, embora de valor superior, só exonera o devedor se o credor der o seu assentimento.[362]

ARTIGO 70.º
Juros moratórios

1 – Os expropriados e demais interessados têm o direito de ser indemnizados pelos atrasos imputáveis à entidade expropriante no andamento do procedimento ou do processo expropriativo ou na realização de qualquer depósito no processo litigioso.

2 – Os juros moratórios incidem sobre o montante definitivo da indemnização ou sobre o montante dos depósitos, conforme o caso, e a taxa respectiva é a fixada nos termos do artigo 559.º do Código Civil.

3 – As cauções prestadas e os depósitos efectuados pela entidade expropriante respondem pelo pagamento dos juros moratórios que forem fixados pelo tribunal.

---

[362] Sobre as "Formas de Pagamento da Indemnização na Expropriação por Utilidade Pública, Algumas Questões", pode ver-se FERNANDO ALVES CORREIA, Separata do Número Especial do Boletim da Faculdade de Direito da Universidade de Coimbra, Estudos em Homenagem ao Professor Doutor António de Arruda Ferrer Correia, 1991, página 55.

PARTE II – O CÓDIGO DAS EXPROPRIAÇÕES **ART. 70º** 417

1. Prevê o nº 1 deste artigo os atrasos imputáveis à entidade expropriante no andamento do procedimento, ou do processo expropriativo, ou na realização de qualquer depósito no processo litigioso, e estatui, para esses casos, que os expropriados e demais interessados têm direito a ser indemnizados.

Sem antecedente no regime de pretérito, insere-se num contexto normativo essencialmente relativo aos juros que devem ser pagos pela entidade beneficiária da expropriação.[363]

Considerando o disposto no artigo 342º, nº 2, do Código Civil, esta indemnização, derivada de omissões processuais, tem por presumido o dano, nos termos do nº 2 deste artigo, cabendo à entidade beneficiária da expropriação a prova de que o referido atraso lhe não é imputável.

Face ao disposto no artigo 804º, nº 2, do Código Civil, temos que este normativo é inspirado no conceito de mora em que o devedor se constitui quando, por causa que lhe seja imputável, a prestação, ainda que possível, não foi efectuada no tempo devido.

Certo é que a entidade beneficiária da expropriação deve actuar com a diligência normal no procedimento e no processo de expropriação ou na realização de algum depósito no processo litigioso, de modo a que os expropriados e os demais interessados possam receber o montante indemnizatório em tempo razoável.

São susceptíveis de se integrarem na previsão deste artigo, além de outras, as situações que se seguem, em que o desiderato da lei é evitar os atrasos a que se reporta este normativo.

Nesse âmbito, temos em primeiro lugar, conforme decorre do artigo 42º, nº 2, alínea b), deste Código, que o procedimento de expropriação não pode sofrer atrasos não imputáveis ao expropriado ou aos demais interessados que no seu conjunto ultrapassem 90 dias.

Ademais, conforme resulta do artigo 51º, nº 1, deste Código, aquela entidade deve remeter o processo de expropriação ao tribunal no prazo de 30 dias a contar do recebimento da decisão arbitral, bem como a guia de depósito à ordem dele com o montante arbitrado ou a parte que exceda a quantia depositada.

Acresce que, face ao disposto no artigo 51º, nº 3, deste Código, no caso de o processo de expropriação correr termos perante o juiz, deve a aludida entidade proceder ao referido depósito no prazo de 30 dias contado desde a data da sua notificação para o efeito.

---

[363] Este artigo está conexionado com o disposto nos artigos 20º, nº 1, alínea b), 23º, n.os 6 e 7, 51º, nº 1 e 68º, n.os 1 e 2, 71º, nº 1 e 72º, nº 2, todos deste Código.

Além disso, conforme decorre do artigo 42º, n.os 2, alínea b), e 4, deste Código, os atrasos no procedimento da expropriação imputáveis à entidade beneficiária da expropriação são susceptíveis de implicar, a requerimento dos interessados, a atribuição das suas funções ao juiz de direito competente para conhecer do recurso do acórdão arbitral.

Mas os expropriados e demais interessados, tendo em conta o disposto no artigo 813º do Código Civil, devem praticar os actos e fornecer os elementos necessários ao cabal cumprimento pela entidade beneficiária da expropriação da obrigação de proceder ao respectivo depósito, sob pena de a mora lhe ser assacada.

Em consonância com o aludido princípio, a entidade beneficiária da expropriação só está sujeita à indemnização ora em análise se o atraso em causa lhe for imputável, ou seja, se ele lhe for censurável do ponto de vista ético-jurídico.

2. Prevê o nº 2 deste artigo a incidência de juros de mora e a respectiva taxa, e estatui, por um lado, que eles incidem sobre o montante definitivo da indemnização ou sobre o montante dos depósitos, conforme os casos, e, por outro, que a mencionada taxa é a fixada nos termos do artigo 559º do Código Civil.

Decorre, assim, deste normativo, em conjugação com o do nº 1 deste artigo, que a indemnização pela referida omissão da entidade beneficiária da expropriação corresponde aos juros de mora, tal como está previsto, relativamente às obrigações pecuniárias, no artigo 806º do Código Civil.

Os juros de mora são, em geral, a quantia indemnizatória que o devedor deve pagar ao credor pelo dano presumido derivado do atraso de cumprimento culposo da sua obrigação. Temos, pois, que o débito de juros moratórios decorre da existência de uma prestação exigível por uma pessoa a outra e da demora de não pagamento imputável à última.

No caso em análise, os referidos juros incidem, ou sobre o montante definitivo da indemnização, ou sobre o montante dos depósitos, conforme os casos, em qualquer deles com base na taxa anual de quatro por cento, prevista no artigo 559º, nº 1, do Código Civil e na Portaria nº 291/2003, de 8 de Abril.

Todavia, no âmbito do processo de expropriação, conforme resulta da primeira parte do nº 3 do artigo 805º do Código Civil, a situação de mora não ocorre sem que a obrigação de indemnização se torne certa e líquida por decisão judicial definitiva.[364]

---

[364] Neste sentido, podem ver-se o Acórdão do STJ, de 30 de Maio de 1975, BMJ, nº 447, página 470; e o Acórdão do Tribunal Constitucional, nº 263/98, BMJ, nº 475, página 140.

PARTE II – O CÓDIGO DAS EXPROPRIAÇÕES **ART. 70º** 419

Em consequência, salvo no caso de atraso da entidade beneficiária da expropriação na realização dos depósitos a que a lei a obriga, em que os juros incidem sobre o respectivo montante, a base da sua incidência depende do trânsito em julgado da decisão final relativa à fixação da indemnização.

Face ao disposto no artigo 12º, n.os 1 e 2, primeira parte, do Código Civil, a alteração da lei sobre a taxa de juros é aplicável aos factos que os justificam desde o início da sua vigência.

3. Prevê o nº 3 deste artigo o pagamento de juros moratórios fixados pelo tribunal, e estatui que as cauções prestadas e os depósitos efectuados pela entidade beneficiária da expropriação respondem por ele, pelo que tem pontos de paralelismo com o que se prescreve nos artigos 71º, nº 4, 72º, nº 4 e 73º, nº 2, todos deste Código.

Temos, assim, que as cauções e os depósitos efectuados pela entidade beneficiária da expropriação garantem o pagamento ao expropriado e demais interessados dos juros de mora fixados pelo tribunal. Decorrentemente, é pressuposto do funcionamento da estatuição deste normativo que o juiz do tribunal judicial tenha decidido o pagamento de juros de mora pela entidade beneficiária da expropriação ao expropriado e ou aos demais interessados, conforme os casos.

A referida garantia, por seu turno, consubstancia-se no montante relativo à caução que a entidade beneficiária da expropriação tenha prestado e ou a depósitos que ela tenha realizado no processo.

Entre as cauções a que se reporta este normativo, temos a relativa ao encargo da expropriação de bens ou direitos relativos a concessões e privilégios a que se refere o artigo 7º, nº 3, a que deve ser prestada pela entidade de direito privado beneficiária da expropriação para garantia do pagamento das indemnizações a que haja lugar, prevista no nº 2 do artigo 12º, e a relativa à tomada de posse da parte do bem cuja expropriação total foi requerida pelo expropriado, a que alude o artigo 57º, todos deste Código.

Entre os depósitos a que este artigo se reporta temos, por seu turno, o que é condição de tomada da posse administrativa a que alude o artigo 20º, nº 1, alínea b), ou o da parte que exceda o valor do primeiro como condição de adjudicação do direito de propriedade e posse a que se refere o nº 1 do artigo 51º, o relativo ao pagamento provisório da indemnização em caso de recurso da sentença, a que se reporta o artigo 66º, n.os 3 e 4, o do montante da indemnização após o trânsito em julgado da decisão final, a que se refere o nº 1 do artigo 71º, e o do depósito complementar previsto no nº 2 do artigo 72º, todos deste Código.

São, pois, os valores em que os referidos depósitos e prestações de caução se consubstanciam que servem de garantia ao pagamento dos juros moratórios a que este artigo se reporta.

Conforme decorre do artigo 23º, n.os 6 e 7, deste Código, no caso de o valor dos referidos depósitos e ou cauções não ser suficiente para o pagamento da indemnização moratória em causa, deve o Estado proceder ao mesmo, integrando-se, porém, na sua titularidade, em contrapartida, o direito de regresso respectivo no confronto da entidade beneficiária da expropriação.

5. Sobre a matéria a que este artigo se reporta pronunciaram-se, entre outras, as seguintes decisões judiciais:

a) A lei que altera a taxa de juro durante a mora é aplicável aos juros moratórios que se vençam desde a sua entrada em vigor (Acórdão do STJ, de 14.11.85, BMJ, nº 351, página 395).

b) A constituição em mora da entidade expropriante não decorre da mera prolação da sentença da primeira instância, antes dependendo de o montante indemnizatório em litígio se tornar certo e líquido por decisão judicial definitiva (Acórdão do Tribunal Constitucional, publicado no *Diário da República*, II Série, de 10 de Julho de 1998).

c) Se a expropriante não depositar o montante indemnizatório arbitrado, suportará a sanção prevista no nº 1 do artigo 70º deste Código, mas tal não implica a restituição da posse da área expropriada ao anterior proprietário (Acórdão da Relação de Évora, de 25.05.06, Processo nº 129/06-2).

d) Nas situações em que haja atraso no depósito prévio do valor da expropriação, a expropriante fica obrigada ao pagamento de juros moratórios. Mas não é atingida a validade da posse administrativa já efectivada, nem constitui impedimento à futura investidura administrativa na posse (Acórdão da Relação de Coimbra, de 05.06.07, Processo nº 2818/06.1TBBVIS-C1).

ARTIGO 71º
Depósito da indemnização

1 – Transitada em julgado a decisão que fixar o valor da indemnização, o juiz do tribunal da 1.ª instância ordena a notificação da entidade expropriante para, no prazo de 10 dias, depositar os montantes em dívida e juntar ao processo nota discriminada, justificativa dos cálculos da liquidação de tais montantes.

2 – A secretaria notifica ao expropriado e aos demais interessados o montante depositado, bem como a nota referida na parte final do número anterior.

3 – O expropriado e os demais interessados podem levantar os montantes depositados, sem prejuízo da sua impugnação nos termos do artigo seguinte e do disposto no nº 3 do artigo 53º.

4 – Não sendo efectuado o depósito no prazo fixado, o juiz ordenará o pagamento por força das cauções prestadas pela entidade expropriante ou outras providências que se revelarem necessárias, após o que, mostrando -se em falta alguma quantia, notificará o serviço que tem a seu cargo os avales do Estado para que efectue o depósito do montante em falta, em substituição da entidade expropriante.

1. Prevê o nº 1 deste artigo o trânsito em julgado da decisão que fixar o valor da indemnização, e estatui dever o tribunal da 1.ª instância ordenar a notificação da entidade beneficiária da expropriação para, no prazo de 10 dias, depositar os montantes em dívida e juntar ao processo nota discriminada justificativa dos cálculos da liquidação daqueles montantes.

Está inserido num contexto normativo essencialmente reportado ao depósito da indemnização pela entidade beneficiária da expropriação.[365]

Assim, decorre deste normativo que, transitada em julgado a sentença que fixar o valor da indemnização devida ao expropriado e ou aos demais interessados, deve o tribunal notificar a entidade beneficiária da expropriação, a fim de depositar, no decêndio seguinte, o montante em dívida e juntar ao processo a nota justificativa do respectivo cálculo.

Considerando o disposto nos artigos 229º, nº 3, 254º, nº 1 e 255º, nº 1, todos do Código de Processo Civil, esta notificação, a efectuar por carta registada no correio, não carece de ser ordenada pelo juiz, antes constituindo função e encargo da respectiva secção de processos. Todavia, se a secção de processos não proceder à referida notificação, deve o juiz do processo ordená-la.

Como o depósito se traduz, indirectamente embora, em acto processual, o regime aplicável quanto ao prazo é o previsto no artigo 144º, n.os 1 a 3, do Código de Processo Civil.[366]

Mas a entidade beneficiária da expropriação só se constitui na situação de mora se não proceder, por facto que lhe seja imputável, ao depósito que lhe foi judicialmente ordenado, no decêndio a que acima se fez referência.

---

[365] Este artigo está conexionado com o disposto nos artigos 19º, 23º, n.os 6 e 7, 24º, 51º, n.os 1 e 4, 53º, nº 3, 72º e 73º, todos deste Código.

[366] No sentido de que se trata de prazo de direito substantivo, pode ver-se o Acórdão do STJ, de 24.10.02, CJ, Ano X, Tomo 3, página 102.

Suscita-se a questão de saber se a entidade beneficiária da expropriação pode também ser sujeita ao pagamento de juros compulsórios, a que se reporta o artigo 829º-A, nº 4, do Código Civil, segundo o qual, quando for estipulado judicialmente determinado pagamento em dinheiro corrente, são automaticamente devidos juros à taxa anual de cinco por cento desde a data do trânsito em julgado da respectiva sentença, que acrescem aos juros de mora que também sejam devidos, ou à indemnização a que houver lugar.

Dada a letra e o escopo do normativo do nº 4 do artigo 829º-A do Código Civil, como se não vislumbra razão plausível de sistema que implique a distinção, propendemos a considerar ser o mesmo aplicável ao caso de mora no pagamento pela entidade beneficiária da expropriação do valor indemnizatório definitivamente devido aos expropriados e demais interessados.

2. Prevê o nº 2 deste artigo o montante depositado e a nota discriminativa e justificativa a que alude o seu nº 1, e estatui que a secretaria os notifica ao expropriado e aos demais interessados.

Onde a lei se refere à secretaria, é de entender a referência à secção de processos, que deve proceder á referida notificação por carta registada no correio, nos termos dos artigos 254º, nº 1 e 255º, nº 1, ambos do Código de Processo Civil.

A referida notificação pressupõe, porém, que a entidade beneficiária da expropriação tenha cumprido o objecto da notificação a que se reporta o nº 1 deste artigo.

3. Prevê o nº 3 deste artigo o montante que tenha sido depositado pela entidade beneficiária da expropriação, e estatui, por um lado, que o expropriado e os demais interessados podem levantar os montantes depositados, e, por outro, que isso é assim, mas sem prejuízo da sua impugnação, nos termos do artigo seguinte e do nº 3 do artigo 53º deste Código.

É pressuposto do funcionamento deste normativo que a entidade beneficiária da expropriação tenha cumprido a notificação prevista no nº 1 deste artigo, procedendo ao depósito do valor da indemnização definitivamente arbitrada e à apresentação em juízo da nota discriminativa e justificativa do respectivo cálculo.

Verificado o respectivo pressuposto, podem o expropriado e os demais interessados requerer o levantamento do montante depositado, ou se com este não concordarem, tendo em conta, além do mais, o conteúdo da referida nota discriminativa e justificativa, podem impugná-lo, cujos termos da impugnação são os que constam do artigo 72º deste Código.

A salvaguarda do disposto no nº 3 do artigo 53º deste Código significa que, enquanto não estiver decidida definitivamente a impugnação do valor depositado, se não procede a pagamento que dela dependa sem que o interessado preste a pertinente caução.

4. Prevê o nº 4 deste artigo a omissão do depósito da indemnização no prazo fixado, e estatui que o juiz deve ordenar o pagamento por força das cauções prestadas pela entidade beneficiária da expropriação, ou outras providências que se revelem necessárias.

Prevê também a circunstância de ainda assim ficar em falta alguma quantia, e estatui que o juiz notificará o serviço que tem a seu cargo os avales do Estado para que efectue o depósito do montante em falta, em substituição da supracitada entidade.

Trata-se de um incidente de natureza executiva inserido no processo de expropriação, posterior à sentença final, de estrutura simplificada, em que o juiz, no âmbito do princípio do inquisitório, a que se reporta o artigo 265º, nº 3, do Código de Processo Civil, deve ordenar as diligências que considere adequadas à realização do direito de crédito do expropriado e ou dos demais interessados no processo de expropriação.

Se o valor das referidas cauções não cobrir o montante indemnizatório devido pela entidade beneficiária da expropriação ao expropriado e ou aos outros interessados, decidirá o juiz outras providências que entenda necessárias para que os últimos realizem o seu direito de crédito.

A referência a outras providências de iniciativa judicial permite que o juiz decida a requisição à entidade administrativa, que deva afectar quantias monetárias à entidade beneficiária da expropriação, que as deposite à ordem do tribunal, em tanto quanto se revele necessário para a realização do direito de crédito do expropriado e ou de outros interessados.[367]

No caso de a afectação do valor das cauções ao pagamento da indemnização, ou o conseguido por virtude de outras providências, se revelar insuficiente para o fim em vista, deve o juiz decidir que o serviço que tem a seu cargo os avales do Estado, ou seja, a Direcção-Geral do Tesouro, efectue o depósito do

---

[367] Neste sentido, pode ver-se LUÍS PERESTRELO DE OLIVEIRA, *obra citada*, página 159.

424 CÓDIGO DAS EXPROPRIAÇÕES E ESTATUTO DOS PERITOS AVALIADORES

montante em falta, em substituição da entidade beneficiária da expropriação, em conformidade com que se prescreve no nº 6 do artigo 23º deste Código.

5. Quanto à matéria a que este artigo se reporta pronunciaram-se, entre outras, as seguintes decisões judiciais:

a) Não é admissível recurso para a Relação do despacho do juiz que condenou a expropriante na multa de 10 UC, por não ter efectuado no prazo designado o depósito do complemento da indemnização fixada (Acórdão da Relação do Porto, de 19.10.1999, CJ, Ano XXIV, Tomo 4, página 219).

b) O prazo de depósito da indemnização fixada judicialmente, a cargo do expropriante, tem natureza substantiva, pelo que ele incorre em mora se decorrer o referido prazo sem que haja realizado o depósito. Como a indemnização por expropriação é pecuniária, a lei presume *iure et de iure* haver danos causados pela mora, fixando a respectiva indemnização correspondente aos juros desde a data do atraso de pagamento, podendo o expropriado pedir em acção própria a condenação do expropriante no seu pagamento (Acórdão do STJ, de 09.11.2000, CJ, Ano VIII, Tomo 3, página 118).

c) Além dos juros de mora a contar do termo do prazo de dez dias sobre a notificação para o depósito da indemnização, o expropriante deve o adicional de 5% fixado no nº 4 do artigo 829º-A do Código Civil (Acórdão do STJ, de 08.06.04, CJ, Ano XII, Tomo 2, página 87).

d) São devidos juros moratórios quando a entidade expropriante não depositar a quantia fixada no prazo devido para que foi notificada. A sanção pecuniária compulsória legal, sem natureza reparadora, é aplicada automaticamente logo que se dê o vencimento da obrigação em dinheiro, pelo que não carece de ser pedida e declarada em acção declarativa, nem depende da maior ou menor dificuldade de o devedor cumprir (Acórdão da Relação do Porto, de 11.11.2004, CJ, Ano XXIX, Tomo 5, página 169).

e) A sanção pecuniária compulsória, prevista com carácter geral no nº 4 do artigo 829º-A do Código Civil, tem aplicação no processo de expropriação por utilidade pública, quando o expropriante não deposite, no prazo legal, a indemnização fixada. Depositada a indemnização, cessa a mora em que se encontrava o expropriante e, com ela, a sanção pecuniária compulsória. Devidos juros de mora pelo atraso no depósito da indemnização, não podem sobre eles incidir juros (Acórdão do STJ, de 12.04.05, CJ, Ano XII, Tomo 2, página 39).

f) O montante da indemnização é calculado com referência à data da declaração de utilidade pública, devendo ser actualizado à data da decisão final do processo (Acórdão da Relação de Lisboa, de 30.6.2005, CJ, Ano XXX, Tomo 3, página 116).

g) A sanção pecuniária compulsória prevista no artigo 829º-A do Código Civil é de aplicação automática e genérica, sempre que tenha sido judicialmente ordenado qualquer pagamento em dinheiro corrente. Em processo expropriativo, os juros compulsórios de 5% só se contam a partir da mora do devedor, que só ocorre depois do trânsito em julgado da sentença que fixar o valor da indemnização aos expropriados e de a entidade expropriante ser notificada para proceder ao respectivo depósito no prazo de dez dias (Acórdão do STJ, de 12.09.06, CJ, Ano XIV, Tomo 3, página 55).

h) A data desde a qual deve operar a actualização da indemnização é a da publicação da declaração de utilidade pública no *Diário da República*. A mora da expropriante não se verifica desde o trânsito em julgado da sentença que fixar a indemnização a pagar, mas sim decorridos 10 dias sobre a data da notificação para ela depositar os montantes em dívida (Acórdão da Relação de Lisboa, de 13.10.09, Processo nº 842/2002.L1-1).

i) Fixado definitivamente o montante da indemnização, tem o expropriante que ser notificado para o seu pagamento, só então começando a respectiva situação de mora (Acórdão da Relação de Guimarães, de 15.10.09, Processo nº 3841.06.1TBVCT.G1).

ARTIGO 72º
Impugnação dos montantes depositados

1 – No prazo de 30 dias a contar da notificação prevista no nº 2 do artigo anterior, o expropriado e os demais interessados podem impugnar os montantes depositados, especificando os valores devidos e apresentando e requerendo todos os meios de prova.

2 – Admitida a impugnação, a entidade expropriante é notificada para responder no prazo de 10 dias e para apresentar e requerer todos os meios de prova.

3 – Produzidas as provas que o juiz considerar necessárias, é proferida decisão fixando os montantes devidos e determinando a realização do depósito complementar que for devido, no prazo de 10 dias.

4 – Não sendo efectuado o depósito no prazo fixado, o juiz ordena o pagamento por força das cauções prestadas, ou as providências que se revelarem necessárias, aplicando-se ainda o disposto no nº 4 do artigo anterior, com as necessárias adaptações, quanto aos montantes em falta.

5 – Efectuado o pagamento ou assegurada a sua realização, o juiz autoriza o levantamento dos montantes que se mostrem excessivos ou a restituição a que haja lugar e determina o cancelamento das cauções que se mostrem injustificadas, salvo o disposto no nº 3 do artigo 53º.

1. Prevê o nº 1 deste artigo a notificação prevista no nº 2 do artigo anterior, e estatui que o expropriado e os demais interessados, no prazo de 30 dias a contar da mesma, podem impugnar os montantes depositados, especificando os valores devidos e apresentando e ou requerendo todos os meios de prova.

Está inserido num contexto normativo inovador, essencialmente reportado ao incidente de impugnação dos montantes pecuniários depositados à ordem do processo de expropriação.[368]

A notificação prevista no nº 2 do artigo anterior visa informar o expropriado e os outros interessados que haja do montante depositado pela entidade beneficiária da expropriação e da correspondente nota discriminativa e justificativa.

Discordando do montante depositado, podem os interessados impugná-lo, alegando os valores de que se consideram credores no confronto da entidade beneficiária da expropriação, apresentando as respectivas provas, incluindo as que constam do processo, e requerendo a análise de outras que considerem relevantes.

Tendo em conta o disposto no artigo 98º, nº 2, deste Código, devem fazê-lo no prazo de trinta dias, contado desde a data da presumida referida notificação, nos termos dos artigos 144º, n.os 1 a 3 e 254º, nº 3, todos do Código de Processo Civil.

Trata-se, assim, de um incidente sujeito a custas, que corre termos no processo de expropriação, a que se aplicam, a título subsidiário, as normas dos artigos 302º a 304º do Código de Processo Civil.

É justificado pela circunstância de, no regime actual, ao invés do que acontecia no de pretérito, em que à entidade expropriante apenas incumbia o depósito e a junção ao processo da guia respectiva, ela dever juntar nota discriminativa e justificativa do cálculo do valor depositado.

---

[368] Este artigo está conexionado com o disposto nos artigos 18º, nº 4, 37º, n.os 3 a 5, 51º, nº 1, 53º, nº 3 e 71º, n.os 2 e 3, todos deste Código.

2. Prevê o nº 2 deste artigo a admissão pelo juiz do mencionado instrumento de impugnação, e estatui dever a entidade beneficiária da expropriação ser notificada para responder no prazo de 10 dias e apresentar e requerer todos os meios de prova.

Assim, apresentado o instrumento de impugnação pelo expropriado ou outro qualquer interessado, deve o juiz proferir, em relação a ele, despacho liminar de admissão, ou de rejeição por inverificação dos pressupostos de facto e ou de direito de que dependa a impugnação.

Se o referido despacho liminar for de admissão, deve a secção de processos notificar a entidade beneficiária da expropriação para apresentar e ou requerer os pertinentes meios de prova.

Tendo em conta o disposto no artigo 98º, nº 2, deste Código, a referida notificação da entidade beneficiária da expropriação é feita por carta registada no correio, nos termos dos artigos 254º, nº 1 e 255º, nº 1, e o mencionado prazo de dez dias é contado de harmonia com o disposto nos artigos 144º, n.os 1 a 3 e 254º, nº 3, todos do Código de Processo Civil.

3. Prevê o nº 3 deste artigo a produção das provas que o juiz tenha considerado necessárias, e estatui, por um lado, que a seguir deve ser proferida decisão, fixando os montantes devidos e determinando a realização do depósito complementar que for devido, e, por outro, que a deve proferir no prazo de 10 dias.

Decorre, pois, deste normativo que o juiz não tem de fazer produzir todas as provas indicadas pela entidade beneficiária da expropriação, mas apenas as que considerar necessárias ao fim em vista, ou seja, para a fixação dos montantes devidos em causa.

Considerando o disposto nos artigos 304º, nº 5, e 653º, nº 2, do Código de Processo Civil, finda a produção prova, em regra a documental e a pericial, deve o juiz declarar os factos que julga provados e não provados, analisando criticamente as provas e especificando aquelas que foram determinantes para a sua convicção.

Julgada a impugnação total ou parcialmente procedente e decididos que sejam os montantes devidos pela entidade beneficiária da expropriação, deve o juiz determinar a realização por aquela do depósito complementar a que haja lugar, no prazo de dez dias, para o que deverá ser notificada daquela decisão por carta registada no correio.

O referido prazo de dez dias não é o destinado à prolação no incidente da decisão judicial, mas para a entidade beneficiária da expropriação operar o referido depósito complementar.

É um prazo de direito adjectivo, porque visa indirectamente a prática de um acto processual, que começa a correr no dia imediato ao da presumida notificação a que alude o nº 3 do artigo 254º do Código de Processo Civil, que é contado nos termos do artigo 144º, n.ºs 1 a 3, daquele diploma.

Acresce que o juiz deve proferir a referida decisão no prazo de dez dias, nos termos do artigo 160º, nº 1, do Código de Processo Civil.

4. Prevê o nº 4 deste artigo a omissão pela entidade expropriante de operar o depósito que deveria realizar na sequência da aludida notificação, e estatui, para essa hipótese, por um lado, dever o juiz ordenar o pagamento por força das cauções prestadas, ou as providências que se revelarem necessárias, e, por outro, que se aplica o disposto no nº 4 do artigo anterior, com as necessárias adaptações, quanto aos montantes em falta.

A remissão deste normativo para o disposto no nº 4 do artigo anterior visa a aplicação aqui do que ali se estabelece, ou seja, no caso de ficar em falta o pagamento de alguma quantia, depois da afectação do valor das cauções ao pagamento da indemnização, ou do conseguido por virtude de outras providências, como, por exemplo, a notificação da entidade beneficiária da expropriação para realizar o respectivo depósito com juros moratórios.

Nesse caso, deve o juiz decidir e intimar o serviço que tem a seu cargo os avales do Estado, ou seja, a Direcção-Geral do Tesouro, para efectuar o depósito do montante em falta, em substituição da entidade expropriante, em conformidade com que se prescreve no nº 6 do artigo 23º deste Código.

5. Prevê o nº 5 deste artigo a situação de pagamento da indemnização devida a quem de direito, ou o asseguramento da sua realização, e estatui, por um lado, dever o juiz autorizar o levantamento dos montantes que se mostrem excessivos ou a restituição a que haja lugar e, por outro, determinar o cancelamento das cauções que se mostrem injustificadas, salvo o disposto no nº 3 do artigo 53º.

O pressuposto essencial do funcionamento deste normativo é, pois, o de pagamento pela entidade beneficiária da expropriação da indemnização devida ao expropriado e ou a outros interessados, ou de o mesmo estar assegurado.

Verificado que seja o mencionado pressuposto de facto, expressa a lei dever o juiz autorizar o levantamento dos montantes considerados excessivos ou a restituição a que haja lugar e determinar o cancelamento das cauções já sem justificação.

A referida autorização de levantamento de montantes excessivos ou de restituição a que haja lugar pressupõe, como é natural, o requerimento dos respectivos interessados.

Salvaguarda este normativo o disposto no nº 3 do artigo 53º deste Código, o qual prescreve que, não estando definitivamente resolvida a questão da titularidade do crédito indemnizatório, não se pode proceder a pagamento que dela dependa, sem que seja prestada caução.

Trata-se de situações em que a titularidade do direito à indemnização foi decidida provisoriamente pelo juiz ao abrigo do que se prescreve no nº 1 do artigo 53º deste Código, em termos de, enquanto não estiver decidida definitivamente a impugnação do valor depositado, não se proceder a pagamento que dela dependa sem que o interessado preste a pertinente caução.

ARTIGO 73º
Atribuição das indemnizações

1 – A atribuição das indemnizações aos interessados faz-se de acordo com o disposto nos n.os 3 e 4 do artigo 37º, com as necessárias adaptações.

2 – No caso de expropriação amigável, decorridos 60 dias sobre a data prevista para o pagamento de qualquer prestação ou respectivos juros sem que este seja efectuado, o expropriado pode requerer as providências a que se refere o nº 4 do artigo anterior, devendo juntar a cópia do auto ou escritura a que se refere o nº 6 do artigo 37º.

3 – A entidade expropriante é citada para remeter o processo de expropriação e efectuar o depósito das quantias em dívida, nos termos do nº 1 do artigo anterior, com as necessárias adaptações, podendo deduzir embargos dentro do prazo ali fixado.

1. Prevê o nº 1 deste artigo a atribuição das indemnizações aos interessados, e estatui que ela se faz de acordo com o disposto nos n.os 3 e 4 do artigo 37º, com as necessárias adaptações.

Está inserido num contexto normativo essencialmente relativo à atribuição da indemnização por virtude da expropriação de bens por utilidade pública.[369]

Temos assim que a atribuição da indemnização aos interessados deve observar o disposto nos n.os 3 e 4 do artigo 37º deste Código, relativos às expropriações ditas amigáveis, com as necessárias adaptações.

---

[369] Este artigo está conexionado com o que se prescreve nos artigos 37º, n.os 2, alínea a), 3 e 4, 52º, nº 2, 53º, nº 3, 67º, n.os 2, 3 e 5, 68º, nº 3, 71º, nº 3 e 72º, nº 5, todos deste Código.

É seu pressuposto que esteja depositado o valor das indemnizações, sem impugnação ou na sequência da decisão judicial que sobre ele haja incidido e que o fixou.

O primeiro dos referidos normativos tem a ver com as situações em que o direito de indemnização se inscreve na titularidade de mais do que uma pessoa, como é o caso de co-herdeiros, de co-legatários, de comproprietários e de concurso entre proprietários e titulares de direitos reais menores, designadamente usufrutuários, titulares de direito de superfície, de uso e habitação e de servidão.

Previamente ao funcionamento daquele normativo, que se reporta à divisão do montante indemnizatório, por referência a cada um ou à respectiva pluralidade, está a sua fixação definitiva.

Conforme já se referiu, o valor indemnizatório pode ser atribuído a cada um dos interessados, segundo o direito de crédito respectivo, ou fixado por referência à titularidade de todos eles, isto é, globalmente, em qualquer caso com base no pertinente direito substantivo.

No caso de a indemnização ter sido fixada e atribuída em globo e de não haver acordo dos interessados sobre a sua partilha, rege o segundo dos mencionados normativos, ou seja, o n°. 4 do artigo 37º deste Código, segundo o qual, na falta de acordo dos interessados sobre a partilha da indemnização global em causa, deve ser entregue àquele que por todos for designado, ou consignada em depósito no lugar do domicílio da entidade beneficiária da expropriação, à ordem do juiz de direito da comarca do lugar da situação dos bens ou da sua maior extensão.

Trata-se, pois, da falta de acordo dos vários interessados sobre a partilha da indemnização global, caso em que importa distinguir entre os casos em que todos os interessados designaram um deles para receber o valor da indemnização e aqueles em que não ocorreu essa designação.

Na primeira hipótese, a entidade beneficiária da expropriação entregará o valor da indemnização ao referido designado, dele recebendo a quitação por escrito, nos termos do artigo 395º do Código Civil.

Na segunda, aquela entidade deve consignar a respectiva quantia em depósito no lugar do domicílio ou sede da entidade beneficiária da expropriação à ordem do juiz da comarca da área da situação dos bens expropriados ou da maior parte deles.

Com efeito, nos termos do artigo 841º, n° 1, alínea a), do Código Civil, o devedor pode livrar-se da obrigação mediante o depósito da coisa devida, quando, sem culpa sua, não puder efectuar a prestação, ou não puder fazê-lo com segurança, por qualquer motivo relativo à pessoa do credor.

Ora, na situação a que o normativo em análise se refere, a entidade beneficiária da expropriação, sem que tal lhe possa ser censurado do ponto de vista ético-jurídica, não pode efectuar a prestação com segurança, por motivos relativos aos credores.

Em consequência, a entidade beneficiária da expropriação, consignando em depósito o montante indemnizatório em causa, livra-se da sua obrigação de pagamento indemnizatório, nos termos artigo 762º, nº 1, do Código Civil.

Realizada a mencionada consignação em depósito, extingue-se a obrigação da entidade beneficiária da expropriação, e a divisão do montante consignado pelos vários interessados opera em conformidade com o disposto no artigo 54º da Lei nº 29/2009, de 29 de Junho, com as necessárias adaptações.

2. Prevê o nº 2 deste artigo o caso da expropriação amigável e do não pagamento de qualquer prestação ou os respectivos juros decorridos 60 dias sobre a data prevista para o efeito, e estatui, por um lado, que o expropriado pode requerer as providências a que se refere o nº 4 do artigo anterior, e, por outro, que ele deve juntar a cópia do auto ou da escritura a que se refere o nº 6 do artigo 37º.

Enquanto o nº 1 deste artigo se reporta às indemnizações litigiosas, o normativo em análise rege para as expropriações ditas amigáveis, no caso de terem passado sessenta dias sobre a data convencionada para o pagamento do montante de alguma prestação ou dos respectivos juros, sem que o mesmo tenha ocorrido.

Nessa hipótese, pode o expropriado requerer as providências previstas no nº 4 do artigo anterior, ou seja, as que se revelem necessárias para a realização do seu direito de crédito indemnizatório.[370]

3. Prevê o nº 3 deste artigo a remessa do processo de expropriação e o depósito das quantias em dívida nos termos do nº 1 do artigo anterior, com as necessárias adaptações, pela entidade beneficiária da expropriação, e estatui, por um lado, que esta é citada para esse efeito, e, por outro, que ela pode deduzir embargos dentro do prazo fixado naquele normativo.

---

[370] Quanto a este ponto, remete-se para o que se escreveu a propósito do nº 4 do artigo 72º deste Código.

Este normativo está essencialmente conexionado com o que se prescreve no nº 2 deste artigo, ou seja, reporta-se às expropriações amigáveis, na sequência do requerimento pelo expropriado das providências a que aquele normativo se reporta.

Apresentado pelo expropriado o referido requerimento de providências para lhe serem pagas as prestações de indemnização em falta, é citada a entidade beneficiária da expropriação a fim de o remeter ao juiz do processo de expropriação e depositar a quantia devida.

A remissão deste normativo para o nº 1 do artigo anterior parece pretender significar que a entidade beneficiária da expropriação é citada para remeter o processo e realizar o depósito do montante em dívida no prazo de trinta dias a contar da data da citação.

Não obstante o referido prazo visar essencialmente a realização do depósito, como este se traduz indirectamente em acto processual, propendemos a considerar que se trata de um prazo judicial, a contar nos termos dos artigos 144º, n.os 1 a 3 e 254º, nº 3, do Código de Processo Civil, conforme ao disposto no nº 2 do artigo 98º deste Código.

Tendo em conta o disposto no artigo 228º, n.os 1 e 2, do Código de Processo Civil, a circunstância de a lei se reportar a uma citação, e não à notificação, que seria o acto processual normal, tem a ver com o facto de se tratar do chamamento para a prática de actos na fase judicial do processo de expropriação.

Citada a entidade beneficiária da expropriação, expressa a lei que ela pode deduzir embargos no referido prazo de 30 dias, naturalmente a contar da mencionada citação. Também se trata de um prazo judicial, que, por isso, se conta desde o dia imediato ao da citação daquela entidade, nos termos do artigo 144º, n.os 1 a 3, do Código de Processo Civil, conforme decorre do artigo 98º, nº 2, deste Código.

Este normativo relativo aos embargos, naturalmente aos embargos de executado, conformava-se com o que se prescrevia no nº 2 do artigo 69º do Código das Expropriações de 1991, na medida que nele se estabelecia poder o expropriado requerer a execução do pagamento das prestações devidas e respectivos juros contra a entidade expropriante.

A dedução de oposição à execução pressupõe, como é natural, a existência de uma acção executiva. Todavia, como no regime actual inexiste acção executiva para o mencionado fim, não assume sentido útil a referência deste normativo aos embargos de executado, designação que também já não está legalmente consagrada, certo que aquela designação foi substituída, no âmbito da reforma da acção executiva implementada pelo Decreto-Lei nº 38/2003, de 8 de Março, pela designação de oposição à execução, ora regulada nos artigos 813º a 820º do Código de Processo Civil.

Perante este quadro, o facto de o auto ou a escritura de expropriação amigável poder constituir título executivo, nos termos do artigo 46º, nº 1, alínea c), do Código de Processo Civil, e, por isso, ser susceptível de constituir pressuposto de uma acção executiva, não justifica o segmento relativo aos embargos a que alude o normativo em análise.

Pelo exposto, propendemos a considerar que, onde a lei se refere a embargos, deve considerar-se a referência à impugnação, ou seja, à implementação de um incidente de impugnação da pretensão deduzida pelo expropriado relativamente às providências a que se reporta o nº 2 deste artigo.

Na hipótese de a entidade beneficiária da expropriação não ter deduzido impugnação, ou de esta ter sido julgada improcedente, e de aquela entidade não ter depositado o valor das prestações em dívida, pode o juiz decidir e intimar o serviço que tem a seu cargo os avales do Estado, ou seja, a Direcção-Geral do Tesouro, a fim de efectuar o depósito do montante em falta, em substituição da referida entidade, em conformidade com que se prescreve no nº 6 do artigo 23º deste Código.

4. Sobre a matéria a que este artigo se reporta pronunciaram-se, entre outras, as seguintes decisões judiciais:

a) O cabeça-de-casal tem direito a pedir, no processo de expropriação por utilidade pública, a entrega da indemnização depositada correspondente ao valor das parcelas expropriadas pertencente à herança indivisa (Acórdão do STJ, de 30.04.97, CJ, V, Tomo 3, página 73).

b) Os herdeiros do expropriado podem requerer a sua habilitação para o levantamento da importância depositada a favor do expropriado, mesmo que o processo de expropriação já esteja arquivado (Acórdão da Relação de Lisboa de 25.01.2001, CJ, Ano XXVI, Tomo 1, página 103).

TÍTULO VI
DA REVERSÃO DOS BENS EXPROPRIADOS

ARTIGO 74º
Requerimento

1 – A reversão a que se refere o artigo 5º é requerida à entidade que houver declarado a utilidade pública da expropriação ou que haja sucedido na respectiva competência.

2 – Se o direito de reversão só puder ser utilmente exercido em conjunto com outro ou outros interessados, o requerente da reversão pode solicitar a notificação judicial destes para, no prazo de 60 dias a contar da notificação, requererem a reversão dos respectivos bens, nos termos do nº 1, sob cominação de, não o fazendo algum ou alguns deles, a reversão dos mesmos se operar a favor dos que a requeiram.

3 – O pedido de expropriação total, nos termos do nº 2 do artigo 3º, não prejudica a reversão da totalidade do prédio.

4 – Se não for notificado de decisão favorável no prazo de 90 dias a contar da data do requerimento, o interessado pode fazer valer o direito de reversão no prazo de um ano, mediante acção administrativa comum a propor no tribunal administrativo de círculo da situação do prédio ou da sua maior extensão.

5 – Na acção prevista no número anterior é cumulado o pedido de adjudicação, instruído com os documentos mencionados no artigo 77º, que o tribunal aprecia, seguindo os trâmites dos artigos 78º e 79º no caso de reconhecer o direito de reversão.

1. Prevê o nº 1 deste artigo a entidade a quem deve ser requerida a reversão a que se refere o artigo 5º deste Código, e estatui que o deve ser à entidade que houver declarado a utilidade pública da expropriação ou à que haja sucedido na respectiva competência.

Está inserido num contexto normativo essencialmente referente ao requerimento dos interessados com vista ao exercício do direito de reversão e ao modo como ele deve ser exercido.[371]

A expressão *reversão* deriva do termo latino *reversio*, com o significado de volta, regresso ou tornada. O referido conceito significa, nesta matéria, a

---

[371] Este artigo está conexionado com o que se prescreve nos artigos 3º, nº 2, 5º e 75º a 79º, todos deste Código. Sobre o direito de reversão, podem ver-se, além do mais, os pareceres do Conselho Consultivo da Procuradoria-Geral da República, n.os 80, de 27 de Outubro de 1976, e 102, de 17 de Dezembro de 1977, BMJ, nº 268, pagina 59, e nº 280, página 161, respectivamente.

retoma, pelos anteriores titulares, do direito propriedade sobre os prédios que foram objecto de expropriação, em razão de a entidade beneficiária da expropriação não lhe ter dado o destino previsto na declaração de utilidade pública ou de ter cessado a sua finalidade, o que se configura, *grosso modo*, como o reverso da expropriação.

Dir-se-á, em síntese, serem as causas do funcionamento deste direito de reversão a inércia da entidade beneficiária da expropriação e o desvirtuamento do seu objecto.

Está ínsita neste normativo a ideia de que a utilidade pública que implicou a expropriação dos prédios vai para além da respectiva declaração, estendendo-se à fase da sua consumação ou concretização, com o que é incompatível a sua não aplicação ao fim que a motivou.

Reporta-se, pois, este normativo ao exercício do direito de reversão dos bens expropriados, cujos pressupostos e causas de cessação constam do artigo 5º deste Código, a que acima já se fez referência.

Dele decorre que o respectivo requerimento deve ser dirigido à entidade que tiver declarado a utilidade pública da expropriação dos bens em causa ou àquela que, por força da lei, lhe tenha sucedido no âmbito da respectiva competência, a quem cumpre ouvir a entidade beneficiária da expropriação sobre o requerimento para esse efeito.

A referida competência é aferida no momento do exercício do direito de reversão em causa, ou seja, não releva o momento em que ele se inscreveu na esfera jurídica do requerente (artigo 30º, n.os 1 e 2, do Código do Procedimento Administrativo).

Esta é a primeira fase do procedimento, de natureza administrativa, que visa a autorização de reversão, a que poderá seguir-se a segunda fase, esta de natureza jurisdicional.

2. Prevê o nº 2 deste artigo a situação em que o direito de reversão só pode ser utilmente exercido em conjunto com outro ou outros interessados, e estatui que o requerente da reversão pode solicitar a notificação judicial destes para, no prazo de 60 dias, a contar da notificação, requererem a reversão dos respectivos bens, nos termos do nº 1, sob cominação de, não o fazendo algum ou alguns deles, a reversão dos mesmos se operar a favor dos que a requeiram.

Está especialmente conexionado com o que se prescreve no nº 2 do artigo 77º deste Código, e a sua previsão tem em vista os casos em que os prédios expropriados, na sequência da expropriação, passaram a constituir um único prédio insusceptível de divisão.[372]

É o caso, por exemplo, dos terrenos aptos para cultura que não podem fraccionar-se em parcelas de área inferior a determinada superfície mínima, designada por unidade de cultura, a que se reporta o artigo 1376º, nº 1, do Código Civil.

Nesse caso, não havendo possibilidade de requerimento conjunto de todos os proprietários com a vista à reversão de cada um dos prédios expropriados que formaram a mencionada unidade, pode o requerente da reversão diligenciar no sentido da notificação em causa.

Esta notificação é a judicial avulsa a que se reporta o artigo 261º do Código de Processo Civil, que deve anteceder o requerimento de reversão formulado pelo interessado, ao qual deve ser junto o documento dela comprovativo.

O objecto da aludida notificação consubstancia-se na intimação dos co-titulares do direito de reversão a fim de, no prazo de 60 dias, a contar da data da notificação, requererem à entidade competente a reversão dos bens que lhe foram expropriados, sob pena de, não o fazendo, a reversão aproveitar àqueles que a requereram.

Considerando o disposto nos artigos 72º, nº 1, do Código do Procedimento Administrativo e 98º, nº 1, deste Código, o mencionado prazo começa a correr no dia seguinte ao da data da notificação judicial avulsa, continuadamente, com suspensão durante os sábados, domingos e feriados e, se terminar em dia em que a entidade requerida não esteja acessível ao público, transfere-se para o primeiro dia útil seguinte.

Os proprietários dos prédios expropriados que integram a referida unidade e não requeiram a respectiva reversão, perdem, no referido prazo, o direito de reversão a favor daqueles que a requereram.

É, pois, uma situação que se consubstancia em caducidade do exercício do direito de reversão dos expropriados que, notificados judicialmente para o exercerem no referido prazo, o não exerçam.[373]

3. Prevê o nº 3 deste artigo o pedido de expropriação total, nos termos do nº 2 do artigo 3º, e estatui que ele não prejudica a reversão da totalidade do prédio.

---

[372] Neste sentido, pode ver-se LUÍS PERESTRELO DE OLIVEIRA, *obra citada*, página 163.

[373] No sentido de se tratar de uma situação de renúncia implícita, veja-se JOSÉ OSVALDO GOMES, *obra citada*, pagina 424.

Decorre do nº 2 do artigo 3º deste Código, como já se referiu, que o proprietário pode requerer a expropriação total quando seja necessário expropriar apenas parte de um prédio se a parte restante não assegurar proporcionalmente os cómodos permitidos por todo ele, ou se os cómodos assegurados pela parte restante não tiverem para ele interesse económico objectivamente determinado.

Dado o contexto, onde a lei se refere ao pedido de expropriação total, deve entender-se a situação de ter havido efectiva expropriação total dos bens relativamente aos quais apenas uma parte foi objecto de declaração de utilidade pública da expropriação.

Assim, apesar de os interessados haverem pedido a expropriação total do prédio, ou seja, também de parcelas não abrangidas pela declaração de utilidade pública da expropriação, ainda assim podem exercer o direito de reversão em causa.

Face ao disposto neste normativo, a circunstância de ter sido por vontade do proprietário expropriado o maior âmbito do objecto material da expropriação não obsta a que ele exerça o direito de reversão dos bens expropriados, desde que se verifiquem os respectivos pressupostos.

Como não há razão para distinguir, o disposto neste normativo é aplicável quer a entidade beneficiária da expropriação tenha ou não concordado com o pedido de expropriação total.

4. Prevê o nº 4 deste artigo a hipótese de o requerente da reversão não ser notificado de decisão favorável no prazo de 90 dias a contar da data do requerimento, e estatui que ele pode fazer valer o respectivo direito no prazo de um ano, mediante acção administrativa comum a propor no tribunal administrativo de círculo da situação do prédio ou da sua maior extensão.

É pressuposto do funcionamento deste normativo que tenha sido formulado um pedido de reversão dirigido à entidade que declarou a utilidade pública da expropriação ou àquela que a substituiu, nos termos do nº 1 deste artigo.

A referida entidade deve decidir sobre a pretensão formulada pelo requerente, depois de cumprir o que se prescreve no artigo seguinte, mas a lei não estabelece expressamente prazo para a respectiva decisão.

Há que distinguir, no que concerne à referida decisão, os casos em que, no referido prazo de 90 dias, é ou não notificada ao requerente uma decisão favorável sobre o seu requerimento. Este normativo, porém, apenas se refere à falta

438 CÓDIGO DAS EXPROPRIAÇÕES E ESTATUTO DOS PERITOS AVALIADORES

de notificação do requerente de decisão favorável, ou seja, de uma decisão de autorização.[374]

Nessa situação, pode o interessado fazer valer o seu direito de reversão dos bens expropriados no prazo de um ano, mediante acção administrativa comum, a instaurar no tribunal administrativo de círculo da situação do prédio ou da sua maior extensão.[375]

Face ao disposto no artigo 98º, nº 1, deste Código, este prazo de 90 dias também é contado continuadamente, a partir do dia imediato ao da data da apresentação na entidade competente do requerimento de reversão dos bens expropriados, com suspensão aos sábados, domingos e feriados, nos termos do artigos 72º, nº 1, alíneas a) e b), do Código do Procedimento Administrativo.

Tendo em conta o disposto no artigo 98º, nº 1, deste Código, o referido prazo de um ano é contado do termo do prazo de noventa dias acima referido, suspendendo-se durante os sábados, domingos e feriados, terminando às 24 horas do dia que lhe corresponda dentro do último ano, nos termos dos artigos 72º, n.os 1, alíneas a) e c), e 2 do Código do Procedimento Administrativo e 279º, alínea c), do Código Civil.

No caso de o acto administrativo da entidade competente ser no sentido do indeferimento do pedido de reversão, pode o interessado impugná-lo, por via de acção administrativa especial, nos termos do artigos 46º, n.os 1 e 2, e seguintes do Código de Processo nos Tribunais Administrativos.

Na hipótese de ter havido decisão de autorização da reversão no referido prazo de 90 dias, tem o interessado a faculdade de requerer judicialmente a adjudicação dos bens em causa.

Tem sido discutida a questão de saber se a celebração de contrato de compra e venda entre a entidade beneficiária da expropriação e o expropriado, relativo aos bens objecto de declaração de utilidade pública, obsta ou não ao funcionamento do direito de reversão em causa.

A este propósito, importa ter em conta que o contrato de compra e venda no âmbito da expropriação amigável é absolutamente condicionado pela declara-

---

[374] Na primitiva versão deste normativo, o referido pedido era considerado tacitamente indeferido se o interessado não fosse notificado de decisão expressa no prazo de 90 dias a contar da entrada do respectivo requerimento.

[375] A competência dos tribunais administrativos de círculo consta do artigo 44º do Estatuto dos Tribunais Administrativos e Fiscais, e acção administrativa comum dos artigos 37º a 45º do Código de Processo nos Tribunais Administrativos.

ção de utilidade pública da expropriação, isto é, sem a virtualidade de a descaracterizar.

Acresce que releva essencialmente no direito expropriativo o princípio da necessidade, ou seja, que só pode ser expropriado o estritamente necessário à realização do fim de utilidade pública em causa.

Em consequência, propendemos a considerar no sentido de que o contrato de compra e venda celebrado nos termos do nº 1 do artigo 36º deste Código não constitui obstáculo legal ao exercício do direito de reversão em causa.[376]

Tem sido também objecto de controvérsia a questão de saber se o direito de reversão abrange ou não o caso de aquisição por via do direito privado dos bens objecto da resolução administrativa de expropriar.

Considerando que o referido direito da reversão está legalmente estruturado na base da ablação do direito de propriedade e na sequência da declaração de utilidade pública da expropriação, como a referida aquisição ocorre fora do âmbito de uma e de outra, propendemos a considerar no sentido de a resposta dever ser a negativa.

5. Prevê o nº 5 deste artigo a acção prevista no número anterior, e estatui, por um lado, que nela deve ser cumulado o pedido de adjudicação, instruído com os documentos mencionados no artigo 77º, e, por outro, que o tribunal o deve apreciar, seguindo os trâmites dos artigos 78º e 79º, todos deste Código, no caso de reconhecer o direito de reversão.

Refere-se, pois, este normativo, em primeiro lugar, à petição inicial da acção administrativa comum em que os interessados – os proprietários expropriados – devem fazer valer o seu direito de reversão no confronto da entidade beneficiária da expropriação.

Dir-se-á, em síntese, que o antigo proprietário do terreno, não totalmente utilizado para o fim expropriativo, para obter a sua reversão, terá de aceder, em primeiro lugar, à fase administrativa, perante a entidade que tiver declarado a utilidade pública da expropriação ou daquela que lhe sucedeu, a quem compete autorizar ou não a reversão.

E, em segundo lugar, tem de aceder a uma fase judicial, da competência dos tribunais administrativos de círculo, sem que possa aceder à segunda

---

[376] Neste sentido, pode ver-se o Acórdão do Supremo Tribunal Administrativo, de 2 de Junho de 2004, Processo nº 030256.

sem passar pela primeira, sob pena de incompetência do tribunal em razão da matéria.

Impõe, porém, este normativo que o autor ou os autores, conforme os casos, cumulem com o mencionado pedido o de adjudicação dos bens expropriados, juntando, como meio de prova, os documentos a que se refere o artigo 77º, nº 1, deste Código, ou seja, os elencados nas suas alíneas b) a e), inclusive, a que adiante se fará detalhada referência.

Os artigos 78º e 79º, cujos trâmites neles previstos o tribunal administrativo de círculo deve seguir no julgamento do aludido pedido de adjudicação, reportam-se essencialmente à oposição da entidade beneficiária da expropriação e à envolvência da decisão de adjudicação em causa.

6. Quanto à matéria a que este artigo se reporta, pronunciaram-se, entre outras, as seguintes decisões judiciais:

a) Ainda que se verifiquem os pressupostos do direito de reversão, torna-se impossível a sua efectivação se o imóvel expropriado é transmitido a terceiro por acto administrativo consolidado na ordem jurídica. Tornando-se impossível o reingresso do prédio na esfera do expropriado, este não tem interesse na impugnação contenciosa do acto de indeferimento do pedido de reversão (Acórdão do STA, de 29.09.99, Processo nº 028577).

b) A simples transmissão do prédio expropriado a terceiro não constitui causa legítima de inexecução da sentença que anulou o indeferimento do pedido de reversão (Acórdão do STA, de 23.05,02, Processo nº 30230-A).

c) O direito de reversão apenas cessa verificada alguma das situações previstas no nº 4 do artigo 5º daquele Código, sendo para este efeito irrelevante a transferência do domínio, a constituição de direito de propriedade de outro particular por alienação da entidade expropriante ou, por maioria de razão, a constituição de algum direito real menor, como é o caso do usufruto sobre o bem expropriado (Acórdão do STA, de 16.03.05, Processo nº 062/03).

d) O direito de reversão por desvio da finalidade pública da cedência rege-se pela lei vigente à data do exercício desse direito (Acórdão do STA, de 28.11.07, Processo nº 01095/06).

e) Na modalidade de expropriação uniexecutiva, em que o projecto respectivo é expropriado por uma só vez, para que a porção sobrante não necessária à realização do fim expropriativo retome o seu carácter na esfera jurídica do expropriado basta a ultimação do processo expropriativo, não havendo que fazer funcionar o instituto da reversão (Acórdão da Relação de Guimarães, de 30.04.09, Processo nº 948/05.6TBBRG.G1).

ARTIGO 75º
Audiência da entidade expropriante e de outros interessados

1 – No prazo de 10 dias a contar da recepção do pedido de reversão, a entidade competente para decidir ordena a notificação da entidade expropriante e dos titulares de direitos reais sobre o prédio a reverter ou sobre os prédios dele desanexados, cujos endereços sejam conhecidos, para que se pronunciem sobre o requerimento no prazo de 15 dias.

2 – A entidade expropriante, dentro do prazo da sua resposta, remete o processo de expropriação à entidade competente para decidir o pedido de reversão ou indica o tribunal em que o mesmo se encontra pendente ou arquivado.

3 – No caso previsto na parte final do número anterior, a entidade competente para decidir solicita ao tribunal a confiança do processo até final do prazo fixado para a decisão.

4 – Se os factos alegados pelo requerente da reversão não forem impugnados pela entidade expropriante, presume-se, salvo prova em contrário, que são verdadeiros."

1. Prevê o nº 1 deste artigo a recepção pela entidade competente para a decisão do pedido de reversão, e estatui que ela, no prazo de dez dias, deve ordenar a notificação da entidade expropriante e dos titulares de direitos reais sobre o prédio a reverter ou sobre os prédios dele desanexados, cujos endereços sejam conhecidos, para que se pronunciem sobre o requerimento, no prazo de 15 dias.

Está inserido num contexto normativo essencialmente reportado à audiência da entidade beneficiária da expropriação e de outros interessados no âmbito do pedido de reversão dos bens expropriados.[377]

Está especialmente conexionado com o que se prescreve no nº 1 do artigo anterior, onde se prescreve que a reversão é requerida à entidade que houver declarado a utilidade pública da expropriação ou que haja sucedido na respectiva competência.

Recebido o requerimento de reversão formulado pelo expropriado, tem a referida entidade, no cumprimento do princípio do contraditório, o prazo de

---

[377] Este artigo está conexionado com o disposto nos artigos 3º, nº 2, 5º, 74º e 76º a 79º, todos deste Código.

dez dias para ordenar a notificação da entidade beneficiária da expropriação e dos titulares dos direitos reais sobre o prédio a reverter ou sobre os prédios dele desanexados, cujos endereços sejam conhecidos, a fim de poderem pronunciar-se sobre ele.

Temos, assim, que não são notificados, inclusive por éditos, os titulares dos referidos direitos reais sobre os prédios em causa cujos endereços não sejam conhecidos.

Os referidos direitos reais abrangem os de propriedade, os menores de usufruto, de servidão, de uso e habitação e os vários de garantia que constem do registo predial.

Considerando o disposto no artigo 98º, nº 1, deste Código, o referido prazo de dez dias de que a mencionada entidade dispõe para a notificação dos titulares dos aludidos direitos é contado desde a data do recebimento do requerimento de reversão, com suspensão aos sábados, domingos e feriados, nos termos do artigo 72º, nº 1, alíneas a) e b), do Código de Procedimento Administrativo.

A referida notificação, conforme decorre dos artigos 70º, nº 1, alínea a), do Código do Procedimento Administrativo e 254º, nº 1, e 255º, nº 1, do Código de Processo Civil, é feita por carta registada no correio, naturalmente desde que exista distribuição domiciliária na localidade de residência ou sede do notificando.

O prazo de resposta dos notificados, de quinze dias, conta-se desde a data da notificação presumida a que se reporta o artigo 254º, nº 3, do Código de Processo Civil, tendo em conta a dilação prevista no artigo 73º do Código do Procedimento Administrativo, com suspensão nos sábados, domingos e feriados, e, se terminar em dia em que a entidade notificante não esteja acessível ao público, ou não funcione durante o período normal, transfere-se o seu termo para o primeiro dia seguinte, em conformidade com o disposto no artigo 72º, nº 1, do último dos referidos diplomas.

2. Prevê o nº 2 deste artigo a remessa do processo de expropriação ou a indicação do tribunal onde o mesmo se encontre, na situação de pendência ou de arquivamento, e estatui que a entidade beneficiária da expropriação, no prazo de resposta, o deve remeter à entidade notificante ou indicar o tribunal onde o mesmo se encontre.

O prazo de resposta é aquele a que se reporta o número anterior deste artigo, ou seja, o de quinze dias, dentro do qual a entidade beneficiária da expropriação deve remeter o processo de expropriação à entidade competente para decidir sobre o pedido de reversão, ou informá-la do tribunal onde o mesmo se encontrar.

Para o caso de o referido processo estar em algum tribunal, pendente ou arquivado, rege especialmente o que se prescreve no número seguinte deste artigo.

3. Prevê o nº 3 deste artigo o caso previsto na parte final do número anterior, e estatui que a entidade competente para decidir deve solicitar ao tribunal a confiança do processo até ao final do prazo fixado para a decisão que lhe incumbe proferir.

O caso previsto na parte final do número anterior é o de o processo de expropriação não estar na disponibilidade da entidade beneficiária da expropriação, mas em algum tribunal, pendente ou em arquivo.

Nesse caso, deve a mencionada entidade decisora requisitar ao tribunal o referido processo de expropriação até ao termo do prazo fixado para a decisão. O prazo regra para a referida decisão é de 90 dias, conforme decorre do disposto no nº 1 do artigo 58º do Código do Procedimento Administrativo, a contar nos termos do seu artigo 72º, nº 1, alíneas a) e b).

4. Prevê o nº 4 deste artigo a não impugnação pela entidade expropriante dos factos alegados pelo requerente da reversão, e estatui, para esse caso, que eles se presumem verdadeiros, salvo prova em contrário.

No domínio da vigência do Código das Expropriações de 1991, a referida presunção de veracidade decorria de a entidade beneficiária da expropriação não remeter o processo de expropriação no prazo legalmente previsto.

Este normativo contém uma solução essencialmente diversa da estabelecida na lei geral de processo, em que, em regra, a falta de impugnação implica a confissão *ficta*, à luz do princípio do cominatório semi-pleno a que se refere o artigo 484º, nº 1, do Código de Processo Civil.

Considerando o disposto no artigo 350º, nº 2, do Código Civil, ele envolve uma presunção legal *juris tantum* de veracidade, naturalmente formal, com força de prova plena simples, na medida que pode ser ilidida por via da produção da prova do contrário, que pode decorrer da que for produzida pelos restantes sujeitos do lado passivo, disponível pela entidade decisora em causa.

Conforme decorre do nº 4 do artigo 74º deste Código, a entidade competente deve proferir, no prazo máximo de 90 dias, a pertinente decisão sobre a autorização ou não da reversão.

444 CÓDIGO DAS EXPROPRIAÇÕES E ESTATUTO DOS PERITOS AVALIADORES

Se a entidade competente assim não fizer, ou seja, se o requerente não for notificado de qualquer decisão naquele prazo, rege o disposto no nº 4 do artigo anterior.

ARTIGO 76º
Publicidade da decisão

1 – A decisão sobre o pedido de reversão é notificada ao requerente, à entidade expropriante e aos interessados cujo endereço seja conhecido.
2 – A decisão é publicada, por extracto, na 2ª série do Diário da República.

1. Prevê o nº 1 deste artigo a decisão sobre o pedido de reversão, e estatui que ela deve ser notificada ao requerente, à entidade expropriante e aos demais interessados cujo endereço seja conhecido.

Está inserido num contexto normativo que se reporta à notificação e à publicação da decisão de reversão.[378]

Este normativo tem um ponto em comum com o nº 1 do artigo anterior, segundo o qual só são notificados para o procedimento administrativo os interessados cujo endereço seja conhecido.

Considerando o disposto no artigo 68º, nº 1, do Código do Procedimento Administrativo, a referida notificação deve inserir o texto integral do acto administrativo, a identificação do procedimento administrativo, incluindo a indicação do autor do acto e a data deste, o órgão competente para apreciar a respectiva impugnação e o prazo respectivo.

A referida notificação deve ocorrer no prazo de oito dias, por via postal registada, nos termos dos artigos 69º e 70º, nº 1, alínea a), do Código do Procedimento Administrativo e 254º, nº 1, e 255º, nº 1, ambos do Código de Processo Civil, prazo esse a contar nos termos do artigo 72º, nº 1, alíneas a) e b), do Código do Procedimento Administrativo.

A omissão da referida notificação, até que seja suprida por via da sua efectivação, gera a ineficácia da decisão de reversão em causa, nos termos do artigo 130º, nº 2, do Código do Procedimento Administrativo.

---

[378] Este artigo está conexionado com o disposto nos artigos 3º, nº 2, 5º, 74º, 75º e 76º a 79º, todos deste Código.

2. Prevê o nº 2 deste artigo a publicação da decisão relativa à reversão dos bens expropriados, e estatui que a mesma deve ser publicada, por extracto, na 2.ª série do *Diário da República*.

Este normativo está em conexão com o que se prescreve no artigo 130º do Código do Procedimento Administrativo, segundo o qual, por um lado, a publicidade dos actos administrativos é obrigatória quando exigida por lei, e, por outro, que a falta da sua publicidade, quando legalmente exigida para o acto, implica a sua ineficácia.

Assim, exige este normativo a mesma forma de publicação que a do acto de declaração de utilidade pública da expropriação ou da sua renovação, a que se reporta o artigo 17º, nº 1, deste Código.

A razão de ser desta identidade de publicidade está na circunstância de a decisão de reversão se traduzir na destruição dos efeitos da declaração de utilidade pública da expropriação.

É a partir da referida data da publicação da decisão administrativa sobre o pedido de reversão, altura em que ela produz os respectivos efeitos, que começa a correr o prazo para a respectiva impugnação por via da acção administrativa especial.

Nos termos do artigo 130º, nº 2, do Código do Procedimento Administrativo, a omissão de publicação da decisão em causa nos termos deste normativo implica a sua ineficácia.

A reclamação do referido acto administrativo, nos termos dos artigos 158º, nº 2, alínea a), e 161º, nº 1, ambos do Código do Procedimento Administrativo, não amplia o prazo para a instauração da acção administrativa especial, com vista à respectiva impugnação, porque ela, em regra, não tem efeito suspensivo.

Em consequência, se o expropriado reclamar do acto administrativo em análise, não deve esperar pela decisão da reclamação para depois instaurar a pertinente acção administrativa especial.[379]

3. Quanto à matéria a que este artigo se reporta pronunciaram-se, entre outras, as seguintes decisões judiciais:
a) Quando a lei impõe a publicação no jornal oficial, é a partir dela que deve contar-se o prazo de interposição do recurso (Acórdão do STA, de 10.03.98, Processo nº 035705).

---

[379] Neste sentido, pode ver-se o Acórdão do STA, de 24 de Março de 1988, *Acórdãos Doutrinais*, nº 326, página 243.

446 CÓDIGO DAS EXPROPRIAÇÕES E ESTATUTO DOS PERITOS AVALIADORES

b) Não cabe aos tribunais competentes para a adjudicação do prédio pronunciar-se sobre a reversão, por se tratar de matéria fora da sua alçada. Mas podem verificar se o prédio em relação ao qual foi autorizada a reversão foi ou não expropriado, podendo, na negativa, recusar a adjudicação. Cabe ao interessado que disponha de um título de reversão não exequível, por desconformidade do prédio descrito no despacho de reversão com a realidade matricial e registal, diligenciar pela sua rectificação junto da entidade que decretou a reversão (Acórdão da Relação de Évora, de 30.11.2006, CJ, Ano XXXI, Tomo 5, página 254).

ARTIGO 76º-A
Acordo de reversão

1 – Autorizada a reversão, podem a entidade expropriante, ou quem ulteriormente haja adquirido o domínio do prédio, consoante o caso, e o interessado acordar quanto aos termos, condições e montante indemnizatório da reversão.

2 – O acordo previsto no número anterior reveste a forma de auto de reversão ou outra forma prevista na lei e segue, com as devidas adaptações, o regime previsto nos artigos 36º e 37º para o auto de expropriação amigável, com as devidas adaptações, devendo conter os elementos exigidos na alínea b) do nº 1 do artigo 44º do Código do Registo Predial.

3 – O acordo de reversão, celebrado nos termos do número anterior, constitui título bastante para todos os efeitos legais, incluindo a inscrição matricial, a desanexação e o registo predial.

4 – O pagamento do montante acordado da indemnização da reversão é efectuado directamente à entidade expropriante ou a quem ulteriormente haja adquirido o domínio sobre o bem, consoante o caso.

5 – O acordo de reversão deve ser formalizado no prazo de 90 dias a contar da data da notificação da autorização da reversão.

1. Prevê o nº 1 deste artigo a autorização da reversão, e estatui poderem a entidade beneficiária da expropriação, ou quem ulteriormente haja adquirido o domínio do prédio, consoante o caso, e o interessado, acordar, quanto aos termos, condições e o montante indemnizatório contrapartida da reversão.

Está inserido num contexto normativo, introduzido pelo artigo 2º da Lei nº 56/2008, de 4 de Setembro, sobre o acordo de reversão.[380]

---

[380] Este artigo está conexionado com o disposto nos artigos 3º, nº 2, 5º, 36º, 37º, 74º, 75º e 76º, 77º, 78º e 79º, todos deste Código.

À decisão sobre o pedido de reversão reportam-se especialmente o nº 4 do artigo 75º e o artigo 76º, ambos deste Código.

Decidido o direito do expropriado à reversão dos bens em causa, permite o normativo em análise que a entidade beneficiária da expropriação ou quem ulteriormente a substituiu no domínio sobre eles acordem com os expropriados quanto ao montante indemnizatório devido a uma ou outra e às condições do respectivo pagamento.

É um normativo em paralelismo com o que se prescreve no artigo 34º, alíneas a) a d), deste Código, relativas ao acordo sobre o montante da indemnização, no quadro da chamada expropriação amigável e das respectivas condições de pagamento.

2. Prevê o nº 2 deste artigo o acordo previsto no número anterior, e estatui, por um lado, revestir o mesmo a forma de auto ou outra prevista na lei, e, por outro, que ele segue, com as devidas adaptações, o regime previsto nos artigos 36º e 37º para o auto de expropriação amigável, com as devidas adaptações, e, finalmente, que ele deve conter os elementos exigidos na alínea *b*) do nº 1 do artigo 44º do Código do Registo Predial.

Reporta-se, pois, este normativo, por remissão para o anterior, ao acordo da entidade beneficiária da expropriação ou de quem a substituiu no domínio do prédio e o expropriado sobre o montante indemnizatório relativo à reversão.

A forma que lhe corresponde é a de auto de reversão, certo que a lei não estabelece qualquer espécie de forma para o referido contrato.

A remissão deste normativo para o disposto nos artigos 36º e 37º deste Código significa, por um lado, que o auto de acordo indemnizatório deve ser outorgado perante o notário privativo do município do lugar da situação do prédio ou da sua maior extensão, ou, sendo a entidade beneficiária da expropriação do sector público administrativo, perante o funcionário designado para o efeito, e, por outro, que do auto referido devem constar a indemnização acordada e a forma de pagamento bem como a data e o número do *Diário da República* onde foi publicada a decisão de reversão.

Além disso, deve constar do referido auto o número da descrição dos prédios ou as menções necessárias à sua descrição, nos termos do artigo 44º, nº 1, alínea b), do Código do Registo Predial.

3. Prevê o nº 3 deste artigo o acordo de reversão, celebrado nos termos do número anterior, e estatui, por um lado, que ele constitui título bastante para

448 CÓDIGO DAS EXPROPRIAÇÕES E ESTATUTO DOS PERITOS AVALIADORES

todos os efeitos legais, e, por outro, que isso inclui a inscrição matricial, a desanexação e o registo predial.

Temos, assim, que o mencionado acordo de reversão, com a forma acima mencionada, constitui título suficiente para documentar os factos relativos à inscrição matricial nos serviços de finanças, para a desanexação perante a entidade administrativa competente, os serviços de finanças e de registo predial e para o próprio acto de registo predial.

4. Prevê o nº 4 deste artigo a forma de pagamento do montante acordado da indemnização relativa à reversão, e estatui dever ser efectuado directamente à entidade expropriante ou a quem ulteriormente haja adquirido o domínio sobre o bem, consoante os casos.

Temos, assim, que o devedor ou os devedores da indemnização devem entregar directamente à entidade expropriante, ou a quem a tenha substituído na titularidade do direito de propriedade sobre o prédio, conforme os casos, o valor da indemnização acordado como contrapartida da reversão.

5. Prevê o nº 5 deste artigo a formalização do acordo de reversão, e estatui que ele deve ser formalizado no prazo de 90 dias a contar da data da notificação da autorização da reversão.

A formalização do acordo de reversão é essencial para os vários efeitos acima referidos, incluindo a inscrição matricial, a desanexação e o registo predial.

A notificação da decisão sobre o pedido de reversão ao requerente, à entidade expropriante e aos interessados cujo endereço seja conhecido está prevista no artigo 76º, nº 1, deste Código.

É a partir da data presumida de notificação das partes a que alude o artigo 254º, nº 3, do Código de Processo Civil, que se conta o prazo de 90 dias para a formalização do acordo em análise.

Conforme decorre do artigo 98º, nº 1, deste Código, nos termos dos artigos 72º, nº 1, alíneas a) e b), do Código do Procedimento Administrativo, o referido prazo suspende-se aos sábados, domingos ou feriados.

ARTIGO 77º
Pedido de adjudicação

1. Não pretendendo recorrer ao acordo previsto no artigo anterior, ou na falta deste, o interessado deduz, no prazo de 120 dias a contar da data da notificação da autorização, perante o tribunal administrativo de círculo da situação do prédio ou da sua maior extensão, o pedido de adjudicação, instruindo a sua pretensão com os seguintes documentos:

a) *Notificação da autorização da reversão;*

b) *Certidão, passada pela conservatória do registo predial, da descrição do prédio, das inscrições em vigor, incluindo as dos encargos que sobre ele se encontram registados e dos existentes à data da adjudicação do prédio à entidade expropriante ou de que o mesmo se encontra omisso;*

c) *Certidão da inscrição matricial e do valor patrimonial do prédio ou de que o mesmo se encontra omisso;*

d) *Indicação da indemnização satisfeita e da respectiva forma de pagamento;*

e) *Quando for o caso, estimativa, fundamentada em relatório elaborado por perito da lista oficial à sua escolha, do valor das benfeitorias e deteriorações a que se refere o artigo seguinte.*

2 – No caso do n° 2 do artigo 74°, o pedido é deduzido pelos vários interessados que, quando necessário, podem indicar o acordo sobre a forma como a adjudicação deverá ser feita, sem prejuízo do disposto no n° 3 do artigo seguinte.

1. Prevê o n° 1 desse artigo, por um lado, o caso de o interessado não pretender recorrer ao acordo previsto no artigo anterior ou a falta deste, e estatui que ele pode deduzir, no prazo de 120 dias a contar da data da notificação da autorização, perante o tribunal administrativo de círculo da situação do prédio ou da sua maior extensão, o pedido de adjudicação, e, por outro, que ele deve instruir o pedido com os documentos indicados nas suas cinco alíneas.

Está inserido num contexto normativo essencialmente reportado ao pedido de adjudicação do prédio ou dos prédios na sequência da respectiva decisão de autorização da reversão.[381]

O funcionamento deste normativo pressupõe, pois, a prévia autorização administrativa da pretendida reversão predial, da qual depende a formulação do respectivo pedido de adjudicação do prédio ou dos prédios.

A alínea a) deste normativo refere-se à notificação da decisão administrativa de autorização da reversão a que alude o n° 1 do artigo 76° deste Código; e a alínea b) reporta-se ao documento a emitir pela conservatória do registo predial, nos termos do artigo 104° do Código do Registo Predial, revelador dos factos

---

[381] Este artigo está conexionado com o disposto nos artigos 3°, n° 2, 5°, 36°, 37°, 74°, 75°, 76°, 76°-A, 78° e 79°, todos deste Código.

jurídicos de estrutura objectiva e subjectiva relativos ao prédio expropriado, ou da sua inexistência.

A alínea c) seguinte tem a ver com o documento revelador do registo do prédio nos serviços de finanças, para efeitos fiscais, incluindo o respectivo valor patrimonial, ou da sua inexistência; e a alínea d) envolve a declaração de ciência do valor pago pela entidade beneficiária da expropriação a título de indemnização pelo prédio expropriado e da forma como esse pagamento ocorreu.

A alínea e) envolve, por seu turno, a declaração de ciência sobre o valor das benfeitorias e deteriorações provocadas no prédio durante o tempo em que esteve na titularidade da entidade beneficiária da expropriação ou da que lhe sucedeu no domínio de facto sobre ele.

O referido elenco é meramente exemplificativo, não havendo obstáculo a que o autor da acção indique outros elementos de prova, testemunhal ou documental, e, se for caso disso, o perito que deva participar na diligência de avaliação a que alude o n.º 2 do artigo seguinte.

Sendo caso de existência das referidas benfeitorias e ou deteriorações, a fim de articularem na acção a estimativa do respectivo valor, podem os interessados escolher um perito da lista oficial a que se reporta o artigo 2.º do Decreto-Lei n.º 125/2002, de 10 de Maio, para realizar a pertinente descrição e avaliação, juntando o respectivo relatório, suportando, nos termos gerais, os respectivos encargos.

O acordo a que este normativo se refere é aquele que, após a autorização da reversão, a entidade expropriante, ou quem ulteriormente haja adquirido o domínio do prédio, consoante o caso, e o interessado celebraram, envolvente das condições e do montante indemnizatório contrapartida da reversão.

Este normativo reporta-se, pois, à situação em que, após a autorização da reversão, o expropriado, apesar de ter celebrado um contrato com a entidade beneficiária da expropriação quanto aos respectivos termos, não pretende executá-lo, ou áquela em que tal contrato não exista.

Em qualquer desses casos, pode o expropriado, se assim o entender, requerer em juízo a adjudicação dos bens expropriados.

O prazo de 120 dias a que este normativo se reporta não é de natureza processual, mas para a propositura da acção de adjudicação dos bens revertidos, pelo que não há fundamento para o enquadrar no artigo 145.º n.ºs 1 e 3, do Código de Processo Civil.

O que acontece é que, no caso de os interessados não intentarem a referida acção declarativa constitutiva administrativa comum no mencionado prazo, caduca o respectivo direito de acção, nos termos dos artigos 329º e 331º, nº 1, do Código Civil.[382]

Decorrentemente, propendemos a considerar que ao referido prazo não se aplica o disposto nos artigos 98º, nº 2, deste Código, 144º, n.os 1 a 4, do Código de Processo Civil e 1º do Código de Processo nos Tribunais Administrativos, mas o que se prescreve no artigo 279º, alíneas b) e e), do Código Civil.

Tendo em conta o disposto nos artigos 74º, nº 1, 75º, nº 4, e 76º, nº 1, deste Código, é pressuposto do funcionamento deste normativo que a entidade que declarou a utilidade pública da expropriação, ou aquela que lhe sucedeu em tal competência, reconheça ao requerente o direito de reversão sobre os bens expropriados, decisão que ao último é notificada.

É a partir da referida notificação presumida, nos termos do artigo 254º, nº 3, do Código de Processo Civil, que começa a correr o referido prazo de 120 dias para que o interessado instaure a acção com o pedido de adjudicação do prédio ou dos prédios em causa.

Conforme de algum modo decorre da alínea a) do nº 1 deste artigo, a circunstância de a falta de publicidade da decisão de autorização da reversão gerar a sua ineficácia, nos termos do nº 2 do artigo 130º do Código do Procedimento Administrativo, não implica a deslocação do início do referido prazo de instauração da acção para a data da publicação da mencionada decisão.[383]

Ao invés do que ocorria no regime de pretérito, em que a referida pretensão era deduzida nos tribunais da ordem judicial, agora deve sê-lo, conforme já se referiu, nos tribunais da ordem administrativa.

Tendo em conta o disposto nos artigos 44º, nº 1, do Estatuto dos Tribunais Administrativos e Fiscais, e 37º, n.os 1 e 2,alínea a), do Código de Processo nos Tribunais Administrativos, os referidos tribunais são os administrativos de círculo, e a acção a intentar é a administrativa comum.

2. Prevê o nº 2 deste artigo o disposto no nº 2 do artigo 74º deste Código, e estatui dever o pedido ser deduzido pelos vários interessados, e, por outro, que, quando necessário, podem indicar o acordo sobre a forma como a adjudicação deverá ser feita, sem prejuízo do disposto no nº 3 do artigo seguinte.

---

[382] Em sentido contrário, afirmando que tal interpretação violaria o disposto nos artigos 1º, 2º, 9º, alínea b), 13º e 62º da Constituição, veja-se o acórdão da Relação de Coimbra, de 12 de Abril de 2005, Processo nº 698/05.

[383] Em sentido contrário, pode ver-se LUÍS PERESTRELO DE OLIVEIRA, *obra citada*, página 165.

O nº 2 do artigo 74º deste Código prescreve que se o direito de reversão só puder ser utilmente exercido em conjunto com outro ou outros interessados, o requerente da reversão pode solicitar a notificação judicial destes para, no prazo de 60 dias a contar da notificação, requererem a reversão dos respectivos bens, nos termos do nº 1, sob cominação de, não o fazendo algum ou alguns deles, a sua reversão se operar a favor dos que a requeiram.

A sua previsão envolve, pois, o caso de o direito de reversão só poder ser utilmente exercido em conjunto com outro ou outros interessados, situação para que este normativo expressa dever a acção administrativa comum ser intentada por todos os interessados, o que se significa tratar-se de um caso de litisconsórcio necessário do lado activo previsto no artigo 28º, nº 1, do Código de Processo Civil.

Este normativo salvaguarda, porém, a possibilidade e a relevância do acordo entre os interessados sobre a forma como a adjudicação em causa deve ser feita, que é o da reversão dos prédios expropriados para a titularidade dos originários donos, a que se reporta o artigo 76º-A deste Código, a que acima se fez referência.

A salvaguarda do disposto no nº 3 do artigo 78º deste Código significa que, determinado pelo juiz, por decisão com trânsito em julgado, o montante a restituir, a falta do acordo a que alude o normativo em análise implica a abertura de licitação entre os requerentes.

A citação da entidade expropriante ou da entidade que a substituiu no domínio sobre os bens e a respectiva oposição constam do artigo seguinte.

3. Quanto à matéria a que este artigo se reporta pronunciaram-se, entre outras, as seguintes decisões judiciais:

a) Compete ao tribunal administrativo de círculo conhecer dos pedidos de reversão formulados desde 1 de Janeiro de 2004, não obstante a publicação da declaração de utilidade pública ter ocorrido em 1981 e o deferimento do pedido de reversão em 20 de Outubro de 2003 (Acórdão da Relação de Évora, de 10.03.05, Processo nº 586/05-3).

b) A inobservância do prazo de 120 dias para o pedido de adjudicação dos bens expropriados, cuja reversão foi autorizada, não implica a extinção do direito de pedir a adjudicação (Acórdão da Relação de Coimbra, de 12.04.2005, Processo nº 698/05).

ARTIGO 78º
Oposição do expropriante

1 – A entidade expropriante ou quem ulteriormente haja adquirido o domínio do prédio é citada para os termos do processo, podendo deduzir oposição, no prazo de 20 dias quanto aos montantes da indemnização indicada nos termos da alínea d) do nº 1 do artigo anterior e da estimativa a que se refere a alínea e) do mesmo número.

2 – Na falta de acordo das partes, o montante a restituir é fixado pelo juiz, precedendo as diligências instrutórias que tiver por necessárias, entre as quais tem obrigatoriamente lugar a avaliação, nos termos previstos para o recurso em processo de expropriação, salvo no que respeita à segunda avaliação, que é sempre possível.

3 – Determinado, com trânsito em julgado, o valor a que se refere o número anterior, o juiz, na falta de acordo mencionado no nº 2 do artigo anterior, determina licitação entre os requerentes.

1. Prevê o nº 1 deste artigo a oposição da entidade expropriante ou de quem ulteriormente haja adquirido o domínio do prédio, e estatui, por um lado, que ela deve ser citada para os termos do processo, e, por outro, que a mesma pode deduzir oposição, no prazo de 20 dias quanto aos montantes da indemnização indicados nos termos da alínea d) do nº 1 do artigo anterior e da estimativa a que se refere a alínea e) do mesmo número.

Está inserido num contexto normativo essencialmente reportado à oposição do expropriante ao pedido de adjudicação dos prédios objecto de decisão de reversão e especialmente conexionado com o disposto no artigo anterior que se refere à petição inicial da acção administrativa comum intentada pelo expropriado com vista à adjudicação do direito de propriedade sobre os bens objecto da reversão que foi autorizada.[384]

Temos, assim, considerando o disposto nos artigos 43º, nº 1, do Código de Processo nos Tribunais Administrativos e 233º, nº 2, alínea b) e 236º, nº 1, do Código de Processo Civil, que a entidade beneficiária da expropriação ou a pessoa que lhe haja sucedido no domínio de facto sobre o prédio em causa, é citada, por carta registada com aviso de recepção, para a referida acção, na posição de ré.

---

[384] Este artigo está conexionado com o disposto nos artigos 3º, nº 2, 5º, 36º, 37º, 74º, 75º, 76º, 76º-A, 77º e 79º, todos deste Código.

Ela pode deduzir oposição, ou seja, apresentar instrumento de contestação no prazo de vinte dias a contar do dia imediato à assinatura do aviso de recepção por quem de direito.

Tendo em conta o disposto nos artigos 98º, nº 2, deste Código e 1º do Código de Processo nos Tribunais Administrativos, o referido prazo é contado nos termos do artigo 144º, n.ºs 1 a 3, do Código de Processo Civil, sem suspensão aos sábados, domingos e feriados, mas apenas durante as férias judiciais, e, se terminar em dia de encerramento do tribunal, ou de tolerância de ponto, o respectivo termo transfere-se para o primeiro dia útil seguinte.

O objecto da referida contestação cinge-se ao montante da indemnização referido na alínea d) e à estimativa a que alude a alínea e), do nº 1 do artigo anterior, sendo que a primeira se refere à indemnização paga pela entidade beneficiária da expropriação ao expropriado e à sua forma de pagamento, e a última à estimativa feita pelo autor da acção quando ao valor das benfeitorias e deteriorações implementadas no prédio em causa pela entidade beneficiária da expropriação ou pela entidade que lhe sucedeu.

A referida limitação de impugnação decorre do facto de o direito de reversão já estar reconhecido ao autor da acção por decisão administrativa em termos de caso resolvido. Todavia, a contestante pode invocar, na contestação, outras benfeitorias por ela feitas no prédio objecto de reversão, no caso de o autor da acção ter omitido a informação da sua feitura.[385]

Acresce que ela pode e deve indicar os meios de prova pertinentes que tenha, que ainda não tenham sido apresentados pelo autor da acção, a que se reporta o nº 1 do artigo anterior, bem como identificar o perito que pretende fazer intervir na diligência de avaliação.

Importa, porém, ter em linha de conta que as partes, nos termos do artigo 76º-A, nº 1, deste Código, podem acordar quanto aos termos, condições e montante indemnizatório contrapartida da reversão e da adjudicação, o que obsta, como é natural, à sua fixação pelo juiz.

2. Prevê o nº 2 deste artigo a falta de acordo das partes quanto ao montante a restituir, e estatui, por um lado, que ele é fixado pelo juiz, e, por outro, que este deve proceder, para o efeito, precedentemente, às diligências instrutórias que tiver por necessárias, entre as quais tem obrigatoriamente lugar a avalia-

---

[385] Nesse sentido, pode ver-se LUÍS PERESTRELO DE OLIVEIRA, *obra citada*, página 165.

ção, nos termos previstos para o recurso em processo de expropriação, com possibilidade ainda de realização de uma segunda avaliação.

É, pois, pressuposto do funcionamento da segunda parte deste normativo que as partes não cheguem a acordo sobre o montante da indemnização a atribuir à entidade beneficiária da expropriação ou à pessoa que lhe tenha sucedido no domínio sobre o prédio ou prédios em causa.

O juiz deverá tentar a obtenção desse acordo, se até então ele não existir, por via de uma diligência conciliatória, nos termos dos artigos 509º, nº 1, do Código de Processo Civil e 42º, nº 1, do Código de Processo nos Tribunais Administrativos.

Inverificado que seja o referido acordo, abre-se uma fase instrutória, com as diligências que o juiz considere necessárias, ou seja, sem vinculação às indicadas pelas partes, de harmonia com o princípio do inquisitório a que se reporta o artigo 265º, nº 3, do Código de Processo Civil, tal como ocorre no processo de expropriação, conforme resulta do nº 1 do artigo 61º deste Código.

Mas, na espécie, é obrigatória a diligência pericial colegial, tal como ocorre em relação ao processo de expropriação, conforme resulta do nº 2 do artigo 61º deste Código, cujo objecto deve ser fixado pelo juiz.

Para o efeito, cada parte designa um perito, se ainda o não tiver indicado, e os três restantes são nomeados pelo juiz de entre os da lista oficial, conforme o previsto no artigo 62º deste Código, a que já se fez referência.

Tendo em conta o que se prescreve nos artigos 589º, n.os 1 e 2, 590º, proémio, e 591º, todos do Código de Processo Civil, ao invés do que ocorre no processo de expropriação, pode haver aqui uma segunda avaliação, ou seja, uma segunda diligência pericial, requerida por alguma das partes, sob a alegação fundada da sua discordância relativamente ao relatório pericial apresentado, ou determinada oficiosamente pelo juiz, se a considerar necessária para o apuramento dos factos pertinentes, para averiguar os mesmos factos da primeira, com vista a corrigir a eventual inexactidão dos seus resultados, que se rege pelas disposições aplicáveis a esta última, sem a invalidar, ambas de livre apreciação pelo juiz.

Considerando o disposto no artigo 590º, alíneas a) e b), do Código de Processo Civil, nela não pode, porém, intervir como perito quem tenha participado na primeira, mas integrará sete peritos, sendo que, para além dos cinco peritos nomeados nos termos legalmente previstos para o efeito, o juiz deve nomear um deles e as partes o outro.[386]

---

[386] Quanto ao regime de nomeação e de substituição dos peritos remete-se para o que se escreveu no lugar próprio.

Produzidas as referidas provas e feita a sua análise crítica pelo juiz, este declarará quais os factos que considera provados e, com base neles e no direito aplicável, proferirá sentença com decisão de fixação da indemnização devida à contestante pelo titular do direito de reversão.

O valor do montante a restituir à entidade beneficiária da expropriação, ou àquela que lhe sucedeu no domínio do prédio objecto de autorização de reversão, deve ser aferido com base no montante da indemnização pago pela entidade expropriante, actualizado desde a data da sua entrega até à data da sua restituição, nos termos do artigo 24º deste Código.

Ao referido montante acresce o valor das benfeitorias úteis ou necessárias realizadas pela entidade expropriante ou por quem a substituiu na titularidade do direito de propriedade sobre o prédio, ao qual se deduz o valor das deteriorações causadas por uma e ou por outra.[387]

Face a este sistema de cálculo do valor da restituição devida pelos expropriados, apenas no caso de haver benfeitorias ou deteriorações dos prédios em causa é que se justificam as diligências periciais a que este normativo se reporta.[388]

Considerando o disposto nos artigos 37º, alínea a), e 140º a 147º do Código de Processo nos Tribunais Administrativos, a referida sentença é susceptível de recurso para o Tribunal Central Administrativo, nos termos gerais, verificados que sejam os respectivos pressupostos.

No caso de o pedido ter sido deduzido por uma pluralidade de interessados, se chegarem a acordo de como a adjudicação deve ser feita, nos termos do nº 2 do artigo anterior, é de harmonia com o mesmo que se deve proceder à referida adjudicação. No caso contrário, a situação é regida pelo que se prescreve no número seguinte deste artigo.

O regime de pagamento dos encargos com os mencionados actos periciais é o previsto nos artigos 19º a 21º do Regulamento das Custas Processuais, a que já se referiu.

4. Prevê o nº 3 deste artigo o trânsito em julgado da decisão que haja fixado o montante da indemnização e a falta de acordo a que alude o nº 2 do artigo anterior, e estatui dever o juiz abrir licitação entre os requerentes.

---

387 Neste sentido, pode ver-se JOSÉ OSVALDO GOMES, *obra citada*, página 429.

388 No sentido de não dever ser efectuada uma nova avaliação do prédio, mas apenas das referidas benfeitorias e deteriorações, pode ver-se PEDRO ELAS DA COSTA, *obra citada*, página 255.

Este normativo está, pois, conexionado com o que se prescreve no nº 2 do artigo anterior, segundo o qual, no caso do nº 2 do artigo 74º, o pedido é deduzido pelos vários interessados, que podem acordar sobre a forma como a adjudicação deve ser feita, mas sem afectar a normatividade aqui em análise.

Trata-se dos casos em que o direito de reversão só pode ser utilmente exercido em conjunto com outro ou outros interessados e a pluralidade destes se apresenta a requerer a reversão e, depois, a intentar a acção com vista à adjudicação dos bens cuja reversão foi autorizada.

É para esse caso que rege o nº 2 do artigo anterior, segundo o qual, no âmbito do pedido de adjudicação deduzido pela referida pluralidade de interessados, podem apresentar um texto integrantes do acordo sobre a forma como a adjudicação deve ser feita.

O normativo ora em análise rege para o caso de haver decisão sobre o montante da indemnização a pagar à entidade expropriante ou à que a substitui na titularidade do direito de propriedade sobre o prédio em causa, ou seja, depois do trânsito em julgado da decisão relativa à sua fixação, e de inexistência de acordo quanto aos termos da adjudicação do referido direito, prevendo o funcionamento da licitação, instituto especialmente utilizado no processo de inventário.

3. Sobre a matéria a que este artigo se reporta pronunciaram-se, entre outras, as seguintes decisões judiciais:

a) A reversão é um direito concedido por lei aos particulares expropriados de poderem recuperar a propriedade dos respectivos prédios, devendo, como contrapartida, pagar à entidade expropriante, além do preço recebido, o valor das obras que ela tenha realizado no âmbito dos fins da expropriação (Acórdão do STA, de 20.09.95, Apêndice do *Diário da República*, de 27 de Janeiro de 1998, página 6877, Processo nº 30988).

b) Tal como na expropriação, o valor do montante a restituir à entidade expropriante deve também aferir-se pela utilidade económica que o bem represente para os interessados, atento o fim a que se destina, e pelo valor que esse bem poderia ter para um comprador normal colocado na posição daqueles interessados (Acórdão da Relação do Porto, de 11.03.1999, CJ, Ano XXIV, Tomo 3, página 180).

458 CÓDIGO DAS EXPROPRIAÇÕES E ESTATUTO DOS PERITOS AVALIADORES

ARTIGO 79º
Adjudicação

1 – Efectuados os depósitos ou as restituições a que haja lugar, o juiz adjudica o prédio ao interessado ou interessados, com os ónus ou encargos existentes à data da declaração de utilidade pública da expropriação e que não hajam caducado definitivamente, que devem ser especificadamente indicados.

2 – Os depósitos são levantados pela entidade expropriante ou por quem ulteriormente haja adquirido o domínio sobre o bem, conforme for o caso.

3 – A adjudicação da propriedade é comunicada pelo tribunal ao conservador do registo predial competente para efeitos de registo oficioso.

1. Prevê o nº 1 deste artigo os depósitos e as restituições a que haja lugar, e estatui dever o juiz, na sequência, adjudicar o prédio ao interessado ou aos interessados, com os ónus ou encargos existentes à data da declaração de utilidade pública da expropriação e que não hajam caducado definitivamente, e, por outro, que os referidos ónus e encargos devem ser especificadamente indicados.

Está inserido num contexto normativo essencialmente reportado à adjudicação dos prédios objecto de autorização de reversão.[389]

Está especialmente conexionado com o que se prescreve no nº 2 do artigo anterior, que se refere ao acordo sobre o valor da indemnização a arbitrar à entidade beneficiária da expropriação ou a quem a substituiu na titularidade do direito de propriedade sobre o prédio objecto de reversão e à sua fixação pelo tribunal.

Os depósitos ou as restituições a que este normativo se refere são os que devem ser feitos pelos autores da acção à entidade beneficiária da expropriação ou à pessoa que a substituiu no domínio sobre o prédio em causa, na sequência do mencionado acordo ou da atinente decisão judicial.

O segmento normativo *depósitos* e *restituições* pretende significar o montante indemnizatório pago pela entidade beneficiária da expropriação, com o acréscimo resultante de benfeitorias necessárias ou úteis realizadas e o decréscimo correspondente a deteriorações.

Verificado que seja o mencionado pagamento ou o referido depósito do montante indemnizatório, deve o juiz decidir a adjudicação do direito de pro-

---

[389] Este artigo está conexionado com o estabelecido nos artigos 3º, nº 2, 5º, 36º, 37º, 74º, 75º, 76º, 76º-A, 77º e 78º, todos deste Código.

priedade sobre os prédios em causa ao interessado ou aos interessados autores da acção.

A referida adjudicação é feita com os ónus e encargos existentes à data da declaração da utilidade pública da expropriação, naturalmente os que não tenham caducado definitivamente, caso em que devem ser especificados pelo juiz na sentença de adjudicação.

A lei não se refere aos ónus e encargos constituídos depois da declaração da utilidade pública da expropriação, mas pode acontecer que tenha ocorrido essa constituição, designadamente pela entidade que tenha sucedido à entidade expropriante na titularidade do domínio sobre os prédios em causa.

Nessa hipótese, se os titulares desses ónus ou encargos não exigirem o seu pagamento, ou a ele não proceder a entidade contestante, deve ser deduzido o respectivo valor ao montante indemnizatório a arbitrar.

2. Prevê o nº 2 deste artigo os depósitos acima referidos, e estatui poderem ser levantados pela entidade beneficiária da expropriação ou por quem ulteriormente haja adquirido o domínio sobre o prédio ou prédios, conforme os casos.

É claro que o depósito a que este normativo se reporta deve estar conexionado com o direito subjectivo da entidade beneficiária da expropriação ou daquela que a tenha substituído no domínio sobre o prédio ou prédios objecto de autorização de reversão.

A solução que decorre deste normativo não assume considerável relevo, porque decorre do sinalagma envolvente da transmissão do direito de propriedade sobre os prédios em causa e da concernente atribuição da contrapartida indemnizatória, na perspectiva da lei.

Todavia, constitui uma base normativa do próprio acto de levantamento do montante depositado.

3. Prevê o nº 3 deste artigo a adjudicação do direito de propriedade, e estatui dever ser comunicada pelo tribunal ao conservador do registo predial competente, para efeitos de registo oficioso.

Temos, pois, que a decisão de adjudicação do direito de propriedade sobre o prédio ou os prédios em causa deve ser oficiosamente comunicada pelo tribunal à conservatória do registo predial competente, para efeito de inscrição, nos termos dos artigos 2º, nº 1, alínea a) e 43º, nº 1, e 91º, nº 1, todos do Código do Registo Predial.

460 CÓDIGO DAS EXPROPRIAÇÕES E ESTATUTO DOS PERITOS AVALIADORES

5. Sobre a matéria a que este artigo se reporta pronunciaram-se, entre outras, as seguintes decisões judiciais:

a) Não assiste o direito de reversão dos prédios expropriados, mas apenas o da correspondente indemnização, se o órgão administrativo expropriante os transmitiu a terceiro por acto administrativo que se consolidou na ordem jurídica como caso resolvido ou decidido, por não ter sido impugnado, sendo de rejeitar a impugnação da decisão que indeferiu a pretensão do impugnante por este carecer de interesse ou legitimidade activa na reversão dos mesmos, dada a respectiva impossibilidade (Acórdão do STA, de 31.05.94, Processo nº 031907).

b) Como a intervenção judicial relativa à adjudicação da parcela revertida se limita à verificação da regularidade formal dos actos praticados na fase administrativa, cujo conteúdo vem definitivamente definido, não cabe na competência do tribunal modificar a situação jurídica assim constituída pelo acto da entidade administrativa competente (Acórdão da Relação do Porto, de 11.03.99, CJ, Ano XXIV, Tomo 2, página 180).

TÍTULO VII
DA REQUISIÇÃO

ARTIGO 80º
Requisição de imóveis

1 – Em caso de urgente necessidade e sempre que o justifique o interesse público e nacional, podem ser requisitados bens imóveis e direitos a eles inerentes, incluindo os estabelecimentos comerciais ou industriais, objecto de propriedade de entidades privadas, para realização de actividades de manifesto interesse público, adequadas à natureza daqueles, sendo observadas as garantias dos particulares e assegurado o pagamento de justa indemnização.

2 – Salvo o disposto em lei especial, a requisição, interpolada ou sucessiva, de um mesmo imóvel não pode exceder o período de um ano contado nos termos do artigo 279º do Código Civil.

1. Prevê o nº 1 deste artigo os bens imóveis e os direitos a eles inerentes, incluindo os estabelecimentos comerciais ou industriais, objecto de propriedade de entidades privadas, e estatui poderem ser requisitados para realização de actividades de manifesto interesse público adequadas à sua natureza com observância das garantias dos particulares e asseguramento do pagamento da justa indemnização.

Está inserido num contexto normativo essencialmente atinente à requisição de imóveis e de direitos a eles inerente.[390]

Conforma-se, por um lado, com o disposto no nº 2 do artigo 62º da Constituição, segundo o qual, a requisição por utilidade pública só pode ser efectuada com base na lei e mediante o pagamento de justa indemnização, e, por outro, com o que se prescreve no artigo 1309º do Código Civil, na medida em que expressa que só nos casos previstos na lei pode ter lugar a requisição temporária de coisas do domínio privado.

A requisição em geral traduz-se num acto administrativo "pelo qual a Administração impõe a um particular, nos casos previstos por lei e mediante justa indemnização, a obrigação de prestar serviços ou de ceder a propriedade ou a utilização de bens indispensáveis à prossecução do interesse público".[391]

A requisição e a expropriação têm pontos em comum e de diferenciação. Têm de comum o escopo de realização do interesse público e o pagamento de uma indemnização de contrapartida; diferenciam-se, porém, na medida em que com a primeira se visa a satisfação de necessidades normais e duradouras por via da transferência de direitos de propriedade ou de outros direitos reais e, com a última, a satisfação de necessidades extraordinárias e transitórias, mas apenas por via da mera afectação de bens.

No nosso ordenamento existem, porém, algumas situações especiais de requisição, como é o caso, por exemplo, do disposto no artigo 1388º do Código Civil, que prevê a situação excepcional de requisição de águas, com algumas particularidades em relação ao regime especial de requisição de imóveis em geral aqui em análise.

Nos termos do nº 1 do referido artigo 1388º do Código Civil, que rege para os casos urgentes de incêndio ou de calamidade pública, as autoridades administrativas, sem forma de processo ou indemnização prévias, podem ordenar a utilização imediata de quaisquer águas particulares necessárias para conter ou evitar os referidos danos. Todavia, conforme resulta do nº 2 do mesmo artigo, se da utilização da água resultarem danos apreciáveis, os respectivos lesados têm direito a exigir a concernente indemnização às pessoas em benefício das quais a água foi utilizada.

---

[390] Este artigo está conexionado com o disposto nos artigos 81º a 87º deste Código.

[391] Neste sentido, pode ver-se DIOGO FREITAS DO AMARAL, Verbo, Enciclopédia Luso-Brasileira de Cultura, 16º volume, Lisboa, 1974, página 376.

Voltemos agora à análise do disposto no normativo em análise. Face ao que nele se prescreve, os bens imóveis e os direitos a eles inerentes pertencentes a particulares podem ser objecto de requisição por utilidade pública, para serem utilizados pelo Estado.

Nos termos do artigo 204º, nº 1, do Código Civil, os imóveis abrangem os prédios rústicos e urbanos, as suas partes integrantes, as águas, as árvores, os arbustos e os frutos naturais enquanto ligados ao solo, e os direitos inerentes a essas coisas.

Assim, os direitos inerentes aos imóveis, como é o caso, por exemplo, do usufruto, da superfície, do uso e habitação e de servidão, são legalmente considerados coisas imóveis. Mas este normativo, em termos de maior conformidade com a realidade das coisas, distingue entre os imóveis e os direitos que lhes inerem, e inclui nestes os estabelecimentos comerciais ou industriais.

Nos termos dos artigos 1112º, nº 2, alínea a), do Código Civil e 862º-A do Código de Processo Civil, os estabelecimentos comerciais ou industriais consubstanciam-se em universalidades de facto e de direito, susceptíveis de integrar bens corpóreos, como é o caso dos móveis e imóveis, bem como de bens incorpóreos, nomeadamente a clientela, e direitos, designadamente os contratos de arrendamento, de trabalho e de abastecimento de água, energia eléctrica e gás.

Todavia, o normativo em análise parece incluir no conceito de direitos inerentes a imóveis os referidos estabelecimentos, o que não corresponde à realidade jurídica envolvente. O sentido do referido segmento normativo, porém, dada a sua letra e escopo ou fim, parece ser o de a requisição dos imóveis poder estender-se aos estabelecimentos comerciais que neles estejam instalados.

Um dos pressupostos da referida requisição é a urgente necessidade e a sua justificação face ao interesse público nacional. Assim, deve tratar-se de necessidades de inadiável satisfação em quadro de interesse público geral, ou seja, a requisição deve visar uma actividade de ostensivo interesse público, em rigorosa conformação com a natureza dos bens que dela são objecto, com observância das garantias dos particulares, incluindo a de pagamento de uma justa indemnização.

A doutrina tem considerado que a defesa dos particulares implica que a referida requisição deve envolver "a necessidade imperiosa dos bens, o destino a um fim administrativo, a impossibilidade de obter os bens pelos meios ordinários, a justa indemnização, a lei que a autorize, a ordem de autoridade competente e a forma escrita".[392]

---

[392] Neste sentido, MARCELO CAETANO, Manual de Direito Administrativo, Tomo 2, Coimbra, 1972, páginas 994 e seguintes.

Tendo em conta o que decorre deste normativo e dos artigos 82º, nº 1, e 83º, alínea c), deste Código, os pressupostos desta requisição são a urgente necessidade, o interesse público nacional, a adequação, indispensabilidade, proporcionalidade e a garantia dos requisitados, incluindo a de uma justa indemnização.[393]

2. Prevê o nº 2 deste artigo a requisição interpolada ou sucessiva de um mesmo imóvel, e estatui que, salvo o disposto em lei especial, não pode exceder o período de um ano contado nos termos do artigo 279º do Código Civil.

Reporta-se, pois, este normativo ao mesmo imóvel e à sua requisição interpolada ou sucessiva, ou seja, alternada ou contínua, e, em qualquer caso, salvo disposição legal especial, não poder a referida requisição exceder o mencionado prazo.

Assim, face ao disposto no artigo 279º, alínea c), do Código Civil, o referido prazo de um ano começa no dia seguinte ao da efectivação da requisição e termina às vinte e quatro horas do dia correspondente do ano seguinte.

As obrigações da entidade beneficiária da requisição constam do artigo 85º e os direitos e deveres dos proprietários dos imóveis estão previstos no artigo 86º, ambos deste Código.

ARTIGO 81º
Uso dos imóveis requisitados

1 – Em casos excepcionais, devidamente fundamentados no acto de requisição, os imóveis requisitados podem ser objecto de uso por instituições públicas ou particulares de interesse público.

2 – Para efeitos do presente diploma consideram-se instituições particulares de interesse público as de utilidade pública administrativa, as de mera utilidade pública e as de solidariedade social.

1. Prevê o nº 1 deste artigo o uso dos imóveis requisitados, e estatui que, em casos excepcionais, devidamente fundamentados no acto de requisição, podem ser objecto de uso por instituições públicas ou particulares de interesse público.

---

[393] Neste sentido, pode ver-se PEDRO ELIAS DA COSTA, *obra citada*, página 29.

Está inserido num contexto normativo que essencialmente se reporta ao uso dos imóveis requisitados.[394]

Temos, assim, com fundamento expresso no acto administrativo de requisição de imóveis, excepcionalmente, que o seu uso pode ser afectado a instituições públicas ou a instituições particulares de interesse público.

A regra é no sentido de que a utilização dos imóveis que tenham sido objecto de requisição deve ser operada pelo Estado-Administração, sendo que o seu uso por instituições públicas e particulares de interesse público constitui uma excepção aquela regra.

No âmbito das instituições públicas contam-se, além do Estado, as regiões autónomas, as autarquias locais, os institutos públicos e as associações públicas de entidades públicas.[395]

2. Insere o nº 2 deste artigo a densificação do conceito de instituições particulares de interesse público, e estatui que nele se integram, para o efeito a que alude este artigo, as pessoas colectivas de utilidade pública administrativa, as de mera utilidade pública e as de solidariedade social.

Trata-se, pois, de três espécies de pessoas colectivas de natureza jurídica privada que têm de comum o interesse público por todas desenvolvido.

Conforme decorre do artigo 1º, nº 1, do Decreto-Lei nº 119/83, de 25 de Fevereiro, as instituições particulares de solidariedade social são as associações ou fundações sem finalidade lucrativa, constituídas por particulares com o propósito de dar expressão organizada ao dever moral de solidariedade e de justiça entre os indivíduos, não administradas pelo Estado nem por um corpo autárquico, como é o caso, por exemplo, das várias santas casas da misericórdia espalhadas por todo o País.

As pessoas colectivas de utilidade pública administrativa são, por seu turno, as associações humanitárias cujo objecto seja o socorro de feridos, náufragos ou doentes, a extinção de incêndios ou qualquer outra forma de protecção desinteressada de vidas humanas ou bens, como é o caso das associações de bombeiros voluntários.

---

[394] Este artigo está conexionado com o que se prescreve nos artigos 80º e 82º a 87º, todos deste Código.

[395] Quanto a esta classificação, embora para outros fins, vejam-se GONÇALO GUERRA TAVARES E NUNO MONTEIRO DENTE, "Código dos Contratos Públicos – Âmbito da sua Aplicação", Coimbra, 2008, páginas 35 a 39. O conceito de instituições particulares de interesse público consta do número seguinte deste artigo.

Fora disso, a lei, no artigo 1º, nº 1, do Decreto-Lei nº 322/91, de 26 de Agosto, porventura contra a realidade jurídica envolvente, considera que a Santa Casa da Misericórdia de Lisboa é uma pessoa colectiva de utilidade pública administrativa.

Finalmente, as pessoas colectivas de mera utilidade pública são as que não integram qualquer das duas espécies de pessoas colectivas acima referidas, como é o caso, por exemplo, dos clubes desportivos, das colectividades de cultura e recreio e das associações científicas.[396]

ARTIGO 82º
Acto de requisição

1 – A requisição depende de prévio reconhecimento da sua necessidade por resolução do Conselho de Ministros, nomeadamente quanto à verificação da urgência e do interesse público e nacional que a fundamentam, observados os princípios da adequação, indispensabilidade e proporcionalidade.

2 – A requisição é determinada mediante portaria do membro do Governo responsável pela área, oficiosamente ou a solicitação de uma das entidades referidas no artigo anterior.

3 – Da portaria que determine a requisição devem constar o respectivo objecto, o início e o termo do uso, o montante mínimo, prazo e entidade responsável pelo pagamento da indemnização, bem como a indicação da entidade beneficiária da requisição, sem prejuízo do disposto no nº 4 do artigo 85º.

4 – A portaria de requisição é publicada na 2ª série do Diário da República e notificada ao proprietário, podendo este reclamar no prazo de 15 dias úteis contado a partir da data da notificação ou da publicação.

1. Prevê o nº 1 deste artigo o referido acto de requisição, e estatui, por um lado, que ele depende de prévio reconhecimento da sua necessidade por resolução do Conselho de Ministros, nomeadamente quanto à verificação da urgência e do interesse público nacional que a fundamentam, e, por outro, deverem nele serem observados os princípios da adequação, indispensabilidade e proporcionalidade.

Está inserido num contexto normativo que versa essencialmente sobre o acto administrativo de requisição de imóveis e direitos.[397]

---

[396] Veja-se, quanto a esta matéria, SALVADOR DA COSTA, "Regulamento das Custas Processuais", Coimbra, 2009, páginas 149 a 152.

[397] Este normativo está conexionado com o disposto nos artigos 80º, 81º e 83º a 87º, todos deste Código.

466 CÓDIGO DAS EXPROPRIAÇÕES E ESTATUTO DOS PERITOS AVALIADORES

Esta regra de competência está conforme com o que se prescreve no artigo 200º, nº 1, alínea c), da Constituição, segundo o qual compete ao Conselho de Ministros aprovar as propostas de resolução.

Este normativo está especialmente conexionado com o que se prescreve no nº 1 do artigo 80º deste Código, na medida em que este último preceito se refere aos requisitos da requisição de imóveis, e o normativo em análise à competência para os reconhecer.

Como se prevê no artigo 83º, relativo à requisição a solicitação das entidades previstas no artigo 81º, ambos deste Código, deve ser precedida de requerimento ao ministro responsável pelo sector, contendo os elementos instrumentais necessários à decisão do Conselho de Ministros.

É, pois, ao Conselho de Ministros que incumbe proferir o acto administrativo deliberativo, com a forma de resolução, decidindo no sentido de reconhecer a existência da urgência e do interesse público geral, em quadro de adequação, indispensabilidade e proporcionalidade.

O princípio da proporcionalidade, também previsto nos artigos 5º, nº 2, do Código do Procedimento Administrativo e 266º, nº 2, da Constituição, envolve a ideia de uma relação de proporção razoável entre o sacrifício dos requisitados e a realização do interesse público.

O princípio da indispensabilidade implica, por seu turno, a verificação da impossibilidade de obter os préstimos em causa pelos meios negociais normais, do qual é instrumental o disposto no artigo 83º, alínea d), deste Código, segundo o qual a instrução do pedido de requisição deve incluir a prova documental das diligências efectuadas com vista ao acordo prévio com o proprietário sobre o uso a dar ao imóvel, com indicação do montante da justa indemnização oferecida e das razões da não consecução daquele acordo.

Finalmente, temos que o princípio da adequação, vertente do princípio da proporcionalidade, significa que o objecto da requisição, em si e na sua extensão, serve, em termos instrumentais normais, ao fim em causa pretendido pela Administração.

Temos, assim, que a requisição deve efectivamente servir à satisfação do interesse público geral ou nacional em causa, só por ela ser possível essa satisfação, além de se dever cingir ao mínimo necessário para o efeito.

2. Prevê o nº 2 deste artigo a forma do acto administrativo de requisição, e estatui dever sê-lo por portaria do membro do Governo responsável pela área

PARTE II – O CÓDIGO DAS EXPROPRIAÇÕES ART. 82º 467

administrativa em causa, oficiosamente ou a solicitação de uma das entidades referidas no artigo anterior.

A forma do acto administrativo de requisição de bens imóveis e ou de direitos a eles inerentes é, pois, a portaria, emitida pelo Ministro responsável pela referida área da Administração em que se verificarem os pertinentes requisitos de urgente necessidade face ao interesse público geral.

O referido Ministro pode fazê-lo oficiosamente, ou a solicitação dos órgãos competentes das instituições públicas ou particulares de interesse público a que se reporta o artigo 81º deste Código.

Em termos formais, esta portaria corresponde, de algum modo, à declaração de utilidade pública da expropriação a que se reporta o artigo 17º, nº 1, deste Código, tendo como pressuposto instrumental o referido acto administrativo deliberativo do Conselho de Ministros.

3. Prevê o nº 3 deste artigo os elementos que devem constar da mencionada portaria impositiva da requisição, e estatui, por um lado, que dela devem constar o respectivo objecto, o início e o termo do uso, o montante mínimo, o prazo, a entidade responsável pelo pagamento da indemnização, bem como a indicação da entidade beneficiária da requisição, e, por outro, que isso ocorre sem prejuízo do disposto no nº 4 do artigo 85º deste Código.

Este preceito está intimamente conexionado com o anterior, na medida em que este se reporta à espécie formal do acto, e aquele ao respectivo conteúdo normativo. A salvaguarda relativa ao nº 4 do artigo 85º deste Código envolve o caso de se tratar de entidade pública, situação em que a referida portaria deve indicar a rubrica orçamental de suporte do pagamento da indemnização devida aos particulares afectados e a respectiva cativação.

Assim, a referida portaria, no caso de o acto administrativo de requisição ter sido solicitado por uma instituição particular de interesse público, deve inserir o objecto, o início e o termo do uso, o montante mínimo, o prazo e a entidade responsável pelo pagamento da indemnização, bem como a entidade beneficiária.

Acresce, no caso de a solicitante daquele acto ser uma instituição pública, que a referida portaria deve inserir, além dos referidos elementos, a rubrica orçamental de suporte do pagamento da indemnização devida, bem como a respectiva cativação.

4. Prevê o nº 4 deste artigo o suporte de publicação da referida portaria de requisição, bem como a quem deve ser notificada aquela publicação e a possi-

bilidade de reclamação, e estatui, por um lado, dever ser publicada na 2.ª série do *Diário da República,* e, por outro, dever a sua publicação ser notificada ao proprietário, e, finalmente, poder aquele reclamar da requisição no prazo de 15 dias úteis contado a partir da data da respectiva notificação ou da publicação.

Assim, além de dever ser publicada na segunda série do *Diário da República,* deve a referida portaria ser notificada ao proprietário e ou ao titular de outro qualquer direito real de gozo sobre os imóveis ou dos estabelecimentos comerciais e industriais, conforme os casos.

A referida notificação deve obedecer ao disposto no artigo 68º, nº 1, do Código do Procedimento Administrativo, ou seja, deve incluir o texto integral da referida portaria, a identificação do respectivo procedimento administrativo, incluindo a do autor do acto e a respectiva data, bem como o órgão competente para apreciar a sua impugnação e o prazo para esse efeito, isto no caso de não ser susceptível de impugnação contenciosa.

Tendo em conta o disposto nos artigos 70º, nº 1, alínea a), do Código do Procedimento Administrativo e 255º, nº 1, do Código de Processo Civil, a regra sobre a forma da mencionada notificação, havendo distribuição domiciliária na localidade da residência ou sede do notificando, é a da via postal registada.

O proprietário dos bens requisitados tem a faculdade de dela reclamar, no prazo de 15 dias, contado da data da publicação da portaria em causa ou da data em que dela deva ser considerado notificado. Neste ponto, a propósito da reclamação, o reclamante pode aproveitar-se do prazo contado desde a data do referido acto que tenha ocorrido em último lugar.

Considerando o disposto no artigo 98º, nº 1, deste Código, o referido prazo é contado nos termos do artigo 72º, nº 1, com a dilação prevista no artigo 73º, ambos do Código do Procedimento Administrativo.

A reclamação em causa deve ser dirigida ao membro do Governo autor do acto reclamado, ou seja, ao autor da aludida portaria. Mas isso não exclui a possibilidade de impugnação para os tribunais da ordem administrativa (artigo 87º deste Código).

Nos termos do artigo 130º, nº 2, do Código do Procedimento Administrativo, a omissão de publicação da mencionada portaria implica a sua ineficácia.

ARTIGO 83º
Instrução do pedido de requisição

A requisição a solicitação das entidades referidas no artigo 81º é precedida de requerimento ao ministro responsável pelo sector, que conterá os seguintes elementos:

a) Identificação do requerente;
b) Natureza e justificação da importância das actividades a prosseguir;
c) Indispensabilidade da requisição;
d) Prova documental das diligências efectuadas com vista a acordo prévio com o proprietário sobre o uso a dar ao imóvel, com indicação do montante da justa indemnização oferecida e das razões do respectivo inêxito;
e) Tempo de duração necessário da requisição;
f) Previsão dos encargos a suportar em execução da medida de requisição;
g) Entidade responsável pelo pagamento da indemnização devida pela requisição;
h) Forma de pagamento da indemnização;
i) Documento comprovativo de se encontrar regularizada a sua situação relativamente às suas obrigações fiscais e às contribuições para a segurança social.

Prevê este artigo os actos de instrução que devem preceder a solicitação pelas pessoas colectivas mencionadas no artigo 81º deste Código da requisição em causa, e estatui, por um lado, a precedência de requerimento ao ministro responsável pelo sector, e, por outro, nas suas nove alíneas – de a) a i) – que o referido requerimento deverá conter, por um lado, a identificação do requerente, a natureza e justificação da importância das actividades a prosseguir, a indispensabilidade da requisição, a prova documental das diligências efectuadas com vista ao acordo prévio com o proprietário sobre o uso a dar ao imóvel, com indicação do montante da justa indemnização oferecida e das razões do respectivo inêxito, e, finalmente, o tempo de duração necessário da requisição, a previsão dos encargos a suportar na execução da requisição, a entidade responsável pelo pagamento da indemnização devida, a forma do seu pagamento e o documento comprovativo do cumprimento das suas obrigações fiscais e para com a segurança social.[398]

Assim, o procedimento administrativo de requisição começa, em regra, com a sua solicitação, pelas instituições públicas ou particulares de interesse público, ao ministro responsável pela área administrativa conexa com a actividade de interesse público que desenvolvam.

---

[398] Este artigo está conexionado com o disposto nos artigos 80º, 81º, 82º e 84º a 87º, todos deste Código.

O requerimento deve inserir a informação relativa a todos os elementos mencionados nas alíneas a) a i) deste artigo, necessários à decisão do Conselho de Ministros sobre a proposta de resolução que o ministro responsável pela aludida área lhe tenha apresentado.

Nos termos do artigo 85º, nº 4, deste Código, no caso de ser uma instituição pública a formular a petição de requisição, deve inserir no respectivo requerimento a rubrica orçamental de suporte do pagamento da indemnização devida.

De harmonia com o que se prescreve no artigo 85º, nº 3, na hipótese de ser uma instituição particular de interesse público, tal como é caracterizada no artigo 81º, nº 2, ambos deste Código, a formular a petição de requisição, deve instruir o requerimento com o documento comprovativo do caucionamento do fundo indispensável ao pagamento da pertinente indemnização.

ARTIGO 84º
Indemnização

1 – A requisição de bens imóveis confere ao requisitado o direito a receber uma justa indemnização.

2 – A justa indemnização não visa compensar o benefício alcançado pelo requisitante, mas ressarcir o prejuízo que para o requisitado advém da requisição.

3 – A indemnização corresponde a uma justa compensação, tendo em conta o período da requisição, o capital empregue para a construção ou aquisição e manutenção dos bens requisitados e o seu normal rendimento, a depreciação derivada do respectivo uso e, bem assim, o lucro médio que o particular deixa de perceber por virtude da requisição.

4 – A indemnização é fixada:

a) Por acordo expresso entre o beneficiário da requisição e o proprietário, nos termos dos artigos 33º e seguintes, com as necessárias adaptações;

b) Na falta de acordo, pelo ministro responsável pelo sector, sob proposta do serviço com atribuições na área;

c) Se o proprietário não se conformar com o montante fixado nos termos da alínea anterior, pelos tribunais comuns, nos termos previstos para o recurso da decisão arbitral em processo de expropriação litigiosa, salvo no que se refere à segunda avaliação, que é sempre possível.

5 – A indemnização prevista no número anterior não prejudica aquelas a que haja lugar por força do disposto no nº 2 do artigo seguinte.

6 – O pagamento da indemnização tem lugar no prazo mínimo de 60 dias após a publicação do acto de requisição.

1. Prevê o nº 1 deste artigo a indemnização por virtude da requisição de bens imóveis, e estatui que esta confere ao requisitado o direito a receber uma justa indemnização.

Está inserido num contexto normativo essencialmente reportado à indemnização devida no caso de requisição de imóveis ou de direitos que lhe são inerentes.[399]

A justa indemnização, conforme decorre do número seguinte, é aquela que tem a virtualidade de cobrir o prejuízo global causado na esfera patrimonial do requisitado pelo acto de requisição e respectiva execução.

2. Prevê o nº 2 deste artigo a finalidade da justa indemnização, e estatui, por um lado, que ela não visa compensar o benefício alcançado pelo requisitante, e, por outro, que o seu escopo é o de ressarcimento do prejuízo que para o requisitado advém da requisição.

É um normativo paralelo ao do artigo 23º, nº 1, deste Código, relativo a indemnização por virtude da expropriação, segundo o qual a justa indemnização não visa o benefício alcançado pela expropriante, mas ressarcir o prejuízo que para o expropriado advenha da expropriação.

Trata-se, pois, de um normativo que tende à densificação do nº 2 do artigo 62º da Constituição, o qual expressa que a requisição por utilidade pública só pode ocorrer mediante o pagamento de justa indemnização, prevendo o elemento negativo consistente em a indemnização não visar compensar o benefício alcançado pelo requisitante, e o positivo de dever apenas ressarcir o prejuízo que para o requisitado advenha da requisição.

Isso significa que, para o mencionado efeito, irrelevam os benefícios ou prejuízos advenientes para o requisitante, mas sim a diferença patrimonial que afectou a esfera patrimonial do requisitado por virtude da execução do acto de requisição.

3. Prevê o nº 3 deste artigo a indemnização em causa, e estatui que ela corresponde à justa compensação, tendo em conta o período temporal da requisição, o capital empregue para a construção ou aquisição e manutenção dos bens requisitados, o seu normal rendimento, a depreciação derivada do respectivo uso e o lucro médio que o particular deixa de perceber por virtude da requisição.

---

[399] Este artigo está conexionado com o disposto nos artigos 80º a 83º e 85º a 87º, todos deste Código.

Concretiza ou densifica o normativo do número anterior, estabelecendo os elementos essenciais para a determinação da justa compensação do prejuízo sofrido pelo requisitado em virtude da execução do acto de requisição, tendo em conta que o seu tempo de duração pode atingir um ano.

Os elementos a considerar na fixação da referida compensação são, pois, o período da requisição, o capital empregue pelo requisitado na construção, aquisição e manutenção dos bens requisitados, o seu normal rendimento, a depreciação derivada do respectivo uso e o lucro médio que o particular deixou de perceber por virtude de requisição.

Face aos mencionados factos, ou a algum ou alguns deles, em quadro de equidade, ao abrigo do artigo 566º, nº 2, do Código Civil, o montante pecuniário da indemnização é achado no âmbito da medida da diferença entre a situação patrimonial do requisitado na data mais recente que puder ser atendida pelo ministro respectivo e a que ele teria nessa data se requisição não tivesse havido.

Em rigor, o referido critério de indemnização só quadra no caso de o requisitante e o requisitado não lograrem chegar ao acordo a que se refere a alínea a) do número seguinte.

4. Prevê o nº 4 deste artigo as formas e o modo de fixação da indemnização, e estatui, nas suas três alíneas – a) a c) – que o pode ser, por um lado, por acordo expresso entre o beneficiário da requisição e o proprietário, nos termos dos artigos 33º e seguintes deste Código, com as necessárias adaptações, e, por outro, na falta de acordo, pelo ministro responsável pelo sector, sob proposta do serviço com atribuições na área, e, finalmente, se o proprietário se não conformar com o montante fixado nos termos da alínea anterior, pelos tribunais comuns, nos termos previstos para o recurso da decisão arbitral em processo de expropriação litigiosa.

Acresce, quanto ao último referido ponto, que a lei salvaguarda, para o efeito, a possibilidade de uma segunda avaliação, isto é, a realização de uma nova diligência pericial.

Assim, o requisitante e o requisitado podem acordar no montante da indemnização devida pelo primeiro ao último a título de compensação pelo prejuízo derivado da requisição.

Este normativo remete, quanto ao mencionado acordo sobre o valor da indemnização, para o disposto nos artigos 33º e seguintes, com as necessárias adaptações, ou seja, para o regime de expropriação amigável a que aludem os artigos 33º a 37º, todos deste Código. Assim, tendo em conta o disposto nos artigos 33º e 34º deste Código, deve a entidade requisitante procurar chegar a acordo com o requisitado quanto ao montante da indemnização, acordo esse susceptível de também incidir sobre o modo do seu pagamento, no todo ou em parte em prestações, e a forma de as satisfazer, a taxa de juros aplicável e o prazo do seu pagamento.

Para o efeito, nos termos do artigo 35º deste Código, publicada a mencionada portaria, deve a entidade requisitante, no prazo de quinze dias, dirigir uma proposta ao requisitado, a que este pode responder em igual prazo, podendo fundamentar a respectiva contraproposta em relatório de perito da sua escolha.

No caso de o requisitante e o requisitado chegarem a acordo, este deve ser formalizado em escritura ou auto, nos termos dos referidos artigos 36º e 37º deste Código.

Na falta de resposta do requisitado ou de interesse do requisitante, passa-se à fase de decisão do respectivo ministro sobre o montante da indemnização a pagar ao requisitado, tendo em conta os critérios acima referidos e o princípio da equidade.

Não se conformando com o montante da indemnização fixado pelo referido ministro, seguir-se-á a sua determinação pelo tribunal da ordem judicial, nos termos previstos para o recurso da decisão arbitral. Decorrentemente, deve o requisitado impugnar o decidido ministerialmente, seguindo-se a tramitação prevista nos artigos 58º a 66º deste Código, além de poder ainda haver uma segunda avaliação, ou seja, uma nova diligência pericial colegial.

Nos termos do artigo 589º, n.os 1 e 2, do Código de Processo Civil, a referida segunda diligência pericial tem de ser requerida por alguma das partes, sob a alegação fundada na sua discordância relativamente ao relatório pericial apresentado, ou determinada oficiosamente pelo juiz se a considerar necessária para o apuramento dos factos pertinentes.[400]

5. Prevê o nº 5 deste artigo a indemnização prevista no número anterior, e estatui que ela não prejudica aquela a que haja lugar por força do disposto no nº 2 do artigo seguinte.

---

[400] Sobre os contornos desta segunda perícia colegial, remete-se para o que se deixou expresso na anotação ao nº 2 do artigo 78º deste Código.

O nº 2 do artigo 85º deste Código expressa que a entidade a favor de quem se operou a requisição é responsável pelos eventuais danos causados no imóvel requisitado durante o período da requisição, salvo se eles resultarem de facto imputável ao proprietário, de vício da coisa ou de caso fortuito ou de força maior.

Temos, assim, serem cumuláveis a indemnização devida ao requisitado por virtude da impossibilidade do exercício pleno do seu direito de propriedade sobre o prédio, a que se reporta o artigo 1305º do Código Civil, e aquela que deriva de danos nele causados no exercício dos poderes de facto decorrentes do acto de requisição.

A excepção quanto à última das referidas obrigações de indemnização ocorre quando os danos em causa forem imputáveis ao requisitado ou derivarem de vício do prédio, por exemplo de defeito de construção ou de caso fortuito ou de força maior, a que adiante se fará referência.

6. Prevê o nº 6 deste artigo o pagamento da indemnização, e estatui que ela deve ter lugar no prazo mínimo de 60 dias após a publicação do acto de requisição.

Esta referência ao prazo mínimo parece ser de protecção ao requisitante, na medida em que o dano do requisitado não surge logo após a publicação da portaria determinante da requisição.[401]

Pode até acontecer que o requisitado reclame do referido acto administrativo de requisição publicado por via da aludida portaria, caso em que esta não assume desde logo definitiva relevância jurídica.

No caso de fixação da indemnização por acordo, o pagamento da indemnização deve ocorrer no tempo que foi convencionado. Na hipótese, porém, de não haver acordo e de a indemnização dever ser fixada pelo ministro respectivo, há que distinguir entre os casos em que o requisitado aceita a decisão ministerial e aqueles em que dela discorda e implementa a sua fixação pelo tribunal da ordem judicial nos termos previstos para o recurso do acórdão arbitral.

Na primeira hipótese, deve a entidade requisitante proceder ao pagamento da indemnização logo que proferida seja a decisão ministerial; na segunda, deve proceder ao referido pagamento logo que transite em julgado a sentença do tribunal da primeira instância que a fixou.

---

[401] No sentido de que se trata de um lapso que já constava do artigo 80º, nº 6, do Código das Expropriações de 1991, corrigido nos trabalhos preparatórios do Código das Expropriações actual, reaparecido na versão publicada, veja-se LUÍS PERESTRELO DE OLIVEIRA, *obra citada*, página 171.

ARTIGO 85º
Obrigações do beneficiário

1 – São obrigações da entidade beneficiária da requisição:

a) Pagar os encargos financeiros emergentes da requisição no prazo determinado;

b) Assegurar os encargos resultantes da realização da actividade;

c) Não utilizar o imóvel para fim diverso do constante na requisição;

d) Avisar imediatamente o proprietário sempre que tenha conhecimento de vício no imóvel;

e) Proceder à retirada de todas as benfeitorias ou materiais que por ela tenham sido colocados no imóvel;

f) Restituir o imóvel, no termo da requisição, no estado em que se encontrava.

2 – A entidade a favor de quem se operou a requisição é responsável pelos eventuais danos causados no imóvel requisitado durante o período da requisição, salvo se esses danos resultarem de facto imputável ao proprietário, de vício da coisa ou de caso fortuito ou de força maior.

3 – Quando o requerente for instituição particular de interesse público, deve apresentar documento comprovativo de se encontrar caucionado, nos termos da lei, o fundo indispensável para o pagamento das indemnizações a que haja lugar.

4 – No caso de se tratar de entidade pública, a portaria de requisição deve indicar a rubrica orçamental que suportará o pagamento das indemnizações a que houver lugar e respectiva cativação.

5 – A pretensão presume -se indeferida se no prazo de 15 dias não for proferida decisão.

6 – O serviço público com atribuições na área, na fase de apreciação do requerimento, deve procurar mediar os interesses em causa e, em qualquer caso, proceder à audição prévia dos proprietários dos imóveis requisitados.

7 – No caso previsto no nº 2 aplica -se o disposto no nº 4 do artigo 84º, com as necessárias adaptações.

1. Prevê o nº 1 deste artigo as obrigações da entidade beneficiária da requisição, e estatui, nas suas seis alíneas – a) a f) – que elas envolvem, por um lado, o pagamento dos encargos financeiros emergentes da requisição no prazo determinado, o asseguramento dos encargos resultantes da realização da actividade e a não utilização do imóvel para fim diverso do constante da requisição, e, por outro, a obrigação de aviso imediato do proprietário sempre que tenha conhecimento de vício no imóvel, a de retirada de todas as benfeitorias ou materiais por ela colocados no imóvel e a restituição deste, no termo da requisição, no estado em que se encontrava.

476 CÓDIGO DAS EXPROPRIAÇÕES E ESTATUTO DOS PERITOS AVALIADORES

A entidade beneficiária da requisição pode ser o Estado ou alguma das entidades públicas ou privadas a que alude o artigo 81º deste Código.

Está inserido num contexto normativo que se reporta às obrigações que recaem sobre o beneficiário da requisição, elencando este normativo as obrigações da entidade beneficiária da requisição do imóvel, umas de natureza financeira e outras doutra natureza, designadamente a de se cingir ao uso previsto, de informar o requisitado de algum vício nele detectado, bem como a da respectiva restituição após a usufruição, livre de construções e de outras coisas.[402]

2. Prevê o nº 2 deste artigo a responsabilidade pelos estragos causados no imóvel requisitado durante o período da requisição, e estatui que ela se inscreve na entidade a favor de quem operou, salvaguardando, porém, daquela responsabilidade os danos resultantes de facto imputável ao proprietário, de vício da coisa ou de caso fortuito ou de força maior, e está conexionado com o disposto no nº 5 do artigo anterior.

Nos termos do artigo 483º, nº 1, do Código Civil, trata-se de uma situação de responsabilidade civil extracontratual por factos lícitos ou ilícitos, conforme a respectiva causa, sendo as entidades responsáveis pelos danos causados no imóvel requisitado o Estado ou alguma das pessoas colectivas públicas ou privadas a que se reporta o artigo 81º deste Código.

O período de requisição é aquele durante o qual o Estado ou alguma das mencionadas entidades públicas ou privadas estiveram na posse do imóvel por causa da requisição.

O vício do imóvel a que este normativo se refere é o defeito que impede a realização do seu fim ou o desvaloriza na sua afectação normal.[403]

O caso em geral é um evento, ou seja, tudo o que acontece. O caso de força maior é o que era previsível, mas que não podia ser evitado pela vontade ou acção da pessoa, do que é exemplo a doença grave; e o caso fortuito é o que ocorre imprevisivelmente, actuado por uma força que se não pode evitar, por exemplo a destruição de uma casa pela força de um terramoto.

Assim, o caso fortuito e o de força maior têm de comum a irresistibilidade da pessoa, mas que se distinguem pela previsibilidade do primeiro e a imprevisi-

---

[402] Este artigo está conexionado com o disposto nos artigos 80º a 84º, 86º e 87º, todos deste Código.
[403] Neste sentido, vejam-se PIRES DE LIMA E ANTUNES VARELA, "Código Civil Anotado", volume II, Coimbra, 1997, página 206).

bilidade do último. Os seus efeitos jurídicos são, porém, os mesmos, ou seja, em regra, ninguém responde pelos danos deles derivados.[404]

3. Prevê o nº 3 deste artigo o caso de o requerente ser uma instituição particular de interesse público, e estatui que ela deve apresentar o documento comprovativo de se encontrar caucionado, nos termos da lei, o fundo indispensável para o pagamento das indemnizações a que haja lugar.

Este normativo apresenta conexão com o disposto no artigo 83º deste Código, na medida em que, além do mais, o documento a que se reporta devia constar daquele artigo.

Trata-se de alguma das instituições particulares de interesse público, ou seja, as pessoas colectivas de mera utilidade pública, as instituições particulares de solidariedade social e as pessoas colectivas de utilidade pública administrativa, a que se reporta o artigo 81º deste Código.

Assim, as referidas pessoas colectivas privadas de utilidade pública devem apresentar documento demonstrativo do contrato de caução, prestada por algum dos meios previstos no artigo 623º, nº 1, do Código Civil.

4. Prevê o nº 4 deste artigo o caso de se tratar de entidade pública, e estatui que a portaria de requisição deve indicar a rubrica orçamental que suportará o pagamento das indemnizações a que houver lugar e a respectiva cativação.

Assim, se a entidade beneficiária da requisição – a que a solicitou – for pessoa colectiva pública, a portaria ministerial que impôs aos particulares a requisição deve inserir a rubrica do orçamento idónea a suportar o pagamento da pertinente indemnização e a menção da respectiva cativação.

Instrumental que é em relação à decisão do Conselho de Ministros sobre a proposta de requisição apresentada pelo ministro competente, devia este elemento figurar no artigo 83º deste Código.

5. Prevê o nº 5 deste artigo a hipótese de a pretensão de requisição não ser decidida no prazo de quinze dias, e estatui, para esse caso, que se presume o seu indeferimento.

Trata-se, pois, do requerimento tendente à referida requisição, formulado por alguma das entidades previstas no artigo 81º, dirigido ao ministro respon-

---

[404] Nesse sentido, pode ver-se DE PLÁCIDO e SILVA, "Vocabulário Jurídico", volume I, Rio de Janeiro, Brasil, 1963, páginas 315 e 316.

sável pelo sector administrativo em causa, a que alude o proémio do artigo 83º, ambos deste Código.

No caso de não haver decisão sobre o referido requerimento no prazo de quinze dias, temos a consequência da presunção legal de indeferimento da referida pretensão.

Nos termos do artigo 98º, nº 3, deste Código, o referido prazo é contado desde o dia imediato à apresentação do requerimento no Ministério respectivo, corre continuamente e suspende-se aos sábados, domingos e feriados, nos termos do artigo 72º, nº 1, alíneas a) e b), do Código do Procedimento Administrativo.

Não se trata de uma presunção *juris tantum,* tal como é definida no artigo 350º do Código Civil, antes parecendo tratar-se de uma presunção *iure et de iure* de indeferimento, por não ter havido decisão sobre o requerimento no prazo de quinze dias.

Em consequência, dir-se-á que o sentido deste normativo é o de consagrar a figura do indeferimento tácito.

6. Prevê o nº 6 deste artigo o serviço público com atribuições na área de actividade administrativa em causa, na fase de apreciação do requerimento, e estatui dever procurar mediar os interesses envolvidos e, em qualquer caso, proceder à audição prévia dos proprietários dos imóveis requisitados.

Este normativo está conexionado com o disposto na alínea b) do nº 4 do artigo 84º deste Código, segundo o qual, na falta de acordo, a indemnização é fixada pelo ministro responsável pelo sector, sob proposta do serviço com atribuições na área.

O serviço com atribuições na área, ou seja, o que tem conexão com o ministério do sector, deve mediar o caso, ou seja, deve intervir na definição dos interesses em causa, da requerente e do sujeito ou dos sujeitos afectados pela requisição, ou seja, os titulares dos direitos sobre os imóveis afectados.

Nesse período de mediação, deve o referido serviço público ouvir os proprietários dos imóveis em causa, bem como os titulares dos direitos reais ou pessoais de gozo que sobre eles incidam.

7. Prevê o nº 7 deste artigo o caso previsto no nº 2 do mesmo, e estatui que se aplica o disposto no nº 4 do artigo 84º deste Código, com as necessárias adaptações.

O nº 2 deste artigo refere-se à responsabilidade pelos danos causados no imóvel requisitado durante o período da requisição, estatuindo que ela se inscreve na entidade a favor de quem se operou a requisição, salvaguardando, porém, os danos resultantes de facto imputável ao proprietário, de vício da coisa ou de caso fortuito ou de força maior.

Temos, assim, que o normativo em análise se refere ao modo de fixação da indemnização devida pelos danos causados no imóvel requisitado durante a execução do acto de requisição.

Por via dele, temos que, também neste caso, a indemnização pelo dano é calculada nos termos da sucessiva subsidariedade prevista no nº 4 do artigo anterior, a que acima já se fez referência.

ARTIGO 86º
Direitos e deveres do proprietário

1 – São direitos do proprietário do imóvel objecto de requisição:

a) Usar, com os seus trabalhadores e utentes em geral, durante o período de tempo que durar a requisição, o imóvel, mantendo neste a actividade normal, desde que não se mostre incompatível, afecte, impeça ou, por qualquer modo, perturbe a preparação e a realização da actividade a assegurar;

b) Receber as indemnizações a que tenha direito, nos termos do presente diploma.

2 – São deveres do proprietário do imóvel objecto de requisição entregar à entidade a favor de quem se operar a requisição o imóvel requisitado e não perturbar o gozo deste dentro dos limites da requisição.

1. Prevê o nº 1 deste artigo os direitos do proprietário do imóvel objecto de requisição, e estatui, nas suas duas alíneas – a) e b) – por um lado, poder usar, com os seus trabalhadores e utentes em geral, durante o período de tempo que durar a requisição, o imóvel, mantendo neste a actividade normal, desde que não se mostre incompatível, afecte, impeça ou, por qualquer modo, perturbe a preparação e a realização da actividade a assegurar, e, por outro, o de receber as indemnizações a que tenha direito, nos termos do presente diploma.

Está inserido num contexto normativo essencialmente reportado aos direitos e aos deveres dos proprietários dos prédios objecto de requisição.[405]

---

[405] Está conexionado com o disposto nos artigos 80º a 85º e 87º, todos deste Código.

Assim, apesar da requisição, durante o respectivo período, pode o proprietário do prédio requisitado usá-lo, por si ou por outrem, sob a condição de isso se compatibilizar com a actividade a que se destinou o acto de requisição em causa.

A lei permite, pois, o gozo partilhado do prédio em causa, pela entidade beneficiária da requisição e pelo requisitado proprietário, sem prejuízo do direito de indemnização pela intromissão, lícita embora, da primeira.

2. Prevê o nº 2 deste artigo, em contraposição ao disposto no nº 1, os deveres do proprietário do imóvel objecto de requisição, e estatui que ele o deve entregar à entidade a favor de quem se operar a requisição e não perturbar o seu gozo dentro dos limites daquela requisição.

Assim, na sequência do acto de requisição consolidado, tem o respectivo proprietário de o entregar à pessoa colectiva beneficiária daquele acto e de não perturbar o seu gozo, expresso no respectivo título documental consubstanciado na aludida portaria.

Tem sido discutida a natureza da relação jurídica de requisição, sobretudo face ao que dispõe o normativo em análise. Com efeito, uns entendem, ao invés de outros, ser o seu efeito meramente obrigacional, na medida em que impõe ao proprietário requisitado o dever de entregar o prédio à beneficiária da requisição e de lhe assegurar o gozo.[406]

Todavia, a entidade beneficiária da requisição exerce o seu poder derivado da requisição sem o concurso da vontade do proprietário do imóvel, no quadro de uma relação jurídica administrativa, por via de um acto tipicamente administrativo, envolvente de uma sujeição daquele proprietário.

Perante este quadro, a conclusão é no sentido de que não decorre do regime legal da requisição um efeito meramente obrigacional, tal como ele emerge de uma relação contratual normal, seja ela de direito privado, seja de direito público.[407]

---

[406] Neste sentido, pode ver-se FERNANDO ALVES CORREIA, "Código das Expropriações e Outra Legislação Sobre Expropriações Por Utilidade Pública", Lisboa, 1992, página 32.

[407] Neste sentido, pode ver-se LUÍS PERESTRELO DE OLIVEIRA, *obra citada*, página 173.

ARTIGO 87º
Recurso contencioso

Do acto de requisição cabe recurso para os tribunais administrativos, nos termos da lei.

Prevê este artigo o recurso para os tribunais administrativos, e estatui que ele pode ser interposto do acto de requisição nos termos da lei.[408]

Considerando o disposto nos artigos 212º, nº 3, da Constituição e 1º e 4º, nº 1, alínea b), do Código de Processo nos Tribunais Administrativos, como o acto de requisição se inscreve numa relação jurídica administrativa, a competência para a sua impugnação é dos tribunais da ordem administrativa.

Face ao que o artigo 44º, nº 1, do Código de Processo nos Tribunais Administrativos prescreve, como a lei não estabelece que a referida competência se inscreve no Supremo Tribunal Administrativo ou no Tribunal Central Administrativo, a conclusão é no sentido de que a mesma é dos tribunais administrativos de círculo.

Mas já não se trata de recurso contencioso, dada a reforma do contencioso administrativo que foi implementada pelas Leis n.ºs 13/2002, de 19 de Fevereiro, e 15/2002, de 22 de Fevereiro.[409]

Agora, face ao disposto no artigo 46º, nº 2, alínea a), a anulação de actos administrativos ou a declaração da sua nulidade ou inexistência jurídica segue a forma da acção administrativa especial, cuja tramitação está regulada nos artigos 78º a 96º, ambos do Código de Processo nos Tribunais Administrativos.

Temos, assim, que o artigo em análise deve ser interpretado como se expressasse: *Do acto de requisição cabe impugnação para os tribunais administrativos, nos termos da lei.*

TÍTULO VIII
DISPOSIÇÕES FINAIS

ARTIGO 88º
Desistência da expropriação

1 – Nas expropriações por utilidade pública é lícito à entidade expropriante desistir total ou parcialmente da expropriação enquanto não for investido na propriedade dos bens a expropriar.

---

[408] Este artigo está conexionado com o disposto nos artigos 80º a 86º, ambos deste Código.
[409] Ambas as referidas Leis foram alteradas pela Lei nº 4-A/2003, de 19 de Fevereiro.

482 CÓDIGO DAS EXPROPRIAÇÕES E ESTATUTO DOS PERITOS AVALIADORES

2 – No caso de desistência, o expropriado e demais interessados são indemnizados nos termos gerais de direito, considerando -se, para o efeito, iniciada a expropriação a partir da publicação no Diário da República *do acto declarativo da utilidade pública.*

3 – Se a desistência da expropriação se verificar após a investidura da entidade expropriante na posse dos bens a expropriar, as partes podem converter, por acordo, o processo litigioso em processo de reversão, previsto nos artigos 74º e seguintes, através de requerimento conjunto a apresentar em juízo.

4 – Sendo o acordo requerido admissível, o tribunal notifica a entidade que declarou a utilidade pública, para informar os autos se autoriza a reversão pretendida pelas partes, ordenando, em caso afirmativo, a sua conversão.

1. Prevê o nº 1 deste artigo a desistência total ou parcial da expropriação por utilidade pública por parte da entidade expropriante, e estatui que ela lhe é lícita, isto é, livre, enquanto não for investida na propriedade dos bens a expropriar.

Está, pois, inserido num contexto normativo que versa essencialmente sobre a desistência da expropriação.[410]

A desistência da expropriação traduz-se no acto voluntário da entidade beneficiária dela, derivado da sua decisão de não exercer o direito que lhe advém do acto ablativo de declaração de utilidade pública.

Resulta, pois, da lei que a entidade beneficiária da expropriação pode desistir da expropriação, total ou parcialmente, livremente, mas apenas até determinado momento ou fase processual.

O referido limite temporal para a entidade expropriante desistir total ou parcialmente da expropriação diverge em função de ela ser de natureza litigiosa ou amigável. No primeiro caso – expropriação litigiosa – o referido limite é o da adjudicação da propriedade sobre os bens em curso de expropriação a que aludem os n.os 5 e 6 do artigo 51º deste Código; no segundo caso – expropriação amigável – o mencionado limite temporal *ad quem* é o da outorga do auto ou da escritura a que alude o artigo 36º deste Código.

No que concerne à forma exigida para a referida desistência, importa distinguir, para efeitos processuais, entre os casos em que ela ocorre antes da remessa do processo de expropriação a juízo e aqueles em que essa remessa é

---

[410] Este artigo está conexionado com o disposto nos artigos 17º, nº 1, 19º, 22º e 51º, n.os 5 e 6, todos deste Código.

feita depois dela, em qualquer caso tendo em conta o disposto nos artigos 293º, nº 1, e 300º, nº 1, do Código de Processo Civil.

No primeiro caso, deve a entidade beneficiária da expropriação juntar ao processo o pertinente documento autêntico com a desistência e remeter o processo ao tribunal competente; no segundo caso, pode aquela entidade juntar documento autêntico com a desistência ou diligenciar por que a secção de processos lavre o respectivo termo.[411]

A lei não se refere à forma de comunicação da referida desistência pela entidade beneficiária da expropriação aos expropriados ou outros interessados. Tendo em conta a natureza e a finalidade deste acto de comunicação, propendemos a considerar bastar, para o efeito, a mera forma escrita.

A desistência da instância, nos termos do artigo 296º, nº 1, do Código de Processo Civil, depende do acordo das partes. Em consequência, não pode relevar a derivada de acordo entre entidade beneficiária da expropriação e o expropriado depois de proferido o despacho de adjudicação da propriedade àquela, se a tal se opuser o credor hipotecário do último cuja garantia incide sobre o prédio em curso de expropriação.

2. Prevê o nº 2 deste artigo a indemnização a prestar pela entidade beneficiária da expropriação ao expropriado e demais interessados, e estatui, por um lado, que eles devem ser indemnizados nos termos gerais de direito, e, por outro, que se deve considerar para o efeito o início da expropriação a partir da publicação no *Diário da República* do acto declarativo da utilidade pública da expropriação.

Temos, pois, que a desistência total ou parcial da expropriação pela entidade beneficiária da expropriação é susceptível de implicar a indemnização do expropriado e ou dos demais interessados nos termos gerais de direito e que, para esse efeito, deve ser tida como início da expropriação a data da publicação na folha oficial do acto de declaração de utilidade pública.

Considerando o disposto no artigo 483º, nº 1, do Código Civil, é pressuposto do referido direito de indemnização, como é natural, que os referidos sujeitos tenham sofrido um prejuízo ou dano derivado da circunstância de os bens em

---

[411] No sentido de que se o processo ainda não tiver sido remetido a juízo a desistência opera através da sua comunicação ao expropriado e demais interessados, e, se já o tiver sido, dever a entidade expropriante requerer a devolução do processo, juntando cópia da comunicação da desistência da expropriação ao expropriado e demais interessados, veja-se PEDRO ELIAS DA COSTA, *obra citada*, página 244.

causa terem estado sujeitos a expropriação durante determinado período de tempo.

Tendo em conta o disposto nos artigos 562º a 564º do Código Civil, nesta situação, excepcionalmente, a entidade beneficiária da expropriação está sujeita a indemnização por facto lícito, ou seja, para que deva indemnizar basta que do seu acto de desistência tenha resultado para o expropriado e ou demais interessados, em termos de causalidade adequada, um dano ou prejuízo reparável.

Acresce que o cálculo da referida indemnização, por substituição pecuniária, deve ser feito nos termos do artigo 566º, n.ºs 2 e 3, do Código Civil, segundo o critério da diferença patrimonial e com recurso à equidade nos limites que se tiverem por provados. Para o efeito, presume-se, *jure et de iure*, que a expropriação começa efectivamente na data da publicação no *Diário da República* da respectiva declaração de utilidade pública a que se reporta o artigo 17º deste Código.

3. Prevê o nº 3 deste artigo a desistência da expropriação após a investidura da entidade beneficiária da expropriação na posse dos bens a expropriar, e estatui que as partes, por acordo, podem converter o processo litigioso de expropriação no processo de reversão previsto nos artigos 74º e seguintes, através de requerimento conjunto apresentado em juízo.

Trata-se, pois, da situação de desistência da expropriação pela entidade sua beneficiária após a sua investidura na posse dos bens a expropriar a que se reporta o artigo 22º deste Código. É para esse caso que aquela entidade e o expropriado e outros interessados podem acordar relevantemente na conversão do processo litigioso de expropriação no processo de reversão a que se reportam os artigos 74º a 79º deste Código.

O referido acordo deve ser expresso em instrumento de requerimento e apresentado em juízo, no processo de expropriação, cabendo ao juiz conhecer da sua admissibilidade, ou seja, da verificação dos respectivos requisitos objectivos e subjectivos.

4. Prevê o nº 4 deste artigo, por um lado, a admissibilidade do referido acordo de conversão, e estatui dever o tribunal notificar a entidade que declarou a utilidade pública, a fim de informar no processo se autoriza ou não a reversão pretendida pelas partes, e, por outro, a situação em que a mencionada entidade decide no sentido da autorização da reversão, e estatui, para essa hipótese, dever o juiz ordenar a conversão.

Temos, pois, que o juiz do processo de expropriação, se julgar o referido acordo legalmente admissível, proferirá o pertinente despacho de homologação, nos termos do artigo 300º, nº 3, do Código de Processo Civil. No caso contrário, assim o declarará por despacho, negando a sua homologação, do qual cabe recurso de apelação, nos termos gerais previstos na lei de processo civil.

Homologado o referido acordo de conversão do processo de expropriação em processo de reversão, deve o juiz ordenar a notificação da entidade autora da declaração a utilidade pública da expropriação a fim de declarar se autoriza ou não a referida reversão.

Considerando o disposto nos artigos 228º, nº 2, 254º, nº 1, 255º, nº 1 e 257º, nº 1, do Código de Processo Civil, como a entidade que declarou a utilidade pública da expropriação não é chamada para intervir no processo, propendemos a considerar que a sua notificação não tem de seguir a forma de citação, mas apenas de notificação simples, por carta registada.

O referido acto de notificação àquela entidade deve envolver todos os elementos de facto que lhe permitam proferir a aludida decisão, incluindo o requerimento tendente à conversão e o respectivo despacho de homologação.

O prazo de que a mencionada entidade dispõe para proferir a referida decisão de autorização de conversão, tendo em conta o disposto no artigo 71º, nº 1, contado nos termos do artigo 72º, nº 1, alíneas a) e b), ambos do Código do Procedimento Administrativo, é de 10 dias.

No caso de a entidade notificada decidir no sentido negativo, ou seja, indeferindo o pedido de reversão, pode a decisão ser impugnada por via de acção administrativa especial (artigos 46º a 77º do Código de Processo nos Tribunais Administrativos).

Mas se a referida entidade administrativa decidir no sentido de autorizar a reversão dos bens expropriados, temos que o processo litigioso de expropriação se converte no processo especial de reversão, prosseguindo nos termos dos artigos 77º e seguintes deste Código.

Tendo em conta o objecto do aludido processo e o disposto no nº 4 do artigo 74º deste Código, propendemos a considerar serem os tribunais administrativos de círculo os competentes em razão da matéria para dele conhecer.

5. Quanto à matéria a que este artigo se reporta pronunciaram-se, entre outras, as seguintes decisões judiciais:
a) A desistência da expropriação tem por efeito a sua extinção, porque confere aos expropriados e a outros interessados afectados o direito a serem

486 CÓDIGO DAS EXPROPRIAÇÕES E ESTATUTO DOS PERITOS AVALIADORES

indemnizados pelos prejuízos sofridos com o início do processo expropriativo, por virtude de o conteúdo dispositivo dos direitos em causa ter ficado afectado (Acórdão da Relação de Guimarães, de 15.02.06, Processo nº 2422/05-2).

b) A desistência da expropriação não está sujeita a publicação no *Diário da República*, sendo competente para dela conhecer o tribunal da ordem judicial, porque se traduz em excepção, devendo fazê-lo no despacho liminar em que analisa da existência do direito de expropriação (Acórdão da Relação de Guimarães, de 20.07.06, Processo nº 1420/06-2).

c) A entidade expropriante pode ainda desistir da parte do terreno que verificou ser desnecessária para o fim que tinha em vista, sem que isso implique a correcção da declaração de utilidade pública, uma vez que daí não advém nenhum sacrifício para o expropriado (Acórdão da Relação de Guimarães, de 19.12.07, Processo nº 2327/01-1).

g) No processo de expropriação, a desistência é livre e pode ser total ou parcial, expressa ou tácita, sem sujeição a formalismo específico (Acórdão da Relação do Porto, de 12.02.2009, CJ, Ano XXXIV, Tomo 1, página 304).

h) Tendo a entidade expropriante tomado posse de área inferior à referida na declaração de utilidade pública e comunicado esse facto aos expropriados e ao juiz do processo, requerendo a este a correcção da área expropriada, há que considerar essa comunicação, se anterior ao despacho de adjudicação da propriedade, como desistência da expropriação da área excedente (Acórdão da Relação do Porto, de 12.2.2009, CJ, Ano XXXIV, Tomo 1, página 304).

i) Se o expropriado não recorreu ao meio legalmente previsto para reaver a propriedade da parte expropriada não utilizada, requerendo a quem declarou a utilidade pública a reversão, não podia o tribunal considerar válida a desistência parcial da expropriação, porque isso iria pôr em causa um acto administrativo, que não podia apreciar, pelo que a propriedade do terreno não usado pela expropriante continua a ser propriedade dela (Acórdão da Relação de Guimarães, de 30.04.09, Processo nº 2183/08-1).

ARTIGO 89º
Lista de peritos

Enquanto não forem publicadas as listas a que se refere o nº 3 do artigo 62º deste Código, mantêm-se transitoriamente em vigor as actuais.

Prevê este artigo a não publicação das listas a que se reporta o artigo 62º, nº 3, deste Código, e estatui que, enquanto não forem publicadas, se mantêm transitoriamente em vigor as actuais.[412]

Quando o actual Código das Expropriações foi publicado vigorava sobre esta matéria das listas de peritos avaliadores o Decreto-Lei nº 44/94, de 19 de Fevereiro, e o Decreto Regulamentar nº 15/98, de 9 de Julho, que, por seu turno, regulava o concurso de recrutamento e selecção dos peritos avaliadores para integração na lista oficial.

Entretanto, foi publicado o Decreto-Lei nº 125/2002, de 10 de Maio, que regulou as condições de exercício das funções de perito e de árbitro no âmbito do processo de expropriação previsto no Código das Expropriações aprovado pela Lei nº 169/99, de 18 de Setembro.[413]

Mas só a partir da Portaria nº 241/2008, de 17 de Março, relativa à aprovação da prova escrita de conhecimentos para efeito de selecção de candidatos, é que começaram as diligências com vista à publicação das listas a que se reporta o nº 3 do artigo 63º deste Código.

As referidas provas começaram em meados de 2008, prolongaram-se por todo o ano de 2009, terminaram no início do ano de 2010, mas o processo de formação das listas foi atrasado por virtude da impugnação, por alguns dos candidatos, dos actos administrativos do júri.

É da referida formação e prova de conhecimentos que devem sair, homologada que seja ministerialmente a lista final do concurso, as listas de peritos avaliadores a que este artigo se reporta.

A referida lista de peritos aprovados no curso foi homologada por despacho do Secretário de Estado da Justiça de 31 de Agosto de 2010.

A lista dos peritos a que este artigo se reporta consta também do artigo 2º do Decreto-Lei nº 125/2002, de 10 de Maio.

---

[412] Este artigo está conexionado com o disposto nos artigos 10º, nº 4, 20º, nº 6, 45º, 46º e 62º, nº 3, todos deste Código, e com o Decreto-Lei nº 125/2002, de 10 de Maio.
[413] Aquele diploma foi alterado pelos Decretos-Leis n.os 12/2007, de 19 de Janeiro, e 94/2009, de 27 de Abril.

ARTIGO 90º
Regiões Autónomas

1 – Nas Regiões Autónomas dos Açores e da Madeira a declaração de utilidade pública da expropriação de bens pertencentes a particulares ou às autarquias locais é da competência do Governo Regional e reveste a forma de resolução, a publicar no boletim oficial da Região.

2 – A declaração de utilidade pública da expropriação de bens pertencentes à administração central e das necessárias para obras de iniciativa do Estado ou de serviços dependentes do Governo da República é da competência do Ministro da República, sendo publicada na 2.ª série do Diário da República.

1. Prevê o nº 1 deste artigo a declaração de utilidade pública da expropriação de bens pertencentes a particulares ou às autarquias locais situados nas Regiões Autónomas dos Açores e da Madeira, e estatui, por um lado, que ela é da competência do Governo Regional, e por outro, que a mesma reveste a forma de resolução a publicar no boletim oficial da Região.[414]

Está inserido num contexto normativo relativo à competência para a declaração de utilidade pública nas regiões autónomas.[415]

Face ao disposto neste normativo, importa distinguir, no quadro da expropriação de bens situados nas Regiões Autónomas, para efeito de declaração da respectiva utilidade pública, entre os pertencentes a particulares ou a autarquias locais e os pertencentes à Administração Central.

Quanto aos primeiros – pertencentes a particulares ou a autarquias locais – a competência para a declaração de utilidade pública da expropriação inscreve-se no Governo Regional, sob a forma de resolução, que deve ser publicada no boletim oficial da Região.

Trata-se, pois, de um regime especial em relação à declaração de utilidade pública da expropriação de bens situados no espaço continental português e à sua publicação, constante dos artigos 14º, n.ºs 1 e 2 e 17º, nº 1, ambos deste Código.

2. Prevê o nº 2 deste artigo a declaração de utilidade pública da expropriação de bens situados nas regiões autónomas pertencentes à administração central,

---

[414] Veja-se o Assento do Supremo Tribunal de Justiça, de 23 de Abril de 1987, *Diário da República*, I Série, de 3 de Junho de 1987.

[415] Este artigo está conexionado com o disposto nos artigos 12º, 14º e 17º, nº 1, todos deste Código.

ou a outrem, necessários para obras de iniciativa do Estado ou de serviços dependentes do Governo da República, e estatui, por um lado, que ela é da competência do Ministro da República, e, por outro, que a referida declaração é publicada na 2.ª série do *Diário da República*.

Tendo em conta o disposto no nº 1 do artigo 230º da Constituição, onde este normativo se refere ao Ministro da República, deve entender-se o Representante da República.

Este normativo está numa relação de especialidade com o anterior, na medida em que versa sobre as expropriações de bens situados nas regiões autónomas pertencentes à Administração Central, que sejam necessários para obras da iniciativa do Estado ou de serviços dependentes do Governo da República.

Em qualquer dos casos a que se reporta, a competência para a declaração da utilidade pública da expropriação inscreve-se no respectivo Representante da República e aquela declaração deve ser publicada na 2ª série do *Diário da República*.

ARTIGO 91º
Expropriação de bens móveis

1 – Nos casos em que a lei autorize a expropriação de bens móveis materiais, designadamente no artigo 16º da Lei nº 13/85, de 6 de Julho, pode haver lugar a posse administrativa, imediatamente depois de vistoria ad perpetuam rei memoriam, *sem dependência de qualquer outra formalidade, seguindo -se quanto ao mais, nomeadamente quanto à fixação e ao pagamento da justa indemnização, a tramitação prevista para os processos de expropriação litigiosa, aplicando -se o disposto no nº 5 do artigo 20º, com as necessárias adaptações.*

2 – A entidade expropriante solicita ao presidente do tribunal da Relação do lugar do domicílio do expropriado a nomeação de um perito com formação adequada, para proceder à vistoria ad perpetuam rei memoriam, *podendo sugerir nomes para o efeito.*

3 – Os árbitros e o perito são livremente designados pelo presidente do tribunal da Relação do lugar da situação do bem no momento de declaração de utilidade pública de entre indivíduos com a especialização adequada.

4 – A designação do perito envolve a autorização para este entrar no local onde se encontra o bem, acompanhado de representantes da entidade expropriante, a fim de proceder à vistoria ad perpetuam rei memoriam, *se necessário com o auxílio de força policial.*

5 – O auto de vistoria ad perpetuam rei memoriam *descreve o bem com a necessária minúcia.*

6 – A entidade expropriante poderá recorrer ao auxílio de força policial para tomar posse do bem.

7 – É competente para conhecer do recurso da arbitragem o tribunal da comarca do domicílio ou da sede do expropriado.

1. Prevê o nº 1 deste artigo os casos em que a lei autorize a expropriação de bens móveis materiais, designadamente o artigo 16º da Lei nº 13/85, de 6 de Julho, e estatui, por um lado, poder haver lugar a posse administrativa, imediatamente após a vistoria *ad perpetuam rei memoriam*, sem dependência de qualquer outra formalidade, e, por outro, que se deve seguir, quanto ao mais, nomeadamente no que concerne à fixação e ao pagamento da justa indemnização, a tramitação prevista para os processos de expropriação litigiosa, e, finalmente, que se aplica o disposto no nº 5 do artigo 20º deste Código, com as necessárias adaptações.

Está inserido num contexto normativo, sem correspondência no regime de pretérito, relativo à expropriação de bens móveis.[416]

Tendo em conta o que se prescreve no artigo 205º, nº 1, do Código Civil, as coisas móveis a que o normativo em análise se refere caracterizam-se por exclusão de partes, ou seja, são coisas móveis as que não forem imóveis conforme a caracterização da lei.

Assim, face ao disposto no artigo 204º, nº 1, do Código Civil, são coisas móveis as que não sejam prédios rústicos ou urbanos, águas, árvores, arbustos e frutos naturais ligados ao solo, direitos inerentes aos mesmos ou partes integrantes de prédios rústicos ou urbanos.

Refere-se exemplificativamente este normativo aos bens móveis materiais previstos no artigo 16º da Lei nº 13/85, de 6 de Julho. Este artigo previa a possibilidade de expropriação de bens móveis classificados de valor histórico, arqueológico ou artístico pelo Ministro da Cultura ou pelas autarquias locais, quando se verificasse o risco da sua degradação devido a omissão ou acção grave do respectivo proprietário.

Face ao disposto nos n.ºs 1 e 2 do referido artigo 16º da Lei nº 13/85, a referida expropriação podia ser promovida pelo Ministro da Cultura, ouvidos o respectivo proprietário e os órgãos consultivos competentes, ou, em condições

---

[416] Este artigo está conexionado com o disposto nos artigos 1º, 7º, 19º a 22º, 23º, nº 1, 24º, nº 1, 33º a 38º e seguintes, todos deste Código.

idênticas pelas autarquias locais, caso o Instituto Português do Património Cultural desse parecer favorável.

Todavia, a Lei nº 13/85, de 6 de Julho, foi revogada pela Lei nº 107/2001, de 8 de Setembro, que versa sobre as bases da política e regime de protecção e valorização do património cultural.

Acresce que no novo diploma, a Lei nº 107/2001, de 8 de Setembro, designadamente no seu artigo 50º, só está prevista a expropriação de bens culturais imóveis.

A conclusão, por isso, é no sentido de que, revogado que foi o artigo 16º da Lei nº 13/85, de 6 de Julho, quanto à expropriação de bens móveis culturais, revogado ficou tacitamente o segmento normativo em análise.

Todavia, o ordenamento jurídico global envolve outras situações de expropriação de bens móveis, a que este normativo é susceptível de se aplicar, verificados que sejam os pressupostos legalmente previstos.

Nesses casos pode, pois, haver a posse administrativa a que aludem os artigos 19º e 22º, imediatamente após a realização da vistoria *ad perpetuam rei memoriam*, a que se refere o artigo 21º, todos deste Código, sem dependência de qualquer formalidade.

Acresce, tendo em conta o disposto no artigo 20º, nº 5, alínea a), deste Código, ser o depósito prévio dispensado, devendo apenas realizar-se no prazo de 90 dias contado nos termos do artigo 279º do Código Civil a partir da data da publicação da declaração de utilidade pública da expropriação.

Ademais, considerando o que se prescreve no artigo 20º, nº 5, alínea b), deste Código, se os expropriados e demais interessados não forem conhecidos, ou houver dúvidas sobre a titularidade dos direitos afectados, deve o depósito ser feito no prazo de 10 dias, contado desde o momento do seu conhecimento ou da resolução do incidente sobre a referida titularidade.

Segue-se, depois, no restante, designadamente quanto à fixação e ao pagamento da justa indemnização, a tramitação relativa aos processos de expropriação litigiosa de imóveis, a que acima se fez referência.

2. Prevê o nº 2 deste artigo a pessoa que deve solicitar ao presidente do tribunal da Relação do lugar do domicílio do expropriado a nomeação de um perito com formação adequada para proceder à vistoria *ad perpetuam rei memoriam,* e estatui, por um lado, que o deve fazer a entidade beneficiária da expropriação, e, por outro, que ela pode sugerir nomes para o efeito.

Assim, do mesmo modo que ocorre nas expropriações com carácter de urgência, previstas no nº 6 do artigo 20º deste Código, a entidade beneficiária da expropriação deve solicitar ao presidente do tribunal da Relação um perito com formação adequada para vistoriar os bens móveis em causa, a quem deve ser facultada a indicação do nome de peritos para esse efeito.

Esta indicação de nomes pela entidade beneficiária da expropriação com vista à nomeação do perito é justificada pela circunstância de esta nomeação não ter necessariamente de o ser a partir da lista oficial. Mas o presidente do tribunal da Relação, conforme resulta do disposto no número seguinte, não está vinculado à sugestão da entidade beneficiária da expropriação, pelo que a pode acolher ou não. Mas em regra acolhê-la-á, pelo menos se não dispuser de informação sobre a identificação de peritos com formação específica na matéria, na área em que os bens móveis se situam.

3. Prevê o nº 3 deste artigo a nomeação dos árbitros e do perito, e estatui, por um lado, que os mesmos são livremente designados pelo presidente do tribunal da Relação do lugar da situação do bem no momento de declaração de utilidade pública, e, por outro, que essa nomeação deve ser por ele feita de entre indivíduos com a especialização adequada.

Assim, o perito que deve realizar a vistoria *ad perpetuam rei memoriam*, e os árbitros para arbitragem, são nomeados livremente pelo presidente do tribunal da Relação de entre os que tenham formação adequada, consoante a informação de que disponha para o efeito.

A mobilidade que é própria dos bens em causa implica a particularidade deste normativo de a nomeação do perito para a *vistoria ad perpetuam rei memoriam* competir ao presidente do tribunal da Relação do lugar da situação dos bens, exactamente na data da publicação da declaração de utilidade pública da expropriação.

4. Prevê o nº 4 deste artigo a designação do referido perito, e estatui que ela envolve a autorização para entrar no local onde se encontra o bem, acompanhado de representantes da entidade expropriante, a fim de proceder à vistoria *ad perpetuam rei memoriam,* se necessário com o auxílio de força policial.

Este normativo, em que especialmente se prevê que o perito seja acompanhado pelo representante da entidade beneficiária da expropriação, e, se necessário, de agentes policiais, é motivado pela própria mobilidade dos bens móveis a vistoriar, prevenindo a resistência de quem tem o poder de facto sobre o local onde os mesmos se encontram.

Importa, porém, face ao que dispõe o artigo 34º, nº 2, da Constituição, ter em linha de conta que a entrada no domicílio dos cidadãos contra a sua vontade só pode ser ordenada pela autoridade judicial e apenas nos casos e segundo as formas previstos na lei.

Em consequência, se oposição houver ao acesso do perito ao local onde os bens se encontrem, deve a entidade beneficiária da expropriação diligenciar no sentido da obtenção de ordem de entrada do perito nesse local, a emitir pelo juiz do tribunal competente para a expropriação.

5. Prevê o nº 5 deste artigo o conteúdo do auto de vistoria *ad perpetuam rei memoriam*, e estatui no sentido de ele dever descrever o bem com a necessária minúcia.

Este normativo corresponde ao que se prescreve no nº 4 do artigo 21º deste Código, que se reporta ao conteúdo do auto de vistoria *ad perpetuam rei memoriam* relativo a bens imóveis.

A função desta vistoria é a da descrição do bem móvel em causa, ou seja, o registo de todos os elementos susceptíveis de influir na sua avaliação. A minúcia a que este normativo se refere implica que no auto de vistoria *ad perpetuam rei memoriam* se incluam todos os pormenores relevantes para a determinação do valor do bem, e, consequentemente, da justa indemnização a arbitrar ao expropriado.

6. Prevê o nº 6 deste artigo a tomada de posse do bem móvel em causa pela entidade expropriante, e estatui que esta poderá recorrer, para o efeito, ao auxílio da força policial.

Conforme resulta do nº 1 deste artigo, a entidade beneficiária da expropriação pode tomar posse administrativa do bem móvel em causa logo após a realização da *vistoria ad perpetuam rei memoriam*, independentemente de qualquer formalidade.

Para esse efeito, se houver resistência nessa tomada de posse por quem detém o bem móvel ou o local onde ele se encontra, pode a entidade beneficiária da expropriação solicitar a intervenção da autoridade policial. Mas importa ter aqui em conta o disposto no artigo 34º, nº 2, da Constituição, nos termos acima referidos.

7. Prevê o nº 7 deste artigo o tribunal competente para conhecer do recurso do acórdão arbitral, e estatui sê-lo o tribunal da comarca do domicílio ou da sede do expropriado.

CÓDIGO DAS EXPROPRIAÇÕES E ESTATUTO DOS PERITOS AVALIADORES

Trata-se de um normativo paralelo ao do artigo 51º, nº 1, deste Código, segundo qual se inscreve no tribunal da comarca da situação do imóvel expropriado ou da sua maior extensão a competência para conhecer do recurso do acórdão arbitral.

Assim, também para a fase jurisdicional dos processos de expropriação de bens móveis é competente o tribunal de comarca, mas o da área do domicílio ou sede de expropriado, o que se traduz em especialidade deste normativo, motivada pela natureza móvel da coisa em curso de expropriação.

8. O acto de expropriação de bens móveis pode confrontar-se com a situação do seu aluguer, ou seja, por via do contrato de locação a que se referem os artigos 1022º e 1023º do Código Civil.

Nos termos do artigo 1051º, alínea f), do Código Civil, o contrato de aluguer caduca, em regra, com a declaração de utilidade pública da expropriação dos bens móveis que dele sejam objecto mediato.

É discutido sobre se o locatário dos bens que sejam objecto de expropriação por utilidade pública tem ou não direito a indemnização autónoma ou derivada da que for atribuída ao proprietário, isto porque o artigo 30º deste Código só se refere expressamente ao direito autónomo de indemnização do arrendatário, ou seja, de bens imóveis.

Tendo em conta a letra e o espírito das normas do artigo 30º deste Código, não nos parece haver fundamento legal para a sua aplicação aos sujeitos activos do contrato de aluguer de bens móveis objecto de expropriação.

Quanto à indemnização não autónoma, decorre do artigo 1036º do Código Civil poder o locatário reparar a coisa locada e exigir do locador o respectivo reembolso, acrescendo, nos termos do artigo 1046º, nº 1, do Código Civil, que, fora dos casos nele previstos, salvo estipulação em contrário, o locatário é equiparado ao possuidor de má fé quanto a benfeitorias que haja feito na coisa locada.

Ademais, nos termos do artigo 1273º do Código Civil, o possuidor de má fé tem direito a indemnização pelas benfeitorias necessárias e úteis que haja feito nas coisas, quanto a estas últimas se as não puder levantar para evitar o seu detrimento.

Perante este quadro, no que concerne às referidas benfeitorias úteis, propendemos a considerar, no caso de expropriação dos bens móveis alugados, o direito do titular activo do contrato de aluguer a indemnização, mas por redução à devida ao expropriado.[417]

---

[417] Em sentido muito próximo, pode ver-se PEDRO ELIAS DA COSTA, *obra citada*, páginas 138 e 139.

ARTIGO 92º
Aplicação subsidiária do processo de expropriação

1 – Sempre que a lei mande aplicar o processo de expropriação para determinar o valor de um bem, designadamente no caso de não aceitação do preço convencionado de acordo com o regime do direito legal de preferência, aplica-se, com as necessárias adaptações, o disposto nos artigos 42º e seguintes do presente Código, sem precedência de declaração de utilidade pública, valendo como tal, para efeitos de contagem de prazos, o requerimento a que se refere o nº 3 do artigo 42º.

2 – Salvo no caso de o exercício do direito legal de preferência se encontrar associado à existência de medidas preventivas, legalmente estabelecidas, a não aceitação do preço convencionado só é possível quando o valor do terreno, de acordo com avaliação preliminar efectuada por perito da lista oficial, de livre escolha do preferente, seja inferior àquele em, pelo menos, 20 %.

3 – Qualquer das partes do negócio projectado pode desistir deste; a notificação da desistência ao preferente faz cessar o respectivo direito.

4 – Pode também o preferente desistir do seu direito, mediante notificação às partes do negócio projectado.

1. Prevê o nº 1 deste artigo as situações em que a lei manda aplicar o processo de expropriação para determinar o valor de um bem, designadamente no caso de não ser aceite o preço convencionado de acordo com o regime do direito legal de preferência.

E estatui, por um lado, que se aplica, com as necessárias adaptações, o disposto nos artigos 42º e seguintes deste Código, sem precedência de declaração de utilidade pública, e, por outro, que vale como tal, para efeitos de contagem de prazos, o requerimento a que se refere o nº 3 do artigo 42º.

Está inserido num contexto normativo, sem antecedente no regime de pretérito, atinente à aplicação subsidiária do processo de expropriação à avaliação de bens determinada em leis avulsas.[418]

Várias são, com efeito, as situações em que a lei avulsa prescreve a aplicação do processo de expropriação à determinação do valor dos bens em causa, entre as quais as seguintes.

---

[418] Este artigo está conexionado com o disposto nos artigos 38º, 42º, n.os 2, alínea f), e 3, e 93º, nº 2, todos deste Código.

Em primeiro lugar, temos o caso do direito de preferência da Administração na alienação de terrenos e edifícios, a que se reportam os artigos 27º e 28º do Decreto-Lei nº 794/76, de 5 de Novembro.

Com efeito, resulta, por um lado, do nº 2 do referido artigo 27º, poder o referido direito ser conferido relativamente aos prédios existentes, na totalidade ou em parte da área abrangida por medidas preventivas ou pelo estabelecimento de uma zona de defesa e controle urbano, e, por outro, do mencionado artigo 28º, poder ser exercido com a declaração de não aceitar o preço convencionado, caso em que a transmissão para o preferente será feita pelo preço que vier a ser fixado nos termos aplicáveis ao processo de expropriação por utilidade pública, se o transmitente não concordar, por sua vez, com o oferecido pelo preferente.[419]

Em segundo lugar, temos o Decreto-Lei nº 380/99, de 22 de Setembro, relativo às bases da política de ordenamento do território, ou seja, o que aprovou o Regime Jurídico dos Instrumentos de Gestão Territorial.

Este último diploma remete implicitamente para o artigo em análise, além do mais que a propósito do disposto no número seguinte se referirá, nos casos de avaliação prévia dos direitos dos particulares com vista ao sistema de compensação por eles devida aos municípios – nº 4 artigo 122º –; e de determinação do valor da indemnização devida aos particulares pelas restrições singulares às possibilidades objectivas de aproveitamento do solo, preexistentes e juridicamente consolidadas, que comportem uma restrição significativa da sua utilização de efeitos equivalentes a uma expropriação – nº 4 do artigo 143º.

É, pois, para estes casos e outros que este normativo refere, mandando aplicar, com as necessárias adaptações, o disposto nos artigos 42º e seguintes deste Código, ou seja, o regime da expropriação litigiosa, a começar com a promoção da arbitragem pela entidade beneficiária da expropriação.

Todavia, como a data da publicação da declaração de utilidade pública da expropriação releva, não raro, para a contagem de prazos previstos neste Código, este normativo ficciona como tal a data do requerimento previsto no nº 3 do seu artigo 42º.

Ora, no caso de o preferente não aceitar o referido valor convencionado, se o puder recusar em virtude da avaliação abaixo indicada, deve requerer ao juiz que promova a constituição e o funcionamento da arbitragem com vista à determinação do valor do bem.

---

[419] Este direito de preferência está regulamentado no Decreto nº 862/76, de 22 de Dezembro.

Embora o nº 3 do artigo 42º deste Código se não reporte à alínea f) do nº 2 do mesmo artigo, a intenção da lei é no sentido de que o requerimento a considerar é o que promove a arbitragem aqui em causa. Em consequência, as funções normais da entidade beneficiária da expropriação passam, na espécie, a caber ao juiz da comarca do local da situação do bem ou da sua maior extensão.

2. Prevê o nº 2 deste artigo, ressalvando o caso de o exercício do direito legal de preferência se encontrar associado à existência de medidas preventivas, legalmente estabelecidas, a não aceitação do preço convencionado, e estatui que esta só é possível quando o valor do terreno, de acordo com avaliação preliminar efectuada por um perito da lista oficial, de livre escolha do preferente, seja inferior àquele em pelo menos 20%.

Assim, o valor do terreno em causa, verificados os respectivos pressupostos, deve resultar de avaliação preliminar efectuada por um perito da lista oficial de livre escolha do preferente.

Decorrentemente, pretendendo o preferente exercer o seu direito de preferência e não concordando com o valor do imóvel que lhe foi comunicado pelo candidato a vendedor, pode contratar um perito da lista oficial, de sua livre escolha, para o avaliar.

Este normativo tem conexão com o que se prescreve no nº 4 do artigo 126º do Decreto-Lei nº 380/99, no quadro de execução programada de planos, segundo o qual, o direito de preferência só pode ser exercido se o valor do terreno ou dos edifícios, de acordo com a avaliação efectuada por um perito da lista oficial de escolha do preferente, for inferior, pelo menos, em vinte por cento do preço convencionado.

As medidas preventivas a que este normativo se reporta são as previstas nos artigos 107º a 116º do Decreto-Lei nº 380/99, do que resulta não contemplar o mencionado nº 4 do artigo 126º do mesmo diploma alguma delas, pelo que a situação nele prevista não é abrangida pela ressalva referida na primeira parte do normativo em análise.

Este normativo versa, efectivamente, sobre os casos de exercício legal do direito de preferência na alienação de terrenos em geral pela Administração no âmbito da execução programada de planos, mas em que ela não pode recusar o pagamento do preço convencionado se este não for superior em pelo menos vinte por cento ao que resultou da avaliação pericial.

3. Prevê o nº 3 deste artigo a desistência do negócio projectado e a sua notificação, e estatui, por um lado, que qualquer das partes pode operá-la e, por outro, que a respectiva notificação faz cessar o respectivo direito.

É pressuposto deste normativo que o proprietário de um imóvel, onerado com um direito de preferência, projecte a celebração de um contrato de compra e venda com um terceiro, nos termos do artigo 414º do Código Civil.

Conforme resulta do artigo 416º, nº 1, do Código Civil, o obrigado à preferência deve notificar o preferente, dando-lhe conhecimento do projecto de venda e das cláusulas do respectivo contrato.

Ora, por virtude do normativo em análise, qualquer das partes que projectou a celebração do contrato de alienação em causa – alienante e adquirente – pode desistir desse projecto.

Comunicada que seja ao preferente, por algum dos autores do projecto da alienação, a referida desistência, temos que, conforme decorre do artigo 224º, nº 1, do Código Civil, se extingue o referido direito de preferência.

4. Prevê o nº 4 deste artigo a desistência pelo preferente do seu direito, e estatui que o pode fazer mediante notificação às partes do negócio projectado.

Assim, também o preferente, apesar do seu direito visar a realização do interesse público, pode desistir dele, por via da mera comunicação da sua desistência a ambas as partes no contrato projectado.

5. Vários são os diplomas que prevêem regimes especiais de expropriação, em que o Código das Expropriações apenas se aplica a título subsidiário.

a) É o caso, por exemplo, do Decreto-Lei nº 11/94, de 13 de Janeiro, cujo artigo 19º foi alterado pelo Decreto-Lei nº 23/2003, de 4 de Fevereiro, que estabelece o regime aplicável às servidões necessárias à implantação e exploração das infra-estruturas das concessões de serviço público relativas ao gás natural no seu estado gasoso ou líquido e dos seus gases de substituição.

Nos termos do artigo 3º deste diploma, compete exclusivamente às respectivas concessionárias optar, com vista à implantação e exploração das mencionadas infra-estruturas, pelo regime previsto neste diploma ou pelo das expropriações por causa de utilidade pública nos termos do Código das Expropriações, sem prejuízo de aquisição dos imóveis por via negocial.

Quanto às expropriações regidas por este diploma, temos o artigo 5º que se refere à finalidade das servidões, o artigo 6º ao seu exercício, o artigo 7º ao conteúdo das servidões, o artigo 11º à vistoria *ad perpetuam rei memoriam*, o artigo 16º à indemnização, o artigo 17º à arbitragem, sendo que o nº 6 deste último se refere ao recurso do acórdão arbitral para os tribunais, nos termos do Código das Expropriações.

b) Temos também o Decreto-Lei nº 301/2009, de 21 de Outubro, que versa sobre as expropriações necessárias à realização dos aproveitamentos hidroeléctricos do Programa Nacional de Barragens de Elevado Potencial Hidroeléctrico e ainda dos aproveitamentos hidroeléctricos de Ribeirado-Ermida, no Rio Vouga, e do Baixo Sabor, no rio Sabor.

Tem dez artigos, respeitantes, respectivamente, ao objecto, à utilidade pública e urgência das expropriações, ao procedimento, à posse administrativa, à garantia e conteúdo das indemnizações, ao atravessamento e ocupação de prédios particulares, ao atravessamento e ocupação de prédios particulares, à Reserva Agrícola Nacional, à Reserva Ecológica Nacional, ao património cultural, fiscalização, regime subsidiário e aplicação no tempo.

c) Há ainda Decreto-Lei nº 307/2009, de 23 de Outubro, que se refere ao regime jurídico da reabilitação urbana em áreas de reabilitação urbana.

Nos termos do seu artigo 61º, n.ºs 1 a 3, proémio, podem ser expropriados os terrenos, os edifícios e fracções prediais necessários, sob promoção da entidade gestora, nos termos do Código das Expropriações, com determinadas particularidades.

De harmonia com o disposto no seu artigo 61º, nº 3, é a entidade gestora que emite a resolução de expropriar, e à câmara municipal ou o órgão executivo daquela entidade, consoante tenha ou não havido delegação do poder de expropriação, que incumbe emitir o acto administrativo que individualize os bens a expropriar, e trata-se de expropriação de carácter urgente.

Face ao disposto no n.ºs 4 e 5º do artigo 61º daquele diploma, no caso de a expropriação se destinar à reabilitação de imóveis para a sua colocação no mercado, os expropriados têm direito de preferência sobre a sua alienação, mesmo que não haja identidade entre o imóvel expropriado e o colocado no mercado, e, se houver mais do que um preferente, abre-se licitação entre eles.

Considerando o disposto no nº 1 do artigo 62º do mesmo diploma, se os proprietários não cumprirem a sua obrigação de reabilitar, a entidade gestora, em alternativa à expropriação, pode proceder à venda do edifício ou de fracção deste em hasta pública.

500 CÓDIGO DAS EXPROPRIAÇÕES E ESTATUTO DOS PERITOS AVALIADORES

d) Temos, ademais, o regime especial das expropriações no âmbito do quadro de referência estratégico nacional, autorizado pela Lei nº 31/2010, de 2 de Setembro, envolvente das infra-estruturas que integram candidaturas beneficiárias de co-financiamento pelo Fundo Europeu de Desenvolvimento Regional ou pelo Fundo de Coesão no âmbito do Quadro de Referência Estratégico Nacional 2007-2013 (QREN), aprovado pela Resolução do Conselho de Ministros nº 86/2007, de 3 de Julho, e das infra-estruturas beneficiárias de co-financiamento pelo Fundo Europeu Agrícola de Desenvolvimento Rural.

O diploma cuja autorização de publicação decorreu da Lei nº 31/2010, de 2 de Setembro, contém onze artigos que versam, respectivamente, sobre o respectivo objecto, a utilidade pública e urgência das expropriações, o procedimento, a posse administrativa, a garantia e conteúdo das indemnizações, o atravessamento e ocupação de prédios particulares, a Reserva Agrícola Nacional, a Reserva Ecológica Nacional e o património cultural, a fiscalização, o domínio público, o regime subsidiário e a aplicação no tempo.

6. Acrescem os casos especiais das chamadas expropriações do plano a que se reporta o artigo 143º do Decreto-Lei nº 380/99, de 22 de Setembro, epigrafado de *indemnização*.

Trata-se de restrições às possibilidades objectivas de aproveitamento do solo com efeitos equivalentes a uma expropriação, estabelecidas por instrumentos de gestão territorial vinculativos para os particulares, como é o caso dos planos municipais e especiais de ordenamento do território.

Conferem direito a indemnização resultante de revisão de planos que ocorra no prazo de cinco anos após a data da sua entrada em vigor e determine a caducidade ou a alteração das condições de um licenciamento válido. O valor da referida indemnização corresponde à diferença entre o valor do solo antes e depois das restrições provocadas pelos mencionados instrumentos, a calcular nos termos do Código das Expropriações.

Acresce que também são indemnizáveis as despesas efectuadas na concretização de uma modalidade de utilização prevista nos instrumentos de gestão territorial em causa.

Todavia, ao invés, não conferem o direito a indemnização as proibições, os condicionamentos e as limitações à ocupação, uso e transformação do solo derivados da sua vinculação situacional, como é o caso do integrado em zona de reserva agrícola nacional ou de reserva ecológica nacional.

7. Sobre a matéria a que este artigo se reporta pronunciou-se, entre outras, a seguinte decisão judicial:

– A constituição das servidões de gás, como servidões administrativas que são, está sujeita ao regime jurídico previsto no Decreto-Lei nº 11/94, de 13 de Janeiro, e não ao regime geral do Código das Expropriações, pelo que o exercício dos poderes inerentes a essas servidões apenas depende do cumprimento das formalidades exigidas pelo referido Decreto-Lei (Acórdão do STJ, de 28.01.1997, CJ, Ano V, Tomo 1, página 81).

ARTIGO 93º
Áreas de desenvolvimento urbano prioritário e de construção prioritária

1 – Os bens dos participantes que se recusem a outorgar qualquer acto ou contrato previsto no regime jurídico das áreas de desenvolvimento urbano prioritário ou de construção prioritária, ou nos respectivos instrumentos reguladores, são expropriados com fundamento na utilidade pública da operação e integrados na participação do município.

2 – A expropriação segue os termos previstos no presente Código com as seguintes modificações:

a) É dispensada a declaração de utilidade pública, valendo como tal, para efeitos de contagem de prazos, o requerimento a que se refere o nº 3 do artigo 42º;

b) A indemnização é calculada com referência à data em que o expropriado tiver sido convocado para decidir sobre a aceitação da operação.

1. Prevê o nº 1 deste artigo os bens dos participantes que se recusem a outorgar qualquer acto ou contrato previsto no regime jurídico das áreas de desenvolvimento urbano prioritário ou de construção prioritária, ou nos respectivos instrumentos reguladores, e estatui, por um lado, deverem ser expropriados com fundamento na utilidade pública da operação, e, por outro, integrados na participação do município respectivo.

Está inserido num contexto normativo, sem antecedente no regime de pretérito, que se reporta à expropriação no caso das áreas de desenvolvimento urbano prioritário e de construção prioritária.[420]

O regime das áreas de desenvolvimento urbano prioritário e de construção prioritária consta do Decreto-Lei nº 152/82, de 3 de Maio, as quais foram cria-

---

[420] Este artigo está conexionado com o disposto no artigo 42º, n.os 2, alínea f), e 3, e 92º deste Código.

das com o objectivo de facultar abundante produção de solos urbanizados e a sua utilização para novas habitações.[421]

Este último diploma, conforme resulta do seu artigo 18º, não prejudica a possibilidade de expropriação por utilidade pública, e, nas zonas de urbanização conjunta, as expropriações têm carácter de urgência, resultando a declaração de utilidade pública da aprovação ministerial das peças gráficas elaboradas para o efeito.

Acresce que, nos termos do artigo 20º do aludido diploma, são aplicáveis às áreas de desenvolvimento urbano prioritário e de construção prioritária as disposições legais sobre urbanismo e ordenamento do território, bem como as disposições do Código das Expropriações, que não contrariem o que nele se dispõe.

Versa, pois, o normativo em análise sobre os actos e contratos previstos no regime jurídico das referidas áreas de desenvolvimento urbano ou de construção prioritária, que os respectivos proprietários não devem recusar.

Em consequência, se os proprietários dos imóveis integrados nas mencionadas áreas, convocados para decidirem sobre a aceitação das operações, recusarem a pertinente outorga, sujeitam os terrenos em causa a expropriação com vista à sua integração na participação do respectivo município.

Esta participação dos municípios, a que a lei se refere, pressupõe também a participação dos proprietários dos terrenos, uns e outros concernentes à execução dos projectos de desenvolvimento urbano prioritário ou de construção prioritária, ou seja, em quadro de cooperação.

Está matéria está conexionada com o regime da perequação compensatória dos benefícios e encargos decorrentes dos instrumentos de gestão patrimonial vinculativos para os proprietários, a que se reportam os artigos 135º a 137º do Decreto-Lei nº 380/99, de 22 de Setembro, que visa a distribuição equitativa entre eles da edificabilidade constante do respectivo plano e dos encargos com a cedência de terrenos, conforme o previsto no plano, e os de urbanização.

2. Prevê o nº 2 deste artigo o modo da referida expropriação, e estatui que ela segue os termos previstos neste Código, mas com as pertinentes modificações.

As referidas modificações, constantes das suas duas alíneas – a) e b) – consistem, por um lado, na dispensa da declaração de utilidade pública, valendo

---

[421] Foi alterado pelo Decreto-Lei nº 210/83, de 23 de Maio.

como tal, para efeitos de contagem de prazos, o requerimento a que se refere o nº 3 do artigo 42º deste Código, e, por outro, na estatuição de que a indemnização é calculada com referência à data em que o expropriado tiver sido convocado para decidir sobre a aceitação da operação.

Conforme decorre do artigo 42º, n.os 2, alínea f), e 3, deste Código, a arbitragem deve ser requerida pelo interessado ao juiz de direito da comarca do local da situação do imóvel, ou da sua maior extensão, a fim de ser determinado o respectivo valor.

Não há, pois, declaração de utilidade pública da expropriação, e a data do referido requerimento é ficcionada em termos de valer, para efeito de contagem de prazos, como data da sua publicação.

Acresce que, face ao disposto no artigo 42º, nº 3, deste Código, requerida a arbitragem, deve o juiz ouvir a parte contrária, dando-lhe para o efeito o prazo de 10 dias, e, depois, haja ou não resposta, decidirá sobre a pretensão do requerente.

Na hipótese de a pretensão do requerente ser deferida, deve o juiz promover a constituição da arbitragem, nos termos do artigo 42º, nº 2, deste Código, a qual deve calcular indemnização por referência à data em que o expropriado foi convocado para decidir sobre a aceitação da operação em causa.

ARTIGO 94º
Expropriação para fins de composição urbana

1 – As expropriações previstas nos n.os 1 e 5 do artigo 48º do Decreto -Lei nº 794/76, de 5 de Novembro, seguem os termos previstos no presente Código, com as seguintes modificações:

a) É dispensada a declaração de utilidade pública, valendo como tal, para efeitos de contagem de prazos, o requerimento a que se refere o nº 3 do artigo 42º;

b) A indemnização é calculada com referência à data em que o expropriado tiver sido notificado nos termos do nº 1 do artigo 48º do Decreto -Lei nº 794/76;

c) Os terrenos e prédios urbanos expropriados podem ser alienados, nos termos da lei, para realização dos fins prosseguidos pelos n.os 1 e 5 do artigo 48º do Decreto–Lei nº 794/76, sem direito à reversão nem ao exercício de preferência;

d) Os depósitos em processo litigioso serão efectuados por força das receitas da operação, sendo actualizados nos termos dos n.os 1 a 3 do artigo 24º

2 – Para efeitos do disposto na alínea d) do número anterior, deve a entidade expropriante informar o tribunal das datas previstas e efectivas do recebimento das receitas.

504 CÓDIGO DAS EXPROPRIAÇÕES E ESTATUTO DOS PERITOS AVALIADORES

1. Prevê o nº 1 deste artigo as expropriações previstas nos n.ºs 1 e 5 do artigo 48º do Decreto-Lei nº 794/76, de 5 de Novembro, e estatui, por um lado, que elas seguem os termos previstos no presente Código, com modificações, e estatui o que consta das suas quatro alíneas, de a) a d).

Está inserido num contexto normativo, sem precedente no regime de pretérito, que se reporta às expropriações para fins de composição urbana.[422]

Concretiza o disposto no artigo 65º, nº 4, da Constituição, segundo o qual, o Estado, as regiões autónomas e as autarquias locais definem as regras de ocupação, uso e transformação dos solos urbanos, designadamente através de instrumentos de planeamento, no quadro das leis respeitantes ao ordenamento do território e ao urbanismo, e procedem às expropriações dos solos que se revelem necessários à satisfação de fins de utilidade pública.

Expressa, pois, como pressuposto essencial do seu funcionamento, as expropriações previstas nos n.ºs 1 e 5 do artigo 48º do Decreto-Lei nº 794/96, de 5 de Novembro, relativos ao regime jurídico da política de solos.

Todavia, o artigo 48º do Decreto-Lei nº 794/96, de 5 de Novembro, foi tacitamente revogado pelo artigo 128º do Decreto-Lei nº 380/99, de 22 de Setembro, que passou a inserir a faculdade de a Administração expropriar os terrenos e edifícios necessários à execução dos planos municipais de ordenamento do território, pelo que onde o normativo em análise se refere aos n.ºs 1 e 5 do primeiro, deve considerar-se que se refere ao último.

Acresce que, por força no disposto no nº 7 do artigo 131º do referido Decreto-Lei nº 380/99, a câmara municipal, sempre que algum proprietário manifeste o seu desacordo relativamente ao projecto de reparcelamento, pode promover a aquisição dos respectivos terrenos pela via do direito privado ou, quando isso não seja possível, mediante o recurso à expropriação por utilidade pública.

Assim, empreendida a expropriação de tipo sanção a que se referem as mencionadas normas de direito substantivo, aplica-se à mesma o disposto neste Código, com as modificações a que se reportam as quatro alíneas do nº 1 deste artigo.

Conforme resulta da referida alínea a) em conjugação com o disposto no artigo 42º, n.ºs 2, alínea f), e 3 deste Código, dispensa-se a declaração de utilidade pública da expropriação, os prazos são contados a partir da data de entrada do requerimento no tribunal do local do imóvel ou da sua maior exten-

---

[422] Este artigo está conexionado com os artigos 5º, 24º, n.ºs 1 a 3, 42º, n.ºs 1, alínea f), e 3, 92º, nº 1 e 93º, todos deste Código

são, com vista à constituição e ao funcionamento da arbitragem, que deve, nos termos gerais, decidir sobre o valor dos imóveis em causa.

Todavia, conforme resulta do artigo 42º, nº 3, deste Código, antes de se decidir sobre a promoção e a constituição da arbitragem, deve ordenar-se a notificação do expropriado a fim de, em dez dias, se pronunciar sobre o requerimento para a realização da referida diligência.

A segunda modificação na forma normal do processo de expropriação, a que alude a alínea b) deste normativo, tem a ver com a data em que o expropriado foi notificado para realizar as obras de construção, de reconstrução ou de remodelação.

A terceira das referidas modificações, prevista na alínea c) deste normativo, tem, por seu turno, a ver com a possibilidade de os terrenos e prédios urbanos expropriados poderem ser alienados, nos termos da lei, para os fins a que se refere, mas sem haver aqui direito de reversão ou de preferência, o que se traduz em excepção ao regime legal geral de reversão e de preferência, a que aludem, além do mais, os artigos 5º e 92º, ambos deste Código.

Finalmente, a quarta modificação, constante da alínea d) deste normativo, implica que os depósitos em processo litigioso sejam efectuados por força das receitas da operação, actualizados nos termos dos n.os 1 a 3 do artigo 24º deste Código.

A informação instrumental para efeitos do disposto neste normativo consta do nº 2 deste artigo, sendo que as receitas da operação correspondem ao preço da alienação a que alude a alínea anterior deste normativo.

Tendo em conta o disposto no artigo 24º, nº 1, deste Código, o montante da indemnização é calculado com referência à data do requerimento de constituição da arbitragem, e é actualizado à data da decisão final do processo, de acordo com a evolução do índice de preços no consumidor, com exclusão da habitação.

Ademais, considerando o disposto no artigo 24º, nº 3, deste Código, a referida actualização do montante indemnizatório também abrange o período que mediar entre a data da decisão judicial que fixar definitivamente a indemnização e a data do efectivo pagamento.

2. Prevê o nº 2 deste artigo a obrigação da entidade beneficiária da expropriação de informar o tribunal das datas previstas e efectivas do recebimento das receitas, e estatui que ela o deve fazer para efeitos da alínea d) do número anterior.

Assim, para efeito do disposto na alínea d) do nº 1 deste artigo, ou seja, quanto ao depósito por força das receitas derivadas da alienação dos bens em curso de expropriação, deve a entidade beneficiária da expropriação informar no processo de expropriação, em primeiro lugar, a data prevista para o recebimento da contrapartida respectiva, e, por último, a data do efectivo recebimento.

ARTIGO 95º
Áreas com construções não licenciadas

Na expropriação de terrenos que por facto do proprietário estejam total ou parcialmente ocupados com construções não licenciadas, cujos moradores devam vir a ser desalojados e ou realojados pela administração central ou local, o valor do solo desocupado é calculado nos termos gerais, mas com dedução do custo estimado das demolições e dos desalojamentos necessários para o efeito.

Prevê este artigo a expropriação de terrenos que por facto do proprietário estejam total ou parcialmente ocupados com construções não licenciadas e cujos moradores tenham que ser desalojados pela administração central ou local, e estatui que o valor do solo desocupado é calculado nos termos gerais, mas com dedução do custo estimado das demolições e dos desalojamentos necessários para o efeito.[423]

Sem precedente no regime de pretérito, reportado essencialmente à expropriação de áreas não licenciadas, assume relativo paralelismo com o que se prescreve no nº 3 do artigo 28º deste Código, na medida em que determina a avaliação do solo por via da dedução do custo da demolição e dos desalojamentos necessários.[424]

Trata-se, por um lado, da expropriação de terrenos total ou parcialmente ocupados por construções não licenciadas, ou seja, por construções clandestinas, por facto imputável ao respectivo proprietário, ou seja, que dependa, no todo ou em parte, da sua vontade, e, por outro, de expropriação que, face ao

---

[423] Ao regime das áreas urbanas de génese ilegal reporta-se a Lei nº 91/95, de 2 de Setembro, alterada pelos Decretos-Leis n.os 165/99, de 14 de Setembro, 64/2003, de 23 de Agosto, e 10/2008, de 20 de Fevereiro.

[424] Este artigo está conexionado com o disposto no artigo 28º, nº 3, deste Código, bem como com o que se prescreve no artigo 52º do Decreto-Lei nº 794/76, de 5 de Novembro,

respectivo escopo, implique a demolição das mencionadas casas e, consequentemente, o desalojamento pela Administração de pessoas que nelas moravam ou que nas mesmas exerciam alguma actividade.

Este artigo também está conexionado com o que se prescreve no artigo 52º do Decreto-Lei nº 794/76, de 5 de Novembro, na medida em que a Administração não pode desalojar pessoas que habitem nas casas sem ter providenciado, quando tal se mostre necessário, pelo seu realojamento, tendo especialmente em conta as suas condições sociais e económicas, de modo a conceder particular protecção aos agregados familiares de modestos recursos.

Na hipótese a que este artigo se refere, o valor do terreno expropriado é calculado nos termos gerais, mas com o abatimento do custo estimado das demolições e dos referidos desalojamentos.

Este artigo, porque inspirado pelos princípios da justa indemnização na perspectiva do interesse público, embora com uma vertente de sanção pela implantação de construções sem o pertinente licenciamento, não parece infringir o disposto no artigo 62º, nº 2, da Constituição.[425]

ARTIGO 96º
Expropriação requerida pelo proprietário

Nos casos em que, em consequência de disposição especial, o proprietário tem o direito de requerer a expropriação de bens próprios, não há lugar a declaração de utilidade pública, valendo como tal, para efeitos de contagem de prazos, o requerimento a que se refere o nº 3 do artigo 42º.

Prevê este artigo os casos em que, em consequência de disposição especial, o proprietário tem o direito de requerer a expropriação de bens próprios, e estatui, por um lado, não haver lugar a declaração de utilidade pública, e, por outro, valer como tal, para efeitos de contagem de prazos, o requerimento a que se refere o nº 3 do artigo 42º.

Sem precedente no regime de pretérito, versa, pois, este artigo sobre a expropriação requerida pelos proprietários dos bens, ou seja, a expropriação de bens próprios.[426]

---

[425] No sentido da duvidosa constitucionalidade deste artigo, veja-se JOÃO PEDRO DE MELO FERREIRA, *obra citada*, página 324.

[426] Este artigo está conexionado com o disposto nos artigos 37º, nº 2, alínea a), 49º, nº 2, e 66º, nº 1, todos deste Código.

Vários são os casos em que normas especiais atribuem aos proprietários o direito de requerer a expropriação de bens próprios.

No âmbito do regime geral de protecção dos bens culturais, há direitos especiais, como é o caso dos proprietários, possuidores e demais titulares de direitos reais sobre bens que tenham sido classificados ou inventariados, designadamente o de requererem a expropriação.

No domínio do regime da política dos solos, a que se reporta o Decreto-Lei nº 794/76, de 5 de Novembro, temos o artigo 45º, segundo o qual, a ocupação temporária de terrenos no âmbito das áreas críticas de recuperação e reconversão urbanística, que se prolongue por mais de cinco anos, atribui ao respectivo proprietário o direito de exigir que a Administração proceda à respectiva expropriação.

Também no regime das bases da política de ordenamento do território e de urbanismo, a que se reporta o referido Decreto-Lei nº 380/99, de 22 de Setembro, o seu artigo 130º estabelece que os proprietários podem exigir a expropriação por utilidade pública dos seus terrenos necessários à execução dos planos, quando se destinem à regularização de estremas indispensável à realização do aproveitamento previsto em algum plano de pormenor.

É para estes casos, e outros, que no pertinente processo de expropriação não há lugar a declaração de utilidade pública, valendo, para efeitos de contagem de prazos, o requerimento a que se refere o nº 3 do artigo 42º deste Código.

Assim, na espécie, não há declaração de utilidade pública da expropriação, os prazos são contados a partir da data de entrada do requerimento no tribunal do local do imóvel em causa ou da sua maior extensão, com vista à constituição e funcionamento da arbitragem, a qual deve decidir sobre o respectivo valor (artigo 42º, n.os 2, alínea f), e 3 deste Código).

Todavia, nos termos do artigo 42º, nº 3, deste Código, antes de decidir sobre a promoção e constituição da arbitragem, deve o juiz ordenar a notificação do expropriado a fim de, em dez dias, se pronunciar sobre o concernente requerimento.

ARTIGO 97º
Dever de informação

A entidade expropriante é obrigada a comunicar à repartição de finanças competente e ao Instituto Nacional de Estatística o valor atribuído aos imóveis no auto ou na escritura de expropriação amigável ou na decisão final do processo litigioso.

Prevê este artigo a comunicação do valor atribuído aos imóveis no auto ou na escritura de expropriação amigável ou na decisão final do processo litigioso, e estatui que a entidade expropriante a deve fazer à repartição de finanças competente e ao Instituto Nacional de Estatística.

Sem precedente no regime de pretérito, versa, pois, este artigo sobre o dever de informação, aos serviços de finanças e de estatística, dos montantes pagos nos processos de expropriação, por parte das entidades beneficiárias das expropriações.[427]

Visa assim este artigo a existência, na Administração, de dois sistemas de dados sobre o valor atribuído aos imóveis expropriados, um com finalidade fiscal e o outro com finalidade estatística.

Para que a referida informação atinja os efeitos pretendidos, devem as entidades beneficiárias da expropriação associar à indicação do valor por que os imóveis foram expropriados aqueloutra indicação dos seus elementos e identificação, designadamente a descrição registal e a inscrição matricial.

O referido registo de valores, sobretudo o que consta do Instituto Nacional de Estatística, é susceptível de ser útil a todos os intervenientes no processo de expropriação – expropriantes, expropriados e demais interessados, árbitros, juízes e peritos.

Mas a referência à repartição de finanças já não corresponde à realidade, porque a respectiva designação é a de serviço de finanças.

ARTIGO 98º
Contagem de prazos não judiciais

1 – Os prazos não judiciais fixados no presente Código contam -se, salvo disposição especial, nos termos dos artigos 72º e 73º do Código do Procedimento Administrativo, independentemente da natureza da entidade expropriante.

2 – Os prazos judiciais fixados no presente Código contam-se nos termos do disposto no Código de Processo Civil.

1. Prevê o nº 1 deste artigo a contagem dos prazos não judiciais fixados no Código das Expropriações, e estatui dever ocorrer nos termos dos artigos 72º e 73º do Código do Procedimento Administrativo, desde que não haja disposi-

---

[427] Este artigo está conexionado com o disposto nos 37º, nº 2, alínea a), 49º, nº 2, e 66º, nº 1, todos deste Código.

510 CÓDIGO DAS EXPROPRIAÇÕES E ESTATUTO DOS PERITOS AVALIADORES

ção especial em contrário, independentemente da natureza da entidade expropriante.

Está inserido num contexto normativo, sem precedência no regime de pretérito, reportado à contagem dos prazos judiciais e não judiciais, pelo que a sua epígrafe está desfasada da realidade a que se refere.[428]

Este artigo pressupõe, pois, a distinção entre prazos judiciais e não judiciais, constando os primeiros do normativo ora em análise, e os últimos do nº 2 deste artigo.

O prazo em geral é um tempo determinado durante o qual deve ocorrer alguma coisa.

O prazo judicial, também designado prazo processual, por seu turno, é o previsto na lei ou que é concedido pelo juiz com vista à prática de algum acto em juízo no ou para o processo.

O prazo não judicial, por seu turno, é caracterizado por exclusão de partes, ou seja, é o que não deve ser considerado prazo judicial, o qual é contado por força do disposto no normativo em análise, nos termos dos artigos 72º e 73º do Código do Procedimento Administrativo, independentemente de a entidade beneficiária da expropriação ser pública ou privada.

O artigo 72º do Código do Procedimento Administrativo é que se reporta essencialmente ao regime de contagem dos referidos prazos não judiciais, enquanto o artigo 73º do mesmo diploma se refere ao prazo de dilação, só aplicável aos prazos legalmente fixados.

Entre os prazos não judiciais, temos os previstos nos artigos 13º, nº 5, 22º, nº 3, 35º, nº 1, 35º, nº 2, 45º, nº 4, 47º, nº 1, 48º, 49º, nº 4, 51º, 67º, nº 5 e 84º, nº 6, todos deste Código.

2. Prevê o nº 2 os prazos judiciais fixados no presente Código, e estatui que se contam nos termos do Código de Processo Civil.

Sobre esta matéria regem os artigos 143º e 144º do Código de Processo Civil, cuja última alteração decorreu por via do Decreto-Lei nº 35/2010, de 15 de Abril, por via da qual se acrescentou que se não praticavam actos processuais durante o período compreendido entre 15 e 31 de Julho.

---

[428] Este artigo está conexionado com o disposto nos artigos 13º, nº 5, 21º, n.os 5 e 6, 22º, nº 3, 35º, n.os 1 e 2, 44º, 45º, 47º, nº 1, 48º, 49º, nº 4, 51º, 52º, nº 4, 55º, n.os 1 e 2, 60º, 61º, 64º, 65º, 67º, nº 2, 72º 84º, nº 6, todos deste Código.

O referido Decreto-Lei nº 35/2010, de 15 de Abril, foi, porém, revogado pelo artigo 3º da Lei nº 43/2010, de 3 de Setembro, embora sem afectar os efeitos por ele já produzidos.

O efeito pretendido com o mencionado Decreto-Lei foi conseguido por via indirecta, através do artigo 1º daquela Lei, que, alterando os artigos 12º das Leis n.ºs 3/99, de 13 de Janeiro, e 52/2008, de 28 de Agosto, que fixou o período de férias judicias do Verão de 16 de Julho a 31 de Agosto, prazo durante o qual, em regra, se não praticam actos processuais.

Considerando o disposto no artigo 144º 1, do Código de Processo Civil, os prazos judiciais, ao contrário do que acontece com os prazos não judiciais acima referidos, correm nos sábados, domingos e feriados, suspendendo-se, todavia, durante as férias judiciais, salvo o caso dos processos legalmente considerados urgentes.

Assim, não correm durante os períodos de férias judiciais, salvo tratando-se de processos urgentes, ou seja, do domingo de Ramos a segunda-feira de Páscoa, de 16 de Julho a 31 de Agosto, e de 22 de Dezembro a 3 de Janeiro, inclusive (artigos 12º da Lei nº 3/99, de 3 de Janeiro, e da Lei nº 52/2008, 28 de Agosto).

Importa, no processo de expropriação, nos termos do artigo 44º deste Código, ter em conta que os processos de expropriação litigiosa e os que deles dependam não são urgentes, mas que os actos relativos à adjudicação da propriedade e da posse o são, com a consequência de deverem ser praticados mesmo durante os períodos de férias judiciais.

Entre os prazos judiciais em causa temos os constantes dos artigos 52º, nº 1, 55º, n.ºs 1 a 3, 60º, nº 1, 61º, nº 2, 65º e 72º, n.ºs 1 e 2, todos deste Código.

PARTE III – O ESTATUTO DOS PERITOS AVALIDORES[429]

ARTIGO 1º
Objecto

O presente diploma regula as condições de exercício das funções de perito e árbitro no âmbito dos procedimentos anteriores à declaração de utilidade pública e no âmbito do processo de expropriação previsto no Código das Expropriações, aprovado pela Lei nº 168/99, de 18 de Setembro.

Reporta-se este artigo às condições do exercício das funções de perito e de árbitro no âmbito *lato sensu* dos processos relativos às expropriações por utilidade pública.

Distingue, para o efeito, entre os procedimentos anteriores à declaração de utilidade pública da expropriação e o processo de expropriação propriamente dito, mas, em qualquer desses casos, é aplicável o regime de exercício de funções a que este diploma se reporta.

Decorre, assim, deste artigo, que os peritos nomeados ou indicados por quem de direito para os procedimentos tendentes à declaração da utilidade pública da expropriação, bem como os árbitros e os peritos que sejam nomeados ou indicados para operações de avaliação no procedimento administrativo e no processo judicial subsequentes à publicação daquela declaração, estão sujeitos ao disposto no diploma em análise.

Em consequência, os peritos chamados a exercer as funções de avaliação previstas no artigo 11º, n.ºs 1 e 5, ainda que se não integrem nas listas oficiais, devem reger essa sua actividade de harmonia com o que se prescreve no diploma em análise.

Conforme resulta do artigo 2º, nº 1, deste diploma, as funções de perito previstas nos artigos 10º, nº 4, 20º, nº 6, 45º e 62º do Código das Expropriações só podem ser exercidas por peritos integrados nas listas oficiais.

Importa ter em conta que os peritos avaliadores, indicado embora pelas entidades beneficiárias da expropriação e ou pelos expropriados, não são os seus representantes no processo de expropriação, antes devendo agir em relação a eles com a imparcialidade que a lei lhes exige.

---

[429] Aprovado pelo Decreto-Lei nº 125/2002, de 10 de Maio, alterado pelos Decretos-Leis n.ºs 12/2007, e 19 de Janeiro, e 94/ 2009, de 27 de Abril.

514 CÓDIGO DAS EXPROPRIAÇÕES E ESTATUTO DOS PERITOS AVALIADORES

Cabe-lhes, com efeito, interpretar os factos expropriativos de harmonia com os critérios legais e as regras cientificas da sua arte, justificando suficientemente os critérios que utilizaram na avaliação.

Acresce, nos termos do artigo 2º do Código das Expropriações, que os peritos, como tal ou nomeados árbitros, devem prosseguir o interesse público no respeito pelos direitos e interesses legalmente protegidos dos expropriados e dos beneficiários da expropriação, sempre com observância dos princípios da legalidade, da justiça, da igualdade, da proporcionalidade, da imparcialidade e da boa fé.

ARTIGO 2º
Listas de peritos

1 – As funções de perito avaliador, previstas nos artigos 10º, nº 4, 20º, nº 6, 45º e 62º do Código das Expropriações, só podem ser exercidas por peritos integrados nas listas oficiais a que se refere o número seguinte.

2 – São organizadas listas de peritos avaliadores, por distritos judiciais.

3 – No distrito judicial de Lisboa são organizadas três listas, uma para a área continental, outra para os círculos judiciais dos Açores e outra para o círculo judicial do Funchal.

4 – Cada lista é composta pelo seguinte número de avaliadores:

a) 120 no distrito judicial de Lisboa;

b) 120 no distrito judicial do Porto;

c) 100 no distrito judicial de Coimbra;

d) 80 no distrito judicial de Évora;

e) 16 nos círculos judiciais dos Açores;

f) 10 no círculo judicial do Funchal.

5 – Cada perito não pode integrar mais de uma lista.

6 – Das listas, para além da identificação dos peritos avaliadores e sua morada, deverão constar, no mínimo, os seguintes elementos:

a) Habilitações e eventual especialidade;

b) Entidade empregadora ou equiparada, quanto aplicável.

7. A Direcção-Geral da Administração da Justiça fará publicar no Diário da República, até 31 de Janeiro de cada ano, as listas actualizadas dos peritos avaliadores.

Versa este artigo sobre a estrutura e o âmbito geográfico das listas dos peritos avaliadores, a sua actualização anual pela Direcção-Geral da Administração da Justiça e a exclusividade do exercício de determinadas funções periciais pelos peritos nelas integrados.

As funções periciais a que o n.º 1 deste artigo se reporta, por referência ao disposto nos artigos 10.º, n.º 4, 20.º, n.º 6, 45.º e 62.º do Código das Expropriações, que só podem ser realizadas por peritos integrados nestas listas, são, respectivamente, as atinentes às diligências de determinação dos encargos com a expropriação, à vistoria *ad perpetuam rei memoriam*, à arbitragem necessária e à avaliação do dano no âmbito do recurso do acórdão arbitral.

Decorre dos n.ºs 2 a 4 deste artigo dever ser organizada uma lista de peritos avaliadores por cada distrito judicial, salvo no distrito judicial de Lisboa, em que devem ser organizadas três listas, uma para o continente, outra para os círculos judiciais da Região Autónoma dos Açores e a outra para o círculo judicial do Funchal, da Região Autónoma da Madeira.

São, por ora, quatro os distritos judiciais – Lisboa, Porto, Coimbra e Évora, correspondendo a cada um uma lista de peritos, com 120 para cada um dos distritos de Lisboa e Porto, 100 para o distrito de Coimbra, 80 para o distrito de Évora, 16 para os círculos judiciais dos Açores e 10 para o círculo judicial do Funchal.

Esta divisão do território por quatro distritos judiciais está prevista no artigo 1.º, n.º 1, do Decreto-Lei n.º 186-A/99, de 31 de Maio, mas é de natureza transitória, porque só vai reger até que entre em vigor o disposto no artigo 18.º da Lei n.º 52/2008, de 28 de Agosto, altura em que a referida divisão envolverá cinco distritos judiciais, o do Norte, o do Centro, o de Lisboa e Vale do Tejo, o do Alentejo e o do Algarve.

Antes da entrada em vigor da referida nova divisão judicial do território português, tem, naturalmente, de ser reformulado o normativo em análise quanto ao número de listas e de peritos que as deverão integrar.

Cada uma das referidas listas integrará, pois, vários peritos, mas cada perito não pode ser integrado em mais de uma. Isso não significa, porém, que cada um dos peritos, verificadas circunstâncias justificativas, não possa ser autorizado a mudar de lista de integração.

As mencionadas listas devem inserir, além do mais, a identificação dos peritos, o seu local de residência, as respectivas habilitações académicas e profissionais e a especialidade, bem como a sua entidade empregadora ou equiparada, se for caso disso.

A menção sobre a natureza das habilitações de cada perito e da sua especialidade releva, naturalmente, para o acto da sua nomeação ou indicação, face à natureza dos bens que devem ser avaliados e à particularidade dos respectivos critérios a utilizar.

A referência à entidade empregadora ou equiparada dos peritos releva, por exemplo, para o controlo face ao impedimento a que se reporta a alínea g) do artigo 16º, e relevou, tal como a situação profissional e as habilitações dos candidatos para a candidatura à integração nas novas listas, sem concurso, dos peritos que já integravam as antigas listas, conforme decorre das alíneas c) e d) do nº 2 do artigo 10º, ambos do diploma em análise.

As referidas listas, actualizadas, estão sujeitas a publicidade anual, até 31 de Janeiro, no *Diário da República*, publicação que deve ser implementada pela Direcção-Geral da Administração da Justiça.

Dada a natureza e finalidade destas listas, a omissão da sua publicação não tem o efeito de ineficácia a que se reporta o artigo 130º, nº 2, do Código do Procedimento Administrativo.

ARTIGO 3º
Recrutamento dos peritos avaliadores

1 – O recrutamento de peritos avaliadores que integram as listas a que se refere o artigo anterior é efectuado mediante concurso ou através de procedimento simplificado, nos termos dos artigos seguintes.

2 – O concurso referido no número anterior é aberto por despacho do director-geral da Administração da Justiça.

Reporta-se este artigo ao recrutamento dos peritos avaliadores com vista à sua integração nas aludidas listas distritais a que se reporta o nº 2 do artigo anterior.

O referido recrutamento é de natureza bifronte, porque é susceptível de ser feito mediante concurso ou por via de procedimento administrativo simplificado, conforme decorre, respectivamente, do disposto nos artigos 4º a 9º-B, ou 10º a 10º-A deste diploma.

É ao director-geral da Administração da Justiça que compete proferir o despacho de abertura do mencionado concurso, que deverá ser publicado no *Diário da República*, 2ª série, sob pena de ineficácia, a que alude o artigo 130º, nº 2, do Código do Procedimento Administrativo.

ARTIGO 4º
Júri do concurso

1 – O júri tem a seguinte composição:

a) Três personalidades indicadas conjuntamente pelo director do Centro de Estudos Judiciários e pelo director-geral da Administração da Justiça, designando este o presidente;

b) Um arquitecto indicado pela Ordem dos Arquitectos;

c) Um engenheiro indicado pela Ordem dos Engenheiros.

2 – Por despacho do director-geral da Administração da Justiça, sob proposta do director do Centro de Estudos Judiciários, podem ser constituídos júris suplementares sempre que as circunstâncias o exijam.

3 – Os membros do júri têm direito a uma gratificação em função do número de candidatos admitidos, a definir por despacho conjunto dos ministros responsáveis pelas áreas das finanças e da justiça, sob proposta do presidente do júri.

Este artigo versa sobre a composição do júri normal do concurso, a possibilidade de constituição de júris suplementares e a gratificação devida aos respectivos membros.

O referido júri é, pois, integrado por cinco pessoas, três delas nomeadas por despacho conjunto do director do Centro de Estudos Judiciários e do director-geral da Administração de Justiça e as outras duas, um arquitecto e um engenheiro, indicados pela respectiva ordem profissional.

A nomeação conjunta das três mencionadas pessoas para integrar o júri é motivada pela circunstância de ser da responsabilidade da Direcção-Geral da Administração da Justiça e do Centro de Estudos Judiciários, respectivamente, a abertura de concurso e a gestão do curso.

Na hipótese de complexidade do concurso, por exemplo em virtude do elevado número de candidatos, pode haver mais de que um júri, em conformidade com o decidido pelo director-geral da Administração da Justiça – responsável pela abertura do concurso – sob proposta do director do Centro de Estudos Judiciários – responsável pela organização do curso.

Os membros do júri do concurso têm direito a uma gratificação, em função do número de candidatos admitidos, definida por despacho conjunto dos ministros responsáveis pelas áreas das finanças e da justiça, sob proposta do seu presidente – do júri.

Constata-se, porém, não estar legalmente prevista qualquer gratificação para os membros do júri do curso ministrado no Centro de Estudos Judiciários, não obstante a intensidade da actividade que ele envolve, pelo que se justifica amplamente a correcção desta lacuna.

ARTIGO 5º
Requisitos habilitacionais

1 – Podem candidatar-se a peritos avaliadores os indivíduos que sejam possuidores de curso superior adequado e não estejam inibidos do exercício de funções públicas ou interditos para o exercício das respectivas funções.

2 – Os cursos superiores que habilitam ao exercício das funções de perito avaliador são os que constam de portaria conjunta dos ministros responsáveis pelas áreas da justiça, das obras públicas e do ensino superior.

Este artigo versa sobre os cursos de habilitação exigidos aos candidatos a peritos avaliadores e a inexistência dos elementos negativos de inibição para o exercício de funções públicas ou de interdição para o exercício de funções periciais.

O primeiro dos referidos requisitos, de natureza positiva, traduz-se na titularidade, pelos candidatos, de um adequado curso superior, a que se reporta a portaria prevista no número dois deste artigo.

A inexistência dos referidos requisitos negativos referem-se à não inibição dos candidatos do exercício de funções públicas em geral, por um lado, e à proibição do exercício da função pericial, por exemplo em virtude de decisão judicial, por outro.

O nº 2 deste artigo remete a definição dos cursos que habilitam ao exercício da função de perito avaliador para a portaria emitida pelos ministros responsáveis pelas áreas da justiça, obras públicas e ensino superior.

É o nº 1, alíneas a) a iii, da Portaria nº 788/2004, de 9 de Julho, que estabelece as licenciaturas que habilitam ao exercício de funções de perito avaliador ora em análise.

Dela resulta que habilitam para o exercício da função de perito avaliador, por um lado, as licenciaturas relativas à arquitectura, à arquitectura da gestão urbanística, à arquitectura paisagista, à arquitectura do planeamento urbano e territorial, às ciências do ambiente, ramo qualidade do ambiente, às ciências geofísicas, à economia, à engenharia agrária, e à engenharia agrária e desenvolvimento regional, à engenharia agro-florestal, à engenharia agro-pecuária.

E por outro, as licenciaturas concernentes à engenharia agro-industrial, à engenharia agronómica, à engenharia do ambiente, à engenharia do ambiente e dos recursos naturais, à engenharia do ambiente e território, à engenharia do ambiente ramo ambiente, à engenharia do ambiente ramo de engenharia sanitária, à engenharia biofísica, à engenharia biotecnológica, à engenharia das ciências agrárias, à engenharia das ciências agrárias opção agrícola, à engenharia das ciências agrárias opção animal, à engenharia das ciências agrárias opção engenharia rural e ambiente, à engenharia civil, à engenharia civil variante do planeamento e urbanismo, à engenharia civil e do ambiente, à engenharia florestal, à engenharia geológica, à engenharia geotérmica e geo-ambiente.

E, finalmente, à engenharia de gestão e ordenamento, à engenharia hortofrutícola, à engenharia de minas, à engenharia de minas e geo-ambiente, à engenharia de minas e geo-recursos; à engenharia dos recursos geológicos, à engenharia dos recursos hídricos, à engenharia rural e do ambiente, à engenharia dos sistemas agrícolas e ambientais, à engenharia do território, à engenharia do território e ambiente, à engenharia zootécnica, à geografia, à geografia e planeamento regional, à geografia e planeamento regional variante de geografia física, à geografia e planeamento regional variante de geografia humana, à geologia aplicada e do ambiente, à geologia económica aplicada, à gestão, à gestão de empresas, à gestão do território, à gestão imobiliária, ao planeamento regional e urbano e à sivicultura.

Os bacharelatos que habilitam ao exercício de funções de perito avaliador são, por seu turno, os relativos à agricultura, à engenharia agro-pecuária, à engenharia civil, à engenharia civil e do ambiente, à engenharia da construção civil, à engenharia geotécnica, à engenharia de gestão e ordenamento, à engenharia das operações florestais, à engenharia rural, à engenharia topográfica, à gestão da empresa agrícola, à gestão de recursos florestais, à gestão de recursos naturais, à produção agrícola e à produção florestal.

ARTIGO 6º
Concurso

O concurso integra uma prova escrita de conhecimentos e a frequência, com aproveitamento, de um curso de formação, o qual está sujeito a numerus clausus.

Versa este artigo sobre o âmbito do concurso, estabelecendo que ele integra uma prova escrita de conhecimentos e a frequência, com aproveitamento, de um curso de formação, sujeito a *numerus clausus*.

Resulta claramente deste artigo a distinção entre o concurso e o curso, certo que este e a respectiva prova de conhecimentos são vertentes instrumentais em relação àquele.

A sujeição do curso de formação ao *numerus clausus* significa que o número de formandos não pode exceder o que resulta da lei que, por seu turno, deve constar do aviso de abertura do concurso.

ARTIGO 7º
Aviso de abertura do concurso

1 – O concurso inicia-se com a publicação do respectivo aviso de abertura no Diário da República e de um anúncio do aviso publicado em dois jornais de expansão nacional, sem prejuízo de outras formas de publicidade que se considerem adequadas.

2 – Do aviso de abertura devem constar:

a) A declaração de abertura do concurso, o seu prazo de validade, a indicação das listas a constituir ou a completar e o número de vagas a preencher;

b) A descrição sumária das funções a exercer pelos peritos avaliadores e os requisitos de admissão ao concurso;

c) A forma e o prazo de apresentação das candidaturas e a indicação dos elementos que as devem instruir, designadamente os mencionados nas alíneas b) a d) do nº 2 do artigo 10º;

d) A designação e o endereço da entidade à qual devem ser dirigidas as candidaturas;

e) Os métodos de selecção a utilizar no concurso, a sua avaliação e carácter eliminatório, incluindo a referência à publicação do programa da prova escrita de conhecimentos e do plano do curso;

f) Os critérios de correcção da prova escrita de conhecimentos e a indicação de que as pontuações específicas constam das actas das reuniões do júri do concurso;

g) A indicação do local onde será afixada a lista de candidatos admitidos e não admitidos ao concurso;

h) A composição do júri do concurso, a designação do seu presidente e a indicação das circunstâncias em que podem ser constituídos júris suplementares;

i) O número de candidatos admitidos ao curso de formação;

j) O sistema de classificação final do concurso;

l) A indicação de que o concurso se rege pelo presente diploma e, subsidiariamente, pelas normas aplicáveis do Decreto-Lei nº 204/98, de 11 de Julho.

Versa este artigo sobre o aviso de abertura do concurso, a respectiva publicidade, o seu conteúdo e a menção do atinente regime legal.

O concurso começa com a publicação do aviso da sua abertura *no Diário da República* e o seu anúncio em dois jornais de expansão nacional.

O referido aviso deve inserir, por um lado, a declaração da sua abertura, o seu prazo de validade, as listas a constituir ou complementar, o número de vagas a preencher, a sumária descrição das funções dos peritos avaliadores, os requisitos de admissão ao concurso, a forma e o prazo de apresentação das candidaturas e a indicação dos elementos que as devem instruir, designadamente os mencionados nas alíneas b) a d) do nº 2 do artigo 10º deste diploma.

E, por outro, a designação e o endereço da entidade à qual devem ser dirigidas as candidaturas, os métodos de selecção a utilizar no concurso, a sua avaliação e carácter eliminatório, incluindo a referência à publicação do programa da prova escrita de conhecimentos e do plano do curso, os critérios de correcção da prova escrita de conhecimentos e a indicação de que as pontuações específicas constam das actas das reuniões do júri do concurso.

E, finalmente, a indicação do local onde será afixada a lista de candidatos admitidos e não admitidos ao concurso, e de que este se rege pelo presente diploma e, subsidiariamente, pelo Decreto-Lei nº 204/98, de 11 de Julho, a composição do júri do concurso, a designação do seu presidente e a indicação das circunstâncias em que podem ser constituídos júris suplementares, o número de candidatos admitidos ao curso de formação e o sistema de classificação final do concurso.

As alíneas b) a d) do nº 2 do artigo 10º deste diploma, a que se refere a alínea c) do nº 1 deste artigo, reporta-se à declaração, sob compromisso de honra, dos candidatos, de que não estão inibidos do exercício de funções públicas ou interditos do exercício de funções de perito avaliador, à sua situação profissional, ao seu eventual vínculo ou emprego ou equiparado, à respectiva entidade empregadora e ao certificado de habilitações.

A referência da alínea l) do nº 2 deste artigo ao Decreto-Lei nº 204/98, de 11 de Julho, pretende significar dever ser publicitado que ao referido concurso, como forma de recrutamento e de selecção do pessoal para os quadros da Administração Pública, se aplica subsidiariamente, o referido Decreto-Lei.

A referida referência está, porém, desactualizada, porque o Decreto-Lei nº 204/98, de 11 de Julho, foi expressamente revogado pelo artigo 116º, alínea ap), da Lei nº 12-A/2008, de 27 de Fevereiro.

Em consequência, a remissão da alínea l) do nº 2 deste artigo para o Decreto-Lei nº 204/98, de 11 de Julho, deve considerar-se feita para a Lei nº 12-A/2008, de 27 de Fevereiro.

ARTIGO 8º
Prazo de candidatura e lista de candidatos

1 – O prazo para apresentação de candidaturas é de 10 dias úteis a contar da data da publicação do aviso de abertura.

2 – Findo o prazo de apresentação das candidaturas, o júri elabora, no prazo de 15 dias úteis, o projecto de lista dos candidatos admitidos e não admitidos ao concurso, com indicação sucinta dos motivos da não admissão, promovendo, após a audiência prévia dos candidatos, a publicação no Diário da República e a sua afixação nos tribunais da relação, com a indicação da data, local, horário e duração da prova escrita e da composição dos júris suplementares, sempre que for exercida a faculdade a que se refere o nº 2 do artigo 4º.

3 – Da não admissão cabe recurso para o ministro responsável pela área da justiça, no prazo de cinco dias úteis a contar da data da publicação da lista no Diário da República, devendo o recurso ser decidido em igual período.

Versa este artigo, conexo com o anterior, sobre o prazo das candidaturas ao exercício da função de perito, a lista de candidatos admitidos e não admitidos e o recurso da decisão de não admissão.

Nos termos do artigo 72º, nº 1, alínea a), do Código do Procedimento Administrativo, o prazo para apresentação de candidaturas é de 10 dias úteis a contar da data da publicação do aviso de abertura, ou seja, não se conta o dia em que a referida publicação ocorreu.

Face ao disposto no artigo 72º, nº 1, alínea c), do Código do Procedimento Administrativo, no caso de o termo do referido prazo coincidir com o dia em que o serviço perante o qual as candidaturas devem ser apresentadas não esteja aberto ao público, ou não funcione durante o respectivo período normal, transfere-se para o primeiro dia útil seguinte.

Terminado o mencionado prazo, tem o júri do concurso, no prazo de 15 dias úteis, de elaborar o projecto de lista dos candidatos admitidos e não admitidos ao concurso, com indicação sucinta dos motivos da sua não admissão, sem que tenha de indicar os fundamentos da admissão dos candidatos.

Tendo em conta o disposto no artigo 72º, nº 1, do Código do Procedimento Administrativo, o referido prazo começa no dia imediato ao do termo do prazo para a apresentação de candidaturas.

Seguidamente, deve o júri ouvir os candidatos e determinar a publicação da referida lista no *Diário da República* e a sua afixação nos tribunais da Relação, com a indicação da data, do local, do horário, da duração da prova escrita e da composição dos júris suplementares que tenham sido constituídos ao abrigo do n.º 2 do artigo 4.º deste diploma.

Os candidatos não admitidos podem interpor recurso para o ministro responsável pela área da justiça, ou seja, para o Ministro da Justiça, no prazo de cinco dias úteis a contar da data da publicação da respectiva lista no *Diário da República*, que o deve decidir no prazo de cinco dias úteis.

À contagem do referido prazo é aplicável o disposto nos artigo 72.º, n.º 1, alíneas a) e c) – mas não o que se prescreve na alínea b) – do Código do Procedimento Administrativo.

O regime do referido recurso hierárquico, para além do que consta do normativo em análise quanto a prazos, é o previsto nos artigos 166.º a 175.º do Código do Procedimento Administrativo.

Nos termos do artigo 169.º, n.º 1, do Código do Procedimento Administrativo, o mencionado recurso é interposto por meio de requerimento, no qual o recorrente deve expor os fundamentos respectivos, podendo juntar os documentos que considere necessários.

ARTIGO 9º
Métodos da selecção

1 – No concurso são utilizados sucessivamente os seguintes métodos de selecção de candidatos:

a) Prova escrita de conhecimentos;

b) Curso de formação.

2 – O programa da prova escrita de conhecimentos e a legislação e a bibliografia recomendadas são aprovados por portaria do ministro responsável pela área da justiça.

3 – A prova escrita efectua-se perante o júri do concurso.

4 – O enunciado da prova é elaborado pelo júri do concurso, contém perguntas e problemas relativos às matérias constantes do programa da prova e inclui a respectiva cotação e os critérios de correcção.

5 – A duração da prova não deve exceder as três horas.

6 – É permitida a consulta de legislação em suporte de papel.

7 – A prova é classificada numa escala valorimétrica de 0 a 20 valores, sendo os candidatos graduados em função dessa classificação e tendo a classificação inferior a 10 valores carácter eliminatório.

8 – Os resultados da prova são afixados nos tribunais da relação e deles cabe reclamação para o júri do concurso, no prazo de cinco dias úteis a partir da afixação, com fundamento em manifesto lapso na classificação, não havendo reapreciação da prova.

9 – As reclamações são decididas em prazo idêntico ao referido no número anterior.

10 – A acta com a classificação e graduação, por ordem decrescente, dos candidatos é submetida a homologação do ministro responsável pela área da justiça e publicada no Diário da República.

Versa este artigo sobre os métodos ou instrumentos de selecção dos candidatos ao exercício da função de perito avaliador, incluindo as reclamações dos resultados das provas e a homologação da acta de classificação e de graduação.

Os referidos métodos de selecção dos candidatos são, sucessivamente, a prova escrita de conhecimentos e o curso de formação, sendo que a lei impõe que o programa da prova escrita de conhecimentos e a legislação, bem como a bibliografia recomendada, sejam objecto de aprovação por portaria do Ministro da Justiça.

Foi a Portaria nº 241/2008, de 17 de Março, que aprovou o programa da prova escrita de conhecimentos e a legislação recomendada a que se refere o nº 2 do artigo em análise.

Quanto ao primeiro ponto, a referida Portaria enunciou a função, o estatuto e as exigências ético-profissionais dos peritos avaliadores no âmbito da expropriação por utilidade pública, as noções sobre o ordenamento do território, os métodos de avaliação, o valor e a classificação dos solos, os direitos de propriedade privada, a expropriação, a indemnização e o processo expropriativo.

O segundo ponto, por seu turno, versou sobre a legislação recomendada, e o terceiro sobre a bibliografia recomendada, a que acima se fez referência.

O enunciado da prova é elaborado pelo júri do concurso, contém perguntas e problemas relativos às matérias constantes do respectivo programa, a respectiva cotação e os critérios de correcção.

A referida prova é feita perante o júri do concurso, a sua duração não excede três horas e nela é permitida a consulta de legislação em suporte de papel, ou seja, não é permitida a consulta de legislação por via de suporte informático.

As provas são classificadas numa escala valorimétrica de 0 a 20 valores, os candidatos são graduados em função dessa classificação e, se tiverem classificação inferior a 10 valores, são excluídos.

Os resultados da prova são afixados nos tribunais da Relação de Lisboa, do Porto, de Coimbra, de Évora e de Guimarães, dos quais os respectivos candidatos negativamente afectados podem reclamar para o júri do concurso.

Está excluída a reapreciação das provas, o prazo para a referida reclamação é de cinco dias úteis, que é contado da data da afixação dos resultados, e o seu fundamento cinge-se ao manifesto lapso na classificação dos candidatos que foram excluídos.

O manifesto lapso é o erro ou o engano ostensivo ou evidente que sobressai do respectivo contexto, e as reclamações com base nele são decididas no prazo de cinco dias.

À contagem dos referidos prazos é aplicável o disposto nas alíneas a) e c) do nº 1 – mas não o que se prescreve na alínea b) – do Código do Procedimento Administrativo.

Terminado o prazo para as reclamações ou decididas as que foram formuladas, é lavrada a acta com a pertinente classificação e graduação dos candidatos, por ordem decrescente, a que se segue a sua homologação pelo Ministro da Justiça e a publicação no *Diário da República*.

ARTIGO 9º-A
Curso de formação

1 – O curso a que se refere o artigo anterior é organizado pelo Centro de Estudos Judiciários, que elabora o respectivo plano, e regulamento, a aprovar por portaria do membro do Governo responsável pela área da justiça.

2 – São admitidos à frequência do curso os candidatos aprovados na prova escrita de conhecimentos e graduados nos lugares correspondentes ao dobro do número das vagas postas a concurso.

3 – O corpo docente do curso é constituído por indicação conjunta da Direcção-Geral da Administração da Justiça e do Centro de Estudos Judiciários.

4 – No final do curso, os candidatos submetem-se a uma prova de avaliação de conhecimentos perante um júri composto por dois docentes do curso, designados em conjunto pelas entidades referidas no número anterior e por um presidente, designado pelo director do Centro de Estudos Judiciários.

5 – A prova é classificada numa escala numérica de 0 a 20, tendo carácter eliminatório a classificação inferior a 10 valores.

6 – O resultado da prova é afixado no Centro de Estudos Judiciários e dele cabe reclamação para o júri do curso, no prazo de cinco dias úteis a partir da afixação, com fundamento em manifesto lapso, não havendo reapreciação da prova.

7 – As reclamações são decididas em prazo idêntico ao referido no número anterior.

8 – A classificação do curso é o resultado da prova a que se refere o nº 4.

Versa este artigo sobre o segundo método de selecção dos candidatos ao exercício das funções de perito avaliador, em que se traduz o curso de formação, que se segue à prova escrita de conhecimentos a que se reporta o artigo 9º, nº 1, alínea a), deste diploma.

O disposto nos n.ºs 5 a 7 deste artigo é essencialmente similar ao que prescrevem os n.ºs 7 a 9 do artigo anterior.

O curso a que este artigo se reporta é organizado pelo Centro de Estudos Judiciários, que elabora o respectivo plano e o regulamento, a aprovar por portaria do Ministro da Justiça.

Frequentarão este curso de formação, ministrado por docentes indicados conjuntamente pela Direcção-Geral da Administração da Justiça e pelo Centro de Estudos Judiciários, os candidatos aprovados na prova escrita de conhecimentos graduados nos lugares correspondentes ao dobro do número das vagas postas a concurso.

Terminado o curso, os candidatos realizam uma prova de avaliação de conhecimentos perante um júri composto por dois dos respectivos docentes, também conjuntamente designados pela Direcção-Geral da Administração da Justiça e pelo Centro de Estudos Judiciários, e por um presidente, designado pelo director deste Centro.

Também aqui, a referida prova é classificada numa escala numérica de 0 a 20, tendo carácter eliminatório a classificação inferior a 10 valores, e o seu resultado é afixado no Centro de Estudos Judiciários, ao invés da prova escrita de conhecimentos, que é afixada nos tribunais da Relação.

A classificação dos candidatos no curso é o resultado da prova de avaliação de conhecimentos a que se reporta o nº 4 deste artigo. Não há reapreciação das provas, mas do aludido resultado pode haver reclamação para o júri do curso, no prazo de cinco dias úteis a contar da sua afixação, com fundamento em manifesto lapso, ou seja, em ostensivo erro ou engano perceptível por via do respectivo contexto.

As reclamações que haja são decididas no prazo de cinco dias úteis, contado da data da respectiva apresentação.

À contagem dos referidos prazos é aplicável o disposto no artigo 72º, nº 1, alíneas a) e c) – não o que se prescreve na alínea b) – do Código do Procedimento Administrativo.

ARTIGO 9º-B
Classificação final e homologação

1 – A classificação final do concurso, expressa na escala valorimétrica de 0 a 20, resulta da média aritmética simples da nota na prova escrita de conhecimentos e da classificação no curso de formação.

2 – O desempate faz-se, sucessivamente, pela média do curso superior de habilitação, preferindo a mais alta, e pela idade dos candidatos, preferindo os mais velhos.

3 – A acta do júri do concurso com a classificação final e a graduação dos candidatos, por ordem decrescente, é submetida, após audiência prévia dos interessados, a homologação do ministro responsável pela área da justiça e publicada no Diário da República, com indicação dos candidatos que preencham as vagas.

Versa este artigo sobre a classificação final do concurso, a acta do júri e a respectiva homologação.

A classificação final do concurso resulta do conjunto de duas vertentes, ou seja, a prova de conhecimentos realizada perante o próprio júri do concurso, e a prova de avaliação realizada perante o júri do curso de formação a que se reporta o nº 4 do artigo anterior.

A classificação final deste concurso, expressa na escala valorimétrica de 0 a 20, resulta da média aritmética simples da nota da prova escrita de conhecimentos e da nota da prova de avaliação prestada no curso de formação.

Havendo empate de candidatos, a lei prevê o respectivo desempate por via, sucessivamente, da média do curso superior de habilitação, preferindo a mais alta, e pela idade dos candidatos, preferindo os mais velhos.

O curso superior de habilitação a que este artigo se refere é o que consta do artigo 5º, nº 1, deste diploma.

A acta do júri do concurso deve, pois, inserir a classificação final e a graduação dos candidatos, por ordem decrescente, segundo a referida graduação.

Em conformidade com o disposto no nº 1 do artigo 100º do Código do Procedimento Administrativo, ouvidos os candidatos, deve a referida acta ser submetida a homologação do Ministro da Justiça.

Operada a referida homologação ministerial, a mencionada acta é publicada no *Diário da República*, com indicação dos candidatos graduados em termos de preenchimento das vagas que haja.

A lista de classificação e graduação definitiva dos candidatos a peritos avaliadores foi homologada por despacho do Secretário de Estado da Justiça de 31 de Agosto de 2010.

528 CÓDIGO DAS EXPROPRIAÇÕES E ESTATUTO DOS PERITOS AVALIADORES

A referida homologação incidiu sobre a acta décima sexta do concurso que aprovou a lista de classificação final e a graduação dos candidatos por ordem decrescente nos diferentes distritos judiciais, com indicação dos que preenchem as vagas.[430]

ARTIGO 10º
Procedimento simplificado

1 – Os peritos avaliadores que, à data da entrada em vigor do presente diploma, constem das listas oficiais, integram as novas listas, sem submissão a concurso, mediante sujeição ao procedimento simplificado regulado neste artigo, independentemente dos requisitos habilitacionais.

2 – Os peritos avaliadores referidos no número anterior poderão candidatar-se no prazo estabelecido no aviso publicado no Diário da República, 2ª série, e em dois jornais de expansão nacional, sem prejuízo de outras formas de publicidade que se considerem adequadas, mediante requerimento dirigido ao director-geral da Administração da Justiça, instruído com os seguintes documentos:

a) Documento subscrito pelo candidato em que declare que integra a lista oficial à data da publicação do presente diploma, indicando o respectivo distrito judicial ou círculo judicial, no caso das Regiões Autónomas da Madeira e dos Açores;

b) Declaração, sob compromisso de honra, de que não está inibido do exercício de funções públicas ou interdito para o exercício de funções de perito avaliador;

c) Declaração sobre a sua situação profissional, eventual vínculo de emprego ou equiparado e indicação da entidade empregadora;

d) Certificado de habilitações.

3 – Os peritos avaliadores referidos no nº 1, caso pretendam beneficiar do procedimento simplificado regulado neste artigo, têm preferência sobre os restantes candidatos no preenchimento das respectivas vagas.

4 – A análise e a selecção das candidaturas são efectuadas por um júri designado pelo director-geral da Administração da Justiça, que preside, cuja composição deverá constar do aviso a que se refere o nº 2.

5 – Apreciadas as candidaturas, o júri submeterá à homologação do Ministro da Justiça a acta final contendo a indicação dos candidatos admitidos.

---

[430] O referido despacho está publicado no Diário da República, II Série, nº 182, de 17 de Setembro de 2010.

6 – A lista dos candidatos admitidos e excluídos será publicada no Diário da Republica, 2ª série.

7 – O procedimento previsto neste artigo é prévio à abertura do concurso a que se referem os artigos anteriores.

Versa este artigo sobre o procedimento simplificado relativo aos peritos das listas existentes ao tempo da entrada em vigor deste diploma, com vista a passarem a integrar as novas listas.

Este procedimento é prévio à abertura do concurso a que se refere o artigo 7º, nº 1, deste diploma.

Estes peritos avaliadores, se pretenderem beneficiar do mencionado procedimento simplificado, preferem sobre os restantes candidatos no preenchimento das respectivas vagas.

Trata-se dos peritos que, à data da entrada em vigor do presente diploma, constavam das listas oficiais, que passam a poder integrar as novas listas, sem submissão a concurso, sob condição de se sujeitarem ao procedimento simplificado regulado neste artigo, isto independentemente dos novos requisitos habilitacionais legalmente previstos.

Um aviso publicado no *Diário da República*, 2ª série, e em dois jornais de expansão nacional ou por outro modo adequado, fixará o prazo de candidatura dos mencionados peritos.

Eles poderão candidatar-se ao mencionado procedimento simplificado mediante requerimento dirigido ao director-geral da Administração da Justiça, instruído com um documento por eles subscrito em que declarem que integravam as listas oficiais à data da publicação deste diploma, indicando o respectivo distrito judicial ou o círculo judicial dos Açores ou do Funchal.

Deverão, ainda, para o efeito, apresentar uma declaração, sob compromisso de honra, de não estarem inibidos do exercício de funções públicas ou interditos para o exercício de funções de perito avaliador, bem como uma declaração sobre a sua situação profissional, o seu eventual vínculo de emprego ou equiparado e a respectiva entidade empregadora, juntando o respectivo certificado de habilitações.

A análise e a selecção das referidas candidaturas são efectuadas por um júri designado pelo director-geral da Administração da Justiça, que é o seu presidente, cuja composição deverá constar do aviso de candidatura acima referido.

Apreciadas as candidaturas, o júri deve submeter à homologação do Ministro da Justiça a acta final contendo a indicação dos candidatos admitidos.

A lista dos candidatos admitidos e excluídos será publicada no *Diário da Republica*, 2ª série.

ARTIGO 10º-A
Acção de formação especifica

A integração nas listas nos termos do artigo 10º depende da frequência de uma acção de formação a ser organizada pelo Centro de Estudos Judiciários.

Versa este artigo sobre um dos pressupostos de integração dos peritos avaliadores das velhas listas nas novas listas a que se reporta o artigo 2º deste diploma, conforme o que se prescreve no artigo anterior.

Com efeito, o artigo 10º deste diploma refere-se aos peritos avaliadores já integrados nas listas actuais que se sujeitaram ao procedimento simplificado em causa, também nele referido, tendente à actualização de conhecimentos relativos à matéria de avaliação de bens no âmbito dos processos especiais de expropriação por utilidade pública.

Temos, assim, que a integração nas listas actuais dos referidos antigos peritos, com preferência no preenchimento das vagas sobre os restantes candidatos, depende da frequência de uma acção de formação, que deve ser organizada pelo Centro de Estudos Judiciários.

ARTIGO 11º
Juramento

1 – Os peritos avaliadores que integram as listas serão ajuramentados perante o presidente do tribunal da relação do respectivo distrito judicial ou perante o juiz da comarca da sua residência, nas Regiões Autónomas da Madeira e dos Açores.

2 – No caso de o perito avaliador faltar mais de três vezes ao juramento, deixará de integrar a lista, abrindo-se imediatamente a respectiva vaga.

3 – As listas definitivas de peritos oficiais serão publicadas no Diário da República, 2ª série, após o juramento a que se refere este artigo.

Versa este artigo sobre o juramento dos peritos avaliadores que venham a ser integrados nas listas, a consequência jurídica da falta agravada da sua apresentação para o efeito e a publicação daquelas listas.

Os peritos avaliadores que integram as referidas listas serão ajuramentados perante o presidente do tribunal da relação do respectivo distrito judicial ou perante o juiz da comarca da sua residência no caso dos domiciliados nas Regiões Autónomas da Madeira ou dos Açores.

Trata-se de um acto de juramento numa fase do procedimento administrativo cujo objecto é, naturalmente, o compromisso de exercício consciente e imparcial das funções de perito avaliador.

Os referidos peritos devem comparecer pontualmente perante as aludidas entidades, e, se tal lhes for impossível, devem justificar perante elas a sua não comparência e indicar a data que para o efeito estão disponíveis.

No caso de falta de comparência de algum perito para a ajuramentação, deve o respectivo presidente do tribunal da Relação, ou o juiz da comarca, conforme os casos, convocá-lo para o efeito, marcando-lhe o dia respectivo.

Faltando mais de três vezes sem apresentação de motivo justificativo, a consequência jurídica é a da sua exclusão da respectiva lista e a abertura imediata da correspondente vaga.

Prestado o juramento, as listas de peritos avaliadores tornam-se definitivas e são publicadas no *Diário da República*, 2ª série.

O artigo seguinte estabelece a exclusão das listas dos peritos avaliadores, mas por virtude de não cumprirem, no exercício das suas funções, os seus deveres funcionais.

ARTIGO 12º
Exclusão das listas

1 – São excluídos da lista de peritos avaliadores os peritos que deixem de cumprir os seus deveres funcionais, designadamente:

a) Deixem de observar os critérios de avaliação decorrentes da lei;

b) No decurso do ano judicial, deixem de comparecer mais de três vezes, sem justificação, a diligências para que tenham sido regularmente convocados;

c) Não entreguem os relatórios ou os acórdãos nos prazos fixados, sem motivo justificado;

d) Não frequentem o número anual mínimo de acções de formação permanente previstas no artigo seguinte;

e) Não façam prova da aptidão física nos termos no nº 4.

2 – A exclusão é da competência do director-geral da Administração da Justiça, após audiência prévia escrita do interessado, cabendo aos tribunais ou às entidades expropriantes comunicar àquela Direcção-Geral as faltas ou omissões referidas nas alíneas do número anterior, bem como as vagas que por outros motivos ocorram e de que tenham conhecimento.

532 CÓDIGO DAS EXPROPRIAÇÕES E ESTATUTO DOS PERITOS AVALIADORES

3 – A exclusão pelos motivos constantes das alíneas a) e c) do nº 1 depende de comunicação do presidente da relação do respectivo distrito judicial, na qual devem ser explicitados os motivos susceptíveis de fundamentar a exclusão.

4 – A exclusão de um perito avaliador é comunicada, pela Direcção-Geral da Administração da Justiça, a todos os tribunais do respectivo distrito judicial, produzindo efeitos a partir da recepção da comunicação.

5 – Para o efeito do disposto na alínea e) do nº 1, os peritos avaliadores que tenham completado 70 anos de idade devem fazer prova, através de atestado médico a enviar ao director-geral da Administração da Justiça, de que possuem aptidão física para o exercício de funções.

6 – O atestado a que se refere o número anterior será apresentado de dois em dois anos, durante o mês de Janeiro.

Versa este artigo sobre os fundamentos de exclusão dos peritos avaliadores das listas em que estão integrados, bem como sobre a competência administrativa para o efeito.

Onde a alínea e) do nº 1 deste artigo se refere, por lapso, aos termos do nº 4, deve a referência entender-se como reportada ao nº 5.

A exclusão dos peritos avaliadores das listas depende do não cumprimento por eles dos respectivos deveres profissionais, que o nº 2 deste artigo elenca, a título exemplificativo, nas suas alíneas a) a e).

Entre os referidos fundamentos contam-se a inobservância dos critérios de avaliação decorrentes da lei, o não comparecimento injustificado, no decurso do ano judicial, a diligências para que tenham sido regularmente convocados, mais de três vezes, à omissão da entrega, nos prazos fixados, dos relatórios ou dos acórdãos, sem motivo justificativo, à não frequência do número anual mínimo de acções de formação permanente previstas e à não feitura da prova da aptidão física legalmente exigida.

A referência aos acórdãos está conexionada com os árbitros, enquanto a menção aos relatórios tem a ver com os peritos. Com efeito, nos termos dos artigos 49º, nº 4, e 61º, nº 2, do Código das Expropriações, enquanto os primeiros devem entregar o acórdão à entidade beneficiária da expropriação no prazo de 30 dias a contar da data da comunicação da sua nomeação, os últimos – os peritos – devem apresentar o respectivo relatório no prazo que o juiz fixar.

O primeiro dos referidos prazos é contado nos termos do artigo 72º, nº 1, do Código do Procedimento Administrativo, enquanto o último, a fixar pelo juiz, é contado nos termos do artigo 144º, n.os 1 a 3, do Código de Processo Civil.

Os tribunais em cujos processos se verifiquem as mencionadas faltas, e as entidades beneficiárias da expropriação em relação aos procedimentos em que superintendam, devem comunicá-las atempadamente à Direcção-Geral da Administração da Justiça.

A lei também determina a comunicação pelos tribunais e pelas entidades beneficiárias da expropriação das vagas que, por outros motivos, ocorram e de que tenham conhecimento.

Essa obrigação devia, porém, ao que parece, ser dos presidentes dos tribunais da Relação, porque são eles quem está em melhores condições de dispor dessa informação, por virtude do seu contacto de maior proximidade com as referidas listas e de quem as integra.

Recebida a referida informação das faltas, deve o director-geral da Administração da Justiça, ouvidos os visados, nos termos dos artigos 100º a 105º do Código do Procedimento Administrativo, proferir a decisão administrativa de exclusão dos peritos incumpridores das listas, naturalmente desde que não haja circunstâncias de facto ou de direito que a impeçam.

Todavia, quando a falta dos peritos consistir na não observância dos critérios de avaliação decorrentes da lei ou na não entrega atempada dos acórdãos ou dos relatórios, a exclusão depende da comunicação do presidente do tribunal da Relação do respectivo distrito judicial com a explicitação dos motivos susceptíveis de a fundamentar.

Isso significa que as entidades beneficiárias da expropriação devem informar os presidentes dos tribunais da Relação dos atrasos dos peritos na entrega dos acórdãos arbitrais, tal como o devem fazer os juízes no que concerne ao não cumprimento das regras legais de avaliação e ao atraso na entrega dos relatórios periciais.

A decisão de exclusão de peritos avaliadores das listas é comunicada pela Direcção-Geral da Administração da Justiça a todos os tribunais do respectivo distrito judicial, cujos efeitos se produzem a partir da recepção daquela comunicação.

Os peritos avaliadores que completem 70 anos de idade – limite geral concernente ao exercício de funções públicas – devem fazer prova, durante o mês de Janeiro, de dois em dois anos, da sua aptidão física para o exercício de funções periciais, através de atestado médico a enviar ao director-geral da Administração da Justiça, sob pena de se sujeitarem à exclusão das listas a que alude a alínea e) do nº 1 deste artigo.

ARTIGO 13º
Formação permanente

1 – Por iniciativa do director-geral da Administração da Justiça, o Centro de Estudos Judiciários realizará acções de formação visando a actualização de conhecimentos dos peritos avaliadores que integrem as respectivas listas.

2 – É obrigatória a frequência anual de duas acções constantes do plano de formação trienal elaborado para o efeito pela Direcção-Geral da Administração da Justiça e pelo Centro de Estudos Judiciários.

3 – O plano referido no número anterior é divulgado no sítio da internet dos organismos aí referidos e afixado nos tribunais da relação.

4 – Os peritos avaliadores que não compareçam a acções de formação devem justificar a falta, no prazo de cinco dias, perante o director-geral da Administração da Justiça.

5 – Os peritos avaliadores que tenham faltado justificadamente a todas as sessões de acção de formação ou a parte considerada relevante desta devem frequentar a acção de formação subsequente, sem prejuízo do disposto na parte final da alínea d) do nº 1 do artigo anterior.

6 – A convocatória para a frequência de acções de formação efectua-se por carta registada, para a residência indicada no respectivo processo pelos notificandos, com antecedência não inferior a 30 dias.

Versa este artigo sobre a formação permanente dos peritos avaliadores e a sanção a que podem ser sujeitos os que às respectivas sessões tenham faltado injustificadamente.

Estas acções de formação permanente, tendentes à actualização dos conhecimentos dos peritos avaliadores que integrem as referidas listas, devem ser implementadas pelo director-geral da Administração da Justiça e realizadas pelo Centro de Estudos Judiciários.

O referido plano de formação é trienal e deve ser elaborado pela Direcção-Geral da Administração da Justiça e pelo Centro de Estudos Judiciários, e os peritos estão obrigados à frequência anual de duas acções desse plano, que deve ser divulgado no sítio da internet daquelas entidades e afixado nos tribunais da Relação, incluindo o de Guimarães.

A convocatória para a frequência das mencionadas acções de formação é feita por carta registada, para a residência indicada no respectivo processo pelos peritos avaliadores notificandos, com antecedência não inferior a 30 dias, contados continuadamente.

Os peritos avaliadores que não compareçam às referidas acções de formação devem justificar a falta, no prazo de cinco dias, contado nos termos do artigo

72º, nº 1, do Código do Procedimento Administrativo, perante o director-geral da Administração da Justiça.

No caso de os peritos avaliadores terem faltado justificadamente a todas as sessões de formação ou a uma parte delas considerada relevante devem frequentar a acção de formação subsequente, sem prejuízo do disposto na parte final da alínea d) do nº 1 do artigo anterior.

A referida ressalva – não frequência do número anual mínimo destas acções de formação permanente – significa que a exclusão de peritos das listas por aquele motivo não depende da injustificada omissão de participação.

ARTIGO 14º
Renovação das listas

1 – Sempre que ocorram vagas numa determinada lista e existam candidatos aprovados no concurso que ainda não tenham preenchido as vagas, aquelas são preenchidas, no prazo de três anos a contar da publicação a que se refere o nº 3 do artigo 9º-B, através da inclusão destes candidatos.

2 – Para abertura do concurso é necessária a verificação cumulativa dos seguintes requisitos:

a) O número de vagas a preencher corresponda a metade dos lugares da lista;

b) Não existam candidatos admitidos, e não colocados, a essa lista.

Versa este artigo sobre a renovação das listas de peritos e os pressupostos de abertura do respectivo concurso.

Pela natureza das coisas, o número de peritos avaliadores constante das listas vai diminuindo, ou seja, vão surgindo vagas ao longo do tempo, que a lei visa superar por via do cumprimento do disposto neste artigo.

Se numa determinada lista ocorrerem vagas e existirem candidatos aprovados no concurso, que ainda não tenham preenchido vagas existentes, estas são preenchidas, no prazo de três anos, a contar da publicação a que se refere o nº 3 do artigo 9º-B, através da sua inclusão nelas.

A publicação no *Diário da República*, a que se refere este artigo, é a da acta do júri do concurso com a classificação final e a graduação dos candidatos, homologada pelo Ministro da Justiça,

O referido prazo é contado continuamente, nos termos do artigo 279º, alínea c), do Código Civil.

Pode acontecer não existirem candidatos admitidos para integrar as referidas listas e ainda não colocados ou nelas integrados. Nesse caso, se o número de vagas a preencher corresponder a metade dos lugares da lista, deve o concurso a que se reporta o artigo 7º deste diploma ser declarado aberto.

ARTIGO 15º
Inibição de funções

Os peritos avaliadores constantes da lista oficial não podem intervir como peritos indicados pelas partes em processos de expropriação que corram em tribunal.

Versa este artigo sobre a inibição de funções dos peritos avaliadores constantes da lista oficial, ou seja, das várias listas oficiais a que se reporta o artigo 2º, nº 2, deste diploma.

A inibição significa a proibição de fazer ou de continuar a fazer alguma coisa, sendo aquela a que se reporta este artigo relativa aos peritos avaliadores constantes das referidas listas oficiais para realizarem actividade de avaliação em processos pendentes em tribunal.

Esta situação de inibição de funções é essencialmente diversa da de impedimento a que se reporta o artigo seguinte.

Temos, assim, que os peritos avaliadores estão legalmente proibidos de intervir como peritos indicados pelas partes nos processos de expropriação que corram termos em tribunal.

Correm termos em tribunal os processos de expropriação que tenham passado a correr termos em juízo, seja na sequência da remessa a que se reporta o artigo 42º, nº 2, seja na sequência da remessa a que alude o artigo 51º, nº 1, ambos do Código das Expropriações.

Assim, podem intervir como peritos avaliadores indicados pelas partes em processos de expropriação que ainda não corram termos nos tribunais, como é o caso, por exemplo, da situação prevista no artigo 11º, nº 5, do Código das Expropriações.

ARTIGO 16º
Impedimentos

Para além dos impedimentos genericamente aplicáveis aos peritos previstos no Código de Processo Civil, os peritos avaliadores, integrem ou não as listas referidas no artigo 2º, não podem intervir em processos de expropriação litigiosa como árbitros ou peritos nos seguintes casos:

a) *Quando tenham intervindo anteriormente no processo em litígio como árbitros, avaliadores, mandatários ou tenham dado parecer sobre a questão a resolver;*

b) *Quando sejam parte no processo por si, como representantes de outra pessoa, ou quando nele tenham um interesse que lhes permitisse ser parte principal;*

c) *Quando, por si ou como representantes de outra pessoa, sejam parte no processo o seu cônjuge, algum parente ou afim em linha recta ou até ao 2º grau da linha colateral, bem como qualquer pessoa com quem vivam em economia comum, ou quando alguma destas pessoas tenha, no processo, um interesse que lhe permita figurar nele como parte principal;*

d) *Quando tenham intervindo no processo como perito o seu cônjuge, parente ou afim em linha recta ou até ao 2º grau da linha colateral, bem como qualquer pessoa com quem vivam em economia comum;*

e) *Quando contra eles, seu cônjuge ou parente em linha recta esteja intentada acção judicial proposta pelo expropriado ou pelo respectivo cônjuge;*

f) *Quando se trate de recurso de decisão proferida com a sua intervenção como perito ou com a intervenção de qualquer das pessoas referidas na alínea d);*

g) *Quando seja parte a entidade empregadora ou equiparada.*

1. Versa este artigo sobre os impedimentos do exercício da respectiva função a que os peritos avaliadores estão sujeitos, quer nas meras diligências de avaliação, quer na arbitragem.

É aplicável a todos os peritos avaliadores que intervenham nos processos de expropriação *lato sensu*, isto é, em qualquer das suas fases administrativa *lato sensu* ou judicial, estejam ou não integrados nas listas oficiais a que se reporta o artigo 2º deste diploma.

O proémio e as alíneas deste artigo referem-se, pois, às situações de impedimento do exercício da função de perito e de árbitro, mas salvaguardam a aplicabilidade, a quem as exercer, dos impedimentos genericamente previstos no Código de Processo Civil.

Temos que o artigo 571º do Código de Processo Civil estabelece ser aplicável aos peritos, com as necessárias aplicações, o regime de impedimentos e suspeições que vigora para os juízes.

Ora, os impedimentos relativos aos juízes e os respectivos deveres constam dos artigos 122º a 124º do Código de Processo Civil, que estão essencialmente reproduzidos nas alíneas a) a g) do artigo ora em análise.

2. Temos, pois, na alínea a) deste artigo, não poderem os peritos intervir nessa qualidade em processos de expropriação litigiosa quando tenham inter-

vindo anteriormente como árbitros, avaliadores ou mandatários ou tenham dado parecer sobre a questão a resolver.

Visa este normativo, que insere um impedimento objectivo, evitar o preconceito e proporcionar a garantia de imparcialidade e de credibilidade da perícia e da arbitragem nos processos de expropriação.

A ideia que dele resulta é a de que não pode intervir na avaliação o perito que, como árbitro, avaliador ou mandatário, tenha participado de algum modo na determinação do valor dos bens em causa.

Assim, não pode haver cumulação funcional em relação aos peritos no âmbito do tribunal arbitral ou das diligências relativas ao recurso do acórdão arbitral, nem pode intervir nessa fase quem já prestou serviço de avaliação dos bens em curso de expropriação.

Também está impedido de funcionar como perito nas diligências de avaliação relativas ao recurso do acórdão arbitral o perito avaliador que foi mandatário de alguma das partes, ou seja, o que por alguma delas foi constituído como tal no âmbito de contrato de mandato, com ou sem representação, a que se reportam os artigos 1157º a 1184º do Código Civil.

O parecer a que este normativo se reporta é aquele que o perito avaliador tenha emitido como tal, e não a mera opinião sobre alguma questão genérica de avaliação que haja emitido, por exemplo a pedido de algum amigo, situação porventura relevante em tema de suspeição.

2. Decorre da alínea b) deste artigo que também não podem intervir como árbitros ou peritos os que sejam parte no processo, por si, como representantes de outra pessoa, ou quando nele tenham interesse tal que lhes permitisse ser parte principal na causa.

Este normativo insere um impedimento objectivo, em virtude do qual as pessoas que sejam expropriantes ou entidades beneficiárias da expropriação, expropriados ou interessadas no processo de expropriação, incluindo a sua fase administrativa *lato sensu*, isto é, que sejam partes na causa ou representem essas partes, estão impedidas de intervir no tribunal arbitral e na perícia relativa ao recurso do acórdão arbitral.

As pessoas habilitadas para a intervenção nos processos de expropriação como árbitros ou peritos podem neles intervir como parte principal quando tenham em relação ao objecto daqueles processos uma posição de interesse idêntica à de alguma das partes – expropriados ou outros interessados – ou seja, quando neles pudessem intervir, nos termos do artigo 320º do Código de

Processo Civil, como parte principal, em situação de litisconsórcio ou de coligação.

A representação a que este normativo alude é a que deriva da situação de tutor, de curador, de administrador de bens de incapaz ou de órgão ou representante de pessoa colectiva ou sociedade que seja parte na causa.

3. Estabelece, por seu turno, a alínea c) deste artigo estarem impedidos de intervir nos processos de expropriação, como árbitros ou peritos, por um lado, quando, por si ou como representantes de outra pessoa, sejam parte no processo o seu cônjuge, algum parente ou afim em linha recta ou até ao 2º grau da linha colateral, bem como qualquer pessoa com quem vivam em economia comum, e, por outro, quando alguma destas pessoas tenha no processo interesse que lhe permita figurar nele como parte principal.

Trata-se dos casos em que as pessoas a que este normativo se refere sejam, por si, partes directas ou indirectas nos processos de expropriação e tenham a mencionada ligação parental, ou de afinidade ou de vivência económica partilhada com as pessoas susceptíveis de intervirem naqueles processos como árbitros ou peritos, caso em que ocorre o seu impedimento para esse efeito.

Viver em economia comum é conviver com interdependência de cómodos, de meios e interesses, independentemente de ser só um dos conviventes a suportar as respectivas despesas.

Em regra, tendo em conta o disposto no artigo 1093º, nº 2, do Código Civil, é de considerar viverem em economia comum com o árbitro ou o perito a pessoa que com ele viva em união de facto, os seus parentes ou afins na linha recta ou até ao 3º grau da linha colateral e as pessoas relativamente às quais, por força da lei ou de negócio jurídico que não respeite directamente à habitação, haja obrigação de convivência ou de alimentos.

Face ao disposto nos artigos 1578º e 1584º do Código Civil, o parentesco é o vínculo que une duas pessoas em consequência de uma descender da outra, ou de ambas procederem de um progenitor comum; e a afinidade é o vínculo que liga cada um dos cônjuges aos parentes do outro.

Nos termos dos artigos 1580º, 1584º e 1585º do Código Civil, em linha recta são parentes do árbitro ou do perito os seus avós, pais, filhos, netos e bisnetos; e seus afins o sogro, a sogra, o padrasto, o enteado, o genro e a nora, conforme os casos.

Considerando o que prescrevem os artigos 1580º, nº 1, 1581º, 1584º e 1585º do Código Civil, são, por seu turno, respectivamente, seus parentes e afins até ao segundo grau da linha colateral, o irmão e o cunhado.

Face ao disposto no artigo 1585º do Código Civil, o vínculo de afinidade cessa com a dissolução do casamento por divórcio, mas não cessa no caso da sua dissolução por morte.

O cônjuge, o parente, o afim e o convivente em economia comum, em relação ao árbitro ou ao perito, podem intervir no processo de expropriação como parte principal quando tenham em relação ao respectivo objecto uma posição de interesse idêntica à do expropriado ou demais interessados, ou seja, quando nele possam intervir como parte principal, seja em situação de litisconsórcio, seja em situação de coligação.

4. Resulta da alínea d) deste artigo o impedimento do árbitro ou do perito de intervirem nos processos de expropriação nessa qualidade, quando nele tenham intervindo, como perito, o seu cônjuge, parente ou afim em linha recta ou até ao 2º grau da linha colateral, bem como qualquer pessoa com quem vivam em economia comum.

É um impedimento subjectivo que também visa evitar o preconceito e garantir a imparcialidade e a credibilidade do e no exercício da função de árbitro e de perito, em relação aos quais as considerações expressas a propósito da alínea anterior, na sua generalidade, são aqui aplicáveis.

5. Decorre da alínea e) deste artigo o impedimento dos árbitros e dos peritos quando contra eles, o respectivo cônjuge ou o seu parente em linha recta, esteja intentada alguma acção judicial pelo expropriado ou pelo seu cônjuge.

Assim, é pressuposto deste impedimento subjectivo dos árbitros e ou dos peritos que o expropriado ou o seu cônjuge hajam intentado alguma acção judicial contra eles, os respectivos cônjuges ou os seus parentes em linha recta.[431]

Como a lei não distingue, e não se vislumbra ponderosa razão de sistema que imponha a distinção, deve interpretar-se o conceito de acção como abrangendo a civil *lato sensu* e a penal.

6. Estabelece a alínea f) deste artigo o impedimento da intervenção dos peritos em recurso de decisões proferidas com a sua intervenção ou do respectivo cônjuge, parente ou afim em linha recta ou até ao 2º grau da linha colateral ou da pessoa com quem vivam em economia comum.[432]

---

[431] Remete-se, neste ponto, para o que acima se escreveu sobre o conceito de parentesco em linha recta.
[432] Quanto aos conceitos de parente ou afim em linha recta ou até ao 2º grau da linha colateral, bem como ao conceito de vivência em comum, remete-se para o que acima se escreveu.

PARTE III – O ESTATUTO DOS PERITOS AVALIDORES **ART. 16º** 541

Assim, constitui fundamento de impedimento – objectivo – de intervenção como peritos em diligências de avaliação pericial no âmbito dos recursos de decisões proferidas com base em diligências de avaliação em que tenham intervindo os próprios, o respectivo cônjuge, algum parente em linha recta ou até ao segundo grau da linha colateral, ou que com eles vivam em economia comum.

Este impedimento abrange, essencialmente, os peritos que funcionaram como árbitros, ou alguma das mencionadas pessoas, em relação ao recurso do acórdão arbitral.

Fora desse caso, ou seja, na hipótese de recurso de outras decisões proferidas nos processos de expropriação, não se vislumbra a oportunidade de intervenção de peritos em diligências de avaliação que justifiquem o funcionamento da causa de impedimento a que este normativo se reporta.

7. Finalmente, temos o impedimento dos árbitros e ou dos peritos previsto na alínea g) deste artigo, quando seja parte no processo a sua entidade empregadora ou equiparada.

É um impedimento de natureza subjectiva, que visa obstar ao preconceito da falta de imparcialidade de quem exerce a actividade de árbitro e de perito nos processos de expropriação.

A referência da lei à parte no processo abrange, como é natural, a entidade expropriante ou beneficiária da expropriação, o expropriado e demais interessados no que concerne aos bens objecto de expropriação.

A entidade empregadora é aquela para quem os árbitros ou peritos realizem trabalho remunerado com base em contrato de trabalho, ou seja, em quadro de subordinação técnico-jurídica.

É isso que decorre do artigo 1152º do Código Civil, segundo o qual o contrato de trabalho é aquele pelo qual uma pessoa se obriga, mediante retribuição, a prestar a sua actividade intelectual ou manual a outra pessoa, sob a autoridade e direcção desta.

Tendo em conta o disposto no artigo 1154º do Código Civil, as entidades equiparadas às empregadoras de quem possa ser nomeado árbitro ou perito nos processos de expropriação são aquelas que com eles tenham contrato de prestação de serviço em função do qual os últimos prestem para as primeiras o resultado remunerado do seu trabalho intelectual.

8. Sobre a matéria a que este artigo se reporta pronunciaram-se, entre outras, as seguintes decisões judiciais:

542 CÓDIGO DAS EXPROPRIAÇÕES E ESTATUTO DOS PERITOS AVALIADORES

a) A arguição do impedimento dos peritos avaliadores em processo de expropriação deve ocorrer até ao começo da diligência para que foram nomeados; a sua inibição do exercício de funções deve, por seu turno, ser arguida no prazo a que se reporta o artigo 205º, nº 1, do Código de Processo Civil (Acórdão da Relação do Porto, de 29.12.98, CJ, Ano XXIII, Tomo 5, página 209).

b) Sanado está o impedimento do perito decorrente de ele ter emitido parecer na fase amigável da expropriação, se o expropriante não o arguiu no prazo de 10 dias após conhecer da sua nomeação, nem até ao momento da realização da diligência, apenas o fazendo quando recebeu o relatório por ele subscrito (Acórdão da Relação de Évora, de 21.9.2006, CJ, Ano XXXI, Ano 4, Tomo 230).

c) Os peritos designados pelas partes ao abrigo do artigo 62º do Código das Expropriações só estão sujeitos ao regime de impedimentos e suspeições previstos nos artigos 122º, nº 1, e 127º, nº 1, do Código de Processo Civil, aplicáveis por força do nº 1 do artigo 571º do mesmo diploma. Os impedimentos do artigo 16º do Decreto-Lei nº 125/2002, de 10 de Maio, apenas valem para os peritos avaliadores que constem das listas oficiais (Acórdão da Relação de Coimbra, de 24.04.07, Processo nº 2132/06.2TBAVR-C1).

ARTIGO 17º
Fundamentos de suspeição

1 – Os peritos avaliadores podem pedir que sejam dispensados de intervir no processo como árbitros ou peritos quando ocorra circunstância pela qual possa razoavelmente suspeitar-se da sua isenção e, designadamente:

a) Se existir parentesco ou afinidade, não compreendidos no artigo 16º, em linha recta ou até ao 4º grau da linha colateral, entre o perito ou o seu cônjuge e alguma das partes ou pessoa que tenha, em relação ao objecto do processo, interesse que lhe permitisse ser nele parte principal;

b) Se houver processo em que seja parte o perito ou o seu cônjuge ou algum parente ou afim de qualquer deles em linha recta e alguma das partes for perito nesse processo;

c) Se o perito ou o seu cônjuge, ou algum parente ou afim de qualquer deles em linha recta, for credor ou devedor de alguma das partes;

d) Se o perito tiver recebido dádivas antes ou depois de instaurado o processo e por causa dele ou se tiver fornecido meios para as despesas do processo;

e) Se houver inimizade grave ou grande intimidade entre o perito e alguma das partes.

2 – Com qualquer dos fundamentos enunciados no número anterior podem também as partes interpor um requerimento de recusa do perito.

1. Versa este artigo, similar ao artigo 127º do Código de Processo Civil, que se reporta à suspeição dos juízes, sobre os fundamentos da suspeição dos peritos avaliadores, incluindo os árbitros, estabelecendo que eles podem pedir a sua dispensa de intervir no processo quando ocorra alguma circunstância pela qual possa razoavelmente suspeitar-se da sua isenção.

As circunstâncias elencadas nas alíneas a) a e) do nº 1 deste artigo, com o relevo de causas de invocação da suspeição, são meramente exemplificativas, conforme decorre da expressão *designadamente*, pelo que os árbitros e ou os peritos podem invocar outras razões ponderosas que razoavelmente pensem poderem fazer suspeitar da sua isenção em relação à sua participação na arbitragem ou na avaliação em causa.

2. A alínea a) do nº 1 deste artigo, inspirada na alínea a) do nº 1 do artigo 127º do Código de Processo Civil, deve confrontar-se com o que prescreve a alínea c) do artigo 16º deste diploma, em relação ao qual envolve um conteúdo a determinar por exclusão de partes.

Assim, é causa de invocação de suspeição em relação aos árbitros e aos peritos, o parentesco ou a afinidade de terceiro e quarto grau da linha colateral entre o perito, o árbitro ou o respectivo cônjuge e alguma das partes ou pessoa que tenha, em relação ao objecto do processo, interesse que lhe permitisse ser nele parte principal.

Nesta situação, o núcleo referencial são as partes ou as pessoas que, em relação ao objecto da causa, tenham um interesse tal que lhes permitisse serem partes principais.

O parentesco e a afinidade em linha recta e até ao segundo grau da linha colateral do perito com qualquer das partes, ou de quem nela poderia intervir como parte principal, constitui, porém, uma causa de impedimento e não de suspeição.

O parentesco e a afinidade entre o perito e alguma das partes ou as pessoas que no processo podiam intervir como partes principais, no terceiro e no quarto grau da linha colateral, é que constituem a causa de suspeição.

Ademais, constitui causa de suspeição do perito a afinidade do seu cônjuge não derivada do seu próprio casamento, até ao quarto grau da linha colateral, em relação às partes no processo ou às pessoas que nele podiam intervir como partes principais.[433]

As pessoas habilitadas para exercer funções nos processos de expropriação como árbitros ou peritos podem neles intervir como parte principal quando tenham em relação ao objecto daqueles processos uma posição de interesse idêntica à de alguma das partes – expropriados ou outros interessados – ou seja, quando pudessem intervir como parte principal, nos termos do artigo 320º do Código de Processo Civil, em situação de litisconsórcio ou de coligação.

3. A alínea b) do nº 1 deste artigo alude ao facto de haver algum processo em que seja parte o perito, o seu cônjuge ou algum dos parentes ou afins de um ou de outro em linha recta, e alguma das partes seja perito nesse processo.

Trata-se de mais uma causa de suspeição que tem a ver com as relações do perito com as partes, que ocorre quando aquele, o seu cônjuge, um parente ou um afim de qualquer deles, em linha recta, tiver um processo pendente no qual é perito a pessoa que nele é parte.

Assim, se um perito for expropriado ou interessado num processo de expropriação, portanto se tiver a posição de parte, pode ser tido por suspeito para intervir como perito noutro processo de expropriação em que seja parte o perito que como tal interveio no seu.

4. A alínea c) do nº 1 deste artigo refere, como causa de suspeição, o caso de o perito ou o seu cônjuge, ou algum parente ou afim de qualquer deles em linha recta, ser credor ou devedor de alguma das partes, reproduzindo praticamente o que se prescreve na alínea d) do nº 1 do artigo 127º do Código de Processo Civil.

Esta causa de suspeição dos peritos tem a ver com a sua relação com as partes, susceptível de gerar uma situação de predisposição favorável, seja por virtude da existência de uma relação de crédito ou de débito entre eles, seja por virtude de o perito ter um interesse jurídico em que uma das partes tenha ganho de causa.

Na primeira das referidas vertentes, este normativo é inspirado pela ideia de que, se o perito ou alguma das pessoas a que este normativo se refere for cre-

---

[433] Quanto ao conceito e graus de parentesco e de afinidade, bem como ao conceito de intervenção como parte principal, veja-se o que se escreveu em anotação ao artigo 16º deste diploma.

dor de uma das partes, pode ter interesse em aumentar o património do seu devedor, para garantia do seu direito de crédito, e de que se ele for devedor pode deixar-se influenciar pelo pensamento de que uma decisão ou avaliação favorável ao seu credor o pode demover de lhe exigir o cumprimento da obrigação a que está vinculado.

O conceito de crédito e de débito, a que este normativo se reporta, está utilizado em sentido amplo, isto é, independentemente da natureza do respectivo título e do objecto da prestação, porque só importa que a obrigação em causa esteja constituída, à margem de estar ou não em condições de poder ser exigida.

Pode, porém, acontecer, não obstante a letra deste normativo, que o seu elemento teleológico, face à natureza do direito de crédito, ou da relação de débito, ou da própria configuração do credor ou do devedor, implique a conclusão de inexistência de fundamento de invocação da suspeição, como é o caso, por exemplo, de o Estado ser credor ou devedor em relação ao perito, ao seu cônjuge ou a algum afim de algum deles em linha recta.

5. A alínea d) do nº 1 deste artigo refere, como causa de suspeição, o recebimento pelo perito de dádivas, antes ou depois de instaurado o processo e por causa dele, ou se tiver fornecido meios para o custeio das concernentes despesas do processo, reproduzindo praticamente o que se prescreve na alínea f) do nº 1 do artigo 127º do Código de Processo Civil.

Trata-se de uma causa de suspeição atinente ao contacto dos peritos com o objecto do processo de expropriação.

Para que esta causa de suspeição possa funcionar é pressuposto que o perito, antes ou depois da instauração do processo de expropriação, haja recebido presentes por causa dele, ou fornecido meios para o seu custeio, suportando, por exemplo, as despesas com o patrocínio judiciário ou com a obtenção de determinados documentos.

Em qualquer desses casos, é legítimo presumir a quebra da imparcialidade por parte do perito, sendo que, no segundo caso, ressalta o seu interesse no desfecho do procedimento ou do processo de expropriação.

6. A alínea e) do nº 1 deste artigo refere, como causa de suspeição, a inimizade grave ou a grande intimidade entre o perito e alguma das partes.

Trata-se de mais uma causa de suspeição, que tem a ver com as relações do perito com as partes, susceptíveis de naquele gerar uma predisposição desfavorável a alguma delas.

Ela não releva no confronto do perito e dos parentes, dos afins, dos cônjuges das partes ou dos mandatários destas, nem no confronto do cônjuge do perito e uma das partes, e só em cada caso concreto, no quadro das circunstâncias respectivas, se pode aferir se há ou não inimizade grave ou grande intimidade entre o perito e alguma das partes.

A grande intimidade a que a lei se refere é, naturalmente, um sentimento mais forte que o de simpatia ou de mera amizade, tal como a antipatia e a inimizade veiculam sentimentos diversos do da grave inimizade.

Muito próximo da ira, fúria ou raiva, está o sentimento de ódio ou de rancor, revelador de inimizade com desejo de um mal ao odiado.[434]

A cólera é o conceito usado em psicologia para caracterizar a impulsão de uma pessoa a infligir dano ou sofrimento a uma outra, a quem a ofende, a qual admite vários graus, uns moderados e outros extremos, como seja, ali a impaciência, a irritação e a exaltação, e aqui a ira, a fúria e a raiva.[435]

O critério de determinação da verificação ou não da grande amizade, ou da grave inimizade, passa pela captação, face aos dados de facto disponíveis, de qual é o estado de espírito do perito em relação a alguma das partes, sendo claro que a simples amizade ou a má vontade, ou a antipatia do perito em relação a uma das partes, não constituem fundamento de suspeição.

Parece-nos que a grande intimidade que aqui está em causa é a que se revela, à luz de um juízo de proporcionalidade, tão intensa que pode afectar a imparcialidade do perito, e que a grave inimizade é aquela que se traduz em ira, raiva, ódio ou rancor.

A situação de inimizade grave ou de grande intimidade entre o perito e algum dos mandatários das partes, ou a altercação gravosa e rude surgida entre ambos, no decurso do processo, não constituem motivo de oposição de suspeição. Mas quando o perito sinta que isso é susceptível de suspeição sobre a sua imparcialidade, deve pedir dispensa de intervir ou de continuar a intervir no processo de expropriação *lato sensu*.

7. Resulta finalmente do nº 2 deste artigo que, com qualquer dos fundamentos enunciados no seu nº 1, podem também as partes interpor um requerimento de recusa do perito.

---

434 DE PLÁCIDO E SILVA, "Vocabulário Jurídico", volume III, Rio de Janeiro, Brasil, 1963, página 1089.
435 AUGUSTO SARAIVA, "Psicologia", Lisboa, 1977, página 99.

Temos, assim, que não só os peritos podem requerer à entidade beneficiária da expropriação, ou ao juiz do processo, conforme os casos, a dispensa da sua intervenção no processo de expropriação, como também as próprias partes, se eles não pedirem a sua dispensa de intervenção, podem requerer a sua recusa.

Quanto à arguição e à declaração do impedimento ou da suspeição dos peritos e dos árbitros, rege o artigo seguinte.

ARTIGO 18º
Arguição e declaração do impedimento e da suspeição

1 – Quando se verifique causa de impedimento em relação a árbitros ou peritos, devem os mesmos comunicar desde logo o facto, respectivamente à entidade expropriante ou ao tribunal.

2 – Até ao dia da realização da diligência podem as partes e os peritos requerer a declaração do impedimento ou da suspeição, especificando as circunstâncias de facto que constituam a sua causa.

3 – Compete ao presidente do tribunal da relação, no caso dos árbitros, ou ao tribunal da comarca, no caso dos peritos, conhecer da existência do impedimento e da suspeição e declará-los, ouvindo, se considerar necessário, os mesmos.

4 – No caso de ser o árbitro a declarar-se impedido, a entidade expropriante requererá a sua substituição ao presidente do tribunal da relação, indicando o fundamento do pedido, sem necessidade de qualquer outra formalidade.

1. Versa este artigo, que tem pontos de contacto com os artigos 128º a 130º do Código de Processo Civil, sobre a arguição e declaração do impedimento e da suspeição dos peritos e ou dos árbitros.

2. O nº 1 deste artigo refere-se à comunicação, pelos peritos ou pelos árbitros, dos fundamentos ou causas de impedimento a que se reporta o artigo 16º deste diploma.

Eles devem fazê-lo, à entidade beneficiária da expropriação ou ao juiz do processo, conforme os casos, logo que se verifique a referida causa de impedimento, e, como decorre no número seguinte deste artigo, até ao dia em que a diligência de arbitragem ou de avaliação tiver lugar.

3. Estabelece o nº 2 deste artigo que, até ao dia da realização da diligência, podem as partes e os peritos requerer a declaração do impedimento ou da suspeição, especificando as circunstâncias de facto que constituam a sua causa.

CÓDIGO DAS EXPROPRIAÇÕES E ESTATUTO DOS PERITOS AVALIADORES

Temos, assim, que se os peritos ou os árbitros não invocarem a causa de impedimento até ao início da diligência para que foram solicitados, podem fazê-lo até esse momento, tal como as partes o podem arguir até ao referido limite temporal.

Acresce que se os peritos ou os árbitros não pedirem escusa de intervenção no processo no caso de se verificar em relação a eles uma causa de suspeição, ainda o podem fazer até ao mencionado momento, tal como até essa altura ela pode ser invocada pelas partes.

Em qualquer caso, a referida arguição deve ser fundada ou motivada nas circunstâncias de facto a que aludem os artigos 16º ou 17º deste diploma, conforme os casos, sem o que não é possível ajuizar dos invocados impedimentos e ou suspeições.

Ao referir-se à declaração da suspeição requerida pelos peritos e ou pelos árbitros, pretende este normativo significar, no que concerne ao impulso, ao requerimento de escusa de intervenção.

4. Prevê o nº 3 deste artigo a competência para o conhecimento da existência ou não da causa de impedimento ou da suspeição, distinguindo conforme se reportem aos árbitros ou aos peritos.

O conhecimento da causa de impedimento ou de suspeição dos árbitros compete ao presidente do tribunal da Relação, na sequência da remessa a este, pela entidade beneficiária da expropriação, do instrumento processual relativo à respectiva arguição.

No caso dos peritos, na fase do recurso do acórdão arbitral, porém, é ao juiz do processo que compete o conhecimento das causas de impedimento ou de suspeição invocadas.

Para o efeito, se considerar necessária a audição prévia dos peritos, ouvi-los-á, o primeiro – o presidente do tribunal da Relação – nos termos do artigo 100º a 105º do Código do Procedimento Administrativo, e o último – o juiz do processo – de harmonia com o que se prescreve no artigo 3º, nº 3, do Código de Processo Civil.

Assim, o incidente de conhecimento pelo juiz da existência ou não do impedimento dos peritos apenas envolve a faculdade da sua audição, ou seja, esta só deve ocorrer se o juízo prudencial, face às circunstâncias a considerar, o justificar.

5. Finalmente, decorre do nº 4 deste artigo que se for o árbitro a declarar-se impedido, deve a entidade expropriante requerer a sua substituição ao presi-

dente do respectivo do tribunal da Relação, indicando o fundamento do pedido, sem qualquer outra formalidade.

Assim, neste caso, a substituição do árbitro que se declarou impedido opera desde logo, na sequência do requerimento para o efeito da entidade beneficiária da expropriação, pelo presidente do tribunal da Relação, ou pelo juiz, conforme os casos, sem qualquer audiência prévia.

ARTIGO 19º
Comunicação da sentença

O tribunal deve dar conhecimento aos árbitros e peritos por si designados das sentenças proferidas nos processos em que intervieram.

Versa este artigo sobre a comunicação pelo tribunal, no fim da fase jurisdicional do processo de expropriação, das respectivas sentenças aos árbitros e aos peritos.

A expressão deste artigo *árbitros e peritos por si designados*, na sua estrutura meramente literal, parece pretender significar os árbitros e os peritos nomeados pelo tribunal.

Nesta perspectiva, certo é decorrer da lei dever o tribunal comunicar aos peritos, que tenha nomeado para a diligência de avaliação no processo de expropriação, a sentença que tenha proferido sob recurso do acórdão arbitral.

Ora, em regra, são nomeados três peritos pelo tribunal e, eventualmente, os restantes, ou o restante, isto no caso de invalidade da designação pelas partes ou de falta de comparência de algum no acto de início da diligência, como decorre do artigo 62º do Código das Expropriações.

No que concerne à comunicação aos árbitros das sentenças proferidas pelo tribunal, parece expressar este artigo, conforme já se referiu, que aqueles árbitros são apenas os que o tribunal nomeou nos termos do artigo 42º, nº 2, do Código das Expropriações.

Todavia, apesar da letra deste artigo, o seu escopo é essencialmente o de informação útil do resultado final dos casos em que participaram, seja como árbitros, seja como peritos, uns e outros integrados nas listas oficiais.

Em consequência, dado o referido fim da lei, propendemos a considerar que o tribunal deve sempre comunicar, não só aos peritos por si nomeados, como também aos árbitros, tenham ou não sido por ele nomeados, a referida sentença, por via da remessa da respectiva cópia.

550 CÓDIGO DAS EXPROPRIAÇÕES E ESTATUTO DOS PERITOS AVALIADORES

Acresce que, dado o fim da lei, a referida cópia da sentença apenas deve ser remetida aos árbitros e aos peritos depois de ter transitado em julgado, acompanhada, se for caso disso, de cópia do acórdão ou dos acórdãos que sobre ela se tenham pronunciado em sede de recurso.

ARTIGO 20º
Honorários

O pagamento dos honorários apresentados pelos peritos não aguarda o termo do processo.

1. Versa este artigo sobre a oportunidade do pagamento dos honorários aos peritos avaliadores.

Não se refere ao pagamento dos honorários aos árbitros, visto que eles são pagos pela entidade beneficiária da expropriação logo a seguir à realização da arbitragem, conforme decorre do artigo 50º do Código das Expropriações.

Dele resulta que o pagamento dos honorários devidos aos peritos não aguarda o termo do processo de expropriação em que a perícia de avaliação foi realizada. Isso significa que esse pagamento deve ocorrer logo que o respectivo serviço pericial seja prestado.

Assim, deve o referido pagamento ser realizado logo que terminem as diligências periciais, incluindo as realizadas em quadro de esclarecimento pedido pelas partes ou sob determinação do juiz, nos termos do artigo 587º do Código de Processo Civil, na medida em que poderão influir na determinação do cômputo dos honorários e despesas em causa.

Para o efeito, incumbe aos recorrentes, nos termos dos artigos 61º, nº 4, do Código das Expropriações e 20º, nº 1, do Regulamento das Custas Processuais, o pagamento prévio dos encargos relativos às referidas diligências periciais de avaliação, para o que devem ser notificados pela respectiva secção de processos.

Na sequência, a respectiva secção de processos, depositado que seja pelos recorrentes o montante dos encargos, deve proceder ao pagamento dos honorários e despesas devidos logo que estejam efectivamente terminadas as pertinentes diligências periciais de avaliação.

Acresce que, nos termos do nº 4 do artigo 20º do Regulamento das Custas Processuais, os peritos titulares de créditos derivados da realização da perícia podem reclamar directamente do recorrente ou dos recorrentes o pertinente pagamento dos referidos honorários e despesas.

Como só o recorrente está legalmente vinculado a proceder ao pagamento dos encargos com a realização da perícia, temos que a parte não recorrente, isto é, o recorrido, ainda que formule quesitos, não está obrigado a proceder ao seu pagamento.

Com efeito, o normativo especial do nº 4 do artigo 61º do Código das Expropriações prevalece, na espécie, sobre o normativo geral do artigo 447º-C, nº 3, do Código de Processo Civil.

2. No que concerne à nota de honorários e despesas que os peritos devem apresentar ao tribunal ou ao recorrente ou recorrentes, conforme os casos, devem fazê-lo de forma discriminada e precisa, expressando os diversos actos e diligências realizados e a correspondente duração.

Conforme já se referiu, nos termos do artigo 17º, n.os 2 e 3, do Regulamento das Custas Processuais, a remuneração dos peritos é feita nos termos da tabela IV, em função do serviço ou deslocação ou da fracção ou do número de páginas do relatório da peritagem.

Assim, a remuneração dos peritos por serviço ou deslocação corresponde ao montante entre uma e dez unidades de conta ou de um décimo de unidade de conta por página ou fracção.[436]

ARTIGO 21º
Laudos periciais

Os laudos periciais são elaborados de acordo com as normas legais e regulamentares aplicáveis e devem fundamentar claramente o cálculo do valor atribuído.[437]

1. Versa este artigo sobre o modo como os peritos avaliadores devem elaborar os laudos periciais.

A expressão *laudo* deriva do vocábulo latino *laudare*, com o significado de formulação de uma estimativa de valor de determinadas coisas. Actualmente, porém, a expressão laudo significa, em regra, o relatório dos peritos.

Este artigo remete na sua maior parte os termos dos relatórios dos peritos para as normas legais e regulamentares aplicáveis, mas sem as identificar minimamente. Perante esta lacuna, nos termos do artigo 1528º do Código de Pro-

---

[436] Conforme já se referiu, durante o ano de 2010, o valor da unidade de conta corresponde a € 103.
[437] Os artigos 22º e 23º foram revogados.

cesso Civil, é legítima aplicação nesse ponto do disposto no artigo 23º, n.os 1, alíneas a), c), d), e) e f) e 3, da Lei nº 31/86, de 29 de Agosto.

De qualquer modo, quanto a estes laudos, decorre deste artigo a necessidade de motivação clara do *iter* cognoscitivo que conduziu à fixação do valor atribuído aos bens ou direitos em curso de expropriação.

Isso, aliás, também decorre do disposto no artigo 586º, nº 1, do Código de Processo Civil segundo o qual o resultado da perícia deve ser expresso em relatório, em que os peritos se devem pronunciar fundamentadamente sobre o respectivo objecto.

2. Os peritos devem enunciar claramente no relatório o método ou critério que seguiram na avaliação em causa, ou seja, se utilizaram o do custo e valor intrínseco, o do rendimento ou o comparativo de vendas e valor de mercado.

No caso de determinação do valor e da classe dos solos devem explicitar, se for caso disso, a respectiva motivação, por via da noção de núcleo urbano, de núcleo urbano consolidado, de lote padrão, de logradouro, de acesso rodoviário, de potencialidade edificativa real e não concretizável, do *jus aedificandi* como factor de valorização, bem como a influência dos planos de ordenamento territorial no valor fundiário.

No que concerne à avaliação dos empreendimentos, se for caso disso, devem expressar se se basearam ou não em análises determinísticas, tendo em conta o factor risco.

Na hipótese da avaliação dos prédios rústicos, eles devem expressar se o fizeram em função da periodicidade, durabilidade e variabilidade dos rendimentos, das benfeitorias e dos frutos pendentes.

Os peritos devem ponderar a avaliação feita pelos árbitros e, se chegarem a resultado diverso, devem inserir no relatório a motivação donde decorra a diversidade de juízo avaliativo.

Mesmo no caso de não estarem de acordo quanto à forma de cálculo dos valores em causa, deve ser elaborado um único relatório, assinado por todos eles, evidenciando os pontos comuns, as divergências e as respectivas justificações dos diferentes cálculos.

No caso de dúvida de algum dos peritos sobre se o solo deve ser avaliado como apto para construção ou para outros fins, devem avaliá-lo de acordo com o despacho do juiz, na sequência da apresentação por todos eles ao tribunal da mencionada situação duvidosa.

3. Conforme resulta da boa prática pericial, o referido relatório deve conter cinco partes diferenciadas e identificadas por números romanos, árabes ou letras do alfabeto português, conforme o relator entenda mais adequado ao fim em vista, que é a sua clara compreensão.

A primeira parte deve envolver a introdução, com a identificação dos peritos subscritores do relatório, a referência à data da publicação da declaração de utilidade pública da expropriação, a data e a síntese do conteúdo útil da vistoria *ad perpetuam rei memoriam*, o acórdão arbitral e a síntese do seu conteúdo, a interposição do recurso e a síntese da pretensão do recorrente ou dos recorrentes.

A segunda parte, por seu turno, deve incluir a síntese da descrição das coisas em curso de avaliação – imóveis, móveis ou direitos –, enunciando as respectivas características objectivas relevantes, incluindo a concernente à estrutura, no caso de imóveis, para além da própria zona envolvente.

Nesta parte devem, pois, ser enunciados todos os factos relevantes relativos aos bens em curso de avaliação, tendo em conta o direito substantivo aplicável, para a finalística determinação do respectivo valor, instrumental em relação à atribuição da justa indemnização.

A terceira parte, por seu turno, deve registar, por exemplo, o critério de avaliação, referindo, se for caso disso, a classificação do solo, os valores das transacções e das avaliações fiscais, o despacho do juiz que tenha determinado a utilização de algum critério avaliativo especial, bem como o pertinente regime constante de planos municipais ou especiais de ordenamento do território.

A quarta parte, por sua vez, deve registar a operação de avaliação propriamente dita, descrevendo o *iter* cognoscitivo que, partindo das características dos bens ou direitos em curso de expropriação, no confronto com as normas jurídicas aplicáveis, conduziu ao resultado de avaliação proposto.

Nesta parte, deve, pois, justificar-se o resultado da perícia realizada, motivando com precisão a matéria de facto considerada, tendo em conta o alegado pelos recorrentes ou expresso pelo juiz no acto da nomeação dos peritos e de início da diligência de avaliação, expressando e justificando sempre os critérios de cálculo utilizados.

Trata-se de uma operação de algum modo similar à do juiz na sentença, em que, com base nos factos que deva ter por assentes, procede ao seu enquadramento no âmbito das normas aplicáveis e conclui pela indemnização concreta a fixar, em termos de se permitir o seu fácil controlo.

Esta similaridade decorre, de algum modo, da particularidade de a perícia em matéria de expropriações envolver não só a apreciação da matéria de facto, mas também a interpretação e aplicação de normas jurídicas, como que seja, *grosso modo*, uma proposta de decisão.

De qualquer modo, nesta parte denominada de avaliação, devem os peritos ter presente que não basta uma motivação da avaliação em termos do seu próprio convencimento, porque ela visa essencialmente o convencimento de outrem, designadamente o tribunal e as partes, da legalidade e do rigor do acto pericial no confronto dos factos e da lei.

A quinta parte, finalmente, é a conclusão, em que os peritos devem declarar, em termos de proposta, o valor dos bens avaliados para efeito de atribuição da indemnização a quem de direito.

Finalmente, devem os peritos, se for caso disso, inserir no relatório uma parte complementar com a resposta aos pontos de facto para o efeito indicados pelos recorrentes.[438]

A complexidade e dificuldade destas operações de avaliação, pela sua elevada tecnicidade, que os peritos têm de empreender, assumem particular relevo no desiderato de fixação da justa indemnização do dano resultante da expropriação, na medida em que é com base nelas que o tribunal fixa a justa indemnização devida aos expropriados.

4. Na sua actividade profissional de avaliação, devem os peritos ter sempre presentes os princípios da ética e da deontologia.

A expressão *ética* advém do vocábulo grego *ethike* e do termo latino *ethica*, com o significado de ciência relativa aos costumes, envolvente, além do mais, do juízo de apreciação que distingue o bem e o mal, isto é, o comportamento correcto e o incorrecto.

O termo *deontologia* deriva, por seu turno, das palavras gregas *déon* e *déontos*, com o significado de dever, e do termo *logos*, sinónimo de discurso ou tratado, ou seja, como tratado do dever ou conjunto de deveres, princípios e normas adoptadas por um determinado grupo profissional.

Nesta perspectiva, os princípios da ética constituem directrizes, pelas quais a pessoa rege o seu comportamento, tendo em vista uma filosofia moral dignificante; a deontologia, por seu turno, é um ramo da ética especialmente adaptada ao exercício de uma profissão.

---

[438] Veja-se, quanto a esta matéria, ALÍPIO GUEDES, *obra citada*, páginas 142 a 161.

Na realidade, porém, os códigos éticos são dificilmente separáveis dos da deontologia profissional, pelo que, não raro, os termos *ética e deontologia* são utilizados indiferentemente.[439]

Neste sentido, pode dizer-se que a ética se traduz num conjunto de normas que têm a ver com os compromissos com a sociedade e com as partes, sejam entidades beneficiárias da expropriação, expropriados ou meros interessados no processo de expropriação.

Noutra perspectiva, a ética é entendida como uma qualidade que permite aos seres humanos tomar decisões sem normas após a ponderação de valores, para melhorar as práticas humanas e sociais, valores que são o produto final de percepções resultantes da actividade cognitiva, que de forma estruturada e organizada se arquiva na memória humana, como que constituindo uma espécie de auto-consciência.

Nesse sentido, a prudência do juízo prático convoca a atitude ética de quem tem de o formular, ou seja, o juízo prudencial é convocado para a resolução de casos, apelando para o exercício envolvido dos valores acima referenciados.[440]

Em termos pragmáticos, no quadro da ética e da deontologia profissional, dir-se-á que os peritos avaliadores devem agir no exercício da sua actividade com independência absoluta, isenta da pressão de interesses próprios ou alheios, isto é, com justiça e imparcialidade, sem a preocupação de agradar às partes, ao tribunal ou a terceiros.

A sua actividade não pode deixar de ser desenvolvida no quadro de relações de confiança, e estas só são configuráveis em quadro de honestidade, probidade, rectidão, sinceridade e sentido de rigor e de responsabilidade.

Em concreto, isto é, no âmbito do exercício da sua actividade, devem agir com empenho, participação e assiduidade, analisando com rigor os pertinentes dados dos processos de expropriação, diligenciando junto do tribunal, se necessário, pela obtenção da informação externa relevante para o efeito.

Qualquer pretensão dirigida pelos peritos ao tribunal deve ser formulada por escrito, designadamente a de prorrogação do prazo da perícia ou de diligências para a obtenção de documentos ou outra qualquer, em regra subscrita por todos eles, salvo se o motivo for meramente individual.

---

[439] Neste sentido pode ver-se http://www.psicologia.com.pt/profissional/ética.

[440] Neste sentido, pode ver-se ANTÓNIO HORTA FERNANDES, "Ética e Deontologia na Justiça", Texto Policopiado, Centro de Estudos Judiciários, Lisboa, Novembro de 2009, e Revista do CEJ, 1º Semestre, 2007, n.º 6, páginas 163 a 172.

As suas reuniões, sempre com todos os peritos, devem ocorrer em locais adequados, de preferência nas instalações dos tribunais em que os respectivos processos de expropriação corram termos.

Importa ter em conta que a inverificação da unanimidade de posições não dispensa a unidade de relatório, embora com a expressão das distintas posições de facto e de direito de cada um, como ocorre em geral com as declarações de voto.[441]

5. Sobre a matéria com conexão com aquilo a que este artigo se refere pronunciaram-se, entre outras, as seguintes decisões judiciais:

a) As respostas dos peritos aos quesitos não podem ser consideradas na parte em que se traduzam em interpretação dos textos da lei, mas não deixam de ser válidas quando e na medida em que respondam a perguntas feitas pelas partes (Acórdão da Relação de Évora, de 13.01.77, CJ, Ano II, página 128).

b) O tribunal, na decisão, deve afastar-se do laudo dos peritos, ainda que unânime, se o critério e os parâmetros por eles defendidos nos seus relatórios se lhe não afigurem legalmente sustentáveis (Acórdão da Relação do Porto, de 12.02.01, CJ, Ano XXVI, Tomo 1, página 210).

c) A natureza do prédio não é questão susceptível de ser resolvida pela simples adesão ao parecer de algum ou de alguns dos peritos, antes dependendo da apreciação dos factos e do seu confronto com os pressupostos normativos abstractamente previstos no artigo 25º do Código das Expropriações (Acórdão da Relação de Lisboa, de 21.05.02, CJ, Ano XXVII, Tomo 3, página 75).

d) O tribunal pode afastar-se do laudo maioritário dos peritos, desde que examine cuidadosamente todos os laudos e se não alheie dos elementos que serviram de base à arbitragem (Acórdão da Relação de Coimbra, de 11.02.03, CJ, Ano XXVII, Tomo 1 página 36).

e) Sendo divergentes os laudos periciais, cabe ao tribunal, em princípio, dar preferência ao dos peritos por ele nomeados, por virtude da garantia da sua competência técnica e imparcialidade (Acórdão da Relação de Lisboa, de 30.06.05, CJ, Ano XXX, Tomo 3, página 116).

---

[441] Neste sentido, pode ver-se PAULO FERREIRA, "A Actividade dos Peritos em Processos de Expropriação", Texto Policopiado, Centro de Estudos Judiciários, Lisboa, Outubro de 2009.

PARTE III – O ESTATUTO DOS PERITOS AVALIDORES **ART. 21º** 557

f) Os laudos periciais devem merecer ao tribunal uma especial credibilidade, por virtude da presunção de imparcialidade e de competência técnica dos peritos (Acórdão da Relação de Lisboa, de 03.11.05. Processo nº 3525/2005-6).

g) Não estando o laudo dos peritos nomeados pelo tribunal afectado de vícios, na falta de elementos mais seguros e objectivos, é de aceitar o valor proposto por eles (Acórdão da Relação de Lisboa, de 25.05.2006, Processo nº 4033/2006-6).

h) Em matéria de expropriações, salvo existindo violação da lei aplicável, o laudo pericial unânime é indicador seguro para a fixação judicial da prestação indemnizatória, cabendo ao tribunal, de harmonia com a particularidade de cada situação, introduzir-lhe os ajustamentos que se imponham (Acórdão da Relação de Lisboa, de 06.06.06, Processo nº 938/2006-7).

i) Em caso de oposição entre as conclusões da perícia e as da vistoria *ad perpetuam rei memoriam*, sem prejuízo da consideração em concreto das razões, deve dar-se a primazia a esta última quanto à caracterização do terreno expropriado, por se encontrar mais próxima do momento da expropriação (Acórdão da Relação do Porto, Lisboa, de 26.01.10, Processo nº 1200/07.8TBCHV.P1).

j) As deficiências da peritagem – com a consideração do preço de aquisição de uma outra parcela, sem que se possa afirmar identidade entre essa parcela e a expropriada e sem decisão que, na falta dessa identidade, tenha mandado atender ao preço de aquisição dessa parcela – torna a avaliação imprestável para efeitos de fixação da justa indemnização. Essa insuficiência justifica a ampliação da matéria de facto com nova avaliação da parcela expropriada, expurgada da consideração do preço de aquisição de parcela sem identidade, bem como da possibilidade de a destinar à construção (Acórdão da Relação de Lisboa, de 09.02.10, Processo nº 1296/07.2TBVFX.L1-1).

k) Não obstante a natureza eminentemente técnica das questões discutidas, para as quais não são exigíveis conhecimentos específicos ao julgador, este deve afastar-se das conclusões do laudo sempre que os autos revelem consistentemente ter havido erro manifesto ou utilização de algum critério ilegal. Há utilização de critério ilegal quando o laudo, sem qualquer esforço crítico, se limita a incorporar um *parecer técnico* do departamento urbanístico de um determinado município, visto que, apesar de a entidade expropriante ser um concessionário daquele, não se trata de uma entidade independente (Acórdão da Relação de Lisboa, de 09.02.10, Processo nº 2593/05.7TMSNT.L1-7).

l) Embora o julgador aprecie livremente as provas, designadamente a pericial, não pode, sem elementos sólidos, afastar-se do resultado da peritagem, mormente se os peritos foram unânimes, ou, não o tendo sido, se constituírem uma maioria e oferecerem garantias de imparcialidade. Só assim não será quando seja de concluir que os peritos basearam o seu raciocínio em erro manifesto ou critério legalmente inadmissível. Não estando o laudo dos peritos afectado de algum dos referidos vícios, na falta de elementos mais seguros, é de aceitar o valor proposto por eles (Acórdão da Relação de Lisboa, de 09.03.10, Processo nº 3225/06.1TBFUN.L1).

m) Na falta de outros elementos, não deve o tribunal afastar-se do resultado a que os peritos chegaram, sobretudo se oriundo de uma maioria, excepto se eles tiverem assentado o seu raciocínio em erro manifesto ou critério manifestamente inadmissível (Acórdão da Relação de Lisboa, de 06.04.10, Processo nº 2773/04OTBFUN.L1-1).

n) Os montados de sobro estão protegidos devido à sua importância ambiental e económica, e em povoamentos de sobreiro ou azinheira não são permitidas conversões. O relatório pericial serve para depois da junção de todos os elementos esclarecer dúvidas existentes, razões de discordância das partes, em suma, para recolher a prova bastante que habilite a decidir em consciência (Acórdão da Relação de Lisboa, de 27.04.10, Processo nº 1289/04.1TBBNV.L1-1).

ARTIGO 24º
Legislação revogada

São revogados o Decreto Regulamentar nº 15/98, de 9 de Julho, e o Decreto-Lei nº 44/94, de 19 de Fevereiro.

Versa este artigo sobre a revogação do Decreto Regulamentar nº 15/98, de 9 de Julho, e do Decreto-Lei nº 44/94, de 19 de Fevereiro.

O primeiro dos referidos diplomas – o Decreto Regulamentar nº 15/98, de 9 de Julho – estabelecia o regime do concurso de recrutamento e selecção dos peritos avaliadores para a sua integração nas listas oficiais.

O segundo – o Decreto-Lei nº 44/94, de 19 de Fevereiro – , por seu turno, regulava o exercício das funções de árbitro e de perito designados pelo tribunal nos processos de expropriação de bens imóveis.

Bibliografia

AMARAL, DIOGO FREITAS DO – "Estudos Sobre Concessões e Outros Actos da Administração", Coimbra, 2002. – "Aspectos Jurídicos do Ordenamento do Território, Urbanismo e Habitação", Sumários de Lições, Lisboa 1970-71. – "Conceito de Requisição", Verbo, Enciclopédia Luso-Brasileira de Cultura, 16º volume, Lisboa, 1974, página 376; AMARAL, DIOGO FREITAS DO/GARCIA, MARIA DA GLÓRIA FERREIRA PINTO – "O Estado de Necessidade e a Urgência em Direito Administrativo", Revista da Ordem dos Advogados, Ano 59, Lisboa, Abril de 1999; ARAÚJO, FERNANDO – "Introdução à Economia", Volume I, Coimbra, 2004; ASCENSÃO, JOSÉ DE OLIVEIRA – "A Caducidade da Expropriação no Âmbito da Reforma Agrária", Estudos Sobre Expropriações e Nacionalizações", Lisboa, 1989. – "Direito Civil – Reais, Coimbra, 2000. – "O Urbanismo e o Direito de Propriedade", Instituto Nacional da Administração – INA, 1989; BARROS, HENRIQUE DE – "O Método Analítico de Avaliação da Propriedade Rural", Serviço Editorial da Repartição de Estudos do Ministério da Economia, Direcção-Geral dos Serviços Agrícolas, Lisboa, 1943; BEZELGA, ARTUR – "Os Métodos de Avaliação e a Expropriação por Utilidade Pública, Abordagem de Síntese", Centro de Estudos Judiciários, Lisboa, Outubro de 2009; CABRAL, MARGARIDA OLAZABAL – "Direito de Reversão Face a Terceiros Adquirentes", Cadernos de Justiça Administrativa, nº 6, Braga, Novembro a Dezembro de 1997. – "Poder de Expropriação e Discricionariedade", Revista do Direito do Urbanismo e do Ambiente, nº 2, Coimbra, Dezembro de 1994; CAETANO, MARCELLO – "Manual de Direito Administrativo, volume II, 10ª Edição. – "A inclusão da mais-valia na indemnização por expropriação por utilidade pública, "O Direito", Ano 91; CARDOSO, JOÃO ANTÓNIO LOPES CARDOSO – "Reversão dos Bens Expropriados", Separata da Revista da Ordem dos Advogados, Ano 54 – III, Lisboa, Dezembro de 1994; CARVALHO, MARTINS DE, "Subsídios para a História da Expropriação em Portugal", Boletim do Ministério da Justiça, nº 21, 1950; CAUPERS, JOÃO – "Introdução ao Direito Administrativo", Lisboa, 2007; CORDEIRO, ANTÓNIO MENEZES; SOUSA, MIGUEL TEIXEIRA DE – "Expropriação por Utilidade Pública, Princípio Dispositivo, Pedido, Indemnização", Parecer, Colectânea de Jurisprudência, Ano XV, Tomo 5; CORREIA, FERNANDO ALVES – "As Garantias do Particular na Expropriação por Utilidade Pública", Separata do volume XXXIII do Suplemento do Boletim da Faculdade de Direito de Coimbra, 1982. – "Código das Expropriações e Outra Legislação Sobre Expropriações por Utilidade Pública", Lisboa, 1992. – "As Grandes Linhas da Recente Reforma do Direito do Urbanismo", Coimbra, 1993. – "Formas de pagamento da Indemnização na Expropriação por Utilidade Pública – Algumas Questões", Separata do Número Especial do Boletim da Faculdade de Direito da Universidade de Coimbra, Estudos de Homenagem ao Professor Doutor António de Arruda Ferrer Correia, 1991. – "Expropriação por Utilidade Pública, Servidões Administrativas, Indemnização, Parecer, Colectânea de Jurisprudência, Supremo Tribunal de Justiça, Ano IX, Tomo 1. – "A Jurisprudência do Tribunal Constitucional Sobre por Utilidade Pública e o Código das Expropriações de 1999, Anos 132º, n.os 3908 e 3909, 133º, nº 3910. – "Manual do Direito do Urbanismo", volume II, Coimbra, 2010; COSTA, ANTÓNIO PEREIRA – "Direitos dos Solos e da Construção", Minho, 2000; COSTA, MANUEL LEAL – "Avaliação da Propriedade Rústica", Centro de Estudos Judiciários, Lisba, 2009; COSTA, PEDRO ELIAS DA – "Guia das Expropriações por Utilidade Pública", Coimbra, 2003; COSTA, SALVADOR DA – "Regulamento das Custas Processuais", Coimbra, 2010, "Os Incidentes da Instância", Coimbra, 2008; FERNANDES, ANTÓNIO HORTA – "Ética e Deontologia na Justiça", Texto Policopiado, Centro de Estudos Judiciários, Lisboa, Novembro de 2009, e Revista do CEJ, 1º Semestre, 2007, nº 6; FERREIRA, PAULO – "A Actividade dos Peritos em Processos de Expropriação", Texto Policopiado, Centro de Estudos Judiciários, Lisboa, Outubro de 2009; FERNANDES, JOSÉ PEDRO MONTEIRO – "Dicionário Jurídico da Administração Pública, volume I, Coimbra, 1990; FERREIRA, JOÃO PEDRO DE MELO FERREIRA – "Código das Expropriações Anotado", Coimbra, 2007; FONSECA, JOSÉ VIEIRA DA – "Principais Linhas Inovadoras do Código das Expropriações de 1999", Revista do Direito do Urbanismo e do Ambiente, n.os 13, 14, 15/16, Coimbra, Junho de 2000, Dezembro de 2000 e Junho/Dezembro de 2001; FRANCO, ANTÓNIO LUCIANO DE SOUSA – "Finanças Públicas e Direito Financeiro", volume II, Coimbra, 1992; GEMAS, LAURINDA; PEDROSO, ALBERTINA; JORGE, JOÃO CALDEIRA – "Arrendamento Urbano, Lisboa, 2009; GERALDES, ANTÓNIO DOS SANTOS ABRANTES – "Recursos em Processo Civil, Novo Regime," Coimbra, 2010; GOMES, JOSÉ OSVALDO – "Expropriações por Utilidade Pública", Coimbra, 1997. – "Uma Tentativa de Avaliação da Aplicação do Código das Expropriações", Seminário de Avaliação do Código das Expropriações", Associação Nacional dos Municípios Portugueses e Instituto das Estradas de Portugal, 2003; GOMES, MANUEL JANUÁRIO DA COSTA – "Sobre a Circulabilidade do Crédito Emergente da Garantia Bancária Autónoma ao Primeiro Pedido", Revista da Banca, nº 64, Julho/Dezembro, 2007; GONÇALVES, CAPITÃO – e Outros "Expropriações por Utilidade Pública", 1994; GUEDES, ALÍPIO – Valorização de Bens Expropriados", Coimbra, 2008; LIMA, PIRES DE; VARELA, ANTUNES – "Código Civil Anotado", volume III, Coimbra 1987. – "Código Civil Anotado", volume II, Coimbra, 1997; LOPES, DULCE – "O Procedimento Expropriativo: complicação ou complexidade", Seminário sobre a Avaliação do Código das Expropriações, Associação Nacional de Municípios/Instituto de Estradas de Portugal, 2003; LOPES, MANUEL BAPTISTA – "Expropriações por Utilidade Pública", Coimbra, 1968; MARÇAL, ORLANDO – "Os Baldios", Lisboa, 1921. MESQUITA, MANUEL HENRIQUES – "Obrigações Reais e Ónus Reais", Coimbra, 1990; MORAIS, FERNANDO GRAVATO DE, "Efeitos na relação arrendatícia da expropriação por utilidade pública,em especial a indemnização do arrendatário", Texto Policopiado, Centro de Estudos Judiciários, Lisboa, Outubro de 2009; NADAIS, JOSÉ CASALTA – "Direito Fiscal", Coimbra, 2010; NEVES, JOÃO DO COUTO – "Manual das Expropriações", Coimbra, 1992. NUNES, JOSÉ ANTÓNIO BARRETO – "Código das Expropriações na Jurisprudência", Lisboa, 2001; OLIVEIRA, FERNANDA PAULA – Direito do Urbanismo. Do Planeamento à Gestão", Braga, 2010, "A potencialidade edificativa e a justa indemnização por expropriação:

análise de um concreto, "Revista do Direito do Urbanismo e do Ambiente, n.º 9, Junho de 1998, páginas 43 e seguintes; OLIVEIRA, FERNANDA PAULA/CARDOSO, ANTÓNIO MAGALHÃES CARDOSO – "Perequação, Expropriações e Avaliações", Revista do Centro de Estudos do Direito do Ordenamento, do Urbanismo e do Ambiente, n.º 12, Ano VI-2.03, páginas 43 e seguintes; OLIVEIRA, LUÍS PERESTRELO DE – "Código das Expropriações Anotado", Coimbra, 2000. – PAES, PEDRO CANSADO; PACHECO, ANA ISABEL; BARBOSA, LUÍS ALVAREZ, "Código das Expropriações", Coimbra, 2003; PEREIRA, VICTOR DE SÁ PEREIRA; FOUTO, ANTÓNIO PROENÇA – "Código das Expropriações", Lisboa, 2002; RAPOSO, MÁRIO – "O Valor dos Prédios Rústicos em Expropriação por Utilidade Pública", *Separata da Revista da Ordem dos Advogados*, Lisboa, 1973; SILVA, DE PLÁCIDO – "Vocabulário Jurídico", volume III, Rio de Janeiro, Brasil, 1963; SOUSA, ANTÓNIO FRANCISCO – "Código do Procedimento Administrativo Anotado e Comentado", Lisboa, 2009; SOUSA, ANTÓNIO PAIS DE; SILVA, MANUEL FERNANDES DA – "Da Justa Indemnização nas Expropriações por Utilidade Pública", Porto, 1980; TAVARES, GONÇALO GUERRA; DENTE, NUNO MONTEIRO – "Código dos Contratos Públicos e Âmbito da sua Aplicação", Coimbra, 2010; VERDAGUER, FRANCISCO PÊRA – "Expropriación Formoza", 4ª Edição; VICENTE, CARLA – "A Urgência na Expropriação, Algumas Questões", Lisboa, 2008.

ÍNDICE IDEOGRÁFICO POR ARTIGOS

A

Acção de formação específica – 10º-A DL 125/2002.

Acordo
- Aquisição por via do direito privado – 11º;
- De reversão – 76º-A;
- Formalização – 36º;
- Objecto – 34º;
- Tentativa – 33º.

Actos processuais
- Urgentes – 44º.

Adjudicação
- Comunicação -51º, nº 6 e 79º, nº 3;
- Posse – artigo 51º, nº 5;
- Propriedade – 51º, nº 5, e 79º.

Afectação de bens do domínio público
- Compensação – 6º, nº 2;
- Regime – 6º, nº 1;
- Reintegração – 6º, nº 3.

Aplicação de leis no tempo – 24º, nº 1.

Aplicação subsidiária – 92º.

Arbitragem
- Admissão – 59º;
- Decisão arbitral – 49º;
- Notificação às partes – 51º, nº 5;
- Prazo de entrega do acórdão – 49º, nº 4;
- Promoção – 42º;
- Quesitos – 48º;
- Recurso – 38º, nº 3; 52º; 58º.

Áreas de desenvolvimento urbano prioritário e de construção prioritária – 93º;

Árbitros

- Acórdão – 49º;
- Designação – 45º; 46º;
- Grupos de árbitros – 46º;
- Honorários – 50º;
- Notificação da designação – 47º.

Arrendamento

- Indemnização – 30º;
- Preferência – 55º, nº 6.

Auto

- Expropriação amigável – 37º;
- Inspecção judicial – 61º, nº 5;
- Vistoria *ad perpetuam rei memoriam* – 21º;
- Posse administrativa – 22º.

Avaliação

- Obrigatória – 61º, nº 2;
- Parte não expropriada – 29º;
- Encargos com a expropriação – 10º, nº 4.

Aviso de abertura do concurso – 7º DL 125/2002.

B

Bens do domínio público

- Afectação – 6º.

C

Caducidade

- Declaração de utilidade pública – 4º, nº 5; 13º, nº 3;
- Direito de reversão – 5º, nº 5;
- Urgência da expropriação – 15º, nº 3.

Caução

- Acréscimo de indemnização – 55º, º 5;
- Fundo de pagamento da indemnização – 12º, nº 2;
- Posse de parte do imóvel – 57º;
- Substituição do depósito – 52º, nº 5; 66º, nº 3.

Classificação final e homologação – 9º-B DL 125/2002.

Competência
– Cálculo do valor nas expropriações parciais – 29º;
– Para a declaração de utilidade pública da expropriação – 14º e 90º.

Concessões
– Cativação do saldo -7º, nº 3;
– Resgate – 7º, nº 1.

Concurso – 6º DL 125/2002.

Curador provisório
– Cessação de funções – 41º, nº 4;
– Nomeação – 41º, nº 2.

Curso de formação – 9º-A DL 125/2002.

D
Decisão arbitral
– Acórdão dos árbitros – 49º.

Declaração de utilidade pública
– Caducidade – 4º, nº 5; 13º, nº 3;
– Carácter de urgência da expropriação – 15º;
– Competência – 14º; 90;
– Dispensa – 16º; 93º, nº 2, a);
– Fundamentação – 13º;
– Ocupação de prédios vizinhos – 18º;
– Publicação – 17º;
– Regiões Autónomas – 90º;
– Renovação – 13º, nº 5;
– Requerimento – 12º.

Deontologia profissional – 21º do DL 125/2002.

Direito de preferência
– Aquisição de parte do prédio – 55º, nº 6.
– Caducidade do direito de reversão – 5º, nº 5;

Dúvidas
– Sobre a titularidade de direitos – 53º.

E
Editais
– Notificação da designação dos árbitros – 47º, nº 1, b);
– Ocupação de prédios vizinhos – 18º, nº 3;
– Publicação da declaração de utilidade pública – 17º, nº 2;
– Publicação da proposta – 11º, nº 4.

Ética – artigo 21º do DL 125/2002.

Exclusão das listas – 12º DL 125/2002.

Expropriação
– Admissibilidade – 1º;
– Amigável – 33º;
– Áreas de construções não licenciadas – 95º;
– Áreas de construção prioritária – 93º;
– Bens ou direitos relativos a concessões e privilégios – 7º;
– Bens móveis – 91º;
– Composição urbana -94º;
– Desistência – 88º;
– Fins de composição urbana – 94º;
– Limites – 3º;
– Móveis – 91º;
– Parcial – 29º;
– Princípios gerais – 2º.
– Requerida pelo proprietário – 96º;
– Total – 3º, nº 2; 55º;
– Urgente – 15º;
– Urgentíssima – 16º.
– Zonas ou lanços – 4º.

Expropriação amigável
– Acordo por escritura ou auto – 36º;
– Conteúdo da escritura ou auto – 37º;
– Objecto de acordo – 34ª;
– Proposta do expropriante – 35º;
– Tentativa de acordo – 33º.

Expropriação especial – 92º.

Expropriação litigiosa
- Arbitragem – 38º;
- Autuação – 39º;
- Legitimidade – 40º;
- Nomeação de curador provisório – 41º, nº 2;
- Promoção da arbitragem – 42º;
- Suspensão da instância – 41º.

Expropriação total
- Requerimento – 55º;
- Improcedência do pedido – 56º;
- Caução – 57º.

F
Férias judiciais – 44º.

Formação permanente – 13º DL 125/2002.

Fundamentos de suspeição – 17º DL 125/2002.

H
Honorários
- Árbitros – 50º;
- Pagamento – 20º do DL 125/2002;
- Peritos – 61º, nº 4.

I
Impedimentos – 18º DL 125/2002.

Indemnização
- Atrasos – 19º, nº 4; 70º;
- Atribuição – 73º;
- Caducidade do arrendamento – 30º;
- Cálculo – 24º;
- Cedência de bens ou direitos – 69º;
- Depósito da indemnização – 71º;
- Direitos diversos da propriedade plena – 32º;
- Direitos inerentes a imóveis -1º; 23º a 32ª;

568 CÓDIGO DAS EXPROPRIAÇÕES E ESTATUTO DOS PERITOS AVALIADORES

– Imóveis – 1º, 23º a 32º;
– Impugnação dos montantes depositados – 72º;
– Interrupção de actividade – 31º;
– Justa indemnização – 23º;
– Móveis – 91º;
– Ocupação de prédios vizinhos – 18º, nº 4;
– Pagamento – 67º;
– Requisição – 84º.

Informação
– Dever de informação -97º.

Inibição de funções – 15º DL 125/2002.

Instância
– Suspensão – 41º, nº 1.

Interessados
– Duvidosos – 53º;
– Falecidos – 41º, nº 1;
– Identificação – 10º, nº 3;
– Incapazes, ausentes ou desconhecidos – 41º, nº 2;
– Intervenção em processo pendente – 40º, nº 2;
– Legitimidade – 40º, nº 1;
– Noção – 9º.

Irregularidades
– Reclamação – 54º.

J
Júri do concurso – 4º DL 125/2002.

Juramento – 11º DL 125/2002.

Juros
– Moratórios – 51º, nº 1; 70º;
– Quantias em dívida – 68º;
– Taxa 68º, nº 2; 70º, nº 2.

Justa indemnização
– Garantia -23º, nº 6.
– Limites – 23º, nº 3;
– Pressuposto da expropriação -23º, nº 1;

L
Limites da expropriação – 3º;

Lista de peritos – artigo 2º do DL 125/2002;

Laudos periciais – 21º do DL 125/2002.

M
Mais-valia – 2º da Lei nº 168/99;
Métodos de selecção – 9º DL 125/2002.

N
Notificação
– Acórdão arbitral – 51º, nº 5;
– Acto de avaliação – 63º;
– Acto de transmissão de posse – 20º, nº 2;
– Adjudicação – 51º, nº 5;
– Alienação de parcelas – 5º, nº 7;
– Auto de posse administrativa -22º, nº 3;
– Autorização de posse administrativa – 20º, nº 1, a);
– Decisão de caducidade – 13º, nº 4;
– Decisão sobre o pedido de reversão – 76º;
– Declaração da utilidade pública – 20º, nº 1, a);
– Depósito complementar – 55º, nº 4;
– Depósito do montante devido – 71º, nº 1;
– Esclarecimentos – 35º, nº 4;
– Interessados na reversão – 74º, nº 2;
– Ocupação de prédios vizinhos – 18º, nº 2;
– Promoção da arbitragem – 35º, nº 3;
– Proposta de aquisição por via do direito privado – 11º, nº 2;
– Realização da vistoria *ad perpetuam rei memoriam* – 21º, nº 7;
– Relatório da vistoria *ad perpetuam rei memoriam* – 21º, nº 7;
– Requerimento de DUP – 11º, nº 6;
– Resolução de expropriar – 10º, nº 5;
– Resposta à proposta de aquisição por via do direito privado – 11º, nº 5.

O

Obra contínua – 5º, nº 3.

P

Pagamento da indemnização
 – Actualização – 68º, nº 3;
 – Atribuição – 73º;
 – Cedência de bens ou direitos – 69º;
 – Depósito – 71º;
 – Formas de pagamento – 67º;
 – Impugnação do valor depositado -72º;
 – Juros – 70º;
 – Prestações vincendas – 68º, nº 3.

Parcelas sobrantes
 – Alienação – 5º, nº 7;
 – Avaliação – 29º, nº 1;
 – Depreciação – 29º, nº 2.

Pedido de expropriação total
 – Caução – 57º;
 – Conclusão das obras pela expropriante – 56º.
 – Improcedência – 56º;
 – Requerimento – 55º;

Peritos
 – Acção de formação específica – 10º-A do DL 125/2002;
 – Arbitragem – 45º;
 – Avaliação prévia à declaração de utilidade pública da expropriação – 10º, nº 4;
 – Comunicação da sentença – 19º DL 125/2002;
 – Concurso – 4º a 10º do DL 125/2002;
 – Escusa – 21º, nº 2;
 – Exclusão das listas – 12º do DL 125/2002;
 – Falta de comparência à diligência pericial – 62º, nº 2;
 – Formação permanente – DL 125/2002;
 – Honorários – 20º do DL 125/2002;
 – Impedimentos – 16º do DL 125/2002;
 – Inibição de funções – 15º do DL 125/2002;
 – Juramento – 11º do DL 125/2002;
 – Júri do concurso – 4º DL 125/2002;

– Laudos periciais – 21º DL 125/2002.

– Listas – 89º; 2º do DL 125/2002;

– Perícia – 62º, nº 1;

– Renovação das listas – 14º do DL 125/2002;

– Recrutamento – 3º do DL 125/2002;

– Requisitos habilitacionais – 5º DL 125/2002;

– Suspeição – 17º do DL 125/2002;

– Vistoria *ad perpetuam rei memoriam* – 20º, n.os 6 e 7.

Petições

– A apresentar em tribunal – 43º.

Posse administrativa

– Adjudicação – 51º, nº 5;

– Auto -21º, nº 9;

– Autorização – 19º;

– Condições de efectivação – 20º;

– Conteúdo do auto – 22º;

– Investidura – 20º, n.os 2 e 3.

Prazos

– Actos urgentes – 44º;

– Administrativos – 98º;

– Alegações finais – 64º;

– Apresentação de quesitos na arbitragem – 48º;

– Avaliação -61º;

– Contagem – 98º;

– De candidatura e lista de candidatos – 8º DL 125/2002.

– Decisão – 65º;

– Designação dos árbitros – 47º, nº 1;

– Despacho de designação dos árbitros – 45º;

– Entrega da decisão arbitral – 49º, nº 4;

– Entrega da quantia em litígio – 52º, nº 4;

– Entrega do relatório da vistoria – 21º, n.os 5 e 6;

– Impugnação do montante depositado – 72º;

– Indemnização por requisição – 84º, nº 6;

– Interposição do recurso subordinado – 52º;

– Judiciais – 98º;

– Pagamento em prestações – 67º, nº 2;

– Proposta de expropriação amigável – 35º, nº 1:

CÓDIGO DAS EXPROPRIAÇÕES E ESTATUTO DOS PERITOS AVALIADORES

- Recurso da decisão arbitral – 52º;
- Renovação da declaração da utilidade pública da expropriação -13º, nº 5;
- Remessa do auto de posse ao tribunal – 51º;
- Requerimento para a expropriação total – 55º, nº 1;
- Resposta à proposta de expropriação amigável – 35º, nº 2;
- Resposta ao pedido de expropriação total – 55º, nº 2;
- Resposta ao recurso da decisão arbitral – 60º.

Princípios
- Boa fé – 2º;
- Igualdade – 2º;
- Imparcialidade – 2º;
- Justiça – 2º;
- Legalidade – 2º;
- Necessidade – 3º;
- Proporcionalidade – 2º.

Privilégios
- Cativação do saldo – 7º, nº 3;
- Resgate – 7º, nº 1.

Procedimento simplificado – 10º DL 125/2002.

Processo de expropriação
- Aplicação subsidiária – 92º.

Processos
- Abertura -39º;
- Apensação – 39º, nº 2; 43º, nº 3;
- Avocação – 51º, nº 2;
- Dependentes – 43º;
- Litigiosos – 64º;
- Remessa ao tribunal – 51º;
- Valor para efeitos de admissibilidade de recurso – 38º.

Propriedade
- Adjudicação – 51º, nº 5; 79º;
- Bens abrangidos por zonas ou lanços -4º, nº 3.
- Declaração de utilidade pública – 17º, n.os 1,2 e 7.

Publicidade
- Decisão sobre o pedido de reversão – 76º;
- Proposta para aquisição por via do direito privado –11º, nº 4.

Q

Quesitos
- Arbitragem – 48º;
- Vistoria *ad perpetuam rei memoriam* – 21º, nº 3.

R

Reclamação
- Auto de vistoria *ad perpetuam rei memoriam* – 21º, nº 7.
- Irregularidades do procedimento administrativo – 54º;
- Portaria de requisição – 82º, nº 4;
- Relatório de avaliação – 61º, nº 3.

Recrutamento de peritos avaliadores – 3º DL 125/2002.

Recurso
- Acto de requisição – 87º;
- Admissão – 59º;
- Alegações – 64º;
- Decisão arbitral – 38º, 52º, 58º e 59º;
- Decisão judicial – 66º;
- Decisão sobre a titularidade de direitos – 53º;
- Decisão de expropriação total – 55º, nº 3;
- Decisão de reclamação contra irregularidades – 54º, nº 6;
- Designação e nomeação de peritos – 62º;
- Diligências instrutórias – 61º;
- Interposição – 58º;
- Notificação para o acto de avaliação – 63º;
- Prazo de decisão – 65º;
- Razões de discordância – 58º;
- Requerimento de interposição – 58º;
- Resposta – 60º:
- Sentença – 66º, nº 2.

Regime subsidiário – 92º.

Regiões Autónomas – 90º.

574 CÓDIGO DAS EXPROPRIAÇÕES E ESTATUTO DOS PERITOS AVALIADORES

Renovação das listas – 14º DL 125/2002.

Requerimentos
- Arbitragem perante o tribunal – 42º; 43º;
- Avocação – 43ª, 51º, nº 2, 54º, nº 2;
- Declaração de caducidade – 13º, nº 4;
- Declaração de utilidade pública – 12º;
- Designação dos árbitros – 45º, nº 3;
- Expropriação de bens próprios -96º;
- Expropriação total – 55º;
- Nomeação de curador – 41º, nº 2; 43º;
- Nomeação de perito para a vistoria – 20º, nº 6;
- Renovação da declaração de utilidade pública – 13º, nº 5;
- Reversão – 74º.

Requisição
- Acto de requisição – 82º;
- Direitos e deveres do proprietário – 86º;
- Imóveis -80º;
- Indemnização – 84º;
- Instrução do pedido – 83º;
- Obrigações do beneficiário – 85º;
- Recurso contencioso – 87º;
- Uso dos imóveis requisitados – 81º.

Requisitos habilitacionais – 5º DL 125/2002.

Resolução
- Conselho de Ministros – 82º.
- De expropriar -10º;
- Fase procedimental – 10º;
- Fundamentação – 10º, nº 1.

Reversão
- Acordo de reversão – 76º-A;
- Adjudicação – 79º;
- Audiência do expropriante e de outros interessados – 75º;
- Caducidade – 5º, nº 4, alíneas a) e b);
- Cessação – 5º;
- Competência para a autorização – 74º, nº 1;

– Direito de reversão – 5º;
– Indeferimento tácito – 74º, nº 4;
– Oposição do expropriante – 78º;
– Pedido de adjudicação – 77º;
– Publicidade da decisão – 76º;
– Requerimento – 74º.

S

Sentença
– Comunicação – 19º do DL 125/2002;
– Notificação às partes – 66º.
– Prazo – 65º.

Servidões administrativas
– Constituição – 8º;
– Indemnização – 8º;
– Registo – 8º.

Solo
Classificação – 25º;
– Valor do solo para construção – 26º;
– Valor do solo para outros fins – 27º.

Suspeição – 17º e 18º DL 125/2002.

U

Utilidade pública da expropriação – 13º.

Urgência da expropriação – 15º.

V

Valor
– Áreas de implantação – 28º;
– Bens expropriados – 23º;
– Edifícios ou construções – 28º;
– Expropriação parcial – 29º;
– Logradouros – 28º;
– Solo apto para a construção – 25º;
– Solo para outros fins – 27º.

Vistoria *ad perpetuam rei memoriam*
- Expropriação de bens móveis – 91º, nº 4;
- Expropriação urgentíssima – 16º, nº 2;
- Ocupação de prédios vizinhos – 18º, nº 2;
- Reclamação – 21º;
- Relatório – 21º.

ÍNDICE GERAL

À Guisa de Introdução 5

PARTE I – LEI Nº 169/99, DE 18 DE SETEMBRO
Artigo 1º – Aprovação do Código das Expropriações 7
Artigo 2º – O encargo de mais-valia 11
Artigo 3º – A revogação do Decreto-Lei nº 438/91, de 9 de Novembro 14
Artigo 4º – A entrada em vigor. 14

PARTE II – O CÓDIGO DAS EXPROPRIAÇÕES
Título I – Disposições Gerais 17
Artigo 1º – Admissibilidade das expropriações 17
Artigo 2º – Princípios gerais 23
Artigo 3º – Limite da expropriação 27
Artigo 4º – Expropriação por zonas ou lanços 31
Artigo 5º – Direito de reversão 36
Artigo 6º – Afectação dos bens do domínio público 48
Artigo 7º – Expropriação de bens ou direitos relativos a concessões e privilégios .. 52
Artigo 8º – Constituição de servidões administrativas 54
Artigo 9º – Conceito de interessados 60

Título II – Da Declaração de Utilidade Pública e da Autorização de Posse Admi-
nistrativa 66
Artigo 10º – Resolução de expropriar 66
Artigo 11º – Aquisição por via do direito privado 73
Artigo 12º – Remessa do requerimento 80
Artigo 13º – Declaração de utilidade pública 84
Artigo 14º – Competência para a declaração de utilidade pública 96
Artigo 15º – Atribuição do carácter de urgência 101
Artigo 16º – Expropriação urgentíssima 105
Artigo 17º – Publicação da declaração de utilidade pública 108
Artigo 17º-A – Dever de comunicação 114
Artigo 18º – Ocupação de prédios vizinhos 115
Artigo 19º – Posse administrativa 119
Artigo 20º – Condições de efectivação da posse administrativa 123
Artigo 21º – Vistoria *ad perpetuam rei memoriam* 131
Artigo 22º – Auto de posse administrativa 140

Título III – Do Conteúdo da Indemnização 142

Artigo 23º – Justa indemnização 142

Artigo 24º – Cálculo do montante da indemnização 158

Artigo 25º – Classificação dos solos 162

Artigo 26º – Cálculo do valor do solo apto para a construção 173

Artigo 27º – Cálculo do valor do solo apto para outros fins 196

Artigo 28º – Cálculo do valor de edifícios ou construções e das respectivas áreas
                de implantação e logradouros 206

Artigo 29º – Cálculo do valor nas expropriações parciais 214

Artigo 30º – Indemnização respeitante ao arrendamento 221

Artigo 31º – Indemnização pela interrupção da actividade comercial, industrial,
                liberal ou agrícola 236

Artigo 32º – Indemnização pela expropriação de direitos diversos da propriedade
                plena 240

Título IV – Processo de Expropriação 245

Capítulo I – Expropriação Amigável 245

Artigo 33º – Tentativa de acordo 245

Artigo 34º – Objecto de acordo 246

Artigo 35º – Proposta da entidade expropriante 247

Artigo 36º – Formalização do acordo por escritura ou auto 252

Artigo 37º – Conteúdo da escritura ou auto 256

Capítulo II – Expropriação Litigiosa 263

Secção I – Disposições Introdutórias 263

Artigo 38º – Arbitragem 263

Artigo 39º – Autuação 268

Artigo 40º – Legitimidade 271

Artigo 41º – Suspensão da instância e nomeação de curador provisório 273

Secção II – Da Tramitação do Processo 279

Subsecção I – Arbitragem 279

Artigo 42º – Promoção da arbitragem 279

Artigo 43º – Petições a apresentar no tribunal 284

Artigo 44º - Natureza dos processos litigiosos 286

Artigo 45º – Designação dos árbitros 288

Artigo 46º – Designação de grupos de árbitros 291

Artigo 47º – Notificação da designação dos árbitros 295

Artigo 48º – Apresentação de quesitos 298

Artigo 49º – Decisão arbitral 300

Artigo 50º – Honorários.. 308

Artigo 51º – Remessa do processo.. 310

Artigo 52º – Recurso.. 322

Artigo 53º – Dúvidas sobre a titularidade de direitos...................................... 328

Subsecção II – Arguição de Irregularidades... 332

Artigo 54º – Reclamação.. 332

Subsecção III – Pedido de Expropriação Total.. 339

Artigo 55º – Requerimento... 339

Artigo 56 – Improcedência do pedido.. 349

Artigo 57º – Caução... 353

Subsecção IV – Recurso da Arbitragem.. 355

Artigo 58º – Requerimento... 355

Artigo 59º – Admissão do recurso.. 361

Artigo 60º – Resposta... 364

Artigo 61º – Diligências instrutórias.. 366

Artigo 62º – Designação e nomeação dos peritos... 376

Artigo 63º – Notificação para o acto de avaliação.. 381

Artigo 64º – Alegações... 385

Artigo 65º – Prazo de decisão... 391

Artigo 66º – Decisão.. 393

TÍTULO V – Do Pagamento das Indemnizações... 408

Artigo 67º – Formas de pagamento.. 408

Artigo 68º – Quantias em dívida.. 413

Artigo 69º – Cedência de bens ou direitos.. 415

Artigo 70º – Juros moratórios.. 416

Artigo 71º – Depósito da indemnização... 420

Artigo 72º – Impugnação dos montantes depositados...................................... 425

Artigo 73º – Atribuição das indemnizações.. 429

TÍTULO VI – Da Reversão dos Bens Expropriados... 434

Artigo 74º – Requerimento... 434

Artigo 75º – Audiência da entidade expropriante e de outros interessados........... 441

Artigo 76º – Publicidade da decisão... 444

Artigo 76º-A – Acordo de reversão... 446

Artigo 77º – Pedido de adjudicação.. 448

Artigo 78º – Oposição do expropriante.. 453

Artigo 79º – Adjudicação.. 458

580 CÓDIGO DAS EXPROPRIAÇÕES E ESTATUTO DOS PERITOS AVALIADORES

Título VII – Da Requisição 460
Artigo 80º – Requisição de imóveis 460
Artigo 81º – Uso dos imóveis requisitados 463
Artigo 82º – Acto de requisição 465
Artigo 83º – Instrução do pedido de requisição 469
Artigo 84º – Indemnização 470
Artigo 85º – Obrigações do beneficiário 475
Artigo 86º – Direitos e deveres do proprietário 479
Artigo 87º – Recurso contencioso 481

Título VIII – Disposições Finais 481
Artigo 88º – Desistência da expropriação 481
Artigo 89º – Lista de peritos 486
Artigo 90º – Regiões Autónomas 488
Artigo 91º – Expropriações de bens móveis 489
Artigo 92º – Aplicação subsidiária do processo de expropriação 495
Artigo 93º – Áreas de desenvolvimento urbano prioritário e de construção priori-
tária 501
Artigo 94º – Expropriação para fins de composição urbana 503
Artigo 95º – Áreas com construções não licenciadas 506
Artigo 96º – Expropriação requerida pelo proprietário 507
Artigo 97º – Dever de informação 508
Artigo 98º – Contagem de prazos não judiciais 509

PARTE III – O ESTATUTO DOS PERITOS AVALIADORES
Artigo 1º – Objecto 513
Artigo 2º – Lista de peritos 514
Artigo 3º – Recrutamento dos peritos avaliadores 516
Artigo 4º – Júri do concurso 517
Artigo 5º – Requisitos habilitacionais 518
Artigo 6º – Concurso 519
Artigo 7º – Aviso de abertura do concurso 520
Artigo 8º – Prazo de candidatura e lista de candidatos 522
Artigo 9º – Métodos de selecção 523
Artigo 9º-A – Curso de formação 525
Artigo 9º-B – Classificação final e homologação 527
Artigo 10º – Procedimento simplificado 528
Artigo 10º-A – Acção de formação específica 530
Artigo 11º – Juramento 530
Artigo 12º – Exclusão das listas 531

Artigo 13.º – Formação permanente 534
Artigo 14.º – Renovação das listas 535
Artigo 15.º – Inibição de funções 536
Artigo 16.º – Impedimentos 536
Artigo 17.º – Fundamentos de suspeição 542
Artigo 18.º – Arguição e declaração do impedimento e da suspeição 547
Artigo 19.º – Comunicação da sentença 549
Artigo 20.º – Honorários 550
Artigo 21.º – Laudos periciais 551
Artigo 24.º – Legislação revogada 558

Bibliografia 559

Índice Ideográfico por artigos 563